새 로 쓴

서양사 총론 1

차 하 순

탐 구 당

머리말

오늘날 우리가 사는 세상은 상대적으로 동 · 서양의 구별이 사라지고 점차 가치관을 공유하는 세계화된 '지구촌'이다. 우리는 원하든 원치 않든간에 '하나의 세계문화' 속에 살고 있다. 아시아인은 삶의 방식을 서양화하고 서양인은 아시아의 전통과 사상을 높이 평가하고 있다.

가치관을 공유하는 세계화 시대에서는 다른 문화권에 대한 이해가 중요하며, 우리의 역사와 전통을 비교문화의 관점에서 보아야 할 필요가 있다. 더욱이 앞으로 생활환경이 국제적으로 더 확대되고, 국가 간 상호의존과 경쟁이 심화되는 21세기에는, 지식과 정보가 질적으로 다양해지고 양적으로 팽창하게 될 것이다. 이런 때일수록 문화권을 서로 비교하며 이해하는 일이 더욱 필요하다.

우리는 불행히도 1960년대부터 30여년간 폐쇄적인 교육을 받아왔다. 제 나라의 '고유' 문화를 강조한 나머지 다른 문화권에 대한 이해를 '국적 없는 지식'으로 배척하였다. 이러한 문화적 쇄국주의 아래에서 우리의 세계화는 그만큼 늦어졌으며 국제 경쟁력도 약화되었다. 이제라도 우리는 한국이 '하나의 세계' 속의 한 부분이라는 현실을 직시하고 세계사적 전개에 대처해야 한다. 특히 경제 · 외교 · 문화 · 학술의 세계화로 인해 비교 문화적 이해가 필수적임은 더 강조할 필요가 없다.

이 책의 서술은 사상사를 근간으로 했지만 정치 · 경제 · 사회 · 문화의 측면도 중요시하여 되도록 균형잡힌 역사상(歷史像)을 제시하려고 하였다. 또한 르네상스 이후의 시기에 중점을 둔 것은 사실이나 고대와 중세의 역사적 중요성을 감안하여 균형을 잃지 않도록 유의하였다. 다만 강조해야 할 것은 우리의 현재 삶과 가장 가까운 현대사회의 역사적 과정이 매우 중요하다는 사실이다. 따라서 이 책에서는 20세기 역사에 상당한 분량을 할애하였다. 21세기에 들어선 이 시점에서 20세기를 이해하는 것은 앞으로 인류사회뿐 아니라 우리 자신의 삶에 교훈을 얻기 위해 필수적인 지식이 될 것이다.

문명사 개설서가 다루는 시대, 지역, 분야는 한 개인의 능력과 작업의 한계를 벗어나는 범위의 것이다. 그것은 수많은 개별 국가들의 역사를 비롯해 선사시대에서 현대에 이르는 여러 시기에 걸친 정치와 국제관계, 경제와 사회, 문학과 미술, 사상과 종교, 과학기술과 생활 등 각 분야의 역사를 모두 포함한 것이다. 현재 국내·외로 여러 종류의 서양사 개설서와 다양한 시대사 연구업적들이 나와 있다. 저자는 당연히 이러한 업적과 저작들을 참조했으며 이 저술 속에 유용하게 편입하였다. 그 점에서 많은 국내·외 동료 서양사가들에게 깊은 사의를 표하는 바이다.

1994년 가을, 강단에서 물러난 이래 지난 6년간 저자는 원고 작성에 전념했으나 아직도 미진한 점들이 많다. 그러나 불만스러운 대로 차후의 보완 개정을 전제로 하고 일단 탈고하였다.

본래 이 책은 『서양사 총론』 전정판(全訂版)의 확장이라고 할 수 있으나 내용이나 구성에서 거의 새로운 책이 되고 말았다. 결과적으로 모든 부분이 개고(改稿)되었으므로 출판사의 부담도 그만큼 컸다고 할 수 있다. 전면 컬러판 제작을 위해 결단을 내린 탐구당 홍석우 사장에게 심심한 사의를 표한다. 편집과 교정을 꼼꼼히 챙기고 색인을 작성한 김예숙 씨, 지도 제작과 도판을 맡은 편집 디자이너 안은주 씨에게 각별히 감사한다. 끝으로 도판, 지도 등을 비롯해 편집 전체에 자상한 주의를 기울인 김위선 씨에게 깊은 감사의 마음을 전한다. 또한 최용호 부장을 비롯해 제작에 참여한 탐구당의 여러분에게도 깊은 사의를 표하는 바이다.

2000. 6

차 하 순

일러두기

1. 원음 표기: 인명, 지명, 국명 등 고유명사는 원음(原音)원칙에 따라 표기하였다. 표기의 기준으로 삼은 것은 *Webster's Biographical Dictionary*(1974), *Webster's New Geographical Dictionary*(1980)이다. 그러나 원음의 한글 표기는 획일화하기 쉽지 않기 때문에 대체로 관용되고 있는 현행 외래어 표기법을 따랐다.

   그러나 원어 표기를 엄격히 하면 각급 교과서와 상이한 경우가 많기 때문에 일반적으로 사용되는 표기를 따른 경우도 많았음을 밝혀둔다. 원어를 따른 경우와 그렇지 않은 경우를 일부 예시하면 다음과 같다.

   예: 피터 대제→피요트르 대제, 비엔나→빈, 베니스→베네치아
   (이상 원어 표기)
   에스파냐→스페인, 튜르키에→터키, 헬라스→그리스
   (이상 관례에 따른 표기)

2. 지도 : 역사부도는 *Hammond Atlas of World History*(1980), *Oxford Atlas of World History*(1999), *The Times Atlas of World History*(1993)등을 참고하여 독자적인 그래픽으로 작성하였다.

3. 원어 병기 : 고유명사 표기는 첫 번째의 경우에 한해 원어를 함께 적고, 그 이후부터는 대부분 생략하였다. 인물의 경우는 첫번 언급 때에 별칭(別稱)이나 생존연대를 적었다.

   예: 스키피오Publius Cornelius Scipio(大 스키피오: 237-183 BC)→스키피오

4. 둘 이상의 원어: 원어 표기 가운데 두 개 이상일 경우는 뒤의 것은 영어 또는 그밖의 유럽어 표기이다. 이 경우 ;로 표시했다. 단순히 상이한 표기일

때에는 ,로 표시하였다.

예: 아테나이Athenai; Athens(영)
샤를마뉴Charlemagne; Charles the Great(영), Karl der Grosse(독), Carolus Magnus(라틴)

5. **더 참고할 책**: 더 깊은 전문적 설명을 원하는 독자들에게 권장하는 관련 문헌과 논문명을 각 장(章) 끝에 열거하였다. 「더 참고할 책」 목록은 국내외의 문헌을 막론하고 원칙적으로 1980년대 이후에 나온 것으로 한정하였다.

외국문헌의 경우 영어로 된 문헌이 압도적으로 많은 이유는 단순히 독자의 어학상의 편의를 참작한 것에 불과하다.

외국문헌의 경우 양장본은 끝에 출판연도를 적었으며 염가판(paper-bound edition)은 책이름 끝의 ( )속에 표시하고, 출판연도는 생략하였다. 또한, 자료의 경우도 출판연도를 생략하였다.

예: Tilly, Charles, *European Revolutions, 1492-1992* (1993).
Rudé, George, *The Crowd in History, 1730-1884* (Wiley).

단행본이나 논문에 관계없이 외국문헌의 경우 필자 성의 알파벳 순으로, 국내문헌의 경우 필자 성의 가나다순에 따라 적었다.

차례

제 9 장 절대군주제의 전개

제 10 장 혁명의 시대

제 11 장 자유주의와 내셔널리즘

제 15 장 변화하는 세계

제 16 장 현대세계의 문화

제 17 장 현대세계와 하나의 지구촌

서 론

1. 역사의 의미

역사라는 말에는 세 가지 의미가 있다. 첫째, 역사는 과거 그 자체를 의미한다. 그것은 현재까지에 이른 모든 시간적 진화과정 및 그 과정에서 일어난 일들을 가리킨다. 이 경우 역사는 존재하는 실체이며 움직일 수 없는 하나의 '사실'이다. 예를 들면 우리가 "역사상 큰 사건"이라고 말할 때는 '지난날의 사건'을 의미한다.

둘째, 역사는 이러한 시간적 진화과정에서 일어난 일들에 대한 기록, 문서를 의미한다. 이것이 사료(史料)이다. 예를 들면 "역사에 이름을 남긴다"는 말에서 알 수 있는 바와 같이 이 때의 역사는 기록을 의미한다. 물론 과거에 일어난 일이라 해서 빠짐없이 모두 기록으로 남는다고 보기는 어렵다. 기록으로 남는 과거는 극히 일부분에 불과하다.

셋째, 역사는 과거에 일어난 사건이나 있었던 사실들에 대한 해석을 의미한다. 예를 들어 아무개가 지은 역사책으로 공부한다고 말할 때의 역사란 어느 한 역사가의 연구결과이거나 역사해석을 의미하고 있는 것이다. 그것은 학문으로서의 역사, 지식으로서의 역사를 가리킨다.

역사는 한 사람의 개인적 생애를 초월한 무수한 세대와 세기에 걸친 오랜 기간의 누적된 집단경험의 총체이다. 개인의 삶은 제한되어 있고 개인적 경험에는 한계가 있는 반면, 인류 전체의 역사는 엄청난 양에 달하며 한정되어 있지 않다.

그러므로, 우리는 역사로부터 개인이 경험할 수 없는 여러 가지 인간사를 배울 수 있다. 역사는 개인적 경험의 세계를 확대하기 위한 좋은 수단이다. 우리는 역사를 배움으로써 여러 가지 입장에서 사물을 고찰할 수 있으며, 현상 밑의 구조를 인식할 수 있는 비판력을 키울 수 있다.

> 역사는 비판이다. 그것은 우리로 하여금 윤리적이며 사실적인 현재의 문제들을 비판할 수 있게 하고, 그것을 통해 상이한 관점으로 도달할 수 있게 하는 하

> 나의 수단이다. 우리가 현재로부터 더 멀리 떠날수록 얻는 해방은 더욱 더 가치 있는 것이다. 우리의 지평선을 넓혀주는 것, 우리의 상투적인 관점과 다른 관점들을 볼 수 있게 해주는 것은 역사가가 제공하는 가장 큰 봉사이다. 역사가는 그 자신이 공부하고 이해하려고 하는 전문분야에 집중함으로써 이 봉사를 최선의 것으로 만들 수 있다.[1)]

역사의 이해 역사를 공부하는 것은 역사적 사실이 우리에게 주는 의미가 무엇인가를 살펴보기 위해서이다. 우리는 단순히 과거 사실들의 진상을 알려고 할 뿐 아니라 그러한 사실들이 어떠한 의미가 있는가를 생각해 보아야 한다. 이와 같은 역사적 의미는 마땅히 오늘날을 살고 있는 현재의 우리와 상관이 있다.

그러므로, 역사는 단지 과거 속으로 사라진 죽은 사실들을 파헤치는 것이라기보다 현재와 미래에 연결되는 살아 움직이는 현실을 이해하는 것이어야 한다. 이 점에서, 역사를 올바르게 이해하는 것은 미래의 삶을 뜻깊게 이끌어 가는 일과 연결된다고 할 수 있다.

역사의 이해를 주도하는 전문가는 역사가이다. 과거는 단지 사료의 형태로 남아 있을 뿐이다. 사료를 분석, 검토, 해석하는 전문가가 필요하며 여기에 역사가의 존재 이유가 있다. 달리 말하면 역사가의 임무는 사료를 정확하게 분석하여 과거를 재구성하고, 그로 인해 얻는 지식을 일반에게 강의, 저술하여 대중화하는 것이다.

역사 이해의 시각에는 문과적 시각과 사회과학적 시각이 있을 수 있다. 문과적(文科的) 시각에 의하면 과거에 일어난 일들은 독특한 일회적인 개별적 사건이라는 것이다. 사건의 개별성과 독자성이 중요하므로 그 하나 하나가 이야기의 대상이 될 수 있다는 입장이다.

그리하여 이 입장의 역사가들은 대개 설화(story-telling) 형식으로 역사를 서술하는 경향을 보이고 있다. 이에 반하여 사회과학적 시각은 역사과정에서의 유형을 강조한다. 인간의 사고와 행위에는 특정한 유형이 있으며 그것은 반복성, 공통성, 보편성을 가진다는 것이다.

사회과학적 시각을 주장하는 역사가들은 대개 원인과 관계를 설명하며, 비교방법에 의한 분석의 형식으로 역사를 해석하는 경향이 있다. 그렇지만 사회과학적 시각과 문과적 관점의 장 · 단점을 취하여 종합하는 것이야말로 가장 적절한 역사이해의 방법이 될 것이다.

역사구분 효과적으로 역사를 이해하기 위해서는 편의수단을 생각지 않을

---

1) Morris R. Cohen, *The Meaning of Human History,* 2nd ed. (1961), 27-28.

수 없다. 역사는 전체로서는 너무나 방대하고 엄청나게 복잡한 것이다. 역사가는 모든 역사를 한꺼번에 다룰 수는 없으며, 우리가 모든 역사를 단 하나의 그림으로 그릴 수도 없는 일이다. 역사이해를 위한 편의수단 중 하나가 역사구분이다. 역사구분 중 가장 보편적인 것이 시대구분이다. 전통적으로 고대, 중세, 근대로 나누는 3분법이 있었다. 이 삼분법에 현대를 추가하여 오늘날 널리 사용되는 시대구분법이 되었다. 그러나 삼분법이라고 하지만 역사가마다 각 시대의 시작과 끝이 다르며, 또한 각 시대를 세분하는 방식도 같지 않다.

그밖에 역사이해를 위한 것으로서 주제(主題), 지역, 분야에 따른 구분도 사용된다. 가령 르네상스, 종교개혁, 1차대전 등은 주제별 구분이고 유럽사, 지중해 세계, 신성로마제국, 고대 그리스 등은 지역별 구분이며, 메소포타미아의 정치, 중세의 장원 경제, 차티스트 운동, 19세기의 사상 등은 분야별 구분이라 할 수 있다.

구분이란 어떠한 의미에서든 중요하며 특히 역사이해의 필수적인 수단이라고 할 수 있다. 우리는 전통적인 시대 구분의 틀을 지키면서 주제, 지역, 분야에 따른 구분을 사용하여 역사이해를 위한 다각적인 시도를 해야 할 것이다.

2. 우리는 왜 서양사를 알아야 하는가

서양사는 역사학의 분야 중 가장 복잡한 역사적 전개과정을 보이고 있고, 많은 나라들과 민족들의 다양한 집단적 경험을 제시해 주고 있다. 서양사에서 다루어지는 영역은 지리적으로는 유럽과 아메리카에 걸쳐 있지만 서양문명이 영향을 끼친 역사적 영역은 그보다 더 넓어 소아시아, 아프리카 및 아시아의 많은 지역까지를 포함하는 것이다.

서양사가 각별히 우리의 관심을 끄는 이유는 역사적 사고(思考)의 기본형을 제시해 주고 있기 때문이다. 서양사의 전개과정은 인류문명이 어떠한 보편적 유형에 따라 진전되는가를 보여주며, 그러한 진전이 단지 어느 한 나라, 한 민족의 경우에만 국한하지 않고 인간 전체의 문제로 제시되고 있다. 서양사에서 전개된 정치, 사회, 경제 제도와 사상적인 틀은 인류사회 전체에 영향을 끼쳤으며, 그 점에서 보편성과 세계성을 갖는 것이다.

그러므로, 서양사는 역사 일반에 대한 우리의 생각의 범위를 넓혀 주고 깊이를 더해 주는 표준점(標準點)과 같은 역할을 하는 경우가 많다. 이런 의미에서 노예제, 봉건제, 장원, 도시, 자본주의, 혁명, 군주제, 민주제, 자유주의, 산업주의, 자연과학과 기술의 발전을 논할 수 있으며, 자연법이나 인간 기본권 또는 철학 · 역사 · 사회학과 같은 학문체계에 대한 논의의 출발점을 서양사에서 찾을 수 있다. 서양세계가 발전시킨 각종 제도들, 학문과 사상, 종교는 모든 역사적 사고의 기본 모델을 제시해 주는 경우가 많기 때문에 서양사에 대한 이해는 그만큼 우리에게 필요하다. 서양사를 공부함으로써 우리는 인간 경험의 보편성과 일반성을 알 수 있게 된다.

이와 같이 보편성과 일반성에 비추어 얻는 서양사에 대한 우리의 지식은 인간 이해의 기본지식이라 할 수 있다. 역사는 정치 · 경제 · 사회 · 종교 · 사상 · 문학과 예술 등에 관한 전문적 탐구를 위한 전제 조건이 되며, 정치학 · 사회학 · 인류학 · 경제학 · 철학 · 종교학 · 문학 · 언어학을 비롯해 그 밖의 사회과학과 인문학의 기초라 할 수 있다. 왜냐하면 서양사는 우리의 지적 시야를 확대하기 위해서, 가치의 상대성을 인식하기 위해서 패턴과 비교를 제시해 주기 때문이다.

서양사의 효용 서양사는 거의 모두 외국사로 구성되어 있기 때문에 언뜻 보기에 우리와 관계가 없는 나라들의 역사라고 인식되기 쉽다. 그러나 곰곰이 생각해 보면 그것이 남의 역사가 아닌 바로 우리의 역사임을 알 수 있다. 서양사를 배움으로써 인간이란 무엇인가, 나는 어떤 인간에 속하는가, 내가 인간 이외의 다른 존재가 아니라는 것은 무엇을 의미하는가를 알게 될 것이기 때문이다. 우리는 무엇보다도 우리 자신의 지적 · 문화적 성장을 위해서 다른 나라와 민족의 역사를 배워야 한다. 우리는 민족으로서 또는 인간으로서 인류의 한 부분이며, 서양사는 곧 인류사회의 총체적 경험을 말해주고 있다.

서양사에서는 집단적 경험의 유형들이 풍부하고 다양하게 제시되고 있다. 서양사는 서양민족들의 역사이면서도 한국인인 우리에게 교훈을 주며 안목을 트이게 해 줄 것이다. 다른 나라와 민족의 문화를 정확히 이해하는 것은 곧 자기에 대한 지식의 개발을 의미한다. 그 점에서 서양에 대한 지식은 곧 우리 자신에 대한 지식이라 할 수 있다.

인류세계는 지구의 동과 서, 남과 북을 하나로 묶어 놓은 인간가족이다. 우리는 아시아의 부분이며 아시아는 세계의 부분이다. 서양사는 적어도 인류사의 절반, 또는 그 이상을 차지하고 있으며 서양사 발전과정의 많은 부분이 세계사의 중요한 요소가 되었다. 서양문명은 세계문명권 중 가장 특이한 문명권이며 가장 창조적인 내용을 가진 문명 중 하나임에 틀림없다. 서양세계에서 전개되는 역사적 과정은 바로 인류사회의 발전과정을 이해하는 중요한 관건이 될 것이다.

세계사의 현대성 오늘날에는 세계사와 단절된 나라의 역사, 국제사회와 관련이 없는 민족의 역사란 생명력을 상실한 역사가 되기 쉽다. 세계사는 단순히 동 · 서양 '세계의 역사를 합쳐 놓은 역사' (world history)라기보다 온 지구가 하나의 유기적 연관이 있는 '지구사'(global history)인 것이다.

그것은 하나의 지구가 공동으로 소유하는 역사적 발전과정이다. 한국사 역시 지구사의 유기적인 부분이며, 범세계사적 시각에서 고찰되지 않으면 안 된다. 그리고 세계의 다른 나라 사람들의 역사와 똑같이 동등한 위상에서 평가되지 않으면 안 된다.

이 점에서 현대사는 세계사이다. 하나의 국가는 나머지의 다른 나라, 다른 민족, 다른 지역과 부단한 교섭과 접촉을 하지 않을 수 없다. 한 나라의 역사는 정치 · 경제 · 사회뿐 아니라 종교 · 사상 · 문화에서 다른 문명권과 교류하여 형성된 것이다. 예컨대, 19세기말부터 미국 · 러시아 · 중국 · 일본 등의 세력이 한반도에 다투어 진출하면서 한국사는 더 이상 외부세계에 대해 폐쇄적일 수 없게 되었다. 그 이래로 20세기 한국사의 주요부분은 대외교섭의 역사라 해도 과언이 아니며, 특히 1945년 이후 미국과 소련이 각각 남 · 북한에 진주한 것은 한국사가 서양사적 성격을 띠게 한 계기가 되었다.

20세기 한국은 정치 · 경제 · 사회 · 종교 · 예술 · 학문 및 생활방식에 이르기까지 한결같이 서양문명권의 영향을 받았으며, 따라서 현대사의 이해를 위해서는 서양사의 지식이 필수 불가결하다.

그러므로 서양사에 대한 이해는 문명에 대한 상대주의적 접근을 통한 시야의 확대를 가능케 할 것이다. 서양사가 제시하는 인류사의 전개과정은 민족주의와 세계화, 지역주의와 보편주의에 입각한 각 민족집단, 각 국가의 역사적 위상을 비교하게 하며 인류의 과거를 통해 인류의 미래에 대한 상대적 이해를 하게 할 것이다.

우리는 문화가 서로 다른 사회들을 비교함으로써 우리 자신과 한국문화를 더 정확하게 이해할 수 있으며, 궁극적으로 이와 같은 비교 문화적 입장은 인류사회에 대한 공감적 이해를 증폭시킬 수 있을 것이다.

제 1 장

선사시대

1994년 프랑스 남부에서 발견된 약 20만년 전의 '쇼베 동굴' 벽화

주 요 연 대

BC*	
440만년경	고생인류(Ardipithecus ramidus : 에티오피아, Aramis)
420만년경	아우스트랄로피테쿠스 아나멘시스(Australopithecus anamensis : 케냐, Kanapoi)
360만년경	A. 아파렌시스('루시' : 탄자니아, Laetoli)
300만년경	A. 아프리카누스(남아프리카 Taung)
280만년경	A. 아에티오피쿠스(에티오피아, Omo 분지)
250만년경	A. 가리(에티오피아, Bouri)
230만년경	A. 보이세이(탄자니아, Olduvai 계곡)
240만년경	A. 루돌펜시스(케냐, Koobi Fora)
190만년경	A. 로부스투스(남아프리카, Kromdraai)
190만년경	H. 하빌리스(Homo habilis: 탄자니아, Olduvai 계곡)
170만년경	H. 에르가스테르(케냐, Koobi Fora)
170만년경	H. 에렉투스('자바인' : 인도네시아, Trinil)
80만년경	H. 안테세소르(스페인, Gran Dolina)
20만년경	H. 네안데르탈렌시스('네안데르탈인' : 독일 Neanderthal 계곡)
10만년경	H. 사피엔스
14000	동굴화
7000	중동의 촌락(도시) 공동체 형성
7000-4500	식물 재배 시작, 가축, 농업 ; 신석기시대
4500-3000	초기 순동시대, 도지, 직물
4000-2000	청동시대 ; 수메르인의 지배

※ 여기서의 연대는 가장 오래된 연대로 추정한 것이다. 최근 일부 역사가들은 BC, AD 대신 BCE(Before the Common Era) 또는 CE(Common Era)를 쓰고 있다. 고고학의 경우는 BP(Before Present)를 쓴다.

인류사회는 변화와 발전의 과정을 거듭해 오늘에 이르렀다. 그것은 참으로 오랜 세월이며 그 진행과정도 역시 매우 느렸다. 그러한 오랜 인류사회의 발전과정을 통틀어 선사시대와 역사시대로 구분할 수 있다. 이 구분의 기준은 문자의 유무에 있다. 즉, 문자의 사용 및 기록의 시작이 곧 역사시대의 출발점이었다. 선사시대와 역사시대의 분기점이 되는 문자 사용의 시기는 지역에 따라 다르다. 어떤 지역에서는 BC 7000년경에 문자가 사용되었으나 다른 지역에서는 그렇지 않았다.

선사시대는 수백만년 전에 시작되어 대략 1만년 전까지 계속되었으므로 인류 역사의 대부분은 사실상 선사시대라 할 수 있다. 선사시대는 지질학, 고생물학 · 고고학 · 인류학 등의 학문적 대상이며 역사시대만이 원칙적으로 역사 연구의 대상이 된다. 왜냐하면 역사가는 주로 성문(成文)기록을 바탕으로 연구하기 때문이다. 시간적으로는 짧은 세월이지만 역사시대야말로 인간의 현대생활의 진정한 시발점이었다.

선사시대와 역사시대를 뚜렷이 갈라놓는 또다른 특징은 문화의 발전속도였다. 선사시대 인류사회의 변화는 거의 느낄 수 없는 매우 느린 것이었다. 이에 비해 역사시대의 변화는 한층 빨라졌다. 그 이유는 무엇보다도 인간이 문화를 전달할 수 있는 지적 능력이 크게 발달했기 때문이었다. 인간은 배운 것을 자손에게 전해 주고 전수 받은 것에 대해서는 새로운 것을 덧붙여 문화의 수준을 한층 더 높였다.

선사시대에는 동물과 그다지 큰 차이가 없는 인간의 원시적 생활도 역사시대에서는 독특한 문명생활로 바뀌게 되었다. 인류사를 전체적으로 볼 때 역사시대는 지금으로부터 약 1만년 전에 시작되었다. 역사시대의 특징은 농업, 정착생활, 가축 사육, 금속 사용, 작업의 전문화, 문자 사용, 도시 출현 등이다. 인간사회가 이런 특징을 가짐으로써 그 구조는 더욱 복잡하게 되고 사람들의 생활도 더 다양해졌다.

그럼에도 역사시대는 선사시대와 완전히 단절된 시대는 아니었다. 선사시대에서 인류의 진화가 오랜 기간 이어지고 결국 그 과정의 연속 끝에 역사시대의 문명이 형성되었다. 선사시대를 거치는 동안 사람들이 쌓은 기술과 지식은 역사시대 인류생활의 토대가 되었던 것이다.

선사시대에도 인간은 자연조건에 내맡겨진 그대로 생활하지 않고 계획된 반복행위와 시행착오를 통해 항상 자연조건을 자신의 편의와 효용에 맞도록 개선하려고 하였다. 이러한 문화형성을 향한 인간의 의지는 선사시대로부터 역사시대에 걸쳐 끊임없이 발휘되었으며 마침내 인류문명의 연속적 발전을 가능케 하였다.

1. 원시인류의 출현

인류에 관한 우리의 지식은 극히 단편적이며 불확정적인 것이다. 그러나 인류가 지구에 생존하게 된 과정은 세 가지 관점에서 살펴볼 수 있다. 우선 지질학적 관점에서는 지구의 지형과 풍토가 형성되는 과정이 있을 수 있다. 다음으로 생물학적 관점에서는 인류의 발생시기와 과정 및 기타 동·식물의 서식이 논의될 수 있다. 마지막으로 문화인류학적 관점에서 인간이 자연환경조건을 극복하기 위한 기술과 제도를 창출하는 과정이 이야기될 수 있다. 특히 문화인류학적 관점은 우리의 주요 관심 대상이 된다. 왜냐하면 자연에 도전하고 자연의 힘을 활용하여 생활을 향상시켜 온 과정이 인류문명의 역사이기 때문이다.

선사시대의 인간의 지능과 문화는 상대적으로 엄청난 오랜 시간에 걸쳐 형성 발달되었으나 이 기간에 인류는 동물과 구별되는 기본 특징을 나타내게 되었다. 가장 특이한 것은 바로 '서서 걸을 수'(直立步行) 있게 되었다는 점이다. 이러한 직립인(直立人: homo erectus)은 두 손을 자유롭게 놀릴 수 있게 되면서 도구나 무기를 만드는 데 익숙해졌으며(도구를 만드는 사람: homo faber) 마침내 사고 능력을 발휘하는 인간(지혜를 가진 사람: homo sapiens)으로서 고도의 문화를 이룩하기 시작하였다.

인류의 기원 아직까지 인간이 어떠한 과정으로 바로 서게 되었는가에 관해 학계의 합의는 없다. 다만 최근 고고인류학적 발굴이 계속되는 가운데 인류의 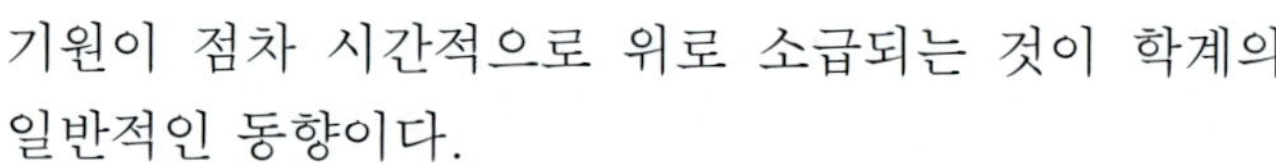
기원이 점차 시간적으로 위로 소급되는 것이 학계의 일반적인 동향이다.

네안데르탈 인

인류 선조의 직접적인 계보는 아무 것도 확정된 바 없으나 대체로 최초의 인류는 원인류(原人類: hominids)에서 시작되었다고 보는 것이 통설이다. 19세기 후반 다윈Charles Darwin(1809-1882)은 『종의 기원』(1859)과 『인간의 계보』(*The Descent of Man*, 1871)를 출판하여 인간과 원숭이는 같은 조상에서 갈라져 나왔다고 주장하였다. 이미 1856년 독일 네안데르탈 계곡에서 화석 인골(人骨)이 발견되었는데 분명히 네안데르탈인은 덜 발달된 형태에서 인간이 진화했다는 다윈의 학설을 뒷받침한 것이었다.

현재로서는 최초의 인류가 아프리카에서 나타났으며 점차 아시아와 유럽으로 퍼져갔다는 견해가 옳은 것으로 보인다. 인류의 선조가 아프리카에 있다는 약 1세기 이전의 다윈의 말이 적중된 셈이다. 1959년 이래로 동아프리카의 올두바이Olduvai 계곡에서 작업을 한 루이 리키Louis Leakey(1903-1972) 부부와 그 밖의 고고학자들은 여러 종류의 인류의 뼈를 발견하였다.

비록 여전히 많은 의문점이 남아 있긴 하지만 이러한 발굴을 통해 인류의 복잡한 진화과정과 초기의 생활상은 조금씩 밝혀지게 되었다. 조잡한 돌 도구를 쓰던 구석기시대(약 BC 40만년-7천년)와 농업을 하기 시작한 신석기시대(BC 7000-3000)를 거쳐 인류는 동물의 세계와 판이한 문명을 이룩하기 시작하였다.

고대 인류의 발굴

최근까지의 발굴에 따르면 원인류(原人類: hominidae)는 아우스트랄로피테쿠스Australopithecus와 호모Homo로 구분된다. 아우스트랄로피테쿠스에는 아파렌시스afarensis, 아프리카누스africanus, 로부스투스robustus, 보이세이boisei 등이 있고, 호모에는 하빌리스habilis, 에렉투스erectus, 사피엔스 네안데르탈sapiens neanderthalensis, 사피엔스 사피엔스sapiens sapiens(Cro-Magnon) 등이 있다.

아우스트랄로피테쿠스는 원숭이와 사람의 중간 고리로서 그 특성이 직립보행(直立步行)이었다. 아파렌시스의 화석인골은 1974년 에티오피아의 아와쉬Awash 강변(Hadar)에서 발견되었다. 발견자인 요한슨Don Johanson이 루시Lucy라고 명명한 이 여자 인골은 390만년 전의 것으로 판명되었다. 1958년 탄자니아에서 리키는 보이세이(전의 Zinjanthropus boisei)의 화석 두개골 조각을 발굴하였다. 초식(草食)을 주로 한 보이세이는 쥐, 개구리, 도마뱀, 새, 사슴 등도 잡아먹은 것으로 보인다. 큰 이빨을 가진 로부스투스(전의 Paranthropus)는 150만년-200만년 전에 생존했다고 추정된다.

호모는 인류의 직접적인 선조이며 지금부터 100만년-3만년 전까지 생존하여 세계 각지에 분포하였다. 호모 중 도구제작 능력을 가진 하빌리스의 화석 인골은 1961년 리키Jonathan Leakey가 발견하였다. 그것은 신장 150cm, 몸무게 45kg 가량 되는 비교적 작은 체격으로 아무거나 잘 먹는 잡식인류로서 약 175만년 전에 살았다고 추정된다.

아라고인, 자바인, 베이징인 등과 같은 직립인(H. erectus: 전의 Pithecanthropus erectus)은 작은 뇌와 납작한 앞이마, 돌출한 얼굴을 한 원인류였다. 아라고인은 프랑스 피레네 산맥 토토벨Tautauvel 마을 근처의 아라고Arago 동굴에서 발견되었으며 일명 '토토벨인'이라고도 한다. 자바인(H. erectus javanensis)은 1891-1892년 인도네시아 자바Java에서 발견되었고 베이징인(H. erectus Pekinensis)은 1926-1930년 중국 베이징 근처 주구점(周口店)의 동굴 속에서 발견되었다. 유럽에서 발견된 직립인으로는 1907년 독일 하이델베르크 근처에서 그 유골이 나온 하이델베르크인(H. erectus Heidelbergensis)이 있다.

현생인류(現生人類)로서는 1856년 뒤셀도르프 부근 계곡 네안데르탈 동굴에서 발견된 네안데르탈인(H. sapiens Neanderthalensis)이 있다. 이것은 대체로 구석기시대 전기 말(5-10만년 전)에 유럽, 중앙 아시아 및 서남 아시아 등에 살다가 없어진 것으로 추측된다.

호모 사피엔스에 속하면서도 오늘날 현대인에 가장 가까운 인류로는 1868년 남프랑스 도르도뉴Dordogne 지방 페리괴Perigueux의 크로마뇽Cro-Magnon 동굴에서 나온 크로마뇽인이 있고, 크로마뇽인과 거의 같은 시기의 인류로 보이는 북이탈리아 연해의 동굴에서 발견된 그리말디Grimaldi인이 있다.

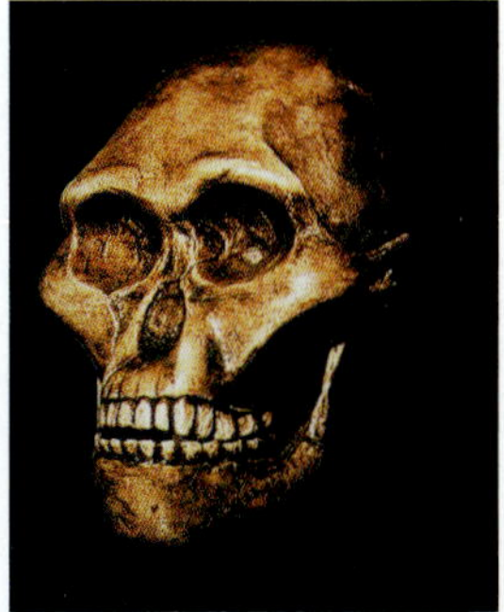

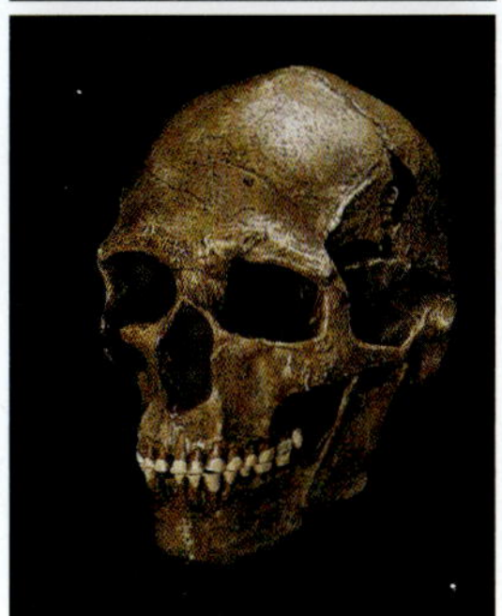

인류의 조상:
(위) 아우스트랄로피테쿠스 두개골
(아래) 크로마뇽 인 두개골

2. 선사시대의 문화

선사시대(prehistory ; préhistoire)라는 용어는 19세기 전반 프랑스 학자에 의해 처음 사용되었다. 선사시대의 사회와 문화에 관한 우리의 지식은 유물과 유적을 통해 얻은 매우 단편적인 것에 불과하다. 그러나 이와 같은 단편적인 것만 보아도 인간이 상당히 오래 전부터 동물과는 차이를 보이면서 진화되어 왔음을 알 수 있다.

그 차이는 결정적인 것이었다. 그것은 인간이 도구를 제작하기 시작했다는 것이었다. 이는 자연상태를 극복하려는 문화형성 능력이 인간에게 있었다는 사실을 의미하였다. 인류의 직접적인 조상이라 할 수 있는 현생인류(現生人類 : homo sapiens)는 10만년 전에 나타나기 시작하여 4만년 전 비로소 널리 지구상에 퍼지게 되었다. 그들은 자연상태를 인위적으로 극복하여 최초의 주목할 만한 문화를 이룩하였다.

고고학적 분류에 따르면 선사시대의 문화적 단계는 보통 석기시대와 금속기시대로 구분되고, 다시 석기시대는 구석기시대와 신석기시대로 갈라진다. 그리고 금속기시대는 청동기시대와 철기시대로 나눈다.

석기시대는 돌로 만든 도구와 무기를 사용했다는 석기 중심이라는 공통점이 있긴 하지만 성격과 양상은 근본적으로 다르다. 구석기시대는 석기시대 기간 전체의 90% 이상을 차지하며 지금으로부터 약 1만년 전까지 계속되었다. 이 동안의 인간의 진화 속도가 그만큼 느렸다. 이와 대조적으로 신석기시대가 되면서부터 정치 · 경제 · 사회가 조직적으로 또 빠르게 발전했으며 인간생활은 다양해졌다.

연대측정

선사시대의 연대는 절대연대 측정(Absolute Chronology)과 상대연대 측정(Relative Chronology)으로 계산된다. 대표적인 절대연대 측정법에는 사료에 따른 연대계산, 나무의 나이테에 따른 측정, 화학적 측정이 있다.

가장 확실한 화학적 측정법으로서 첫째, 방사성 탄소 측정법은 탄수화물(즉, 유기물)이 유물로 남아 있는 경우 대체로 4500년-75000년경까지를 측정대상으로 하고 있다. 둘째 칼륨-아르곤Potassium-Argon 측정법은 칼륨 40이 아르곤 40으로 분해되는 규칙적인 과정을 측정하는 방법으로 화석이나 암석을 분석함으로써 연대를 측정하는 것이다. 이 경우 50만년에서 500만년의 기간에만 적용된다. 결과적으로 5만년에서 50만년까지의 기간을 측정하는 방법은 아직 없다.

다른 한편 상대연대 측정에는 지층관찰을 통해 고고학적 유물 상호간의 위치에 따라 연대를 측정하는 방법, 유물의 대소 · 복잡성 · 유형 등에 의해 연대를 추정하는 방법, 이미 알고 있는 유물의 연대에서 가까운 곳에 위치한 유물이나 유적을 비교하는 연대 측정방법 등이 있다.

구석기시대의 인류 생활 구석기시대(Paleolithic Age; Old Stone Age)의 문화는 수렵 · 채집(採集)의 생활문화였다. 구석기인은 주로 사냥이나 고기잡이를 하고 떠돌아다니면서 짐승과 싸워 먹이를 구하였다. 그들은 짐승을 사냥했을 뿐 아니라 자기들끼리 잡아먹기도 하였다. 식인(食人)의 증거로는 불에 타고 갈라진 사람의 뼈가 세르비아의 동굴에서 나왔다.

구석기시대 사람들은 일정한 주거 없이 자연동굴이나 삼림 속에서 비바람과 추위를 피하며 매우 간단한 옷을 걸치고 지냈다. 그들은 자연적으로 발생한 불을 이용하여 익혀 먹고 추위를 막으며 맹수로부터 자신을 지켰다.

구석기시대의 인류가 사용한 타제석기(打製石器)는 현대 기준으로 볼 때 매우 조잡했으나 동물을 잡고 껍질을 벗기며 살을 잘라내는 데는 알맞은 정도로 날카로운 것이었다. 구석기시대의 인류가 돌로 도구를 만들었다는 사실은 환경을 인위적으로 변화시키는 수단을 가지게 되었음을 의미한다.

쇼베 동굴화

종래에는 스페인의 알타미라 동굴화, 프랑스의 라스코 동굴화가 대표적인 선사시대 미술품으로 알려지고 있었으나 최근에 이에 필적하는 선사시대 미술유적이 포르투갈과 프랑스에서 속속 발견되고 있다. 1994년 스페인 접경에서 멀지 않은 북포르투갈 코아Coa 강변 댐(Foz Coa) 작업장에서 암석예술품이 발견되었다. 약 80여 개의 암석화(岩石畵)들이 노출된 암석 면에 그려져 있는데 이것은 약 2만년 전의 것으로 추정되고 있다.

이보다 더 정교한 동굴화는 1994년 12월 프랑스 동남부의 아르데쉬Ardeche 지방의 한 동굴에서 발견되었다. 이 동굴화는 프랑스 정부 문화재보호관 쇼베Jean-Marie Chauvet의 이름을 붙여 '쇼베 동굴화'라 지칭되고 있다. 스페인의 알타미라 동굴화, 프랑스의 라스코 동굴화에 필적하는 미술적 가치가 있는 것으로 판명된 이 동굴벽화는 약 1만7천-2만년 전의 것으로 추정된다. 벽화에는 사자, 들소(bison), 사슴, 말, 곰, 약 50여 마리의 코뿔소 등이 그려져 있다. 그 밖에 돌칼, 물감재료인 진흙더미, 검게 탄 화덕도 발굴되었다. 여기에서는 과거의 동굴에서 발견되지 않은 동물종류인 부엉이, 표범 등이 그려져 있는 것이 특징이다. 또한 이 동굴에는 다른 경우보다도 특히 육식맹수들이 더 많이 그려져 있다는 사실이 주목된다. 곰 · 사자 · 코뿔소 · 표범 · 하이에나 등이 구석기시대인의 사냥감이었던 말 · 들소 · 사슴 · 매머드보다도 훨씬 더 많다.

최근에 발견된 동굴 벽화: 이 두 그림은 1994년 프랑스 동남부의 쇼베에서 발견되었다.

선사시대의 동굴화 구석기시대 인간의 가장 두드러진 점은 그들이 지적으로 발전했다는 데 있다. 그들은 사물에 관해 생각하고 말을 통해 의사를 전달하였다. 네안데르탈 시대에는 사람이 죽으면 특별한 관심을 가져 시체를 매장하였으며 삶을 계속한다고 믿고 먹을 것을 시신과 함께 놓아두었다.

구석기시대 후기가 되어 비로소 인류는 독특한 내적 생활을 표현할 수 있게 되었다. 사람들은 예술적 창의성과 종교 의식을 형상화(形象化)하기 시작하였다. 예를 들면 동굴 벽에 사냥 광경을 그리고 임산부 모습을 흙으로 빚어 조각하였다.

구석기시대 정신생활의 흔적은 프랑스나 스페인의 동굴에서 발견되었다. 1879년 스페인의 한 귀족(Don Marcelino Sautuola)이 딸과 함께 영지(領地) 안의 알타미라Altamira에서 동굴 안을 조사하고 있던 중 선사시대의 동굴화를 발견하고 이 사실을 발표하였다. 처음에는 고고학자들이 이를 믿지 않았지만 그 후에도 스페인과 남프랑스에서 20여 개 선사시대의 동굴화가 속속 발견되었으며 1895년 남프랑스 라스코Lascaux에서도 발견되었다.

이러한 모든 동굴화는 수준이 매우 높은 것이며 주로 크로마뇽인의 작품이었다. 그들은 늑대 · 사슴 · 말 · 매머드 · 들소 등을 그렸으나 인체 묘사에는 거의 무관심하였다. 이들의 그림은 예술적 가치가 있는 것이긴 하지만 그림의 동기로 볼 때 예술 그 자체보다는 수확을 기원하는 주술적(呪術的) 의미가 있었던 것 같다.

라스코 동굴화(BC 15000-13000년경): 선사시대 사람들은 동굴 내부를 아름답게 장식하기 위해 그림을 그린 것이 아니라 사냥에서 동물을 많이 잡을 수 있기를 바라는 마음에서 그렸다.

신석기시대로 가는 과도기 지금으로부터 1만년을 전후하여 구석기시대는 끝났다. 빙하가 북쪽으로 후퇴하고 사슴이나 매머드는 사라졌다. 인류는 서부 아시아에서 아프리카와 남유럽 방면으로 이동해서 새로운 문화, 즉 신석기 문화를 창출하여 결국 오늘날의 인류생활에까지 연결되는 문화를 형성하였다.

그러나 신석기시대(Neolithic Age; New Stone Age)에 이르기까지에는 오랜 과도기적 단계가 있었다. 고고학자들은 구석기 문화를 유지하면서도 새로운 신석기 문화를 만든 과도기로서 중석기시대(Mesolithic Age; Middle Stone Age)가 있었다고 보고 있다.

신석기시대의 시작과 끝은 지역에 따라 차이가 크다. 예컨대 메소포타미아와 이집트의 경우 BC 9000-6000년경 신석기시대에 들어섰고 BC 4000년경 끝났다. 이에 비해 영국에서는 신석기시대가 BC 1세기까지 계속되었고 멕시코에서는 AD 14세기까지 계속되었다.

신석기시대로의 변천은 소아시아 동쪽에서부터 티그리스강과 유프라테스강의 상류에 걸친 고원지대에서, 즉 이란에서부터 팔레스티나 남쪽의 오아시스에 이르는 지역에서 제일 먼저 시작되었다. 이 지역에서는 가장 오래된 도시 공동체의 유적이 최근 발견되었다. 발굴된 바에 따르면 BC 8000-6500년 팔레스티나의 예리고Jericho를 비롯해 터키의 할리차르Halicar와 차탈회유크 Catalhoyuk, 이라크의 자르모Jarmo와 테페 가라Tepe Gawra, 시리아의 에블라Ebla, 이란의 테페 야야Tepe Yahya 등에서 농사를 짓고 가축을 키웠다.

신석기 혁명 신석기 문화는 한마디로 농업 문화였다. 사냥하는 구석기시대에서 농사짓는 신석기시대로 바뀐 것이다. 어떻게 농사가 시작되었는지 아직 잘 알 수 없다. 그러나 이 시대의 인류는 기후조건에 대비하여 일정한 곳에 주거지를 정해 살면서 보리나 밀을 비롯한 곡물과 채소, 과일을 심고 수확하였다.

처음에는 밀만을 심었으나 잡초가 자연스럽게 땅의 비료가 되면서 교배가

차탈회유크

터키의 남아나톨리아의 유적으로 신석기시대의 도시로서 가장 흥미 있는 경우이다. BC 6800년경 세워진 이 도시는 3만 평 크기이며 그 주민은 안마당을 가진 납작한 지붕의 단층집에 살았다. 보석, 거울로 치장하는 생활을 했으며 칼로 사용된 흑요석(黑曜石)을 생산하여 물물교환을 하기도 하였다. 벌꿀, 흑딸기 술, 식물성기름, 견과류(堅果類), 과일 등도 생산한 흔적이 있다.

집안에는 종교적 장소가 있었다. 방 하나는 다산(多産)의 여신을 모시는 사당으로 여사제가 기도하였다. 집안 일에서 여자들이 상대적으로 위상이 높았던 모계사회를 형성했던 것 같다. 남자들은 단지 작은 이동식 침상만을 가지고 있었을 뿐이었다. 조각된 황소 머리가 여럿 발굴되었는데 이것은 소 숭배의 흔적이라 생각된다.

되어 새로운 종의 곡식이 나왔다. 토기나 도기(陶器) 또는 광주리를 만들어 종자와 양식을 따로 저장하는 등 수확물을 관리하였다.

신석기시대 초기에는 나무나 진흙을 말려 움막집을 짓거나 인공으로 땅을 파서 수혈(竪穴)을 만들거나 나무 위에 귀틀집을 짓거나 호숫가에 호상옥(湖上屋)을 만들기도 하였다. 그러나 시간이 지남에 따라 진흙을 불에 구워 만든 벽돌로 집을 지었다. 거실과 저장소 및 매장터를 만들고 또한 신전 · 성벽 · 우물과 같은 공공시설을 만들었다. 사냥이나 고기잡이를 계속하긴 했으나 날이 갈수록 가축을 기르는 일이 습관처럼 되었다. 집에서 키운 최초의 동물은 개지만 털이나 젖을 공급해주는 양이나 산양이 더 중요한 가축이 되었다. 가축의 고기를 먹고 젖을 짜고 가죽과 털로 옷을 만들기도 하였다.

테라코타 여신상: 성적 특징이 강조된 이 여성상은 초기 농경 생활의 관념을 그대로 반영하고 있다. 높이 16.5cm의 이 상(像)은 터키의 차탈회유크에서 출토되었다.

농산물이 생산되고 식량이 늘었기 때문에 인구는 점차 증가하였다. 인구가 늘어남에 따라 마을은 도시가 되었다. BC 8000-7000년 예리고 공동체는 적어도 2천 명이나 모여 사는 도시가 되었다. 그들은 돌 초석 위에 흙벽돌집을 짓고 도시 경계에는 성벽을 쌓아 적의 공격에 대비하였다. 아나톨리아 지방의 차탈회유크는 약 3만 평이나 되는 규모의 도시였다. 시 외곽은 흙벽돌로 된 단단한 집들을 배치하여 성벽을 대신하였다.

이러한 도시의 모양과 성벽으로 보아 당시에도 도시계획이 있었던 것 같다. 점차 정치 · 경제 · 사회적인 생활환경은 복잡해졌다. 농업을 하게 되면서 경제체제와 사회조직이 크게 발전하게 되었다. 이는 곧 인류사회를 근본적으로 바꾸어 놓은 신석기 혁명(Neolithic Revolution)이었다.[1)]

신석기시대의 사회 신석기시대에서도 여전히 석기를 사용했으나 구석기시대의 타제석기(打製石器)에 비해 신석기시대의 마제석기(磨製石器)는 더 정교하고 날카롭게 되었을 뿐 아니라 새로운 도구, 예컨대 괭이 · 호미 · 낫 등을 만들었다.

석기와 함께 골각기(骨角器)와 토기(土器)를 사용했으며 신석기시대 말기

가축의 원조

인류가 가축으로 길들인 동물은 개가 제일 오래된 것이다. 구석기시대와 신석기시대의 중간기인 중석기시대(中石器時代)에 개를 키웠다고 추정된다. 신석기시대가 되어 마을 근처에 있는 늑대, 자칼 등이 인간에 의해 길들여지게 되었다. 고양이가 가축으로 길들여진 것은 훨씬 늦어 이집트 제5왕조(BC 2500)의 일로 추정된다.

1) Brian M. Fagan, *World Prehistory: A Brief Introduction* (1979), 121-123.

초기 인류의 도구:
a: 석기라는 것을 겨우 알아볼 수 있을 정도의 돌조각이다(5만 년 전).
b: 좀더 정교한 형태를 하고 있는 이 석기는 과일의 껍질을 벗기거나 동물의 내장을 꺼내는 데 사용되었다.
C: 빙하 시대를 지나면서 석기는 점차 가벼워지고 더 정교해졌다.

에는 동기(銅器)도 사용하였다. 베(亞麻類)를 재배하여 옷을 만들어 입었고 마찰에 의해 불을 일으킬 줄도 알게 되었다. 이와 같이 옷을 만들고 불을 사람의 손으로 일으킨 것은 구석기시대에 비해 커다란 문화적 발전이었다.

집단생활에도 변화가 왔다. 그들은 무리(群集)를 지어 마을(聚落)을 형성하였다. 이에 따라 내 · 강 · 호수 · 바다를 따라 여기 저기 옮겨다니는 범위도 넓어졌다. 농사를 지음으로써 노동이 전문화되고 분업이 시작되어 고도의 기술과 질 좋은 생산물을 수확할 수 있게 되었다.

정착생활을 하게 되면서 곡물을 저장한다든지 가축을 늘리게 되었다. 재물이 늘어나 쌓인 결과 물물교환을 하게 되었다. 외부인들과의 다툼도 잦고, 따라서 집단적으로 마을을 지켜야 할 필요가 생겼다.

이리하여 방위나 물물교환을 위해 효과적인 사회구조가 필요하게 되었다. 가장(家長)들이 모여 씨족(氏族)을 형성하였다. 더 나아가 공동문제의 집단적 해결을 위한 부족형태의 정치조직이 형성되었다. 마을의 정치를 지휘하는 책임과 종교 생활을 관할하는 사람은 특별한 지위와 권한을 부여받게 되었다.

농경사회에서는 땅의 생산성이 큰 관심거리였다. 이 생산성은 큰 엉덩이와 가슴을 가진 여인상으로 표현되었으며 당연히 여성의 중요성도 인식되었다. 여성의 생산성은 곧 마을 전체의 번영을 좌우하는 요소였다. 여신(女神)의 중요성은 초기 농경사회의 모계사회의 존재와 관계가 있었다.

뮐렌도르프의 비너스(BC 28000-23000년경): 높이 11cm의 이 작은 여신상은 구석기 시대의 작품으로 풍요와 다산을 상징하는 비너스 상이다.

신석기시대의 정신생활 이 시대의 종교생활은 이전보다 더 체계적이며 의식적인 것이 되었다. 신앙심은 "외부의 힘—정신적 또는 도덕적 힘—에 대한 인간의 의존심의 한 형태가 표출된 것"이었다.[2] 신앙심은 파괴와 생산을 동시에 가능하게 하는 대자연을 향한 것이기도 하였다. 신석기시대의 종교는 해나 큰 바윗돌에 대한 경외심(太陽巨石崇拜)이나 물 · 구름 · 번개 · 천둥에 대한 공포심 또는 삼림 · 수목 등의 정령을 믿는 정령숭배(animism)의 형태

2) A. R. Radcliff-Brown, *Structure and Function in Primitive Society* (Free Press), 157.

스톤헨지(Stonehenge) : 영국 남서부에 있는거석숭배의 유적

로 표현되었다.

예컨대 차탈회유크에서 발굴되는 예술작품은 인간의식이 크게 발전되었음을 명백히 입증하고 있다. 종교문제가 점점 복잡해짐에 따라 전문직 사제(司祭)에 대한 사회적 존경도 높아졌으며 곡식이나 가축 떼를 지켜주고 마을을 보살펴 주는 신령에게 많은 재물을 바치는 의식(儀式)을 치르게 되었다.

신석기시대의 의의 우리는 구석기시대와 신석기시대를 다같이 석기시대라 부르고 있으나 이 두 시대 사이에는 근본적인 차이가 있다. 구석기시대에는 인간이 사실상 동물과 별로 다르지 않은 원시상태에 있었던 반면 신석기시대에서는 생산경제를 바탕으로 문화를 창출하여 동물과는 전혀 다른 생활을 하게 되었다.

신석기시대가 되어 인류 문화는 고도의 수준에 달하였다. 첫째로 농업생산과 같은 물질적 진보를 성취하여 생활조건은 획기적으로 개선되었다. 둘째로 인간의 의사소통 능력, 즉 언어능력이 크게 발달되었다. 신석기시대는 인류가 문화형성에서 비약적으로 발전했던 시기였다.

인류는 신석기시대에 이르러 땅에 의존하고 흙에 밀접한 생활을 하였다. 땅에 뿌리를 내리고 살림을 차린 시대——이것이 신석기시대였다. 농업에 의한 식량생산은 인류사적 대변화이며 후의 산업혁명만이 이에 비견될 수 있는 혁명적인 전환이었다. 식량생산은 인간의 경제생활뿐 아니라 사회와 문화를 바꾸어 놓았다.

사회적으로는 인구가 증가하고 반항구적인 정착생활이 가능하게 되었으며 토지 소유의 사회계급이 출현하고 가족적 집단생활이 시작되었다. 문화적으로는 농경 · 저장 · 주거 등을 향상시키는 도구제작이나 기술개선이 이루어졌다. 인간은 자연 환경조건에 순응하는 대신 비로소 계획적으로 환경을 바꾸어

인디오의 문화(마야와 아즈테카)

중남 아메리카 인디오의 역사는 상당히 거슬러 올라가지만 그들의 사회는 오랫동안 석기문화를 유지하고 있었다. 중남 아메리카의 석기문화가 고도의 수준에까지 도달했음을 보여주는 많은 유적이 오늘날 멕시코, 과테말라, 벨리즈, 온두라스 및 페루 등에 남아 있다.

1939년 스티븐스John Stevens는 친구 캐서우드Catherwood와 함께 중앙 아메리카 정글 속의 폐허를 발견하였다. 거기에는 우수한 거대한 석상(石像)이나 그림문자가 쓰인 조각, 높이 30m의 아름다운 조각장식의 돌계단형 피라미드가 있었다. 2년 후 스티븐스는 『중앙 아메리카, 치아파스 및 유카탄 여행기』를 출판하여 전 세계를 놀라게 하였다. 당시에는 곧이듣는 사람들이 거의 없었으나 약 40년 후 모즐리Alfred Mosley의 탐험으로 그것이 확인되었다. 같은 시기에 16세기에 멕시코 주교가 쓴 『유카탄기(記)』가 발견되어 마침내 망각된 문명이 세계에 널리 알려지게 되었다.

마야 문화는 옥수수 농업을 기반으로 한 문화였다. 6세기경 유카탄 반도의 팔렌케Palenque, 온두라스의 코판Copan, 과테말라의 티칼Tikal 등의 도시가 생겼다. 8-10세기경 유카탄 반도에 이주하여 메리다 근처 우슈말Usmal, 치첸-이차Chitzen-Itza 등의 도시국가를 형성하였다. 13세기경 토르테카족은 북방 멕시코에서 침입하여 이들을 정복하였다.

그 후 아즈테카족은 마야 및 토르테카족을 병합하여 제국을 세웠다. 14세기경 쿠노쿠치트란(지금의 멕시코 시티)을 건설하여 15세기 전반기에 스페인의 코르테스에게 멸망될 때까지 주변의 도시국가와 군사동맹을 체결하여 상업활동을 통해 번영하였다.

한편 거의 같은 기간 신석기문화는 페루, 칠레, 에콰도르 지방에 건설된 잉카제국의 경우에도 볼 수 있다. 잉카제국의 최성기는 15세기이며 수도는 페루의 쿠스코Cuzco였다. 마추피추Machupichu에 남아 있는 유적은 고도의 정교한 기술을 보여주고 있다. 잉카제국에는 문자는 없었고 숫자를 기록하는데 키프(結繩文字)가 사용되었다. 16세기에 철제 무기와 말로 무장한 유럽의 약탈자들(conquistadores)이 이곳의 금은을 강탈해감으로써 오랜 인디오 문화는 종말을 고하게 되었다.

마야와 잉카의 경우에서 나타난 사실은 역사의 연속성과 전통의 보편성이 문화적 발전을 위해 얼마나 중요한가를 보여준다. 그러나 한편 석기 중심의 사회와 문화가 금속 문화로 연결되지 않은 지역이 14세기에도 존재하였다는 사실을 입증하고 있다. 그것은 오늘날 남태평양제도의 일부에서 또는 아프리카의 어느 지역에서 아직도 석기문화가 잔존해 있다는 사실에서도 신석기시대의 끝이 일정하지 않다는 것을 의미한다.

놓으려고 하였다.

신석기시대에 인간과 동물과의 격차는 현저하게 벌어지게 되었으며 특히 농업혁명은 인류문명사의 커다란 변화였다. 오랜 시간에 걸쳐 인간은 문화 전달과 학습을 통해 진화되어 왔으나 그 결정적인 계기는 신석기시대에 이르러 비로소 이루어졌다. 그리고 이 전환은 대하(大河)유역에 문명이 생겼을 때 더욱더 명백한 것이 되었다.

■ 더 참고할 책 ■

제1장 선사시대

Barber, Elizabeth W., *Women's Work: The First 20,000 Years: Women, Cloth, and Society in Early Times* (1994).

Benedict, Ruth, *Patterns of Culture* (Mentor).

Braidwood, R. J., *Prehistoric Man*, 8th ed. (Scott, Foreman).

Clark, John Grahame D., *World Prehistory in New Perspective*, 3rd ed. (Cambridge).

Radcliff-Brown, A. R., *Structure and Function in Primitive Society* (Free Press).

1. 원시인류의 출현

Gamow, G., *Biography of the Earth* (Mentor).

Hooton, E. A., *Up from the Ape*, rev. ed. (Torchbooks).

Leakey, Richard, and R. Lewin, *Origins* (Dutton).

Leakey, Richard E., *The Making of Mankind* (1981).

Lewin, R., *People of the Lake: Mankind and Its Beginnings* (Anchor).

Pfeiffer, John E., *The Emergence of Humankind*, 4th ed. (1985).

Poirier, Frank E., *Understanding Human Evolution* (1987).

최진식 "방사성 탄소연대 측정법--문제점과 연구동향" 『지리학』:37 (1988).

2. 선사시대의 문화

Binford, Lewis, *In Pursuit of the Past: Decoding the Archaeological Record* (1983).

Chauvet, Jean-Marie, et al., *Dawn of Art: The Chauvet Cave: The Oldest Known Painting in the World* (1996).

Childe, V. Gordon, *What Happened in History* (1985).

Childe, V. Gordon, *Man Makes Himself* (Mentor).

Clark, G., *The Stone Age Hunters* (Torchbooks).

Dahlberg, Frances, ed., *Woman, the Gatherer* (1981).

Ehrenberg, Margaret, *Women in Prehistory* (1989).

Fagan, Brian M., *People of the Earth: An Introduction to World Prehistory*, 4th ed. (1983).

Gimbutas, Marija, *The Goddesses and Gods of Old Europe, 6500-3500 BC: Myths and Cult Images* (1984).

Herskovitz, Melville J., *Economic Anthropology* (Norton).

Lamberg-Karlovsy, C. C., and Jeremy Sabloff, *Ancient Civilizations: The Near East and Mesoamerica*, 2nd ed. (1995).

Lerner, Gerda, *The Creation of Patriarchy* (1986).

Linton, Ralph, *The Tree of Culture* (Vintage).

Wooley, Sir Leonard, *Digging Up the Past* (Penguin).

최몽룡 "고대문명-근동과 중미"『광장』:193 (1989).

※더 참고할 책의 최신 목록은 〈blog.daum.net/chasworldhistory〉 참조

제
2
장

고대 동방의 문명

아카드제국의 왕 나람-신Naram-Sin의 승전 기념비(BC 2200년경)

주 요 연 대

BC

7000	중동 역사상 최초의 촌락공동체
4000-2000	청동시대 ; 수메르인 지배
3500	이집트 그림문자(신성문자)
3200-2800	수메르 문명 시작 ; 설형문자(3200)
3100-2200	이집트 고왕국(1-5왕조) : 나일강 하류 멤피스 중심 ; 파라오 ; 피라미드
2400-2200	수메르제국(수도: 아카드, 우르)
2200-2000	이집트 제1 중간기 (7-11왕조)
2050-1800	이집트 중왕국(12왕조) : 나일강 중류 테베 중심
2000-1580	크레타 중기 미노스 문명 ; 크노소스 왕궁, 음절문자
2000-1600	아모르인의 지배 ; 바빌로니아 왕국
1900	히타이트 민족의 전성기 ; 히브리족의 유랑, 가나안 정착
1792-1750	함무라비 바빌로니아 통일 ; 힉소스 민족의 이집트 정복(이집트 제2중간기)
1790	함무라비 법전 ; 보리 재배, 은화 사용
1600	히타이트족의 바빌론 침입
1600	미케네 건설 ; 철 녹이는 기술
1580-1400	크레타의 후기 미노스 문명
1570-1090	이집트 신왕국(제국시대 : 18-20왕조): 고대 이집트 최성기 ; 룩소르 신전
1400	미케네인의 미노스 정복
1350	이집트, 아케나텐 ; 페니키아 지중해 식민 ; 페니키아 문자
1300-900	히브리 민족의 가나안 지배 ; 모세의 이집트 탈출(1275) ; 솔로몬 왕(950)
1225	이집트 람세스 2세 ; 아부 심벨 신전 ; 유럽에 철 사용 전파
1200-1100	아시리아의 대두 ; 그리스 암흑시대 ; 폴리스 건설
1100	페니키아의 세계무역
1090-525	이집트 신왕국(후 제국 시대: 21-30왕조)
1000	히브리 왕국 ; 다비드, 솔로몬
950-547	리디아 제국
935-722	이스라엘 왕국 ; 아시리아의 이스라엘 왕국 정복(722)
935-586	유대 왕국
800	그리스 식민운동 ; 호메로스
750	로마시 창건
722-612	아시리아제국
612-539	칼데아 제국과 신바빌로니아 왕국 ; 네부카드네자르(604)
586	네부카드네자르의 예루살렘 함락 ; 바빌론 유수(幽囚: 586-539)

인류가 모두 같은 시기에 역사생활과 문화창조를 시작한 것은 아니다. 제일 먼저 하천지역에서 문명이 형성되었다. 주된 이유는 농경민에게 중요한 수원(水源)이 가까이 있었기 때문이었다. 중국의 황허(黃河)와 양쯔장(楊子江) 유역, 인도의 갠지스(Ganga)강과 인더스(Sindhu)강 유역, 서남 아시아의 메소포타미아 및 동북 아프리카의 나일강 유역은 다같이 기후가 따뜻하고 농사를 짓기에 알맞은 큰 강을 낀 곳이었다. 특히 지중해의 동남 주변지역인 메소포타미아에서 촌락의 공동작업을 통해 보리와 밀이 일찍부터 재배되었다. 여기에서 시작된 곡물재배법이 점차 여러 지역으로 퍼져나갔다.

신석기 문화를 일찍 끝내고 한 단계 높은 문화단계에 들어선 곳도 역시 티그리스-유프라테스 계곡과 나일 계곡이었다. 이 지역의 문명은 나중에 서양문명의 기반이 되었다.

BC 3000년을 전후하여 이 지역에서는 금속으로 도구나 무기가 만들어졌다. 여기가 바로 '고대 동방'(Ancient Orient)이라 불리는 곳이며, 오늘날의 터키 · 이라크 · 요르단 · 시리아 · 이스라엘 · 이집트 등에 해당되는 지역이다. 동방이라고 불리게 된 것은 고대 그리스인이 자기들이 사는 곳보다 동쪽에 있다고 생각해서였다.

고대 동방에서 시작된 문명은 그 후 그리스와 로마에까지 연결되면서 서양문명의 바탕이 되었다. 그리스도 탄생에 이르기까지 수많은 민족과 국가들이 흥망을 거듭한 이 지역은 문명적으로 여러 특성을 나타냈으며 그 후에 서양문명 형성에 커다란 영향을 끼친 점에서는 모두 같다.

문화(culture)와 문명(civilization)

이 두 개념이 어떻게 다른가에 관해서 인류학자, 사회학자, 철학자, 역사가들의 견해는 매우 다양하다. 문화에 대한 정의만 해도 160여 개의 정의가 있을 수 있다는 것이다. 인류사회의 진보단계를 여러 가지로 구분하는 일부 학자들은 문화란 문자가 사용되지 않았거나 문자가 전혀 발달되지 않은 단계를 가리키며 이에 대해 문명은 문자사용으로 고도의 발달된 단계를 지칭하고자 한다.

사회학적으로 문화는 특정 공동체 또는 집단의 모든 생활양식, 즉 언어 · 전통 · 관습 · 제도 · 관념 · 신앙체계 · 가치관 및 물적 도구나 제작물로 구체화된 것 등을 의미한다.

그러므로 사회집단은 어느 의미에서든 그 독자적인 문화를 가진다고 볼 수 있다. 한편 문명의 특성은 문자사용, 도시생활, 문학, 예술, 사상과 같은 고급의 정신적 창작물 등에 있다. 이 관점에서 보면 모든 문명에는 일종의 문화적 요소가 있으나 모든 문화가 문명이라고 보기는 어려운 것이다.

문명은 어떻게 시작되었는가? 이에 관한 학설은 지형설 · 기후설 · 토양설 등 다양하다. 그 중에서도 토인비Arnold J.Toynbee(1889-1975)가 주장한 역경설(逆境說: adversity theory)이 특이하다.

이에 따르면 문명은 인간이 살기 어려운 환경에서 형성되었다는 것이다. 인간은 어려운 자연조건의 '도전'을 받아 이를 극복하고자 하는 '대응' 과정에서 비로소 문명을 이룩할 수 있었다는 것이다.

1. 메소포타미아 문명

메소포타미아Mesopotamia는 티그리스Tigris, 유프라테스Euphrates 두 강 사이에 있는 비옥한 삼각형 모양의 지대이며 이른바 '비옥한 초생달 지대'(Fertile Crescent)라 불리는 곳이다. 메소포타미아는 meso(중간, 사이)와 potam(하천, 강)이라는 그리스어에서 유래하며 알렉산드로스 대왕 이후부터 그렇게 불리게 되었다. 성서에는 파단-아람Paddan-Aram이라 적혀 있고 아랍인에게는 알-자지라Al-Jazira로 알려진 곳이다.

티그리스강과 유프라테스강은 터키 아르메니아 지방의 산맥에서 시작하여 수많은 지류와 습지(濕地)를 형성하면서 마침내 하나로 합쳐 이라크의 페르시아만으로 흘러 들어가는 강이다. 메소포타미아는 오늘날의 터키 동남부, 시리아의 북동부 및 이라크의 대부분을 포함하는 지역을 뜻한다.

엡힐(Ebih-il)의 조각상(BC 2400년경): 수메르인의 도시국가 우르에서 출토. 가슴에 두 손을 모은 모습과 큰 눈은 신에게 경배를 드리는 모습을 상징한다.

메소포타미아는 많은 민족의 정착지가 되었으며 최초의 도시들을 발생시킨 땅이었다. BC 5000년경 이 지역에서 관개 농경법이 시작되면서 사회는 급속히 발달하게 되었다. 셈어를 사용하는 유목민족이 아카드(Akkad: 지금의 바그다드) 근처의 지역을 차지했으며 남쪽에는 수메르인이 정착하여 농사를 지었다.

수메르인은 역사상 처음으로 도시를 건설한 사람들로서 BC 3500년경 메소포타미아 남쪽에 여러 도시들을 세웠다. 도구가 발달되면서 금속으로 만든 도구와 무기가 사용되고 계산을 하거나 행정을 문서로 알리기 위해 문자가 창안되었다.

BC 4000-2500년에 금속으로 된 도구와 무기를 사용하는 기술을 익히면서부터 환경을 지배하는 인간의 능력은 더욱 더 커졌다. 기술의 발전은 물질적 생활뿐 아니라 정치 형태, 종교적 신앙, 사회구조를 크게 바꾸어 놓았다.

처음에는 순수한 구리(銅)가 사용되었으나 곧 더 단단한 청동기 즉, 청동제(靑銅製) 그릇 · 도구 · 무기가 나왔다. BC 4000년경 구리가 사용되기 시작했으나 그릇이나 무기를 단단하게 만들기에는 적합하지 않았다. 청동기가 나오게 된 것은 이보다 상당히 늦은 BC 3000년경이었으며 이 때 석기는 완전히 사라졌다. 이 후 청동제 물건은 이집트 · 유럽 · 아시아로 전파되었는데 고대 동방의 청동기 시대는 BC 1200년경 철제도구가 사용되기까지 지속되었다.

금속의 활용과 함께 거의 같은 시기에 수레바퀴가 널리 사용되었다. 처음에는 통째로 된 나무 바퀴였으나 이윽고 살을 박은 가벼운 바퀴가 나왔다. 이로써 전에 사용되던 썰매 대신 수레가 물건이나 사람을 나르는 데 사용되었다. 뿐만 아니라 바퀴를 돌려 도기(陶器)를 만들고 여러 가지 무늬를 넣을 수 있게 되었다. 또 이와 거의 같은 시기에 보습을 발명하여 황소에 달아 사용함으로써 더욱 더 효과적으로 농사를 짓고 농업생산성을 높일 수 있게 되었다.

A. 정치 · 경제 · 사회

메소포타미아에는 해마다 홍수가 일어났으나 전체적으로 보아 비의 양은 부족한 형편이었다. 그리하여 티그리스와 유프라테스 두 강이 물을 공급해주는 수원이 되기는 했지만 그것만으로는 충분치 않아 인위적인 관개사업을 함으로써 비로소 농사를 제대로 지을 수 있었다. 이 지역의 주요 경제는 농업이었으나 일찍부터 상공업이 발달하였다. 왜냐하면 바위 · 나무 · 광물과 같은 자연자원이 많지 않아서 다른 지역과 통상하지 않으면 안 되었기 때문이다.

메소포타미아는 동서쪽과 북쪽에 아무런 자연적 장애물이 없는 개방적인 환경조건을 갖고 있었기 때문에 북부 산악지방이나 남부 사막으로부터 유목민족들이 침입하기 쉬웠다. 그 결과 많은 민족이 흥망하고 여러 국가가 성쇠를 거듭하는 복잡한 정치사가 전개되었다. BC 3100-1600년의 정치사는 (1) 고(古) 수메르 시대 (2) 아카드 시대(사르곤 제국) (3) 카시트 시대 (4) 아모르 시대(함무라비 제국)로 구분될 수 있다.

수메르의 도시국가 BC 3500년경 이 지역의 신석기 사회는 좀더 규모가 큰 공동체들의 집합체로 바뀌기 시작하였다. 간단한 촌락공동체는 복잡한 도시로 탈바꿈하였다. 관개를 체계화함으로써 능률적으로 농사를 짓고 생산을 늘일 수 있었다. 그 결과 이 지역의 도시 인구는 빨리 불어났으며 BC 3000년경 법률 · 정치조직과 사회구조는 더욱 더 복잡하게 발달하였다.

최초로 주목할 만한 민족은 수메르인이었다. BC 4000년경 북방으로부터 침입한 수메르인은 남메소포타미아 지역(수메리아Sumeria)에 정착하여 농업을 영위하여 마침내 BC 3500년경에는 비교적 크고 복잡한 도시 공동체를 구성하게 되었다. 그리하여 BC 3100년경 우르Ur · 라가슈Lagash · 우루크

우르의 군기(**軍旗**, BC 3000년경): 행진용 깃발로 사용된 것으로 추측된다.

Uruk · 움마Umma 등 10여 개의 부유하고 인구가 많은 도시국가들이 BC 2400년경까지 안정과 번영을 누렸다.

그러나 이 가운데 어느 하나의 도시도 패권을 잡지 못했기 때문에 수메르의 정치사는 끊임없는 전쟁의 역사가 되었다. 도시는 인구가 밀집된 성벽 내의 중심지와 계곡을 둘러싼 주변 농업지역 등 두 부분으로 구성되어 있었다. 성벽 안에는 커다란 신전이나 궁전과 함께 일반 평민의 가옥이 있었고 둑 · 운하 · 저수지 등이 있는 주변 농업지역에는 농민이 살고 있었다. 당시 최대 인구를 가졌던 도시국가 우르는 귀족과 성직자, 평민, 노예의 세 계급으로 나누어진 사회였다. 왕은 귀족과 성직자들의 지지를 얻어 권력을 유지하였다.

수메르인은 모든 재물이 도시의 수호신에게 귀속된다고 믿었다. 왕은 도시 중심의 신전 겸 궁전에 거주하며 생산과 징세(徵稅) 등을 기록하고 전체 주민을 지배하였다. 왕을 보좌하기 위해 남녀 사제 · 문서기록자 · 건축가 · 조각가 · 상인 · 장인(匠人) · 군인 · 세리(稅吏) 등 전문가들이 있었다. 상대적으로 풍부한 자원을 가진 도시는 인근지역을 정복하여 주민을 노예로 지배하였다.

수메르인은 북쪽으로 세력을 확장하여 셈족과 접촉하게 되었다. 셈족은 재빨리 수메르 문화를 채택하여 도시생활로 전환하였다.

아카드 제국 BC 2400년경 아카드 민족이 수메르 북쪽에 침입하여 도시국가를 건설하였다. 아카드 민족은 아라비아 사막에서 온 셈어족(語族)으로 북메소포타미아에서 번영을 누렸다. 그들은 수메르어를 종교 문헌과 예배에 국한하여 사용했으며 일상생활에서는 자기들의 언어인 셈어를 사용하였다. 수메르인의 문화와 경제를 대부분 계승하여 더 커다란 정치조직인 제국을 수립하고 마침내 메소포타미아를 통일하였다.

셈족은 아라비아 반도와 시리아 사막에서 가장 일찍 메소포타미아로 이동해 들어온 민족이었다. 그들은 같은 언어를 사용했으며 아카드 민족 · 아모르 민족 · 가나안 민족 · 아람 민족(지금의 시리아인) · 히브리 민족 · 아랍 민족이 여기에 속하였다.

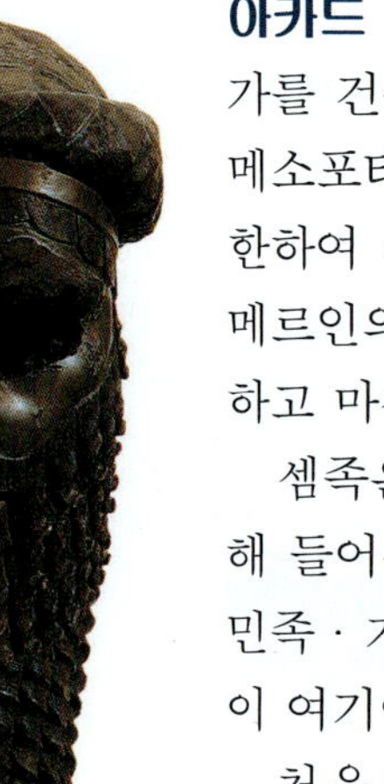

사르곤 1세의 두상
(BC 2200년경)

처음으로 아카드 제국의 기틀을 세운 지배자는 사르곤 1세Sargon I(Sharrukin, BC 2370-2315)였다. 그는 수메르 도시국가들을 복속(服屬)시켰을 뿐 아니라 멀리 아시리아와 시리아에 이르기까지 지배영역을 확장하였다. 사르곤 1세가 수립한 아카드 제국은 후계자들에 의해 BC 2200년까지 지속되었다. 그러나 안으로부터 일어난 저항운동과 외부의 공격으로 멸망하고 말았다.

신수메르와 아모르 민족 BC 22세기 중반 아카드 제국은 붕괴되고 다시 수

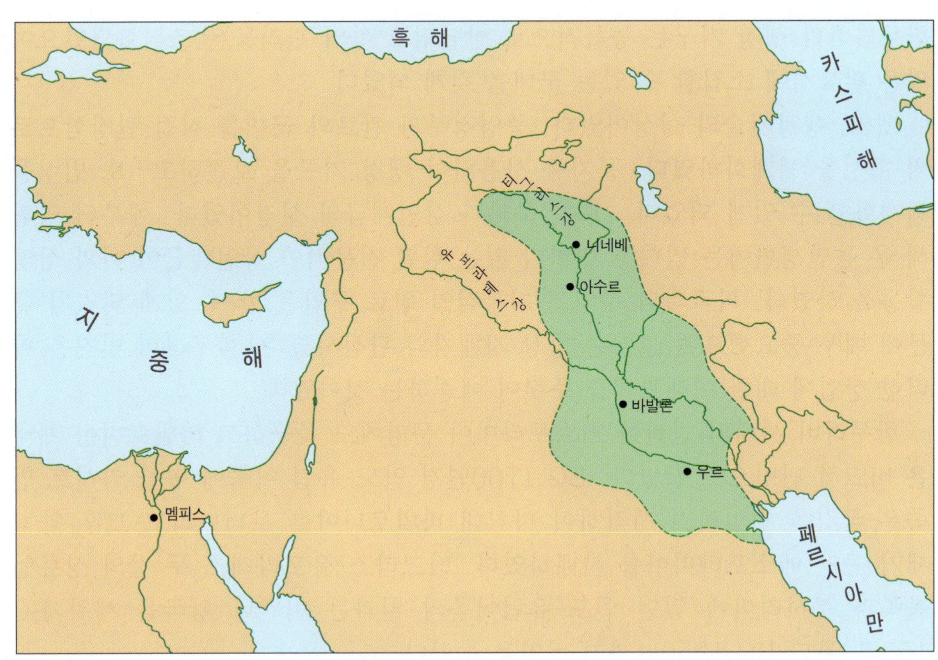

함무라비 왕 시대의 바빌로니아

메르의 도시국가들이 독립하여 메소포타미아를 장악하였다. 그러다 BC 2000년경 이란에서 침입한 엘람Elam 민족에 의해 정복되었다. 엘람 민족은 델타 지대를 철저히 파괴했으며 우르시를 소각하고 많은 주민을 학살하였다. 거의 같은 시기에 셈어족에 속한 아모르 민족이 새로운 제국을 건설하였다. 이 나라는 바빌론 시를 중심으로 했기 때문에 바빌로니아로 알려지게 되었다. 그리고 바빌로니아 왕국보다 1400년 후에 다시 그 지역에 수립된 나라는 역사에서 신바빌로니아라 불리고 있다.

BC 2000년경 아라비아 사막으로부터 메소포타미아로 침입한 아모르 민족은 수메르 문화를 거의 그대로 계승하였다. 그들은 수메르인의 종교를 받아들이고 거기에 만물의 창조주인 마르두크를 새로 추가하였다.

BC 18세기 전반 바빌로니아는 함무라비Hammurabi(BC 1792-1750)에 이르러 전성기를 맞이하였다. 그는 여러 차례 각지를 정복하여 페르시아만에서 지중해에 달하는 대제국을 건설하였다. 함무라비는 절대 권력을 행사하여 여러 민족들을 정치적으로 결속시키는 데 성공하였다.

함무라비 시대에 이르러 메소포타미아의 정치사는 네 가지 특징을 나타냈다.

첫째, 중앙집권체제의 확립이었다. 정치 권력의 바탕에는 왕권신수사상이 있었고 일부 왕들은 자신의 신적(神的) 위상을 주장하였다. 이러한 정치이론과 함께 종래의 도시국가에 대한 충성심은 규모가 큰 제국에 대한 충성심으로 전환되었다. 이것은 어떤 의미에서 지방적 성격이 사라지고 통일 국가를 중심으로 권력이 집중됨을 의미하였다. 둘째, 관료제와 직업군인의 발달이었다.

함무라비 왕

함무라비의 행정 기구는 능률적으로 발달되고 왕의 관리들은 조직화되었으며 왕은 필요시에 소집할 수 있는 군대를 갖게 되었다.

셋째, 행정기술의 향상이었다. 중앙정부가 관료와 군대를 직접 관장함으로써 행정을 체계화하였다. 문자를 사용하여 행정 기록을 보존하고 또 법령을 체계화할 수 있게 되었다. 넷째, 무역과 상인계급의 성장이었다. 예부터 영위해 온 농민생활에는 별다른 변화가 없는 한편 전문적인 상인계급이 나와 상업 활동을 하였다. 외국과의 무역은 기본적인 원료 구입을 할 수 있게 되었기 때문에 매우 중요했으며 그것은 항상 지배자의 관심사였다. 함무라비 법전은 이러한 상업에 대한 이해관계를 뚜렷이 예증하는 것이었다.

함무라비 시대의 찬란한 메소포타미아 문명에도 불구하고 바빌로니아 제국은 비교적 단명으로 끝났다. BC 1700년경 인도-유럽 어족에 속한 카시트 민족은 국경을 침범하기 시작하여 마침내 바빌로니아를 무너뜨리고 그후 약 4세기 동안 메소포타미아를 지배하였다. 티그리스-유프라테스 두 강의 상류인 북쪽과 북시리아에 있던 인도-유럽어족의 일파는 미탄니 왕국을 세워 BC 1550년부터 BC 1350년까지 번영을 누렸다.

메소포타미아 경제 메소포타미아 문명의 물질적 기반은 잘 조직화되고 통제된 농업제도였다. 청동기를 사용하고 바퀴 달린 보습으로 밭갈이하는 농업기술이 발달했지만 농사만큼은 주로 신석기시대 이래의 전통적인 곡물을 재배하고 동물의 힘에 의존하는 것이었다. 그러나 비옥하고 관개된 밭의 생산성은 크게 향상되었다. 농토는 귀족계급이 소유하는 대규모 농장이며 소작인이나 노예들이 경작하였다.

다른 지역과의 교역도 활발하게 이루어졌다. 메소포타미아는 당시 국제무역의 대중심지로서 인도와 시리아에서 목재, 아라비아에서 향신료(香辛料), 페르시아에서 금속과 석재, 이집트에서 황금 등을 수입하였다. 이런 활발한 교역으로 화폐가 일찍부터 유통되었다. 또한 각 도시에는 다수의 숙련 직인이 있었으며 우수한 물품을 다양하게 생산하여 멀리 내다 팔고 메소포타미아 지

수세식 변소와 하수도

BC 3000년대 말 메소포타미아의 테르-아누푸르 궁전에는 6개의 수세식 변소와 5개의 욕실이 있었다. 여기서 나오는 오수는 지하의 하수관에 의해 궁전의 동쪽을 따라 흐르는 하수 본관(內徑 1m)에 연결되고 있었다.

거의 같은 시기에 인도의 고대도시 모헨조다로Mohenjodaro에도 하수도 시설이 잘되어 있었다. 우물이나 빗물을 상수로 사용한 후 욕실이나 변소의 물과 함께 도로 밑 지하에 묻은 하수관으로 흘려 집수구(集水溝)에 모아 내 보냈다. 하수시설을 일찍부터 고안한 고대인의 지혜는 대단한 것이다.

방에 없는 원료나 물품을 수입하였다.

세습 군주제 왕은 본래 전쟁 지휘자로 시작해서 권력의 자리에 오른 사람이었다. 처음에는 백성이 왕을 선출하였다. 전쟁이 자주 있었던 메소포타미아 지역에서는 도시의 최고권력자로서 왕의 지위는 확고해졌으며 곧 세습 군주제가 되었다. 왕의 지위를 상징한 것은 궁전이며 그 화려함은 신전에 버금갈 정도였다. 왕과 그 가족, 고위 성직자들, 지주, 관리들이 귀족계급을 이루었으며 지배적 지위를 향유하였다.

사회계급 사회계급은 귀족(Awelum) · 평민(Mshkanu) · 노예(Wardum)의 3계급으로 구성되어 있었고 계급간의 관계 및 각 계급의 권리와 책임은 자세하게 법으로 규정되었다. 제국을 세운 아모르 민족 출신인 지배층 귀족은 관리와 군인이 되었으며 바빌론인 출신의 피지배층인 평민은 상인과 농민이었다.

귀족은 농토의 상당부분을 차지했으며 신전 땅과 함께 노예가 경작하였다. 귀족은 자유신분의 남녀 예민(隸民)을 갖고 있었다. 예민은 봉사의 대가로 자신이 경작할 수 있는 땅을 받았으나 생계를 유지하는 수단일 뿐 그 소유는 귀족이나 신전에 귀속되었다.

평민은 자유신분으로 땅을 소유하고 매매할 수 있었다. 그들은 도시행정에 대해 발언권을 가졌으며 법의 완전한 보호를 받았다. 그렇지만 사회신분상 또는 정치권력 면에서는 귀족계급에 예속되어 있었다.

각 도시에는 많은 노동자가 있어서 도시 행정이나 세력가를 위해 육체노동을 하였다. 인구의 대부분은 농민이며 도시 중심을 벗어난 곳에서 농업에 종사하였다.

노예는 대부분 외국인이거나 전쟁포로 출신이었으나 일부는 범법자거나 채무 노예였다. 채무노예는 3년이 지난 후에는 법에 따라 해방되었으나 다른 노예들은 소유자가 마음대로 처분하였다. 노예는 낙인이 찍혀 동물과 같은 취급을 받았다. 그럼에도 노예는 돈을 빌릴 수 있었고 일정한 법의 보호를 받으며 장사도 할 수 있었다. 또 일부 노예는 자유신분을 살 수 있었다.

가족제도 메소포타미아 사회의 기본단위는 가족이었다. 결혼은 가족의 합의에 의해 이루어진 중매결혼으로 일종의 상업적 계약에 의해 이루어졌다. 신랑과 신부의 아버지가 모든 혼인절차를 맡아 처리하였다. 신랑은 결혼예물이나 돈을 여자에게 보냈고 신부 아버지는 딸의 혼수금을 마련해야 하였다. 결혼 후 혼수금은 남편이 관리하지만 항상 여자의 소유로서 자신의 권리와 지위를 보호하는 수단으로 삼을 수 있었다. 재정문제가 해결되었을 때 비로소 두 사람은 혼인계약서를 썼는데 혼인계약서 없는 결혼은 무효였다.

혼인계약의 중요성은 "계약에 의하지 않고 얻은 처는 정식 처가 아니다"라는 함무라비 법전 126조의 규정에서 알 수 있다. 결혼은 남녀 어느 쪽에서든 파혼할 수 있었으나 상당한 보상금을 지불해야 하였다. 대개 여자가 어릴 적에 아버지가 대신 혼인계약을 맺었으며 성년이 될 때까지는 아버지 집에서 살거나 시아버지 집에서 살았다. 이 기간도 법적으로는 결혼기간으로 간주하지만 성년이 된 후 부부는 자신들의 집을 마련할 수 있었다.

결혼한 여자는 결혼생활에 충실해야 했으며 간통죄는 죽음을 의미하였다. 남편이 간통한 여자의 목숨을 건지기 위해서는 왕에게 탄원해야 하였다. 남자는 간통 현장을 목격하지 않았다 하더라도 여자를 간통으로 고발할 수 있었다. 여자는 무고를 맹세함으로써 자신의 무죄를 주장할 수 있었다. 남자가 아무런 증거를 제시하지 못해도 여자의 무죄가 증명되기까지는 유죄로 간주되었다. 여자는 자신의 혐의를 벗기 위해 강물에 투신해야 했다(함무라비 법전 5조). 여자의 몸이 강물에 뜨는 경우 고발한 남편은 머리 절반을 깎고 수염을 잘라야 하는 모욕을 당해야 하였다. 여자는 결혼을 충실히 지켜야 하지만 남자는 그렇게 하지 않아도 되었다. 남편은 여자 노예와의 사이에 아이를 낳은 후 집에 데려와 키울 수 있었다. 이 경우 남자는 법적으로 어린아이의 정통성을 인정하며 상속자로 삼을 수 있었다. 그렇게 하지 않는 경우에는 남자가 죽은 후 여자 노예와 그 아이는 자유인으로 해방되었다.

메소포타미아 지방의 결혼은 전적으로 아이를 얻기 위한 것이었다. 남편은 여자가 아이를 낳지 못하면 이혼할 수 있었으며, 이 경우 여자에게 혼수금을 되돌려 주었다. 여자가 병이 있어 어린아이를 낳지 못하는 경우 남자는 둘째 부인을 얻을 수 있었으나 첫째 부인은 일생 부양받을 수 있었다. 여자는 남자가 성생활을 거절할 때만 이혼할 수 있었다.

남성 중심 사회 메소포타미아 사회는 남성 중심의 사회였다. 남자와 아버지는 집안 일에서는 거의 절대적 권한을 가지고 있었다. 심지어 남자는 부채를 갚기 위해서는 여자와 아이들을 노예로 팔 수 있었다. 자식들은 함부로 아버지에 반항할 수 없었다. 아버지를 때린 아들은 손을 잘리는 형벌에 처해졌다. 당연히 부녀자는 사회적 결정에서 제한된 역할을 할 수밖에 없었으나 결혼 혼수의 처분권과 같은 권리는 가지고 있었다.

또 여자는 흔히 남자 재산의 상속권을 갖고 있었으며 여러 가지 경제 활동에 종사할 수 있었다. 귀족 집안의 부녀자는 남편의 사회적 지위에 따라 사치와 호사를 누렸다. 직인과 농민의 처와 아이들은 가장의 사업에 활발히 참여하여 적으나마 대가를 받았다.

B. 법제

메소포타미아의 법조직은 교역의 필요 등 여러 가지 이유에서 일찍부터 발달하여 서방세계에서 가장 먼저 성문법이 만들어졌다. 다른 고대사회의 단순하고 소박한 법제에 비해 메소포타미아 법제는 형사문제 및 민법과 상법에 관한 영역을 광범하게 규정하는 놀라운 정밀성을 보였다. 법제 발달은 메소포타미아 문명의 가장 독특한 특징이었다.

BC 25세기에 둥기Dungi(Shulgi, BC 2456-2409) 왕은 고대 수메르인 이래의 관습과 법을 모두 합쳐 성문법(成文法)으로 체계화하였다. 둥기 법전은 단편적으로나마 전해져 그 후 함무라비 법전에 편입된 것으로 보인다.

리피트-이슈타르Lipit-Ishtar 법전은 BC 1900년경 수메리아와 아카드를 통치한 이신Isin시의 왕 리피트-이슈타르(BC 1934-1924)가 제정한 것으로 함무라비 법전에 선행하는 법전이었다. 현재 전문과 발문(跋文)이 전해오고 있으며 38조는 부분적으로 흩어진 채 오늘날 남아 있다.[1)]

메소포타미아 법제의 특징으로는 다음 네 가지가 지적될 수 있다. 첫째, 복수법(復讐法: lex talionis)이라는 점이다. 이것은 눈에는 눈, 이에는 이라는 일대일의 동태복수(同態復讐) 원칙을 말한다. 둘째, 준사형(準私刑)원칙을 들 수 있다. 피해자 또는 그 가족이 가해자를 법정에 데리고 와야 한다. 법정은 주로 분쟁 중재 및 조정 역할을 하였고 공공 안녕을 위한 국가기관이 아니었다. 셋째, 불평등 원칙이다. 귀족·평민·노예 계급간에는 형벌의 차이가

리피트-이슈타르 법전

9 조: 남의 과일밭에 들어가 절도 현장을 들킨 자는 은화 10세켈shekel을 지불한다.

10조: 남의 정원에 있는 나무를 자른 자는 은화 2분의 1미나mina를 지불한다.

14조: 주인에게 2배의 신분 보상을 한 사실이 확인되면 그 노예는 해방된다.

25조: 결혼한 남자에게 아이가 있는데도 여자 노예가 아이를 낳았을 경우 여자 노예와 아이들에게 자유를 주었더라도 노예의 아이들은 주인의 아이들과 재산을 나누지 않아도 된다.

28조: 남편이 첫째 부인을 소박하지만 … 그 부인이 집을 나가지 않는데 그가 좋아하는 여자를 둘째 부인으로 삼았을 경우 첫째 부인을 계속 먹여 살려야 한다.

34조: 황소를 빌려 쓸 때 코걸이 근처를 상하게 했을 경우 황소값의 3분의 1을 지불한다.

35조: 황소를 빌려 쓸 때 눈을 상하게 했을 경우 황소값의 2분의 1을 지불한다.

36조: 황소를 빌려 쓸 때 뿔을 상하게 했을 경우 황소값의 4분의 1을 지불한다.

37조: 황소를 빌려 쓸 때 꼬리를 상하게 했을 경우 황소값의 4분의 1을 지불한다.

---

1) Donald Kagan, *Problems in Ancient History*, vol. 1 (1966), 29-31.

있었다. 예컨대, 같은 범죄라도 평민의 경우는 귀족의 경우보다 더 중형에 처해졌다. 끝으로 고의적 범죄와 우발적 사고에 차별을 두지 않았다. 그러므로 사고로 인한 살인도 사형을 면치 못하였다.

함무라비 법전비
(BC 1760년경)

함무라비 법전 BC 18세기 전반 함무라비 왕은 즉위 38년에 법전을 반포하고 그 내용을 비석에 새겨 주요도시의 신전 입구에 세워 일반에게 널리 알리도록 하였다.

현재 파리 루브르 박물관에 소장되어 있는 검푸른 원주형의 법전비는 1901년 프랑스의 모르강Jacques Jean Marie de Morgan(1857-1924)이 지휘한 페르시아 탐험대가 수사Susa에서 발견한 것이다. BC 12세기에 아람인이 바빌론 시를 약탈했을 당시 함무라비 법전비를 전리품으로 가져가 수도 수사의 아크로폴리스를 장식했던 것이다.

높이 2.5m, 둘레 1.8m의 탑형 법전비에는 앞뒤로 44칸 3천 행의 설형문자(楔形文字)로 모두 282조의 법조문이 새겨져 있다. 법전비의 윗부분에 함무라비 왕이 태양신(Shamash)으로부터 법전을 받는 광경이 부각되어 있다.

바로 아래의 전문(前文)에서 그는 "바빌론의 보호신 마르두크가 인민을 다스리고 나라에 도움을 주도록 당부했으므로 나는 이 땅의 언어로 법과 정의를 세우고 인민의 복지를 증진하였다"고 선언하였다. 그는 "사악한 자를 없애고 강자가 약자를 억누르지 않도록" 신이 자신에게 법전을 준 것이라고 주장하였다. "재판을 받기 위한 자는 이 비 앞에 와서 읽고 따르라. 이 비는 그대들에게는 법을 명백히 가르치고 권리를 지켜줄 것이다. 함무라비는 나라의 주인으로 국민의 아버지이니라"는 말이 조문에 앞서 선포되어 있다.

법전의 특징 함무라비 법전은 다른 고대 법제에서도 발견되는 공통된 특징을 지니고 있으며, 원시적 율법의 자취도 농후하였다. 예컨대, 혐의자가 물 속에 던져져 물에 뜬다면 무죄였다. 중형·보복(重刑·報復)의 원칙은 형법·민법·상법에서 적용되었다. 부모를 때린 자식은 두 손을 자르는 벌을 받는 것에서부터 불난 집에 든 도둑에는 화형, 절도에는 10-30배 배상 또는 사형, 술에 물을 섞어 판 자는 사형에 처하는 데 이르기까지 중형 원칙이 적용되고 있다. 다른 사람의 눈을 멍들게 만든 자는 자기 눈을 멍들게 해야 하며, 다른 사람의 딸을 때려 유산시켰다면 자기 딸이 사형되어야 하며, 목수가 집을 짓다가 무너져서 주인의 딸이 죽었다면 목수의 딸이 죽어야 하는 동태복수가 적용되었다.

함무라비 법전은 인류 역사상 가장 오래 된 성문법이 아니지만 여러 가지 의의가 있다. 무엇보다도 형법·민법·상법 관련의 여러 규정을 통해 당시 사회상을 살펴볼 수 있다. 그것은 개인보다 국가권력을 우선하였고 봉건적 토지 소유와 병역의무를 규정하였으며 관개에 관한 규칙을 정하였다. 특히 적정임금이나 공납에 관한 상거래 조항이 많은 점으로 보아 이 지역이 상업중심의 사회였음을 보여주고 있다.

함무라비 법전의 특징으로는 첫째, 고대사회 법제가 일반적으로 단순 소박함에 비해 매우 정밀하고 복잡한 규정을 하고 있다는 점이 지적될 수 있다. 고

함무라비 법전

1조 : 남을 살인으로 고발하면서도 증거를 제시하지 못하는 자는 사형에 처한다.
2조 : 생사에 관한 큰 재판에서 위증하거나 증언을 입증하지 못하는 자는 사형에 처한다.
6조 : 신전에서 절도할 경우 사형에 처한다. 훔친 물건을 도둑에게서 받은 자도 사형에 처한다.
14조 : 어린아이를 훔친 자는 사형에 처한다.
22조 : 강도는 잡히는 즉시 사형에 처한다.
23조 : 강도가 잡히지 않을 경우 강도당한 자가 신 앞에 맹세하고 잃은 물건의 목록을 제출하면 사건이 일어난 시와 주지사는 강도당한 것을 보상한다.
25조 : 불을 끄러 온 사람이 그 집 재물을 탐내어 절취했을 경우 불 속에 던져진다.
128조 : 처를 얻었으나 결혼 계약을 이행하지 않을 경우 그 여자는 처가 아니다.
130조 : 남의 결혼상대인 처녀를 범했을 경우 현장에서 잡히면 남자는 사형이며 여자는 방면된다.
131조 : 남편의 고발에도 불구하고 부인이 외간 남자와 잠자리를 같이 한 현행범이 아닌 경우 여자가 무죄를 맹세하면 집으로 돌아가도 된다.
138조 : 남편이 자식을 낳지 못하는 처와 이혼하고자 한다면 결혼 생활을 한 것에 대한 보상을 하고 혼수금을 돌려주고 이혼할 수 있다.
141조 : 부인이 집을 나가겠다고 고집하여 집안 망신을 시키고 남편을 업신여기는 경우 남편은 여자를 고발할 수 있다. 남편이 이혼하겠다고 말하면 여자는 집을 나가야 한다. 남자는 여자에게 이혼의 대가로 아무 것도 주지 않아도 된다. 만일 남편이 이혼하지 않을 경우 다른 여자를 부인으로 삼을 수 있고 이 경우 전 부인은 남편 집에서 노예로 살아야 한다.
195조 : 아들이 아버지를 때리면 두 손을 자르는 형을 받는다.
196조 : 귀족의 눈을 멍들게 한 자는 눈을 멍들게 하는 형을 받는다.
197조 : 다른 사람의 뼈를 부러뜨린 자는 자기 뼈를 부러뜨리는 형을 받는다.
198조 : 귀족이 평민의 눈이나 다리를 상하게 하면 은화 1 미나를 지불한다.
199조 : 귀족이 다른 귀족의 이를 부러뜨리면 이를 부러뜨리는 형을 받는다.
200조 : 같은 계급의 사람의 이를 부러뜨리면 자기 이를 부러뜨리는 형을 받는다.
201조 : 귀족이 평민의 이를 부러뜨린 경우 은화 3분의 1미나를 지불한다.
203조 : 같은 귀족끼리 상대의 종을 때리면 은화 1미나를 지불한다.
204조 : 같은 평민끼리 상대의 종을 때리면 은화 10셰켈을 지불한다.
205조 : 노예가 자유민의 종을 때리면 귀를 자른다.
210조 : 임산부를 때려 숨지게 한 자는 딸을 사형에 처한다.
229조 : 건축자가 부실하게 지은 집이 무너져 집주인을 죽인 경우 사형된다.
230조 : 이 경우 집주인의 아들이 죽었다면 건축자의 아들이 사형된다.
231조 : 이 경우 집주인의 노예가 죽었다면 건축자는 노예를 주어야 한다.

대 그리스의 솔론 입법이나 로마의 12표 법과 같이 시기적으로 훨씬 나중에 나온 고대법도 극히 간단한 내용에 불과하였다. 이에 비해 함무라비 법전의 282조에 달하는 많은 법 조항은 당시 사회가 그만큼 복잡하게 발달되어 있었음을 말해주는 것이다. 동서문명이 교차하는 이 지역에서는 여러 종류의 사람들이 내왕했으며 또한 통상활동이 활발했으므로 그만큼 사회 행위에 대한 다각적인 규제가 필요했다고 할 수 있다.

둘째, 함무라비 법전은 정의개념을 계몽주의적 관점에서 수립하였다. 모든 국민의 행위를 지배하는 규칙을 계몽군주와 같은 입장에서 제정함으로써 왕의 통치를 받아들이도록 하였다. 함무라비가 각별히 국가에 대한 죄에 대해서는 태형(笞刑), 사지절단, 사형 등 엄벌에 처하여 현대적 관점으로는 가혹하다고 느껴지기도 하지만 인간의 감정을 통제하고 꼭 지켜야 하는 최소한의 정의를 세우려는 데 법전의 목적을 두었다. 즉, 그는 법전을 통해 처벌이나 복수의 한계를 명백하게 규정하였다. 예컨대, 나의 눈 하나가 멍들면 상대방의 두 눈을 시퍼렇게 멍들게 만들고 나의 앞니가 부러졌으면 상대방의 이를 몽땅 뽑아버려야 직성이 풀린다는 것과 같은 복수의 증폭을 법적으로 방지했다고 할 수 있다.

더욱이 함무라비 법전은 국민의 기본복리를 위한 문제들을 법제화하였다. 즉, 여자 · 어린 아이 · 노예들을 보호하고 상거래의 공평성 유지와 재산 보호, 그리고 분쟁조정을 위한 표준 절차를 마련했으며 홍수와 가뭄의 피해자들에게 채무를 탕감하는 것 등을 제도화하였다. 그럼에도 함무라비 법전은 이전부터 존재하던 여성차별 원칙을 그대로 유지하였다.

정부와 법은 개인과 국가의 관계를 해결하는 수단이었다. 거꾸로 이 해결수단이 문명의 성격을 규정하였다. 통치자는 백성이나 신들에 대해 책임지며 지상생활의 안정을 보장한다는 것이 메소포타미아의 법 개념이었다.

메소포타미아의 민족국가들은 지리적 조건이나 정치조직에서 서로 달랐으나 법과 국가관에서는 공통점이 있었다. 즉, 설형문자와 법령집이 이 문명의 공통된 특성이었다.[2)]

C. 문화

메소포타미아 지역은 정치 · 경제 · 사회구조 면에서 고도로 발달되었을 뿐 아니라 종교 · 문학 · 예술 · 과학과 같은 문화생활에서도 놀라운 발전을 하였

2) E. A. Speiser, "Authority and Law in Mesopotamia," *Journal of the American Oriental Society,* Supplement 17 (1954), 8-15.

다. 대체로 수메르 민족이 메소포타미아의 기본적인 사회 · 경제 · 사상적 문화 패턴을 창출한 주역이었으며 이에 대해 셈 민족은 수메르 문화를 모방하고 이를 메소포타미아 이외의 지역으로 널리 전파하는 역할을 하였다.

메소포타미아를 정치적으로나 문화적으로 통일한 것은 바빌로니아인이었다. 그들은 아라비아에서 이주해와 바빌론에 정착한 아몰인이었다. 바빌론은 메소포타미아의 수도로 매우 적절한 위치에 있었다. 북쪽의 아시리아와 아나톨리아Anatolia와의 연결점에 있는 바빌론은 티그리스강과 유프라테스강의 교역을 지배했는데 수메르와 아카드에서 이루어지는 모든 상업행위는 바빌론을 거치지 않을 수 없었다. 그러므로 바빌로니아를 통해 비로소 메소포타미아 문명이 북쪽의 아나톨리아와 서쪽의 시리아 · 팔레스티나에까지 전파될 수 있었다.

메소포타미아의 가혹한 환경은 사람들에게 어둡고 비관적인 세계관을 갖게 하였다. 특히 홍수의 공포에 시달려야 하였다. 티그리스강의 홍수는 매우 파괴적이었다. 수 많은 가옥을 하룻밤에 파괴하는 홍수가 고대사회에서도 흔히 있었다. 함무라비의 연대기는 여러 도시들을 휩쓸어버린 홍수에 관해 기록하고 있다. 자연현상에 대한 공포심은 메소포타미아의 종교에도 영향을 끼쳤다.

메소포타미아 문명의 의의는 그것이 다른 민족들과 부단히 교섭하고 접촉한 개방된 문명이었다는 점에 있다. 메소포타미아는 끊임없이 외부 민족들에

에블라의 진흙판

셈족이 메소포타미아 문명을 퍼뜨린 흔적은 오늘날의 시리아에 남아 있다. 1964년 고고학적 발굴로 에블라에서 메소포타미아 문화의 정치적 · 사상적 · 예술적 양상을 닮은 화려한 셈 문화의 모습이 드러났다.

1976년 수천 개의 진흙판이 발굴되어 에블라 주민이 메소포타미아 사람들에게서 문자 쓰기를 배웠다는 사실이 입증되었다. 에블라인은 메소포타미아 예술을 모방하여 자신들의 양식을 발전시켰으며 또 영향을 끼치기도 하였다. 그들은 메소포타미아 문화를 시리아의 다른 셈족에게 전달하였다. 그 과정에서 고대 동방에서는 기본적으로 메소포타미아적인 문화이지만 다른 많은 민족의 전통을 통해 풍부해진 보편문화가 발달할 수 있었다.

에블라의 진흙판(BC 1800년경): 종교의식 장면이 부조되어 있다.

에블라의 진흙판은 성서연구에도 큰 영향을 미쳤다. 언어학자들이 1976년 발굴된 진흙판에서 판독한 것이 아직 많지는 않지만 이미 예루살렘 등과 같은 지명을 판독했으며 소돔과 고모라를 포함한 그 밖의 지명을 알아냈다.

구약성서는 메소포타미아에 대한 옛 사실을 많이 간직하고 있다. 창세기는 아브라함이 우르라는 수메르 도시에서 왔음을 기록하고 있다. 에블라의 진흙판은 메소포타미아와 시리아간의 직접적인 접촉이 BC 3천년대에 있었음을 입증할 것으로 추정된다.

게 둘러싸여 공격의 위협을 받음과 동시에 다른 지역과 교역을 할 기회도 많았다. 메소포타미아 문명의 찬란한 업적은 이러한 부단한 외부와의 교섭 속에서 유지되고 전파될 수 있었다.

종교 메소포타미아의 사상적 영향을 가장 크게 받은 분야는 신학과 종교였다. 종교는 메소포타미아의 문화생활을 이끄는 원동력이었다. 여기서는 자연현상을 숭상하는 다신교(多神教)가 성행하였다. 수메르인이 다신교를 숭상하기 시작했는데 여기에 아카드인과 바빌로니아인이 더 많은 신들을 추가하였다.

그들은 신이 모든 현상의 원인이라고 믿었다. 자연의 재앙은 신이 일으키는 일이라고 믿었는데 모든 신이 다 꼭 같지는 않았다. 특히 자연의 힘을 지배하는 신, 예컨대 하늘 · 공기 · 물 · 해 · 달 · 뇌우(雷雨)의 신이 가장 강력한 신이었다. 신들 중에는 음악 · 법 · 성적 교섭 · 승리 등 중대사를 다스리는 신이 있는가 하면 가죽 만들기나 광주리 짜기와 같은 일을 감독하는 하위의 신도 있었다.

여러 남녀 주신과 수백만의 잡신이 숭배되었고 신들의 위계(位階)가 정해져 있었다. 수메르인에 따르면 주신이며 대기(大氣)의 신인 엔릴Enlil은 성난 홍수로 묘사된 사나운 신들의 왕으로 우주의 운영에 관한 규칙을 만든 신이었다. 지

종교와 정치

신전을 중심으로 도시를 건설한 사실은 수메르인의 종교적 경건함을 말해주고 있다. BC 4000년경 메소포타미아에서는 햇볕에 말린 벽돌을 사용한 신전이 세워져 그 주위에 커다란 취락이 형성되고 마침내 경제와 정치의 중심지로 성장하였다.

신전의 규모와 화려함이 신의 권력의 크기와 영속성을 표현하였다. 기초에는 돌을 깔고 내부 장식에는 값진 금속을 사용하였다. 돌이나 금속은 수입해야 했기 때문에 신전건축은 무역을 촉진하는 결과를 가져왔다.

수메르인은 세계 최초의 대형 건축물인 거대한 계단식 탑형 지구라트를 세웠다. 도시 주민은 신전 건축과 관리 그리고 성직계급의 유지를 위한 비용을 충당하였다.

성직자들은 신에 대한 제사와 신전의 운영비를 위해 토지를 관리하고 생산을 책임졌다. 또한 신전에 바치는 공납을 기록하기 위해 문자가 나왔고 소유권을 명시하기 위해 인장으로 각인(刻印)하였다. 인장의 그림으로 성직자, 평민, 노예의 계급이 분화된 사실과 재산을 사유하는 개인들이 나타난 것을 알 수 있다.

메소포타미아에서도 다른 고대사회에서 공통으로 볼 수 있는 신정정치(theocracy)가 행해졌는지에 관해서는 아직 일치된 견해가 없다.

최근까지 역사가들은 신전의 중요성과 막대한 재산 유지가 수메르 도시국가의 절대적 신정정치 체제 때문에 가능했다고 해석하고 있었다. 이 견해에 따르면 성직계급은 도시국가의 모든 토지를 소유하고 경제를 장악한 강력한 지배층이었다는 것이다.

그러나 새로 발견된 문서에 따라 신전은 도시의 큰 부분을 차지했을 뿐 전부를 소유한 것이 아니며 도시를 지배한 것도 아니라는 결론이 나오게 되었다. 루갈lugal이라는 왕이 정치권력을 행사했으나 토지의 대부분은 도시민 개인의 재산이었다.

혜의 신 엔키Enki는 엔릴의 계획을 실천에 옮기는 신이었다. 바빌로니아인의 주신(主神) 마르두크Marduk는 하위의 신들에게 할 일을 지시한다고 믿었다.

신인동형설(神人同型說)은 메소포타미아에서 시작되었다. 신은 인간과 같은 모습을 했지만 사람과 달리 강하고 영원히 죽지 않으며 사람의 눈에 보이지 않게 할 수 있는 힘을 갖고 있었다. 그 밖에 다른 점에서 신은 인간과 전혀 다르지 않았다. 신은 음식을 먹으면서 연회를 하고 가족을 부양하였다. 신이 사는 낙원에는 물이 있고 나무와 식물이 많이 있었다. 신은 화를 내기도 하였다. 엔릴은 한때 닌릴Ninlil 여신을 강간했기 때문에 다른 신들로부터 처벌을 받았다.

수메르 인의 이나나 여신 (BC 3500-3000년경)

이러한 신들이 대개는 지방이나 도시의 보호신이었다. 지방 신이나 도시 신은 그 지방이나 도시가 정치적 패권을 장악하게 되면 전국적인 신으로 승격되었다. 예를 들면 바빌론의 신(Marduk)은 통일 후 바빌로니아의 국가 신으로 숭상되었다. 농사를 업으로 삼는 사람들의 마음을 끈 신은 다산(多産)과 풍요의 여신이었다. 이 신이 수메르인의 이나나Inanna 여신이며 후에 셈 민족은 이슈타르Ishtar라 불렀다.

신의 뜻에 따라 살고 신을 기쁘게 하고자 한 수메르인은 신의 집으로 여긴 신전을 거대하게 건축하는 데 많은 재원을 소비하였다. 신전은 주로 불에 구운 벽돌이나 햇볕에 말린 흙벽돌로 지었다. 신전 안에는 침대 · 의자 · 제사용구 · 옷 · 음식 등을 차려 놓고 날짜를 정해 희생물을 바쳤다. 신들의 시중을 드는 남녀 사제는 끊임없는 기도와 제물을 바치고 화려한 축제행사를 하였다. 신전에는 사제관이나 법정을 비롯해 제작소 · 창고 · 양조장 · 축사 · 과수원 등이 있었다.

메소포타미아 종교는 현세 중심이었으며 선한 행위가 신을 기쁘게 하리라는 윤리적 또는 심령적인 면이 희박하였다. 비관주의와 운명론이 사람들의 생활을 지배하였다. 죽은 후에 행복한 삶이 있다고는 생각하지 않았다. 내세는 음산하고 비참하며 빛이 없는 암흑 세계라고 보는 부정적인 내세관에 따라 장례는 지극히 박절하게 치렀다. 사람들은 천체운행을 관찰하는 점성술이나 점(占)으로 운세를 예측하려고 하였다.

문자 사용 수메르 민족은 인류사상 최초로 문자를 고안한 사람들이었다. BC 3000년경 수메르인이 신들에게 바칠 가축과 곡물을 기록하기 위해 그림으로 된 문자를 만들었다(그림문자). 그 후 그림문자를 바탕으로 약 350자의 쐐기 모양의 글씨(설형문자)를 완성하여 널리 사용하였다. 그들은 끝이 몇 갈래로 갈라진 갈고리와 같은 것으로 이 문자를 진흙판에 새겨 햇볕에 말리거나 불에 구워 단단하게 만들었다. 수메르인의 설형문자는 후에 아카드인과 바빌로니아

설형문자

1842년 프랑스 영사(領事)가 티그리스강 부근의 언덕에서 아시리아 왕궁 터를 발견하면서 설형문자는 학계의 주목을 받게 되었다. 그 후 궁전 터 및 유적 발굴에서 부조(浮彫)나 그림이 있는 벽면과 그 밖의 조각상과 명문(銘文)이 많이 나왔다. 그것은 화살촉 모양 또는 쐐기 모양의 문자의 집합체였다. 이 문자는 고대 메소포타미아 사람들이 끝이 삼각형인 송곳칼을 써 진흙판 위에 눌러 찍은 것이었다.

고대사가 롤린슨Sir Henry Rawlinson 등을 비롯한 학자들이 이 문자 판독을 위해 수년 동안 애썼다. 판독이 어려웠던 이유는 아시리아어, 수사어, 메디아어, 칼데아어, 아르메니아어 등 여러 고대어들이 섞여 있었기 때문이었다.

그러나 이집트 문자 해독 때와 마찬가지로 아시리아어, 메디아어, 페르시아어의 세 가지 언어로 쓰인 명문이 발견되었을 때 페르시아어가 단서가 되어 판독하는 데 성공하였다.

인에 의해 채택되었다. 설형문자는 매우 복잡한 체계를 가지고 있었기 때문에 전문적인 서관(書官)이 있어야 하였다. 그들조차 여러 해 걸려 비로소 설형문자를 완전히 익힐 수 있었다.

(위) 그림문자(BC 3200년경)
(가운데) 상형문자(BC 1940년경)
(아래) 설형문자(BC 1760년경)

교육제도 BC 2500년경 글쓰기 학교들이 수메르 전역에 많이 세워졌다. 대부분 학생들은 부유층 가정에서 왔다. 교육은 엄격했고 학생들은 게으름을 피우거나 버릇이 나쁘면 매를 맞았다.

수메르 학교제도는 메소포타미아 교육의 기준이 되었다. 아카드 인과 바빌로니아인은 수메르의 교육제도와 기술을 전수 받았다. 학생들은 진흙판 만들기와 설형문자 쓰기를 배웠다. 그들은 문법과 단어를 배웠으며 간단한 수학문제를 풀었다. 교육은 서관(書官)을 배출하기 위한 실용적 목적을 가진 사원(寺院) 학교에서 실시되었다. 서관은 대부분 신전이나 왕궁에서 행정직을 맡았고 상업거래의 기록 · 장부 · 재고 조사기록 등을 관리하였다.

그러나 사원 학교는 교과과목을 상업과정에만 국한시키지 않았고 수학 · 식물학 · 언어학 등의 과목도 가르쳤다. 상급학생은 메소포타미아 문학의 고전 작품을 복사하고 연구하거나 자신의 독창적 작품을 쓰기도 하였다. 많은 문학 · 수학 · 종교적 텍스트가 오늘날까지 남아 있어 메소포타미아의 사상 · 정신 생활에 관한 전모를 밝혀주고 있다.

문학작품 가장 주목되는 문학작품은 창조신화에 관한 서사시였다. 풍부한 서사문학은 구전으로 전해져 후에 기술되었는데 가장 중요한 시는 길가메시Gilgamesh의 서사시였다. 그것은 친구가 죽은 후 신들에게 영생불사의 비밀을 알려달라고 비는 길가메시의 이야기이다.

길가메시는 대홍수 때 사람들과 동물들의 생명을 살린 보상으로 영원한 삶을 받았다는 우트나피시팀Utnapishtim을 찾으러 나선다. 대지를 삼킨 폭풍우가 6일간 퍼붓고 7일째에 잠잠해진 후 온 세상은 침묵과 고요 속에서 진흙으로 변하였다. 처음에는 길가메시를 비웃던 그도 마침내 동정심으로 영생불사의 약초를 찾을 수 있는 곳을 말해 준다. 길가메시는 뱀에게 그 약초를 먹이고 자신은 영원한 어둠 속으로 들어가고 만다.

신화 이외에 송가, 위대한 지배자의 행적을 적은 연대기 등이 있었다. 수메르인의 문학은 천년 후의 히브리인의 구약성서에 영향을 끼친 것 같다.

과학기술 이 지역에서는 농업상의 필요 때문에 천체운행의 관측과 과학기술이 발달하였다. 태양과 달을 관측하고 성좌에 이름을 붙이고 태음력을 창안하였다. 메소포타미아 사람들은 수학에서 고도의 진척을 보였다. 수를 세는 방법은 60진법과 10진법을 합친 것이었다. 원주를 360도, 1분을 60초, 1시간을 60분, 1일을 24시간으로 정하고 해시계나 물시계로 시간을 계측하였다. 1주는 7일로, 1년을 12개월로 정하였다.

수학 교과서는 표와 문제 풀이 두 가지로 구성되어 있었다. 제곱이나 제곱루트 · 세제곱 루트 · 역수(逆數) 등에 관한 표와 방정식과 순수수학을 다루는 문제집이 있었다. 어떤 교과서는 관개 수로(水路)를 어떻게 설계하는가 하는 구체적 문제를 다루었다.

메소포타미아 사람들은 수학을 순수한 이론 과학으로 생각지 않았다. 도시 · 왕궁 · 신전 · 운하의 건설은 기하학이나 삼각법의 지식을 요하는 문제였다. 무게 · 길이를 재는 표준제도가 발달하여 함무라비 시대에는 전국 각지에서 널리 사용되었다. 여러 곳을 여행한 경험을 바탕으로 한 지리적 지식이 체계화되었다. 메소포타미아의 과학기술은 대체로 실용적 목적으로 발달되었다.

의학 의학은 마술과 약 처방, 그리고 수술을 혼합한 것이었다. 그들은 악마나 악령들이 병의 원인이 된다고 믿었다. 의사는 환자에게 고약한 맛이 나는 약을 처방해주면 악마를 몰아낼 수 있다고 생각하였다.

의사는 식물 · 동물 · 광물을 적당히 섞어 약을 처방하고 냄새를 없애기 위해 맥주에 타 마시게 하였다. 외과 의사는 위험한 직업이었으며 수술에 실패하면 처벌이 혹독했는데 함무라비 법전의 조문에서 입증되는 바와 같다. 그래서 죽어가는 환자를 방치해두기를 권하는 의학서가 드물지 않게 있었던 것도 무리가 아니었다.

조형미술 메소포타미아 지역에서는 갈대와 진흙을 재료로 만든 흙벽돌이나 구운 벽돌이 주요 건축 자재로 사용되었다. 따라서 완전한 형태로 지금까지

우르에 있는 지구라트(BC 2100-2000년경): 아카디아어로 '꼭대기'를 의미하는 지구라트는 신이 나타나는 장소로 인식되어 있었다.

지구라트 상상도

전해지는 건축이나 유적은 그다지 많지 않다. 아시리아와 같은 산악지방의 문화를 제외하고는 석재나 목재가 거의 사용되지 않았다. 신전 건축양식 중 가장 주목되는 것은 테라스를 겹겹이 쌓아 올라가면서 최상층에 지성소(至聖所)를 만드는 지구라트ziggurat라는 거대한 벽돌탑이라 할 수 있다. 지성소에는 도시 수호신 숭배를 위한 신전이 있었다.

신전이나 분묘 내부는 부조한 조각물로 장식되어 있고 신과 왕의 모습 그리고 수렵이나 궁정생활이 주된 내용이었다. 얼굴 조각에는 상당한 주의를 기울여 특징을 나타내려고 했으나 신체 구조에 대한 사실적 묘사에는 관심을 두지 않았다.

그림은 원근법을 무시한 매우 단순한 것에 불과하였다. 그러나 금속세공의 기술은 매우 능숙하였고 보석을 조각하는 기술이 대단히 우수했으며 숙련된 솜씨로 장식적 도기(陶器)도 제작하였다.

메소포타미아의 역사적 의의 페르시아의 멸망으로 고대 메소포타미아 문명이 끝나고 역사의 무대는 점차 그리스-로마로 옮겨갔다.

그러나 메소포타미아의 과학기술 또는 사상적 유산은 결코 적지 않았다. 고대 수메르인은 운반용으로 수레를 처음 사용했으며 최초의 문자 역시 거기서 나타났다. 바빌로니아인은 제곱 및 세제곱과 같은 수학적 개념을 창안하였다.

메소포타미아에서 발견되고 발명된 것 중에는 오늘날까지 인류가 실제 사용하는 것이 많다. 메소포타미아의 법제와 자연과학은 현대 세계에 영향을 주었다. 또한 그들이 제시한 미술과 건축의 기본개념 역시 현대에 적지않은 영향을 미쳤다.

2. 이집트 문명

메소포타미아 도시문명이 형성되기 시작한 비슷한 시기에 이집트에서도 역시 도시문명이 시작되었다. 이집트 문명은 과도기적으로는 메소포타미아의 영향을 받아 발달되었다고 추정되지만 나름대로의 특이하고 독창적인 문화를 이룩하였다. 이집트는 상(上) 이집트와 하(下) 이집트로 나누어지며 기후는 각각 열대와 아열대에 속한다. 고온 건조한 기후는 일상생활이나 기록보존에는 매우 적합하였다. 나일강변을 따라 형성된 양쪽 비옥한 지대를 제외하고는 주위가 황량한 사막으로 둘러싸여 있기 때문에 이집트는 외부세력의 침입을 받지 않고 독자적인 사회를 유지할 수 있었다.

이집트 문화는 나일강과 밀접한 관계를 가지고 전개되었다. 나일강은 적도(赤道) 아프리카에서 시작하여 지중해로 흘러들어가는 세계 최장의 강으로, 폭포가 거의 없이 흐르기 때문에 통상과 교통을 위한 편리한 수단이 되었다. 홍수 때의 파괴적인 면이 있는 티그리스강과는 달리 나일강은 해마다 거의 정기적으로 물이 불어나고 줄기 때문에 계곡 양쪽에 비옥한 '검은 땅' 을 형성했으며 풍요한 농업생산을 위한 터전이 되었다.

나일강 양쪽 깊은 계곡과 주위를 둘러싼 사막이 방패막이 역할을 했으며 다만 북쪽 지중해 방면을 통해 외부에 노출될 뿐이었다. 이러한 지리적 여건으로 이집트는 외부 민족의 침입을 받지 않고 오랫동안 통일된 정치세력권을 이룩할 수 있었다.

고대 그리스 역사가 헤로도토스는 이집트 문화를 "나일강의 선물"이라고 말하였다. 나일강의 정기적 범람은 이집트인의 정치 · 사회 · 경제 · 종교 · 학문 · 예술 등 모든 분야에까지 커다란 영향을 미쳤다. 티그리스강과 유프라테스강이 많은 지류를 만들고 메소포타미아 지역을 고립된 여러 지역으로 나누어 놓은 것과 달리 나일강은 이집트를 통일시키는 데 별다른 지장을 주지 않았다.

고대 이집트

BC 5000-4500년경 나일강 계곡에 농경생활이 시작되었다. 그 후 수천 년에 걸쳐 이 지역에서는 관개제도

이집트의 정치사 구분

BC 280년경 이집트 사제 마네토Manetho가 그리스어로 만든 연대기에 따르면 이집트 역사는 30개(후의 연대기에서는 31개)의 왕조로 구분되었다. 고왕국 이후의 이집트의 정치사적 전개는 대체로 4 왕국, 31왕조 시대로 구분할 수 있다. 현대학자들은 마네토의 구분을 수용하여 개략적 연대를 확정지었다. 그러나 이러한 연대들이 확정적인 것이 아님을 알아야 한다.

- 고왕국(BC 3100-2200): 행정, 천문, 건축이 발달
  - 1-2왕조(BC 3100-2700): 이집트의 통일
  - 3-6왕조(BC 2700-2200): 피라미드의 건조
  - 제1중간기(BC 2200-2050): 정치와 경제의 힘으로 뒷받침된 번영과 팽창의 시기
  - 7-10왕조 (BC 2200-2050): 정치적 혼란과 지방분권
- 중왕국(BC 2050-1750)
  - 11-12왕조(BC 2050-1800): 재건과 정치적 안정
  - 제2중간기(BC 1800-1570)
  - 13-17왕조(BC 1800-1570): 힉소스 민족의 침입과 지배
- 신왕국(BC 1570-1085): 정신적, 예술적 성취를 이룩한 번영의 시기
  - 18-20왕조(BC 1560-1085): 이집트 제국; 아케나텐의 종교정책
- 최신왕국(BC 1085-332)
  - 21-31왕조(BC 1085-332): 쇠퇴기
  - 페르시아의 이집트 정복: BC525
  - 알렉산드로스 대왕의 이집트 정복: BC332

를 수립하여 홍수를 통제하고 나일강 계곡의 비옥한 땅을 활용할 수 있는 조직과 기술이 발달하였다.

BC 3200년경 약 40여 개의 공동체들이 하나의 국가로 통일되어 사회 · 법 · 종교가 발달된 왕조 시대가 시작되었다. 그 이래로 이집트는 비교적 오랫동안 정치적 안정과 연속성을 유지하고 자체의 독특하고 특징적인 문명을 형성 · 발달시킬 수 있었다.

물론 이집트가 완전히 외부세계와 단절될 수는 없었다. BC 1680년에서 1580년에 이르는 기간에 북부 지역의 힉소스Hyksos 민족과 같은 외세의 지배를 받았다. 외세의 영향이 그다지 자주 있었던 것은 아니지만 이런 영향을 받아 이집트 문화는 더욱 더 풍요하게 될 수 있었다.

A. 정치 · 경제 · 사회

학자에 따라 이집트의 정치적 변천은 그 시기가 상이할 뿐 아니라 왕조의 구분도 정확하지 않거나 중복되는 경우가 많다. 상이한 관점들을 정리해 보면 대체로 다음과 같다. BC 5000년경 작은 왕국들이 세워졌는데 이 시대는 왕조 이전 시대(Pre-dynastic period)라 한다. 이 시대는 BC 3100년경에 끝나고 한 사람의 강력한 군주의 지배 아래 통일되었다. 왕은 파라오pharaoh라고 불리게 되었다. 파라오pharaoh는 이집트어 per-o(큰 집 혹은 왕궁을

의미)에서 유래하였다. 전설에 따르면 고왕국 시대를 시작한 최초의 파라오는 메네스Menes였다는 것이다.

역대 파라오는 세습적인 절대 전제군주였다. 메소포타미아 지역의 경우와 같이 파라오는 종교적 최고 책임자인 동시에 정치적 수장이었다. 그는 신격화되고 영원한 삶을 누린다고 여겨졌다. 이집트인은 태양신 호루스Horus가 인간의 모습으로 나타난 것이 파라오라고 믿었다. 따라서 그가 거처하는 곳은 마땅히 커다란 궁전이어야 하였다. 그의 분묘 역시 파라오의 권세를 반영하는 것이었으며 오늘날 남아 있는 기자Giza; Al-Gizeh의 피라미드들 규모는 그러한 태양신 파라오의 지위를 나타내고 있다.

파라오는 전국토와 국민을 소유하고 치수·관개와 토목 공사를 지휘했으며 강력한 중앙집권과 관료제를 실시하였다. 그러나 점차 왕으로부터 분봉(分封)된 강력한 지방 귀족들의 세력이 커져 이른바 지방분권 상태에 이르렀다. 그리고 상당한 혼란과 불안정의 시기를 거친 뒤에 다시 군주에 의한 중앙집권 체제가 회복되었다. 이집트 정치사는 이처럼 중앙집권에서 지방분권으로, 다시 중앙집권으로 반복되는 역사라고 할 수 있다.

정치적 변천 고왕국 제1-2왕조는 고졸기(古拙期)이며 가장 영광스러운 시기는 제3왕조 및 제4왕조 시대였다. 하(下) 이집트의 수도 멤피스Memphis를 중심으로 국가적 평화와 번영을 누렸다. 제4왕조의 파라오들은 기자에 거대한 피라미드를 건조하였다.

이 시대의 파라오는 비군사적 성격의 신정정치를 실시하고 고도로 발달된 행정제도를 통해 왕권을 행사하였다. 전국토는 노메nome; nomes라는 행정 단위로 구분되어 중앙정부의 책임 아래 관료들이 통치하고 있었다. 이 관료들은 파라오의 명령에 따라 각 노메에 속한 마을을 다스렸다.

BC 2200년경 중앙집권체제는 무너지기 시작하여 불안정한 시기가 왔다. 정치 권력은 이기적인 지방 세력가들이나 봉건적 귀족 제후들에게 장악되어 약 1세기 반 동안 내란이 일어나고 무법이 판치는 세상이 되었다. 이것이 제 1 중간기였다.

그러나 상(上) 이집트의 테베Thebes를 중심으로 제후들이 이집

라호텝 왕자와 노프레트 왕자비(제4왕조, BC 2600년경)

스핑크스(제4왕조, BC 2575-2525년경)

트를 재통일함으로써 이와 같은 무질서와 혼란은 끝나고 중왕국 시대가 시작되었다. 중왕국의 정치적 번영은 제12왕조의 아메넴헤트 1세Amenemhet I(재위: BC 2000-1970)와 세누스레트 1세Senusret I(Sesostris I, 재위: BC 1970-1935) 치세에 그 절정에 달하고 문화적 황금기를 맞이하였다. 중왕국의 정치는 전통적인 파라오의 위엄이나 왕권신수(王權神授)적 성격이 덜 강조되는 민중성 · 질서 · 정의를 중시하는 정책을 썼다는 특징이 있다.

세누스레트 3세 (BC 1878-1841년경)

힉소스 민족의 지배 약 3세기의 정치적 안정과 번영은 끝나고 국내 문제의 악화를 틈타 침입한 외부세력 때문에 중왕국의 정치체제에는 위기가 왔다. BC 2000년대에 고대 동방에 중대한 변화가 일어나 이집트까지 그 영향을 받게 되었다. 이러한 변화는 셈어족과 인도-유럽어족의 거대한 민족이동으로 시작되었다.

본래 아라비아 반도에 살고 있었다고 추정되는 셈어족은 북메소포타미아 · 시리아 · 팔레스티나 · 이집트 등으로 이동하였다. 이 가운데 힉소스 민족은 BC 1750년경 팔레스티나 지역에서부터 나일강 하류 델타 지역으로 침입하여 BC 1580년경까지 이집트를 지배하였다. 힉소스의 지배 범위가 비록 델타 지역을 넘어서지는 못했지만 이집트 전체를 혼란에 빠뜨리기에는 충분하였다. 이것이 제2중간기였다.

한편 힉소스 민족의 침입은 이집트 문명을 풍요하게 하는 새로운 전기가 되었다. 그들은 청동제 그릇 · 도구 · 무기의 제작방법을 도입하였다. 이로써 지중해 문명권에 완전한 청동 문화 시대가 도래하였다. 청동제 도구를 사용함에 따라 더 효율적으로 농사를 지을 수 있게 되었다. 청동제 무기와 함께 말이 끄는 전차(戰車)는 혁명적인 전술 변화를 가져왔다. 힉소스 민족 역시 고대 이집트의 문화를 받아들였다. 그들은 이집트의 신들을 숭배하고 파라오 체제를 모방하여 자신의 군주제를 수립하였다.

신왕국 시대와 이집트 제국주의 힉소스 민족의 침입과 지배는 궁극적으로 이집트 제후들의 결속을 강화하는 결과를 가져왔다. 테베의 제후들이 중심이 되어 해방전쟁을 시작하였다. 마침내 제18왕조의 시조인 아모세 1세Ahmose I(BC 1558-1533)가 힉소스 민족을 축출하는 데 성공하였다. 그가 승리함으로써 이집트는 단일 군주 지배하에 놓이게 되었다.

그리하여 고대 이집트 역사상 가장 번영한 신왕국 시대(BC 1558-1200)가 왔다. 이 시대는 막대한 부를 누린 제국주의의 시대였다. 오늘날 남아 있는 당시 파라오의 거대한 화강암 상(像)과 투탕카멘Tutankhamen(재위:BC 1350년 전후)의 풍요한 분묘 속 유물들은 신왕국의 부와 영광을 말해주고 있다.

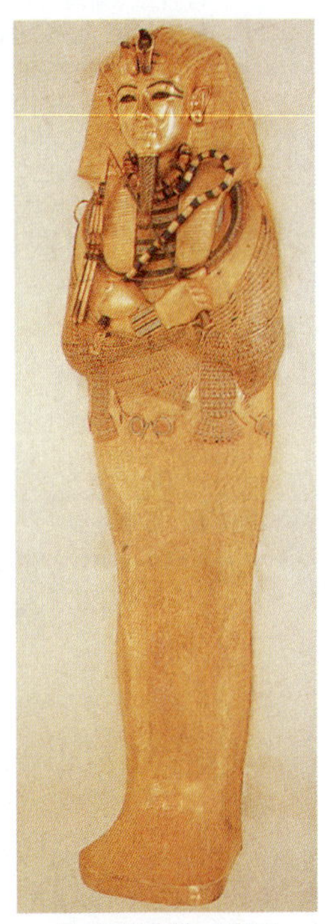
투탕카멘의 관(BC 1300년경):관 안에 투탕카멘 왕의 미라가 안치되어 있었다.

제18왕조에서는 유능한 파라오의 통치가 계속되었다. 그 중 가장 탁월한 군주는 여자 파라오인 하트셉수트Hatshepsut(BC 1503-1481)였다. 그는 일찍부터 아버지 투트모세 1세Thutmose I(재위:BC 1540-1501; 1496-1493)의 후계자로 지명되었으며 이복형제 투트모세 3세Thutmose III(재위:BC 1501-1496; 1493-1481)와 결혼하여 공동 통치하였다. 오늘날 잔존해 있는 여왕의 상은 가짜 수염을 붙인 남성적인 것이다.

제18왕조의 역대 파라오는 대내적 정치 안정, 행정조직 재편성, 농업과 무역 진흥 및 문화 부흥을 위한 정책을 실시하여 고왕국이나 중왕국 시대의 영광을 되살릴 수 있었다. 한편 힉소스와 같은 외세의 침입에 대비하여 제국주의적 공세를 펴는 대외정책을 채택하였다.

이와 같은 제국주의적 침략정책은 투트모세 3세 때 절정에 달하였다. 그는 누비아 · 리비아 · 시리아 · 팔레스티나를 원정했으며 메소포타미아에 대한 패권을 둘러싸고 미탄니 · 카시트 · 아시리아 등과 싸워 1세기간의 우월성을 확립하여 이집트는 전성시대를 맞이하였다. 국내의 농업생산이 풍족했으며 외부로부터의 공납이 들어오고 무역은 수단 · 소아시아 · 크레타 등의 지역에까지 크게 확장되었다. 막대한 부를 기반으로 문화가 발달했으며, 룩소르 · 카르나크에 국가 주신(主神) 아몬-라를 숭배하는 거대한 신전을 건축하였다. 이집트 문화는 메소포타미아 및 에게 문명에 널리 영향을 미쳤다.

그러나 이집트 제국주의는 시리아 및 팔레스티나 제후들의 저항이 거세지

람세스 2세의 신전(19왕조, BC 1275-1225년경): 네 개의 조각상은 모두 람세스 자신의 모습을 새긴 것이다. 다리 사이에 람세스의 어머니, 아내, 아이들 모습이 조각되어 있다.

고 히타이트와 충돌하면서 위기를 맞게 되었다.

고대 이집트의 마지막 중요한 통치자는 람세스 3세Ramses III(BC 1198-1167)였는데 그는 외부세력의 침입을 성공적으로 물리칠 수 있었다. 그러나 그의 사후 왕족간의 반목, 경제적 위기 등으로 이집트는 쇠퇴했으며 제20왕조의 몰락으로 사실상 종말을 고하였다.

BC 10세기 이후로는 리비아 민족 및 그 밖의 외부 민족들의 침입이 잦았으며 아시리아 민족이 BC 7세기에 이집트를 정복하였다. 그러나 아시리아 지배에 대한 민족적 저항운동이 일어났으며 파라오 프삼메티쿠스 Psammetichus(BC 663-609)에 의해 제21왕조가 수립되었다. 이집트는 잠시 동안 대내적 질서를 유지하고 번영하여 국제적 위상을 누렸으며 시리아와 팔레스티나 지방에서 우월성을 유지하였다. 그러나 강대국으로서의 이집트의 위치는 오래 가지 못했고 국내의 불만도 고조되어갔다.

마침내 페르시아의 정복(BC 525) 및 알렉산드로스 대왕의 정복(BC 332)으로 고대사에서의 독자적인 역할을 끝낸 이집트는 이민족의 지배 아래 놓이게 되었다. 그리하여 BC 30년경 클레오파트라가 자살하고 이집트는 완전히 로마의 속주로 귀속되었다.

사회와 경제 사회적으로는 모든 부(富)를 마음대로 처분할 수 있는 파라오가 정점에 있으며 비교적 소수의 귀족계급이 사회를 지배하였다. 특히 강력한 것은 사제(司祭)와 파라오의 관리들이었다.

로세타 비(Rosetta Stone)와 이집트 연구

오늘날 우리에게 이집트의 고대문화를 알려주는 자료는 비교적 풍부하게 남아 있다. 여러 왕들의 역사적 기록을 간직한 피라미드, 크고 작은 무덤 속의 그림, 공예품, 파피루스 문서 및 로세타 비(碑) 등은 이집트 역사를 우리에게 전해주는 실마리가 되었다.

1798년 나폴레옹의 이집트 원정 때 영국군과 교전 중 프랑스 장교 부사르 Boussard가 라쉬드(Rashid; Rosetta) 근처에서 포대 건설공사를 하다 현무암 덩어리를 파헤쳤다. 이것이 로세타 비로 길이 1.2m, 너비 7.30m, 두께 34cm의 비석이다. 그 위에는 그림문자 14행, 데모스어(demotic) 32행, 그리스어 54행이 적혀 있었다.

로세타 비는 1802년 프랑스와의 조약 제14항에 따라 영국으로 귀속되어 영국박물관에 보관되었다. 그 후 프랑스 학자 샹폴리옹Jean François Champollion(1790-1832)이 1822년 그림 문자 해독에 성공하여 고대 이집트 연구의 커다란 전환점을 마련하였다. 그림 문자해독이 19세기에 이집트학(Egyptology)이 성립되는 계기가 되었다.

하층계급은 착취와 탄압의 대상이었으며 관리들의 자비에 맡긴 삶을 살지 않을 수 없었다. 세금은 농사수확의 5분의 1에 달했으며 무자비하게 징수되었다. 그러나 파라오의 무덤을 장식하고 있는 잔존기록을 보면, 농민 · 직인들은 일하고 노는 데서 만족감과 즐거움을 느꼈으며 벽면(壁面) 장식에서는 사회의 특정 집단에 대한 탄압의 증거를 거의 찾아볼 수 없다.

노예는 신왕국이 되기까지 흔히 있는 제도가 아니었다. 고정된 카스트 제도나 인종차별은 없었고 미천한 사람들도 재능에 따라서는 높은 지위에 오를 수 있었다. 신왕국 시대 요셉에 관한 성서 이야기에 따르면 요셉은 노예로 이집트에 왔으나 파라오 다음 가는 지위를 누렸다.

고왕국과 중왕국 시대의 경제는 주로 잘 통제된 농업체제에 의해 유지되었다. 주요 농산물은 밀 · 보리 · 대마 · 채소 · 과일이었다. 농민은 농업에 종사했을 뿐 아니라 파라오가 조직한 거대한 건설사업에 동원되었다. 농업 이외에 상공업도 번창하였다. 상공업자들은 파라오 · 관료 · 사제 · 지방 호족을 위해 직접 일하였다.

당나귀로 밀을 실어 나르는 이집트 농부(제1중간기의 벽화, BC 2160-2023년경)

이집트 귀족 여성의 모습(네페르티티 여왕의 벽화, BC 14세기 전반)

가족과 여성 여성은 가장의 지배를 받고 있었지만 각별히 사회적으로 불리한 존재라고 할 수는 없었다. 왕비는 왕으로부터 존중받고 사회적으로도 존경을 받았다. 귀족계급의 여성은 귀족다운 생활을 남편과 동등하게 누릴 수 있었다.

남녀는 결혼을 바람직한 인생의 목표로 간주하였다. 대부분 10대에 결혼하여 아이 낳기를 원하였다. 남아선호사상이 강했으며 대가족제의 경향이 있었다. 결혼한 후 여성은 가정 살림의 책임을 맡았다. 농사는 이집트인의 주업이었으며 여성도 파종, 과일 수확, 농산물 운반 등 농사에 참여하였다.

대부분의 여성은 밭일을 했으며 거의 정식 교육을 받지 못했다. 그러나 여성은 이스라엘이나 그리스-로마 사회에서 보지 못한 일정한 권리를 부여받고 있었다. 가장 특이한 것은 여성의 토지 소유권이었다. 토지는 어머니로부터 딸에게 상속되었다. 흔히 아버지는 누군지 모르나 어머니는 분명하게 알려지고 있었기 때문이었다. 이집트인은 남자의 경우에도 아버지 이름이 아닌 어머니 이름으로 자신을 밝혔다.

또, 여성은 땅뿐 아니라 그 밖의 재산을 소유할 권리를 가지고 있었다. 여성은 결혼할 때 자기 재산을 남편에게 귀속시킬 필요가 없었다. 여성은 고소할 권리를 가지고 있었고 재산의 매매 등 재산처분권을 가지고 있었다.

다만, 법적으로는 자기와 같은 계급 내에서만 남성과 평등할 수 있었다. 비록 국가요직이 대부분 남성의 차지였으나 하트셉수트의 경우와 같이 여왕이 나올 수 있는 이집트였다. 국가요직 이외의 공직에서 여성은 사제(司祭)직을 수행할 수 있었을 뿐 아니라 직공(織工)·가수·무용수·대곡(代哭)꾼·요리사·경리·산파 등의 직업을 가질 수 있었다.

여성은 죽으면 남편의 계급과 관직에 따른 예우를 받아 함께 묻혔다. 특권층 여성은 보석·목걸이·기타 장식물 등 부장품(副葬品)과 함께 묻혔다.

공물을 나르는 여자

B. 문화

고대 이집트의 부는 창의적 활동을 뒷받침하면서 찬란한 문화를 낳았다. 종교는 사회의 모든 분야를 지배했을 뿐 아니라 특히 문화의 주요 동인(動因)

포도수확(18왕조 무덤 벽화)

이 되었다. 헤로도토스는 "이집트인이 세계에서 가장 종교적이다"라고 말하였다. 그만큼 이집트 문화는 종교의 강한 영향을 받아 이루어진 결과이며 종교는 또한 경제 · 사회 · 정치에서도 지배적 역할을 하였다.

이집트인은 사후 세계에 대해 깊은 관심을 가졌다. 그들은 자신들과 꼭 같은 존재인 카ka가 있어 사후 세상에서도 행복한 삶을 계속한다고 믿었다. 그들은 영혼불멸을 굳게 믿고 육체가 부패하지 않으면 영생 불사한다는 독특한 내세관을 가지고 있어 시체를 미라로 만들었다. 카는 죽은 후 자신의 썩지 않는 육체와 함께 무덤 속에서 영원히 산다는 것이었다. 생전과 같이 음식 · 사치품 · 반려자가 함께 묻혀야 죽은 후의 삶이 안락하다는 것이었다.

이집트인은 수천의 신들이 여러 형태로 존재한다고 믿었다. 즉, 그들은 자연현상 · 천체 · 동식물 · 새 · 사람들 또는 추상적 존재물의 형태로 신들을 묘사하였다. 신은 모든 곳에 살고 하늘과 땅을 자유로이 돌아다니며 인간이 살고 일하는 곳에는 언제 어디에나 나타나는 것으로 생각하였다.

왼쪽부터 이시스, 오시리스, 호루스 신

나라 전체에서 숭배된 신으로 태양신인 라Ra; Re가 있었고, 그 외에 사후 세계의 신 오시리스Osiris, 오시리스의 처 이시스Isis, 아들 호루스Horus가 있었다. 오시리스는 나일강과 연관된 삶의 근원이요, 다산(多産)의 신이었다.

오시리스는 해마다 죽지만 그때마다 이시스 신이 다시 그의 생명을 회복시켰다. 오시리스는 사자(死者)의 신으로서 죽은 사람의 심장을 꺼내어 무게를 재서 올바르게 살았는가, 영원한 삶을 살 수 있는가를 심판하였다. 오시리스의 사자(死者) 재판은 재칼의 머리를 한 아누비스Anubis의 도움을 받아 진행되는데 아누비스는 해마다 이시스가 오시리스를 부활시킬 때 도와주기도 한다고 믿어졌다.

매의 신 호루스는 이집트를 최초로 통일한 메네스가 숭배한 신으로 고왕국 시대의 주신이었다. 마찬가지로 테베의 하위 신이었던 아문Amun; Amon은

미 라

여러 가지 방법에 따라 시체를 부패하지 않도록 보존한 미라를 피라미드 혹은 무덤 속에 안치하였다.

헤로도토스는 그의 저서에서 미라 제작법을 상세히 적고 있다. 두개골 내부나 내장은 깨끗이 처리되고 신분의 고하에 따라 제작되는 정밀도가 달랐다는 것이다. 이러한 미라는 잘 보존되어 오늘날까지 상당수 남아 있다.

고대 이집트의 미라들은 카이로 박물관을 비롯해 런던의 영국박물관, 시카고 대학 동양학 연구소 등에 전시되어 있다.

중왕국 시대에 이르러 파라오의 집권과 함께 중요한 신으로 승격되었다. 이리하여 호루스와 아문은 가장 강력한 국가신이 되었다.

이집트인의 다신적-범신적 신앙은 문화적 유적 유물을 통해 잘 표현되고 있다. 천체의 신 프타Ptah, 아툼Atum 및 하늘 · 대지 · 이슬 · 공기 · 별 등이 신앙의 대상이었다. 시리우스Sirius 성은 나일강의 범람 시기를 알려주는 별로 숭배되었다. 소 · 양 · 악어 · 고양이 · 사자 · 개구리 등 동물 역시 다양하게 숭배되었다. 특히 소나 고양이 숭배는 대단하여 죽은 뒤에는 굉장한 무덤을 만들어 주었다. 아피스Apis는 이마에 흰 삼각 반점을 가진 검은 소로 항상 후계자를 정해 놓는 성우(聖牛)였다. 가장 큰 아피스 묘는 길이 약 330m의 터널 속에 65톤 이상에 달하는 화강암 혹은 석회암 관으로 되어 있다.

신전에 사는 사제는 신들에게 음식 · 희생물 · 노래 · 기도 · 춤 등을 제공하고 종교의식을 행하였다. 최고위 사제는 왕이었다.

네페르티티 왕비 (18왕조, BC 1355-1335년경)

종교개혁 다신교 혹은 범신교를 믿는 이집트에서 BC 14세기 중반 종교개혁이 일어났다. 이 시기는 대내적 위기와 외부세력의 위협, 특히 히타이트의 위협이 고조된 때였다.

아멘호텝 4세Amenhotep IV(BC 1379-1362)는 왕비 네페르티티 Nefertiti의 조언을 받아 종교제도를 바꾸려고 하였다. 그는 태양신 아텐 Aten; Aton 숭배에 기반을 둔 새 종교를 선포하였다. 아텐 신은 삶의 근원이며 모든 존재물에게 태양의 빛으로 생명을 부여하는 신이라는 것이었다. 과거 신앙과의 차별성을 강조하기 위해 아멘호텝 4세는 자신의 이름을 아케나텐 Akhenaten; Ikhnaton(아텐 신을 기쁘게 한다는 뜻)으로 고쳤다.

아케나텐은 예로부터 숭배되어온 신들을 가짜라 선포하고 숭배를 금지하였다. 신전은 파괴되었으며 사제들은 쫓겨났다. 새로운 의식과 새로운 미술양식이 아텐 신을 숭배하기 위해 창출되었다. 이러한 종교적 변혁이 이른바 아마르나Amarna 혁명이었다. 이 때의 종교개혁 시도를 두고 현대 학자들은 두 가지 상반된 견해를 가지고 있다. 하나는 아케나텐 개인의 위대성을 부각시키

아멘호텝의 종교

아멘호텝의 종교개혁에 대한 현대적 평가는 유일신교가 아텐 숭배(Atenism)에서 왔다는 전통적 견해이다. 이에 따르면 만일 '출애급'을 BC 13세기에 발생한 역사적 사건으로 볼 때 초기 이스라엘의 유일신 개념은 제19왕조의 세티 1세나 람세스 2세의 궁전에서 교육받은 모세가 아케나텐의 종교개혁의 영향을 받은 결과라는 것이다.

그러나 기록을 상세히 살펴보면 이러한 견해에는 신빙성이 없어 보인다. 아멘호텝은 아텐을 최고신으로 숭배하려고 했지만 이집트인은 파라오에 대한 경신적(敬神的) 숭배를 버리지 않았다.

아케나텐이 의도한 종교제도가 진정 무엇이었는지는 확실하지 않다. 그는 새로운 종교를 선포함으로써 단지 옛 종교 속에 깊이 뿌리내리고 있는 엄격한 전통주의를 배제하고 고대 동방에 널리 퍼져 있는 세계화의 움직임을 받아들이려고 한 것이 아닌가 추측된다.

려 했다는 것이며 다른 하나는 문화적 과정의 산물로 보려는 것이다.[3)]

아케나텐은 종교개혁을 상징하는 뜻에서 새 수도를 건설하였다. 수도를 테베에서 새로운 도시 아케타텐Akhetaten(지금의 Tell el Amarna)으로 옮겼다. 여기에 거대한 신전을 세워 아텐을 숭배하였다. 종교를 반영한 이 시기의 미술은 사실(寫實)과 추상을 조합한 고왕국 시대와 달리 철저한 사실주의를 추구하게 되었다. 조각가들은 아케나텐의 모습 그 자체를 묘사하고 친근감 있는 그의 일상생활을 그대로 표현하였다.

그러나 결국 아케나텐의 일신교적 종교개혁은 실패로 돌아갔다. 실패의 주요 원인은 일신교적 종교가 이집트인의 과거와 전혀 관련이 없었기 때문이었다. 새로운 일신교에 대한 광신은 예로부터의 전통을 완전히 무시한 것이었다. 이리하여 그가 죽으면서 그의 종교 역시 사라졌다. 그의 사후에 사위이며 후계자인 투탕카멘은 아몬-라 신에 대한 전통적 신앙을 회복하였다. 본래 아몬과 라는 따로 존재하는 태양신들이었으나 이 두 신이 하나로 합쳐져 주신(主神) 아몬-라로 숭배되었다. 투탕카멘은 아텐 신 숭배에 관한 모든 자취를 철저히 지워버리려고 하였다.

아케나텐, 네페르티티, 그리고 세 자녀들(BC 1370-1350년경)

과학기술 이집트인은 실용과학의 측면에서 그리스인의 선구자였다. 농사에서는 나일강 범람 후 일정 기간의 건조기를 거쳐 파종하였다. 범람 시기 및 계절의 순환을 알기 위한 천문학과 역법(曆法)이 발달하였다. 이집트의 태양력에서 1년은 30일을 한 달로 하는 12개월이며 1년 끝에 5일을 추가한 것으로 아주 정

---

3) 전자의 견해로는 Fred Gladstone Bratton, *The First Heretic: The Life and Times of Ikhnaton the King* (1961), 후자의 견해로는 Leslie A. White, "Ikhnaton: The Great Man vs. the Cultural Process," *Journal of the American Oriental Society* 68 (1948) 등이 있다.

밀한 달력이 아니었다. 그러므로 로마시대에 이르러 카에사르가 그 오차를 바로 잡았는데 이것이 율리우스 달력이었다. 다시 그 오차를 교황 그레고리오13세 Gregorius XIII(1502-1585)가 1582년 개정하여 현행의 달력으로 만들었다.

나일강 범람 후 농토를 다시 구획지을 필요가 생겼기 때문에 일찍부터 삼각측량이 행해지고 또한 기하학이 발달하였다. 그들은 숫자로 기본적인 수량 계산을 하였다. 그리고 금속의 성질이나 식물과 동물의 생활에 관한 지식을 가지고 있었다. 의술(醫術)은 주로 마귀를 육체로부터 몰아내기 위한 것이었다. 사람들은 신체 각 부위마다 신이 있어서 노래로 이 신을 부르면 병이 낫는다고 믿었다.

그러나 이와 같은 주술적 요소 이외에 상당히 합리적인 측면도 있었다. BC 1700년경 씌어진 것으로 추정되는 의학 논문은 48건의 수술사례를 소상히 밝히고 있다. 의사들은 치과, 외과 또는 위 전문가 등으로 구분되어 있었다. 그들은 심장이나 맥박의 중요성을 인식하고 있었다. 상처를 치료하고 간단한 수술도 하였다. 또한 각종 약초의 효능을 연구하고 약품 목록을 만들기도 하였다.

이와 같이 이집트인은 메소포타미아 사람들과 마찬가지로 자연현상의 원리에 관한 지식보다는 토목 · 금속 · 의학 등 실용적 문제 해결에 더 큰 관심을 나타냈다.

이집트 문자와 파피루스 고대 이집트 문자는 세 가지 형태로 발달하였다. BC 3200년경에 나온 신성문자(神聖文字)는 설형문자와 같이 그림문자였는데 주로 종교행사를 기록하는 데 사용되었다. 초서체인 공용문자는 상업 통신용이었다. 끝으로 일반 사람들이 쓰는 민간 상용문자가 있었다. 초기의 많은 기록은

아몬신의 가수(歌手) 타디무드의 장의(葬儀)의 파피루스(제21왕조)

파피루스와 종이

파피루스는 나일 강가에 자라는 일종의 갈대로 만든 것이다. 그것은 갈대를 쪼개어 압착한 것이므로 오늘날의 종이와는 근본적인 차이가 있으나 기록의 매개물이었다는 점에서 메소포타미아의 점토판과 마찬가지로 종이라고 할 수 있다.

갈대 줄기를 쪼개어 넓혀 펴고 붙인 후 같은 것을 여러 장을 포개 놓은 다음 무거운 것으로 짓눌러 볕에 말린다. 잘 마르면 조개 껍질로 그 표면을 문질러 윤을 낸다. 이 파피루스에 갈대를 쪼개 만든 펜을 사용하여 아라비아 검gum을 섞은 잉크로 기록한 것이 파피루스 문서였다. 파피루스는 유럽어의 종이paper, papier란 말의 기원이 되었다.

이집트에서 메소포타미아에 파피루스 수출을 중단하자 양 가죽으로 만들기 시작한 것이 양피지(羊皮紙)이다. 양피지는 질기고 오래 보존하기에 적합하였다. 양피지를 여덟으로 잘라 만든 크기의 것을 8절지(折紙)라 했는데 이것은 오늘날까지 사용되는 종이 크기의 단위가 되었다. 양피지는 값비싸다는 흠이 있었으나 유럽 중세 시대까지 계속 책을 만드는 재료로 사용되었다.

근대적인 종이는 중국 후한(後漢) 때 채륜(蔡倫)이 발명하였다. 종이 만드는 기술은 4세기경 중국에서 서쪽으로 전해졌고 다시 서역, 북아프리카, 이베리아 반도를 거쳐 유럽으로 전해졌다.

15세기에 근대적인 활판인쇄술이 유럽에서 시작될 무렵 종이가 사용되었으며 이 때를 맞추어 또한 인쇄하기에 알맞은 잉크가 사용되기 시작함으로써 인쇄문화의 혁명이 일어났다. 이리하여 일반대중에까지 독서 인구가 확대되고 지식이 일반에게 보급되는 이른바 지적 혁명이 일어났다.

피라미드의 벽 위에 새겨진 송가(頌歌)·기도·주문(呪文)·신화 등으로 남아 있다. 메소포타미아 사람들이 점토판을 사용한 것처럼 이집트인은 파피루스 위에 기록했는데 이것을 파피루스 문서라 한다. 이 문서는 고대 이집트의 궁중·생활·습관·역사·내세관을 알 수 있는 귀중한 자료이다.

미술 고대 이집트 인의 천재성이 발휘된 미술은 이집트 문명의 특성을 가장 잘 나타내고 있다. 그 중에서도 건축이 가장 주요한 분야였다. 그림이나 조각은 단지 건물을 장식하는 데 활용되었다고 해도 과언이 아니다. 주요 건축재는 벽돌·나무·석재(石材)였으며 특히 돌은 가장 많이 사용된 재료였다.

미술분야에도 자연숭배와 내세관이 반영되었다. 이집트 건축의 역사는 분묘의 역사라 할 만큼 죽음의 세계와 관련된 것이었다. 원래 분묘는 마스타바 mastaba라는 평탄한 형태로부터 시작되었으나 제3왕조 시대의 계단식 형태를 거쳐 제4왕조에 이르러 마침내 피라미드 형태로 발전되었다.

피라미드pyramid는 삼각형의 각추(角錐) 모양으로 돌을 쌓아올려 만든 거대한 분묘로 고왕국 제4왕조 때 가장 많이 만들어졌다. 고대 이집트 시대에 건조된 크고 작은 70여 개의 피라미드가 현재 남아 있다. 분묘, 특히 피라미드는 많은 유물·파피루스 문서·회화 등 좋은 역사 자료를 제공하기 때문에 '이집트 고대생활의 박물관'이라고 할 수 있다.

고왕국 중반 이후에는 피라미드식 분묘가 암굴(岩窟)신전이나 열주(列柱)

물고기를 잡고 들새를 사냥하는 모습(18왕조)

신전 형식으로 바뀌는 경우도 있었다. 신전 상부구조를 받쳐주는 기둥은 파초 · 연꽃 · 파피루스 등의 모양을 본떴으며 앞마당의 둘레에는 여러 개의 기둥을 세웠다.

난숙기의 그림들이 부분적으로 잔존해 있으나 초기 회화는 거의 알려지지 않고 있다. 회화는 사실적 경향과 단순화 경향의 양면성을 띠고 있다. 이집트 회화에서 근대적 원근법은 무시되고 사람들의 얼굴을 옆으로만 그린 것이 특이하다. 색채의 배합은 단순하며 빨강 · 노랑 · 푸른 색 · 녹색 등 원색이 자주 사용되었다.

조각은 부조(浮彫) 또는 환조(丸彫)로 표현되고 상아 · 석회암 · 나무 등이 재료로 사용되었다. 회화의 경우와 마찬가지로 조각에도 사실성과 단순성의 양면이 있다. 채색 인물상이 많고 입상(立像)의 경우 한쪽 발을 약간 앞으로 내디디고 서 있으며 대부분 얼굴에 '고졸소'(古拙笑)를 띠고 있는 것이 특징이다. 조각물이라 하기에는 예외적으로 큰 스핑크스Sphinx는 높이 20m, 길이 73m의 인두수신(人頭獸身)의 거대한 화강암 조상(彫像)이다. 이것은 기자의 피라미드들 가운데에 세워졌다.

이집트 문명의 역사적 의의 이집트가 제26왕조에 들어설 즈음 고대 그리스는 막 그 역사를 시작할 때였다. 그렇게 오래 지속될 만큼 이집트 문명의 생명력은 강하였다. 고대 이집트인은 자연과 조화를 이루며 수세기 동안 자급자족 상태에서 살았다. BC 332년 그리스의 이집트 정복은 그 때까지 안정되어 있던 이집트 사회에 계속적인 혼란을 야기시켰다.

이집트 문명의 놀라운 성과는 나일강의 정기적인 범람과 밀접한 관계가 있었다. 특히 태양력이나 삼각 측량과 같은 몇 가지 각별한 업적은 모두 이와 관

쿠푸(케옵스)의 피라미드

카이로 멤피스 근방의 기자Giza; Al-Gigeh 언덕 위에 높이 솟은 4왕조의 쿠푸Keops; Khufu 왕의 것으로 대표적인 피라미드이다.

BC 2600년경에 건축된 이 피라미드는 평균 2.5톤의 석회암 330만개 이상을 쌓아 만든 것으로 높이 147m, 사면(斜面) 186m, 경사각은 52도이다. 피라미드는 매우 정확한 토목 기술로 만들어졌으며 한 변의 길이 237m, 그 저변은 정방형이며 각 변 길이의 오차는 1.5 cm, 4각형의 오차는 12초에 불과하다.

이와 같은 거대한 피라미드를 만들기 위해서는 치밀한 사전계획, 정확한 토목 기술 엄청나게 많은 노동력 동원이 필요하다.

계가 있었다. 이밖에 생활양식 · 사상 · 조각 · 회화 · 건축 등은 나름대로 독자적인 특징이 있는 것이었다. 이러한 것들은 그 후 서방 세계의 역사발전에 직접적인 영향을 미쳤을 뿐 아니라 현대 세계에 유산으로 남아 있다.

3. 소아시아의 고대 문명

BC 2000년경 인도-유럽 어족(語族)에 속한 민족들이 흑해 및 카스피 해의 북쪽으로부터 서남쪽으로 이동하여 중앙 유럽 · 이탈리아 · 그리스 및 에게해 일대에까지 퍼져나갔다. 그들의 문화수준은 당시의 메소포타미아보다 낮았다. 그러나 그들은 우세한 무력을 앞세워 BC 1750년경에는 고대 동방 지역을 휩쓸었다.

처음에는 작은 제후국가들이 난립하고 있었으나 마침내 연합하여 주변의 주민들을 정복하면서 왕국을 세웠다. 그 중에서도 카시트 민족, 히타이트 민족, 미탄니 민족이 고대 동방의 역사에서 중요한 역할을 하였다. 그들은 왕국을 수립하는 과정에서 메소포타미아 문화를 수용하고 또 전파하였다.

A. 히타이트

BC 2000년경 소아시아에서 가장 두드러진 세력은 히타이트 민족이었다. 오랫동안 히타이트 민족에 관해서는 간접적으로밖에 알려지지 않고 있었다. 그러던 중 1907년 히타이트의 수도 하투샤쉬Hattusas(지금의 터키 보카즈코이Boghazkoy) 유적지에서 금석문이 발견되면서 비로소 그 역사가 밝혀지게 되었다. 오늘날 앙카라의 '아나톨리아문명 박물관'에는 히타이트 역사와 문명을 알려주는 훌륭한 유물이 전시되고 있다.

본래 목축을 주로 하는 기마민족인 히타이트인은 철제도구와 무기를 사용한 최초의 사람들로 간주되고 있다. 그들은 초기 메소포타미아의 문화 전통을 계승 수용하여 더 높은 수준의 문화로 발전시켰다. 히타이트 민족은 소아시아에 이미 형성되어 있던 아나톨리아의 하티Hatti 문화를 받아들이는 한편 아시리아Assyria 상인과 통상하면서 설형문자를 수용하였다.

히타이트 부부상(BC 9세기)

히타이트 민족의 독창성 히타이트 민족은 하티와 아시리아 두 문화를 혼합하면서도 정치제도 · 법 · 종교 · 문학 · 미술 · 기술에서 새로운 독창성을 발휘하였다. 히타이트 민족이 소아시아를 지배한 것은 이 지역의 문명이 상당한 수준으로 발전하는 결정적인 계기가 되었다. 특히 그들은 철 제련(製鍊) 기술을 개발하여 철제 무기와 말이 끄는 전차(戰車)를 사용하게 되면서 차원 높은 문화를 이룩하고 고대 동방 전체에 걸쳐 우세를 확립하였다.

히타이트 왕국은 매우 진취적인 활동을 벌여 무역범위도 넓혔다. 강력한 중앙집권적 정치를 실시하고 토지사용 · 노임 · 물가를 통제하였다. 바빌로니아의 영향을 받은 히타이트 법은 한층 더 발달된 것으로 주로 무역 활동에 관한 규정이었다. 히타이트의 건축이나 조각은 대체로 단순한 양식이며 그 주제는 전쟁이나 신화에 관한 것이었다.

종교는 다른 지역으로부터 빌려온 것이었다. 그들의 전설이나 종교적 설화는 메소포타미아에서 유래한 것이 대부분이었다. 여성의 사회적 위치는 이집트나 메소포타미아의 경우보다 격상된 것이었다. 히타이트 문명은 지리적으로나 시대적으로 소아시아의 트로이Troy에 영향을 끼친 것으로 추정된다.

히타이트 제국의 성쇠 히타이트 민족은 BC 1600년경 하투샤쉬를 수도로 한 단일 왕국으로 통일되었다. 그들은 BC 13세기 말까지는 소아시아의 대부분, 북메소포타미아, 북시리아를 공략하고 카시트 민족과 연합하여 바빌론 시를 약탈했으며 남쪽으로 이집트와 접경하는 최대의 영토를 차지하였다.

히타이트 왕국은 이집트의 동맹국인 미탄니 왕국에 압력을 가해 굴복시키고 끝내는 미탄니를 멸망시켰다. 또 BC 1400년 시리아와 팔레스티나에 있는 이집트의 제후국이 일으킨 반란을 적극적으로 지원하고, 전성기인 수필룰리우마Suppiluliuma(BC 1380-1346) 왕에 이르러 이집트 세력을 몰아냈다. 당시 이집트는 아케나텐의 종교개혁 여파로 국력이 약화된 상태였다.

그러나 이집트 제19왕조의 세티 1세Seti I(BC 1313-1292)와 람세스 2

인도-유럽 어족

사용 언어의 공통성으로 분류되고 있는 인도-유럽 어족은 현재 북유럽에서부터 인도에 이르기까지 사용되고 있는 인도-유럽어를 사용하는 민족들을 가리킨다. 가끔 아리아 민족(Aryans)이라 불리기도 한다.

인도-유럽 민족의 종족적 구성은 다양하며 수천 년을 거치면서 여러 갈래의 언어를 사용하는 민족으로 분파되었다. 켈트어(웨일즈어 · 콘월어 Cornish) · 게르만어(독일어 · 덴마크어 · 네덜란드어 · 영어) · 로맨스어(프랑스어 · 이탈리아어 · 스페인어 · 포르투갈어) · 그리스어 · 슬라브어(러시아어 · 폴란드어) · 인도-이란어(산스크리트 · 페르시아어) 등이 모두 인도-유럽어족에 속한다.

인도-유럽 민족은 BC 1700-1400년경까지 계속된 1차 이동에서 북인도, 북아프리카, 소아시아 및 그리스 지방으로 퍼졌다. 그리고 2차 이동은 BC 1200-900년에 행해졌는데 이때 그들은 서유럽에까지 들어갔다.

세Ramses II(BC 1304-1235)는 군사력을 동원하여 시리아와 팔레스티나를 회복하려고 하였다. 이에 대항하여 히타이트 무와탈리Muwattali(BC 1315-1282) 왕은 시리아에 대한 패권을 둘러싸고 이집트와 최대의 전쟁을 치르게 되었다(BC 1296). 이 전쟁은 매우 격렬했으나 어느 한편의 확정적 승리는 없었다.

그리하여 하투쉴리스 3세Hattushilis III(BC 1275-1250) 때인 BC 1279년 카데쉬Kadesh 휴전조약으로 이집트와의 전쟁은 일단 중지되었다.

카데쉬 조약의 원문은 앙카라의 '아나톨리아문명 박물관'에 전시되어 있다. 이 조약은 양국 간의 방위 및 상호 원조조약으로 현존하는 것 중 세계사상 최고(最古)의 것이다. 최초의 국제적 평화조약이란 점에서 이 조약문은 뉴욕시의 유엔 본부 건물에 조각되어 있다.

BC 13세기에서 BC 12세기로 넘어가는 기간에 히타이트 왕국은 서아나톨리아 지방에서 일어난 반란으로 약화 조짐을 나타냈다. 그리고 BC 1190년경 히타이트는 에게 해 쪽에서 쳐들어오는 해상민족의 파상 공격으로 완전히 붕괴되었으며 방대한 고대 동방은 강력한 전투력을 가진 아시리아 민족의 침입을 받게 되었다. 히타이트 왕국은 소아시아를 중심으로 약 500년간 계속되었다.

B. 아시리아

인류문명이 메소포타미아에서 시작된 이래로 오랫동안 이 지역에서는 많은 민족과 국가가 등장하고 멸망하였다. 그러다 BC 9세기에 이르러 비로소 단일한 정치체제로 통일되었다. 이 통일세력이 곧 아시리아와 페르시아였다. 고대 동방을 먼저 통일한 것은 남쪽 바빌론으로부터 메소포타미아 문화의 영향을 많이 받은 셈어족(語族)에 속한 아시리아 민족이었다.

아시리아 역사는 19세기 중반의 고고학적 발굴로 비교적 상세히 알려지게 되었다. 현재 니네베Nineveh 아수르바니팔Assurbanipal 도서관에 소장되고 있는 약 2만 장의 설형문자 점토판 도서와 그 밖에 아시리아 도시들의 유적에서 나온 금석문은 귀중한 자료이다.

아시리아인은 BC 3000년경 아라비아 사막으로부터 티그리스강 상류로 이동하여 정착한 이래 농업과 목축에 종사하고 있었다. 그 후 BC 2000년대를 전후한 수세기 동안 아시리아는 사르곤 1세에서 함무라비 왕 시대에 이르기까지 바빌로니아의 지배를 받았다. 아나톨리아 지역의 청동기 시대가 한참 진행중에 있던 BC 1750-1000년 아시리아인은 끊임없이 여러 민족의 침입을 받았다. 아라비아 사막으로부터 들어온 유목민족, 동쪽과 북쪽으로부터 침입한 이민족, 특히 카시트 민족 · 히타이트 민족 · 미탄니 민족의 공격을 받았다. 이와 같이 아시리아인은 주변민족으로부터 부단한 위협을 받았기 때문에 정치적으로 단결하고 군사력을 강화하여 역사상 가장 호전적인 민족의 하나가 되었다.

고대 동방의 통일 아시리아는 BC 1000년경 새로운 철기문화와 전차를 도입한 후 고대 동방에서 가장 강력한 군사국가로 발전하였다. 그 결과 BC 9세기에서 BC 7세기에 걸쳐서는 메소포타미아에서 이집트에 이르는 대제국을 형성하였다. 아시리아는 자기 방위에서 공격적인 침략으로 정책을 바꿔 주변 국가들을 정복하여 강대한 제국을 형성하였다.

아시리아 제국의 시조는 티글라트-필레세르 3세Tiglath-pileser III(Tilgath-pilneser, 재위: BC 745-727)였으나 후계자 사르곤 2세Sargon II(BC 721-705)에 이르러 많은 정복활동에 성공, 북쪽으로는 메소포타미아 및 소아시아, 동쪽으로는 이란, 남쪽으로는 시리아와 팔레스티나 및 아라비아 사막과 이집트에까지 세력을 확장하였다.

대제국의 건설을 뒷받침한 것은 철저한 공격정신과 군국주의였다. 대내적으로는 강력한 군대를 배경으로 공포정치를 실시하고 대외적으로는 정복민족으로부터 공납을 받았다. 대량학살 · 고문 · 시체 전시 등은 흔히 있는 일이었다. 수도 니네베를 중심으로 철저한 중앙집권체제를 수립하여 교역과 상업을 발전시켰다. BC 650년경 고대 동방의 거의 대부분 지역은 아시리아의 단일 지배 아래 들어갔으며 아시리아 왕은 그야말로 '세계의 지배자'가 되었다.

아시리아는 고대 동방의 많은 이민족을 하나의 제국으로 통일한 정치세력이 되었다. 약 3세기간 계속된 그들의 중앙집권적 군주제는 메소포타미아의 안정과 평화를 유지했을 뿐 아니라 그 정치체제는 이후 여러 나라들에 의해 모방되

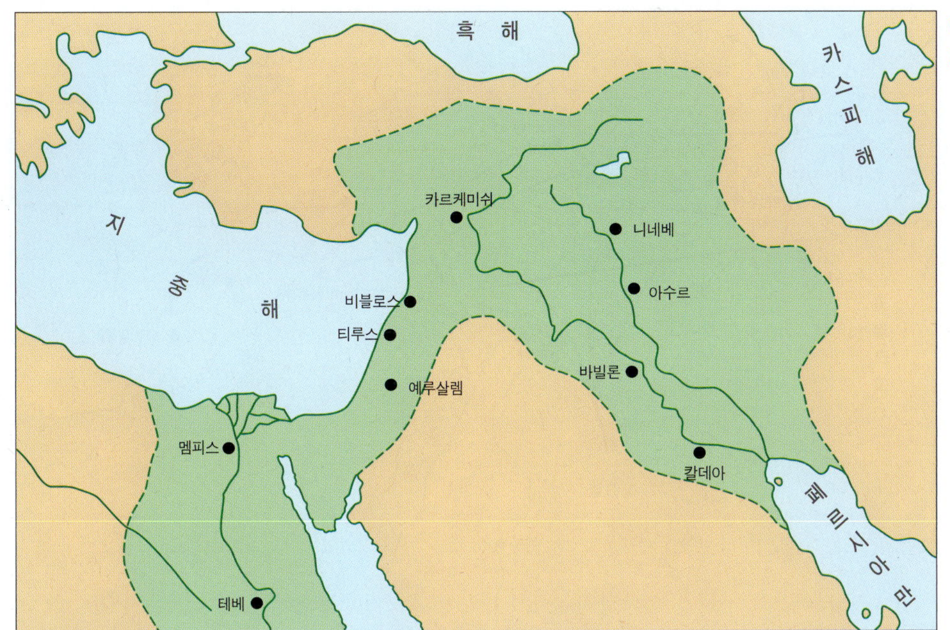

아시리아 제국 전성기의 영토

었다. 경제적으로는 무역 통상을 장려하고 물품을 활발히 거래하였고, 메소포타미아 전역에 걸쳐 공용어를 사용함으로써 문물과 사상의 교류를 촉진하였다.

그러나 아시리아의 지배는 오래가지 않았다. 중세(重稅)정책은 이민족의 반발을 샀고 부단한 전쟁으로 자원이 고갈되었다. 대내적으로 국민의 불만이 고조되는 가운데 변경의 이민족이 공격해 왔다. 이리하여 BC 7세기 말부터 아시리아의 국력은 급격히 약화되기 시작하였다. 이 때 시리아와 팔레스티나는 이집트의 지원을 받아 반란을 일으키고 남메소포타미아에서는 셈어족에 속하는 칼데아Chaldea인이 반란을 주도하였다.

마침내 BC 612년 아시리아의 수도 니네베가 메디아인 · 칼데아인 · 스키티아Scythia인들의 연합군에 함락되고 아시리아는 멸망하고 말았다. 그 후 고대 동방에서는 칼데아 · 메디아 · 이집트 · 리디아 등 네 나라가 서로 대립하였으나 칼데아인이 세운 신바빌로니아가 수도 바빌론을 중심으로 제일 강한 나라가 되었다.

아시리아 문화의 특성 문화적으로 아시리아는 메소포타미아 문명을 거의 충실히 계승했으나 각별히 독창성을 발휘하지는 않았다. 건축은 수메르의 것을 모방한 것이 많았고 조각에서는 강인한 군사문화적 특징을 나타냈다. 역대 왕들은 국력과 영광을 상징하는 의미에서 아수르, 니네베와 같은 도시들을 대대적으로 건축하였다. 신전과 궁전은 거대한 조각이나 부조(浮彫)로 장식되었다.

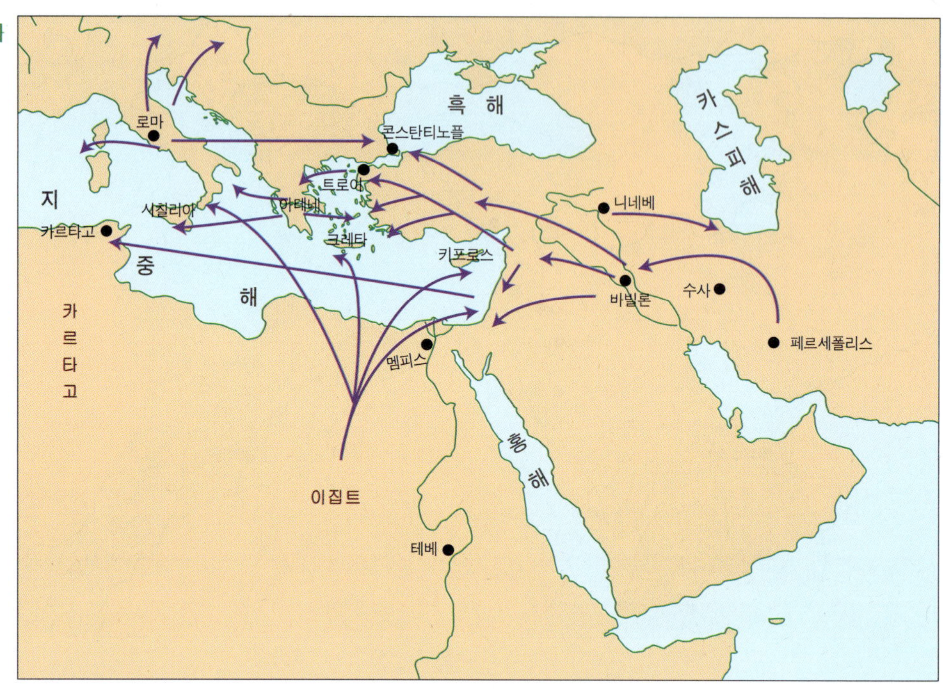

고대동방의 문명전파

아시리아의 종교는 메소포타미아, 특히 바빌론을 통해 받아들인 수메르 문화를 바탕으로 하고 있었다. 국가신인 아수르는 바빌론시의 마르두크 신과 비슷하고 종교의식에서도 초기의 메소포타미아와 구분하기 어려울 정도였다.

아시리아 문명은 고대 동방의 문화전통을 충실히 계승하여 바빌론과 수메르 문명을 널리 정복 지역으로 전파했다는 점에서 그 문화사적 의의가 있다 .

C. 페르시아

최종적으로 고대 동방을 통일한 세력은 페르시아였다. 페르시아가 메소포타미아의 패권을 장악하기 전에는 많은 군소 국가들, 특히 리디아Lydia · 메디아Media · 신바빌로니아 등이 서로 경합하였다.

리디아와 메디아는 히타이트가 몰락한 후에 처음 대두한 작은 왕국이었는데 아시리아가 멸망한 후에 크게 부상하였다. 리디아 민족은 BC 10세기부터 BC 6세기 중기까지 국가를 유지했으며 리디아의 가장 유명한 왕은 크로이소스Croesus(BC 650-546)이다. 그는 에게해 연안 일대의 그리스 식민시(市)를 포함한 대부분의 소아시아를 지배하였다. 그러나 리디아는 결국 페르시아의 강력한 공격을 견디지 못하고, BC 547년에 멸망하고 말았다.

메디아 역시 아시리아 멸망 이후 부상한 세력이었다. 본래 북이란에 근거

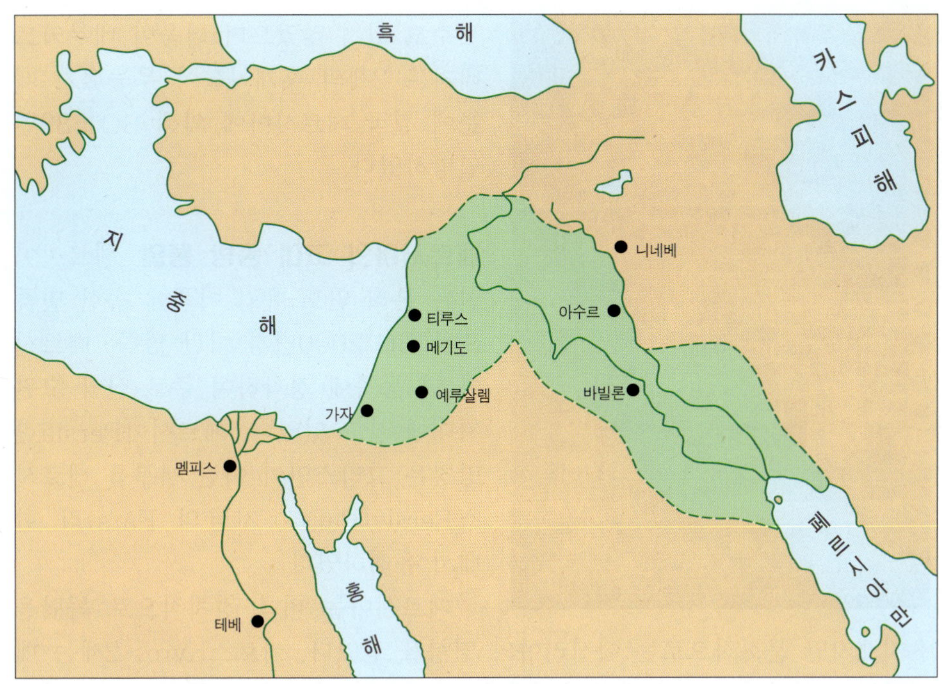

네부카드네자르 왕 시대의 칼데아제국

를 둔 메디아인은 아시리아에 예속되고 있는 동안 아시리아 문화를 도입하면서도 아시리아를 공격하는 중심 역할을 하였다. 아시리아 몰락 후에는 이란에서 소아시아에 이르는 광대한 지역을 지배하였다.

그러나 메디아의 정치체제에는 약점이 많았고 지방의 유력한 제후들의 저항에 직면하게 되었다. 그 제후 중 하나인 키로스 2세Cyrus; Kyros II(BC 590-530)가 BC 559년 메디아 왕을 폐위하고 왕국을 차지하였다. 이것이 페르시아의 아케메네스Achaemenes 왕조(BC 700-560)의 시작이었다.

신바빌로니아 아시리아가 멸망한 후 메소포타미아의 가장 강대한 국가는 신바빌로니아였다. 신바빌로니아는 칼데아인에 의해 건설되었는데 그들은 본래 남메소포타미아에 정착했던 셈어족에 속한 민족이었다.

아시리아를 멸망시킨 후 수립된 신바빌로니아 왕국은 네부카드네자르 2세 Nebuchadnezzar II(BC 605-562) 시대에 전성기를 맞이하게 되었다. 네부카드네자르 2세는 시리아와 팔레스티나를 정복했을 뿐 아니라 유대 왕국을 멸망시켜 예루살렘을 파괴하고 다수의 유대인을 포로로 잡아 바빌론으로 끌고 왔다.

네부카드네자르 2세는 메소포타미아의 문화전통을 부흥시켰다. 수도 바빌론을 재건하여 성벽 · 신전 · 궁전 및 전설적인 '현공'(懸空)정원을 건축하고 조각과 그림으로 수도를 장식하였다. 종교적으로도 복고기풍이 조성되고 마르두크 신이 숭배되었다. 그러나 신바빌로니아는 군사력과 경제력을 제대로

다리우스 궁전 벽장식: 페르시아 친위대의 모습

갖추고 있지 않았으며 더욱이 네부카드네자르 2세의 후계자들이 무능했기 때문에 결국 페르시아에 의해 BC 539년 멸망하였다.

페르시아의 고대 동방 통일 페르시아인은 본래 인도-유럽 어족에 속한 민족으로 BC 2000년경 이란 남쪽, 페르시아 만 동쪽에 정착하여 주로 산악 고원지대에 살고 있었다. 페르시아Persia란 명칭은 그리스인이 이란 서부를 페르시스Persis(Parsa, 지금의 Fars)라 한 데서 유래하였다.

페르시아는 비록 정치적으로 독립을 유지했지만 문화적으로는 아시리아의 영향을 받았다. 키로스Kyros 2세는 메디아를 멸망시킨 후 BC 559년 '메디아인과 페르시아인의 왕' 임을 선포하였다. 수도는 키로스 2세 시대에 파사르가다이Pasargadai에 정해진 이후 수사Susa, 페르세폴리스Persepolis 등으로 바뀌었다. 또, 신바빌로니아를 공격하여 멸망시키고 이른바 '바빌론 유수(幽囚)' 로 수용되어 있던 유대인을 해방시켰다.

다리우스 1세Darius I(대왕, BC 522-486)는 성공리에 여러 지역을 정복하였다. 그는 소아시아에 있는 그리스 식민시(植民市)들을 복속시키고 리디아 · 시리아 · 팔레스티나를 비롯한 소아시아 대부분을 장악하였다.

정복사업을 계속한 그는 서쪽으로 트라키아Thracia, 마케도니아Macedonia 등 발칸 반도 일부, 동쪽으로는 인도의 인더스강 유역 및 판자브Punjab까지를 정복하여 최대의 제국을 형성하였다.

페르시아의 쇠망 BC 499년 지중해 연안에 있는 그리스 식민지에서 반란이 일어났다. 페르시아는 이 반란을 진압했으나 이것이 빌미가 되어 페르시아 전쟁이 시작되었다. 다리우스 대왕은 그리스 본토에 대한 대규모 원정에 착수했으나 끈질긴 그리스군의 저항에 부딪혀 실패하였다.

그의 뒤를 이은 크세르크세스 1세Xerxes I(BC 486-465)는 이집트와 신바빌로니아의 반란을 진압하고 국내 질서를 회복하였다. BC 480년 그는 마지막 페르시아 전쟁에 나섰지만 역시 실패하고, 왕궁이나 기념물을 건조하여 호화로운 궁중생활을 한 끝에 암살되었다. 페르시아는 마침내 아르타크세르

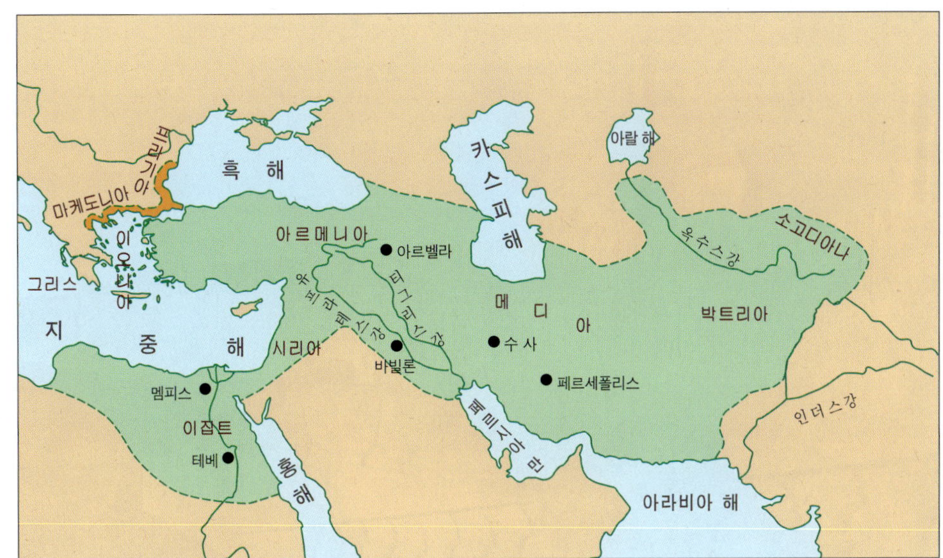

다리우스 대왕 시대의 페르시아 제국 (BC 490년경)

크세스Artaxerxes(BC 465-424) 때에 이르러 아테네와 강화하지 않을 수 없게 되었다.

고대 동방의 마지막이자 가장 강력한 통일세력이었던 페르시아는 패전의 후유증으로 전반적으로 쇠퇴의 길에 들어서게 되었다. 다리우스 3세Darius III(재위: BC 336-330) 때 내란을 겪은 페르시아는 BC 330년 마케도니아 출신 알렉산드로스 대왕에 의해 마침내 멸망하고 말았다. 이로써 유럽 역사의 중심이 고대 동방에서 서쪽의 그리스로 옮겨가게 되었다.

페르시아의 문화 페르시아는 각 정복지의 관습과 문화를 존중하고 자치를 인정하는 유화정책을 실시하였다. 이 정책은 메디아 귀족들을 행정에 참여시키거나 유대인을 해방시키는 데서 구체적으로 나타났다. 그 결과 페르시아 문화는 이집트, 메소포타미아 및 그 밖의 지역의 문화를 흡수하고 종합하는 절충적 성격을 띠게 되었다.

고대 동방의 넓은 지역과 역사적 전통을 통합한 페르시아는 도로 · 항만 · 선박 · 우편제도 등을 정비 또는 확장하여 해륙교통을 발달시켰다. 역대 왕은 미술 후원자로서 수사와 페르세폴리스 등 수도에 거대하고 화려한 왕궁을 건축하였다. 페르시아어 · 바빌로니아어 · 아람Aram어 등이 공용어로 사용되었으나 그 밖의 다른 언어들도 통용되었다.

페르시아는 도량형을 표준화하고 화폐를 유통시켜 세제를 정비하였다. 농산물로는 보리 · 밀 · 포도 · 올리브 등이 재배되었고 소나 양을 목축하였다. 목재와 석재가 생산되고 광업 및 수공업도 발달되었다. 페르시아인의 통상범위는 페니키아 · 아라비아 · 그리스 · 인도 및 라인강이나 다뉴브강 유역에까

다리우스 대왕의 궁전
(BC 500년경, 페르세폴리스 유적지)

지 폭넓게 확대되었다.

페르시아 문화는 새로운 종교를 통해 역사적으로 기여하였다. 페르시아 종교는 BC 15세기까지 소급될 수 있는 독특한 이원론에 바탕을 둔 믿음이었다. 페르시아 인은 자연의 힘, 특히 하늘의 신과 불의 신을 숭배했으며 제물 · 주술 · 기도 등 복잡한 의식을 통해 신의 은총을 입으려고 하였다. 페르시아인의 초기 종교에서는 마기Magi라 불리는 사제들이 주요한 기능을 수행하였다.

조로아스터교 전통적인 믿음을 배경으로 하면서도 다신교 및 의식적 형식주의와 같은 요소를 배격하는 새 종교가 나왔다. BC 7세기에 조로아스터Zoroaster가 창시한 종교였다. 조로아스터는 페르시아 이름 자라투스트라Zarathustra가 그리스식으로 바뀐 것이다. 19세기 독일 철학자 니체가 『짜라투스트라는 이렇게 말했다』라는 책을 통해 그의 페르시아 이름은 우리에게 익숙하다.

조로아스터교의 핵심은 선신(善神)과 악신(惡神)의 대립을 통한 우주 본질에 관한 독특한 이원론에 있었다. 조로아스터교의 특징은 종말론 · 윤리성 · 계시성(啓示性) 등에 있다. 이 종교의 경전은 젠드-아베스타Zend-Avesta였다.

조로아스터교에 따르면 지혜 · 빛 · 진리 · 창조 · 전지전능의 선신 아후라-마즈다Ahura-Mazda; Ahuramasta는 정의 · 진실 · 미덕을 관장하는 최고신이며, 이에 반하는 어둠의 악신 아리만Ahriman에 대항하여 싸운다는 것이다. 선악을 대표하는 이 두 신이 우주 창조 이래로 영원한 싸움을 벌이면서 우주에 역동적인 힘을 부여하였고, 아후라-마즈다의 끊임없는 노력만이 이 세계를 악의 지배에서 벗어나게 한다는 것이다.

조로아스터교는 불을 신의 상징으로 삼았기 때문에 중국에 전래된 후 배화교(拜火敎) 또는 요교(祆敎)라 불리었고, 인도에서는 파르시Parsi교가 되었다. 파르시교는 이교도와 혼인을 하지 않는 등 배타성이 강한 종교로서 흙·물·불 등을 신성시하며 매장 대신 풍장(風葬)이나 조장(鳥葬)의 관습을 갖고 있다. 오늘날 파르시족이 집중 거주하는 뭄바이Mumbai(전의 봄베이)의 '침묵의 탑' (dakhma)은 그들의 장례장소이며 높은 벽으로 막아 그 내부를 들여다볼 수 없게 해놓았다. 파르시족은 인도의 경제력을 좌우하는 부호 또는 세계적인 지휘자 주빈 메타Zubin Mehta(1936-) 등 우수한 인재를 배출하였다.

페르시아 제국은 기존 문명의 요소들을 받아들여 적절히 보존 발달시킴으로써 지역문화와 공통문화를 혼합한 세계화의 풍토를 마련하였다. 설형문자를 수용하여 인도-유럽어를 적을 수 있게 하였고 천문학이나 수학 등 메소포타미아 문화를 수용하였다. 페르시아인은 외래 종교에 대해 매우 관용적 태도를 보였으며 심지어 사당을 다시 짓도록 하거나 지방 신을 위한 신전을 짓는 것을 허용하기까지 하였다. 이와 같은 문화 혼융(混融)을 통해 페르시아는 모든 고대 동방의 전통적 문화를 종합하였다.

D. 히브리

고대 동방의 역사에서 중요한 역할을 한 민족으로 일신교를 통해 그리스도교 문명에 기여한 히브리인과 해상활동과 무역으로 큰 세력을 이룬 페니키아인이 있었다.

팔레스티나 (BC 800년경)

특히 히브리 민족은 오늘날까지 지속되는 종교관을 발전시켜 서양문명에 깊은 영향을 끼쳤다. 그들은 비록 예술이나 과학에서 독창성을 발휘하지 않았지만 문학적 소산인 구약성서를 통해 문명 발전에 기여하였다. 그것은 히브리 민족 역사에 관한 놀라운 기록일 뿐 아니라 그리스도교와 이슬람교에 근본적인 영향을 끼쳤고 오늘날에까지 지속적인 힘으로 작용하고 있다.

히브리 민족의 대두 셈어족에 속하는 히브리 민족은 유목민으로 아라비아 · 시리아 · 이집트 등 여러 지역을 떠돌아 다니면서 정착할 곳을 찾았다. 아브라함 · 이삭 · 야곱 등의 영도 아래 메소포타미아 남쪽에서 팔레스티나 지방에 이르기까지 각지를 유랑하였다.

그들의 유랑생활은 대체로 함무라비 왕 때인 BC 1800년경 시작되었다. 이집트로 간 히브리 민족은 BC 13세기 후반 람세스 2세의 치세에 이집트 지배를 벗어나 모세Moses영도하에 시나이 Sinai 사막을 거쳐 가나안Canaan에 도착하여 그곳에 정착하였다. 히브리 민족은 이집트와 아나톨리아 두 지역의 강대한 세력 사이에 끼어서도 독자적인 국가를 발전시키고 특징 있는 문화를 형성하였다. 사해문서(死海文書) 발견으로 그리스도교 기원 전후의 일부 히브리인의 역사가 알려지게 되었다.

가나안에 정착한 히브리 부족들은 약 150년간 싸움과 변화를 겪으면서 번창했으나 BC 1050년경 필리스티나인(Philistines)의 공격을 받아 멸망의 위기에 놓이게 되었다. 이러한 위기를 맞아 히브리 부족들은 단일한 왕 아래 하나의 민족국가를 이루어 대항하였다.

사울Saul 왕이 기초를 닦아 놓은 통일국가는 약 1세기간 계속되었다. 다비드David 왕(BC 11-10C)에 이르러 팔레스티나 지방에서 필리스티나인을 축출하고 주변지역을 지배하는 강대한 세력을 형성하였으며, 예루살렘Jerusalem에 수도를 정하고 중앙집권적인 신정정치를 이룩하였다.

솔로몬Solomon(BC 970-933) 왕에 이르러 이른바 '솔로몬의 영화(榮華)' 를 누리게 되었다. 히브리인은 이웃 나라와 활발한 통상을 하여 부를 축적하였는데, 솔로몬은 신전과 궁전을 건축하여 과도하게 국력을 소모하였다. 거기에 왕의 전제정치, 경제적 · 사회적 불평등, 도농(都農)간의 경쟁, 외래 종교의 문제 등이 주요 원인이 되어 불만이 고조되고 각 부족간의 반목이 시작되었다.

사해문서

종래 그리스도교의 기원에 관해 객관적이며 역사적 사료가 적었는데 최근 이 문제에 빛을 던져주는 사료가 발견되었다. 이것이 사해 서북쪽 연안 쿰란에서 발견된 사해문서(Dead Sea Scrolls)이다.

1947년 아랍인의 한 목동이 잃어버린 양을 찾으러 사해 서쪽에서 헤매다가 돌을 바위 구멍에 던졌더니 이상한 소리가 나서 도망쳤다. 그는 다시 친구와 함께 돌아와 여기에서 가죽으로 된 두루마리 문서로 채워진 50여 개의 원통형 단지를 찾아냈다. 그것은 히브리 민족의 분파인 에세네 Essene 인의 기록이었다. 1951년에는 부근에서 그 문서를 소유하고 있던 종교단체의 것으로 보이는 석조건물이 발굴되었다.

문서에는 『구약성서』의 사본 이외에 유대교의 일파 쿰란 교단의 계율도 발견되었다. 그것에 따르면 이 교단은 세속을 떠나 재산공유의 공동생활을 영위하고 독신을 지키며 노예를 소유하지 않고 전쟁에도 관계하지 않으며 엄격한 규율에 따라 예배를 하고 죄의 정화를 위한 세례를 행하고 있었다.

히브리 왕국의 분열 BC 933년 히브리 민족은 두 개로 분열되어 북부 10부족은 이스라엘 왕국을 세우고 남부 2부족은 유대 왕국을 세웠다. 그리고 이스라엘 왕국은 BC 722년 아시리아에 의해 멸망하였다.

유대 왕국은 신바빌로니아의 네부카드네자르 2세의 공격을 받아 BC 586년 멸망하였다. 이 때 예루살렘은 점령되고 신전이 파괴되어 다수의 유대 왕국 사람들이 바빌론 시에 끌려가 수용되었는데 이것을 '바빌론 유수(幽囚)' 라 한다. 그후 BC 538년 페르시아의 키로스 2세가 신바빌로니아를 멸망시켰을 때 비로소 히브리인은 수용생활에서 풀려나 자기 나라로 돌아가게 되었다. 그러나 히브리 민족은 그후에도 정치적 독립을 회복하지 못했으며 페르시아 지배 아래에서 종교생활에 전념하였다.

이 과정에서 많은 히브리인은 고대 동방의 여러 지역에 흩어지게 되어 이른바 '민족 이산' (Diaspora)이 시작되었다. 더욱이 그 후 로마의 지배를 받게 됨에 이르러 탄압과 박해를 피하여 유럽의 다른 지역으로 뿔뿔이 흩어져 새로운 환경의 도전에 시달리며 사는 민족적 고통이 계속되었다. 이산 후 히브리 민족은 세계 각지에 흩어졌으나 전통에 입각한 특이한 생활을 해왔고, 제2차 세계대전 후 이스라엘 공화국으로 비로소 국가를 수립하였다.

고대 이스라엘 여성 초기 이스라엘 사회는 부권(父權) 중심 사회였다. 이러한 구조는 여성의 법적 위상을 제약하였다. 십계명은 단지 아내는 남편의 법적 소유라고 말하고 있다. 또, 구약성서는 결혼이 매매를 통해 이루어졌음을 알려주고 있다. 딸은 일의 대가로 제공되는 존재에 불과하였다. 예를 들면 '창세기' (29: 20)에서는 야곱이 라헬Rachel과 결혼할 생각으로 7년 동안 일을 한 것으로 기록되고 있다.

유대교의 발전 히브리 민족은 원래 부족의 보호신에게 충실하게 복종하는 신앙을 가지고 있었다. 유대교의 발전에서 가장 중요한 인물은 모세였다. 그는 전설에 가려져 있어 사람들이 그 실재를 의심하고 있는데, 이 전설은 중요하다. 그것은 마치 로마의 창시자 로물루스Romulus에 관한 전설과 비슷하다.

모세와 로물루스는 다같이 어린 시절에 버림을 받아 강물에 떠내려가는 신세였다가 모세는 파라오의 딸에 의해, 로물루스는 늑대에 의해 각각 목숨을 구하여 두 사람 모두 자기 민족의 지도자가 되었다는 것이다. 그런데 로물루스는 순전히 전설적인 인물에 불과하지만 모세는 종교적 혁명에서 주도적 역할을 한 실재 인물로 간주되고 있다.

야훼 숭배 모세의 영도 아래 이집트를 탈출해 나오면서 히브리인은 야훼

Yahweh, Jehovah 신의 각별한 보호를 받고 있음을 확신하였다. 그들을 보호하는 야훼는 유일신이며 독특한 신이었다. 메소포타미아와 이집트의 신들과는 달리 야훼는 만물의 창조신이었다. 야훼라는 말 자체가 만물의 원인이라는 뜻이다. 야훼는 우주에 편재하는 막강한 힘을 발휘하는 신으로 태양 · 달 · 별들의 움직임을 포함한 자연을 지배한다.

야훼는 인간의 모습을 한 신인동태(神人同態)의 신이다. 구약성서 제2권에 의하면 이집트 탈출(出埃及) 사건을 계기로 야훼 신은 모세에게 자신의 등을 보였으나 얼굴은 보이지 않았다. 그러므로 야훼가 인간의 모습을 하고 있다고는 하지만 어떤 모습인지는 알 수 없기 때문에 히브리인은 그의 모습을 그리거나 조각하는 것은 우상숭배라고 배격하였다.

십계명 모세는 이집트 탈출을 계기로 야훼만을 숭배하고 야훼의 법인 십계명에 따르기로 맹세하였다. 이것은 집단적 생존을 위한 윤리적 행위규범이었다. 모세와 히브리인이 야훼와 계약한 십계명은 유랑생활에서 부단한 힘이 되었다. 이 모든 역사를 입증하는 구약성서는 여러 필자들이 역사적 전설 · 민속 · 법령 · 도덕적 교훈 · 예언 등을 여러 세대에 걸쳐 편찬한 것이다. 고고학적 발굴이나 기타 기록에 비추어 히브리인의 역사를 상당히 정확하게 전하고 있다고 생각된다.

히브리 민족은 야훼 신을 숭배하고 모세를 예언자로 모시는 일신교를 믿게 되었다. 이와 같은 유대교(Judaism)는 BC 6세기 중반 이후 확립되었다. 처음에 야훼는 히브리의 신에 불과했으나 시간이 지남에 따라 유일신이며 보편신이라고 간주되었다.

히브리 일신교는 아케나텐의 일신교와 달리 위로부터 강요된 종교가 아닌, 전 민족의 종교였다. 그러나 히브리 민족은 일신교를 전파해야 한다는 의무감을 갖지 않았다. 선민(選民)으로서 히브리인의 의무는 야훼를 숭배하는 것이었다. 그러므로 히브리인의 종교는 고대 동방에서 널리 전파되거나 영향을 미치지 못하였으며 대부분의 고대 동방 민족들은 나름대로 전통적인 자연신을 믿었다.

히브리 종교의 영향과 의의 히브리 일신교는 비록 고대 동방에는 거의 영향을 끼치지 않았으나 궁극적으로는 서양사에 커다란 영향을 끼쳤으며 현대 세계종교의 깊은 뿌리가 되었다. 그 발전은 세계적 종교의 탄생을 가져왔을 뿐 아니라 그리스도교와 이슬람교의 대두를 가능케 하는 직접적인 바탕이 되었다.

과거 2천년간의 서양문명권은 히브리 유산의 영향을 받았다. 가장 큰 이유는 유대교가 그리스도교의 모태가 되었기 때문이다. 유대교는 그리스도교의 발생에 커다란 영향을 끼쳤을 뿐 아니라 이슬람교 성장에도 직접적인 영향을 끼쳤다. 실질적으로 모든 서방 종교는 일신교이며, 이 점에서는 히브리 예언자들의 믿음에서 파생되었다고 볼 수 있다.

히브리인의 초월주의 신학은 서방세계 사람들에게 그들 자신이 자연의 주인이며 인간 운명의 개척자임을 인식시키는 주요한 계기를 제공하였다. 이러한 세계관은 서양의 과학기술 문명의 발전에 커다란 기여를 하기도 하였다.

E. 페니키아

BC 1200년경 히타이트 제국과 이집트 제국이 함께 붕괴되고 미노스 왕국의 세력 역시 쇠퇴하면서 고대 동방에는 상당기간 지배적인 세력이 없었다. 이와 같은 힘의 공백 속에서 BC 10세기경 셈어족의 분파인 페니키아 Phoenicia 민족과 아람Aram 민족은 이 일대에서 정치적으로 강대해지고 경제적으로 번영하였다.

본래 아람인은 BC 2000년 중기에 북메소포타미아에 정착한 유목민이었다. 그들은 히브리인이 이동하기 시작한 시기를 전후하여 시리아에 침입하여 레바논 산맥 동쪽에 자리잡았다. 그리하여 다마스쿠스 · 카데쉬 · 팔미라 Palmyra 등을 중심으로 작은 왕국들을 형성하고 상업활동을 통해 번영을 누렸다.

약 4세기 동안 페니키아와 아람의 작은 국가들은 BC 8세기에 아시리아에 정복되기까지 고대 동방의 주요국가로서의 위상을 굳혔다. 그들은 어업, 통상과 식민을 활발히 하는 해양국가를 건설하여 막대한 부를 축적하였다.

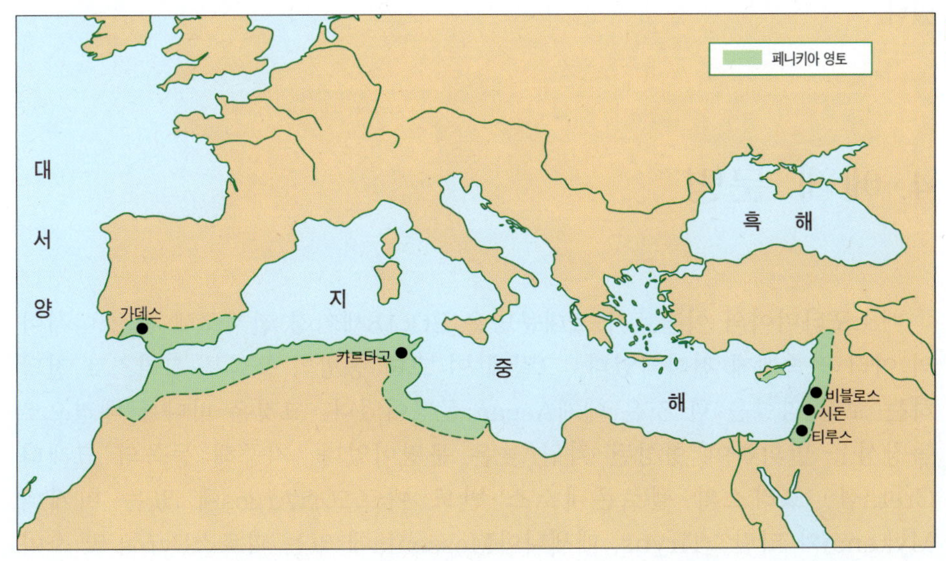

페니키아의 판도 (BC 550년경)

아람 문자

아람인이 쓴 표음문자는 그들의 상업활동을 통해 보급되었다. 아시리아 제국에서는 아람어를 상업용어로 썼으며 페르시아 제국에서도 공용어로 썼다.

아람 문자는 후에 시리아, 팔레스티나에 들어가 이 지방에서 쓰이고 있던 페니키아의 알파벳을 대신하였다. 알렉산드로스 대왕의 동방원정과 함께 메소포타미아 일대에는 그리스어가 급속히 침투했지만 아람 문자는 이란, 인도 및 중앙 아시아에까지 확대 사용되고 후의 소구트 문자 · 돌궐문자 · 위구르 문자 등의 기원이 되었다.

페니키아의 발전 페니키아인은 레바논 산맥 서쪽에서 비블로스Byblos · 시돈Sidon · 티로스Tyre · 베이루트Beirut 등 독립된 도시국가를 건설했으며 에게 해, 흑해 및 지중해에 진출하여 크레타 이후 지중해 무역을 실질적으로 독점하였다.

그 해상활동 범위는 그리스 · 이탈리아 · 북아프리카 · 스페인 · 남프랑스까지 확대되었다. 페니키아인은 지중해 무역을 독점했을 뿐 아니라 각지에 식민지를 건설하였다. 특히 북아프리카 지중해 연안에 세운 카르타고(지금의 튀니스)는 BC 800년 페니키아 본국이 멸망한 후에도 오랫동안 지중해를 무대로 상업과 무역을 지배했으며 지중해 문명권의 중심이 되었다. 그러나 페니키아는 BC 6세기 초 아시리아와 리디아의 협공으로 멸망하였다.

페니키아는 아람과 마찬가지로 학문이나 미술에서 각별히 독창성을 발휘하지는 않았다. 그러나 페니키아인은 이집트, 바빌로니아 및 크레타 문자를 기초로 하여 만든 독특한 표음문자를 사용하였다. 페니키아 문자는 후에 그리스를 거쳐 로마 문자로 발전되어 오늘날 유럽 대부분의 국가의 문자인 알파벳이 되었다.

4. 에게 문명

메소포타미아와 이집트의 고대문명은 BC 18세기경 전지중해 및 소아시아의 여러 민족에게 전파되었다. 그런데 이 고대 동방의 문화를 그리스로 전달하는 교량 역할을 한 것은 에게Aegae 문명이었다. 그것은 바다를 배경으로 독창성을 발휘하여 형성된 차원 높은 문명이었다. 지중해 동쪽의 크레타Creta섬, 그리스의 펠로폰네소스 반도 아르고스Argos에 있는 미케네Mykenai와 티린스Tiryns, 메세니아Messenia에 있는 피로스Pyros 및 소아

트로이의 발굴

에게 문명에 대한 연구는 19세기 후반 독일의 고고학자 슐리만 Heinrich Schliemann (1822-1890)의 발굴을 시작으로 최근까지도 계속되고 있다. 슐리만은 크레타를 비롯해 트로이, 미케네, 티린스 등을 발굴하여 종래 전설로만 전해 오던 그리스 청동기 문화의 존재를 증명하였다.

그는 시골 목사의 아들로 태어나 어릴 적에 아버지가 읽어준 책 속의 삽화에서 옛 트로이 성의 웅장함을 보고 실재한 것으로 믿고 언젠가는 발굴하리라 결심하였다. 부모가 죽은 뒤 각지를 유랑하면서 온갖 직업에 종사하며 파란 많은 생활을 했으나 마침내 재산을 모아 50세가 넘어서야 소년시절부터의 꿈인 트로이 발굴에 착수하였다. 그는 먼저 세계 각지의 고적을 찾아다니면서 견문과 지식을 넓히고 고고학을 공부하는 한편 호메로스의 시에 나오는 지방을 탐방하였다.

1870년 슐리만은 히사를리크Hissarlik 언덕을 파내려 가기 시작하여 1873년 수천 점에 달하는 순금제 유물, 이른바 '프리암의 보고'(Schatzhaus des Priamos)를 옛 도시 성벽 아래에서 발굴하여 그 결과를 영어, 독일어, 프랑스어 등으로 발표하였다.

이어 1876년 미케네에서 그는 호메로스가 묘사한 보물들을 발굴하였다. 이것은 순금 유물로는 최고 수집품이었다. 그는 비록 일부 전문가들로부터 발굴 방식에 관하여 비판을 받긴 했지만 결과적으로 트로이 및 미케네의 고대문화를 학계에 소개하는 데 크게 기여한 셈이었다.

시아 쪽의 트로이Troy;Troia를 잇는 삼각형으로 형성된 해양문명권이 서양문명의 근원지가 되었다.

에게 문명은 두 단계로 구분될 수 있다. 전기는 크레타 섬이 중심이 된 BC 3000년부터 BC 1400년까지의 크레타 문명 혹은 미노스 문명의 시기였다. 그것은 유럽 최후의 청동기 문명이었다. 후기는 BC 1400년부터 BC 1200년까지의 그리스 본토의 미케네와 티린스 혹은 소아시아 트로이 중심의 미케네 문명의 시기이다.

A. 미노스 문화

크레타 섬을 중심으로 발전한 미노스 문화의 명칭은 그리스의 전설적인 왕 미노스Minos에서 유래한 것이다. 일찍이 BC 3000년경 소아시아로부터 청동기 문화가 이 섬에 도입되었다. 섬 사람들은 상당한 생활수준을 유지했으며 해상활동을 통해 이집트, 페니키아는 물론 아시아와 접촉하였다.

뱀을 든 여신
(BC 1600년경)

BC 2000년경 기술이 발달되고 부가 축적됨으로써 크레타 섬의 여러 곳에 도시들이 생겼다. 그 대표적인 것이 크노소스Knossos · 파이스토스Phaistos · 말리아Mallia 등이었다. 도시마다 권력이 센 왕들이 있어 웅장하고 화려한 궁전을 지었으나 고대 동방의 여러 나라, 특히 아시리아 혹은 페르시아에 비해 크레타 체제는 비군사적인 성격을 띠고 있었다.

테라에서 발견된 벽화(BC 1550년경)

BC 1700년부터 BC 1450년 사이의 약 250년 간 미노스 문화는 절정에 달하였다. 이 기간에 크노소스 시는 다른 도시들보다 우세하여 섬 전체의 문화적 주도권을 장악하였다. 이는 무력에 의한 것이라기보다 합의에 의한 주도권이었다. 도시들이 성벽을 두르지 않은 점으로 미루어 도시 사이에는 무력충돌이 많지 않았음을 알 수 있다. 크노소스 시의 영향력은 크레타 섬을 넘어 지중해와 에게 해에 광범하게 미쳤다.

BC 1450년경 크레타 해 북쪽 화산 테라Thera(지금의 Thira)의 폭발로 도시들이 많은 피해를 입었다. 때를 같이하여 그리스 본토로부터 미케네인이 침입, BC 1400년경에는 크노소스 시를 장악하여 중심지로 삼았다. 이것이 계기가 되어 크레타 문명은 BC 1200년경 완전히 몰락하고 말았다.

크레타 사회 크레타 사회는 비교적 자유스러운 분위기를 이루고 있었다. 현재까지 남아 있는 자료는 엄격하지 않은 정치체제, 사회적 평등, 과학기술의 발달 등을 전해주고 있다. 크레타 사회에는 징병제가 없었고 공격이나 정복을 목적으로 한 직업 군인들이 없었다. 단지 자기방위를 위한 육군과 해군이 약간 있었을 뿐이다. 거의 모든 사회계급이 비교적 평등을 누렸으며 더불어 잘 살았다. 고도로 발달된 행정조직이 있었으며 부유한 귀족계급은 왕권 유지의

크레타의 발굴

영국의 에번즈Sir Arthur Evans(1851-1941)는 1900년 크레타 섬의 크노소스 유적 발굴에 착수하였다. 그는 5년 동안 길이 1-2.5km의 크노소스 시의 중심부에서 궁전을 발굴하였다. 인구 8-10만으로 추정되는 이 도시 중심에는 왕족, 귀족, 상층계급이 거주하고 시의 외곽에는 하층민이 살았다는 것을 알아냈다. 크노소스를 지배한 미노스 왕 궁전의 수많은 방들, 바다와 육지의 많은 동물을 그린 벽화를 발견하였다. 벽화 속의 소들은 미노타우로스Minotauros나 라비린토스Labyrinthos의 전설을 뒷바침하였다.

에번즈는 발굴 결과를 〔크노소스의 미노스 궁전〕과 〔미노스 문명의 시대구분론〕 등을 통해 발표하였다. 그는 또한 크레타 섬에서 발견한 점토판에 씌어진 두 종류의 문자를 각각 선형문자 A, 선형문자 B로 명명하였다.

근간이 되었다. 그 밖에 상공업이 발달하여 여러 가지 물품을 생산했으며 널리 지중해와 에게 해 일대의 다른 지방과 통상하였다.

상류층은 사치스러운 생활을 했으며 부녀자들은 궁중 또는 귀족 저택에서 사교활동을 자유롭게 하였다. 상당수의 노동자들이 여러 가지 일을 했으나 노예는 거의 없었던 것 같다. 크레타인은 스포츠 경기를 좋아하여 무용, 경주, 권투를 구경하기 위한 모임을 자주 가졌다.

문자 크레타인은 비록 철기를 사용하지는 않았으나 청동기와 도기제작에 우수한 재능을 발휘하였다. 그들은 독특한 음절문자(音節文字)인 선문자(線文字)를 창안하여 상업 거래에 사용하였다. 현대학자들이 A형 선문자(Linear A)라고 부르는 크레타 문자는 미케네 문명이 번성한 BC 1450년경 B형 선문자(Linear B)로 대치되었는데 이것은 후에 그리스 문자의 바탕이 되었다.

A형 선문자는 아직 해독되지 않았으나 B형 선문자는 20세기 중반에 이르러 해독되기 시작하였다. 크레타 문자 해독의 제1단계는 1950년 히타이트 문자를 해독한 바 있는 체코의 흐로즈니Bed ich Hrozny(1879-1952)에 의해 시작되었다. 제2단계는 1953년 암호 해독 경험이 있는 영국의 벤투리스Michael Venturis(1922-1956)가 거둔 성과였다.

벤투리스는 1952년 피로스의 궁전이나 분묘를 발굴하여 많은 문서를 발견한 바 있었다. 그리고 B형 선문자가 그리스어라 믿고 언어학자 채드윅John Chadwick(1920-1998)의 협력을 얻어 해독에 성공하였다. 특히 피로스에서 나온 다수의 기록은 미케네 사회의 연구에 커다란 성과를 가져왔다. 그 후 1962년 브랜다이스 대학교 고든Cyrus H. Gordon(1908-2001) 교수에 의해 한층 더 중요한 진전을 보았다.

크레타 회화(BC 15세기): 크노소스 궁전에서 발견된 프레스코화. 황소는 고대 종교의식에서 중요한 위치를 차지하는 동물이었다.

종교 크레타인은 자연의 힘을 상징하는 신들, 그리고 소, 사슴 등 동물을 숭배하였다. 특히 다산(多産)의 여신은 모든 계급의 사람들이 믿는 신이었다. 왕이 하는 일 가운데 주요한 것은 도시 전체에 은혜를 내려줄 것을 빌기 위한 종교의식을 행하는 것이었다. 종교의식은 궁중에서 정기적으로 행해졌으며 남녀 사제들이 신들을 모시기 위해 상주하였다.

그 밖에 종교의식에는 동물의 희생, 제물 바치기, 춤, 황소 뛰어넘기 등이 포함되었다. 그러나 크레타인은 규모가 큰 신전을 만들지 않았고 단지 가정, 언덕, 숲속, 동굴 같은 곳에 소박한 사당을 마련하는 정도였다.

미술 크레타인의 천재성은 조형미술에서 십분 발휘되었다. 그들은 고도의 건축기술로 궁전이나 개인 주택을 만들었다. 크노소스 궁전은 그 규모가 방대한 다층건물이며 상수도와 하수도 시설, 옥내 화장실 등을 두루 갖춘 고도의 건축기술의 표현이었다.

크레타인은 토목사업에 힘을 기울여서 위생시설과 넓은 도로를 만들었다. 미술의 주제는 일상생활에서 흔히 볼 수 있는 것들이며 건축은 기능과 미를 다같이 고려한 것이었다. 조각기법은 다양하게 채색된 도기와 장식적인 식각(蝕刻) 등에서 표현되었다.

문어가 새겨진 도기(BC 1450년경)

B. 미케네

크레타 문화권이 몰락함으로써 에게 문명의 중심은 그리스 본토 펠로폰네

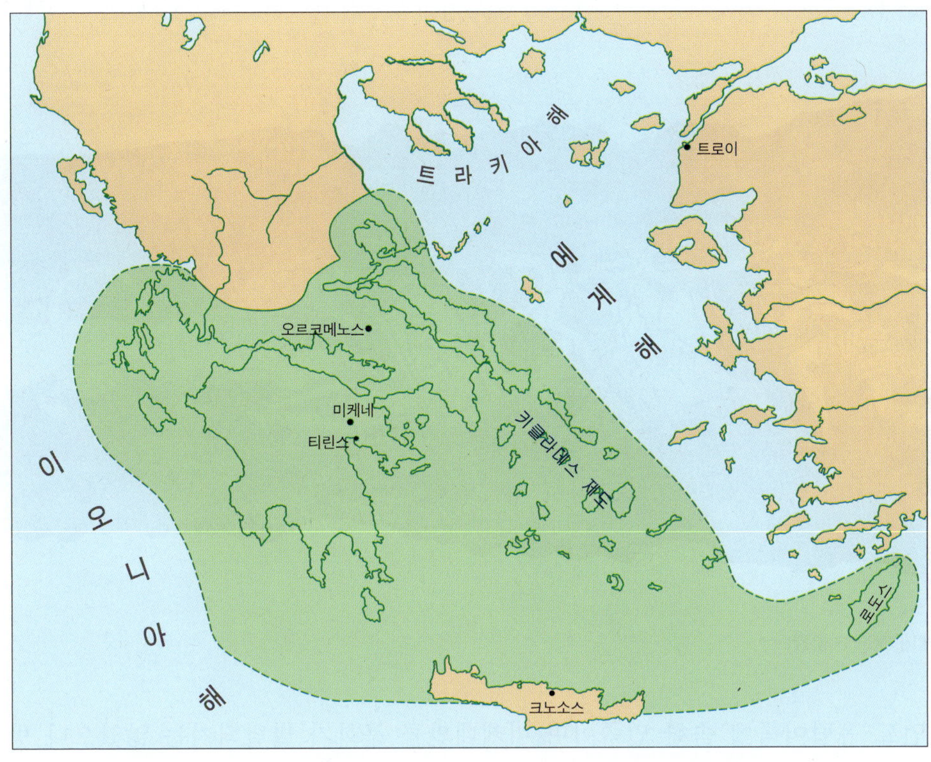

에게 문명권

소스 반도의 티린스·미케네로 옮겨갔으며 그 일부는 소아시아의 트로이로 옮겨갔다. 이러한 도시국가들이 중심이 된 문명은 크레타 섬에서 번성한 문화를 질적으로 계승한 것이었으므로 그것은 에게 문명의 후기에 해당된다고 볼 수 있다.

미케네 문화권은 고대 동방의 문명을 흡수하여 독특한 문화를 발전시켰다. BC 1500년경 도시들을 지배한 왕들은 거대한 성곽 궁전을 건조하였다. 미케네 문화는 평화적인 크레타 문화와 달리 호전적인 성격을 가졌던 것으로 생각된다. 왕궁은 견고한 성벽으로 둘러싸여 있었으며 유적에서 출토된 부장품 중에는 무기류가 많다. 관료제를 편성하고 성곽 주변의 주민을 경제적으로나 정치적으로 강력하게 지배하였다. B형 선문자는 왕이나 관료가 정치와 경제 관련 기록을 위해 사용하였다. 미케네 문명은 BC 1300년경 절정에 달하였다.

미케네와 티린스에는 공예 작업장·저장고·가옥이 있는 중심 번화가가 있었다. 도로와 다리를 만들어 도시와 도시를 연결했으며 수도공급시설을 잘 해놓았다. 왕의 궁전은 일반시민의 공동생활 중심이 되었다.

트로이 전쟁 BC 13세기의 큰 사건은 트로이 전쟁이었다. 본래 트로이인은

사자를 사냥하는 모습(미케네, BC 1550년경)

인도-유럽어족에 속한 민족이며 미케네만큼 문화가 발달되지는 않았으나 방비가 튼튼한 성곽도시를 가지고 있었고 그리스 본토와 통상하여 매우 부유하였다.

트로이 전쟁은 전설적인 미케네 왕 아가멤논Agamemnon이 그리스 연합군을 지휘하여 소아시아 서북 연안의 트로이를 공략한 전쟁이었다. 그리스 신화에 따르면 트로이 전쟁의 원인은 헤라 · 아테나이 · 아프로디테 등 세 여신이 서로 자신의 미모를 인정받기 위한 경쟁심에 있었다. 미의 경연에서 승리한 아프로디테는 자기의 아름다움을 판정해 준 트로이 왕자 파리스Paris에게 약속한 대로 스파르타 왕 메넬라오스Menelaos의 왕비 헬렌을 주었다. 그 결과 스파르타 왕의 동생 아가멤논이 군사령관이 되어 트로이를 공격했다는 것이다.

아가멤논의 황금 마스크(미케네, BC 1500년경)

BC 1200년경 미케네 문명은 몰락하였다. 그 이유는 정확히 밝혀지지 않고 있으나 복합적인 원인이 작용했던 것으로 보인다. BC 1200-1100년경 북쪽으로부터 침입한 도리아 민족에 의해 대부분의 궁전들이 파괴되었다. 미케네 세계가 붕괴됨과 동시에 왕권 및 관료제도 무너졌다. 거대한 궁전을 비롯해 문자 · 무역 · 미술 · 기술 등은 소멸되고 주거지와 인구는 감소하고 단순소박한 농경생활로 되돌아갔다. 이러한 문화적 후퇴는 BC 900년까지 계속되었다.

■ 더 참고할 책 ■

제2장 고대 동방의 문명

Ceram, C. W., *Gods, Graves and Scholars: The Story of Archaelogy* (Bantam). 국역 『낭만적인 고고학 산책』 (1991).

Childe, V. Gordon, *New Light on the Most Ancient East* (Evergreen).

Gimbutas, Marija, *The Goddesses and Gods of Old Europe, 6500-3500 BC: Myths and Cult Images* (1984).

Hallo, William W., and William K. Simpson, *The Ancient Near East: A History*, 2nd ed. (Harcourt Brace Jovanovich).

Roux, Georges, *Ancient Iraq*, 3rd ed. (Penguin).

Sasson, Jack M., ed., *Civilizations of the Ancient Near East*, 4 vols. (1995).

1. 메소포타미아 문명

Chiera, E., *They Wrote on Clay* (Torchbooks).

Clough, Shepherd R., *The Rise and Fall of Civilization* (Columbia).

Covensky, M., *The Ancient Near Eastern Tradition* (Torchbooks).

Crawford, H., *Sumer and the Sumerians* (1991).

De Burgh, W. G., *The Legacy of the Ancient World* (Penguin).

Ehrenberg, Margaret, *Women in Prehistory* (1989).

Frankfort, Henri, *The Birth of Civilization in the Near East* (Anchor).

Frankfort, Henri, *The Art and Architecture of the Ancient Orient* (Penguin).

Frankfort, Henri, *Before Philosophy* (Penguin).

Jastrow, Morris, *The Civilization of Babylonian and Assyrian* (Torchbooks).

Gelb, Ignace J., *A Study of Writing* (Phoenix).

Hallo, William W., *Origins: The Ancient Near Eastern Origins of Some Modern Western Institutions* (1996).

Hallo, William W., and William K. Simpson, *The Ancient Near East: A History*, 2nd ed. (1998).

Kramer, Samuel N., *History Begins at Sumer* (Anchor).

Kramer, Samuel N., *The Sumerians* (Phoenix).

Lerner, Gerda, *The Creation of Patriarchy* (1986).

Lloyd, Seton, *The Art of the Ancient Near East* (Oxford).

Mallowan, M. E. I., *Early Mesopotamia and Iran* (Torchbooks).

Moscati, Sebatino, *The Face of the Ancient Orient* (Anchor).

Neugebauer, Otto, *The Exact Sciences in Antiquity*, 2nd ed. (Torchbooks).

Oates, Joan, *Babylon*, rev. ed. (1986).

Oppenheim, A. Leo, *Ancient Mesopotamia*,

rev. ed. (Phoenix).

Postgate, J. N., *Early Mesopotamia: Society and Economy at the Dawn of History* (1992).

Woolley, Charles L., *The Sumerians* (Norton).

조남진 "함무라비 법전과 구약성서에 나타난 노예법" 『동서문화연구』:4 (1993).

▶ 자료

Barton, G. A., *The Royal Inscriptions of Sumer and Akkad.*

Driver, S. R., *The Babylonian Laws,* 2 vols.

Harper, R. F., ed., *The Code of Hammurabi.*

Harper, R. F., ed. and tr., *Assyrian and Babylonian Literature.*

Kagan, Donald, ed., *Problems in Ancient History,* 2 vols.

Luckenbill, E. E., ed., *Ancient Records of Assyria and Babylonia,* 2 vols.

Sandars, N. K., tr., *The Epic of Gilgamesh.*

2. 이집트 문명

Alfred, Cyril, *The Egyptians,* rev. and enl. ed. (1984).

David, A. Rosalie, *The Ancient Egyptians: Religious Beliefs and Practices* (1982).

Edwards, I. E. S., *The Pyramids of Egypt,* rev. ed. (Penguin).

Edwards, I.E.S.,*Treasures of Tutankhamen* (Penguin).

Emery, W. B., *Archaic Egypt* (Penguin).

Erman, Adolf, *Ancient Egyptians* (Torchbooks).

Frankfort, Henri, et al., *The Intellectual Adventure of Ancient Man* (Phoenix).

Gardiner, Sir Alan, *Egypt of the Pharaohs* (Galaxy).

Grimal, Nicolas, *A History of Ancient Egypt* (1992).

James, T. G. H., *Pharaoh's People: Scenes from Life in Imperial Egypt* (1984).

Kemp, Barry J., *Ancient Egypt: Anatomy of a Civilization* (1989).

Newby, P. H., *Warrior Pharaohs: The Rise and Fall of the Egyptian Empire* (1980).

Redford, Donald B., *Akhenaten: The Heretic King* (1984).

Reeves, Nicholas, and Richard H. Wilkinson, *The Complete Valley of the Kings: Tombs and Treasures of Egypt's Greatest Pharaohs* (1996).

Rice, Michael, *Egypt's Making: The Origins of Ancient Egypt, 5000-2000 BC* (1990).

Robins, G., *Women in Ancient Egypt* (1993).

Romer, John, *People of the Nile: Everyday Life in Ancient Egypt* (1982).

Simpson, W. K., ed., *Religion and Philosophy in Ancient Egypt* (1989).

Smith, W. Stevenson and William Kelly Simpson, *Art and Architecture of Ancient Egypt,* 2nd ed. (1981).

Steindorff, G., and Keith C. Steele, *When Egypt Rules the East,* rev. ed. (Phoenix).

Trigger, B. G., et al., *Ancient Egypt: A Social History* (1983).

White, Jon M., *Everyday Life in Ancient Egypt* (Capricorn).

Wilson, John A., *The Culture of Ancient Egypt* (Phoenix).

신복순 「Amenhotep의 종교개혁 연구」 (경희대 석사학위논문, 1984).

▶ 자료

Breasted, James, *Development of Religion and Thought in Ancient Egypt.*

Budge, F. A. W., *Osiris and the Egyptian Resurrection*, 2 vols.

Lichtheim, Miriam, *Ancient Egyptian Literature: A Book of Readings*, 3 vols.

Mercer, S. A. B., *The Pyramid Texts in Translation and Commentary*, 2 vols.

Parkinso, R. B., *Voices from Ancient Egypt: An Anthology of Middle Kingdom Writings.*

3. 소아시아의 고대 문명

Ackerman, S., *Under Every Green Tree: Popular Religion in Sixth-Century Judah* (1992).

Albright, W. F., *Archaeology of Palestine* (Penguin).

Anderson, Bernard W., *Understanding the Old Testament*, 4th ed. (1986).

Boyce, Mary, *Zoroastrians: Their Religious Beliefs and Practices* (1984).

Bright, John, *A History of Israel*, 3rd ed. (1981).

Cook, J. M., *The Persian Empire* (1983).

Cumont, Franz, *The Mysteries of Mithra* (Dover).

Dothan, T., *The Philistines and Their Material Culture* (1982).

Frye, Richard N., *The History of Ancient Iran* (1984).

Ghirshman, Roman, *Iran* (Penguin).

Grant, Michael, *The History of Ancient Israel* (1984).

Gurney, O. R., *The Hittites*, rev. ed. (Penguin).

Hallo, William W., and William K. Simpson, *The Ancient Near East: A History*, 2nd ed. (1998).

Hermann, Siegfried, *A History of Israel in Old Testament Times*, 2nd ed. (1981).

Hexter, J. A., *The Judo-Christian Tradition* (Torchbooks).

Jastrow, Morris, *The Civilization of Babylonia and Assyria* (Torchbooks).

Macqueen, J. G., *The Hittites and Their Contemporaries in Asia Minor*, rev. and enl. ed. (1986).

Mallowan, Sir Max, *Early Mesopotamia and Iran* (McGraw-Hill).

Margolis, M. L., and H. Marx, *A History of the Jewish People* (Meridian).

Masani, R., *Zoroastrianism: The Religion of the Good Life* (Macmillan).

Meek, Theophile J., *Hebrew Origins*, rev. ed. (Torchbooks).

Meyers, Carol L., *Discovering Eve: Ancient Israelite Women in Context* (1988).

Miller, J. Maxwell and John H. Hayes, *A History of Ancient Israel and Judah* (1986).

Moorey, P. R. S., *The Biblical Lands* (1991).

Moscati, S., *Ancient Semitic Civilization* (Torchbooks).

Olmstead, Albert T. E., *History of Assyria* (Norton).

Olmstead, Albert T. E., *History of the Persian Empire* (Phoenix).

Orlingsky, H. M., *Ancient Israel,* 2nd ed. (Cornell).

Roux, Georges, *Ancient Iraq,* 3rd ed. (Penguin).

Sachar, Abram L., *A History of the Jews* (Torchbooks).

Saggs, H. W. F., *The Greatness That Was Babylon* (1988).

Saggs, H. W. F., *The Might That Was Assyria* (1984).

Saggs, H. W. F., *Everyday Life in Babylonia and Assyria,* rev. ed. (1987).

Shanks, Hershel, ed., *Ancient Israel: A Short History from Abraham to the Roman Destruction of the Temple* (1988).

Weber, Max, *Ancient Judaism* (Free Press).

Weill, Raymond, *Phoenicia and Western Asia to the Macedonian Conquest,* tr. by Ernest F. Row (1980).

김성 "고고학과 이스라엘의 종교: 야훼교 기원의 고고학적 배경" 『종교신학연구』:8 (1995).

김성숙 "고대 히브리 사회의 가족법: 구약성서를 중심으로" 『숭전대 논문집』:13 (1983).

조신광 "헤브라이인의 취리금지법" 『전북사학』:14 (1991).

▶ **자료**

Gaster, Theodor H., *The Dead Sea Scrolls.*

John, C. H. W., *Assyrian Deeds and Documents,* 4 vols.

Metzger, B. M., and M. D. Coogan, eds., *The Oxford Companion to the Bible.*

Pfeiffer, R. H., *State Letters of Assyria.*

Pritchard, James B., ed., *Ancient Near Eastern Texts Relating to the Old Testament.*

Rogers, R. W., ed. and tr., *Cuneiform Parallels to the Old Testament,* 2 vols.

Smith, J. M. P., and E. J. Goodspeed, eds., *The Complete Bible: An American Translation.*

4. 에게 문명

Blegen, Carl W., *Troy and Trojans* (Praeger).

Boardman, John, *Pre-Classical: From Crete to Archaic Greece* (Penguin).

Chadwick, J., *The Decipherment of Linear B,* 2nd ed. (Cambridge).

Dickinson, Oliver, *The Aegean Bronze Age* (1994).

Drews, Robert, *The End of the Bronze Age: Changes in Warfare and the Catastrophe, ca. 1200 BC* (1993).

Fine, John V. A., *The Ancient Greeks: A Critical History* (1983).

Finley, M. I., *The World of Odysseus* (Meridian).
Finley, M. I., Early Greece: *The Bronze and Archaic Ages*, new ed. (1981).
Gordon, Cyrus H., *Forgotten Scripts* (Penguin).
Hammond, M. G. L., *A History of Greece to 322 BC*, 3rd ed. (1986).
Higgins, Reynold, *Minoan and Mycenaean Art*, rev. ed. (1981).
Hood, M. S., *The Minoans* (Praeger).
Hutchinson, R. W., *Prehistoric Crete* (Penguin).
McDonald, William A., and Carol G. Thomas, *Progress into the Past: The Rediscovery of Mycenaean Civilization*, 2nd ed. (1990).
MacKendrick, P., *The Greek Stones Speak* (Mentor).
Murray, Oswyn, *Early Greece* (1980).
Pendlebury, J. D. S., *The Archaeology of Crete* (Norton).
Renault, Mary, *The King Must Die* (Bantam).
Samuel, A., *The Mycenaeans in History* (Spectrum).
Snodgrass, Anthony, *Archaic Greece: The Age of Experiment* (1980).
Vermeule, E. T., *Greece in Bronze Age* (Phoenix).
송명견 "고대 그레타인의 복식에 관한 연구" 『동덕여대논총』:11 (1981).
송문현「호머 세계의 사회와 경제」(고려대 박사학위 논문, 1990).

▶ 자료

Evans, Sir Arthur, *Scripta Minoa: The Written Documtnet of Minoan Crete.*
Homer, *Illiad*, tr. by Robert Fagles.
Homer, *Odyssey*, tr. by Robert Fagles.
Venturis, Michael and John Chadwick, *Documents in Mycenaen Greek.*

※더 참고할 책의 최신 목록은 〈blog.daum.net/chasworldhistory〉 참조

제 3 장

고대 그리스 문명

파르테논 신전(BC 447-432년경)

주 요 연 대

BC	
1400-1000	민족이동
1200	미케네 문명 ; 트로이 전쟁
900-800	호메로스 시대
800	폴리스의 성립 ; 그리스 문자(800-700)
760-700	시칠리아 및 남이탈리아(대 그리스) 식민 ; 로마 시(753)
650-500	참주시대
650	리쿠르고스의 개혁
625	페르시아, 조로아스터교
621	드라콘 법
600	리디아, 화폐 발명; 자연철학자 탈레스
594-560	솔론의 개혁(594)
590-500	자연철학
559-330	페르시아 제국; 바빌론 정복(538) ; 리디아 정복(547) ; 이집트 정복(525)
525-456	아이스킬로스
508-502	클레이스테네스의 개혁(508)
496-406	소포클레스
490-479	제1차 페르시아 전쟁 ; 마라톤 전투
484-420	헤로도토스
479-404	델로스 동맹
469-399	소크라테스
461	아테네, 페리클레스(461-429) 집권 ; 아크로폴리스 조각
450	로마의 12표법
450-400	소피스트 운동
447-438	파르테논 신전
431-404	펠로폰네소스 전쟁
427-347	플라톤
384-322	아리스토텔레스
359-336	마케도니아의 성립 ; 케로네아 전투(338)
336-323	알렉산드로스 대왕 ; 페르시아 정복(330) ; 이집트 정복(332)
323-280	프톨레마이오스 왕조 ; 셀레우코스 왕조
264	포에니 전쟁 시작(1차 264-241 ; 2차 218-212; 3차 149-146)

고대 동방 문명이 아시리아와 페르시아에 의해 정치적으로 원숙기에 도달할 즈음 에게 해 연안 반도에 새로운 문명이 시작되었다. 그것은 BC 1200년경 시작하여 BC 5세기에 이르러 가장 창의적인 단계로 접어든 그리스 문명이었다. 그리스 사회는 고대 동방의 신정적(神政的)이며 전제적인 사회와는 다른 구조를 가지고 있었다. 사회조직은 소단위이며 정치적으로 자유로운 폴리스로 구성되었다. 일찍부터 왕정이 사라지고 시민이 직접 참여하는 민주정이 실현되었다. 개인의 개성 발휘가 전혀 제약받지 않은 이 사회에서는 매우 창의성이 높은 문화가 형성되었다.

그리스 역사는 (1) 고전 그리스 시대: 그리스인이 정착한 시기부터 마케도니아에 정복되기까지, (2) 헬레니즘 시대: 알렉산드로스 대왕에서부터 로마 지배에 이르기까지로 양분될 수 있다.

그리스인은 '최초의 서양인'이라는 말을 듣는다. 그들은 고대 동방의 문화유산을 계승하여 고도의 독창적인 문화를 형성했으며 진정한 서양문명의 바탕을 이룩하였다. 오늘날까지 서양 사상사에서 끊임없이 제기되는 대부분의 문제들은 그리스인이 처음으로 탐구한 것들이었다.

그리스 사상가들은 신화나 종교보다 우주와 우주에서 인간의 위상을 더 중요시하였다. 그들은 자연계의 현상을 자연법칙에 따라 합리적으로 설명하려고 시도했으며 물리계(物理界)가 논리적 질서에 따라 움직인다고 믿었다.

그리스인은 또한 인간과 사회의 원리를 철학적으로 사고하고 윤리적 · 정치적 · 미적 가치를 인간적 필요와 목적을 기준으로 하여 설명하려고 하였다. 그들의 문화적 창의성은 연극 · 시 · 철학 · 역사 · 정치 · 민주주의 등에서 잘 발휘되었다. 개성을 마음껏 발휘할 수 있었으며 언론은 지나치리만큼 자유롭게 보장되었다. 민주주의는 정치적으로나 법적으로 제도화되었다.

그리스 문명은 에게 해 주변 민족들에게 강력한 영향을 미쳤다. 그리스 민족은 자신들의 생활방식을 무역과 식민활동을 통해 지중해 세계에 전파하였다. 이어 그리스 문화는 로마인을 통해 전해지고 그리스도교의 신학 속에 편입됨으로써 오늘날까지 서양문명의 기본 방향을 결정하였다. 플루타르코스의 말처럼 그리스인의 작품들은 시대를 초월한 영원한 젊음과 신선함을 간직하는 것이었다.

그러나 고전 고대 그리스의 사회와 문화에는 한계가 있었다. 첫째, 정치는 작은 사회단위인 폴리스를 바탕으로 한 것이었다. 그들은 소단위 국가에 긍지를 가진 나머지 다른 민족문화와 제도를 높이 평가하려고 하지 않았다. 둘째, 이러한 폴리스 생활은 그리스 문화와 사상에 제약을 가하였다. 독창적 문화업적과 위대한 사상체계도 본질적으로는 폴리스의 한계를 극복하지는 못하였다.

1. 폴리스의 발전

BC 1200-1100년경 미케네 세계가 파괴된 이후 약 400년간은 그리스 역사의 '암흑시대'(BC 1100-800)였다. 이 시기에 관해 우리가 알 만한 자료는 남아 있지 않기 때문에 고고학적 발굴에 의존할 수밖에 없다. 암흑시대가 끝나는 BC 800년경의 그리스 세계에 관한 사료로서는 호메로스의 서사시 『일리아스』와 『오디세이아』가 있을 뿐이다. 그러므로 BC 800년 이후의 역사를 '서사시 시대'(BC 800-500)라 지칭하기도 한다.

암흑시대에 그리스어를 사용하는 민족이 에게 해 연안 일대에 대규모의 조직적인 이주를 하였다. 예컨대 보에오티아인은 테살리아Thessalia에서부터 보에오티아Boeotia에 정착하였다. 일찍이 아티카Attika 지방에 정착한 이오니아인(Ionians)이 다시 BC 1000년경 소아시아 연안으로 이주·정착하여 이곳은 이오니아Ionia라 불리게 되었다. 아케아인(Achaeans)은 남쪽으로 펠로폰네소스Peloponnesos 반도 복판의 미케네를 정복하고 다시 소아시아의 트로이까지 이동하였다. 유목민이었던 도리아인(Dorians)은 보에오티아인의 뒤를 따라 펠로폰네소스 반도에 자리잡았으나 대부분은 지중해로 진출

그리스 민족의 분포

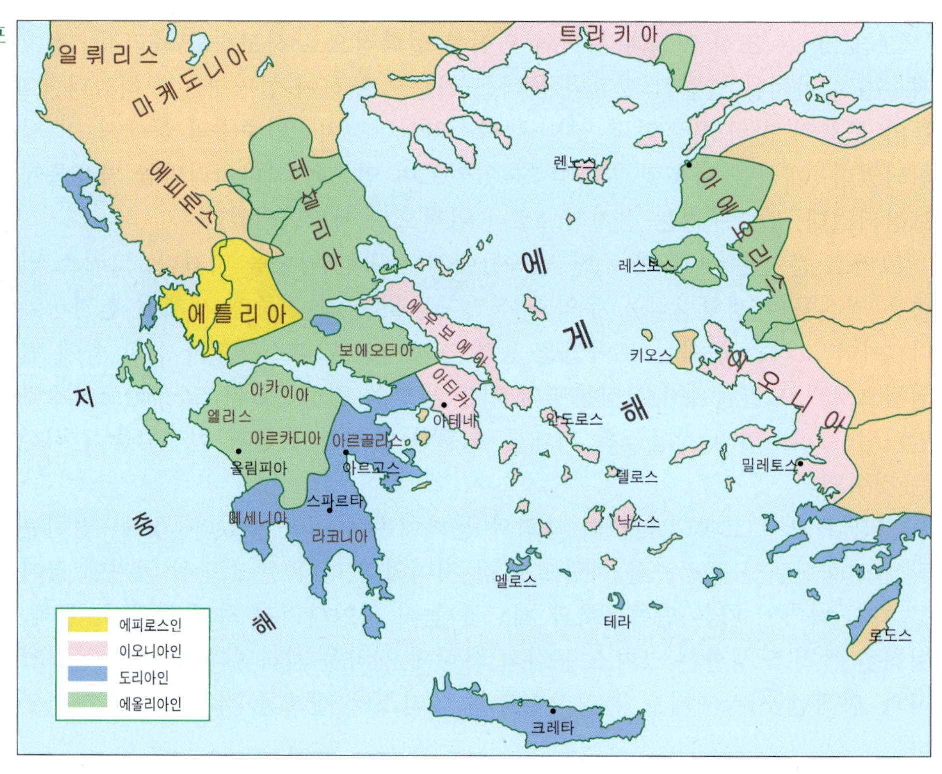

하여 에게 해의 섬들을 차지하였다.

그리스의 독특한 정치발전이 시작된 것도 민족이동이 있은 암흑시대의 일이었다. 이 때 많은 작은 부족국가들이 세워졌으며 제한적 권한을 가진 군주로서 왕이 나왔다. 왕은 귀족의 참여없이는 중요한 정책결정을 내릴 수 없었다. 이것은 미케네 시대의 왕과 다른 점이었다. 암흑시대 말기에는 부족국가들이 폴리스polis라 부르는 독특한 사회를 이루게 되었다.

A. 폴리스의 성립

지형과 기후 그리스 반도는 스위스보다 약간 넓은 57만 ㎢의 산악지대로 되어 있다. 강이 많지 않을 뿐더러 여름에는 바닥을 드러낼 정도로 수량이 적다. 반도 중앙부에는 핀도스Pindos산맥이 있고 서남쪽의 펠로폰네소스 반도는 평균 해발 600m의 높은 지대이다. 산악지대라는 조건 때문에 여러 개의 작은 단위로 나누어져 고립적인 주거지들이 생기게 되었다.

이른바 지중해성 기후 때문에 고대 그리스는 지금과 마찬가지로 겨울에는 매서운 추위가 없고 여름은 건조한 편이었다. 5월부터 9월까지는 길가에서 잘 수 있을 정도로 온화하였다. 건조한 기후 때문에 올리브나 포도 등 과일이 비교적 풍부하게 재배되었으나 일반곡식 경작에 적합한 토지는 많지 않았다. 헤로도토스가 "그리스는 항상 가난을 길동무로 삼고 있다"고 말한 바와 같이 그리스에는 주석 · 구리 · 철 · 목재 등 자연자원이 많지 않았다.

그러나 고대 그리스의 강점은 해양진출을 하기에 유리한 지리조건을 갖추고 있다는 사실이었다. 길고 변화가 많은 해안선 때문에 천연적으로 좋은 항구들이 많았다. 여름에는 바닷바람을 이용하여 비교적 안전한 지중해 항해를 할 수 있었다. 에게 해의 섬들은 동쪽 편으로 산재해 있어 그리스 반도와 아나톨리아를 잇는 디딤돌이 되었다. 자연히 그리스인은 바다를 통해 소아시아와 이집트의 고대 문명으로 눈을 돌릴 수 있게 되었다.

폴리스의 기원 그리스인은 대체로 BC 11-10세기경까지 씨족 공동체와 같은 혈연사회(血緣社會)를 형성하고 있었다. 사회적 단위는 씨족→문족→부족이었다. 시민은 군사적 · 정치적 목적에 따라 4부족(phyle)으로 구분되었다. 각 부족은 문족(門族: phratria)으로 구분되고 다시 씨족(氏族: genos)으로 나뉘었다. 이러한 집단적 단위를 통해 공동으로 토지를 경작하고 생산물을 균등 분배하였다.

그러나 시간의 경과에 따라 이러한 자급자족의 경제형태에 변화가 왔다.

토지는 추첨으로 분배되고 세습적인 사유지(kleros; kleroi)가 생겼다. 토지의 사유화가 시작되면서 종래의 혈연사회가 지연사회(地緣社會)로 바뀌었고 마침내 BC 9-8세기에 폴리스polis; poleis가 성립하였다.

왕은 사법 · 군사 · 종교를 관장하고 있었으나 고대 동방의 군주와 같은 전제권력을 누린 것은 아니었다. 각 촌락마다 있는 장로회의가 주요 정책을 결정하였다.

폴리스는 흔히 도시국가라고 번역되는데 전문가들에 따르면 이것은 좋지 않은 번역이라는 것이다. 도시국가라는 역어(譯語)는 첫째, 농촌인구를 고려하지 않는다는 인상을 주며 둘째, 도시가 나라를 통치하는 것 같이 된다는 것이다.[1] 도시국가는 메소포타미아 시대에서 로마 및 중세를 거쳐 현대에 이르기까지 존재하였다. 고대 인도의 모헨조다로, 중세 스위스의 칸톤, 르네상스 이탈리아의 코뮨을 비롯해 현대의 산 마리노San Marino나 바티칸 역시 도시국가이며 모나코와 리히텐슈타인도 도시국가이다.

폴리스란 말은 하나의 도시와 그 주변 지역을 가리키는 말이었다. 전형적인 폴리스는 도시 내의 주거지에 모여 사는 사람들로 구성되어 있었다. 폴리스는 시민의 긍지와 충성심의 대상이었으나 그 크기는 대체로 작은 편이었다. 적게는 수백 명에서 많게는 20여만 인구를 가진 매우 다양한 규모였으나 평균해서 볼 때 5천 명 정도였다.

아크로폴리스(복원도): 맨 위 파르테논 신전 일부를 제외한 다른 건물들은 현존하지 않는다.

1) M. I. Finley, *The Ancient Greeks* (Penguin), 54.

델피 신전(BC 390)

아리스토텔레스는 『정치학』에서 각 시민 상호간에 직접 접촉할 수 있는 이상적인 폴리스를 주장하였다. 그는 "10명이 사는 폴리스는 자급자족을 하지 못하는 반면 1만 명이 넘는 폴리스는 알맞은 자치를 할 수 없다"고 말하였다. 플라톤은 『국가론』에서 5천 명의 인구를 가진 폴리스를 말하고 있다. 현대 학자들은 폴리스의 크기에 관해 여러 가지 이견을 보이고 있다. 대체로 2만이 넘은 폴리스는 시라쿠사이Syracusai(남이탈리아), 아크라가스Acragas(시칠리아), 아테네 등 3개뿐이며 전성기의 아테네를 포함한 아티카 지방의 인구를 35만으로 추산하고 있다. 거의 모든 폴리스는 2만이 넘지 않은 소규모 공동체였다.

폴리스의 구조 폴리스에는 아크로폴리스acropolis와 아고라agora가 있었다. BC 5세기경 폴리스는 성벽을 쌓았으며, 성벽 안에는 시민이 살고 외국인은 성벽 밖에 거주하였다. 그리고 샘물이나 지하 저수지에서 물을 얻을 수 있었다.

보통 한복판에 있는 언덕 위에, 긴급 비상시 시민이 대피할 수 있는 방어기지로 아크로폴리스가 있었고 거기에는 수호신을 모시는 신전 · 제단 · 공공기념물 등이 있었다. 광장이나 시장 역할을 하는 아고라는 본래 병사들이 모이는 장소였으나 점차 정치적인 집회장소가 되었다. 아고라에는 점포 및 법정과 같은 공공건물들이 있었다.

폴리스의 영역은 농경지 · 방목지 · 황무지로 구성되어 있었다. 농민은 매일 아침 도시를 떠나 농토로 일하러 가거나 목축장으로 양이나 염소를 기르기 위해 갔다가 밤이면 돌아왔다. 한마디로 폴리스는 도시와 농촌을 겸한 생활공동체였다.

B. 폴리스의 특성

폴리스는 그리스인의 생활 기본단위였다. 그것은 "인간의 도덕적 · 지적 · 미적 · 사회적 · 실제 생활의 초점이 되었다."[2] 개인생활은 폴리스가 가하는 제약을 받았으나 그리스인의 공동체에 대한 애착심도 강하였다. 소크라테스

2) H. D. F. Kitto, *The Greeks* (Penguin), 11.

가 죽음을 택한 것은 "자신을 키우고 교육시킨" 폴리스이기에 그 법이 존중되어야 한다고 생각했기 때문이었다. 아리스토텔레스는 "인간이란 자연적으로 폴리스에 속한 존재이다"라고 주장하면서 폴리스 생활을 정치이론으로 체계화하였다.

폴리스는 그리스 본토에 700개 이상이나 있었고, 지중해 및 에게 해의 섬들 또는 소아시아 연안 일대를 감안하면 모두 1천 개를 넘었을 것으로 추정된다. 이와 같이 많은 폴리스들은 상호간에 정치적 지배관계가 전혀 없는 자주독립 체제를 유지하는 가운데 정치적 유대를 맺거나 또는 경제적으로나 문화적으로 교류하였다.

그리스인은 언어 · 종교 · 습속(習俗)이 다른 이민족을 바르바로이barbaroi라 불러 차별화하였다. 자신들이 사는 곳을 헬라스Hellas라 부르고 스스로 헬렌 신의 후예 헬레네인(Hellenes)이라 칭함으로써 문화적 공동 유대와 동족의식을 굳게 다졌다.

폴리스의 유형 BC 6세기말경 아테네 · 스파르타 · 코린토스Korinthos · 테베Thebes · 아르고스Argos 등은 정치 · 군사 · 경제적으로 두드러진 발전을 하였다. 대체로 이들은 동쪽의 아티카 지방과 펠로폰네소스 반도에 위치하고 있었다. 코린토스는 상업국가로서 상당한 해군력을 소유하고 있었고, 테베는 비옥한 지역에 자리잡은 내륙 국가였으며, 아르고스는 미케네 시대에 중요한 활동을 했으나 암흑기 말에 이미 쇠퇴하기 시작하였다.

그리스 전체에 흩어져 있는 많은 폴리스는 크게 아티카Attica형과 라코니아Laconia형으로 나눌 수 있다. 아티카형 폴리스는 대체로 이오니아인이 건설한 국가로서 상공업을 주로 영위하며 민주적 개방사회로 발전하였다. 이에 반하여 도리아인 계통의 라코니아형 폴리스는 농업 중심의 과두제적인 왕정

폴리스와 '정치적 동물'

아리스토텔레스는 『정치학』에서 폴리스의 생활과 관련하여 사람은 'zoon politikon'이라고 말하였다. 초기의 그리스 연구가는 'zoon politikon'을 '정치적 동물'(political animal)이라고 영역했는데 이것은 오역이다. politikon은 polis의 형용사이며 '폴리스의', '폴리스에 속한' 등으로 번역해야 한다. 그러므로 아리스토텔레스의 말은 '폴리스적 존재' 또는 '폴리스에 속한 존재'라고 직역될 수 있다.

아리스토텔레스는 "폴리스 없이 사는 인간은 동물이거나 신 중 어느 하나일 것이다"라고 말하면서 "인간은 그 본성이 폴리스 안에 살도록 되어 있는 존재이다"라고 강조하였다. 즉, 그가 말한 'zoon politikon'은 무엇보다도 그리스 시민과 폴리스가 불가분 관계에 놓여 있음을 의미하였다. 이와 같은 1차적 의미에 바탕을 두고 2차적 의미에서는 인간이 정치적 특성이나 사회성을 가지는 존재라는 뜻으로 확대 해석할 수 있다.

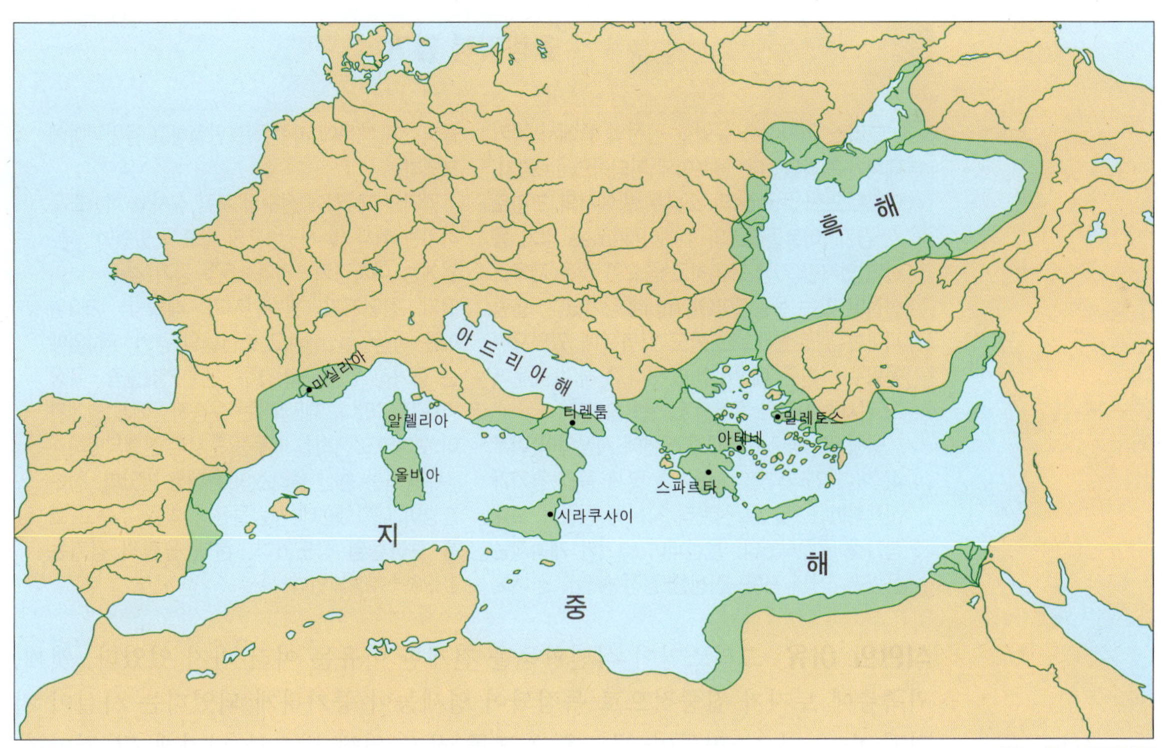

그리스의 식민활동

에 머물러 있었다. 아티카형 폴리스는 아테네에서, 라코니아형 폴리스는 스파르타에서 가장 전형적인 모습을 드러냈다. 그러므로 폴리스들 가운데 아테네와 스파르타는 매우 대조적인 예라 할 수 있다.

폴리스의 식민활동 BC 1100-800년 미케네 세계의 붕괴로 인한 충격에서 벗어났을 뿐 아니라 그리스 세계의 부는 많이 늘었고, 인구 역시 대폭 증가하였다. BC 8-7세기에는 많은 그리스인이 에게 해의 섬들과 지중해 연안 일대로 조직적으로 이민하였다.

이러한 인구의 해외 이동은 대체로 BC 750-500년 집중적으로 그리고 매우 광범위하게 일어났다. 본토나 소아시아의 그리스인은 에게 해 · 이오니아 해 · 흑해 · 북아프리카 · 시칠리아 · 남이탈리아 · 남프랑스 · 스페인 등으로 이동하였다. 로마인이 '대(大)그리스'(*Magna Graecia*)라고 부른 남이탈리아와 시칠리아Sicilia를 비롯해 남프랑스의 마르세유Marsilia · 지브롤터Gibraltar 해협 · 트라키아Thracia · 동북 아프리카의 리비아(당시의 키레나이카Cyrenaica) · 이집트 등에 새로운 폴리스들이 건설되었다.

이와 같은 식민활동은 결국 폴리스의 대대적인 확장을 의미했으며, 이로써 전지중해에 걸쳐 그리스 문화가 우월한 위상을 차지하는 하나의 문명권을 형성할 수 있게 되었다.

올림피아 경기

그리스 각지에서 유명한 신전의 뜰에서 경기 대회가 개최되었다. 델포이의 피티아Pytia 경기, 이스트모스Isthmos의 소나무 밭에서의 코린토스 경기, 아르골리스의 네메아Nemea 경기 등이 있었지만 가장 유명하고 중요한 것은 제우스 신전이 있는 올림피아Olympia 경기였다. 올림피아는 펠로폰네소스 반도 서북부에 있었으며 올림포스 산은 테살리아에 있다고 하기 때문에 그 위치는 상당히 떨어져 있었던 셈이다.

올림피아 경기는 BC 776년에 시작되어 이후 4년마다 개최되었다. 한여름 닷새 동안 경기가 진행되었다. 몇 달 전부터 각지에 전령을 보내 참가를 권유하였다. 올림피아 경기가 개최되는 동안은 '신의 평화—신성한 정전(停戰)' 상태에 들어갔기 때문에 사람들은 안심하고 올림피아에 모였다.

경기의 제1일에 선수의 자격 심사와 희생물을 바치는 행사 및 시, 변론의 발표가 있었다. 제2일에는 마차경기 · 경마 · 5종 경기(경주 · 넓이뛰기 · 창던지기 · 원반던지기 · 레슬링), 제3일에는 희생물을 바치고 소년들의 경기, 제4일에는 장거리 및 단거리경주 · 권투 · 레슬링 · 무장경주가 있었다. 제5일에는 우승자들에게 월계관이 수여되고 잔치를 베푸는 순서로 진행되었다.

우승자는 출신 폴리스의 환대를 받았다. 선수 환영이 대단했는데 사람들은 성벽을 부수고 그를 맞아들일 정도였다. 현대 올림픽 경기는 1896년 부활되었다.

식민의 이유 그리스인이 식민활동을 전개한 이유는 여러 가지 있었다. 첫째, 귀족층에 토지가 집중적으로 독점되어 영세농이 증가하게 되었다는 사실이 지적될 수 있다. 농민들이 새로운 농토를 찾기 위해 밖으로 나가게 된 것이다. 둘째, 폴리스의 급속한 성장을 들 수 있다. 인구가 많이 증가하였으므로 이주는 어느 정도 불가피해졌다. 셋째, 폴리스는 번영하고 시장이 확대되었다. 넷째, 폴리스 안에서 정치적 분규가 일어나 불만집단은 이민을 통해 새로운 땅을 개척하게 되었다. 다섯째, 모험심을 들 수 있다. 그러나 무엇보다도 사회 · 경제적인 이유가 해외 식민활동의 가장 주요한 동기가 되었다고 생각된다.

새로 이민간 지역의 그리스인은 농민 · 공인 · 상인으로 정착하여 원주민을 지배하였다. 그러나 신설 폴리스는 결코 현대적 의미의 식민지가 아니었다. 그것은 독립 국가이며 본토의 어떠한 폴리스에도 정치적으로 예속되어 있지 않았다. 새로 생긴 식민 폴리스들은 본토의 모시(母市)들과 부단한 경제 교류를 활발히 하면서 제도 · 관습 · 종교를 보존하고 문화 · 종교적 유대를 유지하였다.

식민활동이 활발해지고 통상이 번성해짐에 따라 사회 변화도 왔다. 경제활동으로 부를 축적한 상공인은 대토지 소유층과 소농과의 중간에 위치한 새로운 계층을 형성하게 되었다. 다른 한편 노예에 대한 수요 역시 증가하여 제도화되었다.

노예제 대두 노예(helotes)는 호메로스 시대부터 존재하였다. 그러나 초기에는 많은 노동을 시킬 정도로 경제적 요구가 없었으며 노예 수도 극히 적었고 전쟁 포로는 가내노예로 일하는 정도였다.

그러나 상공업과 화폐경제의 발달로 노예제도는 한층 조직적으로 발달하였다. 점차 농업이 시장을 대상으로 한 대량 생산을 목표로 하게 됨에 따라 노동력이 부족해졌기 때문에 노예에 대한 수요는 증가하였다. 당시 숙련공이 거의 없던 그리스에 외부에서부터 금속세공 기술자 · 도공(陶工) · 직공(織工) 등이 노예 신분으로 들어와 영리활동에 종사하였다. 개인이 부유해짐에 따라 노예 수요도 증가했으며, 노예가 해외 식민지로부터 많이 들어옴에 따라 노예제도가 확립되었다.

C. 정치적 변천

폴리스의 정치형태는 단계적으로 변화하는 경향을 보였다. 본래 그리스 사회는 왕정으로 시작되었다. 왕정시대(BC 1000-800)는 농업과 목축을 주업으로 하면서 고대 동방과 상업적 접촉을 하는 시대였다.

종교적 기능을 가진 세습적 왕(basileus)은 본래 전쟁시의 지휘자로서 평화시에는 권한이나 의무를 거의 갖지 않았다. 왕은 씨족 대표들로 구성된 원로회의(gerousia)의 자문을 받았다.

모든 성년 남자는 자기부담으로 무기를 지녔으며 왕이 주재하는 시민 전체의 모임인 민회(民會: ekklesia)에 참석할 권리를 가졌다. 시민총회는 왕에게 전시의 비상 특권을 부여할 수 있었으며, 왕의 제안을 토의 · 인준 또는 거부할 수 있었고, 선전포고와 같은 국가 주요정책을 결정하였다.

왕정에서 귀족정으로 BC 8세기경 대부분의 폴리스의 정치구조는 왕정을 폐지한 후 수립된 귀족과두제(貴族寡頭制)로 바뀌었다. 그 이유는 첫째, 당시 전쟁에서는 기병의 역할이 중요해지고 그에 따라 말을 키우는 사람들의 발언권이 커졌다. 둘째, 토지를 집중적으로 소유하게 된 일부 사람들이 '귀족'(aristoi)이라 칭하며 정권의 중심으로 부상하였다.

귀족과두제 아래에서는 몇몇 소수 귀족이 관리로 선출되어 이들이 국가의 최고행정권을 분담하였다. 각종 회의체의 권한도 강화되었다. 특히 귀족으로 구성된 회의체는 관리들을 선출하며 중요 정책을 결정하였다. 귀족과두제는 적어도 BC 500년경까지 지속되었다.

귀족과두제 시대에는 대규모 해외식민이 조직적으로 행해지고 무역과 산업은 크게 발전되었다. 그리스는 식민활동과 상공업으로 지중해 세계의 주요한 통상국가로 부상하였다. 그리스의 무역활동에 맞선 세력은 오직 페니키아계의 카르타고뿐이었다. 농업 역시 팽창하는 상공업이나 무역과 함께 변화하였다. 그리하여 그리스는 국내 농업생산물보다는 점차 수입곡물에 의존하게 되었다.

사회적 변화와 정치개혁 사회구조가 이와 같은 경제성장의 영향을 받아 변화하였다. 먼저 귀족들이 서로 경제적 이해를 달리함으로써 계급적 유대관계에 금이 갔다. 즉, 상공업에 종사하게 된 일부 귀족이 토지에 기반을 둔 다른 귀족들과 대립하게 되었다.

다음으로 평민계급에도 변화가 왔다. 상공업으로 재산을 모은 일부 평민은 귀족계급에 도전할 수 있게 되었다. 영세농은 새로운 형태의 농업을 영위할 만한 재력이 없었으나 대지주에게 예속되기를 꺼려 장사를 하거나, 직인 또는 임금노동자가 되었다. 이러한 사회 · 경제적 구조의 변화는 귀족 지배를 약화시켰으며 불만계층을 만들어냈다. 따라서 제도 변화는 불가피했으며 궁극적으로는 정치개혁의 필요성이 커졌다.

정치개혁은 귀족의 기득권을 유지시키는 가운데 사회적 긴장을 해소시키려는 시도로 시작되었다. 그것은 각 계급의 정치적 권리와 사회적 책임을 더 명확히 규정하는 성문법 제정으로 구체화되었다. 아울러 채무자의 빚을 경감하고 소농(小農)을 보호하는 조치가 나왔다.

참주제 BC 7-6세기에 상공 중산층이나 가난한 소농들이 귀족계급에 대항하면서 계급적 갈등이 생겼다. 이때 사회적 갈등으로 빚어진 사회 불안을 배후 조종하여 정치권력을 불법으로 찬탈 집권한 정치가가 바로 참주였다.

그러므로 집권 후 참주는 상공업과 무역을 증진시키고 토지 재분배 또는 토목공사를 통해 빈민층의 인기를 얻었다. 또한 그는 예술가 · 문인 · 철학자들을 지원하는 문화보호정책을 썼다.

그리스어 tyrannos(영어 tyrant)를 뜻하는 참주(僭主)는 대체로 오늘날의 독재자와 같은 존재였으나 그렇다고 해서 폭군은 아니었다. 그는 국가권력을 장악했으나 일반 시민을 위해 선정(善政)을 베푸는 계몽군주와 비교할 수 있는 정치가라 할 수 있었다.[3)]

참주제는 폴리스의 사회적 안정을 위해서는 만족스러운 제도가 못되었다. 모든 사회구성원이 국가 주요정책 결정에 참여하는 제도만이 궁극적인 해결책이었다. 참주제는 대개 짧은 기간으로 끝나고 BC 500년 이후 많은 폴리스에서 급진적인 정치개혁이 일어났다. 민주주의를 향한 이런 정치개혁으로 특히 아테네의 경우가 전형적이었다.

---

3) Antony Andrewes, *The Greek Tyrants* (Phoenix), 7-8.

2. 아테네

아테네Athenai; Athens가 위치한 아티카 지방은 라코니아만큼 크지 않고 비옥하지도 않았다. 그러나 바로 근처에 피라이오스Piraios라는 좋은 항구가 있고 에게 해로 진출하기 위한 발판이 되었다. 아테네는 BC 6세기를 전후하여 긴박한 사회·경제적 문제에 직면하면서 정치제도를 개혁하였다. 이리하여 귀족과두제는 모든 시민에게 폴리스 정치에 참여하는 의무와 권리를 부여하는 민주주의 체제로 전환되었다.

A. 민주주의의 성장

BC 8세기 중기부터 왕권이 제한되고 소수 귀족들이 지배하는 귀족과두제가 아테네에 수립되어 약 2세기 동안 계속되었다. 세습되던 왕을 선거로 선출하는 제도로 바꾸었으며 통치기간마저 10년에서 1년으로 축소하였다. 따라서 왕은 형식적인 존재에 지나지 않았고 실질적으로는 왕정이 폐지된 셈이었다. 행정·사법·군사에 관한 최고권은 해마다 민회에서 선출되는 아르콘archon이 행사하게 되었다. BC 638년경에는 아르콘이 9명으로 늘어나 집단지도체제가 성립되었다.

아테나 여신이 자신의 도시 아테네를 위해 죽어간 병사들을 애도하고 있는 모습(BC 450)

아르콘에는 직능별로 최고위 사제(司祭), 군사령관(polemarchos), 6명의 법관(themothetai) 등이 있었다. 이러한 귀족과두제는 소수 귀족들이 토지를 집중 소유하여 강대한 세력을 이룸으로써 생긴 체제이며, 또한 거꾸로 그 체제로 인해 토지는 더욱더 소수에게 집중되었다.

왕정시대부터 있던 아레오파고스(귀족회의: areopagos)는 정치적 실권을 계속 장악하고 있었다. 아레오파고스라는 명칭은 회합장소였던 아크로폴리스에 인접한 숲 이름에서 유래하였다.

임기를 마친 아르콘은 자동적으로 귀족회의의 구성원이 되었다. 시민총회라 할 수 있는 민회는 군 복무자격이 있는 모든 남자 시민들의 회합이었다. 그러나 무장할 재력을 갖지 않는 빈곤한 많은 시민들은 민회에서 제외되었다.

개혁의 배경 정치개혁의 배경에는 경제적인 변화가 있었다. 아테네 농업이 곡물생산보다는 포도와 올리브 같은 과일 재배 또는 목축을 중심으로 영위되면서 그 규모가 커지고 경영은 집중되었다.

그 결과 농민의 경제상태는 악화되었다. 많은 농민이 부채에 허덕이게 되

거인을 쓰러뜨리고 있는 아테나 여신(BC 180년경)

고 떠돌이가 되거나 노예신분으로 떨어지고 말았다. 이에 따라 사회적 긴장은 고조되었고 이를 해소하기 위한 개혁이 시도되었다.

개혁을 촉진시킨 또다른 요인으로 상공업의 발달과 전술적 변화가 지적될 수 있다. BC 7세기경 리디아에서 사용되기 시작한 화폐의 영향을 받아 상공업은 더욱 번성해져 뚜렷한 사회계급으로 상공업 계급이 형성되기 시작하였다. 이것은 농업적 이해관계에 치중했던 귀족계급에게도 새로운 도전이었다.

한편 전술상의 변화가 일어났다. 즉, 여태껏 전투에서 기병이 중심 역할을 했으나 보병의 역할이 더 중요해졌다. 중무장 보병(hoplites)의 밀집대형(phalanx)이 효과적인 전술이 되었기 때문이다. 중무장 보병은 가슴덮개·다리덮개·긴 창, 그리고 온 몸을 가릴 수 있는 큰 방패로 중무장했으며 기병에 비하면 경제적 부담이 훨씬 가벼웠다. 중무장 보병으로 충원된 사회계층은 중농 이상의 농민과 부유한 상인이나 수공업자들이었다.

당연한 결과로 여태껏 기병을 하던 귀족들과 더불어 새로이 많은 평민이 보병으로 전쟁에 참가하게 되었다. 이를 계기로 힘없는 사회 세력이었던 평민이 정치적 발언권을 가지게 되었다.

솔론 개혁 귀족세력을 제한하려는 움직임은 BC 7세기말(BC 621) 드라콘 Dracon 입법을 계기로 구체적으로 나타났다. 이 법은 그리스 최초의 성문법으로 내용면에서 가혹한 점이 있으나 귀족 출신 재판관의 권한을 제한했다는 데 그 의의가 있었다.

그러나 드라콘 입법에도 불구하고 농민의 생활상태는 그다지 개선되지 않

리손과 칼리클레스 형제 무덤의 벽화(BC 197): 이 그림을 통해 중무장 보병들이 쓰던 무기들이 어떤 것인지 알 수 있다.

았을 뿐 아니라 도시 중산층 역시 좀더 가시적인 정치개혁을 요구하기에 이르렀다. 이러한 사회적 요청에 부응하여 BC 594년경 아르콘으로 선출된 솔론 Solon(BC 639-558)이 개혁을 단행하였다. 솔론은 비록 귀족 출신이었으나 정의감이 강한 인물이었다.

정치개혁은 귀족의 권한 남용에 제한을 가하는 것이었다. 더 자세히 말하면 (1) 4백인회(四百人會)와 같은 새 회의체를 창설하여 중산층의 정치참여를 허용했으며 (2) 하층계급에게 민회 참여권을 주었고 (3) 전체 남자시민의 선거에 의한 최고법정(Heliaia)을 설치하는 한편 배심원 제도를 수립하였다. 이는 아르콘의 결정에 대한 항소를 심리하는 법정이었다.

이러한 정치개혁이 귀족정치를 근본적으로 청산한 것은 아니었다. 그러나 종래에 귀족계급이 독점한 정치적 지배권을 축소하고 국가적 정책결정에서 시민 발언권을 상대적으로 확대하였다. 한마디로 솔론 개혁은 민주주의로 이행하는 과도기적 조치였다고 할 수 있다.

경제 · 사회개혁 정치개혁과 함께 경제개혁이 병행되었다. 솔론은 가난한 농민의 채무를 탕감하고(부채탕감: seisachtheia) 채무 노예를 금하며 토지소유의 상한을 결정하는 긴급조치를 취하였다. 그는 아테네 경제가 전적으로 농업에만 의존할 수 없음을 깨닫고 무역과 산업을 진흥시켜 새로운 활로를 찾고자 하였다. 그리하여 새 화폐제도를 시행하고 기술이 뛰어난 외국인 기술자들에게 시민권을 부여하여 기술발전을 도모하였다.

사회적으로는 시민계층을 재산소유 정도에 따라 네 계급, 즉 제1계급 · 기사계급 · 농민계급 · 노동계급으로 구분하여 각각의 정치적 위상을 규정하였다. 이 사회구분은 가족적 유대관계를 완화하고 씨족집단의 사회적 지배력을 약화시키는 것을 목적으로 한 것이었으나 재산소유에 연결되었다는 점에서 금권정치(金權政治: timokratia)라 할 수 있다.

제1계급(pentakosiomedimnoi)은 연수입 500 메딤노이(medimnoi: 약 110 섬), 기사계급(hippes)은 300 메딤노이(약 65 섬), 농민계급(zeugtai)은 150 메딤노이(약 32 섬)를 기준으로 각각 구분되었다. 노동계급(thetes)은 빈민이나 노동계층으로 전시에는 운반임무를 맡는다든지 배의 노 젓는 일꾼으로 일하였다. 그들은 페르시아 전쟁 때에 공을 세운 후 사회적 발언권을 갖게 되었다.

결론적으로 솔론 개혁은 사회적 긴장을 해소하는 근본적인 정책이 되지 못하였다. 그것은 하나의 계기가 되긴 했지만 미봉책에 불과했으므로 도리어 사회 각층의 반발을 사게 되었다. 귀족층은 종래부터 가지고 있던 일부 특권이 없어진 것을 불만스럽게 생각하고 파당으로 나뉘어 정권 싸움을 하였다.

소농계층은 자유를 얻은 대가로 땅을 잃는 한편 새로운 영농방식에는 적응하지 못하였다. 중산층과 하층은 여전히 아르콘에 대한 피선거권을 갖지 못했고 귀족회의의 권한은 크게 달라지지 않았으므로 또한 불만이었다. 수가 많아진 상공계층은 정책결정에 참여할 권리를 주장하였다. 마침내 여러 불만 요소들이 결합했으며 참주정치로 가는 길은 열리게 되었다.

페이시스트라토스 메가라Megara와의 전쟁이 재연됨을 계기로 촉발된 아테네의 정치적 혼란을 수습한 사람은 페이시스트라토스Peisistratos(활동기:BC 546-527)였다. 그는 귀족 출신이었음에도 소농계층을 대변하고자 BC 546년 귀족과두제를 무너뜨리고 참주제를 수립하였다.

아테네의 국가 기본구조는 변하지 않았으나 정책수행을 위한 권력은 참주 한 사람에게 집중되었다. 이 제도 아래에서 이전의 아테네 시민의 자유는 대부분 탄압되었다. 그럼에도 불구하고 페이시스트라토스의 정치는 폭정이 아닌 이른바 계몽군주정치였다. 그는 귀족계급 소유의 토지를 몰수하는 한편 소농과 상공계층의 복리를 증진하고 시민을 위해 제도를 개선하였다. 공공토목공사를 시행하여 취업기회를 확대했으며 공정한 사법행정을 실시하고 종교와 문화를 촉진하였다.

BC 527년 페이시스트라토스 사후 두 아들이 계승하여 BC 510년까지 아테네 참주제는 계속되었다. 그러나 히파르코스Hipparchos(BC 527-514)가 인기 없는 정치를 한 끝에 BC 514년 암살되고 뒤를 이은 히피아스Hippias 역시 탄압을 계속했으므로 BC 510년 스파르타의 군사적 지원을 얻은 아테네 귀족에 의해 페르시아로 추방되었다. 이로써 아테네 참주정치는 막을 내리게 되었다.

클레이스테네스 개혁 그후 보수세력이 솔론의 자유화노선을 백지화하려고 시도함으로써 자유와 보수 양파가 대립하였다. 그러나 결국 자유주의자들이 승리하여 클레이스테네스Kleisthenes(활동기:BC 515-495)는 정치적 혼란을 수습하고 과감한 개혁에 착수하였다. 귀족 출신인 그는 BC 508년 참정권 확대를 바라는 평민계층의 지지를 바탕으로 집권하였다. 10부족 개편, 5백인회(boule) 구성, 민회 개편, 도편추방제(陶片追放制: ostrakismos) 창설 등을 통해 아테네 정치제도를 기본적으로 바꾸려고 하였다.

먼저 그는 행정조직을 개편하였다. 종래 혈연 중심으로 조직된 4부족을 지연 중심의 10개 부족(部族)으로 재편성하였다. 그 결과 이전의 4부족(phyle; phylai)은 없어지고 새로이 트리티스trittys, trittyes에 바탕을 둔 10부족이 창설되었다. 3개의 트리티스가 하나의 부족을 이루었으므로 모두 30개의 트리티스가 조직되었다. 10개 트리티스는 도시 및 주변지역, 10개 트리티스는 해변지역, 10개 트리티스는 내륙지역에 조직되었다.

클레이스테네스는 아티카의 도시와 농촌을 데메스demes라는 지역단위로 구분하고 이를 토대로 정치개혁에 착수하였다. 이전에 데모스demos는 아티카 지방의 농촌 마을을 가리키는 말이었는데 이제 대부분의 데메스는 기본적인 정치단위를 의미하게 되었다.[4]

데메스에 거주하는 18세 이상의 모든 남자시민은 가문에 관계없이 등록해야 비로소 시민권을 행사할 수 있었으며 시민권은 세습적으로 상속되었다. 종래에 시민권은 씨족이나 문족(門族: phratria)을 기본으로 한 것이었는데 이때부터는 새로운 의미의 시민권 개념이 나오게 되었다. 데메스는 모든 선거권과 피선거권의 기본이었다. 데메스의 총수는 150개, 그 상부조직으로 10개 부족을 두되 지리적 구분과 경제적 이해관계를 조화시키기 위해 구성에 있어서는 지역성을 대표하도록 하였다.

주요 행정기관의 설치와 10부족의 개편을 바탕으로 법령심의권과 최고행정권을 행사하는 주요 정치기관인 5백인회가 만들어졌다. 5백인회는 각 데메스에서 나온 30세 이상의 남자시민 후보자 중에서 각 부족별로 50명의 대표를 추첨으로 선출하여 구성되었다. 5백인회는 50명씩 10개의 분과로 나뉘어 각각 1개월간 국가행정을 관장하였다. 5백인회 의원은 누구나 일생동안 두 번 이상 연임할 수 없게 하여 시민 각자에게 참정 기회를 고루 부여하였다. 한편 귀족회도 존속하여 전직 아르콘들로 구성되었고 입법기능을 행사하였다.

최고기관인 민회의 조직이 바뀌고 그 권한도 확대되었다. 18세 이상의 남자시민으로 구성된 민회는 매달 한 번 열렸다. 민회는 5백인회에서 제출한 법령의 토의 및 표결, 선전 포고, 예산 편성, 아르콘의 재임기간 중의 재무감사

---

4) Antony Andrewes, *Greek Society* (Penguin), 90.

등을 다루었다.

또한 클레이스테네스는 군사개혁을 단행하여 군사위원회를 설치하였다. BC 500년경 창설된 군사위원회는 10부족에서 1명씩 선출된 임기 1년의 군사위원(strategos; strategoi) 10명으로 구성되었다. 위원장은 전시 아르콘이라 할 군사령관(polemarchos)이었다.

도편추방제: 그리스인은 위험 인물의 이름을 도기 파편에 새겨서 그 수가 6천 표 이상에 달하면 추방시켰다.

도편추방제 참주와 같은 독재자의 출현을 방지할 목적으로 만들어진 도편추방제는 클레이스테네스가 창안한 것으로 전해지고 있다. 국가에 해를 끼치거나 시민의 자유를 위협하는 인물이 있다고 생각되면 모든 시민이 그 이름이 새겨진 도편(陶片: ostrakon)으로 추방을 결정하였다. 비밀투표로 6천 표 이상 받은 인물은 국외로 10년간 추방되었다. 6천 표는 아테네 시민(5세기 중반의 성년 남자시민)의 약 20-30%에 해당된다.

아테네 민주정치는 페르시아 전쟁이 끝난 BC 5세기에 이르러 완성되었다. 최하계급인 제4계급이 페르시아 전쟁 중 노 젓는 일꾼으로 크게 활약했기 때문에 전후에 큰 발언권을 갖게 되었다.

페르시아 전쟁은 어느 의미에서는 동방의 전제적 정치체제와 서방의 민주적 체제간의 충돌이었으며 승자는 민주주의 측이었다.

B. 민주주의의 완성과 한계

5세기는 아테네의 세기였다. 그리스 세계의 정치와 경제를 지배한 아테네는 미술·문학·사상의 중심이 되었다. 아테네의 전성기는 페리클레스 시대로 상징되며 그의 죽음과 함께 아테네의 영광도 사라졌다.

아테네 민주주의의 기본 전제는 다수에 의한 지배, 법 앞의 평등 및 자유로운 개성의 발휘였는데 이러한 민주주의 정치가 완성된 것은 BC 5세기 후반, 즉 페리클레스Perikles(활동기:BC 461-429)시대에 이르러서였다.

아테네 민주정의 핵심 아테네 정치의 핵심은 시민 전체가 최종적인 책임을 진다는 데 있었다. 직접 참여는 아테네 민주정의 관건이었으며, 아테네에는 대의제, 공무원제 또는 관료제가 없었다. 시민의 직접 참여는 민회와 법정 제도에 잘 나타나 있었다. 관리 피선거권에 대한 재산조항이나 귀족회의의 권한이 점차 폐지되었다. 비로소 민회는 법령 인준(認准) 이외에 입법권도 갖게 되었다.

현대의 아테네사 연구가는 이렇게 말하였다. "시민총회의 권한이 본질적으로 전체적인 것이었으므로 거기서 시민 각자는 원하는 대로 자주 참석할 권리

페리클레스의 장송연설

아테네의 민주주의가 완성되었다고 하는 페리클레스 시대의 정치적 성격에 관해서는 이견이 있을 수 있다. 민주주의를 찬양하는 페리클레스의 말을 직접 들어볼 필요가 있다. 그는 아테네 군인들이 전사했을 때에 저명인사가 하는 장송연설에서 다음과 같이 말하였다.

우리의 정부형태는 다른 나라의 제도와 비견할 수 없다. 우리는 이웃나라들을 모방한 것이 아니며 도리어 그들의 귀감이 되었다. 우리의 국법이 민주주의라는 소리를 듣는 것은 사실이다. 그 이유는 권력이 소수가 아닌, 다수에게 있기 때문이다. 사적 분쟁에 있어서는 모든 사람에게 평등한 재판이 보장되지만 다른 한편 개인의 공헌에 따른 차등 대우도 역시 인정받고 있다. 누구든 차등대우를 원한다면 공직취임을 택할 것이다. 그러나 그것은 특권의 문제라기보다 업적에 대한 보상이라 할 수 있다. 가난은 공직취임의 장애물이 아니며 누구든 미천한 자일지라도 국익을 위해 봉직할 수 있다.

를 가질 뿐 아니라 토의에 참여하고 수정안을 제의하며 전쟁과 평화 · 과세 · 종교의식의 규칙 · 징병 · 군사비 조달 · 공공공사 · 조약 · 외교절충 등 기타 크고 작은 어떤 일이든 안건에 대한 표결권을 가지고 있었다."[5)]

10명의 군사위원의 권한은 아르콘의 권한보다 더 강해져 국가 행정의 최고 책임을 지게 되었다. 군사위원은 민회에서 선출되고 그 임기는 1년이었으나 제한 없이 재선될 수 있었다. 예컨대 페리클레스는 30년 이상이나 군사위원장 자리에 있었다. 군사위원회는 단순히 군사적 권한뿐 아니라 국가최고의 주권을 행사하였다. 점차로 이 위원회는 클레이스테네스의 개혁에서 5백인회가 가진 특권의 대부분을 장악하게 되었다.

페리클레스(BC 429년경)

그러나 비록 방대한 권한을 행사했으나 그들의 정책은 민회의 감사(監査)를 받아야 했으며, 임기 종료시에도 감사를 받고 위법행위를 했을 때에는 고발되었으므로 군사위원의 권한은 참주의 경우와 같이 비대해지지 않았다.

사법 민주주의 아테네 민주주의의 특성은 현대 민주사회에서는 보기 드문 특이한 사법 민주화에 있었다. 법정은 본질적으로 민회의 경우와 같이 민주주의 원칙에 따라 조직되었다. 판결에 대해 상소하는 항소법원은 폐지되었으나 그 대신 모든 소송사건을 다루는 권한을 가진 일반법정이 있었다.

그리스의 독특한 제도는 배심원이 유죄 여부와 형량을 결정하는 배심법정(dikasteria)이었다. 해마다 추첨으로 30세 이상의 시민이 각 부족에서 600명씩 선출되었다. 전부 6천 명이라는 많은 수의 배심원단(heliastai)을 둔 것은 뇌물 수수를 막기 위해서였다. 이 가운데 최소 201명에서 최대 1001명으로 구성된 크고 작은 배심원단이 있었으며, 모든 소송사건을 다수결에 따라

5) Finley, 75.

재판하였다. 최고 행정관인 아르콘이 이 재판을 주재했으나 판결권은 배심원들에게 있었다.

페리클레스 시대에 완성된 아테네 사법제도는 민법이나 형법뿐 아니라 행정 및 입법 분야에까지 널리 영향을 미치는 것이었다. 배심법정(陪審法廷)의 기능은 광범한 것이며 아테네 민주주의의 핵심이었다. 이 배심법정은 감사의 기능도 가지고 행정이나 입법 분야에 대한 통제를 가할 수 있었다. 법정이 어떤 행정관리에 대해 할 수 있는 감사는 세 가지가 있었다. 첫째, 취임하기 전 관리후보자의 자격 심사 둘째, 임기 만료시 임기중의 행적에 대한 감사 셋째, 임기중의 재무관계나 공금취급을 감사하는 것이다. 입법분야에 대해서도 법정은 5백인회나 시민총회의 결의가 위헌인지 아닌지 여부를 따지고 탄핵할 수 있었다. 그리고 시민이 불복 제소하는 경우 법 집행이 정지되고 법정은 법의 무효까지도 결정할 수 있었다. 한마디로 고대 그리스 민주주의는 사법 중심의 민주주의였다고 할 수 있다.

아테네 민주정치의 한계 아테네 민주주의가 근대적 민주주의와 다른 점은 무엇인가? 첫째로 아테네 민주주의는 시민권을 가진 제한된 수의 사람들만을 위한 제도였다. 클레이스테네스 시대에는 거류 외국인을 포함하여 주민의 대다수가 시민권을 가졌으나 페리클레스 시대에는 시민권을 가진 주민은 소수였다. 정치참여는 클레이스테네스 시대의 데메스에 등록된 남자시민의 후손에게만 해당되는 것이었다. 부녀자는 폴리스의 정치에 참여할 수 없었다. 다수의 외국인(metikos; metioikoi)과 노예 역시 제외되었다. BC 5세기에 아테네의 시민 수는 약 4만5천이었다. 아티카 지역의 총인구 수가 35만 명에 달했을 것으로 추정되므로 아테네 민주주의는 소수 지배 정치체제라고 할 수 있다.

특히 페리클레스 시대는 대외적으로 제국주의적 팽창의 시기이며, 무력에 의해서라도 동맹세력을 복속시키는 정책을 쓰고 있었으므로, 민주주의는 단순히 형식에 불과하다는 비판도 전혀 근거가 없지 않다. 아테네 민주주의에 대한 비판은 투키디데스와 같은 당대 학자들에 의해서 이미 제기되었으며, 현대학자들 사이에서도 페리클레스에 대한 긍정적 평가와 부정적 평가가 엇갈리고 있는 실정이다.

현대 민주주의와의 차이 그럼에도 불구하고 제한된 범위 안에서는 아테네 민주주의가 현대 민주주의보다 더 철저하였다. 예를 들면 거의 모든 행정관의 선출, 군사위원을 제외한 모든 관리의 임기 및 연임 제한, 다수결 원칙의 철저한 준수 등은 현대의 민주주의 국가조차도 그대로 받아들이기 어려운 '보통사람의 정치적 판단'을 존중한 제도였다.

폴리스와 개인의 자유

폴리스는 자급자족적이며 배타적인 소규모 1차 집단적인 국가였다. 따라서 국가는 개인생활을 지배하는 우월한 존재였다. 그것은 주민 중의 극히 제한된 계층에게만 한정된 자유로운 토론이 허용된 사회이며 그 계층에 대해서도 '불가피한' 것이었다. 다음은 전문가들의 상이한 의견이다.

핀리M. I. Finley에 따르면 폴리스는 모든 권리와 의무의 원천이며 거의 모든 개인적인 일에 개입하였다. 폴리스가 무한한 권한을 갖고 있다면 개인의 자유는 어떠했는가? 자유는 법과 질서와 같은 개념이었다. 공동체야말로 법의 유일한 원천이었으며 바로 이 사실이 곧 자유의 보장이었다.

그리스어에는 개체를 가리키는 말로 atomos가 있는데 그것은 '나눌 수 없는 것'이란 뜻으로 인간 개인이 아니라 물체를 가리키는 말이었다. 개인을 뜻하는 individuum은 라틴어란 사실을 상기해야 할 것이다.

그렇다면 개인의 가치, 개인의 독립성은 어떠했는가? 바커Sir Ernest Barker는 개인과 국가 간의 대립은 인정되어야 하며 개인의 가치가 그리스 정치사상의 기반이었다는 것이다. 국가를 위해 개인의 희생이 거론된다 해도 다른 고대국가에서보다는 덜 희생된 셈이며 개인과 폴리스와의 일치가 실제로 강요되었다 해도 개인은 능히 독립적이었다는 것이다. 개인의 자율과 독립은 그리스 문화의 바탕이었다.

그리스에 개인주의가 존재하였는가? 아테네의 전성기에서조차 현대적 의미의 개인주의는 존재하지 않았다는 것이 브린턴Crane Brinton의 견해이다. 그러나 개인들이 서로 자유롭게 경쟁할 수 있었기 때문에 그리스의 위대한 문화는 탄생될 수 있었다. 운동경기, 시, 연극 등에서 상호경쟁하며 "개인이란 무언가 값진 것을 하는 존재"로 인식되었다. 경우에 따라서는 기벽(奇癖)조차 존중되는 사회였다. 그리스에 개인주의는 없었으나 개인의 존중, 개성의 발휘, 개인능력의 개발은 장려되었다. 보우라C. M. Bowra도 역시 같은 입장에서 그리스 정치는 어느 우상화된 개인이나 초자연적인 체계를 위한 것이 아니라 인간 개성을 존중하기 위한 것이었다고 강조하고 있다.

둘째로 아테네 민주제는 대의제가 아닌 직접 민주주의 이념에 입각한 것이었다. 실상 아테네인은 대의제 원칙을 모르는 바 아니었으나 5백인회 의원의 선출에서 제한적으로 적용한 경우 이외에는 대의제를 적용하지 않았다. 아테네인은 명성과 능력이 있는 사람이 지배하는 것에는 관심이 없었고, 오히려 실제 정치에서 모든 '보통' 시민의 확인을 얻는 것을 중요시하였다.

한마디로 그들의 주요 관심은 통치의 능률보다는 시민의 의사를 존중하는 민주주의에 있었다. 어떠한 행정 · 입법 · 사법 문제에서도 최종 책임은 시민에게 있었다. 예컨대 민회의 법령도 '민회에 의해서'가 아니라 '시민에 의해서' 통과된다는 공식용어가 사용되었다.

또한 아테네 민주주의는 전문성을 중시하지 않은, 아마추어 중심이었다. 민주주의가 발달되어감에 따라 어떠한 정책결정에도 특별한 전문성을 요한다는 관념으로부터 다수의 일반적인 상식에 바탕을 둔다는 관념으로 옮겨갔다.

이것이 추첨제나 윤번제에서 구체적으로 나타났다. 모든 관리의 선출이나 법정 구성은 추첨제로 결정되었다. 추첨에 따라 가난한 사람도 취임하여 보수를 받을 수 있으며 재판에 참여할 수 있었다. 추첨은 기회 균등을 의미하였다. 관료의 임기가 극히 짧았다는 것은 권력을 다수에게 고루 나누어 담당케 한다는 것이었다. 물론 실제로는 국가권력에 동참한다는 것은 농촌인구 또는 하층에게는 어려웠으며 추첨제와 윤번제는 인구 수가 적은 소규모 정치 공동체 또는 사회구조가 단순한 사회에만 적용될 수 있는 특별한 제도였다.

C. 아테네인의 생활

아테네가 창출한 문화적 업적은 보통 시민의 사회생활에 기반을 두고 창출된 결과물이었다. 정치 · 사회 · 문화에서의 창의적 활동은 민주적 분위기에서 이루어졌다. 시민권을 가진 일반인은 정치활동에 큰 관심을 나타냈으며 아테네 시민은 주로 각종 집회 · 법정 · 군대생활 · 운동장 · 시장에서 소일하였다.

이와 같은 민주적 분위기에도 불구하고 아테네의 지적 풍토는 귀족적 색채가 농후했다는 역설적인 면이 있었다.[6] 문학과 예술에서 세련된 특정한 귀족적 취향이 강하게 풍겼으며, 이것은 전적으로 아테네의 노예제에 의해 뒷받침된 것이었다.

직접 민주주의는 여가(餘暇)시간의 소산이었다. 시민은 자신의 일을 노예에게 맡김으로써 생계유지를 위한 활동에 얽매이지 않고 공무에 참여할 수 있었다. 간단히 말해 노예제를 기반으로 한 시민의 여가는 정치 · 사회 · 문화적인 창의성으로 연결될 수 있었다.

대부분의 시민은 농업을 주업으로 했으며 생계를 유지할 정도의 작은 규모의 농사를 하였다. 귀족이 소유하는 대규모 농장은 소작인과 노예들이 경작하였다. 상공업은 처음에는 거류 외국인들에 의해 영위되었으나 점차 많은 시민이 상인 · 직인 · 임금노동자로 일하게 되었다. 대규모의 광업이나 제조업은 주로 노예를 부려 운영되었다.

상품의 무게를 재고 있는 상인의 그림(BC 550년경)

6) C. M. Bowra, *The Greek Experience* (Anchor), 86.

가족의 중요성 아테네 사회의 기본단위는 가족이었다. 대체로 가족적 유대관계는 시민권, 사회적 지위, 재산권 행사 등에서 주요 요인으로 작용하였다. 부부와 아이들이라는 핵가족제는 아테네 사회구조의 기반이었다. 결혼은 신부가 아주 어릴 때 이미 중매로 결정되었고 신부의 아버지는 지참금을 마련하였다.

실제 부부생활은 신부가 15-16세 될 때 이루어졌다. 원하지 않은 아이를 낳지 않으려는 것이 일반적 경향이었고, 따라서 여러 가지 피임법이 시행되었다. 이혼은 남자에게 쉬웠으나 여자에게는 힘들었다.

아버지는 아이의 양육 여부를 결정하는 권리를 갖고 있었다. 아버지가 거부한 아이는 집밖에 방치하여 노예가 데려다 기르거나 아니면 죽었다. 특히 여자 아이는 버리는 경향이 있어서 당시 한 극작가는 "극빈한 가정에서도 남아는 키우고 부자 집에서도 여아는 버린다"고 말하였다.

여성의 사회적 지위 여자는 어릴 적부터 시종일관 어머니의 책임 아래 복종과 정숙 등의 덕성을 갖추도록 훈육을 받았다. 15세에 이르면 여자는 부모가 선택하는 남자와 결혼하였다. 여자는 자신의 결혼에 대한 의견을 제시할 수 없었고, 결혼 전에 상대방과의 대면조차 허용되지 않았다.

결혼한 여자는 남편과 양친만이 출입할 수 있는 집안 깊숙한 주부 방에서 가사를 감독하며 실 뽑기와 옷감 짜기를 하였다. 종일 노예들과 함께 소일했으며 외출이나 사교는 종교적 축제일 이외에는 거의 할 수 없었다. 철학자 플라톤은 '법이 요구하기 때문에' 결혼하는 것이라고 평하고, 극작가 메난데로스는 '결혼이 필요악'이라고 잘라 말했다. 요컨대 아테네에서 부녀자의 사회적 위상은 대부분의 폴리스에 있어서와 같이 매우 낮았으며, 이것은 옛 크레타의 경우와 극히 대조적이었다.

여성의 열등한 사회적 위상은 법에도 반영되었다. 여성은 항상 남성에 종속적이었으며 남편의 사교활동에는 동참하지 못하였다. 여성은 재산권을 행사하지 못하고 합법적 상거래를 할 수 없었다. 종교적 행사에는 참여할 수 있었으나 참정권에서는 제외되었다.

여자가 주로 하는 일은 가사 · 육아(育兒), 특히 딸들을 교육하는 일이었다. 어머니가 아이들의 양육을 맡았으며 여자는 결혼할 때까지 어머니 방에서 지냈다. 예외적으로 미모의 여인은 주요 정치인들과 사교하였다. 한편 매춘행위는 모든 폴리스에서와 같이 아테네에서도 흔히 있는 일이었다.

공기놀이를 하고 있는 소녀들(알렉산드로스 시대의 회화): 양의 척골(蹠骨: 발가락 마디)을 가지고 공기놀이를 하였다.

아내 훈련

아테네의 작가이며 군인이었던 크세노폰은 이스코마코스Ischomachus가 자기 아내에게 할 일이 무엇인가를 설명한데 대해 이렇게 전하고 있다.

당신의 의무는 집안 일에 전념하고 바깥일은 종들을 보내 시키는 일입니다. 집안에서 일하는 사람들을 감독하는 일, 수입을 챙기는 일, 수입의 소비와 분배를 하는 일, 물건 보관을 감독하고, 일년 수확을 한 달만에 다 써버리지 않도록 하는 일 등입니다. 그리하여 양털을 거둬들여 오면 필요한 사람에게 옷을 짜주는지를 감독해야 합니다. 당신은 건조한 곡식이 좋은 음식거리가 될 수 있도록 지켜보아야 합니다. 당신은 종들 중 누가 아픈지를 살펴보아야 합니다.

당신이 기분 좋게 할 수 있는 다른 일들이 있습니다. 새로 들어 온 하녀가 실 뽑는 기술을 모르면 그것을 가르쳐 주어야 합니다. 가사와 봉사에 무지한 여자아이를 훈련시켜야 합니다. 가정 안의 조심스럽고 쓸모 있는 사람들에게 보상을 주어야 합니다. 또 나쁜 짓 하는 일꾼에게 처벌을 내려야 합니다. 나의 반려자로서 또 자식들의 어머니로서 좋은 일을 하면 할수록 당신이 가정 안에서 받는 명예는 더 클 것입니다.

간소한 의식주 아테네인의 일상생활은 단순 소박하였다. 따뜻하고 건조한 기후 때문에 비교적 간소한 의식주가 가능하였다. 빵 · 올리브 기름 · 채소 · 과일 · 치즈 · 생선 · 포도주가 주식이었다. 집은 크지 않고 가구는 간소하였다. 대부분의 남녀는 거칠게 짠 면(棉) 옷을 입고 샌들을 신고 다녔다.

시민은 개인적 취미와 오락에는 검소하고 절약하는 반면 폴리스의 공공건축물에 대해서는 최선을 다해 장식하였다. 아테네 시민은 신전과 공공건물을 만들고 조각이나 회화 등으로 장식하며 축제 · 운동경기 · 연극에도 돈을 아끼지 않았다.

아테네의 교육 약 7세까지 어머니 방에서 자란 남아는 7세 이후에는 날마다 개인교사(pedagogos)의 지도를 받아 읽기 · 쓰기 · 셈하기 · 체육을 배웠다. 교사에게는 아이를 때릴 권한이 있었다.

아테네 교육은 튼튼한 신체에 건전한 정신이 깃든다 하여 몸과 마음을 함께 단련하는 것을 목표로 하였다. 그리고 BC 5세기 아테네의 학교교육은 정치활동에 필요한 기술이라 할 수 있는 수사학(修辭學)에 초점이 맞추어져 있었다. 성인 남자는 김나시아gymnasia에서 체육과 담론으로 소일하고, 결혼 후에도 모여 먹고 마시고 이야기하는 향연(饗宴: symposia)을 통해 자유로운 시간을 가졌다.

언론의 자유방임 언론의 자유는 아테네 시민의 기본적 자유였다. 언론에 대한 태도는 지나치리만큼 관용하여 심지어 중상 비방도 허용될 정도였다.

정치토론이나 개인 논쟁에서 아테네 시민은 대단히 직선적이었다. 선동정치가들이 거친 폭언으로 민중을 조종하는 경우도 흔히 있었다. 희극에서도 놀라우리만큼 자유분방한 표현이 제한없이 허용되었다. 고위공직자나 유명인사

음악과 시는 그리스인의 생활에서 빼놓을 수 없는 부분이었다.

를 공개적으로 조롱하고 경멸하는 경우도 많았다. 예를 들면 아리스토파네스는 소크라테스와 같은 철학자, 라마코스Lamachos(BC ?-414)와 같은 장군, 클레온Cleon(BC ?-422)과 같은 정치가, 유리피데스와 같은 시인을 거침없이 조롱하거나 악의에 찬 비방을 하였다.

현대의 한 학자는 아테네의 언론자유에 관해 다음과 같이 논평하였다. "현대의 어떠한 민주주의 국가라 하더라도 이와 같은 방종을 허용하지는 않을 것이다. 심지어 전시와 같은 비상시에도 이러한 과도한 언론의 자유를 허용했다는 것은 아테네인의 자신감의 표현이라 할 수 있다. 그것은 단순한 말이 아닌, 더 과격한 형태로 터질 수도 있는 감정에 대한 안전판이었다. 아테네 민주주의는 언론의 방종 때문에 가끔 피해를 입었지만 그것이 문명사회에 불가결하다는 가정은 아테네의 힘의 근원이었다."[7]

3. 스파르타

스파르타Sparta는 코린토스Corinthos나 아르고스와 같이 순수한 도리아인으로 구성된 폴리스였으나 일반적인 정치발전과정에서 하나의 예외적 존재였다.

펠로폰네소스 반도의 동남부에 있는 스파르타는 크기 · 자원 및 역사적 과정에서 다른 폴리스들과 달랐다. 스파르타가 지배한 라코니아는 넓고 비옥한 지역을 포함하고 있었다. 라코니아는 지역, 라케아이몬Lakedaimonia은 국가, 스파르타는 폴리스를 각각 가리키는 명칭이었다.

스파르타는 동북쪽과 서쪽이 산악으로 막혀 있고 천연적으로 좋은 항구가

7) Bowra, 88-89.

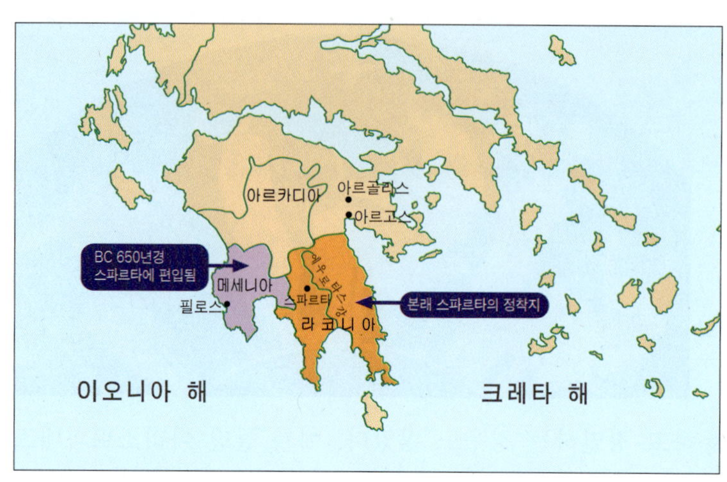

메세니아 전쟁 후의 스파르타 영토

없었으므로 외부와 직접 접촉할 기회가 거의 없었다. 이것은 스파르타가 문화적으로 뒤떨어질 수밖에 없는 주요한 이유 중 하나였다.

스파르타가 그리스의 주도적 국가로 발전하게 된 것은 이른바 '서정시 시대'에 이르러서였다. BC 9세기경 스파르타는 주변의 작은 농촌들을 결집하여 폴리스로 발전했으며, 점차 라코니아에서의 지배범위를 확대해갔다. BC 750년까지 스파르타는 소수자 독재 체제를 취하였다. 과잉인구 문제 해결을 위해서도 식민활동보다는 무력으로 영역 확대를 꾀하게 되었다.

먼저 타이게토스Taygetos 산맥 서쪽의 풍요하고 비옥한 메세니아Messenia가 스파르타의 정복대상이었다. BC 8세기 전반(BC 735년경) 제1차 메세니아 전쟁을 시작하였고, 20년간 계속된 이 전쟁에서 승리함으로써 스파르타는 메세니아를 병합했으며, 그 주민을 노예로 만들어 노동력으로 부렸다.

그 후 BC 650년경 스파르타의 착취와 압제에 저항한 메세니아인이 펠로폰네소스의 반(反)스파르타 세력 후원 아래 독립전쟁을 일으켰다. 이것이 제2차 메세니아 전쟁이었다. 메세니아인의 항쟁은 끈질기고 맹렬하게 약 30년간 계속되었으나 결국 실패하고 말았다.

그 결과 메세니아인의 토지는 몰수당하고 지도자들은 사형 또는 추방되었다. BC 7세기 중기의 시인 티르타이오스Tyrtaios;Tyrtaeus는 2차 메세니아 전쟁을 체험한 비가(悲歌)시인으로, 그의 작품(輓歌 및 *Iambus*)은 당시 스파르타에 대한 역사적 사료가 되고 있다.

이 전쟁을 계기로 스파르타의 정치와 사회가 동요하기 시작하자 스파르타는 체제 전환을 시도하게 되었다. 전쟁의 승리에 기여한 비귀족계층은 귀족과 맞먹는 권리를 요구했으며, 이 움직임이 사회적 혼란을 초래하게 되자 귀족들은 사회체제 개편에 동의하였다.

A. 군국주의 체제 성립

스파르타의 사회체제는 개성의 자유로운 발휘를 억압하는 경향을 띠고 중산계층의 대두를 어렵게 하였다. 독특한 군국주의 체제는 문화 침체에 대한 가장 주요한 이유가 되기도 했다. 군국주의는 스파르타인이 라코니아에 침입한 이래 소수 민족으로서 오랫동안 다수의 원주민을 지배하여야 했던 건국과정과 관계가 있었다. 더욱이 두 차례의 메세니아 전쟁을 겪으면서 군국주의는 더 확고하게 제도화되었다.

스파르타의 역사를 통해 내내 존속한 왕정은 특이한 이원왕정(二元王政)이었다. 즉, 두 가문에서 각각 한 사람씩 왕을 선출하고 두 왕이 공동통치하는 제도였다. 그러나 왕은 군사 지휘권 외에는 큰 권한을 갖지 못하였다.

스파르타는 보수성과 폐쇄성을 고수하면서도 정치 · 사회적 동요로 사회체제를 개편하지 않을 수 없게 되었다. 이러한 체제 개편은 전설적인 BC 9세기의 입법자 리쿠르고스Lykurgos의 업적이라고 전해지고 있으나, 아마도 BC 7세기 말에서 BC 6세기초에 걸쳐 수십년 동안 여러 지도자들에 의해 시도된 결과로 추정된다. 한마디로 스파르타의 사회체제 개편은 한 개인의 업적이라기보다는 사실상 스파르타인 전체의 개혁 의지가 표현된 것이었다.

리쿠르고스 체제 리쿠르고스 체제는 왕정하의 귀족과두제를 바탕으로 한 것이었다. 그것은 새로운 정치 · 경제 · 사회적 제도였다.

리쿠르고스

이 체제의 핵심은 다음과 같은 다섯 가지로 정리될 수 있다. 첫째, 시민생활을 지배하는 규칙, 특히 청소년 훈련에 관한 규칙이 있었다. 이 규칙에 따르면 남아는 7세부터 국가가 양육책임을 지며 14세에서 21세까지는 연령별로 집단을 조직하여 훈련을 실시한다는 것이었다. 둘째, 경제적 소비를 억제하였다. 예를 들면 건축 도구로 도끼와 톱만을 사용해야 한다든지 하는 식이었다. 스파르타인의 미덕은 절약근검이었다. 셋째, 토지 재분배였다. 시민에 대한 토지분배가 법제화되었다. 넷째, 육군을 창설하였다. 장차 스파르타 육군은 최강의 군대로서 명성을 떨치고 BC 6세기 그리스의 패권을 장악하게 되었다. 다섯째, 정치제도를 재편성하였다. 이전부터의 이원왕정은 그대로 유지되었으나 귀족과두제로 편성하여 30명의 원로회의와 5명의 에포르에게 전권이 위임되었다.

원로회의와 민회 통치권은 군 지휘관인 두 왕에게 있었으나 60세 이상의 귀족 28명으로 구성된 원로회의(gerousia)가 정치적 실권을 장악하고 있었다. 원로회의 의원의 임기는 종신이었다. 원로회의는 국가 행정을 감독 · 자문하고 모든 법령을 기안하며 모든 중요한 소송사건의 판결을 내리는 등 대내외

문제에 관한 행정 · 입법 · 사법 등 광범한 권한을 가지고 있었다.

민회(appela)는 원로회의 안을 인준 혹은 거부했으며, 모든 관리들을 선출하였다. 전쟁과 평화, 동맹과 조약 같은 국가 중대사는 민회의 표결로 최종적으로 결정되었다. 그러나 민회의 회원 자격은 중무장 보병으로 복무할 만한 재력이 있는 30세 이상의 남자시민에게만 한정되었다. 이것은 다른 폴리스에서 민회를 전시민에게 개방한 것과는 대조적이었다.

에포르 과두제에서 최고 행정권은 왕에게 있지 않고, 왕권을 견제하고 왕보다도 더 큰 권한을 가진 5명의 에포르ephors에게 있었다.

'감독관'을 뜻하는 에포르는 원로회의와 민회를 주재하고 시민생활을 검열할 뿐 아니라 대외관계 · 군사문제 · 노예관장 · 국가재정 · 교육 등에 관한 권한 및 입법에 대한 거부권 등을 행사하였다. 그들은 또한 신생아의 양육 여부를 결정하였고, 신탁(神託)이 흉조를 나타낼 때에는 왕까지도 폐위시킬 수 있었다.

에포르의 권한은 점차 확대되었으며, 원로회의 지지를 받는 경우 거의 절대적인 영향력을 행사할 수 있었다. 에포르는 민회에서 1년 임기로 선출되었지만 제한없이 연임이 가능하였다.

이러한 스파르타의 정치체제는 매우 효율적이었다. 스파르타의 정치적 안정과 스파르타 시민의 헌신적 봉사는 많은 다른 그리스인의 선망의 대상이 되었다. 스파르타는 BC 500년경 강력한 세력으로 부상하고 펠로폰네소스 동맹의 중심국가가 되었을 뿐 아니라 그 이후의 역사에서 주요 역할을 하게 되었다.

B. 스파르타의 사회

리쿠르고스 개혁으로 이루어진 새로운 사회질서의 기본 특징은 엄격히 규정된 계급제도에 있었다. 각 계급은 국가를 위한 봉사에서 특별히 규정된 책무를 지게 되어 있었다. 스파르타의 인구는 대체로 세 신분으로 나뉘어 있었으며 계급간 이동은 거의 없었다. 매우 드물게 노예계급이 해방되는 일이 있었지만 시민권은 부여되지 않았다.

사회계급 가장 중요한 사회적 위치에 있는 계급은 전체 주민의 극히 일부에 불과한 스파르타 시민(homoioi)이었다. 하나의 계급으로서 스파르타 시민은 라코니아 지역을 정복한 원래의 정복자들의 후손으로 지배계급이며 귀족이었다. 약 1만 명 정도에 달하는 이 계급만이 정치적 특권을 누리고 있었다. 이 계급은 가장 비옥한 농토를 차지했으며 농업 이외의 다른 경제활동을 하지 않았다.

스파르타 체제의 기원

투키디데스에 따르면 스파르타 체제가 시작된 것은 BC 9-8세기였다. 이러한 전통적 의견에 찬성하는 학자들로서 그로트G. Grote, 해먼드N. G. L. Hammond 등이 있다. 예컨대 그로트는 BC 830-820년보다 더 후에 일어난 일이 아니라고 확신하였다. 해먼드는 리쿠르고스의 실존과 그의 개혁을 믿었다.

현대 학자들의 대부분은 적어도 BC 600-550년에 스파르타 체제가 성립되었다고 보거나 그 체제가 장기간의 점진적 과정에 따른 결과라는 결론에 찬성하고 있다. 뷰리John Bury는 리쿠르고스의 존재 자체를 부정하고 있다. 앤드류즈Antony Andrewes는 리쿠르고스는 단순히 "그림자"에 불과하며 7세기의 위기에 직면하여 그의 이름을 빌어 체제 수립자로 신격화했을 뿐이었다고 말하면서 그가 단번에 창시했다는 전설은 "전혀 비역사적"이라고 평가하였다.

시민의 의무는 자기 땅에서 나는 일정한 생산을 유지하는 것과 장기간 군복무를 해야 하는 두 가지였다. 그러나 토지 경작은 전적으로 노예들이 했으며, 스파르타 시민계급은 오로지 군사와 정치에만 관계하였다. 스파르타 시민의 의무는 다른 계급을 지배하고 외적을 방위하기 위해 일생을 군대에서 복무하는 것이었다. 그러므로 지배계급인 스파르타 시민은 기율이 엄한 군사의무에 얽매어 있었다.

또다른 계급인 반(半)예속적인 페리오이코이perioikoi는 라코니아 일대의 도시에 사는 사람들로 주로 상공업에 종사하였다. 그들은 자유민으로서 지방 도시의 자치권을 갖고 있었으나 전체 폴리스의 통치에는 참여할 수 없었다. 이 계급의 기원은 확실치 않으나 한때 스파르타와 동맹을 맺은 도시의 주민이거나 스파르타 지배에 자발적으로 굴복한 선주민(先住民)으로 추정된다. 페리오이코이는 군대복무와 납세 의무를 지고 있었으나 스파르타 시민만큼 혹독한 훈련을 받지 않아도 되었다. 그러므로 스파르타의 세 계급 중에서 상대적으로 자유스럽고 안락한 생활을 한 것은 페리오이코이였다.

노예 노예(heilotai)는 정복지의 원주민으로, 스파르타 시민을 위해 토지경작을 하거나 가내노동을 하는 계급이었다. 그들도 가정을 꾸밀 수 있었으며 생계를 위한 최소한의 재산을 소유할 수 있었다.

그러나 노예는 국가소유였으므로 매매 또는 해방될 수 없었다. 그들은 국가에 의한 토지분배가 있을 때 토지와 함께 스파르타인에게 배당되었다. 노예는 토지를 떠날 수 없게 되어 있었고, 착취와 탄압의 대상이었으므로 그들 사이에는 항상 반란의 기운이 있었다. 반란의 혐의를 받는 노예는 즉석에서 처형되었다.

스파르타의 시민생활 스파르타의 사회체제는 거의 변화되지 않고 2세기 동안 지속되었다. 이 체제에서 스파르타 시민은 상호간에 철저히 평등했으나 시민생활을 지배하는 복잡한 사회규칙에 얽매어 살지 않으면 안 되었다.

지배계급으로서 스파르타 시민은 국가에 대한 봉사를 최고 의무로 알고 가족생활을 희생하였다. 그들은 대단히 엄격한 규정에 따라 통제된 집단생활을 하지 않으면 안 되었다. 거의 일생동안 군대생활을 했으며 개인의 취미가 희생된 강제 속에서 지냈다. 개인 각자는 강인한 정신과 튼튼한 신체를 유지하고 절약 근검의 덕목을 길러야 하였다. 스파르타 시민은 국가 감독하에 신체를 단련하고 금욕과 인내 속에 공동침식을 하였다.

스파르타 시민의 교육은 군사훈련으로 일관된 것이었다. 출생 후 신체검사를 받아 허약한 아이는 내다버려 죽게 하였다. 그러나 유아 살해는 스파르타뿐만 아니라 그리스와 로마에도 흔히 있었으며 가족 수를 줄이는 방식의 하나였다. 다만 스파르타가 다른 폴리스와 다른 점은 유아 처분권이 부모가 아니라 국가에 있다는 것이었다.

7세가 되면 아이는 같은 또래와 함께 집단생활을 하였다. 그들은 연령별로 대열을 편성하고 성장함에 따라 더욱 심한 훈련을 받았으며 운동 · 체조 · 사냥을 통해 신체단련을 하는 한편 단식 연습도 하였다.

스파르타 시민은 20세가 되면 정규군이 되어 60세까지 복무하였다. 국가는 그에게 일정한 토지와 그 경작을 위한 노예를 할당하였다. 복무 기간에는 15명 단위로 공동급식대(共同給食隊: syssitia)가 조직되었고, 공동식사를 위한 식량은 각자 자기 땅에서 나온 생산물로 충당되었다.

30세에는 시민으로서의 동등한 권리와 모든 참정권이 부여되었다. 그러나 결혼을 하지 않을 자유가 없었을 뿐 아니라 결혼 후에도 마음대로 가정생활이 허용되지 않았다. 남편은 병영을 몰래 빠져 나와 부인을 만날 궁리를 하지 않으면 안 되었다. 플루타르코스의 『리쿠르고스 전』에 따르면 남편은 낮 동안 부인의 얼굴을 보기도 전에 아이를 갖게 되는 수가 있었다는 것이다.

오직 건강한 아이를 낳는 것만이 중요했으므로 엄격한 일부일처제는 2차적인 것이었다. 따라서 순결(純潔)은 신성시되지 않았으며 질투는 금물이었다. 어린아이는 부모의 것이 아니라 국가의 것이었다.

스파르타 여성도 마찬가지로 엄격한 훈련을 받아야 하였다. 그들의 훈련은 군인이 되기 위해서가 아니라 가정주부가 되기 위한 것이었다. 훈련은 체육과 가정운영 기술을 발달시키는 것에 초점이 맞추어졌다.

문화적 정체성 스파르타는 BC 7세기말경 군국주의 국가로 전환한 이래 국가 전체가 하나의 군대 막사로 화한 반면 예술과 문화는 정체되었다고 일반적으로 생각되고 있다.

그러나 이러한 통설과 달리 스파르타 문화는 정체되지 않았을 뿐 아니라

죽음의 신 타나토스(오른쪽)와 잠의 신 히프노스에 의해 운반되는 사르페돈(BC 515) : 트로이 전쟁에 참전했다 전사한 사르페돈의 모습을 담았다.

아가멤논을 살해하는 아이기스토소: 아이기스토소는 클리템네스트라와 간통하고 그녀의 남편 아가멤논을 살해하지만 아가멤논의 아들 오레스테스에 의해 죽는다.

독특한 발전을 이룩한 증거도 있다. 라코니아 해안에서 떨어진 키테라 Cythera 섬 발굴 결과 고도의 문화를 향유했던 것으로 드러났다.

BC 7세기의 시인 알크만Alkman의 저술에 따르면 다른 폴리스에서 볼 수 없을 정도로 스파르타에서는 여성이 사회적으로 존중되고 자유로운 생활을 즐길 수 있었다는 것이다.

또한 스파르타는 예술의 중심지였다. 라코니아의 자연은 시적 영감의 원천이었으며 문학에서 조형미술에 이르기까지 스파르타인의 업적이 높이 평가되어야 한다는 것이다. 스파르타 청년은 체육과 군사훈련에 주력하는 한편 문장과 시에 관한 교육을 받았으며 간결하고 요점 있는 문체를 구사할 줄 알았다. 오늘날 영어의 '라코니아적 대답'(Laconic answer)이란 말에서 알 수 있듯이 그들에게는 간결하게 말하는 습관이 있었다.

회화가 발달했으며 도예(陶藝)는 높은 수준에 달하였다. BC 600년경 병 그림이나 상아 조각은 절정기에 달하였다. 스파르타 예술은 처음에 코린토스 양식을 본뜬 것이었으나 독자적 발전을 하였다. 삼림 · 동물 · 새들을 비롯해 일상적 주제와 건축노동 등이 주제가 되었다. 결론적으로 비록 스파르타는 아테네만큼 다양성과 창의성을 발휘하지는 못했다고 해도 그 문화가 전반적으로 정체되었다고 보기는 어려울 것이다.

현대 공산주의와의 상이점 흔히 스파르타 사회체제를 현대 공산주의와 비교한다. 스파르타 체제에서는 생산수단인 토지와 노예가 적어도 이론상 집단 소유였으며, 스파르타 시민은 공동식사를 위해 농업생산물의 일부를 국가에 헌납하였다.

그러나 이러한 유사점에도 불구하고 스파르타 체제는 현대 공산주의와 거리가 먼 것이었다. 공산주의의 핵심은 모든 생산수단이 공동체의 소유이어야 하고, 다른 사람의 노동을 착취해서는 안 되며, 모든 사람이 다같이 공동체의 복리를 위해 일하며 부는 필요에 비례해서 분배되어야 한다는 이론에 있다.

이에 대해 스파르타 정치체제는 왕정과 귀족정의 혼합체제이면서도 실제로는 귀족과두제 중심이었다. 아무런 노동을 하지 않는 세습 귀족에 의해 정치적 특권이 독점되었다. 스파르타의 상공업은 개인들에 의해 운영되었다. 또한 스파르타는 노예제 사회였다. 스파르타 시민은 노예 노동에 의존해 생계를 유지하였다. 따라서 소수지배체제와 폐쇄경제, 전시민을 군대로 만든 스파르타의 군국주의는 공산주의보다는 파시즘에 더 가까운 것이었다.

4. 그리스의 전성과 쇠퇴

많은 폴리스들은 BC 6세기경 대내적으로 정치 · 경제 · 사회에 걸쳐 체제를 정비하고 문화적 성취 기반을 확립했으나 당시 고대 동방의 최후 통일세력인 페르시아가 대외적으로 팽창하게 되자 국제적 긴장이 고조되었다. 한편 서쪽에 있는 그리스가 세력을 확장했다는 사실이 더욱 긴장 고조의 요인이 되었다.

BC 512년 페르시아 왕 다리우스가 트라키아 지방에 침입함으로써 페르시아의 위협은 커졌다. 더욱이 페르시아는 페니키아의 통상활동을 보호함으로써 소아시아 지방의 그리스 식민시에 큰 타격을 주었다. 그 결과 BC 5세기초 페르시아의 강력한 전제주의 체제와 그리스의 개방체제의 충돌이 불가피해졌다.

A. 페르시아 전쟁

BC 6세기말부터 소아시아 이오니아 지방의 그리스 식민시는 페르시아의 전제정치에 저항하기 시작하였다. 드디어 BC 499년 밀레토스Miletos 참주를 중심으로 식민시들이 반란을 일으켰다. 이 반란에 대해 그리스 본토의 폴리스들이 대부분 소극적인 관심밖에 갖지 않았으나 아테네와 에리트레아Eritrea는 반란을 적극 지원하였다. 특히 아테네는 여러 척의 전투용 배를 파

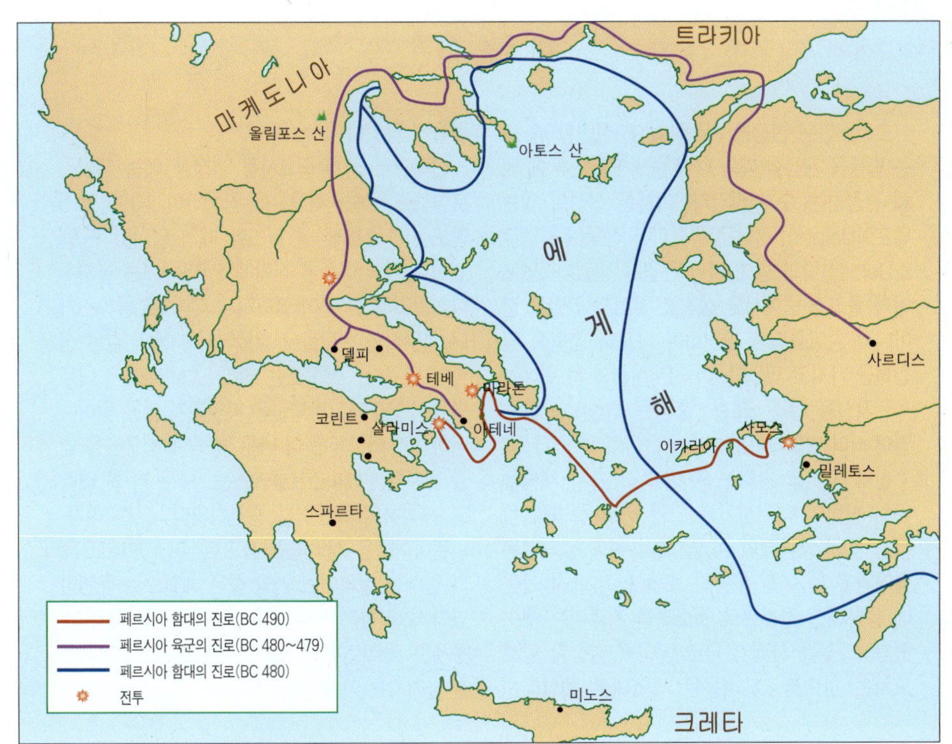

페르시아 전쟁

견하였다. 반란은 BC 494년에 완전히 진압되었으나 페르시아의 다리우스 1세는 원조를 제공한 본거지인 그리스 본토에 대한 침공계획을 세웠다.

마라톤 전투 첫 번째 침공은 주로 바다를 통해 행해졌다(BC 492). 페르시아 함대는 트라키아 해안을 거쳐 그리스 본토로 가려다 아토스Athos 곶(岬) 앞 바다에서 폭풍을 만나 크게 파괴되고 말았다.

두 번째로 2년 후(BC 490) 페르시아군은 아테네에서 추방된 참주 히피아스의 안내를 받아 전과는 다른 길을 따라 아테네를 공격하였다. 페르시아 군은 에리트레아를 공략한 후 직접 아티카 지방의 동쪽 마라톤을 공격하였다. 아테네는 특별한 대비를 하고 있지 않은 가운데 공격을 받았다.

그러나 트라키아 지방에서 페르시아군과 싸운 경험이 있는 밀티아데스 Miltiades(BC 540-489)를 총사령관으로 한 아테네의 중무장 보병대는 마라톤Marathon 전투에서 페르시아 군을 격파하여 대승을 거두었다. 페르시아의 두 번째 침공도 실패로 끝났다.

테르모필라이 전투 마지막으로 페르시아가 그리스를 공격한 것은 BC 481-479년의 일이었다. 다리우스 사후 뒤를 계승한 크세르크세스 1세Xerxes I (재위: BC 486-465)는 전후 국내 정치 질서를 회복하고 다시 전쟁을 시작

아폴론 신탁

그리스인은 전쟁을 시작하거나, 식민할 때 또는 법률을 개정할 때와 같이 중요사를 신탁에 의해 결정하는 수가 많았다. 아폴론 신전이 있는 델포이Delphoi 신탁은 올림피아 신탁이나 델로스Delos신탁과 함께 널리 존경을 받았다. 델포이가 폴리스 중에서도 성지로 알려져 있었을 뿐 아니라 종교동맹과 관련하여 다분히 정치적 영향력을 가지고 있었다. 아폴론 신전의 문 위에는 "너 자신을 알라" 또는 "충성은 최선이다"라는 말이 씌어 있었다고 한다.

신탁 받기를 원하는 자가 여러 가지 제물을 바쳐 신탁이 내려지기를 빌면 바위 절벽의 캄캄한 곳에 황금제의 세 발 의자 위에 걸터앉은 월계관을 쓴 여자 무당은 뽀얀 연기가 찬 가운데 몽롱해진 정신으로 헛소리를 지껄이는 것이었다. 이것을 사제가 글로 받아써 일정한 말로 고치는 것으로 그 내용은 제멋대로 해석되는 것들이 많았다.

신탁으로 국가 중요사를 결정한 예는 테미스토클레스가 해군확장론을 강행하여 100척의 3단노선(三段艪船)을 건조할 때의 일이었다. 델포이 신전의 아폴론 신탁에서 "아테네는 철저히 파괴되리라"는 말이 떨어지자 테미스토클레스가 더 희망적인 신탁을 간청했더니 다음과 같은 신탁이 나왔다. "제우스는 팔라스Pallas에게 나무 벽을 주셨도다. 이 벽만은 빼앗기지 않을 것이니 너희들과 아이들은 이 나무 벽 속에서 구원을 받을 것이다." 테미스토클레스는 "나무 벽"을 배라고 해석하여 해군력을 증강하였다. 그는 여자, 어린아이들을 살라미스 섬으로 피난 보내고 적의 함대를 살라미스 만의 좁은 해협으로 유인하였다. 그리하여 페니키아 함대를 주력부대로 한 우세한 페르시아 해군을 격파하고 크세르크세스를 물리치는 데 성공하였다.

하였다. 페르시아측은 장기간에 걸쳐 치밀하게 준비했으나 거기에 대비한 그리스측의 준비도 만만치 않았다.

BC 481년 스파르타는 31개의 도시국가들로 결성된 '헬레네 동맹'을 주도하고 육군과 해군력을 스파르타의 지휘 아래 결집시켰다. 아테네의 용의주도한 준비로 그리스측의 대비는 더욱 강화되었다. 아테네는 테미스토클레스Themistokles(BC 525-460)의 주장에 따라 아티카의 은광(銀鑛)을 개발하여 재정을 튼튼히 하고 해군력을 확장하였다. 그러나 대부분의 폴리스들은 중립을 지켰다.

BC 481년 봄 대규모의 페르시아 육군이 많은 함선의 엄호와 보급을 받으면서 다다넬스Dardanelles(지금의 터키 차나칼레Canakale) 해협을 건너 서서히 에게 해 연안을 따라 남쪽으로 이동하였다. 헤로도토스는 『페르시아 전쟁사』에서 이 때 각 민족이 각양각색의 장비로 편성해 있는 모습을 상세히 묘사하였다. 군대와 함께 노예 · 여자 · 말 · 낙타 등 많은 비전투원으로 이루어진 대집단이 그리스로 침입해 왔으므로 대부분의 폴리스는 굴복하고 말았다.

BC 480년 테르모필라이Thermopylai에서 스파르타 주도의 헬레네 동맹군은 스파르타의 레오니다스 1세Leonidas I(치세:BC 490-480)왕의 지휘 아래 페르시아군과 격돌하였다. 스파르타군 3백 명이 결사적인 방어 끝에 모

아폴로 신전(BC 540년경)

두 전사하였다. 아테네로 가는 길목을 뚫은 페르시아군은 아테네에 물밀듯 쳐들어가 약탈 · 방화하였다.

살라미스 해전 한편 대부분의 아테네 인은 무사히 살라미스Salamis 앞바다에 있는 섬에 피난하였다. 이 시점에서 테미스토클레스는 전쟁의 승패를 결정지어 놓았다. 헬레네 동맹국들이 코린토스 만까지 철군할 것을 주장했으나 그는 이를 묵살하고 BC 480년 가을 살라미스 만에서 페르시아 군과 싸웠다. 이 해전에서 테미스토클레스는 대부분의 페르시아 함선을 파괴하여 대승을 거두었다.

한편 아테네 시에 침입한 페르시아군은 서쪽 스파르타로 이동해 갔다. 그러나 겨울이 다가오면서 육군이 그리스 북방으로 이동하고 해군은 소아시아로 철수하였다.

이듬해 BC 479년 봄 크세르크세스 1세는 다시 병력을 남쪽으로 움직여 재차 공격했으나 플라타이아Plataia 전투에서 패배하여 후퇴하고 말았다.

그리스측은 에게 해에서 대승함과 동시에 이탈리아에서도 카르타고의 세력을 물리쳤다. 남이탈리아의 그리스 식민 국가들은 시칠리아를 지배하려는 카르타고의 해상세력과 싸웠다. 그들은 시라쿠사이의 참주 겔론Gelon(재위: BC 491-478)의 지휘 아래 BC 480년 히메라Himera 전투에서 카르타고 군에 결정적 승리를 거두었다. 이 결과 이른바 '대 그리스' 도시국가들의 독립은 계속 보장될 수 있었다.

페르시아 전쟁의 의의 페르시아 전쟁의 의의는 무엇보다도 역사상 최초로 동서 문명권이 충돌했다는 사실에서 찾을 수 있다. 동방의 강대한 전제세력의 침략에 대항하여 그리스는 최종 승리를 거두고 개방적인 민주주의 사회를 유지할 수 있었다. 다음으로 페르시아의 패퇴로 그리스에는 정치·경제·문화적인 황금기가 왔다. 특히 결정적 역할을 한 아테네는 전성시대를 맞게 되었다.

B. 아테네 제국과 펠로폰네소스 전쟁

BC 5세기와 BC 4세기초에 걸쳐 그리스 세계는 시민의 복리를 증진시키게 되었다. 페르시아 전쟁 후 아테네는 그리스에서 가장 우세한 국가로 부상했으며 델로스 동맹의 맹주(盟主)로서 번영을 누렸다. 아테네의 우위는 BC 431년까지 계속되었다.

그러나 폴리스 상호간의 관계는 반드시 순탄한 것만은 아니었다. BC 5세기 페르시아의 위협을 맞아 튼튼한 협력체제를 유지했던 폴리스들은 점차 대립과 반목으로 치달아 결국 외부 세력이 침입하는 빌미를 제공하게 되었다.

델로스 동맹과 아테네의 패권 비록 페르시아에게 대승을 거두었다고는 하지만 페르시아 제국은 여전히 그리스의 존립에 커다란 위협으로 남아 있었다. 페르시아는 언제나 그리스를 다시 침입해 올 수 있는 세력이었다. 그러므로 폴리스들은 페르시아 재침(再侵)에 대비하기 위해 결속할 필요가 있었다.

유대 강화의 주도권은 전후 우위를 차지한 아테네에게 있었다. 아테네는 BC 478년 아리스티데스Aristides 주도 아래 델로스Delos 섬에서 회의를 개최하고 동맹을 결성하였다.

델로스 동맹은 각 폴리스 대표들이 해마다 한 번 회의를 열어 각각 표결권을 행사하기로 규정하고 델로스 섬의 아폴로 신전에 공동자금을 비축하였다. 중앙 그리스, 테살리아, 에게 해 및 소아시아의 폴리스들로 구성된 이 동맹은 연합함대의 조직을 목적으로 하였다.

각 폴리스는 독립주권을 행사하지만 동맹군의 지휘권은 아테네에게 있었다. 동맹군은 밀티아데스의 아들 키몬Kimon(BC 507-449)의 지휘 아래 활동을 시작하였다. 델로스 동맹군은 마침내 소아시아의 식민시들을 페르시아의 지배로부터 해방시켰으며, 에게 해와 헬레스폰트 지역에서 페르시아 해군을 몰아내는 데 성공하였다.

이와 같은 성공에 힘입어 아테네는 델로스 동맹의 자금을 BC 435년 아테

(왼쪽) 잠수하는 사람(BC 474년경)
(오른쪽) 피리 부는 사람, 무용수, 고인(故人)(BC474년경) : 「잠수하는 사람의 무덤」에서 출토된 이 그림들은 살라미스 해전에서 승리한 후 번성한 그리스인의 생활을 잘 나타내고 있다.

네로 옮기고 해군 강화 및 해상세력권을 구축하는 데 활용하였다. 아테네는 그리스 세계의 주도권을 장악했을 뿐 아니라 지중해 무역의 중심이 되었다. 이에 따라 델로스 동맹국가들은 점차 아테네에 종속되어갔다.

페리클레스 시대 아테네의 제국주의적 팽창은 시기적으로 페리클레스 시대와 일치하였다. 아테네는 국내 상공업의 발달이 절정에 달하고 가내공업과 농업의 분야는 노예노동에 힘입어 크게 발전하였다. 피라이오스Piraios 항을 축조하고 성벽도 다시 쌓았다.

아테네 문화는 번성하고 이른바 페리클레스 시대가 왔다. 페리클레스는 파르테논Parthenon, 테세온Thesseon 등 신전을 건축하고 제우스 상, 아테네 상을 세웠다. 이 시대에 아이스킬로스Aischylos(BC 525-456)나 소포클레스Sophokles(BC 495-405) 등 저명한 극작가들이 나왔다. 페르시아 전쟁 후 아테네가 번성함에 따라 다른 폴리스들, 예컨대 스파르타 · 코린토스 · 메가라 · 테베 등도 역시 번영을 누리게 되었다.

펠로폰네소스 동맹 그러나 아테네의 지나친 팽창 때문에 그리스 반도의 세력균형은 깨지고 말았다. 델로스 동맹국가들 사이에서는 아테네의 패권주의에 대한 불만이 고조되었다. 많은 폴리스가 독립과 자율의 기수로서 스파르타에 기대를 걸고 펠로폰네소스 동맹을 결성하게 되었다.

그러므로 여러 면에서 대조적인 스파르타와 아테네의 충돌은 불가피해졌다. 드디어 스파르타를 중심으로 반(反)아테네 연합이 이루어져 펠로폰네소스 동맹이 결성됨으로써 양대 진영간에 긴장이 고조되었다. 두 진영의 대립은 육군국과 해군국, 귀족제와 민주제, 농업국과 상업국의 충돌 양상을 띠었다.

스파르타는 북펠로폰네소스 지역의 패권을 엿보면서 노예반란을 부채질한다고 아테네를 비난하였다. 그 동안 델로스 동맹국들은 아테네의 고답적 자세와 간섭 때문에 불만을 품고 있었다. 이 상황에서 아테네는 코린토스 만의 지배를 둘

펠로폰네소스 전쟁시대의 그리스

러싸고 코린토스의 강한 반발을 사게 되었다. 코린토스는 스파르타의 동맹국이었을 뿐 아니라 아테네가 시칠리아 섬, 남이탈리아와 통상하는 길목에 있었다.

펠로폰네소스 전쟁 BC 431년 먼저 코린토스는 메가라와 함께 아테네와 교전하게 되었다. 그리고 코린토스·메가라의 호소로 스파르타가 참전함으로써 전쟁은 확대되었다. 테베는 플라타이아를 공격했으며 스파르타는 아티카 지방에 침입하였다.

이후 약 30년 동안 치열한 공방전이 계속되었다. 역사가 투키디데스 Thukydides(BC 460-400)는 이 전쟁의 기록을 남겼는데 그것은 고대사에서 가장 주목할 만한 객관적인 역사 저술이다.

펠로폰네소스 전쟁은 아티카 지방의 농토를 황폐하게 하고 아테네의 무역을 침체시켰다. 특히 BC 430-429년의 전염병으로 아테네 인구 약 3분의 1이 감소했으며 이때 페리클레스도 죽었다. 그의 사후 클레온과 같은 무능한 선동정치가들(demagogoi)이 설치고, 전쟁은 장기화되었다. 아테네인의 도덕심은 해이해지고 정신적 퇴폐가 사회에 만연하였다.

아테네는 중립을 지킨다는 이유만으로 멜로스Melos의 전시민을 학살하고 부녀자와 어린아이들을 노예로 만들었다. 마침내 아테네의 동맹국들은 사모스Samos를 제외하고는 델로스 동맹에서 모두 탈퇴했으며, 아테네에 대한 식량보급로 역시 끊기고 말았다.

아테네의 지도자 클레온과 스파르타의 지도자 브라시다스Brasidas(BC ?-422)가 BC 422년 암피폴리스Amphipolis를 장악하려는 전투에서 함께 전사함으로써 양측은 50년간의 휴전 및 복구에 합의하였다.

그러나 휴전은 잠시동안에 불과했다. 아테네는 전쟁을 재개함으로써 활로를 찾고자 하였다. 알키비아데스Alkibiades(BC 450-404)의 사주로 코린토스의 식민지인 시라쿠사이 원정(BC 415-413)이 시작되었다. 이 원정의 실패가 하나의 전환점이 되었으며, 알키비아데스는 스파르타로 도망가고 말았다.

스파르타의 패권 이를 계기로 스파르타는 다시 전투를 재개하였다. 유능한 리산데로스Lysanderos(BC ?-395) 지휘 아래 아테네 해군을 공격하고, 아테네에 협력하는 폴리스들의 반란을 유도하는 한편 페르시아와 동맹을 체결하였다. 헬레스폰트 연안의 아이고스포타모이Aigospotamoi 해전(BC 405)에서 아테네 함대가 섬멸되었으며, 결국 BC 404년 아테네는 항복하였다.

패전 후 아테네에 과해진 항복 조건은 가혹하였다. 아테네는 성벽을 파괴하고 해군 함선을 폐기해야 하였다. 그리고 해외 소유지를 포기하고 스파르타군이 아테네에 주둔하도록 허용해야 하였다. 한마디로 아테네는 스파르타의 속국이 되고 말았다.

아테네 정부는 스파르타의 지시 아래 움직이게 되었으며, 그 밖의 다른 도시 국가들에서도 스파르타의 괴뢰 정권이 수립되었다. 이리하여 전후 스파르타는 약 30년간 전성기를 맞이하였다.

그리스 고전세계의 종말 펠로폰네소스 전쟁은 그리스 전역에 심각한 영향을 끼쳤다. 폴리스들은 서로 심하게 경쟁하고 사람들의 마음에는 전반적으로 비관주의가 팽배하였다. 이런 가운데 페르시아의 위협은 다시 시작되었다.

데마고고이와 중우정(衆愚政)

데마고고이(demagogoi: demagogue)는 본래 민중 지도자라는 뜻이었다. 페리클레스의 뒤를 이은 아테네 최고 지도자 클레온은 상공업자 출신으로 아테네 민주정치의 철저를 기함과 동시에 중우정의 경향을 나타내게 되었다.

그는 항전(抗戰)파의 우두머리로서 민중을 선동하여 스파르타와 전쟁을 계속했으나 전사하였다. 이후 아테네에는 국가와 민중의 이익을 무시한 선동정치가들이 속출하였다. 이에 따라 데마고고이도 선동정치가의 의미로 바뀌었다.무능한 정치가들이 판치고 민주정치가 활력을 잃으면서 민중의 의견을 쫓아 정치가 좌우된 중우정 또는 폭민정치(暴民政治: ochlocracy)가 행해졌다.

BC 404-336년 그리스 세계는 전체적으로 쇠퇴기에 접어들었다. 전쟁의 후유증에 더하여 스파르타의 편협한 태도와 군국주의는 동맹국들의 반발을 사게 되었다. 이 사이에 아테네는 재기하고 테베는 궁극적으로 스파르타의 압제를 벗어나 아테네와 동맹을 형성하였다.

페르시아는 그리스 도시 국가간의 반목과 갈등을 틈타 아테네와 테베를 지원하여 반스파르타 세력을 조성하고 대립을 부추겼다. 마침내 스파르타는 페르시아의 압박에 굴하고 소아시아 도시국가들에 대한 직접적인 지배권을 상실하였다.

아테네가 낙소스Naxos 해전에서 승리하는 한편 테베의 에파미논다스 Epaminondas(BC 418-362)는 중무장 보병대를 편성하여 BC 371년 레우크트라Leuktra 전투에서 승리를 거두었다. 그 후 당분간 테베의 패권 시대가 이어졌으나 테베도 에파미논다스 사후 쇠퇴하였다. 결국 그리스 세계 전체의 물적 또는 정신적 여건은 침체하고 말았다.

마케도니아의 그리스 정복 BC 360년 이후 그리스 전역에 혼란이 일어났다. 정치적으로 국가주의는 후퇴하고 세계주의로 이행하였다. 끊임없는 내전으로 그리스는 외부 세력의 침략 대상이 되기 쉬웠다.

이 상황에서 야심적인 마케도니아 왕 필리포스 2세Philippos II(BC 382-336)가 에게 해 방면으로 남침하였다. 마침내 마케도니아는 그리스를 정복하고 이후 BC 4세기 이전 그리스 역사의 중심이 되었다.

5. 그리스의 사상과 문화

아테네의 물병:그리스인은 회화를 통해 내세에 대한 그들의 관념을 표현하였다. 이 물병 그림은 엘레시우스의 보호신 데메테르와 그의 딸 페르세포네에 관한 신화를 담은 것이다.

그리스인은 메소포타미아나 이집트를 비롯하여 고대 동방의 문화 유산을 이어받아 나름대로 창의성이 풍부한 문화를 이룩하였다. 특히 초기의 고졸(古拙)시대를 지나 고전시대(Classical Period; Hellenic Age)에 이르러 독창적인 발달을 하게 되었다. 그리하여 그리스인은 가장 원천적이며 탁월한 유산을 서양문명 세계에 남기게 되었다.

'서양적인' 모든 것은 고대 그리스에 그 기원을 두고 있다. 서양문명의 독특한 과학과 철학, 역사와 정치학, 시와 연극, 건축과 조각, 법 개념 및 자유로운 정치제도 등은 그리스 시대에 뿌리를 둔 것이었다. "유럽적 이념과 아시아적 이념간의 차이 및 서양문명의 자율성에 관한 뚜렷한 감각은 그리스인과 더불어 형성되었다."[8)]

그리스 문화의 기본특성은 휴머니즘 · 이상주의 · 합리주의에 있었다. 먼저 인간성을 높이 평가하는 휴머니즘이 지적될 수 있다. 신화에서 일상생활에 이르기까지 인간 중심적 사고가 지배적이었으며, 세속성과 인간 존엄성이 강조되었다. 다음으로 철학적 사고에서나 미의 추구에서나 이상적 세계를 탐구하려는 경향이 강하였다. 예컨대 소크라테스에서 나타난 항구불변의 진리에 대한 추구, 플라톤의 절대적 관념의 세계와 이상(理想)국가론, 조각에서의 이상적인 아름다움의 추구 등은 이상주의의 표현이었다.

무엇보다도 그리스인의 지적 특성은 합리주의였다. 그들은 이성의 힘이 인간의 삶을 풍요롭게 한다고 확신하였다. 고대 그리스인의 정신세계는 대체로 합리적 사고에 의해 지배되었다. 사상가들은 자연계의 법칙성을 믿고 이성을 통한 사물 탐구의 가능성을 주장하였다. 밀레토스 학파는 자연현상을 합리적으로 사고함으로써 자연과학적 지식을 체계화하였다. 투키디데스는 사실 중심의 객관적인 역사연구를 시도하였다. 아리스토텔레스는 선하고 행복한 삶을 합리적으로 추구하기 위한 정치학의 기초를 닦았고, 플라톤이나 피타고라스는 우주에 대한 수학적 사고를 하였다. 이 모든 것이 그리스 합리주의의 구체적인 표현이었다.

A. 종교에서 철학으로

알렉산드로스와 스타티라의 결혼식(폼페이 회화, 1세기) : 알렉산드로스는 전쟁의 신 아레스의 모습으로, 스타티라는 미와 사랑의 여신 아프로디테의 모습을 하고 있다.

애당초 그리스인은 모든 자연현상의 원인이 신에게 있다고 생각하였다. 산 · 숲 · 나무 · 풀 · 강을 지배하는 수많은 신들과 지방(地方) 신들이 있었다.

그리스인의 신관(神觀)은 신인동태론(神人同態論: Anthropomorphism)에 근거해 있었다. 이에 따르면 신과 인간은 외형과 속성에 있어서 전혀 차이가 없으나 다만 신은 죽지 않는다는 점에서 인간과 다를 뿐이다. 신은 인간의 이상형이었다. 따라서 신화에서 묘사된 신들은 난폭하거나 잔인하며 교활하거나 방탕하였다. 신들은 추악한 모험과 불성실한 행동조차 한다. 예를 들면 헤르메스Hermes는 도적의 신이며 아프로디테Aphrodite는 교태를 부리고 아레스Ares는 잔인한 행동을 한다.

많은 신들 가운데 전그리스 세계를 통해 숭배된 신은 12 신이었다. 그리스인은 신에게 경의를 표하기 위해 음식물을 차려놓고 성대한 제전을 개최하거나 대규모의 경기를 하였다. 특히 올림포스Olympos 산 위에 거주한다고 생

---

8) Christopher Dawson, *The Making of Europe* (Meridian), 26.

올림피아에 있는 제우스 신전(복원도)

각된 주신(主神) 제우스Zeus를 위한 올림피아 경기는 가장 큰 규모였다.

그리스인은 신탁(神託)을 통해 신의 의견을 물어 국가의 큰 일을 결정하였다. 그 중에서도 파르나소스Parnassos 산 위의 델포이Delphoi 신전의 아폴론Apollon 신탁이 가장 유명하였다. 그리스 민족은 델포이 신전의 보호를 위해 종교동맹을 결성하였으나 이는 정치적 문제와는 관계가 거의 없었으며, 따라서 동맹국끼리 싸움을 하는 때도 있었다.

그리스인에게 신화의 세계는 극히 한정적인 의미밖에 없었다. 그들은 자연현상의 궁극적 원인을 인간의 힘으로 합리적으로 밝힐 수 있다고 믿었다. 그리하여 처음으로 자연현상과 우주의 본질에 관해 체계적인 사고를 하였다.

고대 그리스인에 앞서 우주의 본질과 인간의 사회 · 윤리적 문제에 관한 사고를 한 민족들이 있긴 하였으나 그리스인만큼 광범하고 포괄적인 문제를 제기한 적은 없었다. 자연현상이 신들의 변덕스러운 행위 때문이 아닌 '법칙'의 문제라고 깨달은 사람들이 그리스인이었다. 그들은 지식의 기본을 탐구하는 습관을 키웠는데, 이는 피타고라스가 처음 사용한 '지혜를 사랑한다'는 '철학'(philosophia)이란 말에서 잘 예증되었다.

그리스 철학 우주론 · 인식론 · 논리학 · 윤리학 · 미학 등 광범한 범위의 분야를 포함한 그리스 철학은 자연철학의 시기를 시작으로 소피스트 학파를 거쳐 마지막으로 고전철학으로 완성되는 단계적인 발전을 하였다. 자연철학의 시기는 자연계의 본질을 탐구하여 자연현상을 해석함에 있어서 신화를 벗어난 시기였다. 소피스트 학파는 주로 인간 연구에 관심을 쏟았으며 어떤 의미에서는 그들이야말로 참다운 지적 전환을 시도한 사상가들이었다. 고전철학의 시기에는 인식론과 윤리학 및 사회철학에서 치밀한 사상체계가 나왔다. 이 시기는 진정한 서양철학의 출발점이었다.

12신

그리스의 12신은 로마인에게 계승되어 이름만 바뀌었을 뿐 숭배 내용은 같았다. ( )안의 뒤의 것은 로마 명칭이다.

제우스(Zeus; Jupiter): 주신(主神)

헤라(Hera; Juno):제우스의 누이이며 부인. 결혼의 신

포세이돈(Poseidon; Neptunus):제우스의 형제. 바다의 신

하데스(Hades; Pluto):제우스의 형제. 지하와 사자의 세계를 관장하는 신

아테나(Athena; Minerva):제우스의 딸이며 후계자. 전쟁의 신, 지혜의 신

아폴론(Apollon; Apollo): 의신(醫神), 태양신, 예언의 신

아르테미스(Artemis; Diana): 삼림, 수렵의 신, 달의 신

아프로디테(Aphrodite; Venus):미와 사랑의 신

헤르메스(Hermes; Mercurius):통신, 무역, 시장의 신

아레스(Ares; Mars):전쟁의 신

헤파이스토스(Hephaistos; Vulcanus):불의 신, 대장간의 신

헤스티아(Hestia; Vesta):아테나, 아르테미스와 함께 처녀신. 노신(爐神), 가정 보호의 신

밀레토스 학파 자연철학의 기원은 지중해 연안 소아시아 밀레토스 시를 중심으로 한 밀레토스학파(이오니아 학파)에 있었다. 이 학파는 별 · 동물 · 식물 · 사람 등 모든 사물이 1차적 물질로 환원된다고 믿었다.

이 학파의 창시자 탈레스Thales(BC 625-545)는 일식(日蝕)이나 그 밖의 천체현상이 일정한 법칙에 의한 것이라고 생각하고, 자연현상에 대한 인과관계를 논하였다. 그는 우주 안의 물질을 질적 변화에서보다 양적 변화라는 관점에서 생각하였다. 그리하여 공기가 희박해지면 불이 되고 응축되면 바람 · 증기 · 물 · 흙이 된다고 주장하였다.

밀레토스 철학은 오늘날의 관점에서 본다면 거의 의미가 없으나 그후의 철학 발전에는 큰 영향을 끼쳤다. 자연현상에 대한 신화적 설명을 벗어나 처음으로 합리적 해석을 가한 자연철학은 창조와 소멸을 통한 변화와 양적 증감에 따른 변화를 논하였다. 이것이 후에 원자론의 기초가 되었다.

피타고라스 학파 그리스 철학이 전환기를 맞이한 것은 BC 6세기초 이전의 일이었다. 이 때 피타고라스Pythagoras(BC 580-500)는 남이탈리아로 이주하여 종교단체를 창설하고 철학의 일파를 형성하였다.

피타고라스 학파는 명상생활이 최고선이며 그 추구를 위해서는 육욕으로부터 자신을 정화시켜야 한다고 설교하였다. 피타고라스의 종교단체는 재생과 영원한 자유를 얻는다는 신비주의를 내세웠으며, 많은 추종자들을 거느리게 되었다. 이 학파는 정신과 물질, 조화와 부조화, 선과 악을 분명하게 구분하려고 했으므로 이원론자라는 말을 듣게 되었다.

또한 피타고라스 학파는 사물의 본질이 물질적인 것에 있지 않고 하나의 추상적 원리인 수(數)에 있다고 주장하였다. 그리하여 그는 "모든 것은 숫자이다" 또는 "수를 알 수 있다면 물체의 성질을 알 수 있다"고 말하면서 자연현상을 수학적 비례관계로 보려고 하였다. 예를 들면 정의를 평방수(제곱), 기회는 7, 남자는 3, 여자는 2, 결혼은 5로 나타냈다. 오늘날까지 쓰이는 '피타고라스 정리'를 세운 그는 음악의 화음도 수학적 비례로 되어 있다고 주장하였다.

남이탈리아에서 활동한 또다른 철학파는 크세노파네스Xenophanes(BC 750-470)가 창시한 엘레아Elea 학파였다. 그들은 불변의 존재로서 신의 개념을 설정하였다.

파르메니데스와 헤라클레이토스 BC 5세기초 철학적 사변은 더욱더 복잡해져 자연의 원리를 다양하게 설명하는 자연철학자들이 나왔다. 파르메니데스Parmenides(BC 511-?)는 크세노파네스의 제자였으나 사물의 본성이 불변(不變)이라고 주장하였다. 그는 표면상의 변화는 다만 마음의 환상에 불과하다고 보았으며, 따라서 사물의 본성 또는 진정한 존재는 감각을 통해서가 아니라 이성으로 발견될 수 있을 뿐이라고 주장하였다.

이에 대해 헤라클레이토스Herakleitos(BC 540-475)는 반대론을 제기하였다. 에페소스Ephesos 출신인 그의 생명관은 변화관념에 입각한 것이었다. 그에 따르면 영구불변이란 다만 환상에 불과하며 변화만이 진리라는 것이다. 우리가 똑같은 강물 흐름 속에 두 번 발을 디딜 수 없는 것과 같이 몸과 마음을 비롯해 우주 만물은 생성 변화하며 항상 유동 상태에 있는 것이다. 창조와 파괴, 삶과 죽음은 하나의 동전의 앞뒤를 이룬다. 진화 혹은 변화는 우주의 법칙이며, 따라서 어떠한 물질도 변하지 않는 것이 없다고 주장하였다. 그는 생명의 본질을 불이라고 보았으며, 모든 물질이 항상 불을 통해 변화한다고 생각하였다.

원자론 자연철학의 부단한 탐구 대상이던 우주의 본질에 관한 문제는 마침내 원자론에서 그 결론을 찾았다. 원자론에 도달하는 과정은 우주의 생성 원소를 몇 개의 원소 또는 요인으로 설명하려는 시도에서 시작되었다.

엠페도클레스Empedokles(BC 490-430)는 파르메니데스와 같이 물질의 불변성을 주장하는 한편 흙 · 물 · 불 · 공기 등 4성분을 생각하였다. 그는 우주를 움직이는 힘으로 사랑과 미움 등 두 관념을 생각했으며, 전자는 사물을 결합시키고 후자는 분리시킨다고 구별하였다. 그는 또한 식물과 동물의 진화에 대해 언급하였다.

밀레토스 학파에 속하는 아낙사고라스Anaxagoras(BC 500-428)는 페리클레스의 친구로 아테네에 산 철학자였다. 그는 우주를 추위와 더위, 쓴맛과 단맛, 검은색과 흰색 등 일정하지 않은 질적 변화의 관점에서 보았다.

자연철학의 궁극적인 형태로서의 원자론의 창시자는 레우키포스Leukippos(BC 460-?)였으나 그 이론의 발전에 직접 책임 있는 철학자는 데모크리토스Demokritos(BC 460-370)였다. 그는 우주의 궁극적인 구성원소를 더 이상 파괴할 수 없는 '불가분의 원자' (atomos)라고 주장하였다. 각 원자는 질에 있어서 동일하지만 양이 다르고 또한 상이한 모양 · 크기 · 위치 · 배열을 가지고 있다는 것이다. 불의 원자는 가장 작고 가장 활발히 움직이는 것이었다. 일반적으로 원자는 부단히 기계적으로 운동하고 결합하여 물질을 형성한다고 하였다. 이러한 기계적 원자론은 오래도록 후세에까지 영향을 끼쳤다.

소피스트의 지적 혁명 그리스 사회는 전체적으로 페르시아 전쟁 후 승리에서 오는 자신감에 넘쳤고 인간 중심적 사고가 널리 퍼져 BC 5세기 중반에 지적 혁명이 일어났다. 평민세력의 대두, 개인주의의 성장, 실제적 지식의 존중 등은 전통적 방식에 대한 반발이었다. 이른바 '휴머니즘을 향한 반동' 이 시작되었다.[9)]

철학자들은 자연의 본질에 관한 문제보다 인간 자신과 관련된 문제를 탐구하였다. 그리하여 윤리학과 논리학이 가장 두드러진 지적 분야로 발전하였다. 동시에 철학자들의 사고는 주관적이며 상대적인 것으로 되었다. 이 철학자들이 소피스트(sophistes)였다.

소피스트의 뜻은 원래 '많이 알고 있는 사람' 또는 '현자(賢者)' 였으나 후세에는 '언변을 농하는 사람' 이라는 경멸의 뜻으로 쓰이게 되었다. 그들은 특정한 철학 학파라기보다는 전문직 종사자였다. 그들의 공통점은 근본적으로 실용적인 교과목을 가르쳤다는 점과 '절대적' 진리의 가능성을 의심했다는 점에 있었다.

소피스트의 기여는 무엇보다도 인간과 사회에 관한 문제를 중요시한 데 있었다. 그들은 추상적인 자연철학의 사고로부터 인간과 사회 또는 윤리문제를 사고하기 시작하였다. 그러므로 사회사상이 대두한 것은 전적으로 소피스트들의 덕분이었다. 정치학은 법과 통치의 기원의 문제로서 탄생하였다. 소피스트는 실용성있는 지식을 강조하여 청소년에게 전반적 계몽과 교양을 통해 진

---

9) W. K. C. Guthrie, *The Greek Philosophers: From Thales to Aristotle* (Torchbooks), 66.

리 자체보다 영리함을 가르쳤다.

따라서 소피스트들이 가르친 주요 과목은 수사(修辭) · 변론 · 교제술 · 통솔력 등에 관한 것이었다. 고대 철학에서 위대한 위치를 차지한 플라톤이 그들을 맹렬히 비판했으므로 오랫동안 전통적으로 소피스트들에 대한 역사적 평가는 좋지 않았다.

그러나 소피스트에 대한 현대적 해석은 달라졌다. 특히 1930년대 이후 일부 학자가 소피스트들에 대해 긍정적인 재평가를 내렸다. 이러한 재평가에 따르면 소피스트들이야말로 진보와 계몽의 대변자들이었으며, 반면 플라톤은 편견을 가진 반동자이며 권위주의자였다는 것이다. 일부 학자는 심지어 소피스트들을 '위대한 세대' 라고 지칭하였다.

이러한 재평가가 정당하든 아니든 소피스트 운동에 긍정적인 면이 있는 것은 사실이었다. 대표적인 고대 철학사가는 "어떠한 지적 운동도 그 결과의 영속성에서 소피스트 운동과 비교될 수 없으며, 또한 소피스트들이 제시한 문제들은 오늘날 우리의 시대에 내려오기까지 서양사상사에서 결코 무효화될 수 없다"고 단언하였다.[10)]

확실히 소피스트들은 근본적인 윤리문제의 중요성을 인식하고 인간의 조건을 향상시키는 수단으로 인간이성의 힘을 설득하였다. 그들이 조성한 지적 분위기와 인간중심 사상은 그 후 위대한 철학체계를 탄생케 하였다.

프로타고라스 소피스트들 중에서 프로타고라스Protagoras(BC 485-410)와 고르기아스Gorgias(BC 483-375)가 대표적인 인물이었다.

프로타고라스는 일생의 대부분을 아테네에서 가르친 교육자였다. "인간은 만물의 척도이다"라는 그의 말은 소피스트 철학의 본질을 요약하였다. 이 말은 선 · 미 · 진리 · 정의 등이 인간 자신의 필요와 이익에 따라 달라질 수 있는 상대적인 것임을 의미하였다. 그에 따르면 진리와 정의에 관한 항구불변의 기준은 없다. 감각적 인식이 지식의 유일한 원천이므로 일정한 시공간에서만 유효한 특수한 진리가 있을 뿐이다. 마찬가지로 도덕도 사람과 장소에 따라 달라진다는 것이다.

후기 소피스트들은 프로타고라스의 견해를 극단으로 밀고 나갔다. 고르기아스는 프로타고라스의 회의주의를 더 확대하였다. 그는 인간이란 스스로의 주관적 인상 이외에는 아무 것도 알 수 없다고 말하였다. 그는 아무 것도 존재하지 않으며, 무엇인가 존재한다 해도 그것을 우리는 알 수 없고, 설사 우리가 그것을 안다 해도 남에게 그것을 전할 수 없다고 주장하였다. 트라시마코스

---

10) Guthrie, 3.

Thrasymachos(활동기: BC 5세기 전후)는 개인주의적 관점에서 모든 법과 관습이란 가장 힘센 사람의 의지에 불과하다고 보았다.

소피스트들은 서양사상사에서 처음으로 인간과 사회의 문제에 깊은 관심을 나타낸 사상가들이었다. 그들은 자유주의자로서 노예제와 그리스의 민족적 배타성을 비판하였다. 또한 인간의 권리에 관해 실제적이며 진보적 견해를 가지고 있었고, 전쟁의 어리석음과 국수주의를 비난하였다.

소피스트들의 중요한 업적은 철학의 범위를 자연철학에서 윤리 · 논리 · 정치학 · 인식론으로까지 확대시켰다는 데 있었다. 키케로가 말한 바와 같이 소피스트들은 철학을 하늘에서 땅으로 끌어내린 사상가들이었다.

고전철학의 확립 얼마 후 아테네 사회에서 소피스트들의 상대주의 · 회의주의 · 개인주의는 강력한 반론에 부딪히게 되었다. 그들의 주장처럼 절대적인 진리나 정의가 없다면 종교 · 도덕 · 국가 · 사회는 오래도록 유지되지 않을 것이라는 비판이 제기되었다. 그리하여 절대적 진리의 기준을 정립하려는 새로운 철학적 운동이 일어나면서 고전철학이 성립되었다.

소크라테스 새로운 철학 운동은 소크라테스Sokrates(BC 469-399)에 의해 시작되었다. 아테네 출신인 그의 아버지는 조각가이며 어머니는 산파였다. 부인 크산티페Xanthippe는 소크라테스에게 번번이 물을 뒤집어씌운 억센 여인이었다. 소크라테스는 젊었을 때 펠로폰네소스 전쟁에 종군한 적이 있었다.

소크라테스

소크라테스는 초기 철학자들의 주장들에 대해 상당히 많이 알고 있었다. 그의 언변은 매우 유창하여 인기를 얻었으며, 청년들과 대화하면서 토론하고 소피스트들의 견해를 반박하였다. 많은 추종자들 중에는 펠로폰네소스 전쟁 때 활약한 군인이며 정치가였던 알키비아데스가 있었다.

소크라테스는 보편적 진리, 절대적인 아름다움, 절대선(絶對善)을 인정하고 거기에 도달하기 위한 방법으로 분석 · 비교 · 변증 · 종합 등의 방법론을 제시하였다. 그의 표어는 델포이 신전에 쓰인 '너 자신을 알라'는 말이었다.

그는 부단히 질문을 던지면서 소피스트들의 의견을 비판했기 때문에 적을 많이 만들었다. 결국 그는 악신(惡神)을 끌어들이고 아테네 청소년을 타락시켰다는 죄목으로 사형을 선고받았다.

그러나 사형언도의 진정한 이유는 펠로폰네소스 전쟁의 패배에 있었다. 아테네 시민은 실망과 좌절 끝에 모든 것을 귀족, 특히 반역자인 알키비아데스와 가깝고 민간신앙을 비판한 소크라테스 탓으로 돌렸다. 소크라테스의 재판은 플라톤의 『소크라테스의 변명』(*Apologia*)과 『크리톤』(*Kriton*)에서 설명되고 있다.

소크라테스의 사형

사형을 선고받은 소크라테스가 배심원들에게 한 말을 플라톤은 우리에게 다음과 같이 전하고 있다.

배심원 여러분은 자신 있게 사형을 선고하겠지만, 아무 것도 이 세상에서나 저승에서도 선한 사람을 해칠 수 없다는 확실한 진리가 있다는 것을 명심하시기 바랍니다. 그의 운명은 신에 대한 불경의 문제가 아닙니다. 나에게 닥친 이러한 경험은 단순히 기계적으로 온 것이 아닙니다. 나에게 분명한 것은 때가 되어 도리어 내가 죽어 심란한 심경을 벗어나는 것이 낫다는 것이지요…. 나를 비난하고 고소한 사람들에게 아무런 불만이 없습니다. 물론 그들이 고발한 의도보다도 오히려 나를 해치려고 하는 그들의 생각이 옳지 않습니다…. 그러나 나는 그들에게 한가지 부탁을 하고 싶습니다. 나의 아들들이 어른이 되었을 때 만일 그들이 돈이나 물건을 내놓는다 생각한다면 내가 당신들을 귀찮게 한 것처럼 그들을 괴롭힘으로써 복수를 하십시오. 그들이 아무런 이유를 댈 수 없다면 당신들은 내가 당신들을 야단친 것과 똑같이 그들을 야단쳐야 합니다. 왜냐하면 중요한 일을 등한히 했을 뿐 아니라 전혀 좋지 않은데도 좋다고 생각했기 때문입니다. 만일 당신들이 이렇게 한다면 나는 당신들에게 나 자신은 물론 나의 자식들에 대한 재판을 맡길 것입니다.

이제 우리는 가야 할 때가 되었습니다. 나는 죽을 것이며 당신들은 살 것입니다. 그러나 우리들 중 누가 더 행복한 장래를 보장받고 있는지는 신 이외에는 아무도 알 수 없을 것입니다.

플라톤 소크라테스는 저술을 남기지 않았으므로 그의 사상체계는 제자인 플라톤Platon(BC 427-347)에 의해 전해지고 있을 뿐이다. 플라톤은 아테네 귀족 출신으로 음악 · 그림 · 시 · 희곡 · 운동 등을 능란하게 하는 다방면의 재능을 가지고 있었다. 그의 본명은 아리스토클레스Aristokles였으나 체격이 컸으므로 '넓은 어깨' 라는 뜻의 플라톤으로 불리게 되었다. 그의 아버지는 왕족 후예인 아리스톤Ariston이며 어머니는 솔론 가문 출신인 페릭티오네Periktione였다. 그는 청년 시절 펠로폰네소스 전쟁에 종군하였고 20세에 소크라테스의 제자가 되었다.

플라톤은 소크라테스의 가장 뛰어난 제자이긴 했으나 파르메니데스와 피타고라스 학파로부터도 학문적 영향을 받았다. BC 399년 소크라테스가 죽은 후 플라톤은 친구인 유클리데스Euklides(활동기:BC 300)가 있는 메가라로 망명하였다. 그후 키레네Cyrene, 이집트 등을 거쳐 남이탈리아로 가서 피타고라스 학파와 친교를 맺었다.

시칠리아 섬의 시라쿠사이 참주 디오니소스Dionysos(少 디오니소스, 재위:BC 367-356, 347-344)의 초청을 받아 그곳에서 자신의 철학왕(哲學王)의 이념이 구현되기를 바랐으나 성과를 얻지 못하였다. 그는 일생 미혼으로 오직 지식을 추구하면서 많은 저술을 남겼다.

BC 388년 플라톤은 다시 아테네로 돌아와서 아카데미아Akademia라는 학교를 세웠다. 영웅 아카데모스Akademos의 이름을 땄다고 하는 이 학원에서 플라톤은 지식 추구에 몰두하면서 약 20년간 많은 제자들을 양성하였다.

이 학원은 AD 529년 동로마의 유스티니아누스 대제가 폐지시킬 때까지 약 900년간 계속되었다.

플라톤은 철학 · 과학 · 정치학 등 9개 분야에 걸쳐 저작과 서간 등 56권의 저술을 남겨 후세에 커다란 영향을 주었다. 대표적인 것은 『프로타고라스』(*Protagoras*), 『파이드로스』(*Phaidros*), 『티마이오스』(*Timaios*), 『심포지온』(*Symposion*), 『국가론』(*Politeia*), 『법률론』(*Nomoi*), 『정치가론』(*Politikos*) 등이다.

철학적 이상주의 플라톤 철학은 현상의 배후에 있는 불변의 실재를 규명하는 것이었다.

그의 철학 핵심은 이데아Idea의 관념이었다. 플라톤은 이데아의 형상(形相)에서 영원불변의 진리를 발견할 수 있다고 주장하였다. 우리가 보는 변화하는 현상계는 단순한 이데아의 반영에 불과하며 절대적인 정의 · 미 · 진리는 다만 이데아의 세계에서만 가능하다고 하였다. 이데아는 물질적인 것이 아니라 정신적인 것이었다.

플라톤은 인간 지성이 차원 높은 실재를 파악할 수 있다고 믿었다. 순수이성을 통해서만 감관(感官)이 파악하지 못하는 진리를 이해할 수 있다는 것이다.

정치사상 플라톤의 정치사상은 『국가론』과 『법률론』에 잘 나타나 있다. 특히 그는 『국가론』에서 인간조건에 대한 이상주의와 방법론에 대한 깊은 관심을 표출하였다. 국가의 목적이 정의 구현에 있다고 믿은 플라톤은 이상국가란 정의의 이데아를 지상에서 구현하는 국가라고 강조하였다. 그가 규정한 정의는 각 개인이 자신에게 적절한 것을 행함으로써 구현되는 것이었다.

아카데미아에서 아리스토텔레스(오른쪽)와 함께 있는 플라톤

그러므로 그의 유토피아는 신분제에 입각한 스파르타적 폴리스였다. 그에 따르면 완전국가란 너무 크거나 작거나 해서는 안 되며 너무 부유하거나 빈곤해서도 안 되는 사회였다. 사회신분은 생활필수품을 조달하는 농 · 공 · 상 및 노동자 계층, 국가방위를 담당하는 군인 계층 및 민중의 선을 위해 통치하는 철학자 계층으로 구분되었다.

플라톤에게는 자유보다도 조화와 효율이 더 중요하였다. 교육과 결혼은 국가 통제하에 놓이게 되고, 대체로 사유재산은 폐지되며 이기심은 억제되어야 하였다. 개인의 자유는 국익에 종속되어야 하며, 오락은 물론이고 출산도 제한되어야 하는 그러한 사회가 플라톤이 『국가론』에서 주장하는 이상사회였다.

아리스토텔레스 고전철학에서 마지막 위대한 철학자는 아리스토텔레스

Aristoteles; Aristotle(BC 384-322)였다. 그러나 그는 철학적으로 스승 플라톤과 다른 점을 갖고 있었다. 그는 플라톤보다 구체적인 지식을 추구했으며 플라톤의 귀족적 성향과는 다른 정치사상을 제시하였다.

의사의 아들인 아리스토텔레스는 드라키아의 스티기라Stigira 출신으로 마케도니아 수도 펠라Pella에서 유년시절을 보냈다. 그는 18세가 되었을 때 아테네로 와서 플라톤의 아카데미아에 입학하여 18년 동안 공부하였다. 그는 플라톤의 가장 생산적인 제자였으나 플라톤 사후 아카데미아는 다른 제자의 책임 아래 운영되었다.

아리스토텔레스는 마케도니아의 필리포스 왕의 초빙을 받아 왕자 알렉산드로스의 교육을 맡았다. 그후 아테네로 돌아와 리케온Lykeon이란 학교를 창설하여 제자들에게 강의하였다. 그는 주로 산책하면서 강의하였다. 그러므로 아리스토텔레스 학파에 대해서 '걷는다'(peripatos)는 뜻의 소요학파(Peripatetics)란 명칭이 붙여지게 되었다. 그는 백과사전적 두뇌의 소유자로서 그의 철학체계는 사후 15세기 동안 거의 모든 학문분야에 걸쳐 선구적 권위를 행사하게 되었다.

형상과 질료 아리스토텔레스는 플라톤의 이상주의의 영향을 받긴 했으나 『형이상학』(*Metaphysika*)에서 근본적으로 스승의 주장과 다른 존재론을 제시하였다. 실재란 보편적인 이데아에 있지 않고 개별적이며 구체적인 것에 있다고 주장하였다.

플라톤은 이데아를 중시했으나 그는 형상(形相)과 질료(質料)를 함께 중요시하고 둘 다 영원·불가분의 것이라고 주장하였다. 형상은 현재 있는 것 그대로의 대상을 이루지만 질료 상태로 존재하지 않는 한, 실재하지는 않는다는 것이다. 형상과 질료가 결합함으로써 비로소 우주에 본질적 성격이 부여되는 것이라 하였다. 모든 대상은 더 큰 우주적 질서 안에서 어떤 목적을 가지며 그 목적을 이룰 때 비로소 완성되는 것이다.

윤리학과 논리학 아리스토텔레스는 합리적인 사회생활의 기본이 되는 윤리학을 주장하였다. 그는 특히 중용의 덕성을 역설하고 그것이 곧 인간의 자기실현의 길이라고 주장하였다. 그는 『니코마코스의 윤리학』(*Ethika Nikomachia*)과 같은 저술을 통해 인간이 어떤 삶을 살 것인가를 논하고, 행복이야말로 모든 인간행위의 목적이라고 강조하였다.

아리스토텔레스의 진리탐구의 주요방법은 귀납적 접근이었다. 『오르가논』(*Organon*)에서 전개된 그의 논리학은 이른바 삼단논법에 입각해 있었으며 귀납적 추리에 있어 주목할 만한 기여를 하였다.

그는 또한 형식논리학의 창시자로서 일반원리에서 구체적 사물에 관한 진리를 추출하기 위한 사고방법으로 연역법을 생각해냈다. 아리스토텔레스의 논리학은 그후 수세기 동안 철학적 탐구에서 지배적 역할을 하게 되었다.

정치사상 아리스토텔레스는『아테네인의 국법』,『정치학』(*Politika*) 등의 저술을 통해 정치사상 체계를 수립하였다. 그는 150개 이상의 폴리스 역사와 조직에 대한 연구를 토대로 국가생활이 인간의 자연스러운 집단행위라고 결론지었다.

그는 인간의 사회적 성격을 적극적으로 평가하여 인간은 본래부터 사회적, 정치적 존재라고 보았다. 그는 플라톤과는 달리 재산과 가정이 인간 생활에서 중요한 위치를 차지한다고 보았으나 플라톤과 마찬가지로 신분제 사회를 주장하였다.

아리스토텔레스는 지배자와 피지배자의 구별이 선천적으로 이루어진다고 보아 노예의 존재를 합리화하고 인간불평등을 인정하였다. 강력한 일인지배에 대한 그의 옹호는 사회적으로 불안정했던 그리스 민주주의의 후기에 그가 살았다는 사실과 무관하지 않을 것이다.

과학저술 아리스토텔레스의 방대한 과학적 저술은 자신의 시대 이전 2세기간의 자연과학에 대한 지속적인 관심이 그때 절정에 달했음을 의미한다.

아리스토텔레스는 거의 모든 분야에 걸쳐 선구적 개척을 한 백과사전적인 학자였다. 그의 관심은 천문학 · 물리학 · 식물학 · 동물학 · 심리학 · 지리학 등 많은 분야에 이르는 광범한 것이었다. 그는 생물학적 진화에 대해 언급하였으며 그의 분류방식은 생물학 발달에 큰 영향을 미쳤다. 플라톤이『시학』에서 시를 비난한데 반하여 아리스토텔레스는 미학에 깊은 관심을 나타내고 미술가 · 시인 · 극작가를 높이 평가하였다. 그의 권위는 중세에서 르네상스를 거쳐 17세기에 이르기까지 전유럽의 과학 사상에 커다란 영향을 끼치게 되었다.

그리스 자연과학자들은 대체로 메소포타미아와 이집트에서 축적된 자료를 많이 빌려 이를 토대로 하여 과학적 사고를 시작했지만 후에 그들 스스로가 자연현상을 직접 관찰함으로써 자연과학을 크게 발전시켰다.

역사학의 시작 역사서술은 산문의 대표적인 분야로 그리스에서 비롯되었고, 그리스 역사가들은 그후의 역사학 발달에 크게 기여하였다. 헤로도토스와 투키디데스는 위대한 문학적 작품을 산출했을 뿐 아니라 증거물에 대한 객관적 탐색과 입증을 통해 과거를 재생하는 방법을 창출하는 데 선구자적 역할을 하

암포라(BC 490년경)에 그려진 그리스 음악가의 모습: 그리스인은 음악을 사랑하였는데, 특히 그림에서 보이는 시타라(Cithara)라는 악기를 연주하며 노래불렀다.

였다.

'역사의 아버지'라고 일컬어지는 헤로도토스 Herodotos(BC 484-425)는 소아시아 에게 해 연안 할리카르나소스Halicarnassos 출신으로 『역사』(*Historia*)를 저술하였다. 이 책은 기존의 기록들을 조사하고 페르시아 · 이집트 · 이탈리아 등 여러 지방을 여행한 경험에서 얻은 지식을 반영한 것으로, 비단 페르시아 전쟁에 대한 서술일 뿐 아니라 일종의 세계사였다.

그러나 대체로 헤로도토스의 역사 서술은 문학적 설화의 범위를 크게 벗어나지 못했을 뿐 아니라 전설이나 사료에 대한 비판을 결여하고 있었다.

투키디데스 최초의 위대한 과학적 역사가는 투키디데스였다. 그는 증거와 사료를 주의깊게 면밀히 검토했을 뿐 아니라 역사사실을 초자연적 사실과 구별짓고자 하였다. 그는 『펠로폰네소스 전쟁사』에서 아테네인에 대한 동정을 억누르고 객관성을 유지하면서 냉정하게 기술하였다.

그는 과거 사실을 잘 이해함으로써 미래의 역사과정에 대비하기 위한 교훈을 얻고자 하는 이른바 교훈적 역사를 서술하였다. 그는 소피스트들의 회의적 태도와 실제성의 추구에 영향을 받긴 했으나 과학적 역사를 목표로 내세워 의견 · 전설 · 소문을 물리치려고 노력하였다. 그러나 사회 · 경제적 면을 도외시하였다는 점에 그의 사관의 결함이 있다.

B. 고전문화의 창의성

그리스의 문화적 창의성은 오랜 진화의 결과였다. 미케네 문화는 미노스의 영향을 강하게 받은 것이었으나 암흑기에 소실되었다. 이른바 고졸기(古拙期)에는 이전의 여러 문화와 고대 동방이나 이집트의 영향을 흡수하여 서서히 독자적인 발전을 하였다. 특히 건축이나 조각은 주제와 기법에 있어서 조화와 중용이라는 독자적 특색을 발휘하여 독특한 양식을 완성하게 되었다.

서사시 문학은 창의성이 십분 발휘된 분야였다. 호메로스 이전에도 미케네 영웅들의 행위에 관한 구전적(口傳的) 시 전통이 있었다. 그러나 호메로스에서 페리클레스에 이르기까지 그다지 많은 문인들이 나온 것은 아니었다.

그리스 문학의 최초의 형식은 서사시였다. 호메로스Homeros; Homer(활동기: BC 8세기)의 작품으로 알려져 있는 『일리아스』(*Ilias; Iliad*)와 『오디세이아』(*Odysseia; Odyssey*)는 예술성이 높은 서사시였다.

『일리아스』는 트로이 전쟁이 시작된 지 10년째 되던 해의 사건을 다루고 특히 영웅 아킬레스Achilles의 사랑과 분노, 헥토르Hektor의 죽음을 다룬 작품이다. 『오디세이아』는 트로이 전쟁이 끝난 후 그리스 영웅 오디세오스 Odysseos; Ulysses가 귀국 길에 10년간 방랑하면서 온갖 모험을 하고 마침내 부인 페넬로페Penelope와 상봉한다는 줄거리로 되어 있다.

두 시는 용의주도하게 짜여진 줄거리, 시적 음악성, 상상력에의 호소, 성격묘사의 박진감, 감정적 긴장감 등에서 수준 높은 문학성이 돋보인다. 그것은 용기, 고귀함, 삶에 대한 사랑이 가득 찬 남녀의 영웅적 모습을 보여주는 이야기이며 후세에 고귀한 인물의 모델을 제시해 주었다.

서사시의 전통은 헤시오도스Hesiodos; Hesiod(활동기: BC 8세기)에 이어졌다. 그는 고대신앙과 신화를 요약한 『신통기』(神統記:*Theogonia*), 농업 등의 실제생활을 묘사하고 세상의 불의를 개탄한 『일과 날들』(*Erga kai Hemerai; Work and Days*)이라는 시를 썼다.

서정시 헤시오도스를 고비로 새로운 형식의 시가 나왔다. 농업사회에서 통상활동이 활발한 시대로 옮겨짐에 따라 더 개인적인 감정을 표현하는 만가(輓歌:Elegy)형식이 그것이다. 그러나 BC 6세기부터 BC 5세기말에는 좀더 음

고대 원형 극장의 모습: 오른쪽에 보이는 기둥들은 아폴로 신전의 폐허이다.

악적인 서정시가 나왔다. 서정시는 격렬한 애정과 증오를 나타낸 것으로서, 리라(lyre)의 음악에 맞춘 시 형식이었다.

주목할 만한 서정시인으로는 아르킬로코스Archilochos(활동기: BC 7세기), 알카이오스Alcaios(활동기:BC 600), 사포Sappho(활동기:BC 600) 등이 있었다.

귀족가문 출신의 사포는 대표적인 여류시인으로, 자연의 아름다움을 묘사하고 사랑과 비극적 감정을 나타내는, 심오하고 아름다운 시를 썼다. 사포는 에게 해 연안, 지금의 터키 레스보스Lesbos 섬 출생으로, 아름다운 젊은 여인들의 육감적인 사랑을 묘사하였다. 그러므로 후세에 이 섬의 이름에서 '여성 동성애'를 의미하는 레스비아니즘lesbianism이라는 말이 나왔다.

서정시가 갖는 귀족성과 힘은 아마 테베 출신의 핀다로스Pindaros(BC 518-441)에 의해 가장 잘 대변된다고 할 수 있다. 핀다로스의 시는 합창 형식을 취했는데, 귀족생활이나 올림피아 경기에서 선수들을 찬미하는 송시(頌詩: odes)를 썼다.

비극 그리스 문학은 연극, 특히 비극에서 최고의 업적을 냈다. 많은 위대한 작품의 경우에서 예증되는 바와 같이 비극은 종교에 그 기원을 두고 있었다.

비극은 재생의 신이며 포도의 신인 디오니소스Dionysos의 숭배의식에서 시작되었다. BC 6세기말에 디오니소스 의식의 극적 요소가 확대되었다. 시인이 제단 앞에서 신과 영웅들의 행적을 서정시로 노래하고, 일부 사람이 가무대(歌舞隊: colos)를 조직하여 반인반양(半人半羊)의 삼림신(森林神: *satyrs*) 가면을 쓰고, 산양(山羊: tragos) 가죽으로 분장하여 무대 전면의 원형 무대(orchestra)에서 춤추며 합창하였다. 이리하여 비극(tragodia) 형식이 발달하였다.

고대 그리스의 배우들이 쓰던 가면(AD 2세기경의 모자이크)

아이스킬로스 연극 예술의 발달은 BC 5세기에 그 원숙기로 들어섰고, 세계의 가장 위대한 비극작가들이 민주주의 국가인 아테네에서 나왔다.

그 최초의 작가는 아이스킬로스Aischylos;Aeschylus(BC 525-456)였다. 그는 합창대를 배경에 배치하고, 합창대장 이외의 다른 사람을 배우로 내세워 그 역할을 강조함으로써 비로소 비극의 형식을 시작하였다. 그는 약 90개의 희곡을 썼으나 그 가운데 7개만 완전한 형태로 남아 있다.

현존하는 그의 걸작으로는 「오레스테이아」(*Oresteia*) 3부작이 있다. 이는 아가멤논 일가의 친족살해의 운명을 다룬 작품이며 이를 통해 그는 죄의식, 도덕적 책임, 삶의 여러 문제를 다루려고 하였다. 그의 대표작은 크세르크세스의 살라미스 해전 패배를 주제로 한 「페르시아인」, 아가멤논이 트로이 전쟁 후 귀국하여 부정한 처에게 살해되는 내용의 「아가멤논」, 인간에게 불을 주었다는 죄 때문에 제우스의 벌을 받고, 온갖 구박과 고문에 견딘다는 「쇠사슬에 매인 프로메테오스」 등이다.

아이스킬로스가 묘사한 프로메테오스Prometheos는 고귀하고 명예로운 행위란 가혹한 대가를 지불해야 하며, 또 꺾이지 않는 정신으로 지킴으로써 그 진정한 가치가 인정될 수 있음을 암시하였다.

소포클레스 소포클레스Sophocles;Sophokles(BC 496-406)에 의해 그리스 비극은 최고 수준에 도달하였다. 그는 아테네 정치생활에서 활동적인 시민이었으며, 많은 연극작품을 썼다. 그의 작품 대부분이 오늘날까지 남아 있다. 소포클레스는 아이스킬로스보다 기교면에서 더 훌륭했으며, 대화형식과 성격묘사에서 더 능하였다.

소포클레스

「오이디포스 왕」(*Oidipos Tyrannos*)에서는 저주받은 오이디포스가 예언과 같이 아버지를 살해하고 어머니와 결혼하게 되는, 운명의 필연적이고 비극적인 과정이 묘사되고 있다. 여기에서는 운명을 괴로워하는 한 인간의 모습을 놀라우리만큼 생생하게 묘사하였다. 오이디포스의 딸 안티고네가 참주 클레온의 부당한 입법을 반대하여 생매장되어 죽는다는 「안티고네」(*Antigone*)의 줄거리는, 궁극적으로 어쩔 수 없이 운명에 얽매인 인간들의 비극을 뜻하는 것이다.

에우리피데스 에우리피데스Euripides(BC 480-406)는 펠로폰네소스 전쟁의 세대에 속하는, 5세기 후반의 회의주의와 비관론을 반영한 극작가였다. 그가 창작한 80개의 희곡은 대부분 신과 영웅을 주제로 하지 않고, 인간 중심의 도덕을 주제로 한 것이다.

인간문제와 가치관을 다룬 그의 희곡은 비판적이며 회의적인 태도를 표현

오이디푸스의 자해

소포클레스의 비극 「오이디푸스 왕」에서 오이디푸스의 어머니인 요카스타Jocasta는 자신의 아들과 결혼했음을 알고 목 매달아 자살한다. 이에 오이디푸스 역시 자해(自害)를 기도한다. 이때 옆에서 보고 있던 사람은 다음과 같이 묘사하고 있다.

우리는 목 매달아 허공에 흔들리는 여인의 시체를 바로 눈 앞에서 보았다. 왕도 가슴 찢어지는 신음소리를 냈다. 줄을 풀고 땅 위에 시체를 내려 놓았다. 더 나쁜 일이 벌어지려고 한다. 왕은 그녀의 옷에 붙인 황금 브로치를 잡아채 힘껏 자기 눈을 찔렀다. 더 이상 수치스런 모양을 보지 않으려는 듯, 더 이상 양심의 가책을 못이기는 듯, 보지 않아야 할 광경을 더 이상 보지 않으려는 듯, 아니면 보고싶은 얼굴을 더 이상 안 보려는 듯…. 왕은 자신의 눈알을 두 번 세 번 찔렀다. 피 눈물이 수염을 따라 내릴 때까지, 한두 방울이 아닌 피는 마치 폭포처럼 쏟아져 내렸다. 붉은 비처럼 내렸다. 두 사람은 죄를 지은 것이다. 하나의 머리가 아닌 두 사람(남편과 아내)의 머리는 벌을 받아 엉겨 뒹굴었다. 그들의 오랜 옛 행복은 정당하게 얻은 행복이었다. 그러나 오늘날에는 재앙, 죽음, 패가망신, 눈물, 수치로 가득 찼다. 생각해 낼 수 있는 모든 악이 다 여기에 있도다.

하였다. 그는 「메데아」(*Medea*)에서 인간 본성의 탐구, 특히 어두운 정서적 면을 모색하고자 하였다. 그는 전통적인 가치관을 비판하고 기존의 종교적 신앙에 회의를 나나냈다.

희극 희극 역시 종교의식으로부터 발달되어 나왔다. 희극을 말하는 영어의 comedy는 그리스어 comos(즐겁다)라는 말에서 유래한 것이다. BC 5세기경에 희극이 종교의식에서 분리되어 독자적인 분야로 발전하였다. 정치나 사회적 사건을 다루면서 관중을 계몽하고 즐겁게 하는 것이 희극의 목적이었다.

두드러진 희극 작가는 젊은 시절 펠로폰네소스 전쟁을 체험한 보수성이 강한 아리스토파네스Aristophanes(BC 445-385)였다. 그는 「개구리들」에서 에우리피데스를 연극을 망친 극작가로 묘사하였고, 페리클레스의 민주주의를 파괴한다고 선동정치가들을 비판하였다. 그는 「구름」에서 소피스트들이 사회질서를 파괴한다고 비판하는 동시에 소크라테스도 풍자하였다.

아리스토파네스

BC 4세기에 이르러 희극은 날카로운 풍자가 부드럽게 중화되는 형식을 취하게 되었다. 일상사를 가벼운 필치로 다루고 아테네의 관습과 풍속을 기지 넘친 수법으로 묘사한 메난데로스Menanderos(BC 342-291)에서 이러한 경향이 성숙해졌다.

메난데로스의 희극은 17세기 프랑스의 몰리에르와 상통한다는 평이 있을 정도로 후세의 희곡에 영향을 끼쳤다. 메난데로스의 희극을 한 고비로 하여 그리스 희극은 헬레니즘 시대의 새로운 희극 형식으로 전환하게 되었다.

건축 균형과 조화의 사상은 미술품에서 가장 완벽하게 표현되었다. 전체적으로 중용과 고요가 깃들인 안정감을 느끼게 하는 그리스 미술작품은 실로 이성과 감정이 적절히 조화된 소산물이었다.

작품의 주제는 신화, 종교 또는 일상적인 시민생활이었다. 폴리스에 대한 사랑과 신을 두려워하는 마음이 합쳐져 아름다운 건축물들이 만들어졌다. 미술은 특히 BC 5세기의 아테네에서 절정에 달했으며, 미술형식 중에서 각별히 건축이 독특한 발전을 하게 되었다.

주로 석재를 이용한 건축은 자연철학 발상지인 이오니아의 밀레토스에서 시작되었다. BC 6세기경 밀레토스에서 성했던 건축은 페르시아 전쟁 후 아테네로 그 중심이 이동하였다. 신전은 중앙의 장방형(長方形: cella) 부분을 중심으로, 수직선과 수평선이 조합된 극히 단순한 형식으로 건축되고, 황·청·적색 등 여러 색으로 장식되었다.

기둥이나 수평선은 "무수한 직선 가운데 하나도 진정한 직선이 없다"고 말할 정도로 중앙팽창 부위가 치밀하게 설계되었으며, 전체적으로 우아하면서도 투박한 아름다움을 절묘하게 표현하였다.

도리아식 건축은 기둥 모양에 따라 3가지 양식으로 구분된다. 먼저 도리아식은 가장 기원이 오래되며 또 가장 단순한 형태였다. 그것은 기둥 받침이 없고 기둥머리(柱頭) 장식이 없이 장중한 인상을 준다. 파르테논 신전이나 헤파이스토스Hephaistos 신전은 이 형식의 대표적인 예이다. 아테네 시내에 있는 이 신전은 전에는 테세온Theseon이라 칭해졌으며, 그리스 본토에서는 가장 잘 보존된 도리아식 건축물이다.

아테네 보호신인 아테나 여신의 신전으로, 아크로폴리스 정상에 건축된 파르테논 신전은 당시의 건축과 조각 예술의 최고수준을 말해 주는 걸작이라 할 수 있다. 고전적 아름다움을 표현한 조각은, 그 주제와 기교의 양면이 적절하

파에스툼의 바실리카(BC 550년경): 헤라 여신에게 바쳐진 이 신전은 초기 그리스 건축의 가장 대표적인 예이다. 여기서 도리아식 건축 양식을 찾아볼 수 있다.

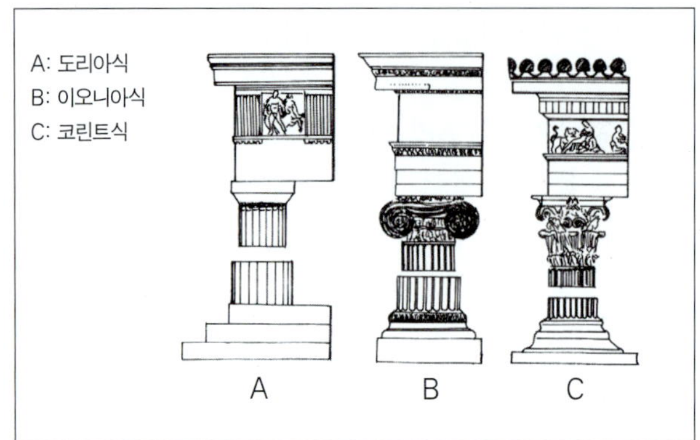

게 조화되고 있을 뿐 아니라 건물 전체와 유기적으로 어울려 있다.

이오니아식과 코린트식 이오니아식은 좀더 날씬하고 우아하며 소용돌이 형식의 기둥머리 장식을 하고 있다. 이 기둥 모양은 에레크테온Erechtheon 신전에서 볼 수 있다. 도리아식과 이오니아식은 고전 그리스 시대에서 주로 사용된 건축양식이었다. 이에 반해, 고전시대에는 별로 사용되지 않았으나 헬레니즘 시대에 유행하고, 로마인이 즐겨 사용한 것이 코린트식이었다.

이것은 이오니아식의 연장이었지만 더욱더 화사하고 복잡한 아름다움을 나타낸 것이었다. 기둥머리는 아칸토스Akanthos 잎 모양으로 장식되었으며, 기둥 위 아래로 파인 홈도 더 가늘고 많고 기둥받침의 수가 더 늘어났다. BC 5세기초에 나온 이 양식의 대표적인 건축물로는 로마의 판테온Pantheon 신전, 아테나 알레아Athena Alea 신전 등이 있다.

신전에 적용된 원리는 극장 · 체육관 · 시장 · 공회당 등 모든 건축물에도 적용되었다.

조각 그리스 건축의 특이함은 내부 공간이나 파풍(破風)을 조각품으로 장식했다는 점에서 발견될 수 있다. 고졸기(古拙期)의 목각은 고대 동방, 특히 이집트의 영향을 받았으며, 이른바 고졸소(古拙笑)를 띤 소박한 아름다움을 지

파르테논 신전

페리클레스가 심혈을 기울인 업적으로 파르테논 신전이 있다. 이 신전은 칼리크라테스Callikrates와 이크티노스Iktinos의 설계로, 피디아스Phidias의 지휘 감독 아래 BC 447-432년 건축되었다. 정면의 너비 30.88m, 높이 10.43m의 도리아식 신전이지만, 이오니아식 기법도 섞여 있다. 성소로 사용된 두 개의 내실은 양쪽에 각 18개의 기둥, 양끝에 각각 8개의 기둥이 세워져 있다. 그 아름다움은 주로 단순미와 조화, 통일성과 균형에 있으며, 절묘한 비례와 완벽한 시공으로 고대 그리스 신전 건축을 대표하는 건축물이라 할 수 있다. 플루타르코스에 의하면 신전 건축은 실업대책이나 경기부양책에서 나온 것이라 하는데, 어쨌든 그것은 페르시아 전쟁에 즈음하여 아테네 시민이 여신 아테나에게 신전건축을 서약했기 때문에 전후 그 서약을 지키기 위해 시민 전체의 뜻에 따라 건축된 것이었다.

파르테논의 양식은 후세에까지도 지속적인 영향을 끼쳤다. 예를 들면 19세기 나폴레옹 1세 시대에 세워진 파리 중심가의 라마들레느La Madeleine 교회는 코린트식 기둥머리(柱頭)를 가지고 있음에도 분명히 파르테논 신전을 모방한 것이었다.

니고 있다.

페르시아 전쟁을 전환점으로 하여 석재 중심으로 제작된 조각의 기본 특성은 이상주의에 있다. 이상주의는 결코 초월적이거나 초자연적인 것 또는 신비적인 것이 아니며, 단지 인간적인 고귀함을 찾고자 한 것이었다.

그것은 그리스인이 어떻게 이상형 및 영원한 아름다움을 추구했는가를 잘 설명해 주고 있다. 조각가 폴리클레이토스는 "실제보다 더 좋게 묘사하였다"고 말했는데, 이것은 반드시 '더 아름다운 것'이 아닐 수도 있는, '최선의 것'을 끄집어내려는 시도를 의미하였다.

조각은 그리스인의 생활감정, 이념, 인간성을 자유롭고 솔직하게 표현하였다. 인체의 아름다움과 숭고한 정신이 잘 조화되었다. 빙켈만Johann Joachim Winckelmann(1717-1768)이 표현한 바와 같이, 그리스 조각은 '고귀한 단순성과 고요한 위대함'을 함께 실현한 예술작품이었다.

고대 그리스 조각이 완전한 형태로 남아 있는 경우는 매우 드물다. 그리스가 오랜 역사를 거치는 동안, 특히 18세기말까지 많은 전란으로 미술 작품이 파괴되고 건축 유적은 폐허가 되었다.

19세기초 영국 외교관 엘진Thomas Bruce, Lord Elgin(1766-1841)은 당시의 정복자인 터키 민족이 고대 그리스의 유물과 유적을 방치하고 있음을 보고, 아크로폴리스의 조각들을 영국으로 반출해 갔다. 이것이 '영국박물관'(British Museum)에 소장된 '엘진 콜렉션'(Elgin Marbles: 1803-1812)이다.

나체 묘사 역사상 어떤 다른 시대의 작품에서보다도 그리스 조각에서 최초로 인체의 아름다움이 솔직하게 표현되었다. 그들은 나체가 수치심을 자아내게 하는 것이라기보다 오히려 자연미의 최고 형태라 믿고 인체 묘사에 최선의 노력을 기울였다.

제우스 · 헤라 · 아테나 등과 같은 숭고하고 존엄한 신들을 대상으로 하다가 점차 아프로디테 · 아폴론 · 에로스 등과 같은 젊음과 아름다움을 지닌 신들로 바뀌어갔다. 이것은 신적인 것으로부터 좀더 인간적인 것으로, 에토스ethos적인 것으로부터 파토스pathos적인 것으로 옮겨진 관심의 변화를 나타낸 것이었다.

그리스 조각의 시대구분 고전시대의 조각은 아테네를 중심으로 볼 때 숭고한 인상을 풍기는 전기와 탐미적인 후기로 나눌 수 있다. 전기의 작가로는 BC 5세기의 폴리클레이토스Polykleitos(BC 452-412), 미론Myron(활동기: BC 5세기), 피디아스Phidias(BC 500-432) 등이 있으며, 후기의 작가로는 4세

(왼쪽) 미론 「원반 던지는 사람」(BC 5세기경)
(오른쪽) 폴리클레이토스 「창을 든 사람」(BC 450-440년경)

기의 프락시텔레스Praxiteles(BC 400-320), 스코파스Skopas(활동기: BC 377), 리시포스Lysippos(활동기:BC 4세기) 등이 있다.

펠로폰네소스 출신인 폴리클레이토스는 「카논」Canon이라는 남자 나체의 균형 잡힌 청동 조각을 남겼으며, 미론은 「원반 던지기」, 「아프로디테 상」 등을 제작하였다.

가장 위대한 그리스 조각가인 피디아스는 파르테논 신전 장식을 감독했는데, 페리클레스와 함께 신을 모독한 죄로 고발되어 옥사하였다. 그가 아테나 신의 방패 속에 자신과 페리클레스를 조각했다는 것이었다. 그의 작품으로 파르테논 신전의 파풍 조각, 프레필라이아Propylaia 신전 조각품, 엘리스Elis에 있는 「올림포스의 제우스 상」, 에페소스에 있는 「아마존 상」 등이 남아 있다.

BC 4세기의 대표적인 조각가인 프락시텔레스는 남녀 신들의 초상을 조각했으며, 그의 작품으로 추정되는 「아기 디오니소스와 함께 있는 헤르메스」는 그후의 미적 기준이 되었다. 고전시대 최후의 조각가인 리시포스는 알렉산드로스 대왕과 동시대인이었다. 그의 「알렉산드로스 대왕 상」은 그후의 조각의 방향에 결정적인 영향을 끼쳤다. 그와 함께 고전시대의 조각의 중심이 아테네로부터 안티오키아 또는 알렉산드리아로 옮겨졌다.

그리스문화의 역사적 의의 민주주의와 사회적 관행에 나름대로 한계가 있

「암소를 진 사람」(BC 550년경)

「페플로스 코레」(BC 530년경)

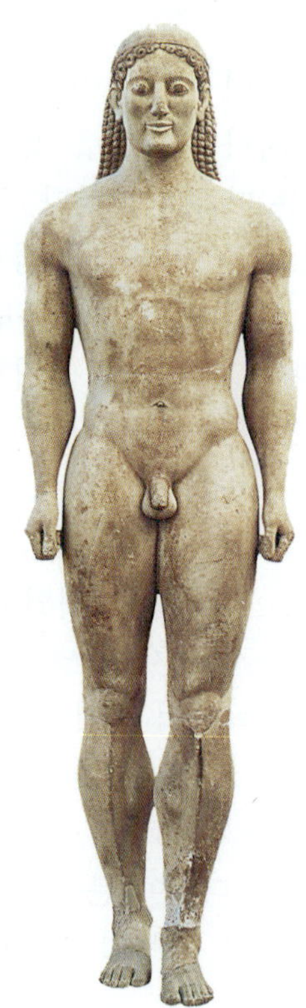
「쿠로스」(BC 540년경)

「안테노르 코레」(BC 525년경)

프락시텔레스「아기 디오니소스와 함께 있는 헤르메스」(BC 340년경)

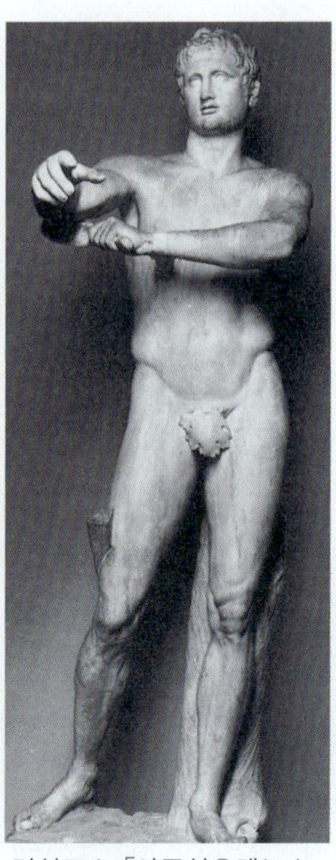
리시포스「아폭시오메노스」(BC 330년경)

스코파스「포토스」(BC 350년경)

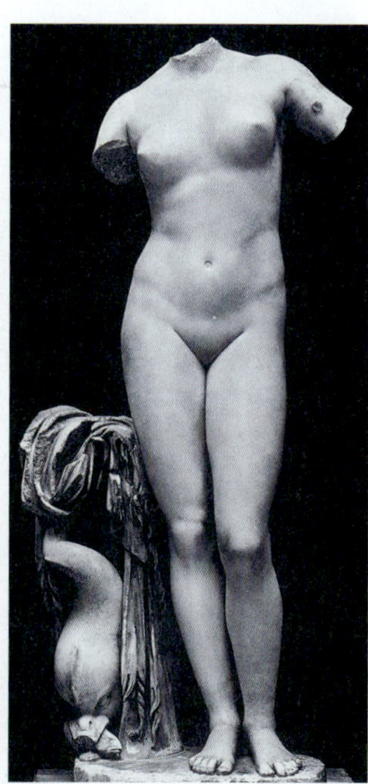
프락시텔레스「키레네의 아프로디테」(BC 100년경)

었던 것이 사실이지만, 그리스 문화가 서방 세계에 끼친 영향은 아무리 강조해도 지나치지 않을 것이다. 특히 메소포타미아 · 이집트와 비교할 때 그러한 평가는 더욱 확고하다.

메소포타미아와 이집트 문명은 전제주의, 초자연주의 및 집단에 대한 예속으로 특징지어졌다. 동방의 정치체제는 절대군주와 강력한 사제계급의 지배에 의한 것이었다. 거기서 문화는 단순히 지배층과 사제계급의 특권을 상징한 것이었다.

이에 반하여 그리스 문명은 자유와 독창성이 발휘된 문화였다. 그리스어의 자유를 뜻하는 eleutheria는 어떠한 고대 중동의 언어, 심지어 히브리어로도 번역될 수 없는 말이었다. 그만큼 자유는 그리스 문화의 기반이었다. 특히 아테네의 경우 자유, 낙관주의적 진보관, 세속주의, 합리주의, 조화된 아름다움, 개인의 독자적 가치에 대한 존중 등이 문화활동의 바탕이 되었다.

그리스 문화가 후세 서방세계에 준 유산은 정치제도와 민주주의, 철학 · 형이상학 · 자연과학 · 역사 등 학문분야, 조각 · 건축 · 연극 등에서 발휘된 독창성이었다. 이 분야에서의 독창성은 그전의 어떠한 문명권에서보다도 빛나는 성과를 거두었다. 인간성과 개성의 개념은 바로 그리스에서 시작된 것이었다.

6. 헬레니즘의 세계

알렉산드로스 대왕이 죽은 후(BC 323)부터 아우구스투스가 로마 제국을 건설하게 될 때(BC 30)까지의 약 3세기 동안은 헬레니즘 시대(Hellenistic Age)라 불리고 있다. 알렉산드로스 대왕이 중동지방을 정복한 결과 이루어진 문화의 융합과 종족의 혼합 때문에 고전 문화의 이상은 대부분 상실되고 말았다.

그 대신 여러 요소들이 혼합된 새로운 형태의 문명이 형성되었다. 역사가들은 이 문명을 고전적인 '그리스 문화' (Hellenic Culture)와 구별하여 '헬레니즘 문화' (Hellenistic Culture)라 부르고 있다.

헬레니즘 문화는 폐쇄적이며 자족적인 폴리스 문화에 동방적 요소가 가미되어 형성된 것이었다. 그 결과 상대적으로 개방적이며 더욱더 보편성 있는 문화가 되었다. 그리하여 헬레니즘 시대는 각 지역의 문화적 특성을 흡수 융합하여 로마에 연결시키는 교량 역할을 한 시기였다.

이 시대의 사상과 문화는 변화하는 현실을 반영한 상대주의적인 면이 뚜렷하였다. 헬레니즘 고전적인 폴리스의 문화 전통이 다른 어떤 문화권에도 접속 · 성장될 수 있음을 시사하였다.

헬레니즘 시대는, 그리스 세계가 BC 5세기 이후 정치적 혼란을 수습하지 못하고 쇠퇴의 길에 들어섰을 때부터 이미 시작되었다. 북쪽에 수립된 비그리스 국가 마케도니아는 남하(南下)하여 그리스 폴리스들을 정복하고, 그 여세로 고대 동방의 여러 지역과 인도까지 정복하여 드디어 일찍이 없는 세계제국을 수립하였다.

A. 알렉산드로스 대왕

마케도니아Macedonia 민족은 원래 북방의 고산지대에 살았으며, 풍부한 광산 · 삼림 · 목초지 · 농경지를 유지하면서 서서히 발전한 민족이었다. 그들은 페르시아 전쟁 이후 그리스 문화를 받아들이고 사회의 각 분야를 혁신하였다.

특히 필리포스 2세는 BC 359년 아민타스 3세Amyntas III(재위:BC 360-359)를 쫓아내고 왕위에 오른 후 상비군을 만들고, 그리스의 전술을 도입하여 강력한 중무장 보병인 팔랑크스(phalanx)로 군을 개편하였다. 급속히 성장하는 마케도니아는 그리스를 위협하는 세력으로 아테네인의 경각심을 불러일으켰다.

데모스테네스

마케도니아의 위협에 대해 아테네의 자유를 지키려한 데모스테네스Demosthenes(BC 384-322)는 「대(對)필리포스 연설」(Philippic, BC 351-341)이란 웅변을 통해 국민군 창설을 주장하였다. 그는 아테네인이 자신의 말에 귀를 기울이지 않자 다시 「대 올린토스 연설」(Olynthiacs, BC 349-348)로 올린토스Olynthos 동맹 또는 칼키디아Chalcidia 동맹(BC 385-383)의 결성을 호소하고, 축제 자금을 군자금으로 전용(轉用)할 것을 촉구하였다.

마케도니아의 필리포스 2세는 북그리스로 남하하여 트라키아 광산을 점령하고, 중앙 그리스의 요충지 테르모필레로 침공하였다. 데모스테네스는 직접 수천 병사를 인솔하고 마케도니아에 대항해 보았으나 때는 이미 늦었다. 결국 케로네아Chaeronea 전투(BC 338)에서 아테네-테베 연합군은 패배하고, 그 후 곧 그리스 전체가 마케도니아의 수중에 들어갔다.

알렉산드로스의 동방정복 2년 후 필리포스 2세가 암살되고, BC 336년 알렉산드로스Alexander(BC 356-323)가 20세의 젊은 나이에 왕위를 계승하

이수스 전투: 알렉산드로스 대왕과 다리우스 3세가 싸우는 모습을 묘사하고 있다.

였다. 그는 펠라에서 태어나 아리스토텔레스로부터 교육을 받았다. 한때 아테네에서는 데모스테네스가 사주한 반란이 일어났으나 알렉산드로스가 진압하였다.

알렉산드로스 대왕은 소아시아의 그리스인을 페르시아의 통치에서 해방시키려는 필리포스의 정책을 계승 집행하였다. 그는 3만 보병과 5천 기병으로 페르시아를 침공하였다. 이 때 그는 그리스 문화를 전파하기 위해 학자들을 원정군에 동참시켰다.

알렉산드로스는 BC 333년 티그리스 강가 니네베Nineveh 근처 이수스Issus 전투에서 페르시아 다리우스 3세 군을 격파한 후 불과 12년 동안에 소아시아의 시리아·팔레스티나·이집트·페르시아 등 동방 세계를 모두 정복하여, 그때까지의 역사에서 드물게 보는 커다란 제국을 이룩하였다.

그는 아르벨라Arbela(지금 이라크의 Erbil) 전투(BC 331)에서 페르시아 대군을 격파하고 바빌론Babylon 시에 입성하였다. 계속 수사Susa 및 페르세폴리스Persepolis에 쳐들어가 많은 금은 재보(財寶)를 노획하였다. 또한 페르세폴리스의 왕궁을 직접 불태워 거대한 페르시아 제국의 파멸을 상징적으로 기념하기도 하였다.

이집트에 들어간 알렉산드로스 대왕은 아몬Amon 신의 아들이며 파라오라 자칭하고, 동방 전제군주를 모방하였다. 이집트에 알렉산드리아 시를 건설한 것을 비롯하여 정복하는 곳곳에 자기 이름을 딴 도시를 건설하였다. 그는 동쪽으로 진격을 계속하여 BC 324년 마침내 인도의 인두스강에 이르는 넓은 지역을 점령하였다. 박트리아Bactria를 거쳐 인도에 도달한 알렉산드로스는 장병들의 청원에 따라 후퇴하고, 바빌론에서 돌아온 후 장차의 정복을 계획하였다. 그러나 이 계획을 실현시키지 못한 채 열병에 걸려 33세에 사망하였다.

제국의 분열 극히 짧은 기간에 건설한 대제국은 알렉산드로스 사후 혼란에 빠져 몇 개의 나라로 분열되고 말았다. 전설에 따르면 알렉산드로스는 죽기 직전에 누구에게 제국의 유산을 주는가 하는 물음에 '가장 힘센 사람에게'라고 대답했다고 한다.

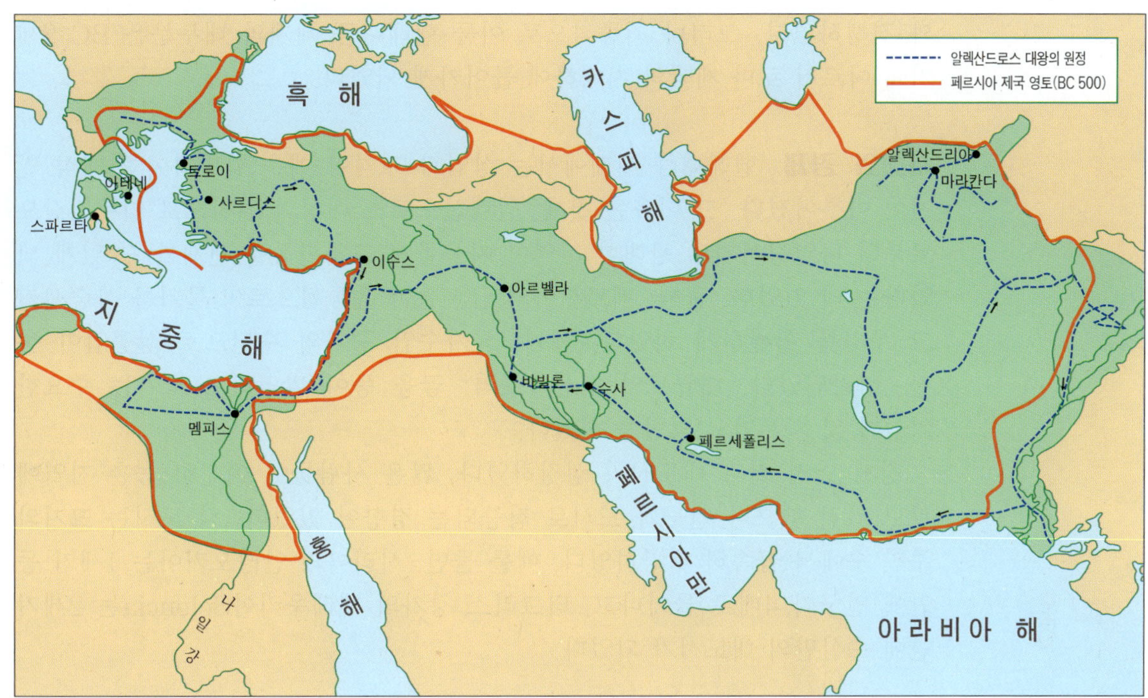

페르시아 제국(BC 500)과 알렉산드로스 대왕의 제국(BC 323년)의 비교

그러나 알렉산드로스의 대제국을 단독 지배할 만한 강자는 없었다. 셀레우코스 · 리시마코스 · 프톨레마이오스 · 안티고노스 등 알렉산드로스의 장군들이 후계자를 자칭했으며 그 결과 디아도코이diadokoi는 난립하였다. 그들은 마케도니아 왕 카산데로스와 연합하여 안티고노스 1세Antigonos 'Cyclops' I(BC 382-301)를 상대로 싸워 입소스Ipsos 전투(BC 301)에서 승리하였다. BC 3세기를 고비로 알렉산드로스 유산에 대한 분할은 대체로 결정되었다.

셀레우코스 1세Seleucos I(BC 358-280)는 페르시아와 메소포타미아 지방을 차지하게 되었으며, 리시마코스Lysimachos(BC 361-281)는 소아시아와 트라키아를 차지하였다. 한편 마케도니아 왕 카산데로스Cassanderos(BC 350-297)는 마케도니아 지방을 유지했으며, 프톨레마이오스 1세Ptolemaios "Soter" I(BC 367-283)는 이집트 · 리비아 · 페니키아 · 팔레스티나를 차지하였다.

BC 275년 셀레우코스가 리시마코스를 살해함으로써 세력권 경계가 분명해졌다. 마케도니아와 그리스 본토는 안티고노스 왕조의 지배를 받게 되었다. 알렉산드리아를 중심으로 이집트에 세력권을 형성한 프톨레마이오스 왕조는 동방 전제군주제를 실시하였다. 프톨레마이오스 왕조는 팔레스티나와 시리아를 공략하여 지중해 제해권을 장악하였다. 셀레우코스 왕조는 알렉산드로스 제국의 대부분을 차지하여 안티오키아를 중심으로 교역면에서 알렉산드리아와 경쟁하였다. 그러나 최종적으로 이들 헬레니즘 세계의 대부분은 BC 2세기에 이르러 로마 제국의 지배하에 들어가게 되었다.

사회와 경제 헬레니즘 세계에서는 상업과 교역이 매우 활발하여 경제적 발전이 이루어졌다. 그 이유는 첫째, 알렉산드로스 대왕의 원정으로 인두스강으로부터 나일강까지의 광대한 지역이 자유롭게 교역활동을 전개할 수 있게 되었다는 데 있었다. 둘째, 페르시아의 금 · 은이 유통됨으로써 물가를 상승시키고 투자를 활발하게 하였다. 셋째, 국가수입 증가의 수단으로 상공업이 촉진 · 장려되었다. 대규모의 생산 · 무역 · 금융 등이 발달하고 국가는 주요한 기업가 및 자본가의 역할을 하였다.

경제 발전 결과 대도시가 성장하였다. 많은 사람들이 여전히 농촌 지역에 살고 있긴 했으나 인구가 도시로 집중되는 경향이 있었다. 각 도시는 크기와 주민 수에서 급속히 팽창하였다. 예를 들면, 시리아의 안티오키아는 1세기 동안에 인구가 4배로 늘어나고, 티그리스 강가의 셀레우키아Seleucia는 2세기 안에 수십만의 대도시가 되었다.

알렉산드로스 대왕

알렉산드리아 헬레니즘 세계의 가장 큰 도시는 이집트의 알렉산드리아였다. 고대의 어느 다른 도시도(로마까지도) 그 규모에서 알렉산드리아를 능가하지 못하였다. 시는 구획정리가 잘 되어 있었고 거리는 잘 포장되었다. 훌륭한 공공건물 · 공원 · 박물관 · 도서관이 세워졌다. 특히 알렉산드리아 도서관은 수십만 권의 장서를 갖춘 고대에는 보기 드문 거대한 규모였다.

알렉산드리아는 헬레니즘 문화의 중심이며 특히 과학연구의 중심이 되었다. 알렉산드로스에 의해 건설된 헬레니즘 세계는 동서 문화를 융합시킨 '세계 문화'를 형성하였다. 그리스어는 공용어가 되고, 종래의 폐쇄적이었던 폴리스 문화는 개방된 보편문화가 되었다.

넓은 지역이 각각 나름대로 특성을 가지면서도, 세계화된 그리스 문화를 수용하는 획일적인 면을 보였다. 헬레니즘은 고전적인 폴리스 문화가 넓은 시야를 갖게 되는 창 역할을 했으며, 이 창은 로마를 향해 열린 것이었다.

B. 헬레니즘 문화의 특성

헬레니즘 세계의 세계주의(cosmopolitanism)는 이 시기의 모든 그리스 사상과 사회의 공통적 특색이었다. 플라톤과 아리스토텔레스의 체계에 내재된 폴리스 중심의 사고는 좀더 보편적인 인간성에 기반을 둔 사고에 의해 밀려나게 되었다. 시민생활은 직접 민주주의의 이상보다도 광대한 세계제국의 전제주의에 의해 지배되었다.

BC 4세기경부터 싹튼 개인주의적 경향은 폴리스 시민생활의 전통을 침식하였다. 그리스인은 공동체 생활에 대한 참여를 소홀히 하고 개인의 부와 안락(安樂)을 더 열심히 추구하였다. 문학과 미술에서도 폴리스에 대한 애착심을 표현한 전통은 퇴색하였다. 이러한 개인주의적 경향은 알렉산드로스 대왕의 정복 이후 더욱더 분명해졌다.

3 학파 상대주의와 세계주의, 개인주의와 도피주의는 헬레니즘 시대의 지적 특징이었다. 철학사상에서 에피쿠로스파 · 스토아파 · 회의파 등은 비록 그 내용과 주장의 차이는 있으나 이러한 근본적인 특징을 벗어나지 않았다. 문학과 미술은 절충적이며 역동적(力動的) 요소를 강조하였다. 일찍이 고전문화의 기조(基調)였던 안정과 조화, 균형과 중용이라는 특징은 사라졌다. 학문은 실제적 지혜를 다루고 응용에 따른 현실생활의 개선을 목표로 하였다. 헬레니즘 시대의 사상적 주류는 크게 에피쿠로스파 · 스토아파 · 회의파로 나누어졌다.

에피쿠로스파 아테네 출신 에피쿠로스Epicuros(BC 342-270)가 주장한 철학의 핵심은 '무관심'(ataraxia)의 관념이었다. 인간의 목표는 행복 추구에 있으며, 이 행복은 무엇보다도 신체적 고통, 세속적 욕심, 두려움으로부터 해방되는 것에서 찾을 수 있다는 것이다. 두터운 우정, 간소한 생활, 물질적 · 신체적 즐거움이 강조되었다. 에피쿠로스파의 사상은 악덕보다 선덕(善德)을 더 우위에 놓고 생각했으나 궁극적으로 극기(克己)에까지 이르는 선덕을 추구하는 것을 부인하였다.

에피쿠로스파는 생활의 기본원리를 즐거움에서 찾고자 하였다. 참다운 것이나 선한 것은 오직 즐거움을 주는 사물에서만 찾을 수 있다고 주장하였다. 이 파에 따르면 내세는 없으므로 신을 외경(畏敬)할 필요가 없고, 현세를 즐겁게 살아야 한다는 것이었다. 이들의 주장에는 물질주의와 실정법(實定法) 사상이 내포되어 있었다. 실재하는 것은 오직 물질이며 우주는 물질로 이루어져 있다. 에피쿠로스 자신은 데모크리토스의 원자론을 신봉하였다. 그리고 현상이란 항상 상대적이므로 때와 장소에 따라 결정되는 법이나 관습이 사회정의의 기반이라는 것이었다.

일반적으로 에피쿠로스파는 모든 속박과 고통에서 해방되는 일종의 금욕을 주장하는 경향이 있었으나 후기의 추종자들, 특히 로마의 에피쿠로스파는 단순한 쾌락주의를 찬양하였다. 이 학파는 세속적 성공에 무관심했으며 사회적 책임을 결여하고 있었다. 행복은 세상에서 볼 수 있는 모든 향락을 추구하는 데서 얻을 수 있다는 것이다. 영어의 epicure는 에피쿠로스의 이름에서 유래하는, 식도락을 뜻하는 말이다. '먹고 마시고 즐겁게 지내자—내일 죽을 것이기 때문에' 라는 구호는 로마 에피쿠로스파가 내세운 모토였다.

로마시대 이 파의 대표적인 사상가는 물질론적 철학 시인인 루크레티우스 Lucretius(BC 99-55)였다. 그는 대표작으로 「사물의 본성에 관하여」(*De rerum natura*)라는 시를 지었다.

회의파 회의파(懷疑派)는 피론Pyrrho(BC 365-275)에 의해 창시되었다. 시대가 가진 혼돈(混沌)을 솔직하게 반영한 이 파의 주장은 지식의 가능성을 부정하는 것이었다. 논리의 출발점은 인간의 감각 이외에는 아무 것도 확실한 것이 없다는 명제에 있었다.

그러나 감각조차 개인마다 다르고 일치하지 않기 때문에 결국 모든 감각은 환각에 불과하다고 결론지었다. 이 파는 기존의 모든 이론을 거부하였다. 그 이유는 어떠한 학자들의 의견조차도 일치하는 것이 없으므로 진리는 알 수 없다는 것이다.

그러므로 현명한 사람이란 어떠한 의견도 갖지 않고, 다만 전통과 관습에 따라 살면서 아무런 판단도 내리지 않는, '유보'(epoche)하는 사람이다. 회의파에는 비판정신에 투철한 면이 있었으나 긍정적 내용이 결여되어 있었기 때문에, 회의파 철학은 정신적 공백과 혼돈을 해결하는 데는 도움을 주지 못하였다.

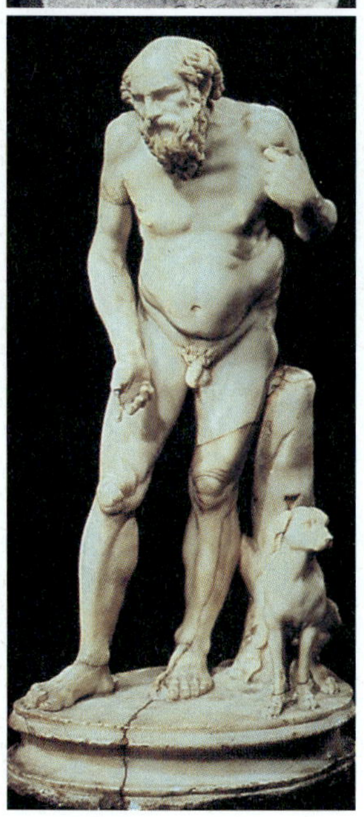

(위) 안티스테네스
(아래) 디오게네스

견유파 견유파(犬儒派: Cynics)는 소크라테스의 제자 중 하나인 아테네 철학자 안티스테네스Antisthenes(BC 444-371)에 의해 창시되었다. 그러나 가장 유명한 대표적 견유파 사상가는 디오게네스Diogenes(BC 412-323)였다. 그는 원래 소아시아 출신이었다. 나무통이나 항아리 속에서 산 디오게네스는 찾아온 알렉산드로스 대왕에게 햇볕을 가리지 말고 비켜 달라고 요구하였다. 그는 많은 전설을 낳은 인물로, '정직한 사람을 찾기 위해' 아테네 시내를 대낮에 제등(提燈)을 들고 다녔다고 한다.

견유파 철학자들에 따르면 이 세상의 모든 것은 어리석고, 가치 있는 것은 아무 것도 없다는 것이었다. 빈부 격차나 인종 차이는 현자(賢者)에게 아무런 의미가 없다. 현자는 소유를 부인하고 자족하는 사람이다. 모든 소유욕에서 해방될 때 비로소 도덕적일 수 있다. 그들은 조직적인 학파를 갖지 않고 관습을 무시했으며 방랑 걸인이나 설교자가 되었다. 소박한 옷을 걸치고 검소한 음식을 먹으면서 지냈다. 그러나 현자는 책임의식에 따라 적극적 행위를 취해야 한다.

견유파의 사상에 내재한 인종과 계급을 떠난 평등관, 현자들로 구성된 세계공동체의 관념, 세속 일에 관한 교양 있는 무관심, 책임감의 강조 등은 후대의 스토아파에 연결되었다. 따라서 견유파는 스토아파의 대두에 기여했다는 데 사상사적 의의가 있다.

스토아파 스토아파는 헬레니즘 시대 철학에 가장 큰 공헌을 하였다. 금욕파라고도 불리는 스토아파는 그들이 아테네의 스토아stoa에서 철학적 논의를 했기 때문에 붙여진 이름이었다. 스토아는 아고라agora의 채색(彩色) 기둥을 말한다. 기둥들이 나란히 서 있는 긴 회랑(廻廊)은 그들뿐 아니라 소크라테스와 같은 초기 철학자들이 즐겨 담론하던 곳이기도 하였다.

스토아파는 새 시대의 어려운 사회 문제들에 해답을 내놓았다. 이 학파는 그후 로마의 법 사상과 그리스도교의 이념에 지속적인 영향을 주었다.

제논과 크리시포스 키프로스 섬 출신의 제논Zeno(BC 336-264)은 BC 4세기 초 아테네에서 스토아파를 창시하였다. 그의 주장은 고전시대의 아테네에서는 깊은 뿌리를 내릴 수 없는 성격의 것이었다. 그러므로 제논 사상은 오히려 헬레니즘 시대에 들어와서 뚜렷하게 형성되기 시작하였다. 제논의 저술이 전혀 남아 있지 않기 때문에 그의 사상에 관해서는 다만 로마측 자료에 의해 알려지고 있을 뿐이다.

제논보다 약 50년 후의 인물인 크리시포스Chrysippos(활동기: BC 3세기)는 스토아파의 제2의 창시자였다. 제논의 후계자 클레안테스Kleanthes(활동기: BC 3세기) 의 제자인 크리시포스는 모든 세속적 욕심과 쾌락에 무관심할 것을 주장하고, 그러한 무관심을 의무에 대한 헌신과 결부시켰다. 지상의 모든 사람은 신의 섭리에 따라 정해진 역할을 갖고 있으며 양심에 비추어 이 역할을 수행해야 한다. 세계질서는 선(善)을 목적으로 하며 현자는 선을 이해해야 하는 것이다.

스토아파의 주장에 따르면 인생의 유일한 목적은 모든 욕심으로부터 해방되는 것이다. 그러므로 스토아파의 철학적 핵심은 에피쿠로스파와 마찬가지로 개인적 복리와 자족(自足)을 추구하는 데 있었다. 그들이 내세운 이념은 정신적 평화를 가로막는 모든 것에서 해방되는 것이었다. 희 · 비 · 애 · 노와 같은 격한 감정, 즐거움과 괴로움, 명예와 같은 세속적 성공, 소유와 같은 물질적 욕심 등에 대한 무관심은 스토아파의 특성이었다.

마르쿠스 아우렐리우스

스토아 사상의 영향 이러한 스토아파의 주장은 회의파를 비롯해 각 방면의 비판을 받았으나 그후 수정과 확대 해석을 통해 의의 있는 사상 체계로 발전하였다. 이성 · 자유 · 자연법 등 스토아파의 관념은 로마 법 사상에 영향을 끼쳤으며, 동시에 그리스도교 신학으로 이어지는 연결 고리를 제공하였다. 대표적인 로마 스토아파로서는 카토Marcus Porcius Cato(BC 95-46), 세네카Seneca(BC 3-AD 65), 마르쿠스 아우렐리우스Marcus Aurelius(AD 121-180) 등이 있었다.

스토아파에 따르면 인간은 이성의 지시에 따라 행위할 때 자유와 평등을 향유할 수 있다. 세계의 질서는 이성의 법을 따르며 이 법(자연법)의 발견은 인간의 의무이다. 이성을 가진 모든 사람은 평등하며 따라서 자연적 불평등은 없다는 것이다.

고대사상의 근간이 된 자유는 스토아 철학에서 사상적인 완성을 보았다. 그들의 사상을 통해 폴리스 중심의 시민적 자유는 헬레니즘의 도덕적 자유로 확대되었다.

과학기술 고전시대의 폴리스에서는 주로 자연철학의 사색(思索)이 주류를 이룬 반면 헬레니즘 세계에서는 과학의 실용적 발달이 추세를 이루었다.

학문의 중심은 이오니아와 그리스 본토에서 동방으로 옮겨졌으며, 이집트의 알렉산드리아가 학문연구의 본거지가 되었다. 프톨레마이오스 왕조의 적극적 지원 아래 문헌학 · 수학 · 천문학 · 의학 등 학문분야의 연구가 매우 활발하게 전개되었다. 엄청나게 많은 서적과 문헌을 소장한 알렉산드리아 도서관이 이를 뒷받침하였다.

천문학의 발달 특히 천문학은 두드러진 발전을 한 분야였다. 몇 백년 동안의 기록을 통해 전수된 바빌로니아 시대의 관측 자료는 그리스인의 이론적 연구의 기초가 되었다.

아리스타르코스Aristarchos(BC 284-264)는 월식(月蝕) 관측을 기초로 한 기하학적 계산에 따라 지구보다 태양이 3백 배 정도 크다는 결론에 도달하였다. 그는 또한 태양을 중심으로 지구가 그 주위를 원 운동한다는 이른바 지동설을 주장하였다. 그러나 그의 설은 망원경이 없던 시대의 상식에 호소하는 천동설을 뒤엎지 못하였다.

히파르코스Hipparchos(BC 160-125)는 주전원(周轉圓:epicycle) 이론을 제시하여 천체현상에 관한 해답을 얻었으며, 일식과 월식을 예측할 수 있었다. 그는 지구 · 달 · 태양 사이의 상호거리를 측정하고 1개월과 1년의 계산도 하였다. 805개의 항성(恒星)을 기록한 그는 고대의 가장 위대한 천문학자이자 수학자 중 한 사람이었다. 그의 업적은 AD2세기의 프톨레마이오스 Claudius Ptolemaeus에 의해 더 종합적으로 체계화되었다.

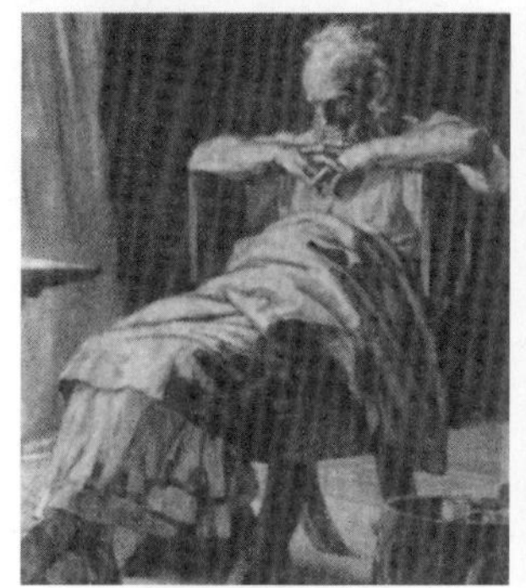
아르키메데스

기하학 기하학에서는 유클리데스와 아르키메데스Archimedes(BC 287-212)의 이름이 지적될 수 있다. 알렉산드리아 출신인 유클리데스는 앞선 여러 학자들의 업적을 수집하고, 여기에 자기 자신의 명제를 첨가하여 이른바 평면 기하학을 대성하였다. 3차원 공간을 전제로 하는 그의 기하학은 거의 그대로 19세기 유럽 기하학에까지 직접적인 영향을 미쳤다. 특히 그의 『기하학 원리』(13권)는 사회과학자들의 사고에 영향을 미쳤다.

남이탈리아의 시라쿠사이 출신인 아르키메데스는 기하학자였을 뿐 아니라 기하학적 원리를 다른 과학분야에까지 적용시킨 학자였다. 그는 목욕 중에 비중(比重) 개념을 착상했으며(아르키메데스의 원리) 또한 π의 값을 계산하였다. 그는 역학 · 수력학(水力學) · 기계공학 · 전쟁공학 등 응용분야에 정통하였다. 시라쿠사이인은 그의 과학 지식을 응용하여 로마인의 공격에 3년 동안 저항할 수 있었다고 전해지고 있다.

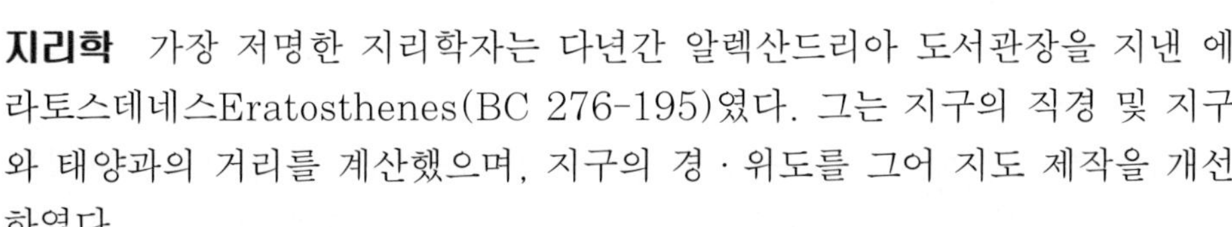
지리학 가장 저명한 지리학자는 다년간 알렉산드리아 도서관장을 지낸 에라토스데네스Eratosthenes(BC 276-195)였다. 그는 지구의 직경 및 지구와 태양과의 거리를 계산했으며, 지구의 경 · 위도를 그어 지도 제작을 개선하였다.

히포크라테스

의학 '의학의 아버지'로 불리는 히포크라테스Hippocrates(BC 460-377)의 생애는 상세히 전해지지 않고 있다. 그는 기하학자인 키오스(Chios)의 히포크라테스와는 다른 인물이다.

히포크라테스는 관찰과 실험에 의한 귀납적 방법에 의존하였다. 골격과 근육과의 관계를 논한 의학논문을 쓴 그는, 인체구성의 4원소를 흙 · 불 · 물 · 공기라 보는 한편 인체가 피 · 점액(粘液) · 황담즙 · 흑담즙 등 네 가지 액체로 되어 있다고 생각하였다. 다만, 신경계통에 관해서는 전혀 알지 못하였다. 그는 의사의 윤리를 말하는 '히포크라테스의 서약'을 착상했다고 한다. 모두 87개 논문으로 된 이른바 『히포크라테스 논문집』을 낸 것으로 전해지고 있으나 남아 있지 않다.

히포크라테스의 업적을 계승한 헤로필로스Herophilos(활동기: BC 300)는 인체해부를 통해 많은 중요한 발견을 하였다. 인체의 각 기관의 기능을 연구한 그의 제자 에라시스트라토스Erasistratos(활동기: BC 3세기)는 생리학의 원조로 알려지고 있다.

(왼쪽)사모트라케의 니케(BC 3세기경)
(가운데)라오콘 군상(BC 1세기경)
(오른쪽)부부의 초상(폼페이 유적의 회화, AD 1세기)

미술 헬레니즘 시대의 건축은 고전시대의 신전으로부터 왕궁 · 극장 · 도서관 · 개인저택 등으로 바뀌게 되었다. 고전시대 건축보다 더 세련되고 규모가 커진 헬레니즘 건축에서 후의 로마 건축이 갖는 웅장한 아름다움이 이미 나타나기 시작하였다.

잔존해 있는 고대 조각 가운데 헬레니즘 조각품은 고전시대 작품보다 월등히 많다. 조화와 균형을 표현한 고전적 작품 양식은 헬레니즘 시대에 와서 격정과 극적 효과를 나타내는 기법으로 바뀌었다. 인체의 세부나 운동은 더 사실적으로 표현되고 성격이나 감정은 더 정밀하게 묘사되었다.

그러나 정신과 육체의 조화라는 고전적 관념은 사라지고 숭고한 육체의 이상적인 아름다움은 현란한 관능미(官能美)로 바뀌었다. 한마디로 고전 시대의 이상주의는 리얼리즘으로 전환되었다. 헬레니즘은 그리스 조각의 완성기이며 동시에 퇴락기(頹落期)였다.

헬레니즘의 조각 가운데 「라오콘Laocoon」, 「밀로의 비너스」, 「사모트라케의 니케」 등은 대표적인 것들이다. 헬레니즘 시대의 회화는 거의 남아 있지 않으며 다만 폼페이Pompeii 시의 유적에서 추측될 수 있을 뿐이다. 제도술(製陶術)에 관해서는 2만 이상의 작품이 남아 있어 도기(keramikos)를 통한 공예의 발달을 알 수 있다. 채색된 크고 작은 병이나 항아리, 도제소상(陶製小像: terra-cotta)이 발굴 출토되었으며, 그 가운데서도 보에오티아의 소도시에서 발견된 타나그라Tanagra 인형은 퍽 흥미롭다.

■ 더 참고할 책 ■

제3장 고대 그리스 문명

Andrewes, Antony, *The Greeks* (Penguin). 국역 『고대 그리스 사』(1991).

De Burgh, W. G., *The Legacy of the Ancient World* (Penguin).

Dickinson, G. Lowes, *The Greek View of Life* (Collier).

Dodds, E. R., *The Greeks and the Irrational* (Mentor).

Fine, John V. A., *The Ancient Greeks: A Critical History* (1983).

Hamilton, Edith, *The Greek Way to Western Civilization* (Mentor).

Hammond, M. G. L., *A History of Greece to 322 BC*, 3rd ed. (1986).

Robinson, Cyril E., *Hellas: A Short History of Ancient Greece* (Beacon).

Toynbee, A. J., ed., *Greek Civilization and Character* (Mentor).

▶ 자료

Auden, W. H., ed., *The Portable Greek Reader.*

Kagan, Donald, ed., *Problems in Ancient History: The Ancient Near East and Greece.*

1. 폴리스의 발전

Andrewes, Antony, *The Greek Tyrants* (Phoenix).

Boardman, John, *The Greeks Overseas*, rev. ed. (Penguin).

Burn, A. R., *The Lyric Age of Greece* (Penguin).

Ehrenberg, Victor, *The Greek State* (Norton). 국역 『그리스 국가』 (1991).

Finley, M. I., *The Ancient Greeks* (Penguin).

Forrest, W. G., *The Emergence of Greek Democracy, 800-400 BC* (McGraw-Hill).

Freeman, Kathleen, *Greek City-States* (Norton).

Garlan, Yvon, *Slavery in Ancient Greece*, tr. by Janet Lloyd (1988).

Garland, Robert, *The Greek Way of Life: From Conception to Old Age* (1990).

Grant, Michael, *The Rise of the Greeks* (1988).

Kitto, H. D. F., *The Greeks* (Penguin).

Murray, Oswyn, *Early Greece* (1980).

Osborne, Robin, *Classical Landscape with Figures: The Ancient Greek City and Its Countryside* (1987).

Rostovtzeff, M. I., *Greece* (Galaxy).

Sealey, Raphael, *A History of the Greek City States: 700-338 BC* (Campus).

Wood, Ellen Meiksins, *Peasant-Citizen and Slave: The Foundations of Athenian Democracy*, rev. ed. (1989).

송문현 "아리스토텔레스의 노예론" 『부대사학』:8 (1984).

조남진 "고대 노예제의 이론과 humanitas" 『호서사학』:10 (1984).

조용훈 「고전기 그리스 노예제 연구」(단국대 석사학위논문, 1990).

최자영 『고대 아테네 정치제도사』(1996).

▶ 자료

Aristoteles, *Constitution of the Athenians.* 국역 『아테네의 국법』.

Airstoteles, *Politics.* 국역 『정치학』.

Hesiod, *Works and Days.*

Homer, *The Iliad,* tr. by Robert Fagles.

Homer, *The Odyssey,* tr. by Robert Fagles.

2. 아테네

Agard, Walter, *What Democracy Meant to the Greeks* (Wisconsin).

Andrewes, *Antony, The Greek Tyrants* (Torchbooks).

Bowra, C. M., *The Greek Experience* (Anchor).

Burford, Alison, *Land and Labor in the Greek World* (1993).

Cantarella, Eva, *Pandora's Daughters: The Role and Status of Women in Greek and Roman Antiquity,* tr. Maureen B. Fant (1987).

Davies, J. K., *Democracy and Classical Greece,* 2nd ed. (1993).

Dickinson, G. L., *The Greek View of Life,* 2nd ed. (Collier).

Ehrenberg, Victor, *From Solon to Socrates* (Barnes & Noble).

Fantham, Elaine, et al., *Women in the Classical World* (1994).

Freeman, K., *Life and Work of Solon* (Arno).

Frost, Frank, *Greek Society,* 2nd ed. (Heath).

Golden, Mark, *Children and Childhood in Classical Athens* (1990).

Just, Roger, *Women in Athenian Law and Life* (1989).

Kagan, Donald, *Pericles of Athens and the Birth of Democracy* (1991).

Keuls, Eva C., *The Reign of the Phallus,* 2nd ed. (1993).

Lacey, W. K., *The Family in Classical Greece* (1984).

Marrou, H. I., *A History of Education in Antiquity* (Mentor).

Pemeroy, Sarah B., *Families in Classical and Hellenistic Greece* (1996).

Sansone, David, *Greek Athletics and the Genesis of Sport* (1988).

Sinclair, R. K., *Democracy and Participation in Athens* (1988).

Stockton, D. L., *The Classical Athenian Democracy* (1990).

Woodhouse, W. J., *Solon the Liberator* (Octagon).

문혜경 "Euripides 비극에 나타난 여성상" 『서양고대사연구』:4 (1996).

신선희 "BC 451/0년 페리클레스의 시민권법 제정 동기" 『서양고대사연구』:4 (1996).

최자영 「고대 아테네의 아레오파고스」(경북대 박사학위논문, 1991).

▶ 자료

Aristotle, *Constitution of Athens,* tr. by P.

J. Rhodes.

Lefkowitz, Mary, and Maureen B. Fant, *Women's Life in Greece and Rome: A Source Book in Translation.*

Meiggs, Russell, and David Lewis, eds., *A Selection of Greek Historical Inscriptions to the End of the Fifth Century BC.*

Plutarch, *The Rise and Fall of Athens, tr. Ian Scott-Kilvert.*

Xenophon, tr. by E. C. Marchant.

3. 스파르타

Fitzhardinge, L. F., *The Spartans* (1980).

Forrest, W. G., *History of Sparta, 950-152 BC,* 2nd ed. (1980).

Garlan, Yvon, *Slavery in Ancient Greece,* rev. ed. (1988).

Hooker, J. T., *The Ancient Spartans*(1980).

Lazenby, J. F., *The Spartan Army* (1985).

Mitchell, H., *Sparta* (Cambridge).

Pomeroy, Sarah B., *Goddesses, Whores, Wives, and Slaves: Women in Classical Antiquity* (1995).

▶ 자료

Xenophon, *Constitution of the Lacedaemonians.*

4. 그리스의 전성과 쇠퇴

Burn, A. R., *Persia and the Greeks: the Defense of the West, c. 546-478 BC,* 2nd ed. (1984).

Burn, A. R., *Pericles and Athens* (Collier).

Hansen, Mogens Herman, *The Athenian Democrary in the Age of Demosthenes: Structure, Principles and Ideology* (1991).

Hornblower, Simon, *The Greek World, 479-323 BC* (1983).

McGregor, Malcolm F., *The Athenians and Their Empire* (1987).

Morrison, J. S., and J. F. Coates, *The Athenian Trireme: The History and Reconstruction of an Ancient Greek Warship* (1986).

Rhodes, P. J., *The Athenian Empire* (1985).

Zimmer, A. E., *The Greek Commonwealth: Politics and Economics in Fifth-Century Athens,* 5th ed. rev. (Galaxy).

김봉철 "전 367-6년의 평화실패와 그리스인-페르시아 인의 관계" 『서양사론』:43 (1994).

김정수 "페리클레스와 그의 정치적 경력" 『인문과학』:51 (1984).

김정수 "데마고고이와 아데나이의 패망" 『인문과학』:52 (1984).

김혜자 "Delos동맹기간(BC 418-404)의 아테네와 그 동맹국과의 관계" 『전북사학』:6 (1982).

김혜자 "Pericles와 Thetes의 정치적 관계" 『전북사학』:7 (1983).

송문현 "헥테모로이와 토지보유의 형태" 『서양고대사연구』:1 (1993).

윤진 "헬레니즘 세계에 있어 세력균형과 스파르타—이집트와의 관계를 중심으로-"『서양고대사연구』: 4 (1996).

이광신 「펠로폰네소스전쟁과 약소국」(성균관대 석사학위논문, 1984).

▶ 자료

Herodotos, *The Histories*, tr. by Aubrey de Séincourt, new ed.

Hill, G. F., *Sources for Greek History between the Persian and Peloponnesian Wars*, 2nd ed. rev. by R. Meiggs and A. Andrewes.

Thudydides, *The Landmark Thucydides*, ed. by Robert B. Strassler.

Thucydides, *The Peloponnesian War*, tr. by Rex Warner.

Xenophon, *Memorabilia*.

5. 그리스의 사상과 문화

Austin, N., *Greek Historians* (Van Nostrand).

Baldry, H. C., *The Greek Tragic Theater* (Penguin).

Barker, Ernest, *The Political Thought of Plato and Aristotle* (Dover).

Barker, Ernest, *Greek Political Theory* (University).

Beye, C., *Ancient Greek Literature and Society*, 2nd ed. rev. (Anchor).

Boardman, John, *Greek Art*, 4th ed. (1996).

Boardman, John, et al., eds., *The Oxford History of the Classical World* (1986).

Brown, Truesdell S., *The Greek Historians* (Heath).

Brehier, E., *The Hellenic Age* (Phoenix).

Burkert, Walter, *Greek Religion: Archaic and Classical*, tr. John Raffan (1985).

Burkert, Walter, *The Orientalizing Revolution* (1992).

Burnet, John, *Early Greek Philosophy* (Meridian).

Bury, J. B., *The Greek Historians* (Dover).

Carpenter, Rhys, *The Esthetic Basis of Greek Art* (Midland).

Clagett, M., *Greek Science in Antiquity* (Collier).

Cornford, F. M., *The Origins of Attic Comedy* (Anchor).

Cornford, F. M., *Before and After Socrates* (Cambridge).

Cornford, F. M., *From Religion to Philosophy: A Study in the Origins of Western Speculation* (Torchbooks).

Farrington, Benjamin, *Greek Science: Its Meaning for Us*, rev. ed. (Penguin).

Finley, M. I., *Aspects of Antiquity* (Penguin).

Finley, M. I., and H. W. Pleket, *The Olympic Games: The First Thousand Years* (1976).

Graves, Robert, *The Greek Myths*, 2 vols. (Penguin).

Grube, G. M. A., *Plato's Thought* (Beacon).

Guthrie, W. K. C., *The Greek Philosophers: From Thales to Aristotle* (Torchbooks).

Hamilton, Edith, *Mythology* (Mentor).

Hamilton, Edith, *The Echo of Greece* (Norton Library).

Hadas, M., *A History of Greek Literature* (Columbia).

Hart, John, *Herodotus and Greek History* (Croom Helm).

Jaeger, Werner, *Aristotle* (Oxford).

Kirk, G. S. and J. E. Raven, *The Presocratic Philosophers* (Cambridge).

Kirk, G. S., and J. E. Raven, *The Pre-Socratic Philosophers* (Cambridge).

Kirk, G. S., *Homer and Epic* (Cambridge).

Kitto, H. D. F., Greek Tragedy. *A Literary Study* (Anchor).

Lawrence, A. W., *Greek Architecture*, 3rd ed. (Penguin).

Lesky, A., *A History of Greek Literature* (Crowell).

Levy, Peter, *A History of Greek Literature* (1985).

Murray, G., *Five Stages of Greek Religion* (Mentor).

Nilsson, M. P., *Greek Folk Religion* (Torchbooks).

Parker, Robert, *Miasma: Pollution and Purification in Early Greek Religion* (1990).

Pollitt, J. J., *Art and Experience in Classical Greece* (Cambridge).

Rankin, H. D., *Sophists, Socratics, and Cynics* (1983).

de Romilly, Jacqueline, *A Short History Greek Literature*, tr. Lillian Doherty (1985).

Rowe, C. J., *Plato* (1984).

Snell, Bruno, *The Discovery of the Mind: The Greek Origins of European Thought* (Torchbooks).

Ross, W. D., *Aristotle* (Meridian).

Taylor, A. E., *Socrates* (Anchor).

Thompson, Norma, *Herodotus and the Origins of the Political Community* (1996).

Travlos, John, *Pictorial Dictionary of Ancient Athens* (1980).

Vatai, Frank Leslie, *Intellectuals in Politics in the Greek World: From Early Times to the Hellenistic Age* (1984).

Vernat, Jean-Pierre, *The Origins of Greek Thought* (1982).

Vlastos, Gregory, *Socrates: Ironist and Moral Philosopher* (1991).

White, K. D., *Greek and Roman Technology* (1984).

Zeller, Eduard, *Outlines of the History of Greek Philosophy* (Meridian).

기종석 "플라톤에 있어서 가설의 문제:『파이돈』편을 중심으로" 『건국대 인문과학논총』:16 (1984).

김진경 "그리스 비극의 제우스—비극과 종교 서설" 『서양사론』:44 (1994).

백경옥 "Orpheus 종교의 Dike: 그 사회적 의의" 『대구사학』:23 (1983).

송기철 "Herodotos 사학의 연구" 『전북사학』:6 (1982).

송기철 "Thukydides 사학에 대한 연구" 『전북사학』:8 (1984).

송문현 "아리스토텔레스의 노예론" 『부대사학』:8 (1984).

윤석원 "Kouros 상의 양식적 특질에 관한 연구" 『청주사대논문집』:10 (1981).

이영구 "투키디데스의 심리사관에 대한 일고찰" 『부대사학』:9 (1984).

이정호 "플라톤의 대화편 폴리테이아 I의 분석" 『서울대 철학논고』:12 (1984).

조만진 "플라톤의 Menon 편에 대한 분석" 『동의논집』:9 (1984).

홍종률 "플라톤의 철인국가에 대한 연구" 『대림공전논문집』:6 (1984).

▶ **자료**

Adams, Francis, *The Genuine Works of Hippocrates.*

Aristotle, *The Athenian Constitution,* tr. by P. J. Rhodes.

Cohen, M. R., and I. E. Drabkin, eds., *Source Book in Greek Science.*

Chadwick, J., and W. N. Mann, trs., *Hippocratic Writings.*

Finley, M. I., ed., *The Greek Historians.*

Grant, Michael, ed., *Greek Literature: An Anthology in Translation.*

Grene, David, and Richmond Lattimore, eds., *The Complete Greek Tragedies,* 9 vols.

Higham, T. F., and C. M. Bowra, eds., *The Oxford Book of Greek Verse in Translation.*

Homer, *The Iliad,* tr. by W. H. D. Rouse.

Jowett, Benjamin, *The Dialogues of Plato,* rev. D. J. Allan and H. E. Dale, 4 vols.

MaKeon, R., ed., *Introduction to Aristotle.*

Oates, W. J., and Eugene O'Neill, Jr., ed.,*The Complete Greek Drama,* 2 vols.

Plato, *The Last Days of Socrates,* tr. Hugh Tredennick.

Plato, *Republic,* tr. by Desmond Lee.

Ross, W. D., ed. *The Works of Aristotle.*

Sophocles, *The Three Theban Plays,* tr. by E. F. Watling.

Tod, M. N., *Greek Historical Inscriptions.*

Toynbee, A. J., *Greek Historical Thought.*

6. 헬레니즘의 세계

Borra, E. N., *The Impact of Alexander the Great* (Dryden).

Bosworth, A. B., *Conquest and Empire: The Reign of Alexander the Great* (1988).

Bury, J. B. et al.., *The Hellenistic Age* (Norton).

Errington, R. Malcolm, *A History of Macedonia,* tr. by Catherine Errington (1990).

Ferguson, John, *The Heritage of Hellenism: The Greek World from 323 to 31 BC* (Harcourt Brace Janovich).

Finley, M. I., *The Ancient Economy,* 2nd ed. (1985).

Forster, E. M., *Alexandria* (Doubleday).

Grant, F. C., *Hellenistic Religions : The Age of Syncretism* (Bobbs-Merrill).

Grant, Michael, *From Alexander to Cleopatra: The Hellenistic World* (1982).

Green, Peter, *Alexander to Actium: The Historical Evolution of the Hellenistic Age* (1990).

Green, Peter, *Alexander of Macedon* (1991).

Hamilton. J. R., *Alexander the Great* (Penguin).

Lewis, Naphtali, *Greeks in Ptolemaic Egypt* (1986).

Long, A. A., *Hellenistic Philosophy: Stoics, Epicureans, Sceptics*, 2nd ed. (1986).

Peters, F. E., *The Harvest of Hellenism* (Torchbooks).

Pomeroy, Sarah B., *Women in Hellenistic Egypt* (1989).

Sandbach, F. H., *The Stoics* (Penguin).

Tarn, W. W., *Alexander the Great* (Beacon).

Tarn, W. W. and G. T. Griffith, *Hellenistic Civilization*, rev. 3rd cd. (Meridian).

Walbank, F. W., *The Hellenistic World* (1982).

Welles, C. B., *Alexander and the Hellenistic World* (Norton).

White, K. D., *Greek and Roman Technology* (1984).

Wilcken, U., *Alexander the Great* (Dial).

▶ 자료

Arrian, *The Campaigns of Alexander the Great*, tr. by Aubrey de Sélincourt.

Austin, M. M., *The Hellenistic World from Alexander to the Roman Conquest: A Selection of Ancient Sources in Translation*.

Bagnall, R. S., and P. Derow, *Greek Historical Documents: The Hellenistic Period*.

※더 참고할 책의 최신 목록은 〈blog.daum.net/chasworldhistory〉 참조

제 4 장

로마와 지중해 세계

AD 320년경 로마시(복원도)

주 요 연 대

BC	
753	로마의 건국(제1회 올림피아: BC 766; 남이탈리아에 대한 그리스 식민:BC 760)
509	로마 공화정의 성립(클레이스테네스의 개혁: BC 508)
449	12표 법(BC 421-404: 펠로폰네소스 전쟁)
367	리키니우스-섹스티우스 법
334-323	알렉산드로스 대왕의 동방원정
287	호르텐시우스 법
272	로마의 이탈리아 반도 통일
264-241	제1차 포에니 전쟁(파르티아 왕국,BC 248-226; 박트리아 왕국, BC 247-139)
218-201	제2차 포에니 전쟁
149-146	제3차 포에니 전쟁, 마케도니아 로마의 속주가 됨
133-121	그라쿠스 형제의 개혁
83-80	술라의 개혁
67	폼페이우스 득세; 베르길리우스(BC 70-AD 19), 호라티우스(BC 65-AD 8)
61	제1차 삼두정치(Caesar, Pompeius, Crassus)
46	카에사르의 독재(카에사르 암살: BC 44)
43	제2차 삼두정치(Octavianus, Lepidus, Antonius)
31	악티움 해전, 로마 이집트 정복(BC 30)
27	로마 제정의 성립, 아우구스투스 대제(BC 27-AD 14)

AD	
29	예수 그리스도의 십자가형
34-60	성 바우로의 선교활동
64	네로 황제, 그리스도교도 박해, 역사가 타키투스(55?-117)
98-180	5현제(賢帝) 시대
117-138	하드리아누스 황제
161-180	마르쿠스 아우렐리우스 황제
193-284	군인황제 시대
212	전자유민에게 시민권 부여(페르시아의 사산 왕조: 226-651)
235-284	로마제국 붕괴
284-305	디오클레티아누스 황제
313	그리스도교 공인(밀라노 칙령), 콘스탄티누스 대제(306-337)
325	니카에아 공의회(중국 5胡16國 시대: 317-439), (인도 굽타 왕조: 321-550)
330	로마제국의 수도 콘스탄티노플로 옮김
375	서고트족 도나우강 이남으로 이동; 민족대이동 시작
391	그리스도교 로마의 국교가 됨(테오도시우스 황제, 379-395)
395	동서 로마제국의 분열(法顯 인도로 출발: 359)
410	서고트족의 로마 약탈; 서고트 왕국(418-711)
425-430	아우구스티누스의 『신국론』
452	훈족 이탈리아 침입
476	오도아케르 서로마 황제 폐위시킴, 서로마제국 멸망

'고대사의 호수' 라 일컬어지는 로마는 고전 고대의 모든 문화적 성과를 종합한 시대였다. 이 점에서 역사상 어느 나라보다도 로마는 독특한 역사적 위상을 차지하고 있다고 볼 수 있다. 로마는 고대 동방, 이집트 및 그 밖에 소아시아의 여러 민족의 문화, 특히 독창성이 높은 그리스 문화를 계승하여 '하나의 서양문명권' 으로 통합하는 중요한 역사적 역할을 하였다.

로마인은 탁월한 조직력을 발휘하여 그리스 고전문화와 헬레니즘 보편문화를 보존했을 뿐 아니라 고전문명을 새로운 차원으로 발전시켜 후진 지역에 전파하였다. 로마인의 조직력이 없었다면 고전문명의 생명은 지속되지 못했을 것이다.

그러나 로마는 단순히 문화 매개의 역할만을 한 것은 아니었다. 로마의 자연법 사상과 그리스도교는 후대 서양문명의 가장 중요한 양대 요소가 되었다. 로마법은 로마시민을 위한 시민법으로부터 시작되었으나 결국은 지역과 민족을 초월한 보편적인 자연법으로 발전하여 자유와 평등을 뿌리내리게 하는 인류사회의 지적 기반이 되었다. 그리스도교는 로마의 국교로 인정되기까지 박해와 순교를 거듭했으나 끝내는 전지중해 세계를 지배하는 종교로 성장하였다. 로마 멸망 후 그리스도교는 유럽세계의 혼란 속에서 영도력을 발휘하여 정신적으로 유럽을 통합할 수 있었다.

로마는 하루 아침에 이루어지지 않았다는 말이 있다. 로마사는 BC 8세기 중반부터 AD 5세기 후반까지 약 13세기의 오랜 기간에 걸쳐 전개되었다. 로마의 국가 형성과 문화 발전은 이와 같이 서서히 진행되었다. 로마 정치사는 크게 둘로 나누어질 수 있다. 즉, BC 6세기말 공화제 수립부터 AD 1세기말 아우구스투스에 이르기까지의 시기와 그 이후 AD 5세기 서로마제국 멸망까지의 시기이다.

로마제국은 이른바 '로마의 평화' 시대가 끝난 AD 2세기말부터 점차 쇠퇴의 길로 들어섰다. 군대가 정치를 좌우하게 되면서 정치적 혼란이 왔다. 더욱이 3세기 중반부터 시작된 게르만 민족 이동은 로마제국을 멸망케 하는 결정적 원인이 되었다. 콘스탄티누스 대제는 체제안정을 위한 노력을 기울였으나 일단 무너지기 시작한 로마제국의 국세(國勢)를 다시 일으키기는 어려웠다. 476년 서로마제국 최후의 황제가 폐위되자 서양의 고전문명 내지 지중해 세계의 시대는, 적어도 정치적인 면에서는 막을 내리게 되었다.

1. 왕정시대의 정치와 사회

이탈리아 반도는 지중해 세계의 중심에 위치해 있다. 반도의 넓이는 30만 km^2로 고대 그리스에 비해 약 5배 넓고 한반도(22만 km^2)의 1.5배에 해당한다. 기후는 대체로 온화하고 농업생산에 적합하다. 로마가 지중해 세계의 지배 세력으로 대두한 것은 이탈리아 반도의 지리적 요인과 인적 자원이 합쳐진 결과였다. 이탈리아 반도에서는 생산적인 농지, 중요한 광물자원 및 양질의 목재가 생산되었다. 반도의 남북을 관통하는 아페닌 산맥(Appenines)이 솟아있으나 정치적 통일에는 큰 장애가 되지 않았다. 반도의 허리를 가로질러 서남으로 테베레Tiberis; Tiber강이 흐르는데 바로 이 지역 일대가 고대 로마 문화의 발상지(發祥地)가 되었다.

로마 건국 신화

그리스 여신 아프로디테(로마의 비너스)의 아들 아에네아스Aeneas는 트로이 전쟁 후 라티움의 테베레강에 도달하였다. 당시 라우렌툼Laurentum 왕 라티누스Latinus는 머물러 살 것을 허락하였다. 왕은 딸 라트비아Latvia를 아에네아스와 결혼시키려고 했는데 당시 루툴리 왕 유르누스Jurnus는 라트비아를 사랑하고 있었으므로 아에네아스에게 싸움을 걸었다. 아에네아스는 에트루리아인의 도움을 받아 유르누스를 패퇴시키고 라티니움Latinium 시를 건설하였다. 그의 후손은 알바Alba에 도시를 건설하여 이후 300년간 이 지방에 군림하게 되었다.

알바 왕 프로카스Procas에 이르러 형제 사이에 반목이 일어났다. 아물리우스Amulius는 형 누미토르Numitor를 쫓아내고 왕위를 찬탈하였다. 그리고 뒷날의 걱정거리를 없애기 위해 누미토르의 아들을 살해하고 외딸 실비아Rhea Silvia를 베스타Vesta 신전의 여사제로 만들어 누미토르의 가계를 단절시키고자 하였다.

늑대의 젖을 먹고 있는 로물루스와 레무스

실비아는 어느 날 숲 속에 갔다가 갑자기 늑대가 나타나 동굴 속으로 피신했는데 이 때 전쟁신 마르스Mars와 교합하게 되었고 결국 쌍둥이를 출산하였다. 그러자 아물리우스는 크게 노하여 실비아와 쌍둥이를 죽이려 강에 던졌다. 이 때 강의 신은 물에 빠진 실비아를 자기 아내로 삼고 두 아이를 살렸다. 그는 테베레 강물이 불어나게 해서 쌍둥이를 실은 광주리를 밀어 올려 무화과나무 위에 걸리게 만들었다. 그 후 암늑대 파우스툴루스Faustulus가 이 두 아이를 살려서 젖을 먹여 키웠다. 로물루스Romulus와 레무스Remus란 이름의 두 아이는 팔라티누스Palatinus 언덕 위에서 잘 자라났으며 힘과 용기가 남달리 뛰어나 사람들의 신망을 얻었다.

마침내 자신의 신분을 알게 된 로물루스는 사람들을 거느리고 알바로 쳐들어가 왕 아물리우스를 공격하여 외조부 누미토르를 복위시켰다. 그 후 로물루스는 도시건설을 둘러싸고 레무스와 의견 충돌을 일으켰고 싸움이 났다. 그는 마침내 동생 레무스를 물리치고 로마시를 창건하여 제1대 왕이 되었다.

BC 8세기에 로마는 반도 중부 라티움Latium 지방의 테베레강 동쪽에 도시국가를 형성하여 서서히 발전하였다. 로마인은 국가적 기반을 탄탄하게 다지기 위해 주변 이민족과 끊임없이 싸우지 않으면 안 되었다.

A. 로마의 건국

알프스 산맥은 이탈리아 반도에 높은 울타리를 치고 있으나 북쪽으로부터의 침입을 완전히 가로막는 장애물이 되지는 못하였다. 구석기 시대 이래 여러 민족이 이탈리아 반도로 들어온 흔적이 여러 곳에서 발견되었다. 신석기시대에서 청동기시대에 이르는 시대의 유물들이 풍부하게 발굴되는 점으로 미루어 오랜 기간에 걸쳐 여러 민족이 이탈리아 반도에 들어와 생활했다고 추정된다.

BC 2000년경 인도-유럽계 민족이 중앙 유럽 혹은 도나우강 계곡을 거쳐 이탈리아로 이동하였다. 청동기 문화를 가진 이 민족은 말을 이용하고 또 농사를 지었다(Terramara 문화). 두 번째의 민족이동은 BC 1100-800년의 철기시대 초기에 있었다. 라틴족은 이 시기에 테베레강 남쪽 강가에 정착하였다(Vilanova 문화).

한편 BC 10세기 전후에 동쪽 지중해 연안에서 왔으리라 추측되는 에트루리아 민족이 BC 800년대에 세 번째로 이탈리아 반도로 들어왔다. 그들의 금속문화는 매우 진보된 것이었으며 석관(sarcophagus) 장법(葬法)과 석굴 묘벽화가 매우 발달되었다. 에트루리아인은 중앙 이탈리아 서북 지역을 점거했으며 BC 8세기에 라티움 일대까지 지배하게 되었다.

거의 같은 시기에 이탈리아 반도 남쪽에는 그리스와 페니키아가 세운 식민

에트루리아인의 석관묘: 석관의 외부에는 죽은 부부의 모습을 새겼으며 이 안에 시체를 안치하였다.

지들이 있었다. BC 7세기초 그리스인이 세운 '대(大) 그리스'(Magna Graecia)는 이탈리아 반도 남쪽 타렌툼Tarentum과 시칠리아 섬의 시라쿠사이Syracusai를 중심으로 그리스 본토의 고도로 발전된 문화를 전파시키는 역할을 하였다.

시칠리아 남쪽 지중해 건너 아프리카 북부에는 페니키아 식민시 카르타고 Carthago; Carthage가 있었다. 로마에서는 카르타고 사람들을 포에니 Poeni인(Punicus)이라 불렀다. 이 때문에 후일 로마와 카르타고의 전쟁을 '포에니 전쟁'이라 부르게 되었다.

로마 건국 로마시의 창건에 관해서는 전설과 신화 이외에는 정확한 사료가 없고 베르길리우스의 서사시 「아에네아스」(*Aeneas*)가 건국 설화(說話)의 주요 원천이다. 그러나 리비우스Livius(BC 59-AD 17), 그리스 출신의 디오도루스Diodoros Siculos(BC 90-30)와 디오니시우스Dionysios Halicarnassos(BC 60-7) 등 고대사가들에 의한 로마 건국 설화는 정확한 것이라고 단정할 수 없다. BC 300년 전의 로마사에 대한 보충자료로는 민담이나 전설이 있을 뿐이며, 초기 로마사에 관련된 자료는 거의 없고, 있다 해도 거기에는 단편적이며 사실과 허구가 섞여 있다.

로마시의 발상지인 라티움의 농민은 작은 마을들을 이루고, 서로간에 정치

신에게 재물을 바치고 있는 아에네아스: 「아라 파치스」(BC 13-9)

적인 유대는 없었으나 유피테르Jupiter를 공동신으로 숭배하고 있었다. BC 600년경 로마는 일곱 개의 언덕을 중심으로 왕이 다스리는 하나의 도시국가로 발전하였다.

초기 로마의 정치제도, 무역 및 산업과 같은 경제, 문화와 종교는 북방의 에트루리아의 영향을 많이 받았다. 로마인은 에트루리아 문자를 본떠 라틴 문자를 발달시켰을 뿐 아니라, 신전이나 공공건물을 지을 때에도 에트루리아의 건축과 장식을 모델로 하였다. 초기의 종교 의식 역시 에트루리아의 관습을 도입한 것이었다.

B. 정치와 사회

초기 로마의 왕(rex)은 비록 군사 · 사법 · 종교의 최고권한(imperium)을 가지고 있었으나 대체로 관습법(mos)의 제약을 받았다. 예컨대 귀족 3백 명으로 구성된 원로원(Senatus)은 왕의 관습법 위반 여부를 가려내 왕에게 처벌을 내릴 수도 있었다.

로마 시민의 대부분을 이루고 있는 자유민은 두 개의 회의체, 즉 쿠리아curia회와 켄투리아centuria회에서 정치적 발언을 할 권리를 가지고 있었다. 가장 오랜 회의체는 시민 총회라 할 쿠리아회(Comitia Curiata)였다.

로마의 민회(民會: Populus Romanus)에는 실권이 없었다. 다만 행정관

초기 로마사의 역사적 신빙성

다른 고대국가의 경우와 마찬가지로 로마의 역사도 사실을 입증하는 사료가 매우 부족하다. 최초의 로마 기록은 BC 240년의 나에비우스Naevius와 엔니우스Ennius의 서사시에 나타났다. 그리고 최초의 로마사에 관한 서술은 BC 2세기 픽토르Fabius Pictor의 저술에 보인다. 그러나 이것조차 전래되지 않고 단지 단편적인 인용문으로만 남아 있을 뿐이다.

가장 의존할 만한 최초의 주목할 만한 역사서술은 리비우스Titus Livius에 의한 것이다. 그는 로마의 시작부터 AD 9년까지의 로마사를 142권으로 썼다. 그 중 1-10권 및 21-45권만 남아있으며 그 밖에 몇몇 단편적인 부분이 있다. 카에사르 시대의 디오도루스Diodoros가 있었으나 역시 그의 역사서술도 전해지지 않고 있다. BC 1세기의 수사가이며 역사가 디오니시우스 Dionysios Halicarnassos는 『고대 로마』 20권을 저술하여 로마의 시작부터 포에니 전쟁까지의 로마사를 기술하였다. 그 후 카시우스 Cassius dio Cocceianus(c. 155-230)가 쓴 『로마사』의 일부가 남아있는데 이것은 로마의 기원에서부터 AD 229년까지의 역사이다.

발렌스Valens(364-378) 황제시대에 생존한 에우트로피우스Eutropius는 『로마사 요람』을 썼으나 전적으로 전래하는 이야기에 입각해 쓴 것이었다.

대체로 초기의 로마사 저술은 지나치게 신화나 전설에 의존하였다. 19세기의 몸젠은 그의 『로마사』에서 설화에 대해 전혀 언급하지 않았다. 그러나 20세기에 이르러 전승설화에도 역사적 진실이 있다는 주장이 나왔다.

의 임명이나 전쟁에 관한 인준권이나 거부권을 갖고 있었다. 그리고 그것조차 원로원에 의해 다시 거부될 수 있었다.

쿠리아회와 켄투리아회 쿠리아회(Comitia Curiata)는 모두 30개의 쿠리아로 구성되어 있었는데, 쿠리아curia; curiae는 군사적 · 종교적 목적으로 결성된 씨족(gentes) 단위집단이었다. 각 쿠리아는 하나의 표결권을 소유하고 있었다. 이러한 '집단 표결권'은 후의 로마 공화정 시대의 각종 집회에 적용되었으며, 유럽 중세의 표결권 역시 이와 비슷하였다. 쿠리아회의 권한은 매우 제한적인 것이었으며, 왕이나 원로원의 결정을 인준하는 기능밖에 없었다.

BC 6세기경 병역 복무 자격이 있는 모든 시민이 군사적 목적으로 켄투리아centuria에 배속되었다. 하나의 켄투리아는 시민 1백 명으로 조직되었다. 경제력에 따라 6개 집단으로 나누어진 시민은 각각 다른 켄투리아에 배속되었다. 로마사회는 토지 소유층 5개 계급과 토지 없는 무산(proletaria) 계급을 합쳐 모두 6개 계급으로 구분되었다.

제1계급은 기병 18 켄투리아와 중무장 보병 80 켄투리아를 만들고, 제2계급에서 제5계급에 이르는 네 계급이 경무장(輕武裝) 보병 90 켄투리아를 편성하였다. 마지막으로 무산계급이 5 켄투리아의 예비병역을 구성하여 모두 193개의 켄투리아가 조직되었다.

켄투리아회(Comitia Centuriata)의 기원은 제6대왕 세르비우스Servius Tullius(BC 578－534) 때의 세르비우스 법에 의한 개혁에 있다. 이 법은 군사적 목적에서 제정되었으나 나중에는 정치적 목적으로까지 확대되었다.

가족제도 로마 사회를 구성하는 기본단위는 가족(familia; familiae)이었다. 그것은 부모, 자식뿐 아니라 노예와 예민(隷民: cliens; clientes), 사용인 및 재산과 토지까지를 포함한 확대된 가구(家口: res familiaris)라 할 수 있다. 로마의 가족제도는 가부장(家父長: pater familias)을 중심으로 하여, 가구 구성원은 직계(直系: agnati)와 방계(傍系: cognati)로 구분되어 있었다. 직계가 성(姓)과 가구의 권위를 계승 · 유지하였다.

가족은 상위 집단인 씨족(gens; gentes), 쿠리아(curia)로 이어지고 끝으로 부족(tribus)에 속하였다. 이것은 성명에 반영되었는데, 예를 들면 키케로 Marcus Tullius Cicero의 경우 툴리우스Tullius는 씨족을 나타내는 명칭이었다. 부녀자는 가구의 장이 되지 못하며, 항상 직계의 세력하에 놓이게 되고, 결혼 후에는 남편의 지배를 받았다.

그러나 여성의 사회적 위치는 그리스의 경우보다 월등 높았다. 여성은 공식 집회에 참석할 수 있었으며, 연회석상에서 남편 옆에 앉았다. 여성은 모든 가사(家事)에서 주인 역할을 하였다. 또한 자녀의 양육과 교육뿐 아니라 노예에게 지시를 내리고 남편의 일 처리를 도왔다. 여성은 사회적으로 존경받았으며, 길거리에 나가면 사람들이 길을 양보할 정도였다. 이러한 여성 존중은 에트루리아 사회의 관습을 모방한 것으로, 이는 로마사회에 보수주의와 가족적 안정을 가져왔다.

사회계급 로마시의 주민은 귀족과 평민이라는 두 계급으로 뚜렷이 구분되었으나, 이러한 계급 구분이 언제부터 시작되었는지 그 기원은 알려져 있지 않다. 귀족(patricus, patricii)은 특권적인 지배계급으로 사회적 영향력이 컸다. 그들은 부유한 토지 소유자로서 경제적으로 강력하였다. 귀족과 평민은 서로 결혼할 수 없었다.

귀족계급은 정치적 권리인 공권(公權)과 사법(私法)상의 권리인 사권(私權)을 모두 행사할 수 있었다. 공권에는 선거권(jus suffragii)과 피선거권(jus honorum), 그리고 사권에는 통혼권(jus connubium)과 사유권(jus commercium) 등이 있었다. 공직은 명예직으로 무보수였는데, 이는 부유한 계급만이 공직을 차지할 수 있었다는 것을 의미한다.

평민(plebs)은 비특권적인 피지배계급으로서 잡다한 자유민, 소농, 임금노동자, 직인(職人) 등으로 구성되어 있었다. 평민에게 정해진 사권은 있었으나 민회 참석 이외의 참정권은 없었으며, 병역과 납세의 의무가 있었다. 로마의 평민은 한마디로 '참정권 없는 시민' (cives sine suffragio)이었다.

(왼쪽) 베이이의 아폴로상(BC 510-500년) (오른쪽) 고기잡이와 새 사냥(BC 520년경)
이 두 작품은 초기 로마의 조각과 회화에 해당되는 것으로 에트루리아인이 로마에 끼친 영향을 말해준다.

(좌·우) 예민들(clientes)의 초상: 로마의 예민들은 노예와 달리 법적으로나 물질적으로 귀족의 보호를 받는 사람들이었다.

귀족과 평민 이외에 예민과 노예가 있었다. 예민은 법적으로 귀족의 보호와 물질적 도움을 받는 사람들이었다. 이 점에서 귀족은 그들의 보호자(patronus)였다. 예민으로 격하된 평민 중 일부는 귀족의 토지를 경작하고 지대(地代)를 납부했으나 재산권은 인정받지 못하였다. 또 해방된 노예가 예민으로 격상되는 수가 있었다. 그 밖에 노예계급이 있었는데, 노예(servus; servi)는 주로 전쟁포로이거나 빚으로 자유를 잃은 사람들이었다.

2. 공화정 로마

BC 500년대말 이탈리아 반도의 정세가 바뀜에 따라 에트루리아의 영향력이 급속히 후퇴하게 되었으며, 왕정시대는 끝나고 공화정이 수립되었다.

공화정 로마를 실질적으로 지배한 세력은 귀족계급이었다. 소수의 귀족이 장악한 원로원이 정치의 중심이었다. 그러나 로마는 점차 평민의 참정권을 법적으로 허용하게 되고, 귀족과 평민은 평등하게 참정권을 가졌다. 그렇지만 로마 공화정은 결코 아테네와 같은 의미의 민주주의가 아니었다.

로마는 공화정 시대를 통해 독자적인 발전을 하였다. 이탈리아 반도를 통일하고 더 나아가서는 지중해 세계의 패권을 장악하게 되었다. 이와 같은 확장 과정에서 농업 중심의 경제체제가 무너지고, 로마 사회는 자체 모순을 드러내고 위기에 직면하게 되었다. 이러한 사회적 위기는 공화정보다 더 강력한 권력체제인 제정이 수립됨으로써 해소되었다.

A. 공화정과 평민세력의 대두

리비우스에 따르면 BC 509년에 왕정은 끝났다. 귀족계급은 이민족 출신

로마의 노예제

로마의 노예에는 공유(公有)노예와 사유(私有)노예가 있었다. 도로, 수도, 공공건물 등의 건축이나 관리에 사역된 공유노예도 있었지만 대부분은 사유노예로서 요리사 · 수레몰이꾼 · 배우 · 검사(劍士) 등을 비롯, 의사 · 비서 · 가정교사 등 지식인에 이르기까지 다양하였다. 저명한 역사가 폴리비우스Polybius도 노예 출신이었다.

그러나 가장 주목되는 것은 대농장에서의 대규모 노예 사역이었다. 대농장에서 노예는 주로 과수재배와 목축에 사역되었다. 노예는 고가의 농산물인 올리브, 포도를 재배하거나 채소를 재배했으며 식용 가축을 길렀다. 대규모 곡물 재배에는 노예의 강제노동이 적합하지 않았으므로 거의 사역되지 않았다.

노예는 '말하는 도구'로서 가축(즉, 반정도의 말을 하는 도구)과 동일시되어, 발목에는 족쇄가 채워지고 불복종자는 지하감옥에 가두기도 하였다. 노예숙소는 축사 옆에 있었다. 노예는 소유권이 없었고, 가정을 가질 권리가 없었으며, 따라서 노예제의 유지를 위해서는 부단히 침략전쟁을 하여 포로를 잡아오는 일이 필요하였다.

그러나 1세기부터 노예는 현저히 줄어들기 시작하였다. 대외전쟁이 거의 없었으므로 노예의 외부공급이 끊겼고, 노예들을 혹사시켰기 때문에 그들의 사망률이 높았다. 노예 소유자들은 노예끼리의 동거생활을 묵인 또는 장려하여 수의 증가를 꾀하였으나 감소추세를 막지는 못하였다. 자연히 노예는 고가로 매매되었다. 그러나 노동력이 그다지 효율적인 것이 못 되고, 항상 번거롭게 감독해야 하기 때문에, 노예 유지는 타산이 맞지 않는 것으로 되어갔다.

그러므로 노예의 노동력 향상을 위해 노예에 대한 대우를 개선하고, 그들의 소유권도 허용하기에 이르렀다. 한편 노예를 해방하고 노예에게 상업행위를 허용하여, 그 이익의 일부를 노예가 취득하는 일도 생기게 되었다. 노예노동으로 유지되던 대농장은 경영이 어렵게 되면서 토지를 분할하여 해방노예나 자유민에게 대여하는 소작인 제도가 점차 활성화되었다. 이리하여 로마제국의 경제적 번영을 뒷받침한 노예제도가 쇠퇴함으로써 로마 경제도 점차 변화해갔다.

지배자인 에트루리아 왕을 축출하는 혁명을 주도하고, 귀족 과두제에 의한 공화정(Res Publica Romana)을 수립하였다.

귀족으로 구성된 원로원은 공화정 체제에서 가장 중요한 실권을 행사하는 기관이 되었다. 이와 같이 로마 공화정은 원로원을 중심으로 제한된 소수 귀족이 집권하는 이른바 귀족과두제(貴族寡頭制)의 형태를 취하였다.

그러나 공화정 수립과 함께 귀족과 평민간의 충돌이 점차 심화되었다. 평민은 납세와 병역의 의무를 부담하고 있음에도 참정권을 갖지 못했기 때문이었다. 그러므로 공화정의 역사는 기득권을 고수하는 귀족과 참정권을 부단히 요구하는 평민간의 갈등의 역사였다.

평민세력의 증대 공화정 수립 후 2세기 동안은 평민계급이 평등한 권리를 주장하고, 또 그 요구가 관철되는 과정이었다. 점차 확대 팽창하는 로마는 이민족 및 이탈리아 내의 다른 민족과의 전쟁을 계속해야 하였으므로, 평민계급의 협조가 필요한 처지에 있었다. 그 동안 평민의 반란이나 무력봉기는 여러 차례 있었으나, 조직화되지 않아 항상 강력한 귀족들의 압력에 굴복하곤 하였다.

그러나 많은 인구를 차지한 평민이 군대에 복무하고, 그 군대의 중요성이 컸으므로 점차 귀족은 평민의 요구를 받아들이지 않을 수 없게 되었다. 이미 공화정 수립과 동시에 BC 509년 공포된 발레리우스Valerius 법에 따르면 사형언도를 받았을 때 평민은 켄투리아회에 상소할 수 있는 권리를 인정받고 있었다.

성산 사건과 호민관 제도 로마 평민이 평등권을 성취하게 된 계기로 성산(聖山)사건이 있었다. 리비우스에 따르면 BC 494년 대외 전쟁을 위해 소집된 평민 군대는 성산에서 농성하면서 요구조건을 내놓았다. 이를 계기로 호민관(護民官: tribunus) 직이 창설되고, 4부족에서 한 명씩 호민관이 선출되었다. 호민관의 수는 점차 늘어나 결국 10명이 되었다.

호민관의 신분은 보장되었다. 만일 그에게 폭력을 행사하는 사람이 있다면 누구나 재판 없이 사형에 처할 수 있었다. 그러나 호민관은 군사적 권한이나 행정적 기능을 갖지 못했기 때문에 그의 권한(potestas)은 매우 소극적인 것에 불과하였다. 다만 호민관에게는 원로원 결의가 평민의 권익에 어긋날 때 이를 반대할 수 있는 거부권(veto)이 있었다. 거부권의 어원은 "나는 반대한다"는 라틴어에서 왔다.

새로 구성된 평민회(Concilium Plebis)는 호민관을 선출하고, 평민의 의사를 호민관에게 전달할 뿐 아니라, 평민회의 표결(plebiscita)에 의한 입법 조치는 모든 평민에게 적용되었다. 오늘날 국민투표(plebiscite)의 어원은 로마 평민회 표결을 의미하는 말에서 유래하였다.

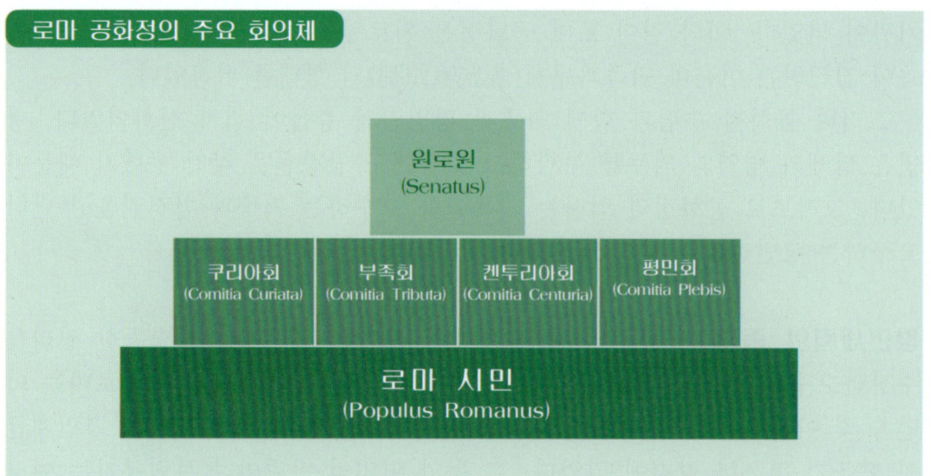

부족회의 성립 BC 5세기 후반(BC 471) 푸블릴리우스Publilius 법에 따라 평민회는 부족회(Comita Tributa)로 확대 개편되었다. 재산정도에 상관없이 귀족이나 평민은 다같이 부족회에 참석할 수 있게 되었다. 부족회는 호민관이나 집정관 어느 쪽에 의해서도 소집될 수 있었다. 후에 법정관직이 부활되어 집정관의 직무 일부를 인계함에 따라 법정관에 의해서도 소집되었다.

호민관을 선출하는 부족회에는 입법권이 없었으나, 켄투리아회나 원로원에서 인준된 법안의 가부를 결정할 수는 있었다.

켄투리아회의 강화 BC 450년경 금권주의적(金權主義的) 계급 개편과 함께 켄투리아회의 기능이 강화되었다. 군사적 목적에서 출발한 이 기구의 권한은 점차 정치적인 영역으로 확대되어, 종래 쿠리아회의 권한도 대폭 이양받았다.

켄투리아회에서는 집정관을 선출했을 뿐 아니라 법을 제정하고 공직자를 임명하였다. 또한 대외정책을 결정하고 주요한 사법 기능을 행사하였다. 그리하여 부족회가 일반시민의 권익 옹호 기관이라면, 켄투리아회는 원로원과 함께 전반적 통치를 담당하는 기관이 되었다. 쿠리아회, 켄투리아회, 부족회 중 쿠리아회는 종교적 기능으로 축소되고, 켄투리아회의 권한도 점차 부족회에 이양되었다.

12표 법 BC 5세기 중기에 이르러 비로소 성문법이 만들어졌다. 그 동안 평민층은 관습법이 귀족층의 권익을 대변하는 것이었기 때문에 성문법의 제정을 꾸준히 요구해 왔었다. 이 요구를 수용하여 로마시는 그리스에 사람을 보내 드라콘·솔론·클레이스테네스의 법 등을 연구케 한 후 BC 450년 로마 최초의 성문법인 12표 법을 제정하였다.

12표 법의 제정 이유는 귀족들이 제멋대로 재판을 못하게 하고, 결과적으로 평민들을 보호하기 위한 데 있었다. 그러나 평민들의 요구로 제정되었음에도 12표 법은 여전히 귀족 계급의 우월성을 인정하고 있었다.

12표 법

로마 최고(最古)의 성문법인 12표 법의 원본은 남아 있지 않다. 10인의 위원이 그리스 법률 등을 참조하여 BC 451년 10표 법을 제정하였으며, 다음해 2표가 추가되어 12표 법이 되었다.

제1표는 소송에 관한 규정, 제3표는 채무 변상에 관한 규정, 제4표는 민법에 관한 규정이었다. 로마인은 씨족제를 유지하여 가호(家戶)는 마치 하나의 작은 국가와 같은 것으로, 가부장의 권한은 거의 무제한으로 보장되었다. 또한 귀족과 평민의 통혼 금지 규정과 같이 양자간의 차별은 아직도 뚜렷하게 남아 있었다.

다만, 법의 성문화를 통해 적어도 귀족의 자의성(恣意性)에 한계를 그었다는 데 12표 법의 의의가 있다.

포룸(forum): 포룸은 고대 로마의 정치 · 경제의 중심지였다(지금의 로마시 일부).

평민 지위의 향상 12표 법 제정을 계기로 평민 지위는 점차 향상되어갔다. 그것은 주로 입법조치를 통해 이루어졌다. 부채에 대한 보호조치, 공공토지 독점에 대한 제약, 가난한 평민에 대한 토지 분배 등에 관한 법률이 제정되었다. 평민에게는 공직 취임의 기회도 부여되었다. 귀족과 평민 간의 통혼도 BC 445년 카눌레이아Canuleia 법에 의해 인정되었다.

BC 4세기에 평민의 지위는 더욱더 향상되었다. 이와 관련하여 특히 중요한 것은 BC 367년의 리키니우스-섹스티우스 법(Lex Liciniae Sextiae)이었다. 이 법의 명칭은 호민관인 리키니우스Caius Licinius 와 섹스티우스 Lucius Sextius의 이름에서 유래하였다. 이 법에 따라 집정관 중 1명은 평민 중에서 선출될 수 있게 되었다. 집정관직을 퇴임한 후에는 자동적으로 원로원 의원이 되기 때문에 이는 평민이 원로원 의원도 될 수 있다는 것을 의미하였다.

BC 4세기말 사제(司祭)직이나 공직에 취임할 수 있는 권리도 평민에게 인정되었다. 즉, BC 300년에 제정된 오굴니아 법(Lex Ogulnia)은 사제직을 평민에게도 개방하였다. 평민층의 국정 참여를 법적으로 최대한 인정한 것은 BC 287년의 호르텐시우스 법(Lex Hortensia)이었다. 이 법으로 부족회 결의는 원로원의 인준 없이 발효될 수 있게 되었다. 또한 10명으로 늘어난 호민관이 원로원에 참석할 수 있게 되었다.

마침내 BC 4세기에 이르러 평등을 쟁취하기 위한 평민계급의 오랜 투쟁은 끝났다. 평민의 권리 주장은 BC 5-4세기에 법적으로 완전히 실현되었다. 커다란 내란 없이 평민과 귀족과의 충돌은 해결되었다. 이는 실제적인 지혜와 양식(良識)을 존중하는 로마인의 일면을 나타낸 것이었다.

주요관직 국가의 영토가 확대되고 속주가 늘어남에 따라 로마의 행정관직도 종류가 다양해졌다. 먼저 로마 행정관직 중 가장 중요한 최고 행정직은 종래 왕이 갖고 있던, 국가대권(imperium)을 행사하는 두 명의 집정관(執政官: consul)이었다.

귀족계급에서 선출된 2명의 집정관이 1년 임기로 군사 · 사법 · 종교의 최고권한을 행사하였다. 두 집정관의 권한은 동등하며, 상호간에 거부권을 행사할 수 있었다. 전쟁터에 나가 있는 중에 임기가 끝나는 집정관은 '전직 집정관' (proconsul)으로 전투를 계속 지휘할 수 있었다.

집정관은 또 원로원과 쿠리아회의 의장이 되었다. 그리고 국가 비상시에는 절대권이 한 사람의 '독재관' (dictator)에게 위임되었는데, 이 때의 임기는 6개월이었다.

집정관 이외에 다른 요직이 생긴 것은 BC 4세기 전반이었다. 갈리아 민족이 로마를 침입한 후 BC 362년에 중요한 정부조직의 변화가 있어, 법정관(praetor), 감찰관(censor), 회계감사관(quaestor) 등의 직제(職制)가 생겼다.

임기 1년인 법정관의 주요임무는 사법적인 것이었으나, 전시에는 전쟁터에 나가 로마를 비운 집정관의 업무를 대행하기도 하였다. 법정관은 처음에는 1명이었으나, 계속 늘어나 BC 2세기 중기에 6명이 되었고, 결국은 16명까지 되었다. 6명의 법정관 중 4명은 속주를 관할하며 2명은 로마에 주재하였다. 로마 주재 법정관 중 1명은 로마시를 관할하고, 나머지 1명은 로마인과 외국인 사이에 일어나는 사안을 다루었다(praetor peregrinus).

감찰관은 원래 호구조사를 맡기 위해 창설된 관직이었다. 그 임기는 호구조사가 행해지는 주기에 맞추어 5년으로 정해졌다. 정원 2명의 감찰관은 호구조사뿐 아니라 군복무자를 선발하고 공직자, 특히 원로원 의원의 도덕성을 심사하였다. 로마의 호구조사는 호주의 재산상태를 조사하는 것이었으므로 감찰관의 권한은 막강하였다.

회계감사관은 처음에는 2명이었으나 점차 늘어나 공화정말에는 40명으로 증원되었다. 회계감사관은 재정을 주관했으며, 특히 전쟁터에서 재무를 담당하였다.

중대한 국가적 위기상황에서는 독재관이 임기 6개월로 선출되었는데 국가정책 결정에 대한 절대 권한이 부여되었다.

로마시민은 누구든 법적으로는 관직에 취임할 수 있는 자격을 가지고 있었다. 그러나, 로마의 모든 관직은 명예직이며 무보수일 뿐 아니라 경비가 많이 드는 선출과정을 거치기 때문에, 경제적 능력이 없는 사람은 사실상 관직에 취임할 수 없었다.

평등주의에 대한 역사적 의의 로마 행정의 최고결정기관은 원로원이었다. 그러나 공화정이 진전됨에 따라 로마시민의 권위도 증대되어, BC 265년경에는 원로원과 함께 로마의 궁극적인 입법기능을 공유하였다. 오늘날 로마시내 유적 곳곳에서 볼 수 있는 SPQR(SENATUS POPULUS QUE ROMANUS : '원로원 및 로마시민'을 뜻함)은 원로원의 강력함과 시민의 중요성을 동시에 상기시키고 있다.

그럼에도 불구하고 평민계급이 실질적 평등을 향유하지는 못하였다. 호르텐시우스 법에 따라 달성된 평등은 관념상의 평등에 불과하였다. 왜냐하면 로마 정치에서 금권주의는 사라지지 않고 있었으며, 경제적 여유가 있는 사람들이 공직을 점유하는 현상이 해소되지 않았기 때문이다. 관직은 무보수 명예직(jus honorum)이어서, 가난한 계층의 관직 취임이 실질적으로 불가능했던 것이다.

그러므로 법적 조치와 입법을 통한 평민의 지위향상은 혁명적 변화라고 하

로마 평민의 지위 향상

로마 평민이 귀족계급과 평등을 달성하게 된 주요단계는 다음과 같다.

BC 494 평민계급의 최초의 항쟁, 2명의 호민관(후에 10명으로 늘어남)

471 푸블릴리우스Publilius법에 따라 부족회(Comita Tributa) 설치

450 로마 최초의 성문법인 12표 법

445 카눌레이아 법(Lex Canuleia)으로 평민과 귀족 간의 통혼 가능

367 리키니우스-섹스티우스 법(Lex Liciniae Sextiae)이 공유지 소유 상한 제한

366 최초의 평민 콘술

300 오굴니아 법(Lex Ogulnia)으로 평민이 사제가 될 수 있음

287 호르텐시우스 법(Lex Hortensia)으로 평민계급의 최종 승리

기 어려웠고, 매우 제한적인 의미밖에 없었다. 특히 포에니 전쟁이 시작됨과 동시에 평민의 법적 평등은 백지화되고 말았다.

19세기 고대사가 몸젠Theodor Mommsen(1817-1903)은 로마 민중이란 에트루리아의 타르퀴니우스 왕정 시대부터 그라쿠스 형제 시대에 이르기까지 항상 통치 주체가 아니라 통치 대상이었다고 말한 바 있다. 평민의 참정권은 다만 법적인 것에 불과했으며 금권정치의 양상이 사라지지 않았다.

로마 경제는 계속 악화되고 사회악은 증대했으며, 근본적인 사회개혁이 절박하였다. 사회개혁이 시도되는 가운데 정치 체제 역시 변화하였다. 마침내 공화정 체제는 전반적으로 위기에 당면하게 되었고, 새로운 체제로 넘어가는 길에 놓이게 되었다.

B. 이탈리아의 통일과 포에니 전쟁

로마시는 도시국가를 유지 발전하는 과정에서 주변의 많은 이민족과 끊임없이 싸우지 않으면 안 되었다. 왕정시대에도 그러했지만, BC 509년 공화정이 수립된 이후에도 약 5세기간, 로마는 이탈리아를 통일하고 나아가서는 지중해 세계를 지배하기까지 부단히 군사적 행동을 계속하였다. 실로 로마사는 전쟁의 역사였다.

이탈리아의 통일 특히 로마 공화정초기 2세기 반은 어려운 시기였다. 로마는 이웃 에트루리아 민족 세력을 북으로 패퇴시키고, 베이이Veii시와 오랜 싸움을 벌였다. 또 라티움 지역의 도시들과 라틴 연맹을 결성하고, 라티움과 캄파니아의 비옥한 농업지대를 확보하기 위해 동쪽으로는 아에퀴Aequi족, 남쪽으로는 볼스키Volsci족과 같은 고지 민족들과 오랜 전쟁을 하였다. 켈트Celt 민족의 일파인 갈리아족이 알프스 산맥 북쪽으로부터 포강 계곡으로 남침하여 BC 390년 로마를 약탈했을 때는 로마와 라틴 연맹이 위기에 직면하기도 하였다.

그러나 로마는 꾸준히 주위의 세력들에게 압박을 가하고, BC 338년 라틴 연맹을 해체하여 라티움 지역 유일한 세력으로 자리잡은 후 남쪽의 삼니움Samnium족과 여러 차례 전쟁(BC 326-290)을 한 끝에 반도 남쪽을 지배하게 되었다.

마침내 로마는 BC 270년경 포강 계곡 일대의 갈리아족을 물리침과 동시에 남이탈리아에서 그리스 세력을 크게 줄이는 데 성공하여, BC 265년 포강 이남의 이탈리아 반도에서의 우위를 차지하게 되었다.

통일의 요인 로마시가 이탈리아 반도 통일에 성공한 데는 몇 가지 요인이 있었다. 첫째, 로마는 상대적으로 우수한 군대조직을 가지고 있었다. 초기부터 로마에는 거의 모든 시민이 자비(自費)로 군 복무를 하는 시민군이 있었다. 이 시민군이 레기온legion이라는 조직으로 편성됨으로써 더욱더 큰 효과를 거두었다.

이것은 근본적으로 잘 무장된 보병에 의한 집단적 공격방식을 취하기 위한 대형(隊形)으로서, 그리스의 팔랑크스와 유사한 것이었다. 후에 고지(高地) 민족들과 싸울 때 레기온 아래 하부단위 조직을 만들어 전투에 매우 강한 조직이 되었다.

둘째, 이탈리아 통일을 위한 로마의 원칙은 피정복 이민족을 다양하게 다루는 것이었다. 정복한 1백 개 이상의 자치도시에 대해서는 교묘한 '이간책'(離間策: divide et impera)을 썼다. 즉, 각 도시와 서로 다른 내용의 조약을 맺고 상호간에 이해관계가 일치하지 않도록 하였다. 이렇게 함으로써 그들이 서로 결속하는 것을 예방하였다.

다른 한편으로는 정복한 이민족에 대해 관용정책을 씀으로써 로마에 대한 귀속감과 충성심을 갖도록 하였다. 예컨대 일부 정복민, 특히 라티움 지역의 민족에 대해서는 시민권을 부여하였다. 다른 민족의 경우, 참정권을 부여하지는 않는다 해도 자유 교역을 보장하고 로마인과의 통혼을 허용하였다. 각 도시는 대외문제를 제외한 모든 문제를 자치적으로 결정하게 하였다. 로마의 정

이민족과 싸우는 로마인들

이탈리아 반도 통일

복 정책은 한마디로 정복지역 주민이 병역에 복무하여 로마와의 일체성을 유지하게 하면서 동시에 지역적 독립을 보장하는 정책이었다.

셋째, 정치구조를 점진적으로 개혁하여 모든 로마시민이 국가에 충성을 다할 수 있도록 하였다. 그리고 이 점은 이탈리아 통일에 유리하게 작용하였다. BC 509년 공화정이 수립될 당시에는 문벌이나 부유층과 같은 소수의 귀족계급이 정치 권력을 독점하였다.

그러나 공화정 수립 후 2세기 반 동안, 귀족 계급의 타협과 양보를 통해 평민계급도 점차 국가 정책 결정에 참여하게 하였다. 적어도 법적으로 평민은 귀족과 평등한 지위를 누리게 되었다. 귀족계급의 타협과 양보로 로마는 커다란 내란을 피하고 평민계급의 소외를 막을 수 있었다.

이상의 세 가지 요인으로 로마는 이탈리아 반도를 성공리에 통일할 수 있었다. 그리고 이 통일을 기반으로 로마의 세력권은 지중해로 확대되어갔다. 그에 따라 로마는 지중해 무역의 이권을 둘러싸고 카르타고와 충돌하게 되고, 세 차례의 포에니 전쟁(BC 264-146)을 치른 뒤 카르타고를 완전히 굴복시켰다. 로마는 그 후 네 차례의 마케도니아 전쟁(BC 215-168), 세 차례(BC 149-129)의 코린토스 전쟁을 통해 그리스를 정복하는 데도 성공하였다. 로마는 헬레니즘의 여러 왕조들도 차례로 굴복시켰다. 페르가뭄 왕 아탈로스 Attalos 3세(BC 171-133)는 BC 133년 죽으면서 자신의 영토를 로마에 기증했으며 시리아의 셀레우코스 왕조 역시 로마에 예속되었다.

카르타고 포에니 전쟁은 지중해로 진출하려는 로마와 지중해 상권(商圈)을 지키려는 카르타고와의 싸움이었다.

시칠리아 섬의 맞은 편 아프리카 북쪽(지금의 튀니지)에 위치한 카르타고는 본래 페니키아인이 건설한 식민도시였으나, 페니키아 본국이 멸망한 후 BC 800년경 독립국가가 되었다. 그 이래로 지중해의 제해권을 장악한 카르타고는 서부 지중해의 주요지점을 확보하고, 상업국가로서 번영을 누렸다. BC 3세기까지는 지중해뿐 아니라 대서양과 북해에 이르기까지 통상 범위를 넓히면서 시칠리아 및 남이탈리아의 그리스 도시국가들과 경쟁하였다.

카르타고인은 상업에 전념하고 그 밖의 일에 대해서는 무관심하였다. 도시 행정은 부유한 상인층이 담당하였고 군사문제는 용병에게 위임되었다. 카르타고인은 경제력이 월등히 강했기 때문에 팽창하는 로마 세력을 저지할 수 있었으나 이기주의적이며 공동체 운명에 대해서는 대체로 무관심하였다.

로마는 이탈리아 반도를 통일하기까지는 카르타고에 신경을 쓸 겨를이 없

제2차 포에니 전쟁

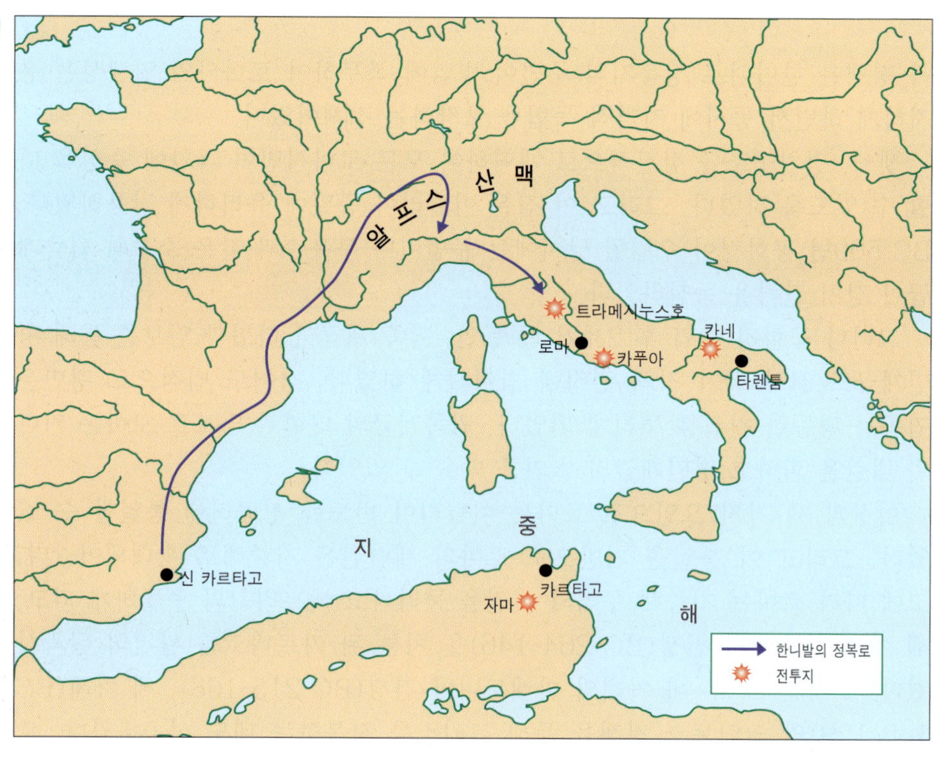

었다. 그러나 로마가 통일을 완성하자 두 나라는 시칠리아 섬의 지배권을 둘러싸고 충돌하게 되었다.

포에니 전쟁의 발단 BC 265년 시칠리아 시라쿠사이 왕 아가토클레스 Agathokles(BC 361-289)의 용병대장은 해고되자 불만을 품고, 시칠리아 섬 북쪽 끝에 있는 메시나Messina; Messana를 점령한 후 주변을 공격하였다. 그러나 그는 시라쿠사이군의 반격을 받고 도리어 수세에 몰리게 되었고, 그러자 로마에 구원을 요청하였다.

시칠리아 반란에 대해 당시 서부 시칠리아를 지배하고 있던 카르타고는 메시나를 지원하기 위해 군대를 파견하였다. 관망하던 로마는 남이탈리아의 그리스 식민시에 카르타고의 영향이 미칠 것으로 판단하고 개입하였다.

이리하여 BC 264년 시작된 제1차 포에니 전쟁이 약 20년 동안 계속되었다. 전쟁초기에 카르타고는 우세한 해군력을 가진 지중해 지배세력이었다. 그러나 로마는 선박공격용 신무기(corvus)를 개발하여 밀라에Mylae 전투(BC 260), 에크노모스Ecnomos(BC 256) 전투에서 승승장구하였다. 더욱이 로마는 해군력을 증강한 후 아에가테스Aegates 해전(BC 241)에서 카르타고 해군을 격파하여 제1차 포에니 전쟁은 로마의 승리로 끝났다.

강화 조약을 통해 카르타고는 시칠리아 섬을 비롯, 사르디니아와 코르시카 등을 로마에 양도하고 배상금을 지불하게 되었다. BC 227년 로마는 시칠리아를 속주(屬州:provincia)로 편입하고, 행정 · 사법 · 징세를 관장하는 행정 책임자로서 법정관을 파견하였다. 시칠리아 속주는 로마의 해외 식민지 통치의 시작이 되었다.

2차 포에니 전쟁 강화조약을 체결한 후에도 지중해를 사이에 두고 대립을 계속한 두 강대국간의 문제는 말끔히 해소되지 않았다. 패전한 카르타고는 국력을 강화하여 로마에 설욕할 기회를 엿보고 있었다.

하밀카르 바르카Hamilcar Barca(BC 270-228)와 아들 한니발 Hannibal(BC 247-183)의 주도하에 카르타고는 세력 확장의 근거지로 스페인에 '신 카르타고'(Nova Carthago)를 중심으로 거대한 식민국가 건설에 착수하였다. 하밀카르는 스페인 원주민을 군대로 조직 · 훈련시키는 한편 풍부한 광산을 개발하여 군자금을 마련하였다.

한니발의 이탈리아 정복 마침내 카르타고는 로마측에 먼저 공격을 가하였다. BC 218년 한니발은 스페인에서 로마와 동맹하고 있던 사군툼Saguntum 시(市)를 공격하고, 보병 5만 · 기병 9천 명과 함께 코끼리 40마리를 거느리고 이탈리아 원정의 길을 떠났다. 코끼리는 오늘날의 중무장 기갑부대와 같은 것이었다. 한니발은 남갈리아를 거쳐 이탈리아로 가는 동안 반(反)이탈리아 민족세력, 특히 갈리아인의 지원을 받았다.

고대사가 브레스테드James H. Breasted(1865-1935)가 말하는 바와 같이 제2차 포에니 전쟁은, 로마 민족 전체와 한니발 개인간의 거대한 싸움이었다.[1] BC 218-216년 3년 동안 세 번의 큰 싸움에서 로마군은 한니발에게 번번이 패하였다. 한니발은 먼저 BC 218년 트레비아Trebia강 근처의 티키누스Ticinus 전투에서 로마군을 대파하고, 다음해 플라켄티아Placentia 부근 트라시메누스Trasimenus 전투에서 로마 집정관 중 하나인 플라미니우스 Gaius Flaminius(BC ?-217)를 전사케 하는 승리를 거두었다.

한니발(위)과 당시 전쟁에서 중요한 역할을 했던 코끼리

한니발은 완강히 저항하는 로마시를 우회하여 이탈리아 남쪽으로 내려갔다. 그는 BC 216년 여름 아풀리아Apulia 부근 칸나에Cannae 전투에서 역시 대승을 거두었다. 이 때 로마 독재관 파비우스Quintus Fabius Maximus Verrucosus(BC 275-203)는 직접적인 충돌을 피하고 지연작전을 썼다. 이 사실에서 19세기말 영국의 점진적 사회주의자들 모임인 페이비언 협회(Fabian Society)의 명칭이 유래하였다. 칸나에 전투 이후 한니발은 이탈리아 동맹의 협력을 얻었고 시라쿠사이 · 마케도니아와 동맹을 맺었다.

BC 203년까지 15년 간 한니발은 이탈리아에 군대를 유지하면서 반도를 마음대로 누비고 다니며, 거의 모든 이탈리아 지역의 농토를 황폐하게 만들었다. 그 결과 로마의 소농(小農) 계층이 몰락하게 되었다. 그러나 전투에 거푸 이긴 한니발도 로마의 동맹국가들을 이간시키지는 못하였다. 한니발은 이탈리아 반도로 깊숙이 침투하면 할수록 스페인이나 카르타고 본국으로부터 보급을 받지 못하는 어려운 처지에 놓이게 되었다.

스키피오의 카르타고 공격 이 상황에서 로마는 한니발과의 대결을 피하고 차라리 스페인이나 카르타고 본토에 대한 공격을 감행하는 쪽으로 전략을 바꾸었다. 로마는 스페인에 군대를 파견하여 한니발에 대한 지원을 차단하는 한편 카르타고 본토에 대한 공격을 직접 시도하였다.

BC 204년 로마의 스키피오Publius Cornelius Scipio(大 스키피오: BC BC 237-183년)는 카르타고를 급습하였다. 이 소식을 접한 한니발은 BC 203년 이탈리아에서 급히 귀국하여 자마Zama에서 스키피오와 대결하였다(BC 202). 이 전투에서 한니발은 패하고 소아시아로 망명하였다. 패전한 카르타고는 엄청나게 큰 대가를 치러야 하였다.

1) James Breasted, *Ancient Times* (1935), 611.

스키피오

로마가 카르타고에게 강요한 휴전조약은 영원히 카르타고가 다시 일어서지 못하게 하는 가혹한 것이었다. 이 조약에 따르면 (1) 카르타고는 스페인을 비롯한 모든 해외영토를 포기하고 (2) 전선(戰船) 10척 이외에 모든 코끼리를 로마에 양도함과 아울러 극도로 군비를 축소하며 (3) 50년에 걸쳐 로마에 막대한 배상금을 지불하고 (4) 아프리카 이외에서의 교전행위는 금지될 뿐 아니라 아프리카 내에서의 전쟁행위도 역시 사전에 로마에 알려야 한다는 것이었다.

3차 포에니 전쟁 가혹한 조약에도 불구하고 카르타고 시민은 합심 단결하여 전쟁의 피해를 복구하고 서둘러 재건하였다. 카르타고의 부흥과 재건이 너무나 눈부신 것이었기 때문에 도리어 로마인의 위기의식을 불러일으켰다. 원로원의 일부, 특히 카토Marcus Porcius Cato('감찰관' 카토; 大 카토, BC 234-149년)가 주전론(主戰論)을 주장하였다. 그는 "카르타고는 반드시 멸망해야 한다(Delenda est Carthago)"고 강경하게 주장하였다.

이러한 주전파의 주장에 따라 로마는 카르타고를 결정적으로 패망시키려고 결심하였다. 로마는 카르타고의 배후지역인 누미디아Numidia를 조종하여 BC 149년 카르타고를 공격하게 하였다. 이미 로마는 카르타고의 세력을 견제하기 위해 카르타고 땅 일부를 누미디아에 넘겨준 바 있기 때문에 협력을 얻을 수 있었다.

누미디아의 공격을 받아 카르타고가 부득이 응전(應戰)하자 로마는 조약 위반을 구실로 스키피오Scipio Aemilianus(小 스키피오: BC 185-129)가 지휘하는 군대를 파병하였다. 카르타고는 2년 동안 결사적인 방어를 했으나 함락되고 말았다. BC 146년 성벽은 철저히 파괴되고 카르타고는 초토화되었으며, 전주민이 로마의 노예가 되었다.

포에니 전쟁의 결과 2차 포에니 전쟁의 결과 이미 카르타고는 지중해의 패권을 완전히 박탈당했을 뿐 아니라 한낱 작은 도시로 축소되고 로마의 보호령과 같은 지위로 전락하였다. 3차 포에니 전쟁이 끝날 무렵 로마는 영토를 늘렸으며 스페인과 북아프리카 연안에 이르는 지중해 세계를 장악하게 되었다.

BC 241년부터 BC 129년에 이르는 동안 로마는 시칠리아 · 코르시카 · 사르디니아 · 스페인 · 마케도니아 · 북아프리카 · 소아시아(전의 페르가뭄)를 속주로 만들었다. 더욱이 BC 120년경부터 BC 81년경까지 갈리아를 정복하기 시작하여, 카에사르 시대에는 지금의 프랑스 지방과 영국까지를 속주로 만들었다(BC 58-49). 로마는 마침내 BC 31년 고대 동방의 마지막 잔존세력인 이집트를 정복함으로써 전지중해 세계를 정복했을 뿐 아니라 당시의 서방세계를 모두 통합하였다.

C. 대외발전과 공화정의 위기

지중해 세계의 통합이나 평민의 지위 향상과 같은 성취에도 불구하고 BC 133년 이후 로마 공화정은 위기에 직면하였다. 그 배경에는 작은 도시가 세계국가로 팽창하는 과정에서 생긴 복잡한 문제들이 있었다. 무엇보다 방대한 지역을 정복하고 지배하게 됨으로써 많은 소수 민족들을 통치해야 하는 문제가 있었다. 로마시민과 이탈리아 동맹군으로 구성된 군사력은 거대 제국의 방위와 유지에 적합하게 개편될 필요가 있었다. 이탈리아의 동맹국가들은 로마의 정복사업에서 주요한 역할을 했음에도 결과적으로 별로 얻은 것이 없었다. 로마에 대한 그들의 불만은 점차 커지고 반란의 빈도가 늘어났다.

위기의 가장 주요한 요인은 BC 3세기와 BC 2세기에 겪은 로마의 경제적 변화였다. 포에니 전쟁 중, 특히 한니발이 이탈리아 반도에 침입한 기간에 로마의 농지가 유린되고 농민이 커다란 경제적 손실을 입었다. 한편 정복지역으로부터 많은 부가 로마로 유입됐으나 그 혜택은 소수에게만 돌아갔다. 부유하게 된 귀족은 사치스러운 생활을 했을 뿐 아니라 토지 매입이나 대금업 등에 투자하였다. 끝으로 사회적 갈등의 심화를 지적할 수 있다. 포에니 전쟁의 후유증, 이탈리아 반도 이외의 지역에서 들어오는 막대한 부 및 로마사회 구조의 분화 등으로 로마 공화정은 근본적인 변질을 겪지 않을 수 없게 되었다.

오랫동안 잠재해 있던 것으로 공화정말에 표면화된 이러한 일련의 문제들은 정치 개혁을 통해 해결되기에 이르렀다.

제국주의적 팽창정책 포에니 전쟁을 끝으로 지중해 서부지역은 완전히 로마의 지배하에 들어갔다. 포에니 전쟁의 승리는 로마가 이탈리아 밖으로 그 세력권을 확대하는 서막(序幕)에 불과하였다. 로마는 시칠리아 섬을 비롯해 서부 지중해의 제해권을 장악하고 이제는 동부 지중해 세계로 진출하게 되었다.

이러한 진출은 자국의 안보와 동맹국에 대한 보호라는 구실로 합리화되었으나 사실상 그것은 로마제국주의 팽창정책의 일환이었다. 이후 AD 1세기 후반까지 동부 지중해 세계는 모두 로마 수중에 들어갔다. 로마 귀족들은 점차 그리스 문화의 매력에 이끌렸으나 일부에서는 그 영향을 깊이 경계하였다. 어쨌든 로마는 전쟁에 승리함으로써 배상금 · 공납 · 전리품 등 많은 부를 얻었다.

헬레니즘 세계는 알렉산드로스 대왕 사후 분열되었으나 BC 3세기에 후계자를 자칭하는 여러 왕조들이 불안정하게나마 세력균형을 이루고 있었다. 그러나 BC 200년경 이러한 세력균형이 깨졌다.

이집트의 프톨레마이오스 왕조는 날이 갈수록 쇠퇴하였다. 마케도니아의 필리포스 5세 및 셀레우코스의 안티오쿠스 3세Antiochus III(대왕, BC 242-187)와 같은 침략적인 군주들은 이와 같은 불안정한 정세를 최대한 이용하여 이집트뿐 아니라 동방의 다른 독립왕국들과 도시국가들을 지배하려고 하였다. 이러한 위기 상황에서 살아남기 위해 동방 국가들은 로마의 지원을 희망하게 되었다.

로마가 최초로 동방세계에 개입한 것은 포에니 전쟁 때부터였다. 로마는 카르타고가 아드리아 해에 접근하는 것을 막기 위해 아드리아 해의 동쪽을 지배하고 있는 일리리아Illyria 지역을 장악하려고 하였다.

한편 제2차 포에니 전쟁에서는 마케도니아의 필리포스 5세Philip V(BC 237-179)가 카르타고와 동맹관계를 맺었기 때문에 로마는 이에 맞서기 위해 그리스 도시국가들, 특히 아에톨리아Aetolia 연맹과 우호적인 동맹을 체결하였다.

이리하여 로마는 점차 동방세계의 국제정치에 관련되기에 이르렀다. BC 201년 페르가뭄, 로데스 및 여러 그리스 도시국가들은 필리포스 5세가 그들의 자유를 유린한다는 명목으로 로마에 지원을 요청하였다. 아직 전쟁의 후유증에서 벗어나지 못한 대부분의 로마인은 이에 관련되는 것을 반대했으나, 스키피오가 영도하는 집권층은 BC 200년 마케도니아에 선전포고를 하였다. 로마군은 아에톨리아 연맹의 협력을 얻어 3년 내에 마케도니아군을 패배시켰다. 그러나 더 이상의 개입을 피해야 한다는 여론 때문에 로마군은 그리스를 해방시킨 대가로 아무런 영토상의 보상을 요구하지 않은 채 철수하였다.

셀레우코스 왕국과의 전쟁 동방세계의 정치적 불안은 이로써 끝나지 않았다. BC 192년 셀레우코스 왕국의 안티오코스 3세는 아에톨리아 연맹의 요청으로 그리스 반도를 침입하였다. 마케도니아와의 전쟁에서 로마와 협력한 연맹 국가들은 전후 로마로부터 아무런 보상을 받지 못했기 때문에 이를 이유로 전쟁에 개입하였다.

로마는 망명한 한니발이 군사자문을 맡고 있던 셀레우코스 군대를 격퇴시켜 그리스에서 몰아냈다. BC 189년 소아시아(지금의 터키)의 마그네시아Magnesia 전투에서 승리한 로마군은 셀레우코스 왕국에 함선 폐기와 막대한 배상금을 요구하였다. 그리고 로마는 페르가뭄과 로데스를 괴뢰정권으로 만들고, 그리스 도시국가들에 대해서는 자유와 독립을 회복시킨 후 로마에 충성할 것을 보장받았다.

그러나 마케도니아가 축소되고 셀레우코스가 약화됨에 따라 동방 세계에서는 커다란 정치적 혼란이 일어났다. 로마는 이 혼란을 이용하여 더 노골적으로 제국주의적 팽창을 일삼고 동방정복의 길에 나섰다.

마케도니아 전쟁 새로운 정책 전환은 BC 171-167년에 이루어졌다. 마케도니아가 그리스 도시국가들을 유인하여 그 세력권에 포함시키자 로마는 마케도니아에 전쟁을 선포하였다. 로마는 마케도니아와 그 동맹국가들의 군대를 간단히 패배시켰다. 로마는 마케도니아의 군주제를 폐지하고 여러 개의 작은 나라들로 분할하였다. 그리고 수년 후 로마는 마케도니아를 아예 속주로 편입시켰다.

그리스 국가들 간의 음모와 내란은 로마의 전면적 개입을 초래하였다. 로마는 BC 146년 본보기로 코린토스를 철저히 파괴했으며, 이로써 그리스 세계의 자유는 종말을 고하였다. 로마의 동맹국이었던 페르가뭄과 로데스도 배신했으므로 로마는 BC 133년 이 두 지역을 속주로 만들어버렸다. 한때 강력한 고대 동방세력이었던 이집트와 셀레우코스도 더 이상 로마의 적수가 되지는 못하였다. BC 31년 악티움 해전을 마지막으로 이집트도 로마의 속주가 되고 말았다.

BC 200년부터 BC 133년에 이르는 기간에 로마의 주요관심은 이상과 같은 동방정책을 수행하는 동시에 지중해 서부지역을 완전히 장악하는 데 있었다. 로마는 북이탈리아 · 갈리아 · 스페인 지방을 공략하여 모두 세력권 안에 두었다. 아프리카 북쪽에 남은 카르타고 역시 필사적인 방어전을 폈으나 BC 146년 완전히 파괴되었다. 이로써 로마인은 그들이 '우리의 바다'(mare nostrum)라 부른 지중해의 주변지역을 하나의 문화권으로 묶는 거대한 제국을 형성하는 데 성공하였다.

로마의 경제적 변화 로마의 국가적 팽창이 가져온 가장 심각한 변동은 무엇보다도 사회와 경제에서 뚜렷하게 나타났다. 규모가 작은 땅을 경작하는 자유농(自由農) 중심의 전통적인 농업제도에 변화가 왔다. 전 이탈리아의 농경지는 장기간에 걸친 한니발 원정으로 황폐화되었으며, 더욱이 농민은 오랜 군복무로 농토를 떠나 있었기 때문에 농촌이 더욱 황폐하게 되었다. 이농하는 농민이 늘어나 땅은 대지주에게 넘어갔다. 그 결과 토지 집중화 현상이 두드러지게 나타났으며, 대농장(latifundia) 제도가 성행하였다.

농지 집중화 현상에는 또다른 요인이 작용하였다. 시칠리아 섬이 속주가 된 후 거기서 공납되는 곡물이 로마로 유입되었기 때문에 곡물가격이 적정하게 유지될 수 없었다. 따라서 수지가 맞지 않은 주곡(主穀) 생산보다 수익성이 높은 과일나무를 재배하거나 축산을 선호하는 경향이 나타났다. 대농장에서는 거기에 맞는 개량 농경법을 도입하고, 많은 포로들을 농장일에 투입하였다. AD 200년대까지 대농장제도는 전국적으로 널리 보편화되었다.

이 결과 로마초기 사회의 핵심을 이루었던 자유신분의 중소농은 사라지고 그 대신 지주의 땅을 경작하는 소작인(小作人: colonus)들이 나타났다. 로마사회에는 토지 없는 빈민과 부채에 허덕이는 사람들이 많아졌다.

한편 상업의 번창은 사회적 변화에 영향을 끼친 또다른 요인이 되었다. 전통적인 농업을 대신하여 지중해와 흑해로 진출하는 통상활동이 활성화되고 자본가적 상공업이 번성하게 되었다. 이 결과 상공업 종사자들은 신흥 부유층을 형성하여 사회적으로 강력한 계층이 되었다. 로마사회에서 부의 관념은 달라졌으며 사회 계층의 변화도 뒤따라 일어났다.

사회적 변화 BC 3세기 중반에 이르기까지 로마의 사회체제는 비교적 단순한 것이었다. 사회구조의 정점에는 서로 가족적 유대를 맺은 소수의 귀족들이 있어서 정치적 권력을 장악하고 있었다. 그 아래에는 주로 자유농민으로 구성된 나머지 시민계층이 있었다. 그들은 경제적으로나 사회적으로 동등한 사람들이었다.

그러나 시간이 지남에 따라 이와 같은 단순한 사회구조가 복잡해졌다. 최상층의 귀족계급은 새로운 부유층인 에퀴테스(equites)의 위협을 받았다. 이들은 군대보급 · 대규모 상업 · 건설업 · 금융업 · 속주 징세(徵稅) 청부 등으로 부를 축적하고, 속주행정 · 공공사업 · 외교문제와 같은 정책결정에도 영향력을 행사하였다. 그러므로 그들이 점차 적극적으로 정권에 참여하기를 원하게 된 것도 당연하였다.

한편 소농계급의 빈곤화가 지속됨으로써 이 집단은 내부적으로 분화되어 갔다. 소농의 대부분은 소작인이나 임금노동자가 되어 사회적 지위가 한 단계 낮아졌다. 일부 이농민은 대도시, 특히 로마시로 유입하여 직인이나 상점주로 생계를 꾸리게 되었다.

농민 중 일부는 경제적으로나 사회적으로나 더 나쁜 상황에 있었다. 그들은 생활이 불안정하고 근거가 없는 이른바 빈민층(proletariat)을 이루었다. 빈민층은 흔히 선동정치의 대상이 되었다. 마지막으로 사회 최하층에는 노예가 있었다. 그들은 사회 · 경제적으로 가장 불운한 위치에 있었으므로 불안요소가 되었다.

고대 로마의 주택 내부(폼페이 유적: AD 1세기경)

집안을 장식하던 벽화: 주신(酒神) 바쿠스의 모습이 보인다.

속주 통치정책 로마 공화정을 변질시킨 요인 중에는 정복지역의 주민을 통치하는 문제가 있었다. 시칠리아 섬이 최초의 속주로 편입된 이래, 새로 병합된 영토는 계속 속주로 개편되었다. 새로이 정복된 민족은 수탈 대상으로 인식되는 경향이 있었다. 속주 통치 책임자인 지사(知事)는 거의 절대적인 권한을 행사하는 반면 투철한 책임의식은 가지고 있지 않았다. 속주에 파견된 1년 임기의 로마 지사는 행정과 군사 비용을 충당하기 위해 속주민에게 무거운 세금을 물렸다. 뿐만 아니라 징세 업무를 청부업자(publicani)에게 위탁하였다.

따라서 악질적인 대금업자와 상인들이 속주로 몰려들었을 뿐 아니라 징세 청부업자들이 막대한 중간이익을 챙겼다. 이것은 속주민의 불만과 저항을 불러일으키는 근원이 되었다. 대금업자와 상인들은 이탈리아로 귀국한 후에는 새로운 부유층으로 사치스러운 생활을 했으며, 그 때문에 외국무역품의 수요는 급증하였다. 무역이 번창하고 부유한 상인층이 많이 생겼으므로 은행도 설립되었다.

로마인의 생활관 초기 로마인의 생활 터전을 이룬 기본요소는 가족생활(가정), 농업(농토), 전쟁(싸움터), 종교(제단) 등 네 가지였다. 가족구조를 보면 가부장제 성격이 강했으며, 가정의 우두머리인 남성의 권한은 절대적인 것이었다. 농업 생활은 초기 로마인이 실제적이고 현실적이며 소박하고 절약하는 기풍을 자아내게 된 바탕이었다. 또 초기에는 로마시를 지키기 위한 끊임없는 전쟁으로 공동체 의식과 의무감이 길러졌으며 사회기강도 강화되었다.

로마인의 가치관은 절제 · 근면 · 기율 · 경건(敬虔) · 시민적 책임의식 · 가정 존중 등이었다. 독창성이나 개성은 상대적으로 높은 평가를 받지 못했다. 이러한 가치관은 특히 귀족층에 강했으며, 그것은 로마 문화를 형성하는 정신적 근간이 되었다.

그러나 헬레니즘 세계를 정복하고 지중해 세계를 통일하는 과정에서 많은 부가 축적되자 전통적인 로마인의 생활도 바뀌었다. 전통적인 소박한 일실가(一室家: atrium)는 점차 사라지고 방이 많은 큰 집이 건축되었다. 헬레니즘 양식 열주정원(列柱庭園)을 비롯해 식당 · 침실 · 도서실 · 휴게실 · 주방이 달린 대저택이 건축되었다. 포에니 전쟁을 겪은 세대가 지난 뒤에 로마의 부유층에서는 수많은 은기(銀器)를 일상생활에서 사용하였다. 이는 일찍이 전직 집정관이 약간의 은기만 소유해도 벌금을 내던 것과 크게 대조적이었다. 부유층은 호화로운 연회를 열고 동방에서 들여온 조각 · 그림 · 그 밖의 미술품으로 집안을 장식하였다. 수도시설 · 욕실 · 위생설비를 갖춘 상류가정에서는 타일관을 통한 열풍난방 시설을 설치하고, 노예와 문지기 등을 두고 있었다.

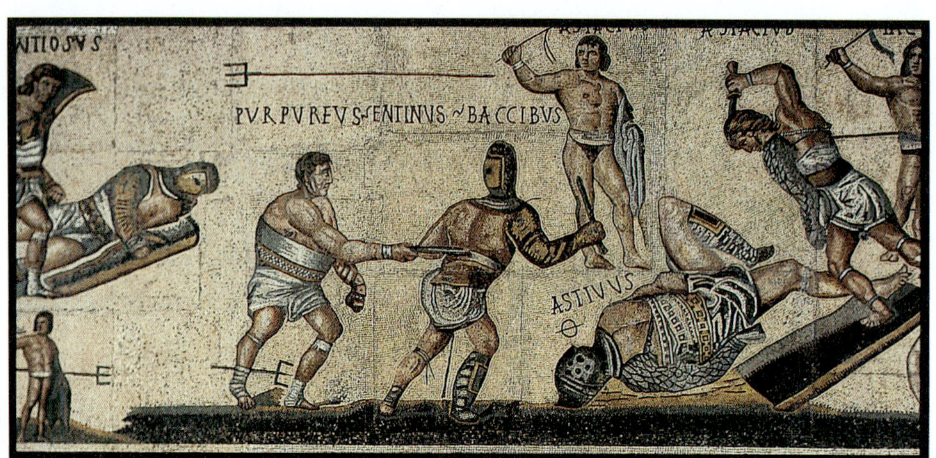

로마시민의 구경거리를 제공한 검투사들

도덕적 해이 로마의 전통 사회를 뒤흔들어 놓은 또다른 요인으로 정신적 문제가 있었다. 헬레니즘의 영향으로 로마인의 생활에 변화가 왔으며 사치스러운 생활패턴이 도덕의식을 해이하게 하였다. 헬레니즘 문화를 비롯하여 다른 고도의 문화를 이식한 것은 결과적으로 로마인으로 하여금 사치를 모방하며 극단적인 이기심을 조장케 하고, 절약 근검이라는 전통적 덕성을 상실케 하였다. 상류 가정의 정신적 토대를 약화시키는 쾌락 풍조가 로마사회에 널리 퍼졌다.

로마인은 경기장(circus)에서 벌어지는 전차 경기나 원형극장(amphitheater)에서 치러지는 검투사(劍鬪士: gladiator) 시합을 구경하는데 몰두하였다. 정치인들은 주로 속주의 지사(知事) 또는 그 밖의 관직 취임을 위해 식량을 무료로 나누어주며 대중의 환심을 사려고 하였다. 로마인의 도덕적 해이에 관해서는 이미 BC 2세기말 카토가 경고한 바 있었다. 또 호라티우스는 시에서, "포로가 된 그리스가 야만적 정복자(로마)를 포로로 사로잡았다"고 읊어, 문화적으로는 로마가 정복당했음을 개탄하고 로마인의 각성을 촉구하였다.

귀족의 분열과 정치 개혁 BC 133년부터 BC 31년까지의 커다란 사회경제적 변동에 대처하기 위해 로마의 정치제도는 개혁되지 않으면 안 되었다. 그리고 이러한 개혁은 소수 귀족의 결정에 달려 있었다.

그러나 원로원을 중심으로 한 귀족계급은 변화하는 상황에 대처하는 힘을 상실하고 개혁에는 미온적이었다. BC 133년경 귀족계급은 정치 방향을 어떻게 정할 것인가를 두고 서로 대립하였다. 그들은 보수파(optimates)와 민중파(populares)로 갈라졌다. 보수파는 기존의 집권층 귀족을 중심으로 하여 원로원과 행정관들이 정책 결정을 하는 것이 최선의 길이라고 주장하였다. 민중파는 정치적 결정권을 시민 다수와 함께 행사해야 한다고 주장하면서, 호민관과 부족회의 기능 활성화를 그 방법으로 제시하였다. 민중파라 해도 그 지도자는 대체로 귀족 출신이었으며 다만 목적을 달성하기 위해서 평민의 지지를 얻으려 한 것뿐이었다.

이리하여 경제 난국과 사회 불안을 타개하기 위한 정치 개혁은 불가피하게 정권 다툼이 되고 말았다.

그라쿠스 형제의 개혁 가장 주목할 만한 운동은 BC 2세기 후반 그라쿠스 형제의 개혁이었다. 먼저 호민관(BC 133)이 된 티베리우스 그라쿠스 Tiberius Gracchus(BC 163-133)는 중 · 소농이 감소하고 빈민이 증가함으로써 군복무 인력이 부족하다는 사실을 절감하고, 법 제정을 통해 과감하게 개혁할 것을 촉구하였다. 그는 농업을 부흥시키고 부를 균등하게 분배하는 개혁을 단행하였다.

그라쿠스의 법에 따라 페르가뭄 왕 아탈로스 3세Attalus III(BC 171-133)의 땅이 농민에게 재분배되었다. 한편 일정한도 이상의 땅은 국가에 반환하게 하여 그 땅 역시 토지 없는 농민에게 분배되었다. 그러나 티베리우스 그라쿠스의 개혁은 부유층의 반대에 부딪혔다. 폭동이 일어나 일파 수백 명과 함께 티베리우스 그라쿠스는 살해되고 말았다.

10년 후(BC 122) 호민관이 된 동생 가이우스 그라쿠스Gaius Gracchus(BC 153-121)는 형보다 더 과격하게 개혁을 추진하였다. 그는 새 토지법안을 부족회에서 통과시키고, 토지 분할위원회에 사법권을 부여하였다. 이 법으로 국가에서는 값싼 곡물을 구입하여 빈민층에 배급하고, 해외 식민지에 정착할 수 있도록 주선하였다. 또한 그는 원로원의 권한을 축소하고 국가권력의 대부분을 민회로 이관시켰으며, 라틴족과 이탈리아족에게까지 제한적이나마 참정권을 부여하고자 하였다. 속주에서의 징세권 및 배심권은 에퀴테스들에게 보장되었다. 민중의 광범한 지지를 목표로 한 이와 같은 조치는 보수파 귀족의 맹렬한 반대에 부딪혀 폭동이 일어났다. 이 틈에 가이우스 그라쿠스는 죽고 그 일파 약 3천 명이 또 살해되었다.

이와 같이 그라쿠스 형제의 개혁은 좌절되었고, 그 후 10년간 민중파 지도자는 나타나지 않았다. 그러나 그들의 운동은 민중의 지지를 기반으로 한 또 다른 개혁이 시도될 수 있는 배경이 되었다. 민중은 군사지도자들에게 새 정치에 대한 기대를 걸게 되었으며, 그 결과 로마 공화정이 일인지배로 전환되는 커다란 변화가 왔다.

공화정말의 반란 그라쿠스 형제의 개혁 법안이 수포로 돌아가고 정권이 부유층과 귀족계급에게 다시 돌아갔으나 로마는 새로운 시련에 직면하였다.

BC 2세기말 아프리카의 누미디아, 프랑스의 갈리아, 소아시아의 폰투스 Pontus에서 반란이 일어나 로마인의 재산이 위협받게 되었다. 그리하여 군사 지도자에게 기대를 거는 민중과 원로원 세력을 강화시키려는 귀족 간의 대립으로 마리우스나 술라의 경우와 같은 일인지배체제가 나오게 되었다.

비귀족 출신으로 부유한 마리우스Gaius Marius(BC 155-86)는 국가적 위기를 이용하여 집권하려고 하였다. 그는 BC 107년 집정관으로 선출된 후 군대조직을 개편하여 북아프리카 및 게르마니아 지역의 반란을 진압하였다. 그가 편성한 군부는 공화정말 로마 정치에서 결정적인 역할을 하게 되었다.

마리우스는 토지 없는 시민을 의용병으로 모집하여 정규군에 편입시키고, 제대 후에는 토지를 주었다. 이 개혁으로 로마군인은 민병에서 직업군인으로 바뀐 셈이었다. 병사들은 지휘관에게 토지나 금전보수를 기대하게 되면서, 그와 개인적으로 밀접한 관계를 갖는 사병(私兵) 성격을 띠게 되었다. 그러므로 지휘관의 정치적 발언권도 증대하게 되었다.

술라의 집권 BC 90년대는 원로원의 온건한 세력이 지배하여 정치적으로는 비교적 평온한 시기였다. 그러나 빈민화된 중소농의 쇠퇴는 여전히 커다란 사회 문제로 남아 있었다. 그리하여 보수파와 민중파 간의 대립이 재연되었다.

또다른 문제는 이탈리아 민족들이 로마의 반도 정복사업에 대한 협조 대가로 완전한 시민권을 요구하면서 BC 91년 일으킨 이른바 '사회전쟁'이었다. 로마는 그들에게 시민권을 부여하는 한편 술라Lucius Cornellus Sulla(BC 138-78)로 하여금 반란을 진압하게 하였다. 귀족세력을 대변하는 술라는 진압작전을 성공적으로 마치고 BC 88년 집정관으로 선출되었다.

미트리다테스 전쟁 '사회전쟁'이 진행중인 시기에 속주의 부패된 행정으로 또다른 정치적 위기가 조성되었다. 소아시아의 폰투스 왕 미트리다테스 6세 Mithridates VI(대왕, BC 132-63)는 로마 지사의 악정과 징세 청부업자들의 횡포로 감정이 악화된 민심을 이용하여 BC 89년 로마에 반란을 일으켰다. 이렇게 제1차 미트리다테스 전쟁(BC 88-84)이 시작되었다.

이 때 동방원정의 지휘권을 둘러싸고 로마의 국론이 둘로 갈라졌다. 원로원은 술라에게 동방 원정을 명했으나 부족회는 마리우스를 지휘관으로 지명하였다. 두 기관이 국가 최고권을 주장하면서 충돌했는데, 각각 귀족과 평민세력이 그 배경에 있었다. 이렇게 시작된 내란에서 원로원과 술라가 최종적인 승리를 거두었다. 술라는 로마로 진격하여 민중파를 무찌르고 군 지휘권을 장악하였다. 이 전쟁에서 승리한 술라는 많은 보상금을 받게 되는 조약을 맺었다.

술라의 은퇴 제2차 미트리다테스 전쟁(BC 83-81)이 한창인 BC 82년 술라는 원로원에 의해 무기한 독재관으로 임명되었다. 이때부터 로마에서는 권력이 한 사람에게 집중되는 현상이 시작된 셈이었다. 그는 호민관과 부족회의 권한을 크게 줄이고 원로원의 수를 600명으로 배가(倍加)시켜 국가주권을 독단하였다. 반대세력을 탄압한 술라는 자신의 업적이 항구적으로 뿌리내렸다고 자신하고 BC 79년 정계에서 은퇴하였다. 그러나 그의 은퇴 직후 반(反)술라 폭동이 전 이탈리아에 파급되어 정국은 또다시 혼란에 빠졌다.

보수파와 민중파 사이의 오랜 파벌싸움은 로마사회의 근본문제들을 해결하지 못하고 정치적 혼란을 가중시킬 뿐이었다. 야심 있는 사람들은 집권욕을 충족시키기 위해 이 파벌싸움을 이용하였다. 그 결과 공화정의 체제 변질이 불가피한 것처럼 보였다.

일인지배와 공화파 로마 정치의 혼란은 정치적 야심을 품고 정계를 좌우하려는 인물에게 좋은 기회를 제공하였다. 술라가 정계를 은퇴한 BC 79년부터 BC 70년까지 원로원은 여러 차례 심각한 위기에 직면하였다. 이탈리아 폭동, 스페인 반란, 스파르타쿠스 반란, 지중해 해적의 발호, 폰투스 전쟁 재개 등이 주요 사건들이었다. 원로원은 과거와 같이 개인에게 전권을 위임함으로써 당면한 위기를 극복하려고 하였다.

폼페이우스

한때 술라의 후원을 받은 바 있는 폼페이우스Gaeus Pompeius(Magnus, BC 106-44)가 이탈리아의 폭동과 스페인 반란을 성공적으로 진압하고 평민층에게 접근하였다. 그는 폰투스 문제를 해결한 금융가 출신인 크라수스 Crassus(BC 115-53)와 함께 BC 70년 집정관에 임명되었다. 그들은 술라 시대의 제도를 거의 무효화하고, 민중파 잔존세력의 지지를 얻었다.

특히 폼페이우스는 민권(民權)을 확대하는 한편, 지중해의 해적을 토벌하고 소아시아를 원정하였다. 정치적으로 입지를 크게 강화한 폼페이우스에 대해 열세를 느낀 크라수스는 다른 정치세력을 동원하여 그의 상승세를 저지하려고 하였다.

이리하여 정치무대에 등장하게 된 인물이 카에사르Gaius Julius Caesar(BC 100-44년)였다. 크라수스에 의해 정계에 진출한 카에사르는 귀족 출신이었으나 마리우스의 친척으로 민중파를 배경으로 세력을 확장하였다. 그는 크라수스와 함께 민중의 인기를 얻을 수 있는 입법을 하고 군사지휘권을 장악하기 위해 막대한 돈을 썼다.

한편 원로원은 BC 63년 집정관이 된, 웅변가이며 법률가인 키케로Cicero (BC 106-43)의 지지를 얻어 그들의 행동에 제동을 걸었다. 키케로는 카틸리나Lucius Sergius Catilina(BC 108-62)의 집권음모를 분쇄하여 명성을 얻었다. 그는 당시의 정치지도층과 협력하여 계급 간의 조화를 강조하고, 일인

카에사르

카에사르의 이름은 후에 로마 황제를 가리키는 명칭이 되었으며, 독일 황제 카이제르Kaiser, 러시아의 차르Czar의 어원이 되었다. 또 개선(凱旋) 장군을 의미하는 임페라토르Imperator는 영어의 황제emperor의 어원이 되었다.

BC 49년 폼페이우스와 결정적으로 대립한 카에사르는 루비콘강을 건너 이탈리아에 침입하였다. 이 때 카에사르는 "주사위는 던져졌다"고 말하여 결연한 심경을 표현했다는 것이다. 또한 BC 47년 소 아시아의 반란을 진압한 후 원로원에 보고할 때 카에사르는 "나는 왔노라, 보았노라, 이겼노라(Veni Vidi Vici)"의 세 마디 말로 대신하였다.

카에사르는 BC 46년, 종래의 로마 달력이 1년 10개월로 되어 있어 계절에 맞추기가 곤란했기 때문에 이집트의 달력을 기본으로 하여 당시의 85일의 오차를 바로잡는 역법 개정을 하였다. 이것이 「율리우스 역법」이다. 율리우스 역법은 1년을 365일 6시간으로 하고 4년마다 한 번 윤년을 두어 2월에 하루를 첨가하는 것이었다. 이 역법은 1582년 당시 교황 그레고리오 13세에 의한 그레고리오 역법이 나올 때까지 서양 세계에서 널리 통용되었다.

지배를 강력히 반대하여 공화주의 전통을 지키려고 하였다.

BC 62년 폼페이우스가 동방원정에서 돌아온 후 군대를 해체하고 제대군인들에게 보상해줄 것을 원로원에 요구하였다. 원로원은 폼페이우스의 요구를 거절했을 뿐 아니라 크라수스에게 속주에서 징세 활동을 하지 못하게 하는 한편, 카에사르가 집정관에 취임하지 못하게 하였다. 결과적으로 원로원의 이러한 조치로 3자는 정치적으로 단합하게 되었다. 이것이 삼두정치(三頭政治)이다.

카에사르는 폼페이우스, 크라수스와 함께 원로원을 제압하고 각자 자기 몫을 챙기는 이른바 제1차 삼두정치를 성립시켰다. 카에사르는 BC 59년 집정관이 되었으며 갈리아와 일리리아 지방에 대한 5년간의 지휘권을 맡게 되었다.

그러나 파르티아Parthia 통치를 맡은 크라수스가 BC 53년 전사했기 때문에 삼두정치 체제의 균형이 깨지고, 갈리아 지방을 장악한 서방의 카에사르와 이집트를 세력하에 둔 동방의 폼페이우스가 정권장악을 위해 각축을 벌이게 되었다.

카에사르

카에사르의 집권 카에사르는 갈리아 지방뿐 아니라 라인강 근처 게르마니아 지역을 정복하고 브리타니아Britannia(지금의 England)까지를 로마의 세력하에 두는 데 성공하였다. 그는 이때의 경험을 토대로 『갈리아 전기(戰記)』(*De Bello Gallico*)를 저술하였다. 이것은 공화정말 로마사회를 알려주는 주요 사료 중 하나이다.

카에사르가 갈리아 지방을 정복한 것은 폼페이우스와 대결하고자 한 개인적 야망 때문이었지만 결과적으로 로마 문화가 유럽화(化)하는 계기가 되었다. 어쨌든 갈리아 정복을 통해 유럽 대륙을 통합하고, 지중해 문명권 속으로 편입시킨 것은 카에사르 개인의 추진력과 천재적인 지휘능력 덕분이라 할 수 있다.[2)]

갈리아 정복을 계기로 카에사르의 세력이 커지자 원로원으로부터 국가 안

보의 전권을 위임받은 폼페이우스는 카에사르를 제거하고 단독 지배자가 되고자 하였다. 카에사르의 딸이며 폼페이우스의 부인인 율리아Julia가 BC 54년 죽었을 때 두 사람을 이어주는 유대는 사실상 끊기고 말았다.

카에사르는 법적으로 갈리아 지휘권이 끝나는 BC 50년 원로원의 소환지시를 받았다. 그는 폼페이우스에 대항할 것을 결심하고 BC 49년 이탈리아와 갈리아의 경계인 루비콘Rubicon강을 건너 로마로 진격하였다. 즉, 카에사르는 자신의 운명을 거는 주사위를 던진 것이다. 당시로서는 원로원의 사전 승인없이는 군 지휘관은 무장한 채 루비콘 강을 건너지 못하게 되어 있었다. 그 후 그는 이탈리아 · 스페인 · 그리스 등에서 폼페이우스의 군대를 격파하였다. 폼페이우스는 에피루스Epirus로 도망갔으나 이집트에서 암살되고 말았다.

클레오파트라

이집트로 진주한 카에사르는 프톨레마이오스 15세와 클레오파트라 Cleopatra 여왕을 새로운 이집트 왕으로 함께 옹립시켰다. 이는 이집트가 실질적으로 로마의 세력에 굴복한 것을 의미하였다. 카에사르는 계속 소아시아와 아프리카까지 원정하였다.

안토니우스

BC 45년 개선한 카에사르는 10년 임기의 독재관 및 10년 임기의 집정관이 되었다. 그러나 얼마 안 되어 곧 종신 집정관이 되고, 최고사제(pontifex maximus)를 겸했으며, 로마군의 지휘권과 국고 처리권 등을 장악하여 임페라토르(imperator)의 칭호를 받았다. 그는 화폐에 자신의 초상을 새기게 하였다. 카에사르의 지지자들로 충원된 원로원은 독재자에 대한 일종의 자문기관으로 전락하고 말았다.

브루투스

카에사르는 실질적인 군주제를 수립했으므로 공화주의 전통을 지키려는 공화파의 격렬한 반대에 부딪히게 되었다. 그는 BC 44년 원로원 회의에 참석 중 브루투스Marcus Junius Brutus(BC 85-42)와 카시우스Gaius Cassius Longinus(BC 85-42)가 지휘하는 암살음모에 희생되었다.

카에사르의 암살로 로마 공화제의 전통이 표면상 유지되었으나 공화제의 변질은 불가피하였다. BC 1세기에 이르러 대외적으로 더 이상 로마 영토는 확장되지 않았으며, 대내적으로 공화정이 붕괴되는 여러 징조가 나타나고 있었다.

내란 카에사르가 암살된 후 형식적으로는 공화제가 부활되었으나 그 후 15년 동안 내란이 계속되었다. 한때 카에사르 밑에서 군 지휘관을 지낸 바 있는, 경험 많은 정치가 안토니우스Marcus Antonius(BC 83-30)와 카에사르의 양자인 청년 정치가 옥타비아누스Gaius Julius Caesar Octavianus(BC 63-AD 14)가 두각을 나타냈다.

2) Christopher Dawson, *The Making of Europe* (Mentor), 27.

옥타비아누스

아그리파

안토니우스와 옥타비아누스는 원로원의 반대세력에 대항하기 위해 레피두스Marcus Aemilius Lepidus(BC ?-13)와 함께 BC 43년, 5년 임기의 국가질서 재건 3인 위원회를 구성하였다. 세 사람은 국가의 절대권을 공유하고, 키케로를 포함한 반(反)카에사르 세력을 제거하였다. BC 42년 그리스 원정으로 카시우스와 브루투스 잔당이 소탕되었다.

그 직후 안토니우스 · 옥타비아누스 · 레피두스의 3인 지배체제는 제2차 삼두정치로 전환되었다. 역할 분담을 통해 옥타비아누스는 서방 속주, 레피두스는 아프리카 지역, 안토니우스는 소아시아 및 이집트를 관장하게 되었다.

그러나 옥타비아누스는 안토니우스가 이집트에서 클레오파트라와 가까이 지냄을 기화로 그를 반역자로 규정하였다. 그리고 BC 32년 안토니우스의 직권을 박탈하고 클레오파트라에게 선전포고하였다. 옥타비아누스와 안토니우스는 개인적으로도 좋지 않은 사이였다. 안토니우스는 옥타비아누스의 누이로서 정숙한 현모양처인 부인 옥타비아Octavia를 소홀히 하고 클레오파트라와 가까이 지냈던 것이다.

옥타비아누스와 안토니우스의 싸움은 서방적 지배체제와 헬레니즘적 전통과의 충돌을 의미하였다. BC 31년 악티움Actium 해전에서 아그리파Marcus Vipsanius Agrippa(BC 63-12)가 지휘하는 옥타비아누스의 군대는 안토니우스와 클레오파트라의 연합함대를 간단히 격파할 수 있었다. 옥타비아누스는 안토니우스와 클레오파트라 잔당을 쫓아 이집트로 쳐들어갔으며, 클레오파트라는 안토니우스의 뒤를 따라 자살하고 말았다.

이리하여 이집트도 로마 속주로 편입되고 고대 이집트의 역사는 끝났다. 악티움 해전의 승리로 전지중해 세계의 통합이 완성되었으며, 로마 안에 남아있던 공화주의자들의 잔여세력도 철저히 소멸되었다.

로마혁명

공화정말기에 정체의 변질을 가져온 이른바 로마혁명의 주요 연대는 다음과 같다.

BC 133	티베리우스 그라쿠스 호민관. 폭동으로 살해됨
123-122	가이우스 그라쿠스 호민관 살해됨
107	마리우스의 첫번째 콘술
91-88	이탈리아 동맹과의 전쟁
81-79	술라의 독재
70	폼페이우스와 크라수스의 첫번째 콘술
66	폼페이우스가 아시아의 미트리다테스 정복군 지휘권 장악
59	카에사르 콘술. 갈리아 지휘권 장악
58-49	카에사르의 갈리아 정복
49	카에사르 이탈리아 침입, 내란
44	카에사르 살해됨
31	악티움 해전
27	옥타비아누스의 지배. 로마제국의 시작

3. 로마제국의 성쇠

BC 31년은 지중해 세계의 역사적 전환점이었다. 지난 250년간 로마는 전 지중해 세계를 군사적으로 통합하는 데 성공하였다. 그러나 그 기간에 로마의 전통적인 정치체제인 공화정은 안으로 심각한 위기를 겪게 되었다. 오랜 내란과 정쟁(政爭)이 계속된 끝에 마침내 BC 31년 로마 공화제는 제정으로 바뀌었다. 로마제국은 지중해 세계에 평화와 질서, 안정과 번영을 가져오는 강력한 정치체제를 수립하고, 지중해는 그야말로 로마인을 위한 '우리의 호수'(mare nostrum)가 되었다.

그럼에도 불구하고 로마 제정은 본질적으로 동방적 전제군주제와 다른 것이었다. 예컨대 제정 전반기의 로마는 다분히 공화제의 전통을 존중하는 비세습적 군주제였다. 기원 후 3세기말에 이르러 비로소 동방적 전제주의가 로마에 정착하였다. 로마 제정의 역사는 다시 양분될 수 있다. 공화적인 전통이 남아 있는 프린켑스(Principatus) 시대(BC 27-AD 284)와 전제군주제로 간주될 수 있는 도미네누스(Dominatus) 시대(284-476)가 그것이다.

A. 아우구스투스 시대

악티움 해전의 승리로 옥타비아누스는 로마의 지배자가 되었다. 그의 통치는 전통적인 공화정과 강력한 개인통치가 절충된 것이었다. 지중해 세계를 실질적으로 통치하기 위해서는 도시국가시대의 정치체제는 적합하지 않았다. 광대한 제국의 영토를 효과적으로 지배하기 위해서는 적합한 정치체제가 수립될 필요가 있었다.

옥타비아누스가 취한 통치형태는 카에사르의 군주정(monarchia)이나 나중의 디오클레티아누스 이후의 전제정과도 상이하였다. 그의 직능은 공화주의 전통의 테두리 안에서 수행되었으나 그의 권한은 누구의 것보다도 우월하였다.

제정의 성립 옥타비아누스는 내란의 종결을 기뻐하는 군중의 환호 속에 로마로 귀환한 후 3일간의 개선식을 거행하고 평화가 회복되었음을 선포하였다. 그리하여 BC 27년 옥타비아누스는 국내외 질서가 회복되었다는 이유를 들어 자신에게 위임된 권력 일체를 '로마 원로원 및 시민'(Senatus Populus Que Romanus: SPQR)에게 반환하였다. 군주제를 수립함으로써 독재자라는 소리를 들은 카에사르의 전철을 밟지 않으려는 조치였다.

아우구스투스

아우구스투스의 업적록

본래 아우구스투스 자신이 로마 시민을 위해 기록한 『아우구스투스의 업적록』(*Res gestae divi Augusti*)은 내용상 셋으로 구분된다. 첫째로 그에게 수여된 관직과 명예, 둘째로 공공목적을 위한 황제재정의 지출, 셋째로 전시와 평화시에서의 그의 업적 등이다. 대체로 그 내용이 사실적으로 기술되어 있다고는 하지만 역사적 기록이라기보다 주관적인 정치적 주장이라 해야 옳을 것이다.

이 업적록은 그리스어 번역문과 함께 거의 완전한 형태로 보존되어 있다. 독일의 로마사가 몸젠 Theodor Mommsen은 이를 두고 "고대 라틴 금석문의 여왕"이라고 찬탄하였다. 거기에 관한 수많은 주석과 논의가 있었다. 아우구스투스는 많은 국가문서를 신전에 보관했는데 이것은 그 중의 하나였다. 그는 이 업적록이 자신의 마우솔레움(분묘) 앞의 두 청동 기둥에 새겨지기를 원했다.

안카라(지금의 터키의 Ankara)의 아우구스투스 신전 벽 위에 새긴 업적록은 안카라 기념물(Momumentum Ancyranum)이라 칭해지고 있다.

그는 업적록 제34항에서 자신의 체제에 관해 이렇게 말하였다. "나의 제6차 및 7차 집정관 재임 중에 내란을 진압한 후 전국민의 동의를 얻어 나의 권한인 국가 주권을 로마 원로원과 국민에게 이양하였다. 나의 이러한 공적과 봉사 때문에 원로원 의결에 따라 나는 아우구스투스의 칭호를 받았다…. 그 이래로 나는 권위에서 어느 누구보다도 우월하다고 하지만 직능에서 동료들보다 더 큰 권력을 장악하지는 않았다."

이에 원로원은 도리어 그에게 공화제하에서 가능한 모든 최고의 직능과 권한을 부여하였다. 즉, 종신 호민관 · 최고 재판관 · 원로원 의장 등을 겸임한 그에게 임페라토르Imperator와 아우구스투스Augustus 및 국부(國父:pater patriae)의 칭호를 부여하였다. 아우구스투스는 높은 존경을 받는 사람, 존엄한 인물, 신성한 존재, 초인적인 존재를 뜻하였다.

아우구스투스가 된 옥타비아누스는 스스로를 나라의 '제1시민'(princeps)이라 부르고, 공화제가 회복되었음을 자랑했지만 내용상으로는 군주제를 시작한 셈이었다. 결국 아우구스투스의 제정은 공화제의 명분 아래 이루어진 독재체제였다. 로마의 정치체제가 실질적으로 제정으로 전환했기 때문에 이 시기를 역사적으로 아우구스투스 시대라 부른다.

제정 체제와 로마의 평화 아우구스투스 정치의 기반은 군대와 재정제도였다. 로마군대는 '시민군'(militia)이었으며 복무연한이 16년에서 20년으로 연장되었다. 처음에는 18군단으로 축소되었으나 나중에 다시 25군단(legion)이 되었다. 약 15만 명에 달한 로마군의 각 군단은 속주 출신의 비시민으로 구성된 동수의 '보조군'(auxilia)을 가지고 있었다. 그들은 일정 기간 복무 후 제대하면 시민권을 부여받았다.

로마 상비군은 갈리아 · 스페인 · 도나우Donau;Danube강 지방 · 아프리카 등 변경에 거의 항구적으로 장기 주둔하였다. 근위군(近衛軍)은 엄선된 9

대(후에 10隊)로 구성되어 로마 인근에 주둔하고 있었다. 1개 대는 약 1천 명으로 구성되었다. 군대는 전리품이나 몰수한 개인재산으로 유지되었다.

장기간의 통치에서 아우구스투스가 이룩한 주요 업적 중 하나는 제국체제 유지를 위해 재정제도를 확립한 일이었다. 재정의 기본은 토지세와 인두세(人頭稅)였다. 인두세는 정규적인 국세조사를 통해 비시민에게 공평하게 부과한 세금이었다. 로마시민이 낸 세금은 주로 판매세와 상속세였다.

국가 재정은 속주정책과 관계가 깊었다. 속주정책은 공화정 시대의 수탈정책에서 안정화 정책으로 바뀌었다. 징세 청부업자를 통한 납세제도를 폐지하고 정부 관리를 파견하여 징세하였다. 로마 속주는 군 주둔을 요하는 황제 직할 속주와 군 주둔이 필요치 않은 원로원 직할 속주로 구분되었다.

황제 직할 속주는 황제의 직접 감독하에 두었다. 직할 속주에는 황제 재정을 책임지는 징세관(procurator)이 파견되어 과거와 같은 징세 청부업자들의 횡포를 방지하였다. 이렇게 거둔 세금은 황제 소속 국고(fiscus)에 수납되었다.

원로원 관할하의 속주에는 일년 임기의 프로콘술(proconsul)이 파견되었다. 이 경우 국고는 원로원 소속(aerarium)으로 되었다. 프로콘술의 선임에 관해서 아우구스투스는 감시를 게을리하지 않았으며, 따라서 속주 정치는 공화정 시대보다 훨씬 더 개선되었다.

로마의 평화 아우구스투스 통치가 전반적으로 현상유지 체제를 취하고, 국내외로 안정되었으므로 이른바 '로마의 평화' (Pax Romana)가 시작되었다. '로마의 평화' 의 특징은 우선 전쟁이 중지된 것과 그리고 로마 영토가 최대한으로 확장된 것이었다. 남쪽으로 북아프리카, 북쪽으로 라인강과 도나우강을 경계로 하고, 서쪽으로 브리타니아, 동쪽으로 흑해 연안에 이르는 광대한 제국이 형성되었다. 다음으로 대내적인 정치 · 경제의 안정을 들 수 있다. 제국의 많은 도시에 다리와 수도가 설치되고 길이 정비되었다. 수도 로마시는 '벽돌의 도시' 에서 '대리석의 도시' 가 되었다. 상공업은 활기를 띠고 사회 전체에 평화와 안정이 왔다.

끝으로 학문과 예술이 크게 발달하였다. 아우구스투스는 공공생활의 중심으로 옛부터의 전통적인 신앙을 부활시키고 신전들을 세웠다. 베르길리우스 · 호라티우스 · 리비우스를 비롯한 많은 문인과 예술가들이 국가의 지원을 받았으며 라틴문학의 황금시대, 이른바 '아우구스투스 시대' 가 열렸다.

네로

5현제 시대 AD 14년 아우구스투스가 76세로 죽은 후 양자인 티베리우스 Tiberius(BC 42-AD 37) 가 계승하여 유능한 통치를 하였다. 그 뒤를 이어 68년까지 이른바 율리아-클라우디우스Julia-Claudius 가계에 속하는 황제 4명이 제위를 계승했으나 대체로 무능하고 폭정(暴政)을 하는 편이었다. 칼리

안토니누스 피우스

하드리아누스

트라야누스

굴라Caligula(12-41)는 광기가 있었으며 네로Nero(37-68)는 폭군이었다.

그러나 그 다음의 베스파시아누스Vespasianus(69-79)는 유능한 장군 출신 황제였다. 그는 네로의 통치기간에 나타난 혼란을 수습하고 질서를 회복하였다. 그 뒤를 이어 이른바 플라비우스Flavius 가계의 세 황제들이 계승하여 대체로 로마제국은 정치적으로나 재정적으로 안정되었다.

아우구스투스가 닦아놓은 통치기반은 기본적으로 흔들리지 않았으며, 180년에 이르기까지 네르바Nerva(96-98), 트라야누스Trajanus(99-117), 하드리아누스Hadrianus(117-138), 안토니누스 피우스Antoninus Pius(138-161), 마르쿠스 아우렐리우스Marcus Aurelius(161-180) 등 이른바 5현제(賢帝) 시대를 통해 로마의 안정은 계속되었다.

B. 제정 초기의 경제와 사회

마르쿠스 아우렐리우스

'로마의 평화' 시대를 통해 로마제국은 그리스 문화를 확대한 대규모의 보편 문화를 형성하여 찬란한 안정기를 맞이하였다. 수도 로마시가 거대한 로마제국의 통치 중심이 되었다. 제국 수도 로마시에는 많은 인구가 살게 되었으며, 상·하수도를 비롯하여 극장·대중목욕탕·경기장 등 시설과 건물들이 섰다.

각 지역마다 주요 도시가 있어서 지역 경제의 중심이 되었다. 도시와 도시를 연결하는 도로가 매우 발달하여, 로마제국은 전체적으로 하나의 통일체를 이루었다. 사실상 아우구스투스 통치는 중앙정부와 지방행정 간의 균형에 바탕을 둔 것이었다. 이를 위해 수많은 도시들에게 자치를 허용하였다.

로마의 도시 도시마다 나름대로 경찰권과 사법권을 비롯해 공공토목공사, 사회복지사업, 종교문제 등에서 자율성을 가지고 있었다. 대부분의 도시는

117년경의 로마제국

또, 로마 공화정 시대의 제도와 비슷하게 선출된 관료, 지방 원로원 및 회의체들을 가지고 있었다.

로마제국은 많은 도시가 연결된 거대한 집합체였다. 1세기초 이탈리아 반도의 도시들은 로마시와 동등한 위치로 격상되었으며, 속주의 도시도 점차 자치를 획득하고 자유시(municipia)로서 특권을 얻게 되었다.

속주에서 도시가 발달하게 된 이유는 경우마다 달랐다. 스페인이나 갈리아 지방에서는 대체로 식민 도시가 발생하였다. 스페인의 타라코Tarraco나 갈리아(지금의 프랑스)의 리옹Lyons, 브리타니아(지금의 잉글랜드)의 요크York 등은 행정이나 종교행사의 중심이었다. 로마군이 20년에서 25년 동안 장기 주둔하는 변경에서는 군대 막사를 중심으로 여관 · 술집 · 상점이 모여 도시가 되는 경우가 많았다.

상업과 통상 제정초기의 상업은 전례 없이 번창했으며, 통상 범위는 중국 · 인도 · 영국에까지 이르렀다. 지중해 항해는 자유롭고 안전하게 되었다. 해적이 없어졌고 화물과 선객은 신속하게 운송될 수 있었다. 로마에서 알렉산드리아 간의 거의 2천km나 되는 항해가 10일이면 가능해졌다.

로마는 수출품보다 수입품이 더 많았으며, 수입품목은 곡물을 비롯하여 비단 · 면 · 옷감 · 향수 · 보석 · 파피루스 등 여러 종류였다. 통상과 병행하여 수공업이 발달하여 도나우강 유역 · 스페인 · 브리타니아 등에서는 광산이 개발되고, 갈리아에서는 도기가 제작되었다.

3세기초 로마의 주요도로

자유농의 몰락 제정 초기의 경제는 방대한 영토를 획득하는 과정에서 늘어난 자연자원을 기반으로 하였다. 전통적이며 기본적인 경제활동이던 농업은 갈리아 · 스페인 · 브리타니아 등으로부터 곡물이 유입됨으로써 위축되는 경향이 있었다. 이 때문에 반도 안에서의 농업생산은 포도와 올리브 등 과수 재배로 전환하였다.

그러므로 로마제국의 경작면적은 전체적으로 증가했으나 로마인에 의한 농업생산은 줄어들었다. 자기 소유의 토지를 가진 자유농의 수는 줄고, 대지주의 대농장이 소작인(colonus)에 의해 경작되었다. 공화정 말기와 다른 점은 노예사역에 의존한 대농장 제도가 후퇴했다는 것이다. 그 이유는 전쟁이 거의 없어지고 노예가 더 이상 생기지 않자 노예값이 올랐기 때문이었다.

이와 같은 경제적 변동으로 사회적 변화가 뒤따랐다. 토지를 잃은 무산계층이 증가하고 노임은 떨어졌다. 토지를 소유한 구 귀족은 몰락하고, 속주에서 경제활동을 한 신귀족이 부상하였다. 이와 같이 사회계층의 변동이 심해 사회적 불안의 요인은 항상 잠재하고 있었다.

그러나 1-2세기에는 자유민이거나 노예 계층이거나 전체적으로 로마 사람들은 안주하는 듯했으며, 표면상 별로 큰 동요의 징조는 없었다. 동요가 두드러지게 나타나기 시작한 것은 2세기말에서 3세기에 이르러서였다.

아우구스투스 체제의 본질

타키투스 이래로 아우구스투스 정치 형태의 본질은 여러 가지로 판정되었다. 먼저 타키투스 Cornelius Tacitus(c.55-117)는 아우구스투스 사후 100년의 역사를 저술한 『연대기』에서 아우구스투스를 공화제의 파괴자로 규정하였다. 이것은 타키투스가 공화제 신봉자였다는 사실을 반영하고 있다.

『로마제국의 쇠망사』 7권을 23년에 걸쳐 쓴 기번Edward Gibbon(1737-94)은 2세기 로마의 평화시대부터 1453년 동로마의 멸망까지를 다루면서 아우구스투스를 전제군주로 단정하였다. 그는 군부를 완전히 장악하고 모든 행정을 독단한 폭군이라는 것이다. 이러한 판정에는 정치적 자유가 인간행복에 필수적이라 믿은 기번의 사관이 작용한 것으로 보인다.

그러나 19세기 이후의 현대학자들의 견해는 다르다. 몸젠Theodor Mommsen은 프린켑스제를 사실상 원로원과 권력을 나누어 행사한 2원제로 보았다. 뷰리John B. Bury는 몸젠의 2원제 이론에는 찬성하면서도 아우구스투스가 실권자임을 인정하였다.

아드콕Sir Frank E. Adcock은 2원제론에 반대하여, 아우구스투스 체제가 '권력의 분담'이 아닌 '업무의 분담'이라 보고, 원로원의 이름으로 행해지지 않은 영역이 없었다고 지적하였다.

로마 공화정 마지막 세기에 관한 기술을 한 페레로Guglielmo Ferrero는 아우구스투스가 전제군주가 아니라 로마의 정치적 구원자라고 말하였다. 전통적 제도가 소멸하기 직전에 구원하고, 엄정히 합헌적 방식으로 통치했다고 주장하였다.

사회경제사가인 로스토프체프Michael Rostovtzeft는 아우구스투스 체제를 군주제, 2원제, 공화제 회복 등 어느 하나의 용어로 규정하기 곤란하며, 여러 요소들이 혼재했었다고 보았다. 아우구스투스는 실권을 상당 부분 장악한 것이 사실이나 원로원과 시민회와 조화를 도모하면서 로마를 통치했다는 것이다.

사임Ronald Syme은 순전한 헌정 문제에서 보다 현실적 관점에서 아우구스투스 체제를 보고자 한 학자로서, 그는 아우구스투스가 정권을 잡으려는 정치적 야심가이며 혁명 또는 정파의 우두머리라고 주장하였다.

C. 로마제국의 쇠퇴와 몰락

로마제국의 전환기는 AD 180년 마르쿠스 아우렐리우스 황제가 죽은 후에 뚜렷하게 나타났으며 로마제국의 평화와 번영에는 종말이 왔다. 3세기는 거의 끊임없는 내란으로 얼룩졌다. 로마제국의 국내 질서는 심각하게 교란되고 외부의 공격으로 더욱더 혼란해졌다. 정치 위기와 함께 경제적 불안정이 더해갔으며 사회적 긴장은 고조되었다. 지적 혼란이 사회적 잠재력을 잠식했으며 로마사회는 시대적 변화에 대응하는 힘을 상실하였다.

코모두스

군인황제 시대 2세기말부터 로마제국의 위기는 변경지역에서의 외세 위협과 제위계승 문제 때문에 심각해졌다. 이러한 위기로 점차 군대의 발언권이 강해지고 결국 정치에도 개입하게 되었다.

이미 1세기 후반(68) 군인들이 황제 선출에 개입한 데 이어 2세기말부터는 본격적으로 정치에 끼어들었다. 마르쿠스 아우렐리우스 사후 그의 아들 코

모두스Commodus(180-192)가 12년간 통치한 후 자신의 체육 트레이너에 의해 살해된 이래로 1세기 동안 내란이 뒤따라 일어났다.

셉티무스 세베루스Septimus Severus(193-211)로 시작되는 세베루스 가계 황제들이 국가정책을 주로 군대에 의존하였기 때문에 군인들이 황제의 선출과 폐위를 좌우하게 되었다. 이른바 '군인황제'는 주로 일생 군대생활를 한 속주 출신이었기 때문에 행정 경험이 없었다. 그들은 공화정 전통에 입각한 프린켑스제의 본질을 이해하지 못하고 오직 군대를 동원하여 통치를 강화하려고 했을 뿐이었다. 군인황제 시대(235-284)는 디오클레티아누스가 즉위할 때까지 계속되었다.

디오클레티아누스

디오클레티아누스 황제 디오클레티아누스Diocletianus(285-305)는 강력하고 유능한 행정가였다. 이미 셉티무스 세베루스 이래 진행된 전제주의 경향을 확실하게 굳혀 놓았다. 그는 정책을 과감하게 수행하여 정치적 능률을 높이고, 국경 방비에 주력했으며 지속되는 경제 쇠퇴를 막고자 하였다.

우선 그는 원로원의 기능을 로마시의회 정도로 축소하고, 절대군주로서의 외형을 강화하였다. 궁정의식을 갖추어 태양신의 칭호를 스스로에게 부여했으며 신하들에게 '최고 신성한 주군'(dominus)이라 부르도록 하였다. 이로써 로마제국은 전통적인 프린켑스제로부터 도미누스제로 바뀌게 되었다. 다음으로 행정체제를 개편하고 중앙집권을 강화하였다. 행정구획을 4도(道)-12구(區)로 구획하고, 구 아래에는 수백의 주(州)를 두었다. 또 비밀경찰제를 창안하여 관리들의 부패를 막으려고 하였다.

끝으로 그는 효과적으로 제위 계승을 할 수 있는 방안을 세웠다. 그와 함께 통치하는 정제(正帝: Augustus)를 서부에 두고 자신은 동부를 통치하였다. 이와 동시에 부제(副帝: Caesar)를 각각 한 사람씩 두고 정제를 계승하도록 하였다. 결과적으로 네 사람의 황제가 동서 로마제국을 공동통치하는 셈이 되었다. 이상과 같이 제국체제를 강화하여 전제군주제를 확립함으로써 2세기 이상 계속된 타협적 형태의 제정은 사라지게 되었다.

콘스탄티누스 대제

콘스탄티누스 대제 디오클레티아누스가 은퇴한 후 305년 그의 체제는 무너지고 다시 내란이 일어났다. 그가 고안한 제위계승 방식은 실효를 거두지 못했고, 310년에는 다섯 사람이 정제를 자칭했으며 부제는 하나도 없는 상태였다.

수년 간의 내란 끝에 콘스탄티누스Constantinus(306-337)가 황제로 즉위하여 몇 가지 획기적인 정책을 실시하였다. 먼저 313년 밀라노Milano 칙령을 공포하여 그리스도교를 공인하였다. 그는 여러 해 동안 다른 황제와 함께 통치하다가 324년 일인통치를 하게 되면서 종래의 제위계승 제도를 폐지

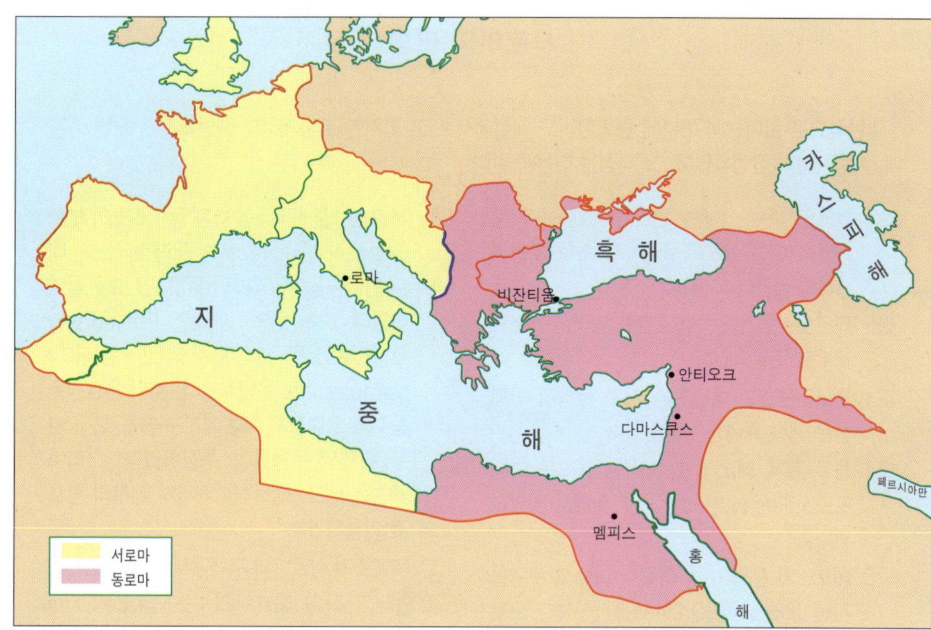

동서 로마의 분리

하였다.

로마제국의 동부는 점점 더 정치적으로 중요해졌으나 서부보다 붕괴 위험이 더 컸다. 콘스탄티누스 대제는 330년 전략적으로 좋은 위치에 있는 비잔티움Byzantium으로 수도를 옮기고 신 로마(Nova Roma)라고 불렀으며, 후에는 다시 '콘스탄티누스의 도시'라는 뜻으로 콘스탄티노플Constantinople(지금의 Istanbul)이라 개칭되었다.

콘스탄티누스 대제 사후 약 반세기 동안 로마는 동서 두 지역으로 나누어지고, 두 황제의 공동통치가 행해져서 로마제국 분립(分立)의 골은 더 깊어졌다. 테오도시우스 1세Theodosius I(379-395)가 395년 임종시 두 아들에게 로마제국을 나누어 통치하도록 하였다. 즉, 아르카디우스Arcadius(377-408)는 동로마, 호노리우스Flavius Honorius(384-423)는 서로마를 차지하여 통치하였다.

그 후 로마제국은 다시는 하나로 통합되지 못하였다. 375년경부터 북쪽의 게르만 민족이 제국 내로 이동하기 시작했으며 이를 계기로 로마제국은 급속도로 쇠망의 길을 걷게 되었다.

호노리우스

서로마의 멸망 476년 로마 최후의 황제 로물루스 아우구스툴루스Romulus Augustulus가 폐위됨으로써 로마의 역사는 마침내 끝났다. 스키피오Scipio Aemilianus(小 스키피오, BC 185-129)는 BC 146년 카르타고가 멸망할 때 울면서, 모든 인간사를 성찰하면 로마에게도 똑같은 운명이 닥쳐오리라고 예

서로마의 멸망

일반적으로 로마는 476년에 멸망했다고 개설에서 쓰고 있지만 로마제국의 쇠망과정은 오랜 기간에 걸쳐 서서히 진행되었다. 그 과정은 다음과 같다.

393 테오도시우스 1세는 콘스탄티노플을 지배하면서 아들 호노리우스에게 서쪽 부분의 통치를 맡겼다.

395 테오도시우스가 죽음으로써 제국은 동부와 서부로 구분되었다.

423 호노리우스는 죽었으나 서부 로마의 황제들은 계속 제위를 유지하였다.

474 동부 황제 레오 1세Leo I는 율리우스 네포스Julius Nepos를 서부 황제로 임명하였다.

475 네포스가 훈족 추장 아틸라Attila의 부관을 지낸 오레스테스Orestes를 군사령관으로 임명하였다. 오레스테스는 어린 아들 로물루스 아우구스투스Romulus Augustus; Augustulus를 서방의 황제로 인정해야 한다고 강력히 주장하였다. 네포스는 달마티아의 살로나Salona로 도망가고, 로물루스는 10월 31일 황제임을 선포하였다. 그러나 이 행위는 법적 효력이 없는 것이었으므로, 네포스는 공식적으로 계속 서부 황제로 인정받았다.

476 게르만 출신의 용병대장 오도아케르Odoacer; Odovacar는 오레스테스에 대한 반란군을 지휘하여 8월 28일 그를 살해하였다. 그는 9월 4일 라벤나Ravenna의 로물루스를 폐위시키고 캄파냐Campagna로 유배시켰다. 로마 원로원은 동부의 로마황제 제논에게 사절을 보내 서부 황제의 무용론을 주장하였다. 그러나 제논은 네포스를 죽을 때까지 서부의 황제로 인정하였다.

480 네포스가 살로나의 저택에서 살해되었다.

520 연대기 작가 마르켈리누스Marcellinus Comes는 콘스탄티노플에서 쓴 『연대기』에서 서부 제국(Hesperium imperium)은 476년 로물루스 아우구스툴루스의 폐위로 멸망했다고 서술하였다. "고트족의 왕 오도아케르는 로마를 점령하였다. 그는 오레스테스의 아우구스툴루스Augustulus를 캄파냐의 루쿨루스Lucullus성으로 추방하였다…." 이로써 서로마 멸망의 연대가 476년으로 결정된 셈이었다.

언했는데, 로마의 멸망은 그로부터 600년이 더 지난 후 현실로 다가왔다.

어느 역사가는 "로마제국에 관해 가장 잘 알려진 사실은 그것이 쇠퇴하고 몰락했다는 것"이라고 말했지만, 로마의 쇠망은 갑작스러운 것이 아니라 수세기에 걸쳐 진행된 점진적인 것이었다.[3] 실제로 로마는 이미 2세기 전부터 정치적 · 경제적 · 사회적 · 문화적 · 정신적 요인들로 인해 몰락의 길을 걸어왔다고 볼 수 있다. 로마 쇠망의 원인은 복수적(複數的)이고 복잡한 것이며, 많은 요인들이 서로 작용하면서 로마사회를 쇠망시키는 결과를 가져왔다.

로마를 정치적으로 혼란스럽게 만든 요인 중에는 제위계승의 문제가 있었다. 황제 자리를 누가 계승하는가에 관한 명백한 규정이 없었기 때문에 쉽사리 정권의 공백상태가 왔고, 결과적으로 군부가 국가 권력을 찬탈하는 결과를 초

3) Chester G. Starr, *The Roman Empire, 27 BC-AD 476: A Study in Survival* (1982), 3.

래하였다. 제정 초기에는 황제가 재위 중에 양자를 지명함으로써 제위계승에는 별 어려움이 없는 듯하였다. 그러나 2세기말 마르쿠스 아우렐리우스가 자신의 아들 코모두스를 황제로 지명했기 때문에 제정 초기의 전통이 무너졌다.

서로마의 정치적 단절에 결정적 계기가 된 것은 게르만 민족의 이동이었다. 본래 게르만 민족은 서서히 평화적으로 로마 안으로 침입해 들어왔다. 따라서 게르만 민족과 로마제국과의 관계는 4세기 전반까지는 매우 타협적이었다. 5세기 중반까지는 비록 게르만 민족이 로마제국의 서부를 유린하긴 했으나, 그것은 침입세력이 강대했다기보다 로마의 자기방어(自己防禦)의 힘이 떨어졌기 때문이었다.

정치적으로 볼 때 로마제국의 행정력이 저하되어 군대를 통제하기 어렵게 되었다. 군대는 제위계승 분쟁에 깊이 개입했으며, 그 결과 군 조직이 약화되어 외세의 침입을 저지할 힘을 잃어버렸다. 이에 반해 기존 체제를 유지하기 위해 상대적으로 탄압 정치는 강화되었으며, 특히 도시민의 자유를 억압하였다. 따라서 로마제국의 기반이라 할 수 있는 자치시(自治市)는 쇠퇴했고 그 결과 도시민의 충성심이 약화되었다.

그 밖에 로마제국에는 내부적인 결함이 많았다. 제국의 영토는 효과적으로 지배할 수 없는 규모로 커졌으며, 그에 따른 여러 문제점들이 드러났다. 복종하지 않는 군대, 비대해진 관료제, 정치적 부패, 개인 자유의 억압과 자치시에 대한 탄압, 계급투쟁과 노예제, 외래사상의 유입 등의 문제들이 파생하였다. 비록 이탈리아 반도의 도로망이 발달되었다 해도 제국 전체로 볼 때 방대한 제국을 방위하고 유지할 만한 교통과 통신제도가 될 수는 없었다. 로마제국의 팽창 그 자체가 쇠망의 요인으로 작용하였다.

사회적으로 볼 때 로마 쇠퇴의 원인은 상층계급과 하층계급 간의 사회적 충돌에서 찾을 수 있다. 군의 중추를 이룬 농민계층과 도시 유산계층 간에 오랫동안 갈등이 있었다. 노예와 인구는 감소하고 부는 일부 계층에 집중되었다. 고도의 문화는 대중화되지 못하고 도시의 일부 상층계급에 국한되었으며, 국가적 위기에 직면하여 대중의 각성과 협력을 바랄 수 없게 되었다.

경제적인 면에서는 토지의 집중적 소유 경향이 두드러졌다. 대농장은 노예 또는 반예속적인 소작인들이 경작하였다. 한때 로마의 강점이었던 자유농(自由農)은 예속적 지위로 떨어졌다. 제정 후기에 일반화된 대토지 제도는 경제적인 분권화를 더욱 촉진시켰다.

로마의 비효율적인 재정제도는 경제적 쇠퇴를 가져왔다. 고율 과세가 실시되고 화폐가치는 하락했으며, 강제징발과 강제노동이 많아졌다. 경제적 지방분권도 또다른 하나의 제국 쇠퇴 요인이 되었다. 지역에 따라 육상 및 해상 교통망은 비교적 발달되었으나 운송수단이 빈약하여 물품의 상호교류는 어려워

로마 쇠망의 원인에 관한 학설

일부 역사가들은 로마제국의 쇠망을 하나의 커다란 원인으로 귀착시키려고 하지만 이것은 옳은 역사해석이 아니다. 예컨대 기번Edward Gibbon은 로마 문명이 쇠망한 주원인이 야만민족과 그리스도교의 파괴적 힘에 있다고 보았다. 그러나 로마의 쇠망이 게르만족 · 프랑크족 · 고트족의 침입에 있다고 본다면 또다른 문제에 봉착하게 된다. 즉, 왜 이러한 민족이 수세기 동안 문명세계를 지배한 하나의 제국을 패퇴시킬 수 있었는가? 왜 제국의 동쪽부분은 서쪽부분과 함께 멸망하지 않았는가?

로마 멸망의 원인에 대해서는 많은 학설이 있으나 사실의 뒷받침이 충분치 않다. 일부 역사가들은 로마제국 내의 상층계급의 정치적 지도력이 약화됨으로써 쇠망했다고 한다. 또다른 일부 역사가들은 가내경제의 한계를 벗어나지 못한 로마의 경제를 지적하고 있다. 그러나 가내경제에 머물러 있던 사회들이 수세기 동안 존속했던 경우가 있었다. 일부 역사가들은 로마 농업의 쇠퇴의 원인으로 토양의 피폐(疲弊)를 지적하는 토양피폐설(Vladimir G. Simkhovitch)이나 강수량(降水量)의 감소와 한발의 부단한 반복 주기를 지적하는 기후변동설(Ellsworth Huntington)을 내놓기도 하였다. 이 밖에 문명의 생활주기를 말하는 유기체론, 인종 혼융설, 특히 노예로 인한 혈통의 변화를 이유로 지적하는 로마 민족 퇴화론(Tenny Frank), 군대와 농민이 결탁한 계급투쟁설(M. I. Rostovtzeff), 말라리아의 전염을 근거로 한 질병설, 제정말기의 개인윤리의식의 이완을 지적한 도덕퇴폐설, 야만인설(John B. Bury, A. H. M. Jones, Norman H. Baynes), 로마황제 무능설(Otto Seeck), 납 중독설(S. Colum Gilfillan) 등이 있으나 사실적 증거에 의한 뒷받침이 희박하다.

로마제국과 같은 정치적인 거대한 조직이 무너지는 배경에는 단하나의 커다란 원인보다는 정치 · 경제 · 사회적 요인들 이외에 도덕 · 사회심리 · 문화 · 정신적 요인까지 복합적으로 작용했다고 보아야 옳을 것이다.

졌고, 정치적 혼란으로 그 어려움이 가중되었다.

서로마의 멸망에 대한 정신적 요인을 정확히 평가한다는 것은 쉽지 않다. 그 중에서 로마의 쇠망과 관계 있는 정신적 요인으로 그리스도교의 전파가 지적될 수 있을 것이다. 정치적 혼란과 사회적 불안으로 로마사회에 널리 비관론이 퍼지면서 동방의 신비적 종교나 그리스도교에 의지하는 사람들이 많아졌다. 이러한 내세 지향적 태도와 함께 현실에 대한 패배의식이 널리 번져 결국 로마 쇠망에 대한 사회 심리적 요인으로 작용했다고 생각될 수 있다. 그러나 그리스도교의 전파는 정신적 변화의 한 면에 불과하기 때문에 지나치게 강조되기 어려울 것이다.

이상의 모든 요인들을 감안할 때 정치 · 경제 · 사회 · 문화 · 정신적 문제들이 복합되어 로마의 몰락을 초래한 것으로 보아야 타당하다. 비록 476년 로마제국의 서쪽부분이 정치적으로 단절되긴 했으나 동로마는 비잔틴 제국의 이름으로 1453년까지 지속되었으므로, 서로마 쇠망의 원인들이 동로마에는 해당되지 않는 것이다.

흔히 476년에 서로마가 멸망했다고 단정하지만 그것은 단지 정치적인 의미밖에 없다. 476년은 로마 황제의 계보 단절을 가리킬 뿐이며 로마 문명권의 전체적인 종말을 의미하지는 않기 때문이다. 5세기 이후에도 정치적 구조의 큰 테두리와 사회 · 경제적 조직, 그리스도교와 로마법 등은 계속 유지되었다. 이 점에서 5세기는 서로마의 정치적 단절을 계기로 초래된 새로운 전환기였다.

4. 로마 문화

로마는 그 전성기에 56개 속주와 7천5백만 인구를 가진 세계 제국이었다. 그 안에 많은 도시가 제각기 특색을 지니고 여러 민족이 공존하는 거대한 국가였다. 로마제국은 이와 같은 수많은 요소를 다 포함한 상대주의적 문화권을 형성하였다.

지중해 세계를 통합한 로마는 그리스의 독창적 문화를 중개하고 전파하여 헬레니즘을 세계문화의 차원으로 높였다. 그러나 로마 문화가 "단순한 그리스의 모방이라는 생각은 낡고 오도된 것"이며 "그와 반대로 법과 정치학에서 또는 문학과 조형미술에서 로마의 성취는 특이한 독창성과 독특함을 지닌 것이었다."[4] 로마는 그리스도교를 유럽화(化)했으며, 로마법 사상을 통해 법과 권리의 개념을 체계화하였다. 종교와 법의 분야에서 로마 문화가 했던 창조적인 역할은 아무리 강조되어도 지나치지 않을 것이다.

대체로 로마 문화의 특징은 셋으로 나눌 수 있다. 먼저 로마 문화의 절충적 성격이 지적될 수 있다. 로마 문화는 일차적으로 그리스 문화에서 자극을 받았지만, 그 밖에도 헬레니즘 · 에트루리아 · 이집트 등 선행(先行)의 문화들을 흡수하여 한층 더 종합적이며 보편적인 형태로 체계화하였다.

다음으로 로마 문화에는 실용성이 두드러졌다. 로마인의 성향은 일상생활을 원활히 하고 실용가치를 존중하는 것이었다. 그들은 추상적이며 명상적인 면보다는 실용적이며 조직적인 면에서 능력을 발휘하였다. 도로 및 상하수도와 같은 토목공법이나 의학 · 과학기술 · 법률이 발달되었다. 로마인의 법 개념, 특히 자연법 체계는 이후 전세계 법체계의 근간이 되었을 뿐 아니라 근대 유럽 정치사상의 기반이 되었다.

끝으로 로마는 문화적 교량 역할을 하였다. 로마제국은 행정 조직을 통해 그리스 및 그 이전의 고전문명을 유럽으로 확산시켰다. 이러한 고전문명의

---

4) Michael Grant, *History of Rome* (Torchbooks), 1.

'유럽화'는 라틴어를 매개로 했기 때문에 라틴어는 여러 유럽 언어의 모태가 되었고, 라틴어 번역을 통해 고전철학 사상이 보존되었다. 토인비Arnold J. Toynbee(1889-1975)가 그리스 문화와 함께 로마 문명을 '헬레닉 문명'이라 총칭한 것은 바로 이러한 로마의 문화사적 역할을 의미한 것이다.

A. 토목건축과 미술

본래 로마 미술은 양식 · 발상 · 기교에서 그리스의 영향을 받아 발전했으나 나름대로의 독자성을 발휘하였다. 그러한 독자성은 BC 250년경부터 점차 뚜렷해지기 시작하여 AD 2세기경 로마 미술은 그 절정기에 달하였다.

로마인이 대규모의 토목건축을 영위하게 된 것은 광대한 제국을 통치하는 데 필요하다고 생각했기 때문이었다. 도로, 다리, 상 · 하수도시설은 제국내 각 지역을 연결하고 행정을 원활히 하기 위한 목적에서 건설되었다. 제국 행정의 중심지인 로마시에 커다란 건축물을 세워 수도로서의 면모를 갖추었다. 아프리카 사막지방에 있는 속주에도 대규모의 토목과 건축을 해서 제국의 위용을 과시하려고 하였다. 그러나 로마인은 근본적으로 실제적 용도를 고려하고 일반 시민 생활에 적합한 공공 건축과 토목 공사를 하였다.

프랑스 님Nîmes 근처에 남아 있는 퐁-뒤-가르: 맨 윗부분이 수로(水路)이다. 소형 승용차 한 대가 지나갈 정도의 너비로 물 흐르는 길이 만들어졌다.

단순한 아치형

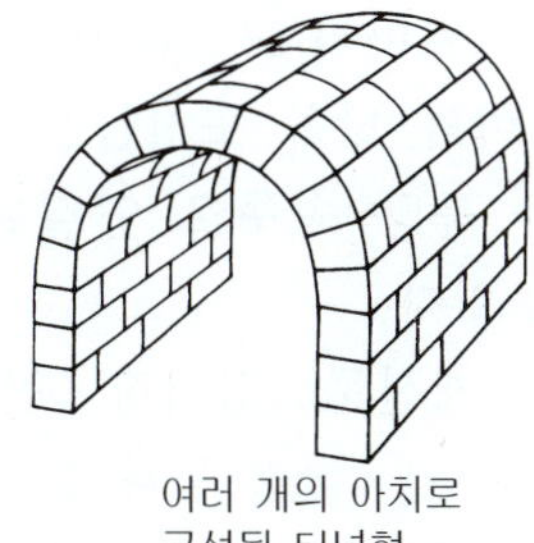
여러 개의 아치로
구성된 터널형

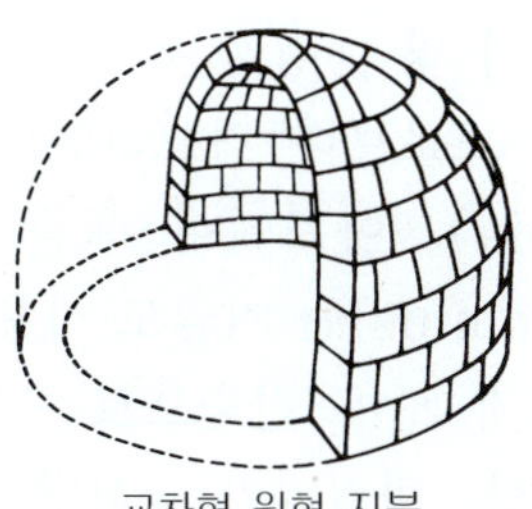
교차형 원형 지붕
또는 돔

토목 건축 양식 로마인이 다리 · 수로(水路) · 댐 · 저수지 · 항만 등을 만들 때 즐겨 사용한 토목건축 방법으로는 아치 · 원형 지붕(dome) · 콘크리트 법 등이 있었다.

아치 형식은 메소포타미아 또는 에트루리아의 것을 모방한 것이었다. 처음에 로마인은 메소포타미아에서 따온 원통형 지붕을 만들었으나 점차 독특한 교차형 원형 지붕(돔)으로 발달시켰다. 이러한 로마의 원형 지붕은 중세 건축에 전해졌다. 에트루리아인으로부터 배운 아치 형식을 사용하고, 기둥에는 그리스의 3양식을 적용하였다. 오늘날 스페인 세고비아Segovia나 프랑스 님Nîmes에 남아 있는 수로는 아치로 연결된 것으로, 로마 수로의 좋은 예이다. 현대인의 눈에는 그것이 수로라기보다 다리 같아 보일 것이다.

로마시대의 콘크리트 건축법은 건축물을 적은 비용으로 튼튼하게 짓는 공법이었는데, 그후 중세에는 잊혀졌다가 근세에 와서 부활되었다. 로마인은 콘크리트 위에 대리석이나 벽돌을 덧붙여 외관을 더욱 아름답게 만들었다.

로마 시의 판테온: BC 27년 아그리파Agrippa가 건축하기 시작하여 하드리아누스 대제가 118-128년에 완성

카라칼라

군사 및 행정적 목적으로 만든 로마의 도로는 어떠한 다른 고대 민족이 건설한 도로보다 견고하였다. 로마와 남쪽 도시들을 연결하는 아피아로(Via Appia), 아드리아 해를 거쳐 북방 속주로 연결된 플라미니우스로(Via Flaminius)는 지금도 사용되고 있다.

고대 로마 건축으로는 신전 · 개선문 · 경기장 · 반원형 극장 · 포룸 · 대중 목욕탕 · 바실리카(공회당: basilica) · 궁전 등과 같은 공공건물 등이 있었다. 그 양식은 그리스 · 에트루리아 · 메소포타미아의 것들을 모방한 것이지만 그 구조가 단단하고 규모가 커서 호사스럽고 장식적이다.

신전 건축에서는 대체로 그리스 양식을 모방하는 것에 지나지 않는 게 대부분이다. 프랑스 님에 남아 있는 메종 카레Maison Carrée가 그리스 양식을 그대로 본뜬 대표적인 것이다.

그러나 AD 2세기에 세워진 판테온Pantheon은 원형 지붕의 구조를 가진 신전으로서는 최대의 것 중 하나이며, 로마적 요소가 가미된 신전건축이었다. 직경 43m인 원형 지붕은 콘크리트 법으로 건축되었다. 방대한 내부공간이 주는 느낌은 엄청난 것이다. 직사각형의 현관은 그리스 양식의 기둥으로 받쳐져 있다.

로마에서 가장 흔히 볼 수 있는 바실리카는 양쪽에 복도를 가진 장방형 건물이었다. 로마의 포룸은 집회 · 시장 · 예배장소 등의 다용도 복합건축물이며, 일자형 평면을 하고 있다. 또 로마인은 목욕을 즐겼으므로 각 도시에는 대규모 대중 목욕탕이 있었다. 목욕탕은 복판에 마당이 있고, 그 둘레에 작은 방

바실리카

(왼쪽) 트라야누스 황제의 목욕탕(복원도)
(오른쪽) 콜로세움

들이 있으며, 높은 천장을 한 호화로운 구조를 한 것이었다. 목욕탕에는 냉·열탕과 온탕을 갖추었고, 탈의실·휴게실·강의실·도서실 등의 시설이 그 안에 있었다. 카라칼라Caracalla 욕탕(Thermae Antoninianae)은 3세기 전반에 세워진 것으로, 그 규모가 어느 만큼 웅장했는지를 오늘날 남아있는 폐허로도 쉽사리 추측할 수 있다.

경기장도 그 규모가 매우 커서 4각형의 대경기장(Circus Maximus)은 25만 명의 구경꾼을 수용할 수 있는 것이었다. 1세기 후반 베스파시아누스Vespasianus(9-79) 황제 때 세우기 시작하여 80년 티투스Titus(79-81) 황제 때 완공한 콜로세움Colosseum은 둘레가 4백m나 되었다. 타원형의 평면을 한 4층으로, 또 그리스 3양식의 아치 연결로 된 이 경기장은 수용좌석이 5만 명이나 되었다.

로마인은 또 거대한 궁전을 건설했는데, 대표적인 예가 네로 궁전과 도미티아누스 궁전이다. 로마의 농촌 빌라는 다층건물로서 크고 작은 방들이 많이 있었고 내부장식이 호화스러웠다. 그리고 일반민의 주택으로는 콘크리트로 만든 작은 다층 아파트들이 건축되었다.

조각과 회화 로마의 조각과 그림은 공공 실용 건축과는 달리 특성 있게 발달하지 못하였다. 조각이나 그림에서는 그리스 양식이나 헬레니즘 양식이 그대로 사용되었다. 가장 전형적인 로마 조각은 주요 정치인들을 위한 조상(彫像)이거나 역사적 사건을 묘사한 부조(浮彫)였다. 특히 공공건물의 벽면·아치·기둥 등에 새겨진 부조는 황제들의 행적을 묘사하거나 로마인의 일상생활을 그린 것이었다.

오늘날까지 그다지 많이 남아 있지 않은 로마의 그림이나 모자이크는 역시 그리스와 헬레니즘의 영향을 강하게 받은 것이었다. 그림이나 모자이크는 독립된 미술로서보다는 건물의 내부 장식으로 더 많이 활용되었다. 그림

오디세이아 지방의 풍경을 그린 BC 50-40년경의 회화

나일강변의 풍경을 묘사한 BC 120-100년경의 모자이크

정원 (BC 20년경)

안토니우스 피우스 황제와 부인 파우스티나 (165년경의 부조)

로마 장군상 (3세기말)

비너스상(BC 1세기경)

의 대상은 신화나 자연풍경이었으며, 사실적인 묘사가 돋보이는 기법이 사용되었다. 폼페이 벽화 등 잔존해 있는 작품에서는 로마 특유의 사실성이 엿보인다.

B. 사상과 과학

철학과 사상 로마인은 고전 그리스 철학사상 중에서도 주로 개인과 사회를 위한 윤리문제를 다룬 철학을 중시하였다. 그들은 실제적 지혜와 활동적 생활을 높이 평가한 반면, 추상적인 철학적 사고에는 그다지 큰 관심을 기울이지 않았다. 주로 현실적 필요에 따라 그리스 사상을 존중하고 모방하였다. 그러므로 로마의 사상가들은 그리스 철학을 로마의 지적 풍토에 맞추어 재해석하고 고대 철학을 라틴어로 번역하였다. 주목되는 철학자는 키케로Marcus Tullius Cicero(BC 106-43), 세네카Lucius Annaeus Seneca(BC 4-AD 65), 루크레티우스Titus Lucretius Carus(BC 99-55), 마르쿠스 아우렐리우스Marcus Aurelius Antoninus(AD 121-180) 등이었다.

키케로

로마 철학은 대체로 헬레니즘 시대의 철학 학파를 계승했다고 볼 수 있다. 삶에 대한 물질적 해석을 합리화한 에피쿠로스 학파는 규율과 종교를 기피하는 젊은 귀족층의 공감을 샀다. 시인 루크레티우스는 에피쿠로스 학파의 물질주의적 우주관과 쾌락주의 이상을 제시하였다. 그는 인간의 자유를 인정하고 정신적 해방을 주장하였다.

웅변가이며 산문작가인 키케로의 철학사상은 스토아 학파에 가까웠다. 그는 헬레니즘 사상에 심취한 철학자로서 널리 그리스 철학자들의 저술을 읽었으며, 동지중해 일대를 여행하였다. 그는 그리스 철학서를 라틴어로 번역하여 철학용어와 사상을 보급하였다.

전통적 방식을 존중하는 로마 지식인에게는 스토아 학파가 큰 호소력을 가졌다. 그것은 개인의 자제력과 의무감 및 정신적 평화를 존중하는 사상이었다. 포에니 전쟁 기간 중에 대두하기 시작한 로마의 스토아 학파는 2세기까지 큰 영향을 미쳤다.

이 시기에 세네카, 에픽테투스Epictetus(55-135), 마르쿠스 아우렐리우스 등과 같은 대표적 사상가들이 배출되었다. 세네카는 네로 황제에게 봉사한 사상가였다. 세네카는 일신론(一神論)과 영생불사의 관념을 가진 철학자로 단테와 초서 등 후세의 작가들에게 영향을 끼쳤다. 유럽 중세 10-13세기에 그의 철학적 에세이는 인기가 있었다. 그의 저작으로는 『노여움에 관하여』, 『인생의 짧음에 관하여』, 『자비로움에 관하여』 등이 있다.

도미티아누스 황제에 의해 90년 로마에서 축출되기까지 에픽테투스는 철학사상을 가르쳤다. 마르쿠스 아우렐리우스는 5현제(賢帝)의 마지막 황제이며 대표적인 스토아 철학자로서 『명상록』이라는 저술을 남겼다. 세네카 이후 로마 스토아 철학은 그리스도교의 발전과 자연법 개념의 성장에 큰 영향을 끼치게 되었다.

로마 스토아 학파는 헬레니즘 시대에서와 같이 개인적인 마음의 평화를 강조했을 뿐 아니라 한 걸음 더 나아가 사회적인 책임의식과 공중 도덕에 큰 관심을 두었다. 특히 후세에 큰 영향을 끼친 것은 스토아 학파의 자연법 사상이었다. 자연법은 우주를 지배하는 항구불변의 법으로 인간사회의 합리적 기반이 된다고 보았다.

로마 제정시대의 것으로 주목할 만한 철학사상은 신플라톤주의이다. 대표적인 신플라톤주의자는 이집트 출신으로 로마에서 가르친 플로티누스 Plotinus(204-270)였다. 그는 플라톤 사상에 근거하여 물질계보다 정신계가 더 우월하다고 주장하면서, 정신적 실체로서의 최고존재가 있다고 강조하였다. 인간은 명상을 통해 최고존재와 정신적으로 합일할 수 있으며 그런 신비한 경험을 통해 정신적 실체에 참여할 수 있다는 것이었다.

신플라톤주의에 나타난 철학과 종교의 융합은 불안과 비관주의가 퍼져 있는 당시 로마의 분위기에 대응하는 당연한 시대적 요청이었다. 이러한 사상적 융합이 장차 있을 그리스도교의 성장을 위한 비옥한 토대가 되었다.

자연과학 한편 자연과학은 우주론이나 그 밖의 이론적 사고보다는 실용성에 초점을 맞추어 실제 생활의 편리함과 안락함을 고려한 것이었다. 따라서 의학과 공중위생을 비롯하여 토목공사나 제도(製圖) 분야에서 로마 자연과학의 특색이 발휘되었다.

갈레누스

소아시아 페루가뭄 출신인 갈레누스Galenus; Galen(130-200)는 의사로서 명성이 높아 로마 황제의 초빙을 받을 정도였다. 그의 의학은 르네상스 시대에 부활되어 근대 의학 발달에 영향을 미쳤다.

로마 출신 켈수스Aulus Cornelius Celsus(BC 25- AD 50)는 외과에 관한 저술을 하였다. 대(大) 플리니우스Plinius; Pliny(23-79)는 『박물지』 37권을 편찬했는데, 이것은 정확히 말해 과학서라기보다 기이(奇異)한 이야기와 우화를 모은 백과사전이었다.

공화정 말 백과사전 편찬자인 바로Marcus Terentius Varro(BC 116-27)는 언어 · 종교 · 법 · 관습 · 정치제도 · 철학 · 지리 등 잡다한 주제에 관하여 저술하였다. 그는 지식분야를 문법 · 수사 · 변증 · 음악 · 미술 · 기하 · 천문 · 의학 · 건축 등 9개 부문으로 분류했는데, 마지막의 두 분야를 제외하고는 중세의 7학과(學科)와 같았다.

스트라본Strabo(BC 63-AD 24)은 그리스 출신의 지리학자로, 로마에 정착한 후 널리 여행하여 유럽, 아시아, 이집트, 리비아 등을 기술한 『지리』(17권)를 저술하였다.

C. 라틴 문학

BC 3-2세기의 로마 문학은 그리스를 모델로 삼았다. 그리스의 사상과 예술이 처음으로 로마 세계에 들어온 초기의 로마 문학은 주로 그리스 문학의 모방으로 일관한 것이었다. 로마인은 그리스 시 · 희곡 · 산문의 아름다움에 이끌려 그리스의 걸작을 내용과 형식에서 의도적으로 모방하는 데 만족하였다. 로마 초기의 문학작품은 호메로스의 『일리아스』와 『오디세이아』를 조잡하게 번역한 것에 불과하였다. 특히 모방이 심했던 연극분야의 대표적 희극작가로 플라우투스Titus Macchius Plautus(BC 254-184)와 테렌티우스Publius Terentius Afer(Terence, BC 190-158) 등이 있었다.

BC 100-AD 150년에 이르러 로마 문학은 풍요하고 다양해졌다. 대부분의 로마 작가들이 그리스 문학의 영향을 받은 가운데서도 나름대로 우아한 문체와 힘, 강력한 현실 감각과 대중 계몽에서 탁월한 재능을 발휘하였다.

라틴 문학의 특성 그리스 문학이 재치 · 기지 · 독창성을 발휘한 것과 대조적으로 로마 문학은 장중하고 웅대한 형식을 특징으로 하였다. 로마 문학은 후세 유럽의 문학 · 사상 · 언어 등에 깊은 영향을 주었다. 많은 그리스 문학 작품이 라틴어 번역을 통해 현재까지 잔존해 있으며, 이 점에서 유럽사상의 매개체로서 라틴 문학의 역할이 컸다고 할 수 있다.

특히 라틴어는 근대 유럽 각 국어의 발달에 기여하였다. 라틴어는 프랑스어 · 이탈리아어와 같은 로만스어에 직접적인 영향을 끼쳤다. 심지어 영어 단어도 절반 이상이 라틴어에 기원을 두고 있음을 볼 때 라틴어의 영향이 얼마나 컸는가를 짐작할 수 있다. 라틴어는 로마가 멸망한 후에도 약 천년 동안이나 유럽 각국 대학이나 지식인 사회, 가톨릭 교회 종교의식에서 사용되었을 뿐 아니라, 근대 각국의 언어가 발달된 이후에도 오랫동안 유럽의 학교에서 교습되었다.

BC 300년대부터 AD 100년대까지의 라틴 문학의 발달사는 형성기(BC 300-100), 전성기인 금의 시대(BC 100-AD 14), 쇠퇴기인 은의 시대(14-138) 3단계로 나눌 수 있다. AD 140년경 이후는 로마사회의 정치적 불안정과 병행하여 라틴 문학도 조락기(凋落期)에 들어섰기 때문에 주목할 만한 작품이 생산되지 못하였다.

먼저 라틴 문학의 형성기에는 희극작가 플라우투스와 테렌티우스, 산문작가 루킬리우스Gaius Lucilius(BC 180-103)와 폴리비우스Polybius(BC 204-122) 등이 활동하였다. 플라우투스의 작품 중 오늘날 남아 있는 20개의 희극은 BC 3세기 로마의 관습이나 생활을 전해주고 있다. 그의 희극은 셰익스피어나 몰리에르와 같은 후세 작가들에게 영향을 끼쳤다. 테렌티우스의 작품은 단지 6개 정도가 남아 있을 뿐이다. 루킬리우스는 풍자적인 산문을 썼으며, 폴리비우스는 로마의 대표적인 역사가였다.

라틴문학의 전성기 라틴 문학의 전성기는 공화정말인 BC 80년경이었다. 전성기는 다시 키케로 시대와 아우구스투스 시대로 양분될 수 있다. 키케로로 대표되는 전반기에는 서정시인 카툴루스Gaius Valerius Catullus(BC 85-54), 철학시인 루크레티우스, 웅변가 키케로, 산문작가 카에사르Gaius Julius Caesar(BC 100-44) 등의 활동이 주목될 수 있다.

"로마시인 중 가장 부드러운 시인"이라는 말을 듣는 카툴루스는 공화정 후반의 귀족 출신이었다. 그는 사랑의 열정을 표현하는 강한 서정시를 지었다. 카툴루스와 동시대인인 루크레티우스는 도덕의식을 시적으로 표현하여 로마 문학의 또다른 면을 보여주었다. 그는 「사물의 본성에 관하여」라는 시를 통해 에피쿠로스파의 사상을 로마에 도입하였다. 이 시는 철학 · 과학 · 시를 혼합한 것으로 세계발전의 본질, 영생불사, 병균설, 원자론 등을 주제로 하고 있다.

갈리아 지역을 통치한 체험을 기록한 카에사르의 『갈리아 전기(戰記)』(*De Bello Gallico*)는 간결하고 힘찬 문체로 씌어진 작품으로, 당시 역사를 알려주는 중요한 사료이기도 하다.

누구보다도 키케로는 로마 최대의 산문작가였다. 그는 비록 법률가 · 관리 · 정치가로 활동했지만 문학비평, 정치사상, 철학 등에 걸쳐 다양한 저작을 남겼다. 그는 그리스 사상을 소개하는 한편 스토아 철학에 크게 힘입은 저서들을 남겼다. 57개의 연설문과 700여개의 서간(書簡)이 남아 있으며, 저서 『웅변가론』, 『공화국론』, 『법률론』, 『의무론』 등은 오늘날까지 각국어로 번역되고 있다. 그의 문체는 르네상스 휴머니스트들에게 직접적인 영향을 끼쳤으며, 18세기 영국의 저술가인 기번Edward Gibbon(1737-1794)이나 존슨Samuel Johnson(1709-1784)에까지 영향을 주었다. 그의 라틴어는 아름다움과 고전적 취향 때문에 '키케로식 라틴어'라 불리고 있다.

라틴 문학 황금기의 후반은 아우구스투스 시대(BC 31-AD 14)라고도 한다. 아우구스투스는 로마제국에 정치적 안정을 가져옴과 동시에 시와 산문의 발달에 알맞은 사회적 · 지적 풍토를 마련하였다. 로마 문학에서 가장 많은 작품이 산출된 분야는 서정시였다. 이 분야에서 송시(頌詩)와 풍자시를 지은 카툴루스, 호라티우스를 비롯하여 오비디우스, 베르길리우스 등 일급 시인들이 속출하였다.

베르길리우스Vergilius(Vergil; Virgil, BC 70-19)는 세계문학사에 빛나는 위대한 시인으로, 많은 목가시(牧歌詩)를 지었다. 이탈리아 농촌에서 태어난 그는 청년기에 내란을 겪고 또 그 피해를 입었다. 그는 아우구스투스의 후원을 받아 그의 업적을 선전하는 작품활동을 하였다. 작품활동에 전념하게 된 말년의 10년 동안 베르길리우스는 로마 최대의 국민 서사시라 할「아에네아스」(*Aeneid*)를 창작하였다. 호메로스의 서사시를 본뜬 이 서사시에서 그는 로마의 세계지배가 신이 정한 질서임을 입증하고자 하였다.

베르길리우스

아우구스투스의 후원을 받은 서정시인 호라티우스Horatius(Horace, BC 65-8)는 남다른 천재성을 발휘했고, 그의 영향력도 매우 컸다. 그의 송시(頌詩)는 개인적인 삶의 체험을 반영한 것으로, 기지와 재치가 호소력을 지녔다. 오비디우스Ovidius(Ovid, BC 43-AD 17)는「사랑의 예술」이라는 시에서 당시 상류사회의 사랑을 주제로 하였으며,「변신」에서는 그리스 신화를 다루었다.

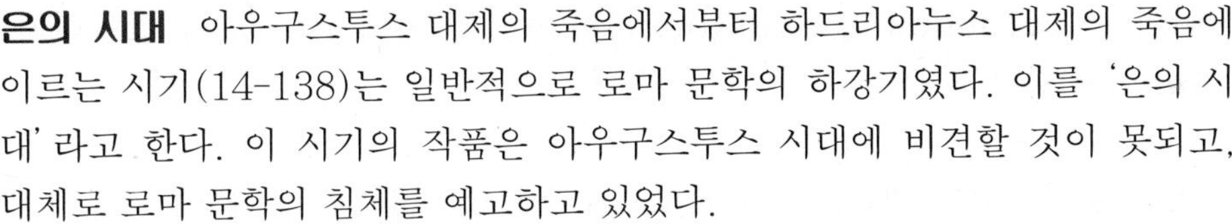

은의 시대 아우구스투스 대제의 죽음에서부터 하드리아누스 대제의 죽음에 이르는 시기(14-138)는 일반적으로 로마 문학의 하강기였다. 이를 '은의 시대'라고 한다. 이 시기의 작품은 아우구스투스 시대에 비견할 것이 못되고, 대체로 로마 문학의 침체를 예고하고 있었다.

이 시기에는 전반적으로 풍자나 비극이 많이 나왔으며, 극장이 성황을 이루고, 로마시와 속주 출신 작가들이 활발하게 활동하였다. '은의 시대'의 대표적인 작가로는 세네카,마르티알리스Marcus Valerius Martialis(Martial, 38-102), 유베날리스Decimus Junius Juvenalis(Juvenal, 55-140), 타키투스Cornelius Tacitus(55-117) 등이 있었다.

마르티알리스

한때 네로 황제의 개인교사를 지낸 세네카는 스페인 출신 스토아 철학자로 주로 철학적 에세이와 비극작품을 저술하였다. 그리스 작가들 이후 가장 위대한 비극작가라는 평을 듣는 세네카는 르네상스 이후의 프랑스와 영국의 비극에까지 영향을 끼쳤다.

역시 스페인 출신인 마르티알리스는 당시 사회의 부패상을 폭로하는 풍자시인이었다. 그의 친구 유베날리스에 이르러 풍자시는 최고조에 달했는데, 유베날리스는 로마사회의 퇴폐와 몰락을 비관적으로 표현하였다. 그는 후세 영국의 포우프Alexander Pope(1688-1744), 드라이든John Dryden (1631-1700), 스위프트Jonathan Swift(1667-1745) 등에 영향을 끼쳤다.

역사학 공화정 시대의 그리스 출신 역사가 폴리비우스는 투키디데스 이래 가장 위대한 역사가였다. 그는 BC 167-151년 로마에 인질로 잡혀 살았다.

친그리스적인 스키피오 그룹과 친교를 맺으며, 로마인에게서 커다란 감명을 받은 폴리비우스는 로마가 세계 세력으로 팽창한 과정을 서술한 우수한 역사서를 내놓았다. 그는 『로마 발전사』(40권 중 5권 잔존)에서 역사의 참다운 목적이 훈계와 조언에 있다고 보는 교훈적 측면을 강조하여, 역사서술에 실용성(pragmatica)의 개념을 도입하였다.

아우구스투스 시대의 가장 영향력 있는 역사가는 리비우스 Titus Livius(Livy, BC 59-AD 17)였다. 그의 걸작 『로마사』는 로마시 창건기인 BC 753년부터 AD 9년에 이르는 로마 공화정의 역사였다. 이 저술은 초기 로마의 역사를 알려주는 극소수의 중요한 사료 중 하나이다. 그가 지은 책 142권 중 35권이 남아 있다. 그는 로마의 위대한 역사적 사명을 극적으로 과장하여 기술했기 때문에 이른바 과학적 역사가라고 할 수는 없다. 그는 사실과 허구를 뒤섞어 썼으며, 공화정 시대 로마의 정치이념을 서술하여 로마인에게 교훈을 주고자 하였다.

이미 1세기초 문학에 나타난 비관론은 역사서술에도 반영되었다. 타키투스 Publius Cornelius Tacitus(56-117)는 『역사』(*Historiae*), 『연대기』(*Annales*)등 대부분 14-96년 사이를 대상으로 한 로마 역사를 썼다. 또 그는 98년에 펴낸 『게르마니아』*(De Origine et Situ Germanorum)*라는 저술에서 로마사회의 미래를 비관하고, 게르만 민족의 사회 · 제도 · 풍습에 관해 기록하였다.

타키투스와 거의 동시대인으로 그리스 출신인 플루타르코스Plutarchos; Plutarch(46-120)는 공직의 틈을 이용하여 그리스-로마시대의 위인 46명의 전기, 이른바 『플루타크 영웅전』을 저술하였다. 수에토니우스Suetonius(75-150) 역시 카에사르부터 도미티아누스에 이르기까지의 로마 지배자들을 다룬 『12인의 카에사르』를 저술하여 비리와 부조리를 비판하였다.

그 밖의 작가들로 소아시아 지사(知事)이며 『알렉산드로스의 아나바시스』(*Anabasis Alexandri*)를 지은 아리아누스Flavius Arrianus(Arrian, 86-146), 고대 그리스 초상조각과 건축 안내서인 『그리스 여행기』를 지은 파우사니아스Pausanias(2 세기), 유대인으로 『유대 전쟁』의 저자인 1세기말의 요세푸스Flavius Josephus(27-100) 등이 있었다.

D. 로마법

흔히 로마인은 세계를 세 번 정복했다는 말을 듣고 있다. 그들은 무력·법·종교를 통해 세계사적 영향력을 행사하였다. 또한 그리스인의 교과서가 호메로스라면 로마인의 교과서는 12표 법이라고도 한다. 그만큼 로마인이 정치면에서 행한 업적 가운데 법률이 가장 탁월한 것이었으며, 그 영향은 현대에까지 미치고 있다. 로마법은 '영미법'(English Common Law)과 함께 커다란 법체계로서, 대부분의 현대국가에서 채택되고 있다. 예를 들면 로마법은 이탈리아·프랑스·스페인·한국·일본·스코틀랜드 및 남아메리카 여러 나라의 법률과 법전의 기초가 되었다. 더욱이 무슬림 법이나 네덜란드·남아프리카의 법체계에서도 로마법의 자취를 엿볼 수 있다. 말할 필요도 없이 로마법은 카논 법이라 알려진 중세 가톨릭 교회의 법에도 강한 영향을 주었다.

시민법 로마법은 몇 단계에 걸쳐 서서히 발전되었으며, 체계적으로 완성되기까지는 약 1천년이 걸렸다. 로마법의 첫 단계는 불문법(不文法)의 단계로서, 종교적 관습과 혼합되어 매우 엄격한 신법(神法: jus divinum)의 시기였다. 이 법의 관점은 좁고 그 판결이 가혹하였다.

그러나 로마시가 번성하고 생활이 점차 복잡해짐에 따라 신법은 시민법(jus civile)으로 전환되었다. 로마 시민법은 그리스의 법체계에 자극을 받아 시작된 것 같다. 최초의 시민법인 12표 법은 BC 450년 평민계급의 요구에 따라 제정되었다.

그 후 시민법은 더욱 복잡하게 발달하여 원로원령·황제 칙령·법정관 고시(告示)를 비롯해서 예부터의 관습적인 관례도 포함된 것이 되었다.

로마법이 시민법으로 성문화되면서 새로운 직제(職制)가 생기고, 사법적 판례가 점차 복잡해졌다. BC 4세기에 시민법에 따라 재판을 관할할 '로마시 법정관'(praetor urbanus)이 임명되었다. 그가 내린 판결은 법령으로서의 효력을 갖게 되었다. 또한 구법(舊法)을 바탕으로 하여, 새로운 상황과 문제에 대응한 새로운 판례들이 나왔다. 이리하여 로마법의 법원(法源)이 점차 축적되었다.

만민법 로마의 지배를 받는 지역이 확대됨에 따라 시민법은 한계에 달했다. 그 결과 이민족의 관습이 고려되고, 피지배 민족에게 적용될 수 있는 만민법(萬民法; jus gentium)이 나오게 되었다. 즉, 원래 배타적이던 로마시민법이 이탈리아 반도나 지중해의 여러 지역에까지 적용되는 법체계로 바뀌게 된 것이다. 시민법을 보완 확대한 만민법은 국적에 상관없이 적용되는 법을 의미하였다. 만민법은 시민법에 비해 우월하다기보다 단지, 제국 안의 외국인들에게 적용할 수 있도록 법의 테두리를 확대한 것에 불과하였다.

만민법은 노예 · 사유재산 · 매매 · 동업 · 계약 등을 규정했으며, 이를 시행하기 위해 새로운 사법직이 생겼다. BC 242년 '외국인담당 법정관' (praetor peregrinus)이 신설되어 비(非)로마인 관계 소송과 재판을 맡게 되었다.

만민법은 상이한 관습을 고려하면서 시민과 비 시민, 로마 민족과 이민족을 다같이 대상으로 하여 혼인 · 소득 · 대차(貸借) 등의 법률 관계를 규정한 법이었다. 그것은 로마 지배의 보편성 뿐 아니라 로마인의 조직적인 창의성을 나타내는 것이었다.

자연법 법의 보편적 적용을 뒷받침한 정신적 기반은 인간의 이성과 상식을 중시하는 자연법(jus naturale)이었다. 그것은 스토아 철학의 영향을 받아 발전한 관념이었다. 스토아 철학에 따르면, 자연법은 우주만물을 지배하는 보편적인 법으로서 인간 사회의 법도 이에 합치되어야 한다는 것이었다.

자연법은 사법적 관례라기보다 오히려 철학적 개념이었다. 자연법을 착상한 키케로는 『공화국론』에서 "참다운 법은 자연과 일치하는 올바른 이성이요, 만인에게 퍼져 있는 일정하고 영원한 법"이며, "원로원이나 국민의 힘으로도 우리 자신을 이 법으로부터 벗어나게 할 수 없는 것"이라고 하였다. 인간 사회의 모든 법이 질서정연하게 상호 연결되어, 하나의 일관된 논리적인 집합체가 되도록 하는 원리의 근원이 곧 자연법이었다.

후기 스토아 철학자들, 특히 세네카는 원초적 자연상태를 규정했고 거기서 인간은 모두 평등하다고 주장하였다. 자연법은 개별적이며 구체적인 사례 뒤에 숨어 있는 철학적 개념 내지 법 정신이었다.

일반적으로 자연법의 특색은 네 가지이다. 먼저 그것은 지역과 시대에 따라 달라질 수 없는 항구 불변한 보편법이다. 다음으로 자연법은 모든 현실적이며 구체적인 법률들이 나오는 원천이다. 따라서 자연법은 실정법(實定法)보다 우월하다. 끝으로 그것은 인간 이성에 의해 인식될 수 있는 이성의 법이었다. 이와 같은 자연법 개념에 의거해서 세계 제국으로서의 로마는 가장 포괄적이며 본질적인 법체계를 갖추게 되었다.

법원 만민법으로까지 확장된 법원(法源)은 다양하고 복잡하였다. 왕정 시대의 관습법을 비롯하여, 공화정 시대 원로원의 의결과 관리의 고시(告示)까지 모두 거기에 포함되었다. BC 4세기에 임명되기 시작한 '시민담당 법정관' (praetor urbanus)의 임무수행 과정은 상세하게 규정되었다. 그의 판례는 전통적인 것에 입각한 것이었으나, 많은 경우 새로운 판결을 낳게 되고, 그것은 다시 재판의 선례가 되었다.

공화정말기에는 민회의 의결도 법적 효력을 낳게 되었으며, 제정시대에 들어와서는 황제의 칙령은 물론이고, 아우구스투스 이래로 소송사건을 해결하는 과정에서 나온 법학자들의 견해(responsa)가 중시되었다. 그들의 의견은 법학이나 법철학의 기초가 되었다.

아우구스투스 시대에 쌍벽을 이룬 법학자는 라베오M. Antistius Labeo (BC 50-AD 18)와 카피토C. Atius Capito였다. 라베오는 프로쿨루스 학파의 창시자였다. 이 학파의 이름은 그의 제자 프로쿨루스Sempronius Proculus(1세기)의 이름에서 유래한 것이었다. 다음으로 하드리아누스 Hadrianus 황제(76-138) 때부터 2세기말까지 법학이 크게 발달하고 우수한 법학자들이 많이 배출되었다. 예를 들면 율리아누스 Silvius Julianus (100-169), 폼포니우스Sextus Pomponius, 가이우스Gaius(또는 Caius, 110-179) 등이 있었다.

가이우스의 『가이우스 강요(綱要)』는 후의 『유스티니아누스 강요』의 기초가 되었다. 3세기의 법학자 중 가장 위대한 이는 울피아누스Domitius Ulpianus(170-228), 파피니아누스Aemilius Papinianus(Papinian, 142-212), 파울루스Julius Paulus(활동기: 2세기 후반-3세기초)였으며, 파피니아누스는 『질의서』 37권과 『견해(*responsa*)』 19권을 저술하였다. 이러한 다양하고 복잡한 법원이 로마법 법전화(法典化)의 근거가 된 것이다.

결국 4세기에는 방대한 양의 사례들이 축적되었으므로, 정리하지 않고서는 도저히 활용할 수 없는 상태에 이르렀다. 많은 구체적 사례들이 하나의 기본원칙에 따라 간소화되는 법전화가 필요하였다. 그리하여 법의 집대성 및 체계화된 법전 편찬을 위한 시도가 여러 차례 있었고, 마침내 유스티니아누스 Justinianus(527-565) 대제에 이르러 완결되었다.

■ 더 참고할 책 ■

제4장 로마와 지중해 세계

Barrow, R. H., *The Romans* (Penguin).

Cary, Max, and H. Scullard, *A History of Rome, Down to the Reign of Constantine*, 3rd ed. (Macmillan).

Christ, Karl, *The Romans: An Introduction to Their History and Civilization*, tr. by Christopher Holme (1984).

Dudley, D. R., *The Civilization of Rome* (Mentor).

▶ 자료

Davenport, B., ed., *Portable Roman Reader.*

Greenidge, A. H. J., A. M., Clay, and E. W. Gray, *Sources for Roman History, 133-70 BC*, 2nd ed.

Lewis, N, and M. Reinhold, *Roman Civilization*, 2 vols.

Kagan, Donald, ed., *Problems in Ancient History*. Vol.2: *The Roman World.*

Marsh, Frank D., *Modern Problems in the Ancient World.*

▶ 역사소설

塩野 七生(시오노 나나미) 『로마인 이야기』(5권).

1. 왕정시대의 정치와 사회

Bradley, Keith R., *Discovering the Roman Family* (1991).

Carcopino, Jerome, *Daily Life in Ancient Rome*, tr. by E. O. Lorimer (Yale).

Cornell, T. J., *The Beginnings of Rome* (1995).

Dixon, Suzanne, *The Roman Family* (1992).

Gardner, Jane F., *Women in Roman Law and Society* (1986).

Grant, Michael, *The Etruscans* (1980).

Hallett, Judith P., *Fathers and Daughters in Roman Society: Women and the Elite Family* (1984).

Lawrence, D. H., *Etruscan Palaces* (Viking).

Meyer, Jorgen C., *Pre-Republican Rome: An Analysis of the Cultural and Chronological Relations, 1000-500 BC* (1983).

Pallottino, Massimo, *A History of Earliest Italy* (1991).

Pomeroy, Sarah B., *Goddesses, Whores, Wives, and Slaves: Women in Classical Antiquity* (1995).

Rawson, Beryl, ed., *The Family Ancient Rome* (1996).

Richardson, Lawrence, Jr., *A New Topographical Dictionary of Ancient Rome* (1992).

Sprenger, Maja, *The Etruscans: Their History, Art, and Architecture* (1983).

Stambaugh, John E., *The Ancient Roman City* (1988).

▶ 자료

Gardner, Jane F., and Thomas Wiedemann, eds., *The Roman Household: A Sourcebook.*

Palmer, R. E. A., *The King and the Comitium.*

Shelton, Jo-Ann, ed., *As the Romans Did: A Sourcebook in Roman Social History,* 2nd ed.

Vergil, *The Aeneid,* tr. by R. Humphries.

2. 공화정 로마

Allen, R. E., *The Attalid Kingdom* (1981).

Botsford, G. W., *The Roman Assemblies* (1980).

Bradford, Ernle, *Hannibal* (1981).

Bradley, Keith R., *Slavery and Rebellion in the Roman World, 140 BC - 70 BC* (1989).

Brunt, P. A., *Social Conflict in the Roman Republic* (Norton).

Caven, Brian, *The Punic Wars* (1980).

Cowell, F. R., *Cicero and the Roman Republic* (Penguin).

Crawford, Michael H., *The Roman Republic,* 2nd ed. (1993).

De Beer, Sir Gabin R., *Hannibal* (Viking).

Develin, R., *The Practice of Politics at Rome, 366-167 BC* (1985).

Dupont, Florence, *Daily Life in Ancient Rome* (1992).

Gardner, Jane F., *Women in Roman Law and Society* (1986).

Gruen, Erich S., *The Hellenistic World and the Coming of Rome,* 2 vols. (1984).

Habicht, Christian, *Cicero the Politician* (1990).

Harris, William V., *War and Imperialism in Republican Rome 327-70 BC* (1985).

Keaveney, Arthur, *Sulla: The Last Republican* (1983).

Keppie, Lawrence, *The Making of the Roman Army: From Republic to Empire* (1984).

Meier, Christian, *Caesar* (1995).

Mommsen, Theodor, *The History of Rome,* tr. by W. P. Dickinson (Meridian).

Nicolet, Claude, *The World of the Citizen in Republican Rome* (1980).

Rostovtzev, M., *Rome* (Galaxy).

Salmon, E. T., *The Making of Roman Italy* (1982).

Scullard, H. H., *From the Gracchi to Nero,* 5th ed. (1988).

Syme, Ronald, *The Roman Revolution* (Oxford).

Wallace-Hadrill, Andrew, *Houses and Society in Pompeii and Herculaneum* (1994).

김경현 "G. 그락쿠스의 법정개혁과 착취법" 『서양사론』: 25 (1984).

김영목 「Gaius Gracchus와 그의 개혁사상」 (전남대 석사학위논문, 1981).

김영목 "Sulla 체제에 대한 고찰" 『역사학연구』: 11 (1983).

우종익 「Italy 동맹시 전쟁(BC 91-87)의 기원에 관한 일고찰」(성균관대 석사학위논문, 1985).

차영길 "로마 노예의 특유재산(Peculium)에 관

한 연구: 공화정말-제정 초의 노예제에 미친 영향을 중심으로" 『사총』:28 (1984).
허승일 "레피두스와 안토니우스의 제휴" 『역사학보』 : 93 (1982).

▶ 자료

Appian, *Civil War.*
Broughton, T. R. S., *Magistrates of the Roman Republic,* 2 vols. and Supplement.
Caesar, Julius, *War Commentaries,* tr. by Rex Warner.
Cicero, *Selected Political Speeches,* tr. by Michael Grant.
Greenidge, A. H. J., A. M. Clay, and E. W. Gray, *Sources for Roman History 133-70 BC.*
Johnson, A. C., P. R. Coleman-Norton, and E. C. Bourne, *Ancient Roman Statutes.*
Plutarch, *Fall of the Roman Republic,* tr. by Rex Warner.
Polybius, *The Rise of the Roman Empire,* tr. by Ian Scott-Kilvert.
Sallust, *Jugurthine War,* tr. by S. A. Handford.

▶ 역사소설

Shaw, George B., *Caesar and Cleopatra.*

3. 로마제국의 성쇠

Alfoeldy, Geza, *The Social History of Rome,* tr. by David Braund and Frank Pollock (1985).
Africa, T. W., *Rome of the Caesars* (Wiley).
Barnes, Timothy D., *The New Empire of Diocletian and Constantine* (1982).
Birley, Anthony, *Marcus Aurelius: A Biography,* rev. ed. (1987).
Bradley, Keith R., *Slaves and Masters in the Roman Empire: A Study in Social Control* (1987).
Carcopino, Jerome, *Daily Life in Ancient Rome,* tr. by E .O. Lorimer (Yale).
Cameron, Averil, *The Mediterranean World in Late Antiquity, AD 395-600* (1993).
Campbell, J. B., *The Emperor and the Roman Army, 31 BC-AD 235* (1984).
Dill, Samuel, *Roman Society from Nero to Marcus Aurelius* (Meridian).
Downey, Glanville, *The Late Roman Empire* (Birkshire Studies).
Earl, Douglas, *The Age of Augustus* (1980).
Ferrill, A., *The Fall of the Roman Empire: The Military Explanation* (1986).
Galingsky, Karl, *Augustan Culture* (1996).
Gardner, Jane F., *Women in Roman Law and Society* (1986).
Garnsey, Peter, and Richard Saller, *The Roman Empire: Economy, Society, and Culture* (1987).
Gibbon, Edward, *The Decline and Fall of the Roman Empire,* ed. by D. M. Low (Harcourt Brace Javanovich).
Griffin, Miriam T., *Nero: End of a Dynasty* (1984).

Hallet, Judith P., *Fathers and Daughters in Roman Society: Women and the Elite Family* (1984).

Haywood, R. M., *The Myth of Rome's Fall* (Apollo).

Jones, A. H. M., *Augustus* (Norton).

Kagan, Donald, *The Decline and Fall of the Roman Empire* (1982).

Katz, S., *The Decline of Rome and the Rise of Medieval Europe* (Cornell).

Keppie, Lawrence, *The Making of the Roman Army: From Republic to Empire* (1984).

Levick, Barbara, *Claudius* (1990).

Lot, Ferdinand, *The End of the Ancient World and the Beginning of the Middle Ages* (Torchbooks).

MacMullen, Ramsay, *Constantine* (1988).

Millar, Fergus, *The Roman Empire and Its Neighbors,* 2nd ed. (1981).

Raaflaub, Kurt, and Mark Toher, eds., *Beetween Republic and Empire* (1990).

Rowell, H., *Rome in the Augustan Age* (U of Oklahoma).

Smith, John Holland, *Constantine the Great* (Scribner's).

Starr, Chester G., *The Roman Empire, 27 BC-AD 476: A Study in Survival* (1982).

Stambaugh, John E., *The Ancient Roman City* (1998).

Thompson, Lloyd A., *Romans and Blacks* (1989).

Walbank, F. W., *The Awful Revolution: The Decline of the Roman Empire in the West* (U. of Toronto Press).

Wacher, J. S., *The Roman Empire* (1987).

Wells, Colin, *The Roman Empire,* 2nd ed. (1995).

Whittaker, C. R., *The Frontiers of the Roman Empire: A Social and Economic Study* (1994).

Williams, Stephen, *Diocletian and the Roman Recovery* (1985).

Zanker, Paul, *The Power of Images in the Age of Augustus* (1988).

▶ 자료

Augustas, Res Gestae divi Augusti, ed., P. A. Brunt and J. M. Moore.

Chambers, Mortimer, ed., *The Fall of Rome,* 2nd ed..

Ehrenberg, V., and Jones, A. H. M., *Documents Illustrating the Reigns of Augustus and Tiberius,* 2nd ed.

Smallwood, E. M., *Documents Illustrating the Principates of Gaius, Claudius and Nero.*

Suetonius, *Lives of the Caesars,* tr. by Robert Graves.

Tacitus, *The Annals of Imperial Rome,* tr. by Michael Grant.

Tacitus, *Germania,* tr. H. Mattingly.

4. 로마 문화

Adcock, F. E., *Roman Political Ideas and Practice* (U. of Michigan).

Barrow, R. H., *The Romans* (Penguin).

Birley, Anthony, *Marcus Aurelius: A Biography* (1987).
Boethius, A., and B. Ward-Perkins, *Etruscan and Roman Architecture* (Penguin).
Bonner, Stanley F., *Education in Ancient Rome: From the Elder Cato to the Younger Pliny* (U. of California).
Boardman, John, et al., eds., *The Oxford History of the Classical World* (1986).
Brilliant, Richard, *Roman Art from the Republic to Constantine* (Praeger).
Carcopino, Jerome, *Daily Life in Ancient Rome*, tr. by E. O Lorimer (Yale).
Clarke, Martin L., *The Roman Mind: Studies in the History of Thought from Cicero to Marcus Aurelius* (Norton).
D' Entreves, Alexander P., *Natural Law* (Torchbooks).
Frank, Tenney, *Life and Literature in the Roman Republic* (California).
Galinsky, Karl, *Augustan Culture* (1996).
Hamilton, Edith, *The Roman Way* (Norton).
Kleiner, Diana E. E., *Roman Sculpture* (1992).
Mattingly, H., *Roman Imperial Civilization* (Anchor).
Nicholas, Barry, *An Introduction to Roman Law* (1988).
Ogilivie, R. M., *Roman Literature and Society* (1980).
Rawson, Elizabeth, *Intellectual Life in the Late Roman Republic* (1985).
Richlin, Amy, *The Garden of Priapus: Sexuality and Aggression in Roman Humor* (1983).
Strauss, Leo, *Natural Right and History* (Beacon).
Wheeler, Mortimer, *Roman Art and Architecture* (Praeger).
김경현 "로마 상설법정의 기원" 『사학지』:16 (1982).
정종림 "Naturalis Obligatio의 성격" 『사회과학논총』(전남대):8 (1981).
조남진 "세네카의 행복한 삶(De Vita Beata)과 도덕서한(Epistulae Morales)에 나타난 현자" 『서양고대사연구』:4 (1996).

▶ **자료**

Bailey, Cyril, *The Mind of Rome.*
Juvenal, *Satires.*
Lucretius, *On the Nature of Things.*
Marcus Aurelius, *Meditations*, ed. by A. S. L. Farquharson, 2nd ed.
Mellor, Ronald, ed., *The Historians of Ancient Rome: An Anthology of the Major Writings.*
Pliny's Letter, A Social and Historical Commentary.
Sallust, *Jugurthine War and War with Catiline*, tr. by S. A. Handford.
Tacitus, *Complete Works of Tacitus*, ed. M. Hadas, tr. by A. J. Church and W. J. Brodribb.

※더 참고할 책의 최신 목록은 〈blog.daum.net/chasworldhistory〉 참조

제5장

유럽 문화권의 형성

성 소피아 교회(이스탄불, 6세기)

주 요 연 대

100-300	게르만 민족의 이동
300	수도원의 시작
330	콘스탄티노플 창건
400-600	앵글족, 색슨족 영국 침입
413-426	아우구스티누스의 『신국론』
486-752	메로비스 왕조
429-534	반달 왕국(아프리카); 로마 약탈(455: 반달 족장 가이세릭)
466-711	서고트 왕국(스페인)
533	유스티니아누스의 민법대전
570	마호메트 탄생(632: 죽음)
590-604	교황 그레고리오 1세
622	헤지라
632-634	아부 바크르의 칼리프국
634-644	오마르의 칼리프국; 이슬람교도들의 시리아, 페르시아, 이집트 정복
643-711	이슬람교도들의 북아프리카 정복
656	쉬아파와 순니파의 분열
673-678	이슬람교도들의 콘스탄티노플 제1차 포위(717-718: 제2차 포위)
708-715	이슬람교도들의 펀자브 정복
715-732	이슬람교도들의 남프랑스 침입; 투르 전투(732)
717	이슬람 콘스탄티노플 공격 실패
726	성상파괴 논쟁 시작(논쟁 종말: 843)
750-1258	압바스 칼리프국
752-888	카롤루스 왕조; 소(小) 페핀에 대한 교황의 승인
756-1031	옴메야 칼리프국(스페인)
768-814	샤를마뉴
800	교황 레오 3세 샤를마뉴에게 로마 황제 대관
843	베르덩 조약; 성상(聖像) 파괴 논쟁 종말
871-899	영국의 알프레드 대왕
936-973	오토 대제
910	클뤼니 수도원 창설
950-1100	클뤼니 운동
962	신성 로마제국의 성립
987	카페 왕조의 성립
990	러시아인의 그리스도교 개종
1018	비잔틴제국의 불가리아 병합
1054	동 · 서 로마교회의 분리
1055	셀쥬크 터키 바그다드 점령
1066	노르망디 윌리엄 공의 영국 정복(헤이스팅스 전투)

중세(Middle Ages)라는 용어는 서로마제국이 멸망한 이후 16세기까지의 약 1천년을 가리키며 르네상스 시대 지식인이 암흑과 야만의 중간시기(medii aevi)란 뜻으로 이 말을 사용하였다. 그러나 암흑과 야만이 지속된 기간은 그렇게 길지 않았다. 혼란의 시기는 대체로 중세초 6-10세기에 국한되었으며, 특히 13세기를 전후해서는 독특하고 우수한 중세문화가 형성되었으므로, 일부 역사가들은 중세라는 명칭의 비역사성(非歷史性)을 제기한다. 그렇지만 오늘날 대부분의 역사가들은 이 명칭을 편의상 그대로 사용하고 있다.

과연 5세기, 즉 476년 서로마의 정치적 단절이 중세의 시작인가 하는 문제는 논란의 여지가 있다. 왜냐하면 콘스탄티누스가 수도를 비잔티움으로 옮긴 325년, 테오도시우스가 죽은 395년, 알라릭이 로마를 약탈한 410년도 마찬가지로 중세의 시작이라 할 수 있기 때문이다. 다만 정치적으로 볼 때, 서로마가 쇠망한 후 지중해 세계의 통합이 무너지고 서유럽에 정치적 공백기가 온 것은 사실이다.

그러나 경제적으로, 사회적으로 또 문화적으로 볼 때 고전적인 지중해 세계는 적어도 이슬람 세력이 지중해에 진출하는 8세기까지 존속하였다. 기본적 사회구조의 변화를 통해 역사과정이 결정된다고 주장하는 사회사가들의 주장에 따르면 1000년까지는 고전세계의 잔재가 있던 낡은 시기이며, 1000년 이후에 이르러 비로소 인구 · 가족구조 · 과학기술 · 사회집단 · 종교 등에서 새로운 시대가 탄생하였다는 것이다.

서로마 붕괴 이후 서방세계에 커다란 영향력을 발휘한 문화권이 셋 있었다. 그 하나가 콘스탄티노플을 중심으로 한 비잔틴 문화권이었다. 동로마제국의 전통을 계승한 비잔틴제국은 소아시아 및 도나우강 이남의 발칸 반도를 차지하고 있었다. 두번째는 7세기에 대두한 이슬람 문화권이었다. 이것은 메소포타미아에서 이집트에 이르기까지 고대 동방뿐 아니라 멀리 동쪽으로는 인도, 서쪽으로 북아프리카와 스페인에 이르는 세력권을 형성하였다. 마지막으로 게르만 민족이 주도한 독특한 서방 문화권이 있었다. 서방 문화권의 범위는 갈리아 · 이탈리아를 중심으로 하여 영국 · 독일 · 스칸디나비아 · 스페인 · 중앙 유럽까지 확장되었다. 이로써 '유럽'이 성립되었다.

유럽을 성립시킨 요인으로 로마제국의 행정조직의 유산, 가톨릭 교회를 통한 정신적 통합, 고전고대 문화의 전통이 있었다.[1] 뿐만 아니라 게르만 민족이라는 인적 요소가 작용하였다. 게르만 민족이야말로 유럽 민족의 바탕으로서 중세 서방 문화권의 진정한 형성자들이었다.

---

1) Christopher Dawson, *The Making of Europe* (Meridian), 58.

1. 유럽의 성립

중세를 통해 게르만 민족이 유럽의 핵심지역을 휩쓸었지만 그들의 이동이 반드시 폭력적이며 파괴적인 것만은 아니었다. 도리어 평화적인 과정을 통해 게르만 민족은 로마제국 안으로 들어오기 시작하였다. 300년대 중반에 이르기까지 로마제국 영역 안으로 들어온 게르만인은 로마 사람들의 일상 생활을 위협하지 않았을 뿐 아니라 그들 역시 로마 문화를 받아들여 동화하려고 하였다. 그들은 농사를 짓거나 로마 군대에서 복무하였다.

그러나 4세기 후반부터 게르만 민족 이동은 로마제국의 질서를 흔들어 놓게 되었다. 376년 훈족의 압력을 받은 서고트족이 서쪽으로부터 로마제국의 영토 안으로 침입하였다. 이 때부터 여러 갈래의 게르만 민족들이 연쇄적으로 로마 영토 안으로 밀려들어오면서 파괴 · 방화 · 약탈을 일삼게 되었다. 게르만 민족이 세운 나라들이 여러 곳에 생기고, 그 과정에서 '유럽'의 민족적 분포와 그 경계선이 어느 정도 결정되었다.[2)]

A. 게르만 민족의 이동

게르만 민족은 유럽 내륙에 근거를 갖는 민족집단이며 인도-유럽 어족에 속한다. 이 민족은 본래 발트해 연안에 살고 있었는데, 먼저 와 있던 켈트인이

고대의 종말과 중세의 시작

중세사의 시작은 관례적으로 476년이지만 이 해에 있었던 서로마 황제의 폐위로 사회 전반에 걸친 급격한 변화가 초래되지는 않았다. 당시의 변화는 이미 일어나고 있던 현상의 연장이라 할 수 있다. 로마의 사회 · 경제 · 문화의 양상은 계속되었다.

역사학계에서는 중세의 시작을 둘러싸고 많은 논의가 있었다. 시작에 관해 거론한 학자는 로Ferdinand Lot, 돕쉬Alfons Dopsch, 피렌느Henri Pirenne 등으로 피렌느, 돕쉬 등의 주장이 오늘날 학계에 수용되고 있다. 피렌느는 고대세계가 7 · 8세기 아랍인이 지중해 세계로 진출하기까지는 그 종말이 오지 않았다고 주장하면서, 8세기의 마지막 연간에 이르러 로마제국의 본질적 특성이 상실되었다고 한다. 한편 돕쉬는 로마문명의 연속성을 주장하였다. 그는 5세기나 8세기에 로마문명이 단절되었다는 사실을 인정하지 않았는데, 결국 전통적 견해나 피렌느의 설을 다 같이 부인하는 것이 되었다. 그가 속한 프랑스의 학파에 따르면 로마 도시들은 제국이 몰락한 후에도 남아 있었으며, 결국 이러한 잔존물이 11 · 12세기 중세도시의 핵을 이루었다는 것이다.

---

2)Dawson, 73.

프랑스와 이탈리아 방면으로 이동한 후 그 뒤를 따라 남하하면서 중앙 유럽 및 동유럽 일대에 널리 분포하게 되었다.

게르만 민족이 대규모로 이동하게 된 원인은 복합적인 것이었다. 그러나 무엇보다도 인구가 불어나고 농경지가 부족했기 때문에 부득이 새로운 농토를 찾아 나서지 않으면 안 되었던 것이다.

게르만 민족의 이동은 대체로 (1) 초기 이동 (2) 4-6세기 (3) 노르만 민족의 이동 등 3단계로 구분된다. 9세기부터 노르만 민족의 이동이 있기 전까지는 프랑크 왕국이 수립되어 잠시 서유럽은 안정을 회복하였다.

게르만 사회 게르만인의 사회는 로마의 기준으로 보면 후진사회였지만 야만적이거나 미개한 것은 아니었다. 게르만 민족은 반(半)유목민으로 유목과 농경을 병행하고 있었다. 화폐는 거의 유통되지 않았으며, 물물교환의 단위는 가축이었다. 토지 소유에 대한 권리가 씨족에게 있었다.

초기 로마 사료에서는 게르만 민족의 생활을 높이 평가하고 있다. 게르만 사회에서는 개인적 자유와 평등이 허용되고 도덕적 부패가 없었다. 자유민은 무장할 권리와 집단행위에 대한 발언권을 갖고 있었다. 그들에게는 폭음 대식하며 도박하는 버릇이 있었다.

게르만인의 종교는 다신교였다. 하늘이나 숲을 다스리는, 자연의 힘을 상징하는 많은 남녀 신들이 있었다. 주신(主神)은 워탄Wotan, 전쟁의 신은 티우Thieu, 힘의 신은 토르Thor, 생산의 신은 프레이야Freya였다. 이 명칭은 오늘날 수요일 · 화요일 · 목요일 · 금요일을 나타내는 영어 단어에 남아 있다.

400년경 게르만인은 문자를 사용하기 시작했으나 서사시적 전설을 지어내지는 않았다. 초기 게르만 미술은 특히 귀금속으로 된 보석을 중심으로 한 것이었으며, 동물의 형태 또는 기하학적 무늬를 새긴 것들이었다.

게르만 사회에서는 일부일처제가 엄격히 시행되었다. 가족생활은 남성 주도로 영위되었지만 여성이 존중되었다. 여성은 혼수 소유권을 가지고 있었을 뿐 아니라 생계유지를 위한 경제적 활동에서도 중요한 역할을 하였다.

게르만인의 기본적 정치단위는 부족이며 각 부족은 다수의 씨족으로 구성되었다. 씨족 장들이 구성하는 부족회의는 전쟁과 평화, 종교나 재판과 같은 주요정책을 결정하였다. 모든 전투 지휘관은 '부하들'(comites)을 데리고 있었다. 지도자와 부하 사이에는 충성을 서약하고 그 대신 무장과 숙식이 제공되었는데, 이것이 종사제(從士制: comitatus)였다. 이 제도는 후에 중세 유럽 봉건사회의 주종제도(主從制度)가 생기는 데 영향을 끼쳤다.

각 부족은 고래로부터 전승되어 오는 관습법을 가지고 있었으며, 이것은

『게르마니아』

타키투스의 『게르마니아』는 이동 전의 게르만 사회에 대한 초기 사료로서 카에사르의 『갈리아 전기(戰記)』와 함께 가장 중요한 잔존 자료이다. 전체 46장으로 된 이 책에서 그는 게르만인의 풍습·제도·경제생활의 실상을 적고 있다.

이 책이 기술될 당시의 게르만인은 수십 개의 부족국가(civitas)로 나누어져 각 부족국가에는 왕 또는 몇 사람의 족장(族長)이 있었다. 그러나 전쟁·평화·이주·선거 등 정책 결정은 자유민으로 구성된 민회에서 전원일치로 결정되었다. 그는 게르만인의 제도와 관습에 관해 다음과 같이 적고 있다.

사소한 요건에 관해서는 추장들만이 자유재량권을 가지고 있었으나 중대사에 관해서는 전체 공동체의 모든 사람들이 상의한다. 다만, 후자의 경우 최종 결정권이 민중에게 있는 문제라도 추장들이 미리 그 문제를 세심하게 토의하고 난 후 결정하였다. 그들은 사고나 긴급한 일과 같은 돌발사건이 일어나는 경우를 제외하고는 초승달이 나오는 밤과 달이 없어지는 밤에 집회를 열었다. 그 이유는 그들이 일을 처리할 때 이때가 출발점으로 하기에 가장 좋다고 생각했기 때문이었다. … 대중의 결정에 따라 완전무장하고 참석한다. 이 경우 복종을 요구하는 권한을 가진 사제는 침묵하기를 명령한다. … 만일 어떤 제안이 참석자들의 마음에 들지 않으면 큰 소리로 반대를 외친다. 만일 승인하는 경우는 창을 부딪쳐 소리를 낸다.

누구든 평의원회의에 고발할 수 있으며 또한 최고형을 요구할 수 있다. 처벌은 범죄 내용에 따라 다르다. 반역자와 도망자는 나무에 매다는 교수형에 처하며 비겁자, 기피자 또는 악질 인간은 윗가지로 엮은 뒤주 속에 넣어 진창 늪에 빠뜨려 익사하게 한다. … 수치스런 행위는 억제되어야 하였다. 가벼운 죄를 지었다 해도 처벌은 여러 가지이다. 죄가 가볍다고 판정된 사람은 여러 마리의 말이나 가축을 벌금으로 물어야 하였다. 벌금의 일부는 왕이나 국가에 무는 것이며 또 일부는 피해자나 그 가족에게 무는 것이다.

주로 인신(人身)을 손괴한 데 대한 배상에 관한 법이었다. 손해배상은 신분에 따라 달리 규정되었다.

초기의 침입 일찍부터 게르만 민족이 로마로 침입했으나 번번이 로마에 의해 격퇴되었다. BC 113년경 로마군에 패한 후 게르만인은 다시 BC 1세기에 동갈리아 지방에 침입했으나 카에사르에 의해 저지되었다. 이른바 '로마의 평화' 시대에는 아무런 침입 사건이 없었으나 마르쿠스 아우렐리우스 황제 시대에 이르러서 게르만 민족의 침입은 날로 심각해졌다.

그리하여 이후 300년대까지 1세기 반 동안 침입은 끊임없이 계속되었다. 그 후 게르만인의 침입이 약 75년간 중단되었으나 370년부터 다시 침입회수가 늘어나고 규모도 커졌다.

그러나 전체적으로 보아 초기 침입은 평화적인 것이었다. 게르만인은 공한지에 정착하거나 로마군대에서 복무할 수 있었다. 로마제국의 타협정책으로 문화적 적응과 융합은 평화적으로 진행되었다.

게르만 민족의 이동 원인 그렇다면 게르만 민족은 왜 이동하게 되었는가. 무엇보다도 게르만 민족은 인구증가에 따라 농경지가 부족해졌기 때문에 로마제국 영토 안으로 이주해왔다. 그들이 이주한 로마 영토가 갈리아, 북아프리카, 이탈리아 반도 등 농경지였다는 사실로 미루어 볼 때, 기후의 급변으로 인한 흉작 등에 의해 심각한 곡물 부족을 겪었으므로 곡물을 구하기 위해 남쪽인 로마제국 안으로 대규모 이동을 했다고 추정할 수 있다.

다음으로 생각할 수 있는 이동 요인은 그리스-로마 문명, 특히 물질적 부와 문화에 대한 동경이었다. 게르만인은 신체적으로 강인하고 전투에 매우 익숙해 있었으며 도덕적으로 건강하다는 강점을 가지고 있었으나, 로마의 고도로 발달된 사회와 문화 그리고 풍요를 부러워하였다. 로마에서도 그들이 제국 안으로 들어와 사는 것을 허용하는 관용 정책을 취하였다.

이동의 폭력화 4세기말경부터 게르만 민족의 이동은 약탈과 파괴를 수반하였다. 그들이 로마제국안으로 침입한 것은 중앙 아시아쪽에서 서진해 온 유목민족 때문이었다. 훈족(Huns)은 볼가Volga 강을 건너 남러시아 쪽으로 쳐들어가 도나우 강 중간 평원지대에 커다란 제국을 건설했으나 아틸라Attila(406-453) 사후에는 붕괴되고 말았다.

훈족은 흑해 연안의 동 · 서 고트족을 공격하였다. 공포에 질린 서고트족이 로마제국의 허락을 받고 376년 도나우강을 건너 로마 영토 안으로 이주하였다.

그러나 로마제국 정부가 그들의 요구를 충족시키지 못하자 그들은 반란을 일으켰다. 동로마 황제 발렌스Valens(재위: 364-378)가 직접 지휘하여 진압에 나섰으나 378년 아드리아노플Adrianople 전투에서 패배하고 황제는 전사하였다. 로마 하드리아누스 황제가 세운 도시(Hadrianopolis) 아드리아노플Adrianople은 오늘날 그리스 접경에 있는 터키의 에디르네Edirne이다.

아드리아노플 전투 이후 150년 동안 혼란과 무정부상태가 뒤따랐다. 게르만의 여러 부족들이 로마제국의 모든 지역을 거의 마음대로 이동하면서 로마의 행정조직을 마비시키고 말았다.

로마의 약탈 테오도시우스 황제의 강력한 통치로 게르만 민족 이동은 잠시 주춤했으나 그의 사후 395년 또다시 활발해졌다. 서고트족이 알라릭Alaric(370-410) 왕의 지휘 아래 410년 로마시에까지 침입하여 마음대로 약탈하였다.

그 후 455년 로마시는 스페인과 카르타고를 점령한 반달족 겐세릭Genseric, Gaeseric(재위: 428-477) 왕에 의해 또다시 약탈되었으며, 세계제국 수도로서의 기능과 면모를 완전히 잃어버리고 말았다.

마침내 476년 서로마 최후의 황제 로물루스 아우구스툴루스Romulus Augustulus(재위:475-476)가 게르만 출신의 로마군 지휘관 오도아케르 Odoacer; Odovacar; Odovakar(434-493)에 의해 폐위되었다. '작은 아우구스투스' 라는 뜻의 아우구스툴루스Augustulus는 '작은 황제' 를 의미하였다. 로마 창건자의 이름이 로마 제국 최후의 황제 이름과 일치하는 역사의 아이러니이다. 이로써 천년간의 로마 역사는 끝났다.

게르만 민족의 구분과 이동 게르만 민족은 동부 게르만 · 서부 게르만 · 북부 게르만으로 크게 구분될 수 있다. 동부 게르만(고트 · 반달 · 부르군드 등)은 로마와 타협하고, 침입한 후에는 일시적이나마 로마의 지배층에 속하게 되었다. 이에 반하여 서부 게르만(프랑크 · 색슨 · 앵글 등)은 비타협적이고 과격하여 로마제국의 영토 안으로 침입할 때 철저하게 약탈과 파괴를 일삼았다. 더욱이 동부 게르만은 일찍부터 아리우스파에 속하는 그리스도교를 알고 있었으나 서부 게르만은 원시종교인 다신적(多神的) 범신교를 믿고 있었다. 서부 게르만 중 프랑크족은 갈리아 지방의 로마 문화의 전통과 접촉한 경험을 가지고 있었고, 북부 게르만은 노르만 민족이라고도 하며 다른 게르만 민족보다는 좀 늦게, 즉 9세기경부터 이동을 시작하였다.

게르만 민족의 이동과정은 크게 두 단계로 나누어진다. 첫째는 4세기 후반(375)에 시작하여 6세기에 절정을 이룬 동부 게르만 민족집단의 이동시기이다. 이 단계는 6세기 롬바르트족의 이동으로 일단 끝났다. 다음으로 9세기 이후 10세기 후반에 있은, 북부 게르만 민족 집단에 속한 해양민족인 북유럽의 노르만 민족이 이동한 시기이다. 첫 단계와 두번째 단계 사이에 프랑크 왕국이 대부분의 유럽 핵심부를 장악하여 정치적 안정을 유지하는 시기가 있었다.

고트족의 이동 게르만 민족 가운데 가장 먼저 대규모 이동을 한 민족은 고트족이었다. 중세 미술양식을 가리키는 일반적 명칭이 고트식(Gothic)이라는 사실에서 고트족의 이동이 유럽 세계에 준 충격을 짐작할 수 있다. 동부 게르만 민족에 속한 고트족 중 서고트족(Visigoths)이 먼저 움직였다. 그들은 원래 도나우강 하류에 살고 있다가 훈족 때문에 서쪽으로 이동하여 410년에는 이탈리아로 들어가 로마를 약탈하였다. 그 후 갈리아 지방으로 이동했으나 결국은 스페인으로 가서 고트 왕국(466-711)을 건설하였다.

한편 동고트족(Ostrogoths)은 원래 북흑해의 돈Don 강과 드녜스테르 Dniester 강 중간 지역에 살고 있었는데, 테오도릭Theodoric; Theodoricus (대왕, 454-526) 왕의 지휘하에 이탈리아에 침입하여 동고트 왕국(493-555)을 건설하였다.

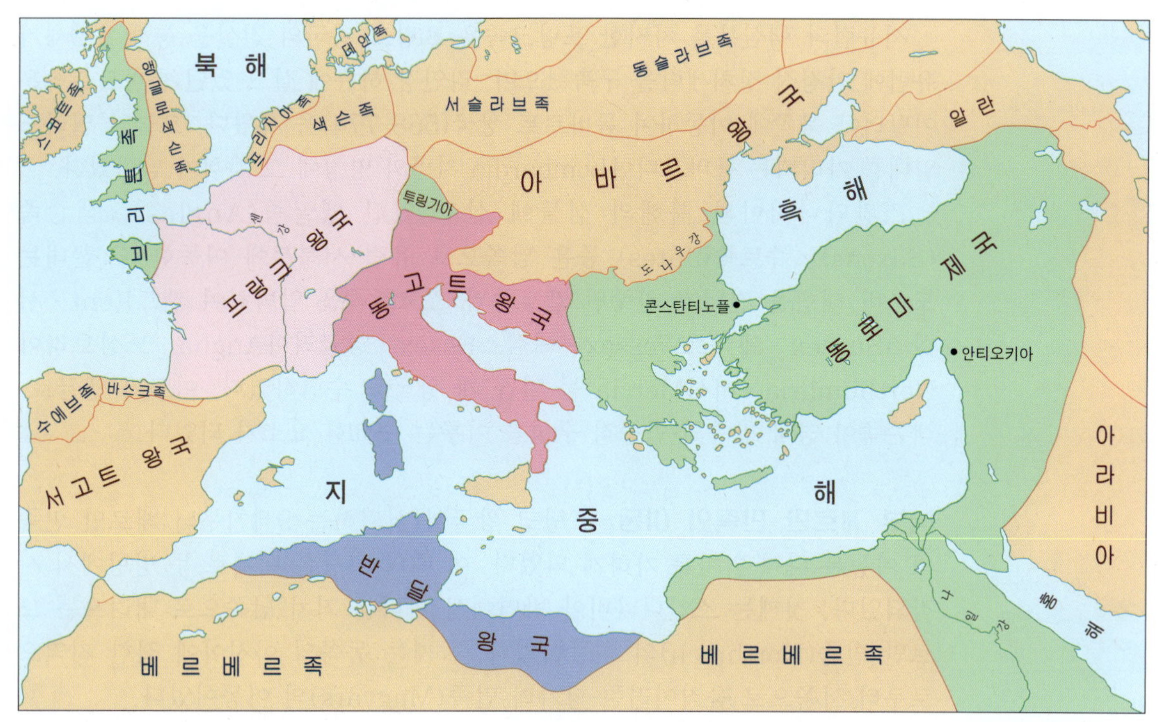

게르만 왕국과 동로마

반달족과 부르군드족 오늘날의 오스트리아와 헝가리 지방에 해당하는 오데르Oder 강 상류에 살고 있던 반달족(Vandals)은 서고트족보다 먼저 스페인에 들어가 있었다. 그리고 서고트족이 들어오자 북아프리카 지중해 연안으로 건너가 반달 왕국(429-534)을 세웠다. 반달족은 431년 히포Hippo(지금 알제리의 Annaba)를 대부분 파괴하였다. 그들은 북아프리카에서 지중해에 걸쳐 마음껏 출몰하며 연안지대를 약탈하고 파괴했으므로 폭력적 만행을 의미하는 '문화파괴'(vandalism)라는 말을 낳게 되었다.

히포는 당시 아우구스티누스의 주교구였다. 396년부터 430년까지 히포 주교였던 아우구스티누스는 413년에 『신국론』을 집필하기 시작하여 426년에 완성하였다. 반달족의 폭력적인 이동이 『신국론』에 표현된 사관에 영향을 주었다고 생각된다.

한편 부르군드족(Burgundians)은 원래 발트해 연안에 거주하다가 점차 남쪽으로 내려와 론Rhone강 상류에 부르군드 왕국(443-534)을 건설하였다. 이 민족의 명칭이 오늘날 남프랑스 부르고뉴Bourgone시의 명칭에 남아 있다.

서부 게르만 민족의 이동 프랑크족을 비롯해 롬바르트족 등은 주로 유럽 대륙의 서북부에 살다가 남쪽으로 이동하여 로마제국의 영토 안으로 침입하였다.

서유럽의 핵심부를 차지한 프랑크족은 프랑크 왕국의 건설을 통해 8-9세기 유럽에 안정적 정치세력을 구축했으며, 라인강 하류에 살고 있던 롬바르트족은 이탈리아 북쪽에 이동하여 롬바르트 왕국(568-774)을 세웠다. 오늘날 밀라노 일대를 가리키는 롬바르디아Lombardia 지방의 명칭에 그 자취가 남아있다.

스칸디나비아와 북해의 섬들에 살고 있던 앵글족(Angles) · 색슨족(Saxons) · 쥬트족(Jutes) 등은 남쪽으로 유럽 서북부에 이동한 후 끝내는 도우버 해협을 건너가 원주민 켈트족과 스코트족을 압박하여 켄트Kent · 서식스Sussex · 웨식스Wessex · 에식스Essex · 앙글리아Anglia · 노섬브리아Northumbria · 머셔Mercia 등 일곱 개 왕국을 수립하였다. 이로써 앵글로-색슨족이 영국 민족의 인종적 구성을 이루는 주요한 요소가 되었다.

북부 게르만 민족의 이동 프랑크 왕국이 쇠퇴하는 9세기부터 게르만 민족의 이동은 다시 박차를 가하게 되었다. 이 때의 이동은 대체로 두 방향에서 시작되었다. 첫째는 스칸디나비아 방면에서 바다를 거쳐 남쪽으로 내려오는 노르만 민족(Northmen)의 이동이었다. 둘째는 동쪽의 아시아에 접한 지역으로부터 서쪽으로 움직이려는 헝가리 민족(Magyars)의 이동이었다.

9세기와 10세기의 노르만 민족의 대규모 이동은 주로 해상활동을 통해서였다. 9세기에 아이슬란드에 진출한 바 있는 노르웨이족(Norweigians)은 10세기말 대서양으로 나아가 11세기초에는 북아메리카 대륙에 정착한 일도 있었다.

루스족(Varangians)은 9세기 중반에 스칸디나비아에서 동쪽으로 이동하여 드녜프르Dnieper 강과 흑해 근처의 슬라브 민족을 지배하였다. 그들은 862년 추장 루릭Rurik; Ryurik(830-879)의 영도 아래 키예프Kiev에 추장

노르만인의 이동경로

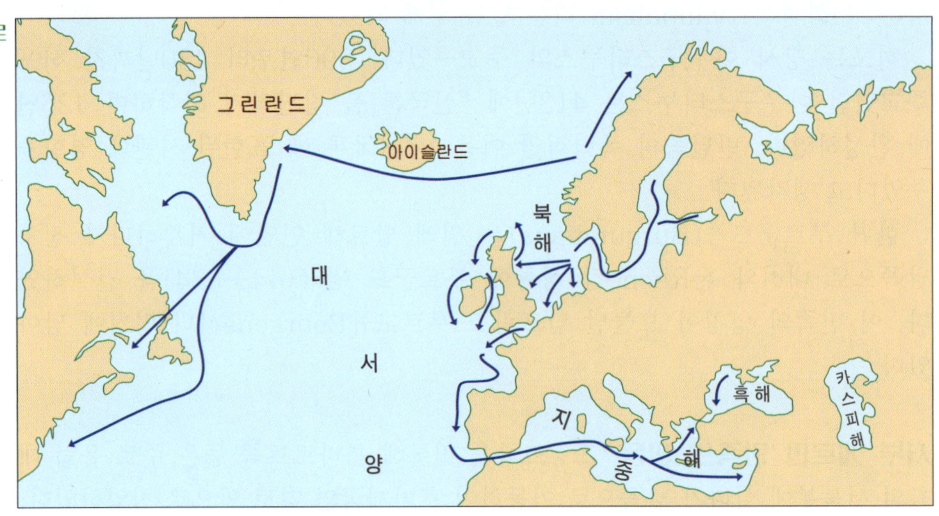

국가를 건설하였는데, 이는 근대 러시아제국의 기초가 되었다. 루스족의 이름(Rhos; Russ)이 로시아Rossiya나 러시아Russia란 말에 남아 있다.

오늘날의 덴마크를 구성하는 덴족(Danes)은 수시로 영국 북동부를 공격하여 마침내 거기에 항구적으로 정착할 권리를 차지하게 되었다. 덴족의 왕은 당시 영국왕 알프레드와 협정을 맺어 앙글리아 · 에식스 · 노섬브리아 등의 지역을 차지하고 덴족의 법을 적용하였다. 그리하여 이 지역은 데인로 Danelaw; Danelagh라고 칭해졌다.

덴족은 더 조직적으로 영국 침입을 시도하였고, 마침내 덴마크 왕 카누트 2세Canute; Cnut; Knut II(994-1035)가 11세기초(1017) 영국 왕으로 추대되었다. 그러나 카누트 2세는 영국 · 덴마크 · 노르웨이 등을 연결하는 대제국 건설의 꿈을 이루지 못하고 1035년 젊은 나이에 죽고, 그의 혈통도 역시 1042년에 끊기고 말았다. 그 후 곧 색슨 계열의 에드워드Edward the Confessor(1002-1066)가 영국의 왕이 되었다.

바이킹 민족의 이동 역사적으로 가장 널리 알려져 있는 노르만 민족은 바이킹 민족(Vikings)이었다. 이 민족은 샤를마뉴 사후 9세기초 프랑크 왕국에 침입하여 센Seine강 하류에 근거를 마련하였다. 911년 서프랑크 왕국의 샤를르 3세는 부득이 그 지역을 양도하고 추장 롤로Rollo; Rolf; Hrolf(860-931)를 제1대 노르망디 공으로 인정할 수밖에 없었다. 이것이 노르망디 공국(公國)의 시작이었다. 노르만인 지배층은 봉건체제를 정착시켰다.

1066년 노르망디 공 윌리엄 1세William I(정복자, 1027-1087)는 영국을 정복하여 근대국가로서 영국의 기초를 세웠다. 한편 그는 시칠리아와 남이

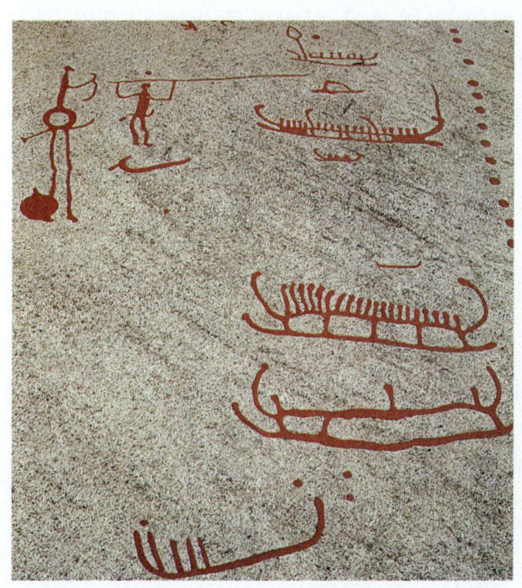

(왼쪽) 바위에 새겨진 바이킹족 전사의 모습과 배(스웨덴, 청동기 시대).
(오른쪽) 바이킹이 타고 다니던 배의 뱃머리를 장식했던 용머리

바이킹

바이킹Viking이란 노르만 민족의 별칭이며 강구(江口)의 뜻인 vik에서 유래하였다. 그 역사는 고대 북유럽의 전설에 입각한 상상적인 부분이 많다. 바이킹 활동의 원인에 관해서는 좁은 불모의 땅에서 인구가 증가한 사실, 이브센의 『유령』에서 묘사되고 있는 것 같은 북유럽인의 태양에 대한 동경심, 해양활동에 능한 노르만인의 모험심 등 여러 가지로 지적되었다. 1914년 오제베르크 부근에서 노르만인의 배가 발굴된 것이 바이킹의 실증적 연구의 계기가 되었다.

탈리아를 침입하여 나폴리 왕국을 건설하였다. 오늘날 프랑스 노르망디Normandie 지방의 이름에 노르만 민족의 흔적이 남아 있다.

동유럽에서의 민족 이동 서쪽에서 노르만 민족이 활발하게 이동하고 있을 즈음 동유럽에서도 움직임이 있었다. 유스티니아누스 대제 사후 비잔틴제국의 세력이 크게 쇠퇴하여 6세기 중반에서 9세기 중반까지 위기를 맞았다. 7세기 전반 동유럽 일대가 슬라브족과 아바르족(Avars)의 침입으로 유린되었고, 소아시아 지방의 페르시아는 강력한 위협 세력으로 등장하였다. 7세기초에 일어나기 시작한 이슬람교가 세력을 점차 확대했으며, 발칸반도 일대에서는 불가리아족의 침입으로 비잔틴제국이 한층 곤경에 빠지게 되었다.

아시아계 민족 아바르족은 아시아의 유목민족이었는데 6세기에 도나우강 유역에 침입하여 한때 발칸 반도 대부분을 차지하는 큰 나라를 세웠다. 그러나 8세기에 샤를마뉴에 의해 영토가 많이 축소되었으며, 마침내 헝가리 민족에게 흡수 동화되고 말았다. 아시아계 유목민족인 헝가리족은 도나우강 중류계곡을 차지하고 있었는데, 9세기말 서쪽으로 이동하여 드녜스테르강을 건너 아바르족과 합쳐 1000년경 헝가리를 건국하였다.

헝가리 민족은 9세기에서 10세기의 전환기에 가톨릭으로 개종했으며, 아르파드Arpád 왕조 제1대왕 이스트반 1세István; Stephen I(聖 이스트반, 997-1038)가 교황 실베스테르 2세Sylvester II(재위: 999-1003)로부터 왕관을 받았다. 그들은 바이킹족의 침입으로 곤란을 겪고 있는 프랑크 왕국을 동쪽에서 공격하여 한때 부르군드 지방 서쪽까지 진출할 정도로 왕성한 세력을 과시하였다. 11세기에 달마티아Dalmatia · 슬라보니아Slavonia · 크로아티아Croatia를 영토로 편입하였다.

한편 불가르족(Bulgars)은 원래 볼가강 유역에 살고 있던 아시아계 민족으로, 도나우강 남쪽에 정착하여 9세기초 지금의 불가리아Bulgaria에 커다란 세력을 구축하였다.

슬라브 민족 슬라브족(Slavs)의 기원에 관해서는 거의 알려진 바가 없다. 중세의 민족 이동 시대에 이들은 서쪽으로부터 게르만 민족의 압력을 받고 남쪽으로부터는 아시아계 민족의 힘에 눌려 곤란한 처지에 있었다.

슬라브 민족은 동슬라브 · 서슬라브 · 남슬라브로 크게 구분되는 민족적 대집단이었다. 동슬라브족은 대체로 러시아인이라 칭해지는 집단으로, 대러시아인 · 소러시아인 · 백계(白系) 러시아인 · 우크라이나인(Ruthens)이 여기에 속한다. 서슬라브족은 보헤미아인 · 체코인 · 슬로바크인 · 폴란드인 등으로 갈라지고, 남슬라브족은 슬로벤인 · 크로아티아인 · 세르비아인 · 불가리아인 등으로 구분된다.

슬라브 민족은 불가리아 · 헝가리 · 세르비아 · 폴란드 · 러시아 등의 인접 민족들과 어울려 오랫동안 천천히 이동하였다. 그리하여 10세기까지는 발칸 반도와 동유럽의 여러 지역에 흩어져 정착하였다.

게르만 민족 이동과 개종

게르만 민족의 이동은 갑작스러운 것이 아니고 서서히 평화적인 과정으로 로마제국 안으로 들어왔다. 그들의 이동은 여러 경로에 따라 장기간에 걸친 것이었다. 또 유럽에 정착한 후에는 게르만 민족의 대부분이 점차 그리스도교로 개종하였다. 이 과정을 단계적으로 살펴보면 다음과 같다(밑줄 친 연대 이외는 개략적인 것).

310 고트족과 기타 게르만 민족이 도나우강 유역에 침입.

350 훈족의 침입, 동고트족을 공격하는 한편 서고트족을 도나우강 남쪽 비잔틴 제국 영토 안으로 밀어붙였다.

378 아드리아노플 전투. 서고트족이 비잔틴 군대 격파.

400 프랑크족, 알라만족, 부르군드족, 반달족 및 기타의 게르만 민족이 라인강을 건너 갈리아에 침입.

410-412 서고트족이 로마 약탈한 후 갈리아 지방으로 이동.

429 서고트족은 스페인과 남갈리아 지역으로 침입.

430-500 앵글로-색슨족은 영국, 반달족은 아프리카, 프랑크족은 갈리아, 알라만족은 알자스, 부르군드족은 론 계곡 지역에 각각 침입.

461 아일랜드인을 개종시킨 성 패트릭St Patrick 사망.

485-526 클로비스의 통치, 프랑크족의 로마 가톨릭 개종.

493-526 테오도릭의 통치, 동고트 왕국을 이탈리아에 세움.

527-565 유스티니아누스의 통치. 북아프리카의 반달 왕국 정복. 스페인 · 이탈리아 일부 정복.

590-604 교황 그레고리오 치세.

597 아우구스티누스의 영국 선교.

664 휘트비Whitby 공의회. 영국 그리스도교도의 가톨릭교회 귀속.

714-741 마르텔이 아랍족을 투르(포아티에) 전투에서 격파.

751 페핀 2세가 프랑크족의 왕이 되고 754년 교황의 인정을 받음.

B. 프랑크 왕국

원래 프랑크족은 훈족이 유럽에 침입했을 당시에는 라인강 유역에 살고 있었다. 그들은 5세기경 남쪽으로 내려와 프랑크 왕국을 세웠으며 그 역사는 메로비스Merovis; Meroveus, Merovech, Merowech 왕조(486-752)와 카롤루스Carolus; Carlos 왕조(752-888)의 두 단계로 구분된다. 이 두 왕조의 역대 왕들은 강력한 정치체제를 통해 유럽의 정치적 안정세력을 형성하였다.

메로비스 왕조 클로비스 1세Clovis, Chlodovech; Chlodwig I(재위: 481-511)가 5세기 초 북갈리아에서 남쪽으로 계속 진출하여 갈리아의 중앙과 남부를 점거하고 486년 메로비스 왕조를 수립하였다.

클로비스는 그리스도교도인 부르군드 왕녀 클로틸다Clotilda, Clotilde, Chlothilde(475-545)와 결혼하여 496년 그리스도교로 개종하였다. 그는 게르만 민족의 왕들 가운데 유일한 가톨릭 신도가 되었으며, 이후의 영토확장책은 이교도 정복의 사명을 띤 종교전쟁과 같은 것이 되었다. 당시 갈리아 지방에 들어와 있던 게르만 민족, 예를 들면 서고트족은 아리우스파의 그리스도교 신도였으나 가톨릭 교회의 입장에서 보면 이교도였다.

클로비스 왕 사후 그의 계승자들도 정복사업을 계속했으나 6세기 후반기부터는 지배력이 약화되었다. 그리하여 실권이 궁재(宮宰: Majordomus) 수중

프랑크 왕국의 영토

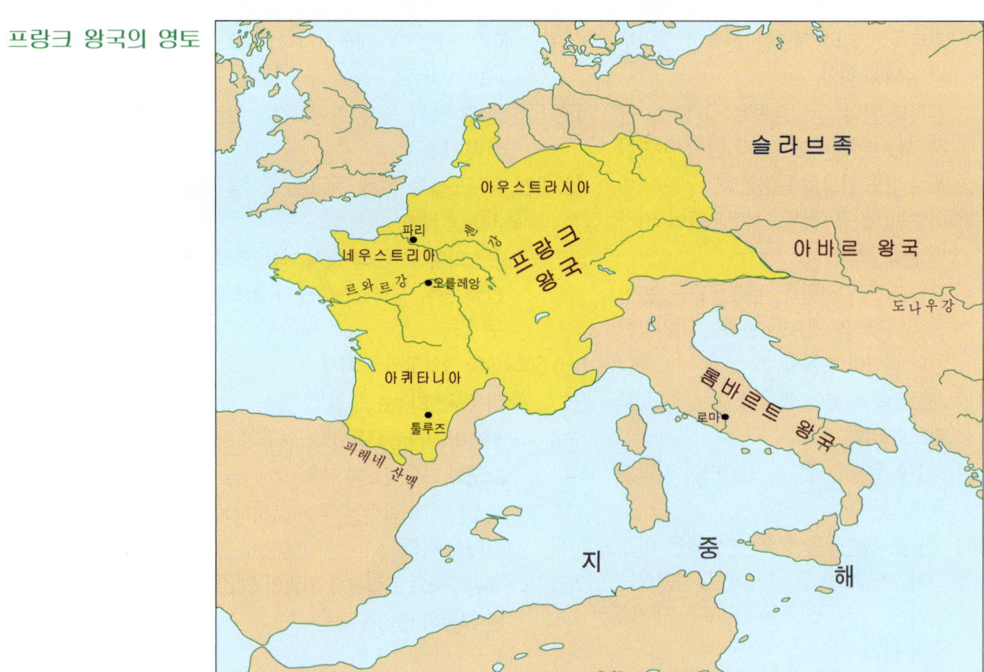

으로 넘어가고 지방 호족의 세력이 커졌다. 이와 때를 같이하여 상업활동이 위축되고 농업이 주된 경제활동이 되었다. 소규모의 자작농이 많아지기 시작하고 대토지를 소유하는 지주들이 나타났다. 이러한 사실은 중세 봉건사회의 시작을 알리는 징조였다.

프랑크 왕국의 실권을 장악한 페핀가의 대(大) 페핀(680-714)의 아들 마르텔Karl Martel(689-741)이 호족세력을 대표하여 732년 궁재가 되었다. 같은 해 마르텔은 투르Tours 전투에서 이베리아 반도에 침입한 뒤 서유럽으로 북상하는 사라센군을 격퇴하였다. 이로써 그는 프랑크 왕국의 지배력을 한층 강화하였다.

샤를마뉴 마르텔의 아들 페핀 2세Pepin; Pipin Ⅱ(小 피핀: 714-768)는 국내의 반란 세력을 물리치고 색슨족 등을 정복한 뒤 약체 메로비스 왕조의 왕을 폐위시키고, 752년 새로운 카롤루스 왕조를 세웠다.

로마 교황은 그의 찬탈행위를 지지했으며 새 왕조는 그리스도교의 포교정책을 더욱 강력하게 추진시켜 나갔다. 그는 롬바르트족으로부터 로마에서 라벤나Ravenna에 이르는 지역을 빼앗아 교황에게 기부했는데, 이것이 독립국가로서 교황령국가가 창건되는 기원이 되었다.

768년 페핀이 죽은 후 프랑크 왕국의 전성기가 왔다. 샤를마뉴Carolus Magnus, Charlemagne; Charles the Great, Karl der Grosse(대제, 742-814)는 교황의 요청으로 롬바르트족을 정복하고 색슨족을 그리스도교로 개종시켰다. 그 후에도 정복사업은 계속되었고 서유럽의 대부분이 프랑크 왕

샤를마뉴 대제

샤를마뉴

중세 초기의 가장 중요한 유럽의 지배자는 샤를마뉴였다. 왕의 측근인 아인하르트는 『샤를마뉴 전기』에서 다음과 같이 기술하였다.

샤를마뉴는 장대하고 힘세고 위풍당당한 체격으로 키는 발길이의 일곱 배나 되었다. 민족적 관습에 따라 그는 자주 말 타기와 사냥을 하였다. 그는 수영을 했는데 그보다 잘하는 사람은 없었다. 그는 적당량을 먹고 특히 술은 많이 마시지 않았다. 그는 누구든지 술수정하는 것을 싫어했으며 자기 자신은 물론 궁중의 누구도 과음하지 못하게 하였다. 식사 중에는 독서하거나 음악 감상을 하였다. 독서 대상은 옛날 이야기에 관한 것이었다. 그는 또한 성 아우구스티누스의 책을 좋아했고 특히 『신국론』을 애독하였다.

샤를마뉴는 유창한 언변의 재주를 가졌으며 아주 뚜렷하게 자기 의사를 표현할 줄 알았다. 그는 자신의 나라 말만 능통하기에 만족치 않고 외국어를 배웠다. 라틴어를 습득하여 국어만큼 유창하게 말하였다. 그러나 그리스어는 말하기보다 읽는 것을 더 잘 하였다. 그는 열심히 교양을 가꾸었으며 교양과목 교사들을 매우 존경하고 그들에게 높은 영예를 안겨주었다. 그는 또한 저술하고 서판(書板)을 베개 밑에 두곤 하였다. 시간이 나면 그는 직접 편지를 쓰기도 하였다.

국의 지배 아래에 들어갔다.

800년 크리스마스에 샤를마뉴가 이탈리아를 방문했을 때 교황 레오 3세 Leo Ⅲ(795-816)는 그에게 '로마인의 황제'란 칭호를 주었다. 로마제국을 멸망시킨 주요세력이었던 게르만 민족 출신의 왕이 로마인의 황제가 되었다는 것은 다음과 같은 점에서 역사적으로 뜻깊은 사건이었다. 우선 로마인의 황제라는 칭호로 로마제국의 전통이 회복되었다. 다음으로 이미 진행중에 있던 교속(敎俗) 제휴, 즉 세속계의 강자인 프랑크 왕과 정신계의 제1인자인 교황이 상부상조하는 관계가 분명한 사실로 나타났다. 끝으로 962년 오토Otto 1세(912-973)로부터 시작되는 신성 로마제국의 터전이 이때 놓이게 되었다.

샤를마뉴의 인장(9세기)

카롤루스 왕조의 르네상스 유럽 대부분의 지역을 정복함으로써 그리스도교를 널리 전파시킨 것은 샤를마뉴의 업적이었다. 뿐만 아니라 그는 중앙집권적인 정치체제를 수립하고, 중앙에서 파견된 순찰사(Missi dominici)로 하여금 지방행정을 감독하게 하였다.

샤를마뉴는 학문과 교육을 부흥시키고 문화를 번성케 하여 이른바 '카롤루스 왕조의 르네상스'를 이룩하였다. 그는 유럽 각지로부터 저명한 학자들을 궁중으로 초빙하였다. 『롬바르트 사』를 저술한 롬바르디아의 파울루스Paulus Diaconus(720-799), 스페인의 테오돌프Theodolf, 영국의 알퀸Flaccus Albinus Alcuinus; Ealhwine(735-804) 등이 그 대표적인 인물들이었다. 프랑크인 중에서도 『샤를마뉴 전기』를 쓴 아인하르트Einhard(770-840)와 같은

샤를마뉴의 궁전(복원도)

샤를마뉴 시대에 씌어진 필사본(8세기 후반)

시편의 시작 페이지(8세기 후반)

시편의 책표지(8세기 후반)

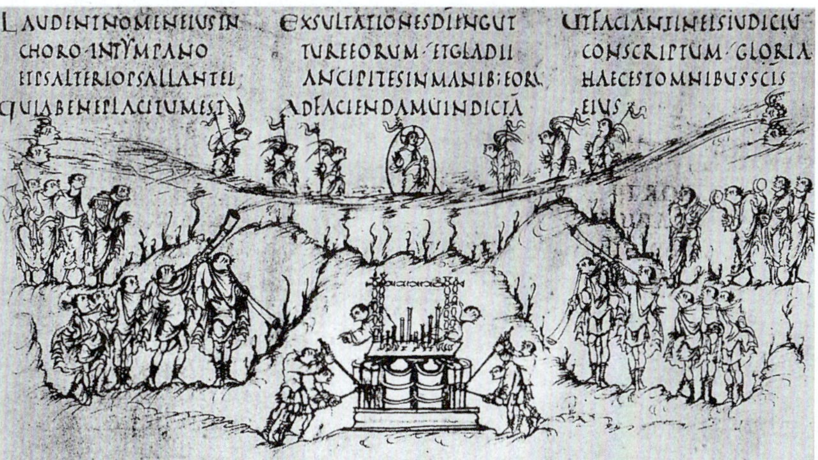

시편의 일부(시편 150)

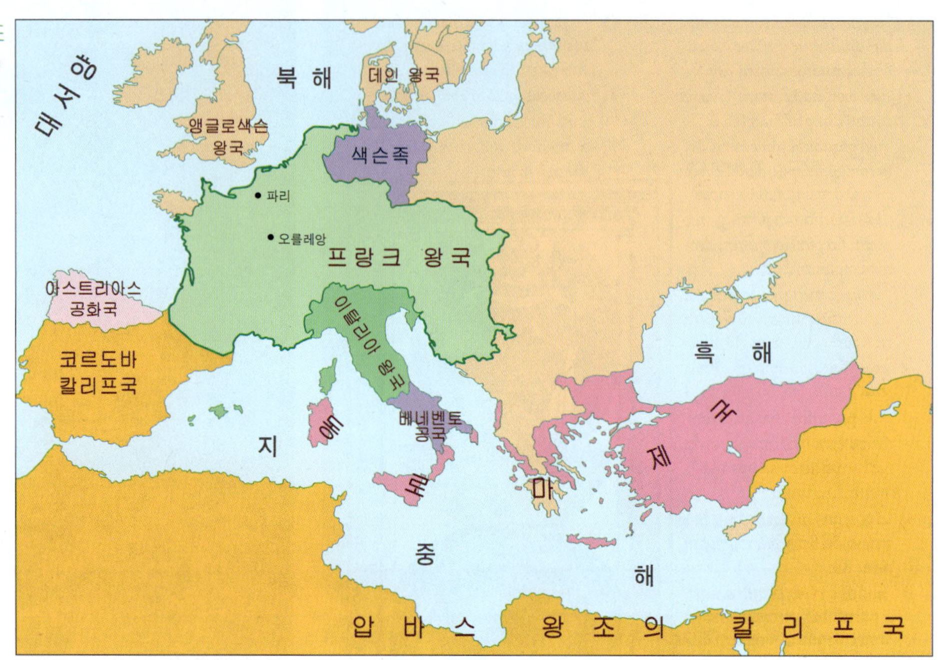

샤를마뉴의 판도 (프랑크 왕국)

훌륭한 학자나 문인들이 나타났다. 그들은 고전적인 서적과 자료를 편찬, 해석하여 일반적으로 학문 연구를 발전시키는 데 기여하였다.

789년 그는 칙령을 공포하여 수도원 학교를 세우고, 수도 엑스-라-샤펠Aix-la-Chapelle(지금의 독일 Aachen)에 왕립학교를 설립하였다. 이 왕립학교의 교사들은 이탈리아 · 스페인 · 영국 등 유럽의 여러 지역에서 초빙되었으며, 대학자 알퀸이 이 학교의 책임자가 되었다.

'카롤루스 왕조 르네상스'의 역사적 의의는 라틴-튜턴 사회의 조직을 바탕으로 고전문화를 보존하면서도 그리스-라틴문화를 융합시켰다는 데 있다. 다만 이 문화 진흥사업은 일부의 지식인들에게 한정되었고, 지역적으로도 프랑크 왕국의 정치 · 경제적 중심인 북동부에 국한된 것이었다.

프랑크 왕국의 쇠퇴 샤를마뉴 사후 프랑크 왕국의 강력한 지배력은 무너지고 중앙집권체제가 약화되었다. 지방의 세력자들이 정치적 실권을 장악하는 경향이 생겼다.

샤를마뉴의 세 아들 중 두 명이 일찍 죽고 루이Louis(경건왕: 814-840)가 왕위를 계승하였다. 그러나 그의 뒤에 프랑크 왕국의 통일은 깨지고 셋으로 갈라졌다. 루이의 세 아들이 베르덩Verdun 조약(843)을 맺고 왕국을 3분했기 때문이다. 큰아들 로타르Lothair1세(795-855)는 중간지대와 이탈리아를 포함하는 중간왕국을 차지하였다. 이것이 로타르 왕국(Lotharii regnum)이며, 이로부터 로타링기아Lotharingia란 명칭이 나왔는데 그 후 독일에서는 로타링겐Lothringen, 프랑스에서는 로렌Lorraine이라 부르게 되었다. 둘째인 루드비히 2세LudwigⅡ(독일왕: 804-876)는 라인강 이동 지역인 동프랑크, 막내 샤를르Charles 2세(대머리왕: 827-877)는 북프랑스와 라인-모젤강 지역인 서프랑크를 각각 나누어 지배하게 되었다.

로타르 1세가 죽은 뒤 그의 아들 로타르 2세(855-869)가 계승한 로타르 왕국을 차지하기 위한 싸움이 동서 프랑크 왕국 간에 벌어졌다. 870년 메르센Mersen 조약으로 중간지대를 분할하였다. 이것이 후세의 알자스-로렌으로 독일과 프랑스의 다툼의 씨가 되었다. 프랑크 왕국의 쇠퇴와 내란은 정치 · 사회 · 경제에서 봉건화(化)를 촉진시킴과 동시에 북쪽으로부터는 노르만 민족의 침입을 유발하였다.

독일의 시작 프랑크 왕국의 분열과 쇠퇴와 함께 10세기초 동프랑크에서 독일지역이 탄생되었다. 최초의 독일 지역의 국왕은 프랑켄(프랑코니아: Franconia) 공(公) 콘라트 1세KonradⅠ(재위: 911-918)이며, 제후에 의한 국왕선거로 왕이 되었다.

당시의 독일은 국가를 가리키는 말이 아니라 대체로 라인강과 엘베강 사이의 지대를 가리키는 말이었다. 엘베강 동쪽은 슬라브인의 땅이었다. 독일 지방(동프랑크)은 원래 프랑크 왕국의 변경으로 카롤루스 왕조의 역대왕이 정복과 개간을 통해 지배권을 행사하고 있었던 곳이었다. 그들의 지배 아래에 작센(삭소니아) · 튜링겐(투링기아) · 슈바벤(스와비아) · 바이에른(바바리아) · 프리젠(프리시아) 등 여러 부족이 각각 예로부터의 부족적 유대를 유지하여 지역적으로 분립하고 있었다. 그러므로 독일의 성립은 프랑크 왕국으로부터 적극적으로 쟁취한 결과라기보다, 프랑크의 지배력이 약화되는 과정에서 자연스럽게 프랑크 왕국에서 분리됨으로써 이루어진 것이었다.

2. 그리스도교의 발전

그리스도교는 로마의 유산으로 서로마가 멸망한 후 유럽의 형성과 통합을 유지하는 정신적 실체가 되었다. 그리스도 교회는 고전고대의 문화와 사상을 중세 서방세계에 전달함으로써 정신계의 지배자로 확고한 위치를 차지하였다.

그리스도교는 원래 동방에서 시작된 새로운 종교였는데 점차 그 세력이 로마제국으로 침투하였다. 이 새로운 종교는 로마사회에 풍미한 현실주의적 생활방식과 도덕 질서를 거부했으며 그 결과 로마제국의 정치적 권력구조와 충돌하게 되었다. 그러나 신흥종교의 순수성과 세계성은 신도들의 열렬한 호응과 추종을 받아 로마사회에 강인한 생명력을 뿌리내리게 되었다. 그리하여 그리스도교는 일단 로마제국의 종교로 공인되자 교회의 행정과 조직을 통해 서방세계의 보편 종교가 되었다.

그리스도교의 승리는 역사상 가장 놀라운 문화혁명 중 하나였다. 그 가치관은 이 세상에서의 행복을 높이 평가한 고전세계의 가치관에 반대되는 것이었다. 고전세계의 가치관은 불우한 자, 억압받는 자, 없는 자의 지지를 얻지 못하였다. 따라서 로마인은 새로운 종교운동에서 의미를 찾으려 하였다.

로마의 전통 종교 로마의 초기 종교는 농업사회의 생활을 반영한 것이었다. 로마인은 존재하는 모든 사물이 강력한 영(靈)을 가지고 있다고 믿고 '외경심'(religio)을 품었으나 '지나친 종교적 감정표현'(superstitio)은 좋지 않게 생각하였다.

로마인은 농업이나 가정생활과 관련된 여러 신들을 숭배하였다. 각 가정마다 가정의 수호신이 있었다. 예를 들면 노(爐)의 불이 꺼지지 않도록 지켜주는 베스타Vesta, 문을 지켜주는 야누스Janus를 숭배하였다. 그들은 종교를 통해 상호의무의 관념이나 가족적 유대감을 강조했으나 그리스인처럼 종교에서 미술·음악·문학의 영감을 얻으려고 하지는 않았다.

로마시가 커짐에 따라 도시 보호 신들이 신앙의 대상이 되었다. 예를 들면 뇌신(雷神) 유피테르Jupiter, 가정의 신 유노Juno, 지혜의 신 미네르바Minerva 등이 그것이다. 주신(主神)들과 함께 그리스인으로부터 빌려온 신들이 추가로 로마인의 신앙 대상이 되었다.

미트라 신(1세기)

동방종교의 영향 공화정 말부터 제정 초기에 이르는 동안 종교적 변화가 있었다. 먼저 황제숭배를 들 수 있다. 아우구스투스는 제정을 수립하면서 거의 동시에 황제숭배를 조장했으며 그 이래 로마 황제들은 신전과 제단을 건립하였다. 거의 때를 같이 하여 동방종교가 들어왔으며, 헬레니즘과 함께 로마인에게 영향을 미쳤다. 이 결과 로마에는 전통종교와 함께 황제숭배와 동방종교가 성행하게 되었다.

특히 동방의 신비주의가 로마사회에 널리 퍼졌다. BC 100년경부터 AD 180년에 점성술이 로마 상류사회에 퍼지고 동방 신들에 대한 신앙은 상당한 인기가 있었다. 특히 디오니소스Dionysos를 비롯해 대지의 모신(母神) 키벨레Cybele, 이집트의 신 이시스Isis, 페르시아의 신 미트라Mithra에 대한 숭배가 급속히 번져나갔다. 일반적으로 동방 종교에서 강조한 것은 고도의 감정적인 의식(儀式)을 통해 신과 직접 합치할 수 있다는 것, 착한 일을 하면 죽은 후에도 삶을 살 수 있다는 것 등이었다. 그러므로 로마시대의 황금기에 이미 새로운 종교운동의 조짐이 있었다.

A. 초기 그리스도교

로마제국 초기의 여러 정신적 운동 중에서 가장 관심을 끈 것은 그리스도교였다. 본래 그리스도교는 유대인의 세계관을 배경으로 시작되었다. 유대인은 민족적 독립을 상실한 좌절감 속에서도 선민(選民)에 대한 신의 약속을 기대하고 있었다. BC 1세기에 팔레스티나의 유대인 중에는 구세주Messiah가 나타나 이스라엘에 왕국을 재건한다는 믿음이 강하게 일고 있었다. 로마 공화정 말에는 유데아 왕 헤롯Herod(BC 73-4)이 전제정치를 했기 때문에 유대인의 증오를 사고 있었다.

제정 수립 후 아우구스투스는 지사를 파견하여 직접 지배했으나 유대인의 불만을 가라앉히지는 못하였다. AD 27년 세례자 요한이 요르단 강변 사막에 나타나 사람들에게 회개할 것을 요구하면서 구세주의 출현을 예

물고기와 술잔(3세기): 이 모자이크는 로마의 항구 도시였던 오스티아의 주택에 새겨진 바닥장식이다. 그리스도교를 상징하는 글이 로마인의 주택 바닥에 새겨져 있다는 것은 당시 이 주택이 예배장소로 사용되었다는 사실을 말해준다.

언하였다. 그는 처형되었으나 구세주에 대한 유대인의 갈망은 사라지지 않았다.

이와 같은 유대인의 역사적 기대 속에 예수 그리스도가 나타났다. 그의 설교는 유대의 종교 전통에 뿌리를 두고 있었으며, 많은 유대인의 마음을 사로잡는 새로운 사상을 전하였다. 그 자신이 신의 아들이라 선포하고 새로운 왕국의 도래를 예언하였다. 그는 청중에게 회개하여 새로운 날이 올 것에 대비하라고 촉구하고 신에 대한 사랑을 설교하였다. 그러나 그리스도는 유대인이 원하는 세속적 왕국보다 인류 구원을 위한 영적인 신의 왕국을 더 강조하였다.

그리스도교는 1세기를 전후하여 시작되어 수세기에 걸쳐 성장하였다. 그 발전 단계는 처음에 원시 그리스도교 시대(그리스도에서 사도들에 이르는 100여년간의 사도시대), 다음으로 로마 그리스도교 시대(박해-공인-로마국교가 되는 과정), 끝으로 중세 그리스도교 시대(교부에서 스콜라 철학에 이르는 기간) 등으로 나누어질 수 있다.

그리스도교의 대두 성서 및 그 밖의 자료에 따르면 예수 그리스도는 BC 4년경 이스라엘 갈릴레 지방 나사렛Nazareth에서 목수의 아들로 태어났다. 그리스도의 생활 태도는 매우 소박했으며 가난한 하층계급 사람들과 밀접한 유대를 가졌다. 그는 당시의 전통적인 인습을 비판했고, 인간의 본질적 가치를 발견하는 능력을 가지고 있었다.

그는 간결하고 알기 쉬운 말로 설교했으므로 그의 사상이 많은 보통사람에게 전달되었다. 그의 가르침에는 사람들을 감동시키는 힘이 있었다. 실제로 그가 활발하게 설교한 것은 십자가형에 처해지기까지 약 3년간이며, 이 때 그는 12사도들과 함께 유데아Judea와 갈릴레Gelilee 지방을 두루 여행하였다.

사도들에게 설교하는 그리스도(카타콤바 벽화, 300년경)

영적인 신의 왕국에 대한 예수의 설교는 강력한 세속적 왕국을 재건해 줄 메시아를 오랫동안 기다리던 유대인에게 큰 실망을 안겨주었다.

그리하여 29년 예수는 신을 모독했다는 죄명으로 유대인 법정에서 사형을 선고받았다. 당시의 유데아 지사 본시오 빌라도Pontius Pilatus는 예수의 무죄를 믿었으나 유대인의 인기를 잃을 것을 두려워하여 십자가형을 승인하였다.

양들에게 설교하는 그리스도(3세기 중기)

그리스도가 사후 부활한 기적을 계기로 그의 제자인 사도들은 그리스도의 사명과 사상을 로마제국의 각 지역에 널리 퍼뜨리기 시작하였다. 그들은 인류를 구원하려는 신의 뜻을 실현시키기 위해 그리스도가 십자가에 못 박혀 죽었다는 것을 확신하였다. 이로써 새로운 종교가 탄생하였다.

사도들 가운데 바오로Paul(Saul, 10-67)는 가장 주목되는 인물이었다. 소아시아의 타르수스Tarsus에서 태어난 바오로는 상당히 높은 교육을 받았으며 한때 그리스도교를 반대하였으나 심각한 내적 변화를 겪고 나서 개종한 후 정열적으로 전도에 나섰다. 46년경부터 그는 동지중해 연안 · 아테네 · 코린토스 · 로마 등을 돌아다니면서 많은 신도들을 격려하고 네로 황제 때인 67년경 로마에서 순교하였다. 한마디로 바우로는 그리스도교가 진정한 세계종교로 자리잡을 수 있도록 보편성을 부여한 인물이었다.

유대교와 그리스도교 그리스도교의 모태는 유대교였다. 두 종교는 많은 점에서 비슷하면서도 상이한 점을 가지고 있었다. 유대교나 그리스도교는 다함께 야훼(여호와)Jehova, Jahveh를 숭배 대상으로 하는 일신교였다. 따라서 유대교 경전인 구약성서는 그리스도교에서도 존중되고 있다. 우주창조 및 세계종말에 관한 신앙은 유대교나 그리스도교에서 다같이 발견되는 공통적인 요소이다. 세계의 존재 일체가 전지전능한 신의 창조물이다. 신은 발생근원이며 지배자이다. 또한 창조주인 신은 현실세계에 대해 최후의 심판을 내리며 그 때에 구원받는 자와 구원받지 못하는 자가 가려진다는 것이다.

그러나 두 종교에는 차이점도 있었다. 그리스도교에서는 최후의 심판을 미래세계(천국)의 시작이라 보며, 다른 한편으로 미래는 신의 영적 활동에 의해 현재에도 실현되고 있다는 것이다. 여기에 비해 유대교에서는 현재와 미래가

카이-로(*X-P*) 모노그램: 그리스 어 카이(*X*)-로(*P*)는 '크리스토스'(*κρισστος*)의 앞 부분 두 개의 자음이다. 로마인은 그리스어의 *X*에 *P*를 결합시킨 모노그램을 만들었는데 *PX*는 PAX(라틴어로 '평화')의 준말이 된다.

단절되어 있다. 그리고 유대교에서는 구원이 마땅히 율법을 가진 자에게만 내려진다는 것이다. 즉, 율법을 가지고 있는가 아닌가에 따라 구원 여부가 결정된다. 이 율법은 이스라엘 백성에게만 내려지며, 유대인은 신이 선택한 민족으로서 모든 세계의 이교도들은 그들의 지배를 받아야 한다는 것이다.

그리스도교는 유대교가 주장한 국수주의적 선민사상을 거부하고 세계동포사상을 강조하였다. 그리스도교는 유대교의 형식적인 율법주의를 거부하고, 신이 민족 · 국가 · 계급 · 신분을 초월하여 모든 인간에 대해 평등하게 구원의 손길을 뻗는 존재라고 주장하였다. 그리하여 그리스도교에서는 신이 최후 심판의 신으로서보다 오히려 절대적 사랑(agape)의 신으로 인식되었다.

간단히 말해 그리스도교는 신 앞의 만인 평등을 주장하고 모든 인간이 서로 사랑할 수 있다는 세계동포 사상을 내세웠다. 유대교는 세계의 종말에 메시아가 유대인의 번영만을 위해 출현할 것이라고 믿었는데 반해 그리스도교는 모든 인류에게 정신적 평화가 도래할 것이라고 주장하였다.

그리스도교의 구원관은 영성(靈性)이 좀더 심화된 것이며, 현실세계와 물질을 떠난 순수한 종교였다. 한마디로 '신의 것은 신에게로, 카에사르의 것은 카에사르에게로'라는 금언에서 밝힌 대로 정신적 내용을 크게 드높인 종교였다. 그리스도는 물질적인 지상왕국의 건설을 부인하고, "나의 왕국은 이 세상의 것이 아니라"(요한 복음 18: 36)고 선언하였다.

또한 그리스도교는 역사와 깊은 연관성을 가진 종교였다. 그리스도는 역사적 존재로서 강생(降生: Incarnation) · 십자형(Crucification) · 부활(Resurrection) 등이 모두 역사성을 띤 사건이었다. 그리스도의 가르침, 인격, 생애 등이 역사서술의 대상이다. 즉, 그리스도교의 대두는 종교적 교리의 출현이면서도 역사적 사건이었다. 따라서 그리스도교는 역사적 종교이다. 그리스도교에서는 "어떠한 역사적 사건이라도 종교 그 자체의 부분이라고 주장하고 있기 때문이다."[3)]

세계종교로서의 그리스도교 그리스도교의 보편적 성격은 무엇보다도 '순수성'에서 찾을 수 있다. 그리스도교는 정치와 분리된 순수한 영적구원의 윤리적 종교이다. 더욱이 그리스도교는 인종을 초월한 세계동포주의를 제시하였다. 그것이 그리스도교가 세계종교로서 성장하게 된 근거가 되었다. 끝으로 평등주의가 지적될 수 있다. 그리스도교에 따르면 모든 사람은 빈부와 신분의 차이에도 불구하고 다같이 평등하다는 것이다.

로마 문화와 제국적 조직 또한 그리스도교가 세계종교로 도약할 수 있는

3) Herbert Butterfield, *Christianity and History* (Torchbooks), 119.

카타콤바의 내부(2-3세기) : 카타콤바는 지하 무덤이었지만 로마 제국의 박해를 피해 초기 그리스도교도들의 예배장소로 이용되었다.

발판이 되었다. 세계성을 띤 헬레니즘 문화는 로마가 지배한 여러 이질적인 지역과 민족들에게 동질성을 부여하였다. 로마와 같은 '세계' 제국 체제 자체가 그리스도교 세계화의 기반이었다. 그리스도교는 일단 로마제국의 국교로 인정되자 통합된 제국의 행정력에 힘입어 급속히 전파될 수 있었다.

박해와 순교 AD 1세기말부터 사도들은 그리스도교 전파를 위해 활동하였다. 그 결과 그들의 설교를 받아들이는 사람들이 점차 늘어나고 시리아와 소아시아의 많은 도시에 그리스도사상이 퍼져나갔다.

예수가 죽은 후 첫 백년 동안은 헌신적으로 설교하는 전도사들 덕분에 신도가 많이 늘어났다. 특히 바오로가 제시한 세계종교로서의 그리스도교가 로마의 주요 지역에서 꾸준히 그 세력을 넓혀갔다. 대도시에서 설교를 집중적으로 했기 때문에 초기 그리스도교는 주로 도시종교로 발전하였다. 3세기 말경 로마제국의 거의 모든 곳에 강력한 그리스도교 공동체들이 생겼다. 가장 그리스도 신도가 많이 늘어난 곳은 이집트 · 시리아 · 팔레스티나 · 소아시아 · 그리스 · 이탈리아 등이었다.

황제 숭배와 전통 종교를 존중하는 한, 다른 종교를 막지 않은 로마제국은 처음에는 그리스도교를 박해하지 않았다. 그러나 그리스도교도들은 로마의 전통 신들을 숭상하지 않을 뿐 아니라 특히 병역을 거부하였다. 그리스도교도는 자신을 로마 백성이기 이전에 그리스도를 믿는 신자라고 생각하고 있었다. 로마제국은 나라에 대한 충성을 최우선으로 요구했는데 그리스도교도는 이를 거부하였다. 결국 로마는 제국에 대한 불복종을 용납할 수 없다고 판단하고 그리스도교에 대한 탄압과 박해를 시작하였다.

홍해를 건너는 모세와 아론(245년경)

1세기 후반부터 4세기초까지 역대 로마 황제의 크고 작은 박해가 계속되었다. 그러나 그리스도교도들은 투옥, 고문, 사형을 당하면서도 굴하지 않았다. 그들은, "순교자의 피는 교회의 씨가 된다"고 강조하면서, 그리스도교 신앙을 위한 죽음을 기꺼이 받아들였다.

다른 종교와의 관계 이교도들 역시 그리스도교에 적대적인 태도를 가지고 있었다. 로마 지식인들은 그리스도교의 단순한 신앙과 비논리적인 생각을 비난하였다. 유대교도 끊임없이 그리스도교도들이 잘못된 믿음을 가지고 있다고 비난하고 그 의식을 경멸하였다. 또 여러 신비주의 종파도 그리스도교와 대립적인 입장을 취하였다.

그리스도교도들 사이에서도 의견의 차이가 있었다. 처음부터 무엇이 올바른 믿음이며 정당한 관례인가에 관해 지도자들의 견해가 서로 달랐다. 특히 초기 공동체들 중에서는 그리스도교와 유대교와의 관계에 대해 생각이 엇갈렸다. 그리스도교도의 올바른 도덕적 자세가 무엇이어야 하는가에 관한 것도 논란의 대상이었다. 2세기말에서 3세기초에 그리스도교의 기본원리, 특히 그리스도와 신과의 관계에 대해 큰 의견 차이가 있었다. 이러한 충돌과 논쟁으로 그리스도교 교리 체계화의 필요성이 제기되었다.

그리스도교 전파의 이유 그럼에도 그리스도교는 로마제국 내에서 강력한 세력으로 성장하였다. 그 이유로 여러 가지를 들 수 있었다.

먼저 객관적인 여건이 그리스도교 전파에 유리하였다. 로마 황제들에 의한 박해와 탄압이 종종 있었지만 로마의 분위기는 대체로 관용적이었다. 이동의 자유가 있어서 선교사들은 바오로의 경우와 같이 원하는 대로 여행할 수 있었다.

다음으로 제정 수립 후에는 로마인의 사회생활과 결부되어 있던 전통적인 신앙이 대체로 약화되고 있었다. 3세기말 로마 사회는 더욱 혼란해지고, 사람들은 개인적인 만족과 정신적 안정을 찾아 방황하였다. 때문에 동방종교가 로마제국에서 크게 유행했다.

이러한 시대적 배경으로 그리스도교는 새 종교로서 크게 사람들의 마음에 다가갈 수 있었다. 그리스도교의 가르침은 개종자들의 종교적 욕구를 채워주었다. 전능하면서도 사랑과 자비로 가득한 신의 존재, 인간의 속죄를 위해 아들을 희생하는 신, 개인의 가치에 바탕을 둔 영원한 구원, 세계동포사상과 같은 생각들은 종교적 해답을 얻고자 하는 사람들의 마음을 사로잡을 수 있었다. 더욱이 그리스도의 인간성과 역사성은 다른 종교에서 찾기 어려운 것이었다. 또 예수의 가르침은 매우 단순하여 보통사람들도 알기 쉬운 진리를 전하고 있었다.

끝으로 그리스도교 공동체의 강한 조직력이 그리스도교의 전파를 성공시키는 요인이 되었다. 초기의 그리스도교 공동체를 형성한 사람들은 정기적으로 모여 함께 기도하고 노래하며 최후의 만찬을 기념하는 의식을 가지곤 하였다. 이와 같은 단위조직에서 주교(episcopus) · 장로(presbyterus) · 사제(diaconus) 등을 맡을 지도자들이 나왔다. 이러한 조직이 로마의 행정구획을 따라 존재하였다.

마침내 로마의 지배자들은 세력이 커진 그리스도교를 허용하지 않을 수 없음을 깨닫게 되었다. 311년 갈레리우스Gaius Galerius(재위: 305-311)가 관용정책을 취하게 된 후 곧 콘스탄티누스 1세Flavius Constantinus I(대제, 재위: 306-337)는 313년 밀라노 칙령을 공포하여 그리스도교를 공식적으로 인정하였다. 그 이래로 거의 모든 황제들은 그리스도교에 대해 호의적 태도를 취했으며 마침내 테오도시우스 1세Flavius Theodosius I (대제, 재위: 379-395)는 그리스도교를 국교로 정하였다. 그는 391년과 392년 로마 국교를 선언하는 일련의 칙령을 공포하여 모든 이교(異敎) 숭배나 의식을 금지하였다. 그리스도교는 약 3세기 반만에 로마를 정복하는 데 성공한 셈이었다.

그리스도교의 역사적 의의 그리스도교는 유럽문명과 종교의 관계를 여러 면에서 더욱 밀접하게 만들었다. 그리스도교적 요소들을 생각하지 않고서는 유럽의 예술 · 문학 · 사상 등을 말할 수 없다. 특히 중세 유럽 역사에서는 그리스도교의 종교적 요인들이 정치 · 사회 · 경제의 일반 세속적 활동과 얽혀 밀접한 연관을 가지고 전개되었다. 종교가 인간심리에 필요한 요소라는 인식이 그리스도교를 통해 널리 받아들여지게 되었다.

그리스도교는 서양문명사의 중요한 사건이며, 따라서 서양문명을 알고자 하는 사람은 누구나 그리스도교의 조직 · 교리 · 사상에 관해 이해하지 않으면 안 된다. 그리스도교가 서양문명의 방향을 결정하는 주요한 역할을 했다는 점에서 그 문화사적 의의는 매우 크다.

B. 교회조직의 확립

박해와 탄압을 받으며 비밀지하조직을 가졌던 시대가 지나가고, 그리스도교의 교회행정이 점점 체계적으로 발달하면서 사제직(司祭職)과 교구제(敎區制)가 성립되었다. 이미 사도들은 생애 중 자신의 대리자를 임명하여 설교 등 임무를 위임했는데, 2세기까지는 교회 행정 요직으로서 주교의 지위가 중요해졌다. 성 바오로는 티투스Titus · 티모티Timothy · 디오니시오스Dionysios 등을 주교로 임명한 바 있었다.

직능이 분화됨에 따라 주교 아래 각급 성직자가 나오고 점차 사제직의 윤곽이 뚜렷해졌다. 그리스도의 제자들인 12사도는 최초의 사제들이었다. 그들은 성사(聖事)를 집행하는 기능을 가진 성직자로서 일반신도와 구별되었다.

한편 그리스도교 공동체의 조직도 발전되었다. 본래 그리스도는 자신의 교회를 하나의 공동체로 간주하고, 그것을 '신의 왕국'이라 지칭하였다. 그것이 처음에는 단순한 종교적 회합이었으나 신도수가 증가함에 따라 교회가 되었다.

1-2세기에 이르러 교회(ekklesia)는 로마의 행정구역과 일치하는 조직으로 발달하였다. 도시에서 시작하여 인근 지방으로 교회가 증설되면서 그 구역 전체를 관할하는 교구가 생겼다. 교구들 가운데서도 주교구는 최상위의 교구였다. 처음에는 로마도 알렉산드리아Alexandria, 예루살렘Jerusalem, 안티오키아Antiochia, 콘스탄티노플과 마찬가지로 대관구(大管區: Patriarchate) 중 하나에 불과하였다. 그러나 시간이 지나감에 따라 로마교구의 중요성이 커졌다.

예수 그리스도와 성자들(817-824년)

교황제의 성립 주교의 관할구역 중 점차 로마 교구가 단연 독보적인 위치를 차지하게 되었다. 로마 주교는 전 그리스도교회의 영도자로 인정받았으며 결국 교황(教皇: Pope)의 칭호를 얻게 되었다. 로마 교구가 중요해지고 그 주교가 교황이 된 데는 여러 요인들이 작용하였다.

첫째, 당시 로마는 정치적 중심지였다. 그것은 로마제국 최대의 도시로서 선교운동의 중심이었고 신설되는 여러 교회의 주교들이 로마 주교의 지도와 원조에 기대를 걸었다. 신학적 문제가 생기면 로마 주교의 중재와 판정을 기다리는 것이 관례가 되었다.

둘째, 로마 교황제가 대두하게 된 가장 중요한 요인으로 베드로설이 있다. 이 설에 따르면 로마 교회가 사도 중 최고 지도자였던 베드로에 의해 창건되었다는 것이다. 즉, 그리스도는 베드로를 후계자로 임명했고 베드로는 로마에 교회를 세웠다는 것이다. 그리스도는 '나의 교회를 이 바위 위에 세울 것'(마태오 복음 16: 17-19)이라 말하였다. 그리스어의 바위(petros)는 베드로의 이름과 부합하였다.

셋째, 로마가 그리스도 교도들의 순교지라는 사실은 로마 교회의 영광을 한층 빛나게 하였다. 서방에서는 로마제국의 정치적 권력이 약화된 반면, 제국의 새로운 수도가 된 동방의 콘스탄티노플 주교는 황제의 강력한 통제 아래 놓이게 되었으므로 상대적으로 로마 주교의 힘이 커졌다.

넷째, 서방에서 유능한 행정 능력을 가진 교회 지도자들과 탁월한 신학자들이 배출되어 로마 교회의 힘을 강화시켰다.

이상의 요인들이 작용하여 600년대에는 로마 주교가 교황으로서 서방세계의 정신적 영도자가 되었으며, 그의 우월성은 전혀 논란의 여지가 없는 것으로 격상되었다.

교리의 체계화 교회의 행정기구가 수립되는 동안 신앙내용도 통일되었다. 그리스도 자신은 신앙의 체계화에 그다지 관심을 갖지 않았으나 그리스도교로 개종한 지식인들은 예수의 가르침을 체계적으로 설명하려고 하였다.

바오로가 교리의 체계화 작업을 시작하였다. 그는 그리스도의 신성(神性)을 강조하고 그의 죽음을 인류가 지은 죄에 대한 기적적인 속죄라고 해석하였다. 삼위일체설이 점차 공식화되었으며 모든 그리스도교들이 받아들일 수 있는 정통(正統) 교리가 점차 복잡하고 섬세하게 발전되었다.

베드로와 바우로 (4-5세기)

교리의 체계화 과정에서는 여러 이견들이 나오게 되었다. 그 중에서도 중요한 것은 삼위일체설과 성변화설(聖變化說)을 부인한 아리우스Arius, Areios(256-336)파의 견해였다. 그의 견해는 삼위일체설을 적극 지지하는 아타나시우스Athanasius(293-373)의 견해와 충돌하였다.

그들의 논쟁은 교회의 공식적 견해에 따라 해결되었다. 325년 콘스탄티누스 대제가 소집한 니체아Nicaea 공의회(公議會)에서 「니체아 신조」에 따라 아타나시우스파의 삼위일체설이 승리하였다. 그 후 5세기 중반까지 콘스탄티노플 회의(381), 에페소스Ephesus 회의(431), 칼케돈Calcedon 회의(451) 등 여러 차례의 종교회의에서 신앙의 정통성을 확립하여 이른바 가톨릭(katholikos) 교회의 이론적 기반이 확립되었다.

교부와 성서 교회의 권위적인 교리 확립을 위해 각별히 공헌한 사람들은 주로 4-5세기의 교부(敎父)들이었다. 교부들은 신학 형성에 큰 영향을 끼쳤다. 그들은 주로 그리스도의 신성, 이 세상에서의 교회의 역할, 구원을 얻기 위한 인간의 의무 등을 연구하였다. 서방의 로마 가톨릭 교회에서는 바실리오St Basil(330-379), 동방의 그리스 정교회에서는 오리게네스Origen(185-254), 에우세비오Eusebius Pamphili(Caesarea 출신, 260-340) 등과 같은 교부들의 공헌이 컸다.

가장 위대한 교부는 암브로시오St Ambrose(340-397), 예로니모St Jerome;Eusebius Sophronius Hieronymus(347-420), 아우구스티누스St Augustinus(354-430)였다. 암브로시오는 374-397년에 밀라노 주교를 지냈다. 교회는 반드시 황제로부터 독립해야 하며, 주교들은 정치적 지배자들을 나무랄 수 있는 권리를 가져야 한다고 그는 주장하였다. 390년 암브로시오는 살로니카의 반란자들을 학살한 황제 테오도시우스를 파문에 처하였다. 테오도시우스는 자신의 죄를 인정하고 회개하였다. 세속권과 투쟁한 후세의 교황들은 암브로시오의 단호한 태도에서 많은 교훈을 배웠다.

예로니모는 당시의 가장 위대한, 학식 있는 교부였다. 그는 성서를 라틴어로 번역하였는데, 그것이 중세 교회에서 사용된 불가타(Vulgata) 판 성서였다. 라틴어로 쓰인 책 중에서 가장 영향력이 큰 책이라 할 수 있을 것이다. 그것은 그리스도교에 관한 저술이 라틴어 사용 국민들에게 파고들 수 있는 매개물이 되었고, 중세에 가장 흔히 사용되는 성서가 되었다.

가장 중요한 교부는 아우구스티누스였다. 그의 저서인 『신국론』(*De Civitate Dei*)은 중세사상에 광범한 영향을 끼쳤으며, 거기에 표현된 견해는 상당부분 가톨릭 교회 신학의 기초가 되었다.

교리 확립에 따라 성서 편찬도 적극화되었다. 성서는 1세기말 편찬되기 시

(왼쪽) 네 명의 복음서 저자들(샤를마뉴 대제의 복음서, 9세기초)
(오른쪽) 성 마르코의 초상(9세기)

작하여 160-170년 마태오 · 마르코 · 루가 · 요한 등 4복음서가 나왔다. 신약성서는 4복음서, 사도행전, 바오로의 로마서, 요한 묵시록 등을 포함한 27개의 서(書)로 이루어졌다. 4복음서나 바오로의 로마서는 50년에서 150년에 쓰여지고 2세기 전반에 이르러 성전(聖典)으로 간주되었다. 현대의 것과 비슷한 신약성서가 완성된 것은 5세기 이후의 일이었다.

C. 수도원의 역할

중세문화 형성에서 교황청보다 더 실제적 성과를 낸 것은 수도원 성직자들이었다. 일생을 종교적 경건으로 헌신하기 위해 세속을 떠나는 금욕적 이상은 여러 종교에서 발견되는 공통점이다.

속세의 유혹을 피하고 은둔하려는 생각은 본래 비그리스도교적인 데서 온 것이었다. 그리스도교에서 은둔사상을 도입한 이후 세속을 거부하고 은둔생활에 전념하려는 수도자들이 점차 늘어났다. 수도자들은 처음에는 고행자(苦行者)와 같은 개인적인 방법을 택하였다. 그들은 숲 속이나 사막에 들어가 은둔자로 생활하며 모든 인간관계를 끊어버리는 경우가 많았다.

중세를 통해 수도원은 종교적 경건을 유지하며 교황을 지지하는 중요한 집단이 되었을 뿐 아니라 교육과 학문의 발전에 커다란 기여를 한 문화 중심이었다. 수도원은 부속학교를 운영하고 도서시설을 충분히 갖추었으므로 중세 전반에 주요한 문화적 기능을 수행하였다. 또한 수도원은 저명한 교회 지도자

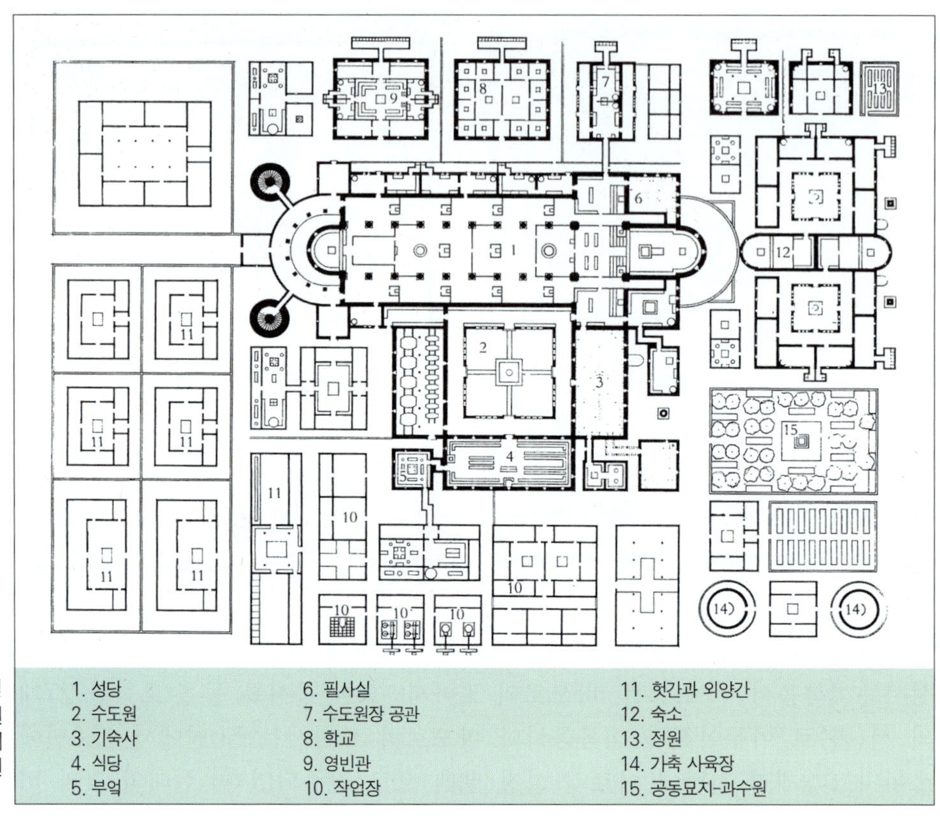

이상적인 수도원의 설계도: 820년경 쓰여진 필사본에 나와 있는 설계도를 다시 정리하여 그린 것이다.

들을 배출하였다. 사회적으로도 수도원은 자선을 베풀고, 새 농사법을 가르치며 육체노동의 귀중함을 알려주는 사회사업을 하였다.

수도원의 시작 수도원의 기원은 이집트에 있었다. 그리스 수도원의 창시자인 성 바실리오는 이집트에서 1년을 지낸 후 360년경 그리스에 수도원을 만들었다. 바실리오 수도단은 침식과 기도를 함께 하는 전통을 세웠다. 이 수도단체는 비잔틴제국에서 상당한 세력을 얻었으며 오늘날까지 존속하고 있다.

3세기에 경건한 그리스도교도들은 은둔하여 기도에 전념하기 시작하였다. 가장 두드러진 예는 이집트의 성 안토니오St Anthony(251-356)였다. 그는 깊은 신앙심을 가진 경건한 인물로, 20년 이상이나 이집트 사막에서 외로운 금욕생활을 하였다. 초기 은둔자들은 사막의 움막에 살면서 서로 왕래하지도 않았다. 시리아 출신 성 시메온St Simeon Stylites(390-459)은 여러 해 동안 기둥 꼭대기에서 살았다. 그의 별칭 스틸리테스는 그리스어의 기둥(stylos)에서 유래한 말이었다. 그는 60피트 높이의 기둥 꼭대기의 겨우 누울 만한 자리에서 30년간 살면서 먹을 것을 광주리로 끌어올리곤 하였다. 이러한 기둥 위의 은둔자들은 특히 시리아 지방에 많이 있었다.

시간이 지남에 따라 개인적인 고행자 대신 집단적 수도생활 공동체가 형성되었다. 그리하여 같은 뜻을 가진 사람들이 집단으로 수도생활을 하는 것이 더 일반적인 방식이 되면서 수도원으로 제도화되었다.

바고미오St Pachomius(292-348)는 수도원을 제도화한 인물이었다. 그는 종교생활의 공동규칙을 마련하고 각 은둔자가 각각 독립된 자기 방에서 지내지만 작업이나 성서 읽기 등을 함께 하는 수도 방식을 정착시켰다. 이 방식은 특히 이집트 지역에서 유행하여 바고미오 규칙을 따르는 수도자들이 수천 명이나 생겼다.

시나이 사막에 있는 성 가타리나 수도원

이 방식을 더 발전시켜 바실리오는 수도원을 제도적으로 정착시킨 인물이었다. 그는 은둔생활의 비실제성을 깨닫고, 하나의 공동체에서 규칙에 따라 기도 · 명상 · 독서 · 노동 등을 하는 수도 단체를 만들었다. 이것이 진정한 의미에서 수도원의 시작이었다.

수도자는 정해진 일과에 따라 명상과 기도를 하면서 농사를 짓거나 간척노동을 하였다. 또한 그들은 필사(筆寫)를 하거나 저술을 하였다. 수도원은 그 자체가 하나의 완전한 자급자족의 경제 단위였다.

베네딕토 규칙 수도서원(修道誓願)을 마련한 사람은 이탈리아 누르시아Nussia(지금의 Norcia)출신 성 베네딕토St Benedictus(480-543)였다. 로마 귀족이었던 그는 520년경 몽테 카시노Monte Cassino에 수도원을 개설하고 일정한 생활을 하도록 '규칙'(regula)을 마련했는데, 이것이 후에 다른 수도원에서도 채택된 수도서원이다. 수도원 입단을 위해 필요한 서약은 청빈(淸貧: 가난하게 사는 것), 정결(貞潔: 결혼하지 않는 것), 순명(順命: 명령에 복종하는 것) 등으로 이 세 가지 서약을 해야만 수도원에 들어갈 수 있었다.

베네딕토는 음식 · 의복 · 기율 · 기도 · 노동 · 취침에 관한 수도원 생활의 주요문제를 다루는 규칙을 정하였다. 이 규칙은 다른 수도원에도 적용될 수 있는 신축적인 것이었다. 임기 종신제인 수도원장은 수도원에 관한 모든 권한

복장에 관한 베네딕토 규칙

베네딕토 규칙에는 수도원 생활에 필요한 모든 문제, 심지어 방문객이나 여행에 관한 규정까지 포함하고 있다.

수도자에게 나누어 주는 옷은 지방 사정과 기후에 따라 달라야 한다. 왜냐하면 추운 곳에서는 더 입어야 하고 더운 곳에서는 덜 입어야 하기 때문이다. 이 문제는 수도원장의 재량에 맡겨야 한다. 따뜻한 곳에서는 수도 성직자 한 사람에게 두건과 웃옷 하나면 충분할 것이라 생각된다. 겨울에는 털 두건이 필요하고 여름에는 얇은 두건이 필요할 것이다. 또한 어깨에 걸치는 작업복과 신발—샌들이나 구두가 필요할 것이다.

수도 성직자는 이러한 모든 물건의 옷이나 촉감에 관해 불평하지 말고 알맞은 값으로 근린에서 살 수 있는 것을 사용해야 한다. 그러나 수도원장은 이러한 옷들의 치수에 신경을 써서 너무 짧지 않고 입는 사람에게 맞도록 해야 한다.

새 옷을 받았을 때에는 언제나 낡은 것은 즉시 반환해서 가난한 사람들을 위해 의상계에 모아 두어야 한다. 세탁 시 또는 밤에 입을 것을 위해서는 각자는 두 개의 두건과 두 벌의 웃옷이 필요하지만, 새 옷을 받았을 때에는 필요 없는 것을 즉시 반환해야 한다. 즉, 낡은 것—샌들이나 낡은 신발 등—은 반환해야 한다.

수도원 구성원은 여행시 의상계에서 내복을 받는다. 여행에서 돌아오면 세탁하여 반환해야 한다. 두건과 웃옷 역시 보통 때 착용하던 것보다는 약간 나은 것으로 해야 할 필요가 있다. 이러한 것들을 출발 전에 의상실에서 지급 받고, 돌아오면 반환한다.

침구로서 수도 성직자에게는 요 · 담요 · 가벼운 침구 · 베개가 필요하다.

침대는 수도원장의 검사를 자주 받도록 하여 개인 물건을 두지 않도록 한다. 수도원장이 지급하지 않은 물건을 가진 수도 성직자는 발견되면 즉시 엄한 벌을 받아야 한다. 개인 소유의 악덕을 완전히 뿌리 뽑기 위해서 수도원장은 필요한 모든 것들을 공급해 줄 것이다. 즉, 두건 · 웃옷 · 샌들 · 구두 · 혁대 · 연필 · 손수건 · 필기도구 등. 이렇게 하여 필수품이 부족하다는 구실은 없어질 것이다.

을 가졌으나 연장자 및 심지어 나이 어린 수도자들과도 의논해야 하였다.

베네딕토 규칙 중 가장 유명한 것은 육체노동을 규정한 항목이었다. 육체노동은 그리스인이나 로마인이 다같이 거부했지만 베네딕토는 "게으름은 영성(靈性)의 적이다"라고 규정하여 육체노동에 품위를 부여하였다.

수녀원 수도원 시대의 초기부터 여성도 수녀원에 들어가 수도자 생활을 할 수 있었다. 성 예로니모는 그의 가족과 친구의 여인들을 위해 수녀 규칙을 정했다. 성 바실리오St Basil(329-379)의 어머니와 누이는 그가 수도원을 창설했을 때 이미 수녀원에서 살고 있었다. 베네딕토의 쌍둥이 누이 성 스콜라스티카St Scholastica(480-543)는 몽테 카시노 수도원 근처의 수녀원에서 살고 있었다.

앵글로-색슨시대의 영국 수녀원장들도 왕성한 활동을 하였다. 예컨대 힐다St Hilda, Hild(614-680)는 휘트비에 수녀원을 창설하고 수녀원장(657-680)을 지냈으며, 군주 제후의 배려에 따라 특권을 누리고 있었다. 힐다 수녀원장은 학문을 장려했으며, 이곳 수도원 출신 성직자 다섯이 주교가 되었다.

중세 필사본의 머리글자(800년경)

카시오도루스(710년경)

수도원의 기능과 영향 수도 성직자들은 중세문화의 모든 분야에 커다란 영향을 미쳤다. 그들은 당대의 가장 뛰어난 농업기술자였으며, 농사법이나 농경기술로 수도원 농장뿐 아니라 큰 농장 경영에서 탁월한 수완을 발휘하였다.

유명한 가문은 흔히 자신들의 땅에 수도원을 세웠다. 수도원장과 수녀원장은 자주 이러한 가문과 밀접한 관계를 유지하여, 수도원의 토지와 자원을 세속 친인척의 이익을 위해 관리하였다. 한마디로 수도원은 지방 권력과 유착했던 것이다.

군주 역시 행정과 군사를 위한 식량조달을 주로 수도원 농장에 의존하고, 수도 성직자들의 수입 일부를 왕실 재정을 위해 활용하였다. 이 과정에서 수도원장은 왕의 자문이나 행정관으로 봉사하였다.

수도원의 영향은 문화면에서 특히 두드러졌다. 수도 성직자는 당시에 교육받은 거의 유일한 사람이었다. 베네딕토 규칙에 의하면 읽을 줄 알아야 하는 것이 수도자의 조건이었다. 수도 성직자는 실질적으로 당시의 유일한 지식인이었다. 수도원에는 수도자와 수녀들 또는 세속의 어린아이들을 가르치는 학교와 도서관이 있었다.

또한 수도원은 서적 출판을 위한 장소이기도 하였다. 수도원에서는 필사실(筆寫室: scriptorium)을 만들어 기도문이나 교육용 필사본을 만들었다. 현존하는 거의 모든 행정 기록, 많은 고전 고대의 라틴 문학서, 그리스도교 전적의 대부분은 수도원 필생(筆生)들이 쓴 것으로, 수도원이나 수녀원에 보관된 것이었다.

3. 비잔틴제국

비잔틴 문화권은 이슬람 문화권과 마찬가지로 옛 로마제국의 동쪽 영역에 그 중심을 두고 있었다. 이 지역은 옛 로마에서도 경제적으로 풍요하고 문화적으로 발달된 곳이었다. 게르만 민족이 침입한 서방세계에 비해 문화적으로 더 발전했으며 더 활기찬 사회를 이룩하였다. 특히 중세 전반기에는 괄목할 만한 활동을 하여 그만큼 중세사에서 차지하는 위상도 높이 평가될 만한 것이었다.

수도 비잔티움의 명칭 때문에 현대의 역사가들이 비잔틴 문화권이라 부르는 동로마제국은 로마제국을 계승함으로써 시작된 것이었다. 그러므로 476년 서방에서 로마 황제의 칭호가 없어졌을 때에 동로마 황제들은 공식 후계자를 자칭하고, 로마제국 전체를 합법적으로 지배할 수 있는 권리가 있다고 주장하였다. 그러나 게르만 민족이 서방 대부분의 지역을 유린하게 된 마당에 로마제국의 계속과 그에 대한 권리 주장은 허구에 불과하였다.

6세기에 동유럽을 중심으로 새로운 문화권이 형성되고 있었다. 동로마제국은 6세기 이후 고전고대의 전통을 계승 보존하면서도 지리적 조건, 시대 및 환경에 알맞은 독특한 문화권으로 전환되었다. 그것은 그리스-로마뿐 아니라 오리엔트의 여러 요소들을 섞은 이른바 '헬레니즘' 특성이 강한 새로운 문화였다.

A. 비잔틴제국의 성립

476년 서로마제국이 소멸된 이래로 콘스탄티노플의 지배자들은 게르만 민족의 공격을 성공적으로 물리치고 후기 로마사회의 기본특성을 유지하였다. 그러나 6세기 이후 점차 지배층은 인종적으로 그리스 민족과 혼융하고 라틴어 대신 그리스어를 공용어로 사용하게 되었다. 이것이 동로마의 비잔틴화(化)였다.

최초의 비잔틴 황제를 제논Zeno the Isaurian(재위: 474-491)으로 보아 474년 이후를 비잔틴제국이라 부르는 경우가 있으나 진정한 의미의 비잔틴 문화의 특색이 나타난 것은 유스티니아누스 1세Justinianus I(재위:527-565) 시대에 이르러서였다.

이 때 그리스 문화적 요소, 페르시아로부터의 문화적 영향, 그리스도교적 이념 등이 조화있게 섞여 새로운 문화의 기반을 이루었다. 유스티니아누스가 콘스탄티노플에 세운 성 소피아(Sancta Sophia; Hagia Sophia) 대성당이 이 새로운 문화를 상징한다.

비잔틴 역사 구분 비잔틴제국의 역사는 성상(聖像) 파괴문제를 중심으로 크게 양분될 수 있다. 첫 단계는 330-867년까지의 시기이다. 이 시기는 다시 330-717년까지 그리스-로마 문화의 영향이 지속되는 가운데 점차 비잔틴화하는 시대 및 717-867년까지의 성상파괴 시대로 나누어진다. 다음 단계는 867년부터 1453년까지이다. 이 시기의 전반(867-1025년)은 비잔틴제국의 절정기인 마케도니아 왕조 시대였다. 대외적으로 아랍 세력을 저지하고 대내적으로 귀족세력의 성장을 억제한 시기였다. 후반은 1025년부터 1453년까지의 쇠퇴기였다.

성 소피아 교회의 내부 (외부는 5장의 표지 그림 참조)

그러나 일반사의 관점에서 비잔틴제국의 역사는 3분된다. 즉, 유스티니아누스 시대부터 8세기초까지 몇몇 이민족과 전쟁을 하면서 정치와 군사조직을 정비하고 경제적 기반을 확립하여 제국의 영토를 확대한 제1기, 8세기초부터 11세기 중반까지 유럽에서 최고의 경제력 · 군사력 · 문화를 발달시킨 제2기, 11세기 중반부터 15세기 중반까지 쇠퇴하기 시작하여 1453년 오스만 터키에 의해 콘스탄티노플이 함락되는 제3기가 그것이다.

동로마 제국: 유스티니아누스 대제 시대

유스티니아누스 황제(산 비탈레 대성당, 547년경)

유스티니아누스 테오도시우스 이후 가장 유능한 황제인 유스티니아누스 1세는 옛 로마 영토의 거의 절반을 회복하였다. 그는 대내적 개혁을 단행하고 미술을 장려하여 문화를 진흥시켰다. 특히 그는 법전 편찬에 착수하여 『민법대전』(*Corpus juris civilis*)을 완성하였다.

유스티니아누스는 상당한 교육과 훈련을 받았고 잠자지 않는 황제라는 별명을 얻은 매우 부지런한 지배자였다. 그러나 그에게는 결단력과 용기가 부족한 성격상의 결함이 있었다. 이러한 결함은 서민 출신 황비 테오도라 Theodora(500-548)에 의해 보완되었다. 서커스 곰 조련사의 딸인 테오도라는 아름다움과 지성을 겸비한 배우 출신이었다. 로마사에서 유례가 없이 뛰어난 재능과 추진력을 갖춘 강한 여성인 그는 궁중 계파의 움직임이나 콘스탄티노플의 민중심리를 잘 파악하여 유스티니아누스 황제를 적절히 보좌하였다.

유스티니아누스의 업적 중 가장 두드러진 것은 국력진흥과 영토확장이었다. 그는 벨리사리우스Belisarius(505-565), 나르세스Narses(478-573) 등 유능한 장군을 파견하여 아프리카의 반달 왕국, 이탈리아의 동고트 왕국, 스페인의 서고트 왕국 등을 정복하였다. 또한 외교적 타협을 통해 6세기 중반까지는 발칸 반도와 소아시아의 민족들을 복속시킬 수 있었다.

그 결과 비잔틴제국은 옛 로마제국의 거의 반에 해당하는 넓이로 팽창하였다. 그러나 그는 서방정책에 국력을 집중시키고 동쪽으로 적절히 대비하지 않은 결과 페르시아 '사산 왕조'(Sassanids)의 위협을 받게 되었다. 따라서 치세 말기에는 제국의 생존을 위해 서방정책을 포기하지 않을 수 없었다.

유스티니아누스의 또다른 업적으로 행정체제의 개혁이 있었다. 특히 532년 니케Nike의 민중 반란이 있은 후 정부의 징세정책을 개혁하고 관리의 부

테오도라 황비와 시녀들(산 비탈레 대성당, 547년경)

패를 방지하여 행정효율을 향상시키고자 하였다. 동시에 행정제도의 대부분을 중앙정부의 직접적인 관할하에 두어 군주의 전제적 권한을 강화하였다.

유스티니아누스 법전 유스티니아누스가 행한 업적 중 가장 주목되는 것은 로마법의 법전화 작업이었다. 보통 유스티니아누스 법전이라 알려져 있는 이 법전은 라틴어와 그리스어로 편찬되었다. 그것은 법률적인 면에서뿐 아니라 비잔틴 학문의 발달을 위해서도 중요한 공헌을 하였으며, 후의 유럽 문명에 항구적이며 커다란 영향을 끼쳤다.

로마 공화정 이래로 칙령이나 법령 등과 같은 방대한 양의 법원(法源)이 축적되어 왔으므로 정리하여 체계화할 필요가 있었다. 유스티니아누스는 527년 즉위하면서 곧 법률가들을 임명하여 새 법전을 편찬케 하였다.

528-534년에 걸친 법전 편찬사업은 네 부분으로 진행되었다. 첫째, 534년 최종 형태로 완성된 『유스티니아누스 법령집』(*Codex Justinianus*)은 당시까지의 모든 황제칙령을 요약하여 모은 것이었다. 시대에 뒤떨어진 낡은 것은 빼고 전체적인 정리를 하여 12권(사법:2-8, 공법:9-12)으로 편찬하였다.

로마법 집대성

로마제국의 법원(法源)이 너무 방대해지고 혼돈 상태에 있게 되어 실용이나 학습에 불편해졌으므로 이를 체계화할 필요가 생겼다. 유스티니아누스 대제는 트리보니아누스 등으로 편찬위원회를 구성하고 법전편찬에 착수하였다. 법학자들 저서의 발췌이며 법전인 『학설휘찬』, 법학 교과서 겸 법전인 『법학제요』, 역대의 칙령을 정리한 『법령집』, 새로이 황제가 발포한 칙령인 『신법령집』 등의 편찬으로 로마법의 체계화가 이루어졌다.

다음으로 530-533년에 편찬된 50권의 『학설휘찬(學說彙纂)』(*Digest; Pandectes*)은 고전시대 이래의 법학 저술들을 시대 순으로 발췌한 것이었다. 533년 편찬된 4권의 법학 텍스트 『법학제요(提要)』(*Institutes*)는 법학 입문서였다. 끝으로 『신법령집(新法令集)』(*Novels*)은 유스티니아누스 황제가 공포한 법령을 모은 것이었다. 이상의 네 가지 법전관련 저술은 『민법대전』이라 불리게 되었다. 이것은 로마법의 가장 중요한 요소들을 분명하고 간결하게 보존 · 전달한 것이었다.

황제-교황 일치제의 성립 비잔틴 사회와 문화를 움직이는 또다른 근본적인 힘은 그리스도교였다. 종교는 생활의 모든 국면과 상관이 있었으며 일반 대중을 제국 체제와 연결하는 유대가 되었다. 비잔틴 제국의 그리스도교는 본래 신앙과 의식(儀式)에서 가톨릭 교회와 같았으나 시간이 지남에 따라 그리스 정교(正敎) 교회라고 알려진 별도의 종교제도로 바뀌었다.

비잔틴제국의 그리스도교는 국가와 긴밀한 유대를 맺었으며 결국에는 국가에 종속되고 말았다. 이미 이와 같은 종교적 변화는 유스티니아누스 황제 때에 일어났다. 그는 콘스탄티누스의 전통에 따라 제국내의 종교문제를 해결하는 데 중요한 역할을 하는 것이 황제 권한이라고 생각하였다. 그는 당시 그리스도의 신성(神性)에 관한 신학논쟁에서 여러 차례의 칙령 공포를 통해 해결하고자 하였다. 이러한 황제의 종교문제에 대한 관여로 종교적 조직이나 교리가 전제군주의 권한에 속한다는 관념이 뿌리내리게 되었다. 이것이 현대의 역사가들이 칭하는 '황제-교황 일치제도'(caesaropapism)이다.

이 제도에 따르면 교회 사제의 임명, 교리 규정, 신학적 논쟁 해결, 사제와 신도에 대한 규칙을 정하는 일에서 황제가 결정적 역할을 하는 것이다. 또 황제는 교회의 재산을 사용하고, 국가 목적에 따라 교회의 권위를 빌릴 수도 있었다. 이것은 한마디로 비잔틴제국의 국가정책과 교회정책이 서로 떼어놓을 수 없는 밀접한 관계에 있었음을 의미한다.

그리스도의 성상(500-530년경): 성상파괴 논쟁이 시작되기 전에 그려진 것이다.

성화상파괴 논쟁 8세기초 동 · 서의 그리스도교회는 성화상(聖畵像) 파괴문제로 분쟁을 일으켰으며, 이는 동 · 서 교회 분열의 결정적인 계기가 되었다.

성화상파괴(iconoclasm)를 둘러싼 논쟁은 725년에 시작되었다. 이 논쟁은 그리스도를 비롯해 성모 및 그 밖의 성자의 모습을 그림으로 담거나 조각할 수 있는가, 또는 이러한 성화상을 숭배할 수 있는가 하는 문제에 관한 것이었다.

그리스도교 초기에는 성화상을 교회 안에 두는 것이 관례였다. 예를 들면 로마의 카타콤바(Catacomba:지하묘)에는 그리스도교에 관한 중요한 사건과 인물의 벽화가 그려져 있었다. 대체로 성화상 숭배는 일반적으로 인정되고 있는 상황이었다.

그러나 8세기에 이르러 이 문제에 대한 찬반 논쟁이 격화되었다. 비잔틴 황제 레오 3세Leo III(Isauria 왕조 제1대왕, 재위: 717-741)는 성화상 숭배를 강력히 반대하고 탄압하였다. 황제는 725년 성화상 제거 칙령을 공포했을 때 여기에 반대한 성직자들을 탄압하고 당시 콘스탄티노플 교회 총대주교(總大主教: Patriarch)를 사형하였다.

레오 3세가 로마 교황 그레고리오 2세Gregorius II(재위: 715-731)에게 성화상 제거를 명했으나 교황은 이에 강력하게 반대하고 군대를 파견한다면 기꺼이 맞서겠다고 선언하였다. 그러나 비잔틴제국에서 성화상 파괴는 궁극적으로 실패했고 843년 성화상(icons)이 의식절차에서 다시 사용되었다.

마침내 1054년에 이르러 로마 가톨릭 교회와 그리스정교 교회로 결정적으로 갈라섰다. 1054년 로마 교황과 콘스탄티노플 총대주교는 서로 상대방에 대한 파문을 선언하여 돌이킬 수 없는 분열의 길에 들어섰다.

그리스 정교회의 확립과 분열 비잔틴제국은 종교를 황제의 통제 아래에 두는 이른바 '황제-교황일치제도'를 확립하고 콘스탄티노플 총대주교 선출에 직접 개입하였다. 총대주교는 교회의 수석 대주교이며 이론상 주교회의에서 선출되었으나, 후보 셋 중 하나를 황제가 직접 선택했기 때문에 결국 황제가 임명하는 것이나 다름없었다. 황제는 교회 운영에 직접 간섭하지는 않았으나 교리문제에까지 지시를 내릴 수 있는 권한을 가지고 있었다. 총대주교는 황제 대관식을 주재했으나 교회의 우두머리로서보다는 시민대표의 자격으로서였다. 황제는 지상에서 신의 대표자였으며 총대주교에 대한 그의 권한이 강력하여 교회는 국가교회가 된 셈이었다.

성모자(키에프, 12세기)

5-6세기에 교리문제를 둘러싼 치열한 싸움이 있었고, 콘스탄티노플의 총대주교

가 알렉산드리아 · 예루살렘 · 안티오키아 등의 총대주교보다 우월하다고 주장하게 됨에 따라 이집트와 시리아의 그리스도교들이 비잔틴제국의 종교체제에서 분리 독립하게 되었다. 더욱이 이슬람이 이 지역을 점령했으므로 이 지역의 그리스도교들은 비잔틴제국 및 서방과 접촉하는 기회가 많이 줄어들었다. 그 결과 이집트의 곱트 교회(Coptic), 시리아의 정통(正統) 교회(Jacobite) 등이 발생하였다.

비잔틴의 농업 농업은 비잔틴 경제의 중추였으며 국가는 농업생산을 높이는 데 온 힘을 기울였다. 황제의 강력한 농업정책으로 개간과 식민이 대규모로 행해져서 8세기 초 농업생산은 현저하게 늘어났다. 곡물 · 올리브 · 포도 등이 농산물의 주종을 이루었고 유스티니아누스 황제 때 양잠술이 성행하였다.

소토지를 소유하는 자작농이 일반적이었으며, 이 계층이 제국의 군사권이나 황제권의 기반이 되었다. 그러나 8세기초 이래 대농장이 점차 비잔틴 농업 시대의 추세를 이루었다. 그것은 귀족이나 수도원 소유의 대토지를 소작인(colonus)이 경작하는 제도였다. 11세기 중반 이후 대농장제는 농업 전체를 지배하는 제도가 되었으며 그 결과 자작농의 몰락과 제국의 쇠퇴를 가져왔다.

상공업 상공업은 6세기부터 11세기에 이르는 동안 매우 번성하였다. 화려한 비잔틴 문화는 상공업으로 축적된 경제적 부 때문에 가능하였다. 수공업은 무기 · 모직물 · 보석세공 · 상아제품 · 사치품 · 금속제품 · 유리제품 등 광범하였다. 특히 직물공업은 비잔틴 산업을 유명하게 만든 주요 산업이었다.

수공업 길드는 원료구입 · 제조방법 · 제품판매 · 노임 · 가격 · 이윤 등을 고정시켜 놓았을 뿐 아니라 모든 면에서 강력한 국가통제를 받았기 때문에 생산은 안정된 반면 기술적인 진보는 억제되었다. 수공업자나 상인들은 자신의 직종을 떠나서는 안 되며, 자손에게 직업을 전수해야만 하였다.

네스토리우스파와 양잠술

콘스탄티노플 대관구장 네스토리우스와 그 일파는 그리스도의 신성을 부정하였다. 이에 따라 431년 에페소스 종교회의에서 이단으로 규정되었다. 그 후 시리아를 거쳐 중국에까지 전해져 경교(景敎)라 불렸다.

552년 네스토리우스파의 수도자가 누에고치를 유스티니아누스 대제에게 바친 것이 동로마에서의 양잠의 시작이었다. 비단은 중국으로부터 전해져 5세기에는 이미 상당한 양이 수입되고 있었다.

유스티니아누스 시대에는 궁정용의 직물공장이 세워지고 귀족이나 고위관리들이 비단 옷을 입었으며, 교회 의식에도 비단이 사용되었다. 후에 양잠술이 서유럽에도 전해졌다.

특히 상업은 부의 주원천이었다. 비잔틴 정부는 상업활동을 유지하기 위한 화폐제도를 가지고 있었다. 안정된 제국화폐인 베잔트bezant, besant는 십자군 시대의 표준화폐로 서방세계에서 널리 통용되었다.

정부는 이윤이 높은 상업, 특히 곡물이나 견직물 판매를 독점하였다. 흑해 및 지중해를 무대로 한 무역은 해적이나 이슬람 상인에 대항하기 위해 비잔틴 제국의 강력한 해군력의 보호를 받았다. 상업에 대한 이러한 국가통제와 제약 때문에 원거리 통상의 주도권을 결국 베네치아 · 라벤나 등 이탈리아 상인에게 빼앗기게 되었다.

콘스탄티노플 수도 콘스탄티노플은 비잔틴제국의 문화적 중심일 뿐 아니라 세계무역과 산업의 심장부였고, 백만 이상의 인구를 가진 중세 유럽 최대의 가장 부유한 도시였다. 콘스탄티노플은 동방과 서방의 교통의 요충지에 위치했으므로 상공업 발달의 중심이 되었다. 이 도시를 통해 다양한 생산물이 멀리서 오고 또 널리 퍼져 나갔다. 비잔틴 무역업자들은 콘스탄티노플이나 기타 주요 도시에서 생산하는 여러 종류의 공업제품을 판매하였다.

비잔틴제국의 쇠퇴 유스티니아누스 황제가 죽은 후 제1차 십자군(1095)에 이르기까지 비잔틴제국의 정치사는 주로 외세의 침입, 특히 동쪽과 북쪽으로부터 침입한 외부세력과 부단히 싸워온 역사라 할 수 있다.

유스티니아누스 사후에는 주로 국가재정의 파탄으로 후계자들은 서쪽 영토의 대부분을 상실하고 동쪽 부분을 겨우 유지하는데 그쳤다. 568년 게르만 일파인 롬바르트족이 이탈리아로 침입하여 반도의 상당 부분을 점거하였다.

이 위협에 대해 비잔틴 정부는 제대로 손을 쓸 수 없었다. 동쪽으로부터 페르시아 사산 왕조가 시리아 · 팔레스티나 · 이집트를 점령하면서 콘스탄티노플을 향해 진격해 왔기 때문이었다. 이와 동시에 아시아의 유목민 아바르인이 도나우강 북쪽에 나라를 세우고 있다가 발칸반도를 거쳐 콘스탄티노플을 향해 쳐들어 왔다. 이와 같이 7세기초 비잔틴제국은 페르시아와 아바르 사이에 끼어 고전을 면치 못하였다.

한때 헤라클리우스Heraclius(재위: 610-641) 황제는 비잔틴의 국력을 재집결하고 두 적대세력을 공격하여 후퇴시켰다. 그는 동방 여러 민족의 공격을 막기 위해 제국의 전영토를 테마thema라는 군관구(軍管區)로 나누었다. 각 테마에는 스트라테고스strategos라는 군사령관이 있었다. 그는 군사권과 함께 행정권 · 사법권을 장악하였다. 이 결과 디오클레티아누스 황제 이래 문무 관료를 분리해온 방침이 폐기되었다. 스트라테고스는 황제에 의해 임명되고 국고에서 급여가 지급되었다.

그러나 헤라클리우스 시대에 새로운 강력한 적대세력이 나타났다. 이것이 7세기 중반에 대두한 아라비아였다. 불과 반세기 동안에 아라비아의 이슬람 군대는 시리아 · 팔레스티나 · 이집트 · 북아프리카를 비잔틴제국에서 빼앗아 장악하였다.

700년대초가 되자 대부분의 소아시아를 차지한 아라비아 군은 717년과 718년에 콘스탄티노플을 포위하였다. 이 때 비잔틴 황제 레오 3세는 콘스탄티노플을 성공적으로 지켰을 뿐 아니라 소아시아를 해방시켰다. 그러나 동쪽 속주들은 비잔틴의 손에서 영원히 떠났고, 비잔틴제국은 다만 소아시아와 발칸반도를 차지하는 정도로 축소되고 말았다. 비잔틴제국은 쇠퇴했으나 지역 국가로서의 명맥은 약 700년 동안 더 유지되었다.

레오 3세의 눈부신 성공에도 불구하고 비잔틴제국은 그 후에도 계속된 외세의 침입에 시달리지 않을 수 없었다. 그것은 발칸반도에 위치한 불가르인의 위협이었다. 그러나 비잔틴제국은 마케도니아 왕조(867-1057)의 지배하에서 또다시 부흥하였다. 황제 바실리오 2세Basil II(재위: 976-1025)는 불가르인 국가를 침공 정복하여 비잔틴 세력을 중앙 유럽과 러시아에 깊숙이 침투시켰다. 또한 동쪽에서도 이슬람 세력과 대치하여 반격을 시도하였다.

11세기말 비잔틴제국은 국내 문제와 외침으로 크게 쇠퇴하였다. 특히 동쪽에서 셀쥬크 터키 민족의 침입과 서쪽에서 이탈리아 및 시칠리아의 영토 팽창 정책으로 큰 곤란을 겪게 되었다. 이러한 위협에 대처할 자체 능력이 없었기 때문에 비잔틴 황제들은 서방세계의 원조를 요청하였다. 이것이 계기가 되어 십자군운동이 일어났다.

B. 비잔틴 문화

종교는 비잔틴 문화의 주요한 추진력이었으며, 고전 그리스 문화전통과 결합하여 교육 · 문학 · 미술에 뚜렷한 영향을 끼쳤다. 비잔틴제국은 고전 전통을 보존하고 그리스도교적 세계관과 조화시켜 점차 독자적인 문화로 발전시켜 나갔다.

특히 유스티니아누스 황제 사후부터 라틴어 사용이 실질적으로 정지되고 고전 문학과 철학에 대한 교육이 중시되었다. 그러나 비잔틴 학문에는 창의적인 면이 부족하였다. 학계에서는 주로 고전을 수집 · 복사하고 분류 · 편집하여 주석을 붙이거나 그것을 모델로 글을 썼다. 한마디로 비잔틴 학술활동은 일종의 백과사전적 성격을 띤 것이었다.

이에 비해 미술에서는 독자성이 발휘되었다. 비잔틴 미술가들은 오리엔트와 그리스도교 정신을 결합시켜 찬란하고 사치스러운 예술품을 창출하였다. 밝은 채색과 풍부한 장식성은 그리스도교적 관념과 결부되어 비잔틴 예술의 현저한 특징 중 하나가 되었다.

비잔틴 문학과 사상 그리스의 영향이 컸으므로 비잔틴의 문학과 사상은 대체로 모방적인 것이었다. 그런 가운데서도 창의성을 발휘한 지식인은 신학자들이었다. 그들은 끊임없는 교리에 대한 논쟁을 통해 방대한 저술을 내놓았다. 그리스도교의 가르침에 고전적 전통의 철학적 개념을 적용시켰다.

비잔틴제국의 학문연구는 중세 유럽의 경우와 달리 반드시 수도원이나 성직자 계급의 활동에 국한된 것이 아니고, 일반 대학이나 학자들까지 포함하는 광범한 것이었다. 초기에는 비잔틴제국 최대의 대학이 아테네 대학이었으나 유스티니아누스 대제 때에 폐교되고 콘스탄티노플 제국 대학이 이를 대신하였다.

콘스탄티노플 제국 대학은 유능한 지식인들을 정부와 교회에 공급하였다. 이 대학의 교과 과정은 철학 · 천문학 · 기하학 · 음악 · 문법 · 법률 · 의학 · 산술 등으로 구성되어 있었다.

11세기에서 12세기에 이르는 동안 비잔틴 역사가들은 헤로도토스 · 투키디데스 · 폴리비우스 등을 본떠 우수한 저작을 생산하였다. 선구적 역사가 프로코피우스Procopius(500-565)는 유스티니아누스의 전쟁사(史)를 비롯해 궁중 생활을 묘사한 『밀사(密史)』를 저술하기도 하였다.

11세기부터 역사저술이 많이 나왔다. 프셀루스Michael Psellus(1018-1079)는 제국의 고급관리였는데, 비잔틴 황제들의 착취상을 연대기로 저술하였다. 세계사상 최초의 여성 역사가 안나 콤네누스Anna Comnenus(1083-1148)는 황제 알렉시우스 콤네누스 1세Alexius Comnenus I (재위:1081-1118)의 딸이었는데 아버지의 일생을 묘사한 『알렉시우스 일대기』(*Alexiad*)를 저술하였다.

비잔틴의 시인들은 송가(頌歌) 작시에서 특히 독창성을 발휘했으며, 그 중 일부는 아직도 그리스 정교회의 기도문에 남아 있다.

비잔틴 건축 비잔틴 미술의 근본적 원천은 그리스도교 숭상에 있었다. 미술품은 오리엔트와 그리스도교 정신의 복합적 영향을 받았다. 밝은 색조와 풍부한 색채가 비잔틴 미술의 기조를 이루었다.

특히 건축은 비잔틴 문화 중 탁월한 예술분야로서 독특한 양식을 발전시켰다. 건축양식은 4-5세기에 이집트 · 시리아 · 소아시아에서 발달되었으며 유스티니아누스 대제 때에는 공공 건물에 적용되었다. 건축은 초기 로마의 양식을 채택하

산 비탈레 대성당(라벤나, 530-548년경): 비잔틴 건축 양식의 대표적인 예

였다. 예컨대 아치 · 궁륭(穹窿 : vault) · 원개(圓蓋: dome) 등을 광범하게 적용하였다. 반면 내부장식에서는 로마보다 중동지역의 특색을 살려 풍부한 색채가 넘치도록 하였다.

비잔틴식 교회건축으로서 가장 웅장하고 화려한 것은 537년 완성된 성 소피아 교회이다. 이는 유스티니아누스 황제가 수도 콘스탄티노플의 위용을 드높이기 위해 세운 것으로, 종교적 감정을 잘 나타냈으며 우수한 건축공법과 기술을 유감없이 발휘하였다. 이 교회건물은 그리스-로마식 십자형 바실리카 설계이며, 중앙에 페르시아식의 대 원개(직경 32m,높이 54m)를 올렸다. 원개 내부의 중앙부는 4개의 거대한 기둥을 연결하는 커다란 아치로 뒷받침되어 있다. 내부 장식에는 모자이크 · 템페라 벽화 · 상감(象嵌) · 조각이 사용되어 장엄함과 화려함이 조화되어 있다.

성 소피아 교회는 한때 '아야 소피아' 라는 이슬람 모스크로 사용되다가 20세기초 근대 터키가 탄생함과 동시에 박물관으로 바뀌었다. 비잔틴 건축양식의 대표적인 예를 이탈리아 베네치아의 성 마르코 성당, 라벤나의 산 비탈레 San Vitale 성당 등에서도 찾아볼 수 있다.

모자이크 교회건물 내부는 아름다운 모자이크(mosaics)로 장식되었다. 이것은 일종의 그림 양식으로 프레스코fresco나 평판화(平板畵)보다도 더 특이한 양식이었다. 모자이크는 채색유리 파편, 색깔 있는 작은 돌 조각, 보석, 색 대리석 등을 무수히 합쳐 시멘트로 무늬를 만들어 그림을 구성하는 기법(技法)이다. 흔히 배경은 금가루로 칠한 것이 많다. 마루바닥, 벽면 또는 천장에 적용되었다.

고대 오리엔트에 기원을 두고 있는 모자이크는 헬레니즘 시대에 서방에 전해진 후 로마 시대에 유행하여 초기 그리스도교 건축이나 비잔틴 건축에 많이 사용되었다. 오늘날 모자이크는 콘스탄티노플을 비롯해 터키뿐 아니라 비잔틴제국의 영토였던 여러 지역에 남아 있다. 가장 대표적인 것은 유스티니아누스 황제가 이탈리아를 정복한 시기에 세워진 교회, 예컨대 라벤나의 산 비탈레 대성당이나 산 아폴리나레 누오보San Apollinare Nuovo대성당에서 볼 수 있다.

르네상스 이후의 사실적인 그림에 비해 비잔틴 모자이크는 전체적으로 비

(왼쪽) 나사렛의 그리스도(494-520년경의 모자이크)
(오른쪽) 나사렛의 그리스도의 세부

사실적 요소가 강하고 평탄한 인상을 준다. 거기에는 원근법이 거의 무시되고 정면성(正面性)이 강조되고 있다. 정면성이라 함은 조각이나 그림에서 앞면을 유달리 강조하여 전체적으로 입체감이 결여된 것을 말한다. 그러므로 모자이크는 인물의 음영(陰影)이 확실치 않고 평탄하다는 인상을 주는 것이다.

그러나 모자이크는 벽화양식으로는 매우 놀라운 장식적 효과를 나타내며 반짝거리는 표면이 가진 특성은 다른 그림에서 볼 수 없는 독특한 것이다. 비잔틴 미술은 이탈리아 르네상스 초기의 선구적 대가들, 예를 들면 치마부에 Giovanni Cimabue(1240-1302)나 지오토Giotto di Bondone(1266-1337)에게 예술적 영감의 원천이 되었다.

역사적 의의 비잔틴제국은 문화적으로 오리엔트 · 그리스-로마 · 이슬람 등 여러 문명의 영향을 받아 그리스정교를 배경으로 한 독자적인 문화권을 형성하고 동시대의 서유럽에 비해 높은 수준을 유지하였다. 또한 북방의 슬라브인에게 커다란 문화적 · 종교적 영향을 주었으며, 동유럽 지역이 독자적으로 문화적 발전을 할 수 있는 기반을 닦아 놓는 중요한 역할을 하였다.

그러나 무엇보다도 비잔틴 문화는 서방세계에 지대한 영향을 끼쳤다. 비잔틴제국은 아시아 민족들의 침입으로부터 서유럽을 지키는 역할을 하는 한편 중세를 통해 서방세계와 부단한 교섭이나 통상을 하면서 다방면으로 유럽 중세문화의 형성에 기여하였다.

또한 그리스어를 공식적으로 사용함으로써 고전 사상과 학문이 보존될 수 있었다. 비잔틴 학자들은 그리스 사상가의 저술과 문헌을 수집 복사하여 연구하였다. 특히 플라톤 · 아리스토텔레스 · 호메로스 · 소포클레스 등과 같은 고전이 비잔틴 학자의 손을 거쳐 서방세계로 전달되었다.

비잔틴 학자들은 옛 로마 학자들과 같이 독창성보다는 모방성에서 뛰어났다. 그러나 그들이 행한 고전의 분류 · 편찬 · 연구는 유럽 문명 발전에 크게 기여하였다. 비잔틴 학자들이 고전사상과 학문을 보존한 덕분에 15세기 이후 이탈리아의 그리스 연구가 가능했던 것이다.

4. 이슬람 문명

서방세계에서 게르만 민족의 이동이 잠시 소강상태에 들어간 7세기 후반에 지중해 연안 동남방에 또다른 민족이 새로운 종교를 배경으로 독자적인 문화권을 형성하였다. 이것이 이슬람 문화권이다.

유스티니아누스 대제 사후 몇 년 뒤 아라비아 대륙 홍해 연안의 작은 도시에서 태어난 무함마드Muhammad; Mahomet(570-632)와 그의 후계자들은 지중해 연안 주변지역을 포함하는 커다란 제국을 형성하고, 수세기 안에 고도의 문명을 창출하였다. 이슬람은 오늘날 2억 이상의 신도를 가진 최대의 제도종교로 발전하였다.

이슬람 세력권은 지중해 세계를 급속히 제패하면서 서방의 게르만 사회를 압도하였다. 고도의 도시문화를 형성한 이슬람은 비잔틴 문화권과 경합하는 제2의 중세 문명권으로서 서유럽 문명 발전에 깊은 영향을 끼치게 되었다.

이슬람과 관계있는 말로 사라센Saracen은 '사막의 아들들', 이슬람Islam은 '(신의 뜻에)복종', 무슬림Muslim;Moslem은 인종에 상관없이 '무함마드의 추종자들'을 의미한다. 가장 흔히 쓰이는 말이 이슬람이다. 이슬람교를 중국에서는 회교(回教) 또는 회회교(回回教)라 한다.

A. 이슬람교의 대두

이슬람 문화의 발상지 아라비아 반도는 약 2백만㎢의 크기로 3분의 1은 사막으로 되어 있다. 나머지 3분의 2도 거의 비가 내리지 않는 건조한 지역으로 농업에 적당치 않은 조건에 있었다.

아라비아인이 문자를 사용하기 시작한 것은 1세기경이었다. 그들은 셈어를 사용했으나 종족의 기원은 알기 어렵다. 셈어는 아시리아인 · 칼데아인 · 히브리인 · 페니키아인 · 아르메니아인 등의 언어였다. 사회생활의 단위는 가족이었으며, 가부장제가 실시되었다. 부족 간에는 서로 반목이 심하고 당시 아라비아인은 과음(過飮)과 어린이 살해 풍습 또는 지나치게 미신을 믿는 성향을 갖고 있었다.

사막지대의 베두인Bedouin족은 양이나 말을 치면서 유랑생활을 하는 유목민이었다. 아라비아의 경제생활은 단순했고, 흔히 낙타를 이용한 대상(隊商: caravan)으로 상업적 왕래를 하였다. 다만 홍해 연안의 헤야즈Hejaz 지방에서는 상업과 통상을 주업으로 활기 있는 활동이 전개되었다. 헤야즈 지방의 복판에 위치한 메카Mecca는 종교중심지로, 시의 카아바Kaaba 신전에 안치된 '검은 돌'은 아라비아인에게 널리 숭배되고 있었다.

무함마드의 출현 무함마드는 한때 메카를 지배한 적이 있는 쿠리슈Kurish족의 한 가문에서 태어났다. 무함마드는 아랍어로 '높이 칭송되는 자'라는 뜻이며 쿠란의 단 한 곳에 아마드Ahmad로 적혀 있다. 태어나기 전에 아버지는 이미 사망했으며 6세 때 어머니(Amihah)마저 잃었다.

어려서 고아가 된 무함마드의 집안은 이미 기울어져 있었다. 백부(Abu Talib)가 후견인이 되고 할아버지가 무함마드를 길렀다. 그는 소년시절부터 여러 종교에 접할 기회가 있었던 것 같다. 12세에는 백부를 따라 시리아 대상에 끼어 가던 중 그리스도교 수도자들을 만났다. 당시 그리스도교는 메카에까지 퍼져 있었으나 아라비아에서는 우상숭배라며 반대하는 소리가 높았다.

무함마드는 중키에 둥근 얼굴과 큰 눈, 검은 머리에 위엄 있는 모습을 갖춘 인물로 전해지고 있다. 그는 정식 교육을 받지 않아 글을 읽을 줄 몰랐으나 오랜 목동생활과 대상활동을 통해 삶의 지혜를 얻었다.

그리스도교와 이슬람교

이슬람교는 그리스도교와 유대교의 완성이라고 주장한다. 쿠란에서는 이슬람교가 성서를 신성한 책으로 삼는 그리스도교도와 유대교도들을 환영한다고 선포하고 있다. 쿠란에 다음과 같이 쓰여 있다.

모든 신자들, 그리스도교도들, 유대교도들, 사바Saba교도들—알라와 최후 심판의 날을 믿고 올바른 일을 하는 자는 누구든지 주(主)의 보상을 받을 것이다. 두려워하거나 뉘우칠 것 없다. 모세에게 알라는 성서를 주었으며 그 뒤를 따라 다른 사도들을 보냈다. 알라는 마리아의 아들 예수에게 성스러운 표지를 주고 성령으로 그의 힘을 강하게 만들었다. 이제 쿠란은 그들의 성서가 알라의 계시를 통해 그들에게 내려졌음을 확인하노니, 그들이 이러한 진실을 알지 못하고… 부인하고 있다.

알라를 믿으며 계시 내린 것을 믿는다고 말하라. 우리는 아브라함Abraham, 이슈마엘Ishmael, 이삭Isaac, 야곱Jacob 및 모든 부족들에게 내린 계시를 믿는다. 모세와 예수와 그 밖의 예언자들에게 내린 계시를 믿는다. 우리는 그 누구도 차별하지 않을 것이다. 우리는 알라에게 자신을 내놓았다. 당신의 신은 하나이다. 그 외에 다른 신은 없다.

700년경의 아라비아

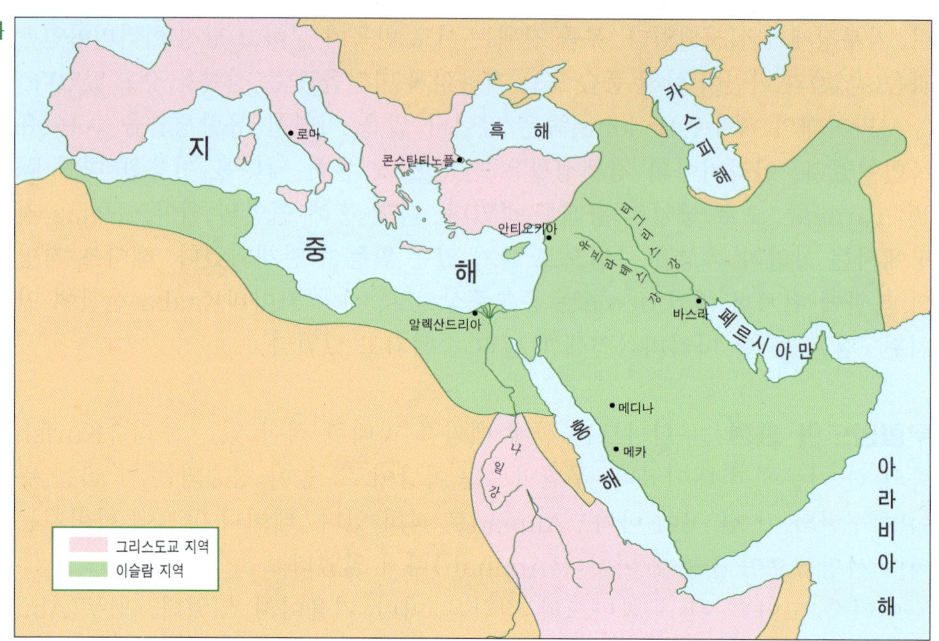

무함마드는 부유한 과부 카디자Khadijah의 사업을 도와 각 지역으로 대상 활동을 하며 재산을 모으는 데 성공하였다. 29세가 되는 해에 11세 연상인 카디자와 결혼하였다. 그는 안락한 생활을 하게 되었고, 상당한 사회적 지위를 얻어 시민들의 존경을 받으면서 청·장년기를 지내게 되었다.

이슬람교의 창시 무함마드는 때때로 메카 근처의 사막이나 산기슭 동굴에서 조용히 기도와 명상에 잠기곤 하였다. 그리고 마침내 611년 신의 계시를 받고 유일신 알라Allah를 믿는 새로운 종교를 창시하였다.

무함마드는 부인과 친척을 먼저 개종시키고 그 밖의 시민들을 대상으로 새 신앙을 설교하였다. 619년 부인 카디자는 죽었으나 무함마드의 종교활동은 점점 활발해지고 많은 신도들이 생겼다. 이 과정에서 이슬람 교도들에 대한 시민의 박해가 심해졌다.

무함마드는 박해를 벗어나 622년 메디나Medina로 가서 그 곳을 선교의 중심으로 삼았다. 무함마드가 메카에서 메디나로 간 것을 이슬람에서는 히지라(聖遷: Hijra; Hegira)라 하며, 그 해는 이슬람 달력에서 기원(紀元)이 되었다.

무함마드는 메디나의 정권을 장악하고 종교적 신념에 따라 정치를 하였다. 이는 정치와 종교가 일치하는 신정(神政)정치였다. 메디나를 장악한 이후로 이슬람은 강력한 군사적 성격을 띤 종교가 되었다. 무함마드는 정치적·군사적 지도자로 군림하고, 이웃의 여러 지역에 대한 포교(布教)전쟁을 시작하였다. 먼저 메카에 대한 전쟁(624-630)을 치러 승리했으며 메카뿐 아니라 베

마호메트에게 계시를 내리는 가브리엘 대천사

두인족도 지배하게 되었다.

쿠란과 이슬람 교리 쿠란Qur'an; Koran은 이슬람 교리의 중심체이다. 무함마드는 포교를 시작한 이래로 계시내용, 도덕과 교리에 관한 설교, 정치 또는 현실적 문제들에 관한 의견 등을 계속 발표하였다. 그러한 것들이 쿠란의 내용을 이루었다. 쿠란은 무함마드 사후 제2대 교주 아부 바크르Abu Bakr(632-634) 때 편찬이 시작되어 오스만에 이르러 공식적인 결정판이 발간되었다. 쿠란은 '읽기(Quran)'라는 뜻의 아랍어에서 유래하였다.

쿠란에는 연대순을 무시한 서술과 일관성이 결여된 부분들이 없지 않지만 그것은 이슬람교도들의 최종적 권위로서 확고부동한 위치를 차지하고 있다. 쿠란은 114장(sura)으로 구성되어 있어 소리내어 읽기에 편리하게 배열되어 있으나 각 장은 독립적인 것이다.

쿠란이 제시한 신학적 내용은 단순 명백하다. 이에 따르면 유일신 알라의 예언자는 무함마드이다. 과거에는 아담 · 노아 · 아브라함 · 모세 · 예수 등과 같은 예언자들이 없지 않았으나 다만 무함마드에게만 최종적으로 진리의 계시가 내려졌다는 것이다.

무함마드의 가르침에 따르면 사람은 죽은 후 몸이 부활하고 내세에서도 삶을 누린다는 것이다. 충실한 신도들에게는 쾌락을 마음껏 누릴 수 있는 천국이 기다리고 있으며, 이교도에게는 영원한 지옥의 불이 있을 뿐이다. 이와 같은 교리는 조로아스터교 · 유대교 · 그리스도교의 영향을 받아 형성된 것이며, 특히 구약성서의 일부 내용이 반영된 결과였다.

이슬람교도인 무슬림에게는 여러 가지 규칙과 의무가 있다. 금기사항으로

코란의 일부 (8-9세기경)

돼지고기를 먹지 말 것, 그리고 우상숭배를 하지 말 것 등이 지시되어 있는데 여기에는 구약의 영향이 엿보인다. 또한 음주 · 도박 · 탐욕 · 거짓말 등이 금지되고 있다. 한편 4명까지 부인을 둘 수 있도록 일부다처제가 허용되었다. 무함마드 자신이 13명의 부인을 얻었으므로 일부다처제의 선례가 되었다.

이슬람의 핵심은 다섯이며 따라서 무슬림의 의무는 다섯 가지이다. 첫째, 매일 아랍어로 반복하여 "알라 이외의 신은 없으며 무함마드는 그의 예언자이다"라고 말한다(*shahada*). 둘째, 메카를 향해 다섯 차례 기도한다(*salah*). 셋째, 가난한 사람들에게 보시(布施)한다(*zakat*). 넷째, 라마단(이슬람 달력 9번째 달) 동안 단식한다(*sawm*). 다섯째, 가능하면 일생에 한 번 이상 메카를 순례한다(*hajj*). 모든 신심 깊은 무슬림은 이 다섯 가지 의무를 다해야 하는 것이다. 이 다섯 가지 사항이 이슬람의 다섯기둥이다.

이슬람 세력의 확장 무함마드는 종교의 기치 아래 무력을 사용하여 다른 부족들에게 이슬람을 수용하도록 강요했으며, 그 결과 632년 그가 죽을 때에는 아라비아를 통일하는 데 성공하였다. 이러한 전투행위를 지하드(jihad)라 하는데 '성전(聖戰)'이라는 번역은 잘못된 것이다. 지하드의 주 목적은 무력에 의한 개종이라기보다 이슬람 국가의 확장과 방위에 있었다.

그의 사후 후계자들이 교주 무함마드의 포교전쟁을 계속 수행하여 아라비아 영토를 크게 확장하고 이슬람교를 급속히 전파하였다. 이슬람 세력은 북동쪽으로 시리아(638), 팔레스티나 등을 비잔틴제국으로부터 빼앗았으며, 소아시아 및 메소포타미아(641), 페르시아(644)를 거쳐 동쪽으로는 인도 인두스강 유역, 그리고 중국과 접경하게 되었다. 그 후 말레이, 인도네시아 등 동남아시아에까지 이슬람이 확산되는 위력을 발휘하였다.

이슬람 세력은 또, 서쪽으로 이집트(639-43), 튀니지(697-98), 모로코

(700-705)를 거쳐 711년 이베리아 반도의 서고트 왕국을 유린하였다. 스페인에서 이슬람군은 갈리아 지방을 공략했으며, 8세기 중반 마침내 지중해 세계를 지배하는 데 성공하였다.

그러나 그들은 717-718년 콘스탄티노플에서 비잔틴 황제 레오 3세에게 패하여 소아시아에서 쫓겨났다. 비잔틴제국의 이 승리는 이슬람 세력이 더 이상 유럽으로 진출하는 것을 막는 결정적인 계기가 되었다.

서쪽에서도 이슬람의 진출이 저지되었다. 서유럽 핵심부인 프랑크 왕국과 국경을 접하게 된 이슬람 세력은 732년 투르 전투에서 마르텔에 패하였다. 이 싸움으로 이슬람 군은 피레네 산맥 서쪽 이베리아 반도에 한정되고 더 이상 서유럽으로 나가지 못하게 되었다.

확장의 원인 역사적으로 유례가 없는 단기간에 이슬람이 성공적으로 포교전쟁을 수행하여 방대한 지역을 정복할 수 있었던 이유로 여러 가지를 들 수 있다.

당시는 아라비아에 대적할 만한 세력이 거의 모두 약화된 상태에 있었다. 페르시아의 사산 왕조는 비잔틴제국과의 오랜 싸움으로 탈진해 있었다. 결과적으로 동부 비잔틴제국 속주의 주민은 아라비아 군대를 비잔틴의 폭정과 착취로부터 벗어날 수 있게 해주는 해방군으로 환영하였다.

이와 같은 주변 상황과 함께 내적인 요인도 작용하였다. 먼저 무력에 의해 선교사업을 강행한 이슬람의 적극성이 지적될 수 있다. 이교도들에 대한 이슬람의 포교방식은 끝까지 전쟁을 하든가, 이슬람교로 개종하든가, 자신들의 신

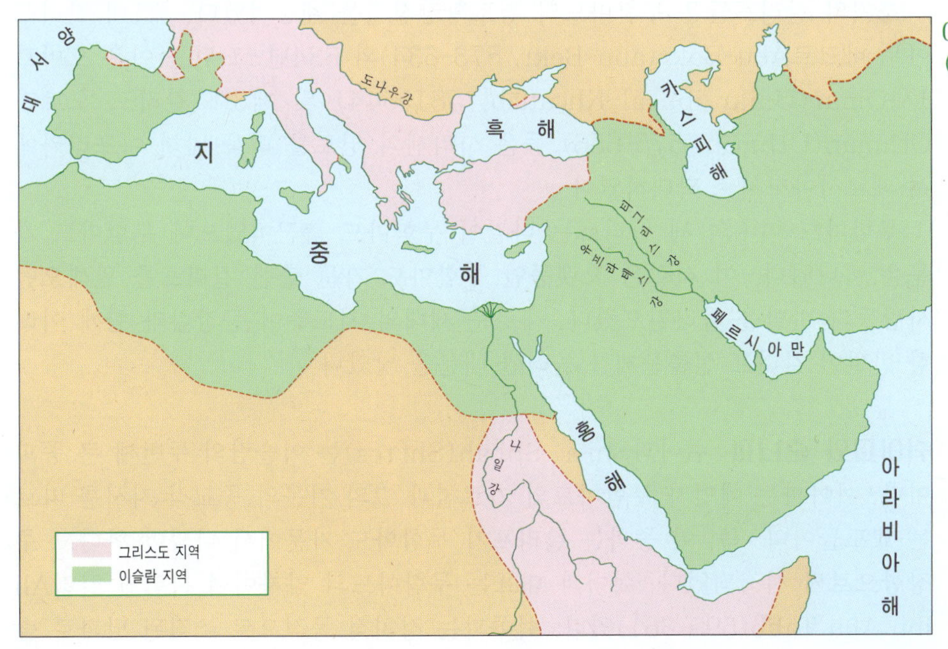

이슬람 세력의 팽창 (700-900)

앙을 유지하면서 조공을 바치든가 중 하나를 선택하도록 상대방에게 요구하는 것이었다. 그러므로 지하드는 때로는 이슬람의 여섯번째 기둥으로 간주된다.

다음으로 포교전쟁의 방법이 특이하였다. 포교전쟁 중 전사하는 병사는 천국으로 가게 될 것이었다. 천국은 시원한 그늘 아래 차가운 샘물과 신선한 과일 그리고 아름다운 여인들이 있는 곳이었다. 이것이 포교전쟁에 참가하는 병사의 용기와 사기를 높일 수 있었다. 또, 포교전쟁에서 승리하여 세계제국이 실현되는 경우 부와 번영을 누리게 되고 비옥한 땅을 풍부하게 차지하게 된다는 현실적 보상도 뜨거운 모래밭에 사는 사막 사람들을 고무시켰다.

끝으로 정복지역에 대한 관용정책이 지적될 수 있다. 이슬람은 피지배자들이 복종하고 있는 한 관대한 지배정책을 채택하였는데, 이는 가혹한 비잔틴제국의 정책과 대조적이었다. 그러므로 비잔틴제국의 지배 아래 있던 지역들이 기꺼이 이슬람을 수용하였다. 특히 이슬람 교리는 매우 단순했기 때문에 유대인과 조로아스터 교도가 이슬람으로 개종하기 쉬웠다.

칼리프의 통치 무함마드는 후계자를 결정하지 않았기 때문에 그의 사후 통치체제 확립에 문제가 생겼다. 632년 무함마드의 죽음으로부터 661년에 이르기까지 약 30년간 무함마드의 측근이 통치를 책임지게 되었다. 이것이 칼리프Caliph국이었다. 칼리프는 '무함마드의 대변자', '후계자', '대리자'란 뜻을 가진 칼리파Khalifah란 말에서 유래하였다. 칼리프는 쿠란을 해석하고 적용하는 절대 권한을 가지게 되었으며 이로써 정치와 종교의 최고권을 장악하였다.

초기의 칼리프들은 무함마드의 영토확장정책을 계승하였다. 제1대 칼리프 아부 바크르Abu-Bakr(abu-Bekr, 573-634)와 634년 그 뒤를 이은 오마르 1세Omar(Umar ibn-al-Khçaṭṭāb, 581-644) 및 제3대 칼리프 오트만Othman(Uthmān, 575-656) 등은 사라센의 영토를 더욱 넓혀 아프리카에서 페르시아까지로 확대하였다.

무함마드 이후의 세 칼리프는 다같이 무함마드 측근이었으나 무함마드 가문은 아니었다. 이 사실은 오랫동안 무함마드 가문 출신 칼리프를 원해오던 사람들의 반발을 불러일으켰다. 새로운 세대의 지도층이 등장함과 함께 이러한 반발이 칼리프 선출문제를 둘러싼 내분을 낳았다.

쉬아파와 순니파 쉬아파Shi'a; Shi'ah(Shi'tes)는 이슬람의 두번째 큰 종파이다. 쉬아파는 예언자 무함마드의 가르침과 그의 가문의 종교적 지시를 따르는 교도들이다. 즉, 이 종파는 칼리프가 무함마드 가문에서 나와야 한다고 주장함으로써 시작되었다. 쉬아파 대표는 무함마드의 양자이며 사위인 알리Ali ibn Abu Talib(599-661)였다. 쉬아파는 정치적 목적으로 조직된 당파로 출발했으나 점차 종교 운동이 되었다.

이에 반해 자격 있는 사람은 누구나 칼리프로 선출되는 전통을 존중하는 순니파Sunni(Sunnites)가 있었다. 순니파는 이슬람 최대의 종파이다. 이 종파의 명칭은 예언자 무함마드의 언행을 의미하는 순나Sunna에서 비롯되었다.

쉬아파의 정책 제4대 칼리프인 쉬아파의 알리는 수도를 이라크의 쿠파Kufa로 정하였다. 그의 사후 이슬람의 정치적 중심은 다시 시리아로 옮겨갔다. 그 결과 쿠파의 아랍인과 시리아의 아랍인 사이에 분규가 일어났다. 결국 정통성을 주장하는 싸움은 알리가의 칼리프 계승권 독점을 주장하는 싸움으로 바뀌었고, 쉬아파는 최초의 세 칼리프들을 찬탈자로 규정하였다.

쉬아파는 오리엔트 신앙을 받아들이는 개방정책을 취하고 또한 외국문화의 수용과 음악 · 미술 등 문화에 대해 관용적 태도를 취하였다. 쉬아파는 20세기 중기에 이란 · 이라크 · 예멘 등의 주요 종파를 이루고, 그 밖에 시리아 · 레바논 · 인도 · 파키스탄 등에까지 퍼져 있는 무슬림 전체의 10분의 1인 약 4천만의 신도를 갖게 되었다.

순니파의 전통주의 이에 대해 순니파는 교조 무함마드 이래의 전통을 고수하는 이슬람이다. 민족의 전통을 지키며 무용(武勇)을 숭상하는 종파이다. 순니의 어원은 sunna('관습') 또는 sunnah('잘 닦아놓은 길')에서 유래한다. 순니sunni; sunnis 혹은 아알 알 순나ahl al-sunna는 관습을 따르는 자들이라는 뜻이다.

무함마드 시대 이전에도 이미 전통은 아랍사회에서 중요한 역할을 하였다. 각 부족은 조상의 관습에 따라 사는 것을 자랑으로 여겼다. 쿠란은 알라가 정한 불변의 관습(sunna)에 대해 언급하고 있다. 이슬람 성립 후에는 무슬림 공동체의 관습이 사회적 법적 관습으로 정착되었다. 여기서 관습이란 구비(口碑)전승되는 '공동체의 관습'을 의미한다.[4] 이 점에서 책(쿠란)으로 전해져 오는 관습과는 상이하다는 것이다.

순니파는 오늘날 이슬람 세계의 절대다수를 차지하며, 아라비아 본토 · 이집트 · 터키 등 서남 아시아 지역에 많이 퍼져 있다.

우마야드 왕조와 압바스 왕조 제4대 칼리프 알리의 반대파는 메카의 영도적 귀족가문 우마야Umayya가를 지지하였다. 그들은 661년 알리가 암살되기 직전 군사력으로 집권하여 시리아의 다마스쿠스Damascus를 중심으로 세

4) Sir Hamilton A. R. Gibb, *Mohammedanism*, 2nd ed. (1953), 73-4.

습 국가를 세웠다.

이것이 무아위야 1세Muawiya I(재위: 661-680)로 시작되는 우마야 왕조(650-750)이다. 이 왕조는 효율적인 관료제를 바탕으로 중앙집권 정부를 확립하고 주둔군 기지를 거점으로 광대한 영토를 지배하였다. 토지 사유와 징세(徵稅)가 제도화되고, 통상의 활성화와 문화 진흥으로 아랍 내셔널리즘이 번성하였다.

그러나 무함마드 가문과 그 세력은 항상 우마야 왕조의 지배에 불만을 가지고 있었으며 남이라크를 근거로 하여 반격태세를 취하였다. 마침내 8세기 중반 무함마드의 백부 압바스Abbas ibn Abd al-Muttalib(566-653)의 혈통을 이은 압바스가는 우마야 왕조를 무너뜨리고 새로운 칼리프 국가를 세웠다. 이렇게 성립된 압바스 왕조(758-1258)가 통치권을 장악함으로써 아라비아계 무슬림들의 우월성은 끝나고 말았다.

수도를 바그다드로 옮긴 압바스 왕조는 비잔틴 문명의 영향보다는 페르시아 전통의 영향을 더 많이 받았다. 압바스 왕조는 오리엔트 전제주의의 성격을 띠고 우마야 왕조 때의 아랍 내셔널리즘에서 탈피하여, 페르시아 · 그리스 · 아라비아 등 여러 요소들을 종합한 문명 복합체를 실현하였다.

그 후 8-9세기를 통해 75년간 압바스 왕조는 절대 권력을 유지하고 커다란 번영을 누리게 되었다. 예컨대 『아라비아 야화(夜話)』(*Arabian Nights*)와 관련이 깊은 하룬 알 라쉬드Harun al-Rashid(786-809)의 치세는 칼리프 역사에서 최대 세력을 누렸던 황금기를 상징하고 있다. 바그다드는 세계에서 가장 부강한 도시 중 하나로 대제국의 중심지가 되었다.

중국과의 접촉 이슬람과 당(唐)의 접촉은 당 고종(高宗) 때 제3대 칼리프가 당에 조공을 바친 것으로 시작되었다. 이슬람 세력이 동쪽으로 퍼져감에 따라 위협을 느낀 중앙 아시아 소구드 지역 여러 나라가 당에 지원을 요청하였다.

현종(玄宗) 천보(天寶) 10년(751) 안서절도사(安西節度使) 고선지(高仙芝)가 사마르칸드에서 압바스 왕조의 장군 지야드 이븐 살리Ziyad ibn Salih와 교전하였다. 이 때 5일간의 전투에서 이슬람군이 대승하여 많은 중국인을 포로로 잡았다. 그 가운데는 중국 제지공(製紙工)도 있었으며 중국 제지술이 서쪽 이슬람 세계에 전해졌다.

이슬람의 분열 이슬람 세계는 전제군주 개인이 통치하기에는 너무 넓고 복잡한 민족구성을 가지고 있었다. 하룬 알 라쉬드 이후 9세기말부터 압바스 왕조는 쇠퇴하기 시작하였다.

압바스 왕조의 정통성에 도전하는 칼리프들이 스페인 · 북아프리카 · 시리아 · 인도에 난립하여 서로 경쟁하게 되었다. 예컨대 스페인의 코르도바Cordova를 중심으로 남아 있던 우마야 왕조의 일부 세력이 압바스 왕조가 수립된 후 코르도바 칼리프국으로 독립하였다. 또한 이집트에는 카이로 칼리프 국가가 972년 창설되어 무함마드의 딸 파티마Fatima의 후예인 파티마 가문이 집권하였다.

945년 압바스 칼리프는 페르시아의 지배를 받으며 1055년까지 명맥을 유지하였다. 11세기 이후 중앙 아시아에서 온 셀쥬크 터키인에 의해 페르시아의 지배에서 벗어났으나 지배세력을 바꾸어 놓은 것에 불과하였다.

압바스 칼리프의 이름으로 소아시아와 메소포타미아를 통치한 셀쥬크 터키인은 11세기말 예루살렘을 순례하는 그리스도교도의 문제로 서유럽 국가들과 십자군 전쟁을 하였다.

그리하여 12세기 중반 이후에는 이슬람의 정치적 통합세력은 더 이상 유럽사에서 문제되지 않을 정도로 분열되고 말았다. 13세기에는 셀쥬크 터키인조차 아시아의 새로운 세력인 몽고민족에 정복되었으므로 형식적으로나마 남아 있던 압바스 칼리프도 마침내 1258년 종말을 고하게 되었다.

B. 이슬람 사회와 문화

이슬람 문명은 아라비아에서 페르시아 및 서아시아에 걸친 넓은 지역에서 전개되었다. 칼리프 국가들은 병립하여 비록 정치적 획일성을 결여했으나 동일 신앙 아래 상공업 · 교역 · 학문 · 문화를 경쟁적으로 발달시켰다.

이슬람 문명은 미개 단계에서 급속히 벗어나 선진지역인 메소포타미아와

아랍 문화의 영향

현대 수학이나 과학 용어 중에는 아랍어에서 기원하는 것들이 많은데, 몇 가지 예를 들면 대수학(algebra) · 알칼리(alkali) · 알코올(alcohol) · 연금술(alchemy) 등이다. al은 아랍어의 정관사에 해당한다.

그 밖에도 아랍어에서 파생한 유럽의 말들은 상당히 많다. 지명이나 그 밖의 용어에서 스페인어 · 포르투갈어는 물론 프랑스어 · 영어에서 상당한 자취를 찾아볼 수 있다. 대표적인 지명의 예를 들면 트라팔가Trafalgar는 '동굴의 곶'(岬)을 뜻하는 말(Tara al-Ghar)에서 왔고, 지브롤터Gibraltar는 '타리크의 산'을 뜻하는 말(Jebel Tariq: 타리크는 북아프리카에서 이베리아 반도에 건너간 최초의 아랍군의 지휘관)에서 왔다. 프랑스어의 세관(douane)은 '관청'(al-diwan), 영어의 '해군 제독'(admiral)은 '바다의 지휘자'(amir al-bahr), '수표'(cheque)는 '땅 문서 또는 차용증'(saqq), '안락의자'(sofa)는 '양털'(suf), 기타의 일종인 악기 루트lute는 '우드'(al-ud: 악기의 일종)에서 유래하는 말이다. 이 밖에도 '병기창'(arsenal), '케이블'(cable), '교통'(traffic), '관세'(tariff), '계절풍'(monsoon), '연감'(almanac), '체스'(chess), '매트리스'(mattress), '레몬'(lemon), '쌀'(rice), '설탕'(sugar), '생강'(ginger), '기타'(guitar) 등 아랍적 기원을 가진 영어는 많다.

스페인 등의 문화를 흡수, 고도의 절충주의 문화를 창출할 수 있었다. 아랍 학자들 중에 아랍어와 이슬람을 수용하여 개종한 시리아인과 그리스인이 다수 있었다는 사실이 이를 입증한다.

이슬람 문명은 그리스-로마의 고전 문명을 보존하여 이를 유럽에 전달하는 중개역할을 했을 뿐 아니라 독특한 전투적 성격에 바탕을 두고 창의성을 발휘했다는 점에서도 세계 문화사에서 독특한 위치를 차지하고 있다. 이슬람 문명의 특성은 자연과학과 같은 실용성, 상공업에서와 같은 실제성, 각 지역의 문화를 흡수한 절충주의로 요약될 수 있다.

사라센의 산업 이슬람 세계는 지역에 따라 차이는 있으나 대체로 괄목할 만한 경제 발전을 누렸다. 경제의 기본은 농업이었으며 전통적인 촌락농경방식이 지속되었다.

그러나 사라센의 경제활동 가운데 상공업이 가장 두드러진 것이었다. 이슬람 문명의 대두는 도시생활에 새로운 자극이 되었다. 도시는 지배 엘리트 중심이었다. 식품에서 사치품에 이르기까지 엘리트 계층의 수요를 충족시키기 위한 상공업이 번성하였다.

아라비아인은 해군력의 지원 아래 해상활동을 활발히 하여 지중해 해상권을 장악하였다. 시칠리아섬을 근거로 9-11세기에 바르셀로나 · 카디스Cadiz · 탕지에Tangier · 알렉산드리아와 같은 큰 항구를 넘나들면서 지중해의 해상활동과 통상을 완전히 지배하였다.

로마제국이 중심이 된 고전적인 지중해 문화권은 사라센의 활동으로 종말을 고하였다. 사라센의 해외통상은 지중해에만 국한된 것이 아니라 세계 거의 모든 지역으로 확대되었다. 예를 들면 인도양이나 중국 연안지대를 비롯해 고려시대의 한국에까지 사라센 상인의 활동 범위가 넓혀졌다.

대상활동 원거리 통상은 각 지역의 다양한 물품을 다루었으며 스페인에서 인도에 이르는 대상로(隊商路)를 따라 번창하였다. 대상로는 바그다드를 중심으로 다마스쿠스 · 메카 · 트레비존드 · 사마르칸드와 연결되었고, 카이로를 중심으로는 시리아 · 홍해 연안 · 나일강 상류 · 아프리카 서북지방과 연결되었다. 대상들에게 숙박과 식사를 제공하는 대상관(隊商館: caravansari)이 도처에 설치되었는데, 오늘날 남아 있는 유적으로 대상관의 건축규모와 시설 내용을 짐작할 수 있다.

이슬람 상인은 아프리카에서는 노예 · 상아 · 사금(砂金), 인도와 수마트라에서는 조미료 · 진주 · 보석류 · 옷감, 중국으로부터는 주로 육로를 통해 비단 · 도자기 · 차(茶) 등을 가져와 거래하였다. 이러한 상품은 이탈리아의 여러

베르베르인(Berbers)

북아프리카에 분포하는 햄 계열 인종으로 7세기 이후 아랍인의 침입을 당해 이슬람교도가 되었다. 그들은 이베리아 반도 침입의 중심세력이 되었으나 후에 그리스도교도들의 저항에 밀려 반도에서 후퇴하였다. 아프리카 서부의 이슬람 개종은 이 베르베르인의 역할에 의한 것이다. 무어인(Moors)은 이베리아 반도에 침입한 이슬람교도들을 스페인인과 포르투갈인이 부른 호칭이었다.

도시를 거쳐 유럽으로 흘러들어갔으며, 다마스쿠스 직물이나 코르도바 가죽제품 등은 국제적으로 명성을 얻었다. 한마디로 당시의 국제무역은 사라센인이 독점하였다. 코르도바 가죽을 뜻하는 영어의 코도반cordovan이나 프랑스어에서 제화공(製靴工)을 뜻하는 코르도니에cordonnier는 여기에서 유래하였다.

제지기술 한편 사라센 공업은 유리와 제지를 중심으로 다양하게 발달하였다. 본래 종이는 중국의 한(漢)나라 채륜(蔡倫)이 발명했는데, 종이 만드는 기술이 현종(玄宗) 때 고선지(高仙芝)의 탈라스 전투(751)를 계기로 중앙 아시아를 통해 아랍세계에 전해졌다.

800년대에는 제지공장이 바그다드에 설립되었다. 사마르칸드 및 바그다드의 제지술은 높은 평가를 받았다. 그리하여 900년 이집트 카이로에 전해진 제지기술이 12세기에 모로코(1100)를 거쳐 1150년 이베리아 반도에 이르렀고, 스페인의 코르도바를 거쳐 유럽에까지 전해져, 15세기 중반에는 활판인쇄에 적합한 근대적인 종이가 유럽에서 충분히 생산되기에 이르렀다.

이 밖에 유리공업이 시리아를 중심으로 번성하였는데 사라센 유리는 맑고 얇게 만들어진 질 좋은 것이었다.

이슬람 사회 이슬람 사회의 사회구조는 엄청나게 복잡하였다. 아라비아 전통과 쿠란의 가르침은 남성 상호 간의 평등을 강조했으나 아랍인과 비아랍인, 무술림과 비무술림 남자와 여자 사이에는 극명한 사회적 차별이 존재하였다. 비무술림은 낮은 신분으로 분류되고 특별세를 물어야 했으며 공적 생활에서 제외되었다.

시간이 지남에 따라 교육 · 부 · 관직 · 생활양식을 배경으로 엘리트 계층이 출현하였다. 그들은 도시에 집중적으로 살았고 부와 사회적 지위를 독점하였다. 농업인구와 도시 노동자들의 대부분은 엘리트 계층의 외곽에 있었으며 신분이 낮은 계층으로 간주되었다.

이와 같은 이슬람사회의 계층화는 어느 정도 이슬람 법에 따라 완화되었다. 이미 쿠란에서는 신도의 행위를 규제하는 엄격한 규정이 있었다. 이 법은 끊임없이 복잡하게 발달해서 모든 무술림에 공통된 의무기준을 부여하게 되었다.

가족은 사회생활을 규제하는 기본 단위제도였다. 일부다처제는 합법적으로 인정되었으며 부유한 계층에서는 널리 관례화되었다. 이슬람 사회는 남성이 지배하는 사회였다. 여성은 엄격한 제약을 받았으며 사회 · 경제적으로 많은 면에서 고립되었다. 다만 무술림 법의 규정에 따라 여성은 재산상속과 물품 소유를 인정받았다.

이슬람의 그리스 철학 가장 주목할 만한 이슬람의 문화적 성과는 철학과 과학분야에서 이루어졌다. 이슬람 철학자들은 플라톤과 아리스토텔레스 두 전통 간의 모순을 해결하려고 시도했을 뿐 아니라 그리스 철학과 쿠란의 가르침을 조화시키는 데 주력하였다.

그들은 아리스토텔레스나 신 플라톤학파의 사상 또는 헬레니즘시대의 저술을 아랍어로 번역하여 주석을 붙였다. 그들의 업적은 12 · 13세기 유럽의 스콜라 철학자들에게 영향을 주었다. 예를 들면 페르시아 출신 철학자이며 과학자인 아비센나Avicenna(abu-Ali al-Husayn ibn-Sina, 980-1037)는 이슬람 사상뿐 아니라 중세 그리스도교 사상에 강한 영향력을 행사하였다.

아비센나와 함께 위대한 이슬람학자는 스페인 출신 철학자이며 의사인 아베로에스Averroës(Ibn Rushd, 1126-1198)였다. 그의 철학 체계는 신 플라톤학파의 색채를 띠었지만 사실상 아리스토텔레스에 입각한 것이었다. 아베로에스에 따르면 신학은 철학자들이 이성을 통해 도달하고자 하는 진리에 대한 상징적 표상에 불과하였다. 그의 가르침은 중세 스콜라철학에 회의적인 일면과 합리적인 일면을 함께 가미하였다.

응용과학 철학보다 더 괄목할 만한 업적이 자연과학분야에서 나타났다. 아랍세계의 자연과학은 압바스 왕조시대에 크게 발달하였다.

화학 · 의학 · 천문학 · 지리학 · 수학 등의 분야가 고루 발달하였다. 이 분야에서 그리스 과학이 다시 발견되었을 뿐 아니라 사라센의 독창성이 첨가되었다. 사라센의 과학은 실제적 지식이란 점에서 로마 과학에 가까웠으며 유럽의 근대과학 발전에 큰 영향을 끼쳤다.

이슬람 과학의 특징은 백과사전적 정보수집이라는 점에 있었다. 이슬람 학자들이 그리스 · 인도 · 페르시아 · 메소포타미아 · 이집트의 자료에서 수집한 정보는 방대한 양에 달하였다.

천문학은 그리스 천문학, 특히 프톨레마이오스의 천문학과 페르시아와 메소포타미아의 천문학적 지식이 결합되어 획기적으로 발전하였다. 바그다드 · 다마스쿠스 · 카이로 · 코르도바 등 중요도시에 천문대를 건설하고, 관측용 기계로 천체를 관측하여 별 이름을 붙였다.

지리학은 여러 지역을 널리 여행한 사람들이 저술한 여행기를 바탕으로 발달하였다. 예를 들면 모로코 탕지에 출신의 이븐 바투타Ibn Batutta(1304-1378)는 1325년부터 약 30년간 널리 아프리카 · 아시아 · 유럽을 두루 여행했으며, 이집트 · 시리아 · 소아시아 등을 비롯해 인도 · 스리랑카 · 수마트라 · 자바 · 중국까지 그의 발길이 미치지 않은 곳이 없었다.

그는 원(元) 순제(順帝) 때 중국을 여행한 체험을 토대로 여행기를 저술했으며, 이것이 중세 아시아를 연구하는 자료가 되었다. 모로코 왕의 명에 따라 저술한 그의 여행기 원본이 오늘날까지 남아 있다.

의학은 압바스 왕조 후기에 고대 그리스 의학자들의 저술, 특히 갈레누스와 히포크라테스의 저술이 아랍어로 번역됨과 함께 시작되었다. 특히 의학에서 사라센인의 독창성이 유감없이 발휘되었다. 의사들은 질병연구 · 인체해부 · 임상 경험을 통해 눈병 · 천연두 · 홍역 등에 관해 저술하고, 유제(乳劑) · 칠하는 약(塗藥) · 바르는 약(軟膏) · 알코올 등 많은 약제를 개발하였다.

10세기에 페르시아 출신의 알 라지al Razi(865-925)는 모든 분야에 걸쳐 수많은 의학 자료를 참고, 백과사전적인 『편람』 20권을 저술하였다. 아비센나의 의학저술은 후에 라틴어로 번역되었으며, 그는 이 때문에 오랫동안 가장 위대한 의학자의 한 사람으로 유럽에서 널리 인정받았다.

이슬람 화학은 보통 연금술(鍊金術) 형태로 연구되었다. 연금술가의 업적은 화학의 진보와 퇴보에 다같이 작용하였다. 연금술이 마술과 과학의 혼합이기 때문이었다.

아랍인은 또한 화약 · 나침반 · 인쇄술 · 종이 등 실용적인 기술부문을 크게 발전시켰다. 이러한 기술은 원래 중국에서 발명되었으나 중앙 아시아 및 아랍

바위 동굴 사원(예루살렘, 7세기 후반)최초로 건축된 모스크이다.

생명의 나무(다마스쿠스의 모스크 내부, 8세기초): 이슬람 미술에서는 살아있는 형상을 묘사하는 것이 금지되어 있었기 때문에 식물, 건축물, 문자, 기하학적 무늬로 그렸다.

타일

그릇

인의 손을 거쳐 서유럽에 들어가 실용화됨으로써 인류생활을 근본적으로 바꾸어 놓게 되었다.

아랍 수학 특히 수학에서 아라비아 숫자를 사용하게 되었다는 사실은 그 이후의 수학발달에 중요하다. 아랍인은 인도의 숫자를 바탕으로 영(zero)의 개념을 도입하여 아라비아의 수 체계를 개발하였다. 아라비아 숫자는 서양 수학이 선진 중국 수학을 앞질러 보편성을 지닌 학문으로 정립되게 했을 뿐 아니라 수학을 바탕으로 한 서양 과학기술이 세계화하는 계기를 제공하였다.

유클리데스 기하학과 대수학을 중심으로 발달된 수학은 4차 방정식이나 구면 삼각법에 이르는 고도의 수준에 달했다. 알 콰리즈미al-Kwarizmi(780-850)는 그리스와 인도의 사상을 결합하여 대수학을 창안한 수학자였다.

이슬람 문학 이슬람 문학은 시가(詩歌)와 설화(說話)에서 고도로 발달된 감각을 발휘하였다. 역대 칼리프는 대체로 문예 애호가의 역할을 하였다. 사라센 문학의 원천은 그리스라기보다는 페르시아에 있었던 것 같다.

아라비아 문학작품, 특히 스페인 지방에서 발달된 사랑의 시가는 남프랑스의 프로방스 문학에 영향을 끼쳤다. 그 자취는 프랑스의 투르바두르Tourbadour나 독일의 미네징거Minnesinger에 남아 있다.

아랍의 시는 주로 페르시아 출신 오마르 카이얌Omar Khayyam(1050-1123)을 통해 유럽에 번역 소개되었다. 아랍의 시는 번쩍이는 상상력과 고도의 복합적인 기교적 표현이라는 특징을 가지고 있다. 오마르 카이얌의 시 「루바이야트」(*Rubaiyat*)는 세계 문학사에서 확고한 지위를 차지하고 있다.

아라베스크 무늬(이스파한, 1325년)

아라비아 야화 이슬람 문학의 특징은 비(非)아랍 소재들을 이슬람교의 정신과 이슬람 사회의 가치관에 결합시켜 설화문학의 걸작으로 만들었다는 것이다. 이 점에서 가장 전형적인 예는 『아라비아 야화』이다.

전설이나 공상적 내용에 바탕을 둔 단편 소설집 형식으로 된 이 작품은 900년대에 시작되어 15세기말 완성된 것으로 추정된다. 줄거리는 인도 · 페르시아 · 이집트 · 아라비아 등 각 지역의 이야기를 비롯해서 아마도 부분적으로는 유대 · 그리스 · 헬레니즘 시대의 이야기에서 따 온 것 같다.

이 작품은 찬란하고 호화로운 압바스 왕조의 아랍인의 생활과 문화를 배경으로 하고, 특히 바그다드의 사회 · 경제 · 정치 · 종교 등을 소재로 하고 있다. 「알리 바바Ali Baba와 40인의 도적」, 「신드바드Sindbad의 모험」, 「알라딘의 램프」 등은 아랍인의 정신과 문화적 취향을 잘 반영하는, 천재성이 엿보이는 세계적인 이슬람 문학이다.

모스크와 아라베스크 사라센 미술은 다른 문화 분야에서와 같이 비잔틴 이외에도 칼리프 지배하의 여러 민족들, 예컨대 페르시아 · 시리아 · 이집트 및 로마의 영향을 받아들였다. 그러나 궁극적으로 여러 양식을 통합하여 우수한 미술적 특성을 발휘하였다. 사라센 미술을 통합시킨 기본요소는 이슬람교의 종교사상이라 할 수 있다.

사라센 미술의 백미는 건축이며 주로 모스크mosque와 궁전건축에서 그 특징을 나타냈다. 말굽 모양의 아치 · 뾰족한 탑(尖塔) · 둥근 지붕(圓蓋) 등은 아라비아에서 독특하게 발달되어 궁전건축이나 교회에 적용되었다. 둥근 지붕은 비잔틴이나 시리아에서 영향받은 것으로 보인다.

신도들을 위해 특별히 설계된 교회건축 모스크는 아랍 건축 중에서 가장 독특한 것이다. 그 구조는 비교적 단순하며 내부는 대개 여러 개의 기둥과 아치 등으로 구성되어 있다. 외부 특징으로는 비잔틴 교회와 비슷한 웅장한 둥근 지붕과 높이 솟은 우아한 마나라manara; minarets 등이 두드러진 것이다.

마나라는 높이가 다른 발코니를 몇 개씩 가진 탑으로 여기서 '외치는 자'(mu'adhdhin; muezzin)가 신도들에게 기도시간을 알렸는데, 오늘날에는 확성기를 사용하는 모스크가 대부분인 것 같다. 모스크 앞에는 보통 넓은 정원과 목욕 재계(沐浴齋戒)를 위한 샘물이 있다.

다마스쿠스 · 코르도바에 있는 거대한 모스크들은 아름다운 구조를 바탕으로 섬세함과 우아함을 자랑하고 있다. 현존 모스크 중 스페인 세비야Seville의 알카자르Alcazar와 그라나다Granada의 알함브라Alhambra는 기본적으로 동일한 건축양식을 가지고 있으나 훨씬 더 정교하다.

모스크나 궁전 건축의 내부는 비교적 간소한 인상을 주는 외부와는 달리 매우 현란한 채색 타일을 붙여 꽃무늬와 기하학적 무늬로 된 복잡한 디자인으로 화려하게 장식되었다. 쿠란은 이미지를 그리는 것을 금하고 있으므로 적어도 모스크 내부에서는 인간이나 동물의 모습을 볼 수 없다. 그 결과 '아라베스크' arabesque라고 알려진 미술양식에서 보는 바와 같이 극히 장식적인 아름다움이 발휘된 그림양식이 발달되었다.

아라베스크는 페르시아에서 그 선구적 형태를 발견할 수 있으므로 지리적으로 보아 그 영향을 받았다고 생각된다. 아라비아 미술의 장식성 때문에 가장 우수한 작품은 보석 · 금속세공 · 무기제품 · 상아제품 · 도자기 · 카페트 · 가죽 세공품 등에서 볼 수 있다.

이슬람 문화의 의의 비잔틴 문명과 함께 이슬람 문화는 당시 중세 서방세계의 문화보다 훨씬 활성화되었으며, 서양 중세문화 발전에 큰 영향을 끼쳤다. 이에 반해 게르만 민족에 점거된 서방세계는 적어도 11세기말까지 문화적인 후진성을 면치 못하였다.

8-11세기까지 서유럽의 암흑기에 해당하는 바로 그 기간에 이슬람 문명은 절정에 달하였다. 무엇보다도 이슬람은 그리스-로마 문화전통을 거의 완전한 형태로 보존하여 서방 세계에 전해주었으므로 후일의 유럽 문명 발전에 크게 기여하였다.

다음으로 지적되어야 할 것은 이슬람 문명이 비잔틴 문명보다 더 독창적인 문화창조의 힘을 가지고 있었다는 점이다. 이슬람 문명은 철학을 비롯하여 자연과학기술과 같은 실용적인 지식을 발달시킴으로써 서양 중세의 철학과 후의 자연과학 발달에 직접적인 큰 영향을 끼쳤다.

■ 더 참고할 책 ■

제5장 유럽 문화권의 형성

Brown, Peter, *The Rise of Western Christendom: Triumph and Diversity, AD 200-1000* (1996).

Dawson, Christopher, *The Making of Europe* (Meridian).

Heer, Friedrich, *The Medieval World* (Mentor).

Pirenne, Henri, *Mohammed and Charlemagne* (Meridian).

이원근 『중세 유럽의 사회와 문화』(1995).

임명방 "서구 중세의 의의에 관한 소고" 『인하대 인문과학 연구소 논문집』:9 (1983).

전욱진 「Henri Pirenne의 고대연속설에 관한 연구」(단국대 석사학위논문: 1983).

1. 유럽의 성립

Bronsted, J., *The Vikings* (Penguin).

Burns, Thomas S., *A History of the Ostrogoths* (1984).

Bury, John B., *The Invasions of Europe by the Barbarians* (Norton).

Campbell, James, ed., *The Anglo-Saxons* (1982).

Chamberlain, Russell, *Charlemagne: Emperor of the Western World* (1986).

Collins, Roger, *Early Medieval Spain: Unity in Diversity, 400-1000* (1981).

Diesner, Hans-Joachim, *The Great Migrations. The Movements of Peoples across Europe, AD 300-700,* tr. by C. S. V. Salt (1982).

Duckett, E. S., *Alfred the Great* (Phoenix).

Duckett, E. S., *Alcuin, Friend of Charlemagne* (Shoe String).

Dunbabin, Jean, *France in the Making: 843-1180* (1985).

Geary, Patrick, *Before France and Germany: The Creation and Transformation of the Merovingian World* (1988).

Heather, P. J., *Goths and Romans, 322-448* (1991).

Herrin, Judith, *The Formation of Christendom* (1987).

Herwig, Wolfram, *History of the Goths,* tr. by Thomas J. Dunlap (1988).

Hodges, Richard, and David Whitehouse, *Mohammad and Charlemagne: The Origins of Europe* (1983).

James, Edward, *The Origins of France: From Clovis to the Capetians, 500-1000* (1982).

James, Edward, *The Franks* (1988).

Jones, Gwyn, *A History of the Vikings,* rev. ed. (Galaxy).

Kitzinger, Ernst, Early *Medieval Art,* 2nd ed. (1983).

Levin, Eve, *Sex and Society in the World of the Orthodox Slavs, 900-1700* (1989).

Lewis, A. R., *Emerging Medieval Europe, AD 400-1000* (Knopf).

Lyon, H. R., *The Governance of Anglo-Saxon England, 500-1087* (1984).

Maayr-Harting, Henry, *The Coming of Christianity to Anglo-Saxon England*, 3rd ed. (1991).

Magnusson, Magnus, *Vikings* (1980).

McKitterick, Rosamond, *The Frankish Kingdoms under the Carolingians, 751-987* (1983).

McKitterick, Rosamond, ed., *The Uses of Literacy in Early Mediaeval Europe* (1990).

Martin, Janet, *Medieval Russia, 980-1584* (1995).

Moss, H. St. L. B., *The Birth of the Middle Ages, 395-814* (Galaxy).

Munz, P., *Life in the Age of Charlemagne* (Capricorn).

Pirenne, Henri, *Mahomet et Charlemagne*. Eng. tr. *Mohammed and Charlemagne* (Meridian).

Randers-Pehrson, Justine D., *Barbarians and Romans: The Birth Struggle of Europe, AD 400-700* (1983).

Sawyer, P. H., *Kings and Vikings: Scandinavia and Europe, AD 700-1000* (1984).

Scherman, Katharine, *The Birth of France: Warriors, Bishops, and Long-Haired Kings* (1987).

Southern, R. W., *The Making of the Middle Ages* (Yale).

Stenton, Frank M., *Anglo-Saxon England*, 3rd ed. (1990).

Stephenson, Carl, *Medieval History* (Cornell).

Sullivan, R. E., *Heirs of the Roman Empire* (Cornell).

Thompson, E. A., *Romans and Barbarians: The Decline of the Western Empire* (1982).

Todd, Malcolm, *The Northern Barbarians, 100 BC-AD 300* (1987).

Wallace-Hadrill, J. M., *The Barbarian West: The Early Middle Ages, AD 400-1000*, 3rd ed. rev. (Torchbooks).

Wemple, Suzanne Fonay, *Women in Frankish Society: Marriage and the Cloister, 500 to 900* (1981).

Whitelock, D., *The Beginnings of English Society* (Penguin).

Wickham, Chris, *Early Medieval Italy: Central Power and Local Society 400-1100* (1981).

Winston, R., *Charlemagne: From the Hammer to the Cross* (Peter Smith).

Wood, Ian, *The Merovingian Kingdoms, 450-751* (1994).

박송학 "Charlemagne의 종교정책: 그 정책적 추이와 동기에 관하여" 『경상대 논문집』:22 (1983).

배영남 "카롤링 조의 주종관계와 봉토에 관한 연구" (단국대 석사학위논문:1984).

이기영 "초기 프랑크사회에서의 로마인의 지위" 『서양사연구』:4 (1982).

이원근 "메로빙 왕조 사회형성기의 자유민에 관한 연구: 법적 · 경제적인 교환관계의 개념적 변화과정을 중심으로" 『사총』:26 (1982).

이정희 "Charlemagne의 황제대관"(경북대 석사학위논문: 1985).

최제우 "프랑크 왕국의 고전 장원제에 관한 고찰: 그 형성과 경영을 중심으로" (건국대 석사학위논문, 1984).

허창일 「샤를마뉴의 색손족 통합의 법적 토대」 『대구사학』:25 (1984).

▶ **자료**

Caesar, *Commentarii de Bello Gallico.*

Cross, Samuel Hazard, ed., *Russian Primary Chronicle: Laurentian Text,* tr. by O. P. Sherbowitz-Wetzor.

Dmytryshyn, Basil, *Medieval Russia: A Source Book, 850-1700,* 3rd ed.

Einhard, *Vita Karoli Magni,* ed. by L. Halphen, tr. by S. E. Turner, *The Life of Charlemagne.*

Grant, A. J., ed., *Early Lives of Charlemagne.*

Gregory of Tours, *History of the Franks,* tr. by E. Brehaut.

Herlihy, David, ed., *Medieval Culture and Society.*

Jordanes, *Origins and Deeds of the Goths,* tr. by C. C. Mierow.

Lyon, H. R., and John Percival, eds., *The Reign of Charlemagne: Documents on Carolingian Government and Administration.*

Mattingly, H. tr., *Tacitus on Britain and Germany. A Translation of the "Agricola" and the "Germania".*

Venerable Bede(Beda Venerabilis), *Ecclesiastical History of the English Nation.*

Vernadsky, George, ed., *Medieval Russian Laws.*

Zenkovsky, Serge A., ed., *Medieval Russia's Epics, Chronicles, and Tales.*

2. 그리스도교의 발전

Allergro, John, *The Dead Sea Scrolls: A Reappraisal* (Penguin).

Benko, Steven, *Pagan Rome and the Early Christians* (1984).

Brown, Peter, *Society and the Holy in Late Antiquity* (1982).

Brown, Peter, *Augustine of Hippo: A Biography* (1986).

Brown, Peter, *Power and Persuasion in Late Antiquity: Towards a Christian Empire* (1992).

Brown, Peter, *The Rise of Western Christendom: Triumph and Diversity, AD 200-1000* (1996).

Bultman, R., *Primitive Christianity in Its Contemporary Setting,* tr. by R. H. Fuller (Meridian).

Butterfiled, Herbert, *Christianity in History* (Torchbooks).

Cochrane, C. M., *Christianity and Classical Culture*(Galaxy).

Cross, Frank M., *Qumran and the History of the Biblical Text* (Harvard).

Cumont, F., *The Oriental Religions in Roman Paganism* (Dover).

Dawson, Christopher, *Religion and the*

Rise of Western Culture (Image).

Dill, Samuel, *Roman Society in the Last Century of the Western Empire* (Meridian).

Dodds, E. R., *Pagan and Christian in an Age of Anxiety* (1990).

Doerries, H., *Constantine the Great* (Torchbooks).

Duckett, E. S., *The Gateway to the Middle Ages: Monasticism* (Ann Arbor).

Enslin, M., *Christian Beginnings* (Torchbooks).

Frend, W. H. C., *The Rise of Christianity* (1985).

Frederksen, Paula, *From Jesus to Christ: The Origins of the New Testament Images of Jesus* (1988).

Glover, T. R.,*The Conflict of Religions in the Early Roman Empire* (Beacon).

Godwin, Jocelyn, *Mystery Religions in the Ancient World* (1981).

Goodenough, E. R., *The Church in the Roman Empire* (Berkshire Studies).

Goodspeed, E. J., *A Life of Jesus* (Torchbooks).

Fox, Robin Lane, *Pagans and Christians* (1987).

Hexter, J. A., *The Judaeo-Christian Tradition* (Torchbooks).

Lawrence, C. H., *Medieval Monasticism: Forms of Religious Life in Western Europe in the Middle Ages*, 2nd ed. (1989).

Lieu, Judith, et al. eds. *The Jews among Pagans and Christians in the Roman Empire* (1992).

Lyttelton, Margaret, and Werner Forman, *The Romans: Their Gods and Their Beliefs* (1984).

MacMullen, Ramsay, *Paganism in the Roman Empire* (1981).

MacMullen, Ramsay, *Christianizing the Roman Empire, AD 100-400* (1986).

MacMullen, Ramsay, *Constantine* (1988).

Markus, R. A., *The End of Ancient Christianity* (1990).

Mattingly, J., *Christianity in the Roman Empire* (Norton).

Meeks, Qayne A., *The First Urban Christians: The Social World of the Apostle Paul* (1983).

Metzger, Bruce, *The Canon of the New Testament* (1987).

Ogilvie, R. M., *The Romans and Their Gods in the Age of Augustus* (Norton).

Perowne, Stewart, *Roman Mythology*, new rev. ed. (1984).

Renan, E., *Life of Jesus* (Modern Library).

Rose, H. J., *Ancient Roman Religion* (Torchbooks).

Schweitzer, Albert, *The Quest of the Historical Jesus* (Macmillan).

Segal, Alan F., *Rebecca's Children: Judaism and Christianity in the Roman World* (1986).

Smallwood, E. Mary, *The Jews under Roman Rule* (1981).

Sordi, Marta, *The Christians and the Roman Empire*, tr. Annabel Bedini (1986).

Waddell, H., *The Desert Fathers* (Barnes & Noble).
Wardman, Alan, *Religion and Statecraft among the Romans* (1982).
Warmington, B. H., Nero: *Reality and Legend* (Norton).
이석우 "Augustine의 역사인식 소고" 『총신대 논문집』:2 (1984).
이쾌재 "로마제국 기독교 박해의 제요인" 『사총』:26 (1982).
조남진 "초기 그리스도교의 노예개념과 평등이념" 『사학지』:16 (1982).
조인형 "성 아우구스티누스의 『신국론』에 관한 연구:역사적 관점에서" 『사학지』:16 (1982).
조인형 "유세비우스의 『교회사』 서술에 관한 연구: 그의 사료 취급에 대한 비판을 중심으로" 『사학보』:108 (1985).

▶ 자료

Bettenson, H. S., ed., *Documents of the Christian Church*, 2nd ed.
Boethius, *The Consolation of Philosophy*. 국역 『철학의 위안』.
Coleman-Norton, P. R., ed., *Roman State and Christian Church*, 3 vols.
Gregory of Tours: Life of the Fathers, tr. Edward James.
Guinagh, Kevin, and Alfred P. Darjahn, eds., *Latin Literature in Translation*, 2nd ed.
Early Christian Writings: The Apostolic Fathers, tr. by M. Staiforth.
Hillgarth, J. N., ed., *The Conversion of Western Europe, 350-750.*
The New Testament.
Peters, Edward, *Monks, Bishops, and Pagans: Christian Culture in Gaul and Italy, 500-700.*
Rule of Monasteries, tr. by L. J. Boyle.
St. Augustine, *The City of God*, tr. by M. Dodds, 2 vols.
St. Augustine, *Confessions*, tr. by F. J. Sheed. 국역 『고백록』.
Suetonius, *Lives of the Caesars*, tr. by Robert Graves.
Toynbee, Arnold J., ed., *The Crucible of Christianity.*
Vermes, G., *The Dead Sea Scrolls in English.*

3. 비잔틴제국

Angold, Michael, *The Byzantine Empire: 1025-1204*, 2nd ed. (1997).
Aries, Philippe, and Georges Duby, *A History of Private Life*, vol.1: *From Pagan Rome to Byzantium*, ed. by Paul Veyne, tr. by Arthur Goldhammer (1987).
Browning, Robert, *The Byzantine Empire* (1980).
Diehl, Charles, *Byzantium: Greatness and Decline* (Rutgers).
Fine, John V. A., *The Early Medieval Balkans,. A Critical Survey from the Sixth to the Late Twelfth Century* (1983).
Geanakoplos, Deno J., *Byzantine East and Latin West: Two Worlds of Christendom in the Middle Ages and Renaissance* (Paperbacks).

Guerdan, R., *Byzantium: Its Triumph and Tragedy* (Capricorn).

Hussey, Joan M., *The Byzantine World*, 3rd ed. (Torchbooks).

Hussey, Joan M., *The Orthodox Church in the Byzantine Empire* (1986).

Kazhdan, Alexander P., and Giles Constable, *People and Power in Byzantium: An Introduction to Modern Byzantine Studies* (1982).

Kazhadan, Alexander P., and Ann Wharton Epstein, *Change in Byzantine Culture in the Eleventh and Twelfth Centuries* (1985).

Krautheimer, Richard, *Early Christian and Byzantine Architecture*, 4th ed. (1986).

Laiou, Angeliki E., *Gender, Society and Economic Life in Byzantium* (1992).

Magoulias, H., *Byzantine Christianity: Emperor, Church, and the West* (1982).

Mango, Cyril, *Byzantium, the Empire of New Rome* (1980).

Meyendorff, M., *Imperial Unity and Chritian Divisions: The Church 450-680* (1989).

Millen, Dean A., *The Byzantine Civilization* (Torchbooks).

Moorhead, John, *Justinian* (1994).

Ostrogorsky, George, *History of the Byzantine State*, rev. ed. (Paperbacks).

Queller, D., *The Latin Conquest of Constantinople* (Wiley).

Rice, D. Talbot, *Art of the Byzantine Era* (Oxford).

Runciman, Steven, *Byzantine Civilization* (Meridian).

Runciman, Steven, *The Eastern Schism* (Oxford).

Smith, J. H., *Constantine the Great* (Scribner's).

Ure, P. N., *Justinian and His Age* (Penguin).

Vasiliev, A. A., *History of the Byzantine Empire, 324-1453*, 2 vols. 2nd ed. (Wisconsin).

Ware, T., *The Orthodox Church* (Penguin).

▶ 자료

Brand, Charles M., ed., *Icon and Minaret: Sources of Byzantine and Islamic Civilization.*

The Institutes of Justinian, tr. by T. C. Sanders.

Michael Psellus, *Chronographia*, tr. by E. R. A. Sewter.

Procopius: History of the Wars, tr. by H. B. Dewing, 7 vols.

4. 이슬람 문명

Andrae, T., *Mohammed: The Man and His Faith* (Torchbooks).

Brockelmann, C., *History of the Islamic Peoples* (Capricorn).

Bulliet, Richard W., *The Camel and the Wheel* (1990)

Gibb, Hamilton A. R., *Mohammedanism: An Historical Survey*, 2nd ed. rev.

(Oxford U. P.).

Grunebaum, G. E. von, *Medieval Islam: A Study in Cultural Orientation*, 2nd ed. (Phoenix).

Guillaume, Alfred, *Islam*, 2nd ed. rev. (Penguin).

Hitti, P. K., *The Arabs: A Short History*, new ed. (Gateway).

Hitti, P. K., *History of the Arabs from the Earliest Times to the Present*, 8th ed. (St. Martin's).

Keddie, Nikki, and Beth Baron, eds., *Women in Middle Eastern History: Shifting Boundaries in Sex and Gender* (1991).

Kennedy, Hugh, *The Prophet and the Age of the Caliphates: The Islamic Near East from the Sixth to the Eleventh Century* (1986).

Kennedy, Hugh, *The Early Abbasid Caliphate: A Political History* (1981).

Lewis, Bernard, ed., *Islam from the Prophet Muhammad to the Capture of Constantinople*, 2 vols. (1987).

Lewis, Bernard, *The Arabs in History*, 6th ed. (Galaxy).

Lings, Martin, *Muhammad: His Life Based on the Earliest Sources* (1983).

Nicholson, R. A., *A Literary History of the Arabs*, 2nd ed. (Cambridge).

Peters, F. E., *Muhammad and the Origins of Islam* (1994).

Pickthall, M., *The Meaning of the Glorious Koran* (Mentor).

Rice, D. Talbot, *Islamic Art*, rev. ed.(Praeger).

Sourdrel, Dominique, *Medieval Islam*, tr. by W. Montgomery Watt (1983).

Walther, Wiebke, *Women in Islam* (1993).

Watt, William Montgomery, *Muhammad: Prophet and Statesman* (Galaxy).

Watt, William Montgomery, *Islamic Philosophy and Theology*, 2nd ed. (1985).

김성운 「이슬람의 서지중해 진출과 유럽의 상업」(건국대 석사학위논문, 1975).

김정위 『이슬람문화사』(1981).

▶ 자료

Arberry, A. J., tr., *The Koran Interpreted.*

Campbell, J., ed., *Portable Arabian Nights.*

Guillaume, A., *The Life of Muhammad: A Translation of Ishaq's Sirat rasul Allah.*

Issawi, C., *An Arab Philosophy of History, Selection from Ibn Khaldun.*

Lindber, D. C., ed., *Science in the Middle Ages.*

Poole, Lane, ed., *Speeches and Table Talk of the Prophet Mohammed.*

Savoy, R. M., ed., *Introduction to Islamic Civilization.*

Watt, W. Montgomery, *Muhammad at Medina.*

Williams, J. A., ed., *Themes of Islamic Civilization.*

※더 참고할 책의 최신 목록은 〈blog.daum.net/chasworldhistory〉 참조

제 6 장

봉건사회의 전개

중세 장원의 경작과 수확

주 요 연 대

711-719	이슬람의 스페인 정복; 이슬람 콘스탄티노플 공격, 격퇴당함(717)
732	마르텔, 투르 전투에서 이슬람 격퇴
751-887	카롤루스 왕조; 소 페핀 프랑크 왕이 됨(751)
750-1258	압바스 왕조(661-750: 옴메야 왕조)
756-1031	옴메야 칼리프국(스페인)
843	베르덩 조약; 성상파괴 논쟁 종말
930-966	카스티야 독립
962	신성 로마제국 성립
987	카페 왕조 성립(카페 통치: 987-996)
1055	셀쥬크 터키의 바그다드 점령
1066	노르망디 윌리엄 공의 영국 정복(헤이스팅스 전투)
1077	신성로마 황제 하인리히 4세 카노사의 회개
1085	카스티야의 알폰소 7세 톨레도 점령
1086	「둠즈데이 북」 완성(영국)
1091-1266	노르만인의 시칠리아 왕국
1137	카탈로니아와 아라곤 통합
1152	프리드리히 1세(별명:Barbarossa)가 신성로마 황제(1152-1190)로 선출됨
1159	롬바르디아 도시 동맹 결성
1170	토마스 베켓 암살
1197-1212	독일지방의 내전
1208	스와비아의 필립 살해됨
1215	마그나 카르타
1220	프리드리히 2세, 교황 호노리오 3세에 의해 황제 대관
1227	교황 그레고리오 9세, 프리드리히 파문
1230	프리드리히와 그레고리오 9세 간에 산 마리노 평화조약
1236	카스티야(스페인) 페르난도 3세의 코르도바 점령
1239	교황 그레고리오 9세, 두 번째로 프리드리히 파문
1258	몽고인의 바그다드 약탈; 압바스 왕조의 종말
1265-1321	단테
1295	모델 의회(영국 의회의 기원)
1300-1500	한자동맹(1669: 한자동맹의 마지막 모임)
1302	프랑스, 신분회의(états-généraux) 소집
1326	오스만 터키의 대두(소아시아)
1328	카페 왕조 종말(프랑스)
1347-1350	흑사병
1420-1434	후스파의 반란
1453	콘스탄티노플 함락; 비잔틴 제국의 종말

9세기말에서 10세기를 거치는 동안 유럽은 다시 불안정한 시대에 들어섰다. 프랑크 왕국 카롤루스 왕조가 약화되고 사라센 · 마자르 · 바이킹 등과 같은 민족들이 유럽 안으로 침공해왔다. 그 결과 혼란과 불안정한 시대에 걸맞는 독특한 사회체제가 나왔다. 이것이 봉건사회였다. 이러한 사회체제는 수세기 동안 거의 모든 서유럽 지역의 생활양식을 지배했으며, 사람들의 사고방식 · 가치관 · 제도에 중요한 영향을 끼쳤다. 봉건사회를 구조적으로 뒷받침한 두 기둥은 봉건제도와 장원제도였다.

먼저 봉건제도는 지배층인 귀족계급의 내부에서 성립되는 권리 · 의무관계에 관한 정치제도였다. 이 제도에 따르면 한 귀족이 다른 귀족에게 토지를 나누어 주고 그 대가로 군사적 의무를 중심으로 한 주군(主君)과 가신(家臣)의 관계가 성립되었다.

봉건제도 아래에서는 첫째, 사회 최상계층의 전문적인 군사계급이 서로 개인적인 상호의존 관계를 맺었고, 둘째 부동산이 극단적으로 재분할되고 거기에 상응한 토지권리의 상하관계가 생겼으며, 셋째 국가의 공권(公權)이 최상위 계급에 의해 분산 · 행사되었다.

국가 공권이 분산되었기 때문에 행정 · 입법 · 사법에 관한 권력이 왕으로부터 제후들에게로 이동하였다. 즉, 제후는 각자의 영역 안에서 주권을 행사하였다. 그러므로 왕의 권한은 다만 그가 직접 거느린 몇몇 대귀족들에게 국한되었으며, 백성 전체에 미치지 못하였다. 왕의 영역은 이론상으로나 실제상으로 '나라 안의 나라'에 불과하였다.

다음으로 경제적인 면에서 볼 때 봉건사회를 뒷받침한 또다른 제도는 장원제도였다. 농촌은 일정한 넓이와 농업인구를 가진 장원(莊園)으로 구성되었다. 간단한 생활시설을 갖춘 장원을 중심으로 농민들은 자급 자족적인 공동생활을 하였다. 중세에는 도시가 있었으나 도시민의 생활이 사회적으로 의미를 지니게 된 것은 시기적으로 훨씬 뒤의 일이었다.

사회적으로 당시의 모든 주민은 지배층과 피지배층 두 신분으로 나누어졌다. 지배층인 귀족은 군사계급인 기사들과 교회의 성직자들이었으며 특권을 누리고 있었다. 비특권 계급인 피지배층은 농민, 도시민이며 인구의 대부분을 차지하였다.

봉건사회는 지역과 시대에 따라 그 양상에 차이가 있었으나 대체로 10-11세기에 프랑스를 비롯, 영국과 독일지방에서 뚜렷한 형태를 갖추었으며, 그 후 2세기 동안 가장 전형적인 형태로 완성되었다. 봉건사회의 기본특성은 15세기경까지 계속되었으며, 지역마다 차이가 있으나 봉건적 잔재가 대체로 19세기까지 남아 있었다.

1. 봉건체제의 성립

서유럽의 지역마다 형태와 특성에는 차이가 있었으므로 봉건체제를 일반화시키기는 매우 어려울 뿐 아니라 자칫 실상을 왜곡할 가능성이 있다. 중세 초기에 관한 사료(史料)가 많지 않으므로 봉건체제의 기원에 관해 정확한 것은 알 수 없을 뿐 아니라 논란의 여지가 있는 문제들이 많다.

유럽 봉건체제에 관해 역사가들은 대체로 두 시기로 나누고 있다. 봉건시대의 제1기는 서로마 제국이 사라진 때부터 약 1050년경까지였다. 이 시기는 카롤루스 왕조 이후의 혼란기였으므로 자유민계급인 귀족들이 보호자-피보호자의 관계로 자연스럽게 나누어졌다. 제2기는 1050년부터 1300년에 이르는 동안이었다. 이 때는 지배층이 자신들의 권력을 지탱하기 위해 이러한 제도를 의도적으로 활용하고 조작한 시기였다. 봉건제도에 관해 많은 논란이 있긴 하지만 봉건제도라는 개념은 중세사회를 설명하는 데 매우 유용하다.

A. 봉건제도의 기원

봉건제도(feudalism; Lehnswesen; Feudalismus; féodalité)는 개인적 예속과 토지 대여라는 두 관행이 오랫동안 어우러져 성립된 제도였다. 일반적으로 말해 봉건제도가 사라센인이나 노르만인의 습관에서 전래되어 온 면도 없지 않으나 주로 로마의 제도와 게르만 민족의 관습에서 유래하였다.

개인적 예속은 게르만적인 종사제도(comitatus)와 로마의 사적 보호제(私的保護制: patrocinium)에서 그 유래를 찾을 수 있다. 토지 대여의 기원은 게르만의 봉토 하사(下賜)제와 로마의 소작제도에까지 거슬러 올라갈 수 있다. 예로부터의 이러한 관행이 500년부터 750년 사이의 민족 대이동으로 빚어진 전반적인 혼란 속에서 확산되어갔다. 서로마제국 안으로 침입해 들어온 게르만 민족은 기존의 제도를 받아들이면서도 당면한 현실 문제를 해결해야 하였다. 특히 카롤루스 왕조 후기에는 이러한 사회적 요청이 현실화되었다.

로마적 기원 먼저 로마 때의 관습이 봉건제도 성립에 영향을 주었다. 제정 말기에 로마제국 변두리 지방의 소토지를 소유하고 있던 농민은 혼란한 시기를 살아가기 위해서는 군사적으로 세력 있는 자들의 보호를 받아야 하였다. 그들은 보호를 받는 대가로 거기에 상응하는 봉사를 하였다.

이러한 관례가 사적(私的) 보호제도였다. 사적 보호제도 아래에서는 농민

봉건사회를 구성하는 3요소(기사, 농민, 성직자)

에게 군사의무가 있었던 것은 아니었다. 그러나 메로비스 왕조에 이르러 기탁제도(寄託制度:commendatio)가 관습화됨으로써 강력한 귀족들에게 토지를 기탁한 농민은 군사복무를 하게 되었다.

로마 때의 또다른 관습으로는 소작제도(precarium)가 있었다. 라틴어 'precarium'은 '요청'이라는 의미를 갖지만 불안하다는 뜻으로 영어(precarious)에 남아 있다. 이 제도는 불안에 떠는 자유농민 혹은 빚에 몰린 농민이 농장주에게 자기 땅을 넘겨주고 그 땅의 소작을 자청하는 것이었다.

소작제의 다른 형태는 토지가 없는 농민이 지주에게 생산물이나 노역을 제공하고 그 대신 소작을 간청하는 경우였다. 소작제도는 지주와 소작인 쌍방의 필요를 다같이 충족시켰으며, 특히 교회는 이 제도를 활용하였다.

또 8세기에는 일정기간 토지를 대여해 주는 은대지(恩貸地: beneficium) 제도가 성립하였다. 이것은 대귀족이 관리나 보좌관들에게 보수로 토지를 대여하는 제도였다. 은대지제도는 카롤루스 왕조 시대에 이르러 토지 대여뿐 아니라 조세(租稅)와 봉사까지 면제시켜 주는 제도로 바뀌었다. 이 경우 대여토지는 세습적인 자유보유지(freeholding)가 되었다.

게르만적 기원 게르만 전통에서 유래된 것은 종사제도였다. 일찍이 게르만 부족사회에는 병사들이 추장에게 복종하는 제도가 있었다. 원래 이 주종관계는 단순한 법적·경제적 관계가 아니라 도의적인 것이었다.

그러나 이러한 주종관계는, 후기 카롤루스 왕조 시대에 지주들이 정치권력을 사유화(私有化)하게 된 이후 관습으로 뿌리 내리게 되었다. 특히 843년 이후 왕국이 분할되면서 왕권이 쇠퇴했을 때 그러하였다. 왕은 왕령(王領)을 대귀족과 강력한 성직자들에게 대여하면서 충성과 봉사를 요구하였다. 점차 왕권이 무력화되고 공권이 제약받게 되자 토지 소유층이 새로운 정치세력으로 등장하고 무장군인을 거느리게 되었다. 봉건제도 아래에서 엘리트 계급 상호간의 개인적 유대는 이러한 게르만적 관습에서 기원하였다.

한편 전술적 변화도 봉건제도 수립에 한몫을 하였다. 프랑크 왕국은 마르텔 시대(8세기초)에 사라센 기병에 대항하기 위하여 기병을 양성하는 군사개혁을 하였다. 이것은 이후 기사제도의 기반이 되었다. 기병은 비용이 드는 군복무 형태였으므로 고대 그리스 때와 같이 말과 무기를 마련할 수 있는 사람만이 기병이 될 수 있었다. 9세기에 샤를마뉴가 귀족들이 무장 군인을 거느리도록 한 칙령을 공포한 이래 직업군인은 하나의 사회계급으로 자리잡게 되었다.

B. 봉건제도란 무엇인가

봉건제도가 중세사회의 필요에 따라 발달된 제도이며 중세의 특성이라는 점에 관해서는 학자들이 합의하고 있으나 그 기원과 소멸시기에 관해서는 일치된 견해가 없다. 봉건제도가 무엇인가에 대해서도 서로 의견이 분분하다.

정의를 둘러싸고 애매한 점들이 많아서 특정의 정치 · 사회 질서를 지칭하는 개념으로 쓸모 없다고까지 주장하는 역사가들도 있다. 지배계층인 귀족 상호간의 질서확립에 대한 관례를 밝히는 데 필요하다고 주장하는 학자들 사이에서도 해석의 차이는 여전히 좁혀지지 않고 있다.

봉건제도의 정의 원래 봉건주의 또는 봉건제도라는 말은 중세에는 사용되지 않은 말이었다. 16 · 17세기에 이르러 법률가들이 '봉토' 대여에 관한 법이나 관례를 가리키는 말로 처음 사용하기 시작하였다. 당시 이 말은 영주들이 정치권력을 나누어 사유화한 결과 성립된 통치형태를 의미하였다. 그러므로 이 용어는 일반 대중과는 직접 관계가 없는 정치적 의미로 사용되었다.

봉건제도라는 말이 역사적으로 두드러진 의미를 갖게 된 것은 1789년 프랑스 혁명 때였다. 당시에는 앙시앵 레짐 아래 남아 있는 봉건적 잔재 전체를 가리키는 뜻으로 사용되었다. 봉건제도를 타파하고 봉건적 잔재를 일소하는 일은 프랑스 혁명의 주목표 중 하나였다.

근래 일부 역사가와 사회학자들은 봉건제도를 9세기에서 18세기에 이르는 기간에 유럽의 중요한 사회 · 정치적 국면을 나타내는 말로 사용하기도 한다. 그러나 이 기간에도 사회의 변화는 계속되었으므로 이러한 정의는 정확치 못하다.

어느 일정 시기와 지역의 봉건제도가 다른 시기와 지역에는 적용되기 어렵다. 예를 들면 9세기 샤를마뉴 시대의 봉건제도는 루이 13세 때 프랑스의 봉건제도와 판이하였다. 11세기 노르망디의 봉건제도는 불과 20km 떨어진 도버해협 건너의 11세기 영국 봉건제도와 상이하였다.

많은 역사가들이 봉건제도에는 여러 가지 미해결의 문제가 있으며, 그 용어 자체를 사용하지 않는 것이 좋겠다고 주장하고 있다. 주군과 가신 간의 봉토 수수라는 좁은 의미의 봉건제도는 당시 자료에서는 발견될 수 없다는 것이다.

역사가들은 봉토(feodum)라는 말을 현대적 관점에서 재산권 양도라는 의미로 해석한다. 그러나 12세기 이전의 유럽에서 재산권 양도는 주군-가신의 관계 또는 군사적 의무보다도 교회의 관례에 적용된 것이었다. 법학자들은 봉토의 재산권 양도를 합리화할 때는 주로 교회 관례를 인용하였다.

일부 역사가는 봉건제도를 좀더 넓은 관점에서 해석하려고 한다. 카롤루스 왕조가 쇠퇴하고 강력한 카페 왕조가 수립되는 중간시기는 이른바 '봉건적 무정부' 상태에서 강력한 중앙집권정부로 전환하는 시기였다. 권력 싸움과 관련지어 볼 때 봉토는 단지 일부에 불과하였다. 더욱이 봉토와 가신의 연결은 불가피한 것이 아니었다. 주군-가신 관계는 봉토나 토지재산 없이도 존재하였다. 봉건제도를 가신-봉토 관계로 연결시켜 논하기보다는 마르크 블로크와 같이 광범한 해석을 해야 한다고 주장하는 역사가들이 많다.

영국 봉건제의 특수성

영국의 봉건체제는 유럽대륙의 경우와 매우 다르다. 가장 큰 차이는 봉건귀족(barons)이 영지 지배권을 갖지 않았다는 점이다. 봉건귀족은 농민에 대해서는 영주이지만 그의 영지는 여기저기 분산되어 있어서 영유지 내의 보유농(保有農)에 대해 어느 정도의 지배권만을 행사할 수 있을 뿐이었다. 그러므로 유럽대륙에서와 같이 마을 전체 또는 여러 마을에 대해 한 사람의 영주가 공권력을 행사하는 일은 없었다. 즉, 영국에서는 장원의 영주는 있었지만 마을의 영주는 존재하지 않았다. 또한 영국의 영주에게는 사형집행권이 없었으며, 그것은 오직 왕의 특권에 속한 것이었다.

이와 같이 볼 때 영국영주는 유럽대륙에 비해 취약하고 독립성이 적었다고 할 수 있다. 이와 반대로 영국왕권은 노르만 왕조의 수립 이래 매우 강해졌다. 일시적인 약화는 있었을망정 원칙적으로 강대한 절대왕권이었다. 프랑스 왕권이 11-12 세기의 봉건사회에서 극히 미약했다는 것, 독일 왕권이 12세기 후반 이후 봉건사회의 성립과 함께 약화 · 쇠퇴했다는 사실을 염두에 둔다면 영국왕권이 강대했다는 사실은 특이하였다.

영국왕 윌리엄 1세는 전국적으로 토지의 법적 상태(영주의 영유지, 농민보유지, 영주권에 속하지 않은 자유지 등)를 조사한 「둠즈데이 북」(Domesday Book)을 완성시켜(1085-1086), 조세부과의 대장으로 삼았는데 이런 일은 중세 프랑스에서나 독일에서는 볼 수 없었다.

마르크스주의 경제사적 해석 봉건제도를 열띤 논쟁거리로 만든 사람은 마르크스였다. 그의 유물사관에 따르면, 봉건제도는 경제발전과정에서 노예제도와 자본주의의 중간단계에 위치하는 것이다. 마르크스주의의 영향으로 학계에서는 봉건제도를 전적으로 경제적 관점에서 다루는 것이 일종의 유행같이 되었다. 그러나 오늘날 많은 역사가들은 그의 견해가 역사사실과 부합되지 않는 추상화(抽象化)로 보고 추종하지 않고 있다.

마르크스는 소수 군사계급이 생산자인 농민을 착취한 제도라고 봉건제도를 해석하지만 이것은 역사의 진상을 밝히기에는 충분한 설명이 되지 않는다. 고대 그리스부터 남북전쟁 전의 미국 남부나 현대 남아메리카에 이르기까지 모든 사회는 착취자들과 피착취자들로 갈라진 사회였다. '봉건적'이란 말로 모든 산업화 이전 사회를 설명할 경우 그 중요한 의미는 거의 사라질 것이다.

마르크스에 따르면, 봉건주의는 농노제에 입각한 경제제도로서 노예제사회 다음에 오며 자본제(資本制)사회에 선행하는 경제발전의 단계였다. 그는 헤겔의 관념론적 변증법을 현실사회에 적용하여 생산양식의 변증법적 변화를 기준으로 역사를 설명하는 유물사관을 제시하였다. 인류역사는 (1) 원시 공산제사회 (2) 고대 노예제사회 (3) 중세 봉건제사회 (4) 근대 자본제사회로 발전되어 왔으며 미래 사회에서는 사회주의가 실현되리라는 것이다.

마르크스의 논리에 따르면, 봉건제사회란 근대사회의 전 단계이며 자본제 생산양식을 통해 극복되어야 할 단계였다. 봉건제사회에서는 봉건적 생산양식이 지배적이며 '봉건적 토지소유'가 그 중심을 이룬다. 봉건적 토지소유란 지대(地代)를 발생케 하는 토지소유방식이다. 지대는 공동체(즉, 장원)를 권력기반으로 봉건영주가 '경제외적 강제'(정치적 힘)를 통해 농민으로부터 착취한 것이며, 농민계급의 전체 잉여노동 부분에 해당한다.

전체 잉여노동 부분은 농민이 자기와 가족의 생활을 유지하고 내일의 노동을 가능케 하기 위해 필요한 최소 노동을 제외한 나머지 부분이다. 마르크스에 따르면 이것은 당연히 농민에게 돌아가야 하는데도 지대(地代) 형태로 영주의 수입이 되었다. 근대적 토지 소유제도에서 지대는 생산과정에서 추출된 이윤(즉, 잉여가치)의 일부를 구성하는 것에 불과하다. 즉, 이윤은 생산자본(농업자본가의 소득), 은행자본(은행의 차입금변제 또는 이자지불), 상업자본(상인의 제품판매수수료) 및 지대 등으로 분할된 셈이다. 이 점에서 봉건지대와 근본적으로 다르다.

봉건사회란 농노제사회로서 마르크스가 말하는 사회의 여러 단계 중 하나이다. 그에 의하면 영주와 농노의 대립관계, 영주에 대한 농노의 계급투쟁이 역사를 움직이는 힘이며 사회를 추진시키는 힘이다. 그렇다면 봉건사회는 언제 끝나는가. 17세기 이후 절대군주제사회는 봉건사회의 재편성을 나타내는 것으로 이것 역시 근대사회라 할 수 없다. 봉건적 토지소유, 봉건지대 등이 최종적으로 폐기되는 시민혁명시대에 이르러 비로소 봉건사회는 끝난다는 것이다.

정치적 · 법적 해석 사회구성에 의한 마르크스주의 역사 단계설(段階說)은 사회주의 이론을 합리화시키는 하나의 논리로서는 정연하지만 중세 유럽사회를 사실적으로 설명하기에는 부적절한 점들이 많다. 따라서 봉건체제를 정치구조 또는 법제 중심으로 해석하는 입장이 더 학계의 공감을 얻고 있다.

이 입장에 따르면 봉건제도는 무엇보다도 주군과 가신 간의 개인적인 상 · 하관계에 의한 정치체제라는 것이다. 주군과 가신의 관계는 봉토 수수(授受)를 통해 성립된다. 이 때 권력분산과 지역 할거(割據)가 이루어진다. 이 현상이 대체로 8-9세기부터 시작되어 11-12세기에 서유럽의 중심지역에서 뚜렷하게 나타났다는 것이다. 그리고 국왕의 권력집중이 시작되는 13-14세기에 쇠퇴하며 마침내 봉건제도는 관료제에 따른 새로운 국가체제로 대치되었다. 따라서 절대군주제 국가는 근대국가로서의 체제를 갖춘 최초의 국가였다.

봉건제도에 대한 이해 이상과 같은 봉건사회에 대한 사회 · 경제적 해석이나 정치 · 법제적 해석은 모두 봉건사회에 대한 좁은 의미의 해석이다.

봉건제도를 사회경제적 관점에서 정의한다면 각 지역에서 영주들이 갖는 거대한 정치권력과 책임의 역할이 과소평가되는 경향을 부인하기 어려울 것이다. 그 대신 정부와 법제에 초점을 맞춘 정치적 해석은 정치권력을 행사한 일부 소수에 국한되고 만다. 따라서 봉건제도에 대한 정치적 해석은 사회를 구성한 다수의 대중을 고려하지 않는 일면이 있다.

봉건제도란 말 자체가 봉토를 지나치게 강조하는 느낌이 드는 말이다. 예를 들면 8세기에 주군은 가신들을 자기 집안에 두고 부양했으며, 그들에게 땅을 주는 일은 대체로 10세기부터 발달된 제도였다. 10세기에도 프랑스의 대부분의 가신은 땅을 보유하고 있지 않았다. 종종 주군은 가신에게 땅을 주지 않고 대신 돈을 지급하였다.

런던탑

정복자로서 유럽 대륙형 봉건제도를 영국에 이식한 노르만 왕조의 제1대왕 윌리엄 1세는 중심거점인 런던을 제압하기 위해 동쪽 끝에 성곽을 구축하였다. 이것이 후의 런던탑의 중심이 된 화이트타워(White Tower)이다. 현재 화이트타워는 흑갈색이지만 과거에는 해마다 템즈 강물로 씻어 하얗게 만들었기 때문에 이렇게 불렸다. 런던탑은 감옥으로뿐 아니라 왕의 거처로 사용되기도 하였다.

런던탑은 대귀족들을 가둔 감옥으로도 유명하다. 템즈강에 면한 반역자 문에서 여기로 호송된 자는 다시는 햇볕을 볼 가망이 없었다고 한다.

좁은 의미로 봉건제도를 주군과 가신 간의 봉토 수수를 통한 계약이라 규정하는 경우가 있는데, 최근의 한 연구에 따르면 당시의 사료에는 그런 사실이 나타나지 않는다. 봉토란 용어는 현대적 부동산 양도의 형태에 비추어 해석한 결과라는 것이다. 봉토라든지 가신이라는 개념은 당시의 관습법에서 유래한 것이라기보다는 오히려 12세기 법 이론의 일부였다.

중세사회는 사회·경제적인 면과 정치·법적인 면, 그리고 문화·사상적인 면을 함께 고려한 종합적인 입장에서 파악되어야 한다. 중세사회에 대한 올바른 이해는 봉건적 주종관계와 같은 정치권력의 구조와 함께 농노제, 농촌구조, 농업생산방법 등과 같은 사회경제적 구조, 그리고 그리스도교 문화와 사상—이 모든 요소들이 서로 얽혀 있는 상호 대응관계를 종합적으로 관찰하는 데서 이루어져야 한다. 마르크스주의 유물사관에서는 이러한 역사적 역동성이 단순히 전근대적인 봉건제사회라는 획일적인 해석으로 처리되고 있는 것이다.

그러므로 중세 봉건사회에 대한 가장 바람직한 해석은 봉건영주 간의 주종관계와 그 사회·경제적 기반인 장원을 모두 고려해 파악하는 것이다. 봉건사회는 장원제도를 경제적 기반으로 하고 주군과 가신 간의 계층적인 보호·충성관계를 상부구조로 한 서유럽 특유의 사회체제였다고 정의할 수 있을 것이다.

C. 봉건제도의 특성

봉건제도는 9세기 중반에 뚜렷한 형태를 갖추기 시작하면서 10세기에는 유럽의 지배적인 제도가 되었다. 이 제도는 프랑크 왕국의 중앙집권체제가 약화되고 사적 보호관계가 시대적 추세를 이루면서 더욱더 강화되었다. 그 특징은 무엇보다도 정치의 분권화였다. 즉, 각 지역의 강력한 귀족들이 공권을 행사하였다. 봉건제도는 토지 보유형태·주종관계·군사제도·법적 관할권·불입권(不入權:immunity; Immunität) 등에서 특이한 형태를 취하였다.

봉건계약 봉건제도는 사회의 지배층 안에서 토지를 주고받음으로써 성립된 제도였다. 이 토지가 봉토(封土: fief; feudum; Lehen)이고, 봉토를 주는 쪽은 주군(主君:lord)이며 받는 쪽은 가신(家臣: vassal)이었다. 봉토의 수수관계로 상하의 주종관계가 성립되었다. 그러나 주군이든 가신이든 이들은 다같이 봉건사회의 지배계층인 귀족계급을 형성하고 있었다.

봉토의 크기는 경우마다 다르며 봉토가 단 한 개의 장원일 수도 있었다. 반면 세력이 큰 제후가 갖는 봉토는 수십 개의 장원 또는 지역 전체가 될 수 있었다. 봉토는 대개 토지였으나 성곽이나 보조금 또는 관직, 징세권 · 화폐 주조권 · 재판권 · 사용료 징수권과 같은 특정 권한일 수도 있었다.

주군과 가신의 관계는 양측이 상호의무를 통해 서로가 얽매이게 되는 쌍무(雙務)계약으로 이루어졌다. 이 계약은 엄숙한 의식을 통해 확인되었다. 가신은 주군 앞에서 무릎을 꿇고 '부하'(homme)임을 서약하는 '부하선서'(部下宣誓:homage)를 하였다. 다음으로 가신은 신의 이름으로 주군에게 충성을 다할 것을 맹세하였다. 마지막 순서는 영주가 그를 가신으로 맞아들인다는 표시로 부하를 일으키고 그 손에 입맞춤을 하는 일이었다. 이 때 주군은 창 · 깃발 · 반지 또는 한줌의 흙을 봉토의 상징으로 주었다. 이러한 절차가 '분봉 서임'(分封敍任: investiture)이었다.

봉건계약은 어느 한쪽이 의무이행을 거부하지 않는 한 지속적으로 효력이 있었다. 10세기경 주군-가신 간의 관계는 세습화되어 수 세대에 걸쳐 거의 변동 없이 계속되었다. 다만, 어느 한편이 죽는 경우 그 계승자는 의식을 통해 계약을 갱신해야 하였다. 봉건계약은 본래 구두계약이었으나 시간이 지남에 따라 점차 주군과 가신의 권리와 의무가 봉건법에 의해 성문화되기에 이르렀다. 그 대표적인 예가 마그나 카르타였다.

재분봉 봉토를 받은 가신은 그 땅의 일부를 다른 사람들에게 주는 재분봉(再分封)을 할 수 있었다. 이 경우 상위(上位) 영주에게는 가신이지만 재분봉 대상인 가신에게는 주군이 되었다.

충성 서약식

플랑드르 백작에 대한 가신들의 충성 서약식은 세 단계로 진행되었다.

첫번째, 그들은 다음과 같은 충성서약을 하였다. 백작은 그(충성 서약자)가 아무런 유보 없이 가신이 되기를 원하는가를 물었다. 그는 "원합니다"고 답하였다. 이어 그는 두 손을 내밀고 백작이 그 손을 감싸고 입을 맞춘 후 서로 맞잡았다.

두번째 순서로 충성 서약자는 백작의 대리인을 향해 다음과 같이 성실성을 서약하였다. "나는 성심껏 차후 백작의 종신임을 약속하며 또한 나는 백작에 대해 다른 무엇보다도 성의를 갖고 거짓없이 성실성을 지킬 것을 약속합니다."

마지막 순서로 충성 서약자는 성자의 성물(聖物)에 손을 얹고 이상을 다시 서약하였다. 백작은 손에 쥐고 있던 봉토를 상징하는 작은 나뭇가지로 이 약속의 성실성을 기약하고 충성을 맹세한 모두에게 영주권(領主權)을 부여하였다.

13세기 중반 프랑스의 사료에 따르면 주종관계의 원칙이 이렇게 기술되어 있다. "후작, 백작, 자작, 남작 등 제후는 상호간에 영지를 보유하며 또한 상호간에 가신이 될 수 있다. 다만 그것 때문에 왕의 권위를 손상시켜서는 안되며 왕에게 적대적인 주종관계를 체결한 것은 무효이다." "제후들의 가신이 곧 왕의 가신은 아니다. … 그럼에도 불구하고 프랑스 왕국 내의 모든 가신은 프랑스 왕의 권력과 권위 아래에 있으며 왕은 그들에 대해 재판과 지배에 관한 일반적 명령권을 가지고 있다."

가신들의 계약관계를 주재하는 왕 : 왕의 오른쪽에는 주교들이 있고 왼쪽에는 왕의 가신들이 있어 왕의 판단을 돕고 있다

재분봉 과정으로 지배계급은 피라미드 모양의 구조를 갖게 되었다. 왕을 정점으로 하여 그 아래로 공작 · 후작 · 백작 · 자작 · 남작 등의 작위를 가진 대귀족들이 있었다. 이들은 하나의 국가와 같은 영역을 차지하였는데, 예컨대 공국(公國)은 공작이 지배하는 영토였다.

실제로 재분봉은 상위 귀족과 하위 귀족 간에 반드시 종적으로만 행해지지는 않았다. 동등한 대귀족 간에 횡적으로 이루어지거나 거꾸로 하위 귀족이 주군이 되고 상위 귀족이 가신이 되는 역(逆)재분봉이 이루어지기도 하였다. 한 귀족이 여러 명의 주군을 갖는 현상, 즉 복수가신제(複數家臣制: Doppelvassalität)도 흔히 있는 일이었다. 이러한 봉건관계는 당시의 정치적 무질서를 드러내는 것이었다. 어쨌든 재분봉 과정을 통해 거의 모든 귀족은 주군이며 동시에 가신인 셈이었다. 어느 한 귀족이 다른 귀족의 주군인가, 아니면 가신인가는 순전히 양자 사이에 맺은 봉토 수수관계에 따라 결정되었다.

이와 같은 중복된 재분봉은 흔히 충성과 복종의 관계를 복잡하게 만들었다. 어느 가신이 같은 시기에 여러 곳에서 봉사를 요구받을 때 실제로 어느 주군에게 충성을 해야 할 것인가의 문제가 생겼다. 역설적으로 귀족이 상위 영주에게 도전할 수 있는 경우도 있게 되는 셈이었다. 이와 같이 충성이 상충하는 경우에 대비하여 주군은 자신의 가신뿐 아니라 가신의 가신에게까지도 모두 받는 '가신 전체의 충성'(liege hommage)을 서약받는 방안을 강구하였다. 이와 같이 상충하는 봉건 질서 아래에서는 집권적인 거대 정치세력이 나오기 어려웠다.

가신의 의무 주군과 가신의 관계는 쌍무적인 것이었으므로 상호간에 권리와 의무를 이행해야 하였다. 구체적으로 가신의 의무는 무엇보다도 군사 의무였다. 가신은 주군의 요청에 응하여 자기부담으로 무장하고 수시로 전투에 참가하거나 성곽을 경비하는 데 동원되었다.

중세사회가 안정되면서 군사의무의 이행은 일정기간(보통 40일)으로 한정

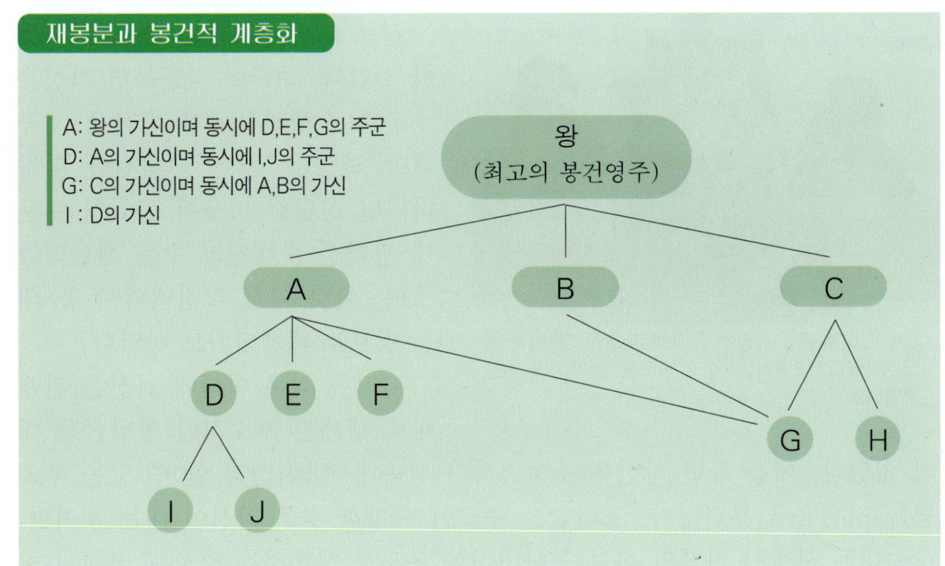

되었다. 가끔 전쟁이 장기화되면 복무기간이 초과되는 수가 있었다. 이 경우 주군이 봉토를 추가로 수여하거나 다른 대가를 약속함으로써 복무기간이 연장될 수 있었다.

군사의무는 봉토의 크기에 따라 달랐다. 대개 장원 하나가 기사 한 사람의 동원과 맞먹는 것이었다. 예를 들면 장원 10개를 받은 가신은 기사 10인을 동원해야 하였다. 중세 후기에는 군 복무가 금전을 대납(代納)함으로써 대체될 수 있었다. 이것이 '병역세' (scutage) 또는 '방패세' 였다. 이런 조치는 봉토 내 도시민의 경우 편리했으며 영주측에서 볼 때에도 '금납화' (金納化) 덕분에 장기적 전투에 대비한 용병 채용 자금이 마련될 수 있었다. 교회에서도 군사적 동원보다는 금전 징수가 더 손쉬웠으므로 역시 금납제를 활용하였다. 그러나 대부분의 교회는 직접 군사의무를 수행했는데 재분봉을 통해 충분히 가능하였다.

다음으로 가신은 영주법정에 배석해서 재판에 참여해야 하는 의무가 있었다. 주군을 보좌하여 재판을 '진행' 시켜야 했기 때문이었다. 충분한 이유 없이 재판에 배석하지 않거나 동료 가신들이 그의 의무 불이행을 규탄하게 되면 그의 봉토는 몰수되었다.

그 밖에 가신은 금전이나 생산물의 일부를 주군에게 공납해야 하였다. 이 공납은 해마다 바치는 정기적 공납이 아니고 특별한 경우 수시로 바치는 것이었다. 주군의 장남이 기사로 서임될 때의 협찬금(協贊金: aids), 결혼할 때의 혼자금(婚資金), 혹은 주군이 포로가 되었을 때의 인질대(人質代) 등이 그것이었다.

12세기 이후부터 가신은 군사의무 대신 '병역세'를 납부하였다. 병역세는 왕의 국고를 늘리기에 충분하였다.

끝으로 가신에게는 향응의 의무가 있었다. 주군이 방문하면 가신은 주군과 수행원들에게 숙식을 제공해야 하였다. 많은 수행원이 따라다니면 상당한 비용이 들었기 때문에 관례상 수행원의 수는 제한되었으며, 이것 역시 일정액의 돈을 내는 것으로 대체되기도 하였다.

이러한 의무 이외에 가신은 관례대로 행해진 부수적인 공납금을 내야 하였다. 예를 들면 가신은 조의금이나 상속대(相續代)라 할 수 있는 부조금(relief)을 납부하였다. 조의금은 주군이 사망한 경우 가신이 내는 것이며, 상속대는 사망한 가신의 아들이 아버지의 봉토를 상속하는 경우 주군에게 공납하는 것이었다. 특히 상속대는 일년수입 전체에 해당하는 막대한 것이었는데, 이것은 상속으로 인해 주종관계가 새로이 성립되는 것으로 간주했기 때문이다. 상속대를 냄으로써 비로소 가신의 토지 보유권이 인정되었으므로 상속대는 일시 중단된 계약의 갱신을 위한 대금인 셈이었다. 이 공납 역시 중세 말에는 금납화되었다.

주군의 권리와 의무 주군은 가신의 봉토를 몰수하거나 후견인이 되는 것과 같은 몇 가지 재산 관리권을 갖고 있었다. 주군은 가신에게 정식 상속자가 없을 경우 봉토를 '몰수'(escheat; forfeiture)하였다. 가신의 상속자가 어릴 경우 성년이 될 때까지 주군이 '후견'(後見: wardship)을 하게 되었다.

주군은 가신이나 그 가족의 결혼문제까지 간섭하였다. 가신이나 상속자 또는 딸이 결혼할 때에는 결혼상대에 관해 주군의 승인을 얻어야 하며, 주군과 사이가 좋지 않은 가문과는 통혼할 수 없었다. 가신의 미망인이 재혼하는 경우 주군은 새 남편의 중매를 섰다. 이것은 새로운 가신의 충성심이나 전투력을 고려한 처사라고 해석될 수 있다. 마지막으로 가신이 성지순례에 나서거나 십자군에 참전하는 경우 그 기간에는 주군이 가신의 봉토를 관리하였다.

가신의 의무가 매우 큰 데 비해 주군의 의무는 그다지 부담스럽지 않은 편이었다. 주군의 의무는 무엇보다 가신의 봉토가 침입자나 적으로부터 침범당하지 않도록 보호해 주는 것이었다. 이것은 실상 자기 자신의 토지를 보호하는 것이나 다름없었다. 다음으로 주군은 가신이 동료들에 의한 재판을 받도록 주관해야 하며 국왕법정에서는 가신을 변호해야 할 의무가 있었다. 또한 주군은 가신의 봉토 안에 함부로 성곽을 건축할 수 없으며, 건축하는 경우에는 가신의 허락을 받아야 하였다. 주군은 가신의 처자를 해쳐선 안 되고 가신의 명예를 손상하지 말아야 하였다.

이러한 의무를 주군이 이행하지 않는 경우 가신은 충성과 복종을 취소해도 되었다. 그러나 일반적으로 주군의 의무는 가신에 비교하면 가벼울 뿐 아니라 가신에 대한 보호 자체가 주군의 특권에 속하는 성격의 것이었다.

D. 기사제도

중세 지배층인 귀족은 군복무를 중심으로 상호간에 주종관계를 맺었지만 주군이든 가신이든 모두 전투를 전문으로 하는 군인이었다. 전투방식이 주로 기병을 중심으로 진행되었기 때문에 귀족들은 모두 기사(騎士: knight; chevalier; Ritter)였다.

기사가 되기 위한 절차도 제도화되었다. 기사 후보생은 일정한 수련기간이 끝난 후 정해진 의식을 치르고 기사로 서임(敍任)되었다. 기사는 주로 전투를 위해 무술을 익히는 일에 열중했으므로 교육받을 여유가 없었고 대체로 무식하였다. 그러나 그들은 나름대로 교양을 쌓고 일정한 생활이념과 행동규칙을 갖고 있었다.

기사들의 전투방식은 독특하였다. 그들은 무기와 방패에 '가문'(家紋)을 새겨 가문의 명예를 존중하였다. 전쟁터에서는 두 진영이 보고 있는 가운데 한 사람씩 나와 출신 가문의 이름을 외치면서 싸우는 개인적인 결투가 중세의 독특한 전투 방식이었다.

기사제도는 중세의 사회구조와 전투방식이 변화하면서 쇠퇴하기 시작하였다. 봉건체제가 정치 · 사회 · 경제적으로 변화하고 전투방식이 기병보다 보병 중심으로 편성됨에 따라 기사제도는 사라질 운명에 놓이게 되었다.

기사의 교양

특히 10세기에서 12세기 전반까지 기사들은 주로 전투를 위주로 했으므로 그들의 경제생활 수준은 거의 원시적이었다. 기사는 대개 영지나 세력을 확장하기 위해 정략결혼을 하였다. 기사들의 일상생활은 난폭하고 거칠었다. 체스 게임에서 기분이 상하면 체스도구로 상대의 머리를 치기도 하고, 머슴이 술 가져오는 것이 늦으면 창을 던지기도 하며 목욕 중의 손님을 살해하는 일도 있었다. 거의 모든 기사는 기사 수업과정 중 교육받을 시간적 여유가 없었기 때문에 문자를 읽지 못하고, 학문을 익힐 생각을 하지 않았으며, 책에는 전혀 관심이 없었다. 학문과 교양을 갖춘 기사는 중세 말에나 나오기 시작하였다.

기사 서임식 귀족은 21세가 되면 특별한 절차 없이도 모두 기사가 되었다. 그러나 중세 중반 이후에는 점차 몇 단계의 준비를 거쳐 서임식을 치른 후에야 비로소 기사가 될 수 있었다.

먼저 7세에 기사과정이 시작되어 '시동'(侍童:page)으로서 귀족사회의 예의와 관습을 배웠다. 7세에서 14세까지의 수련기간에는 귀부인들 사이에 섞여 상류사회의 생활습관과 방식을 배우고, 용기와 더불어 부녀자에 대한 공경과 사랑을 익혀야 하였다. 그리고 14세가 되면 '종사'(從士:squire)로서 군사 의무 · 운동 · 사냥 등을 습득하였다.

21세가 되면 기사의 표장(標章) · 쇄갑(鎖甲) · 방패와 창을 받았다. 주군이나 귀부인이 기사 후보생의 어깨를 칼끝으로 가볍게 세 번 두드리는 예식(accolade)을 통해 기사로 임명되었다. 이 때 그는 성서나 성물(聖物)에 손을 얹고 용감 · 인협(仁俠) · 명예 등을 선서한 후 기사로서의 무용(武勇)을 과시해야 하였다.

기사가 거처하는 곳은 전술상 유리한 곳이나 대체로 높은 곳에 축조한 성곽이었다. 성(城)은 기사의 위세를 나타내기 위한 저택이기도 하였으나 어디까지나 생활의 안락함보다는 방어를 1차 목적으로 하는 곳이었다. 같은 방에 많은 사람들이 기거했고, 춥고 위생시설이 거의 없었으며 프라이버시도 없었다. 평상시 일상생활에서 그들은 폭음 대식하고 방탕했으며 도박에 빠져들었다.

궁정식 사랑: 기사들은 자신이 사랑하거나 존경하는 귀부인 앞에서 "당신 아니면 죽음"이라는 말을 하였다.

기사는 일정한 '예법'(etiquette)을 지키면서 회식하고 때로는 사냥, 때로는 터너먼트 tournament와 같은 장창(長槍)경기를 치르기도 하였다. 성 둘레에는 적군의 공격에 대비하기 위해 호(濠)를 파놓았다. 당시는 총포가 발명되지 않은 시대였으므로 식량보급이 떨어지거나 내통자가 다리를 내려놓기 전에는 성은 거의 난공불락의 축조물이었다. 따라서 성은 중세의 전쟁을 장기화하는 주 요인이었다.

기사도 기사는 하나의 집단으로서 특별한 도덕의식과 특이한 생활방식을 공유하였다. 무엇보다도 높이 평가된 것은 용기와 명예였다. 기사에게는 도덕규범이나 가치관인 기사도(騎

士道: chivalry)가 있었다. 기사도는 시인들에 의해 찬양되고 이상화되었는데, 그것은 「롤랑의 노래」(*The Song of Roland*), 「시드」(*The Cid*)와 같은 서사시에서 잘 표현되었다.

기사도는 프랑스 지방에서 전형적으로 발전되었으며 어원(語源) 역시 프랑스어의 '말'(馬: cheval)에 있다. 12-13세기에 확립된 기사도는 게르만 부족의 관습, 그리스도교적 종교관 및 문장(紋章)에 관한 사라센 사상 등에 그 기원을 두고 있었다.

귀족의 덕성은 주로 주군과 가신 간의 유대를 유지하는 데 중요한 충성, 용기, 성실 및 관용 등이었다. 귀족의 주요활동은 전투였으며 기사는 무엇보다도 전투기술이 뛰어나야 하였다. 그러므로 귀족의 일생은 주군 · 자신의 땅 · 가족 · 예속 농민들, 그리고 하느님을 위한 전투의 연속으로 점철된 것이었다.

중세 귀족의 기원

중세의 정치 · 사회 · 경제 · 문화적 생활을 지배한 귀족의 기원에 관해서 역사가들의 일치된 견해가 현재로서는 없다.

20세기초 프랑스의 블로크Marc Bloch가 고전적인 『봉건사회』에서 규정한 해석이 일반적인 것이었다. 블로크는 귀족을 법으로 정해진 세습적인 특권을 향유하는 사회계급이라고 정의하였다. 그는 이 계급이 12세기가 되어서야 비로소 나타났다고 보았다. 그 이전에는 모호한 의미의 귀족이 있을 뿐이었다. 그들은 왕족과의 개인적 관계에 바탕을 두고 주로 땅이나 관직을 받아 사회적으로 우월한 지위를 누린 사람들이었다. 이러한 귀족층은 카롤루스 왕조의 붕괴에 따른 사회 혼란 속에서 사라졌다. 그리고, 군사력을 독점하게 된 새로운 자수성가형의 사람들이 가계 혈통에 따라 특권을 대대로 상속시키는 것을 법적으로 인정받게 되었다.

최근 연구에 의해 이러한 설명에 의문이 제기되었다. 특히 사회과학자들이 공식화한 사회구조라는 관념에 영향을 받은 역사가들에 따르면 귀족신분은 세습적 법적 특권 이상이라는 것이다. 그들의 주장에 따르면 귀족신분은 부, 지배권, 생활방식, 정신태도 등과 같은 요소와 관계가 있었다. 중세 귀족계급의 기원을 설명할 때 이와 같은 요소들을 감안하지 않고 좁은 법적 해석에만 초점을 맞추는 것은 옳지 않다는 것이다.

블로크는 10-11세기에는 새로운 의미의 귀족계급이 나오는 기성 정치질서의 단절이 있었다고 주장하였다. 그러나 블로크의 견해에 도전하여 최근 역사가들은, 많은 경우에 카롤루스계 귀족가문과 11-12세기의 귀족가문들 간에 혈통의 연속성이 있었다는 것을 입증하였다. 그러나 10-11세기의 일부 전사 출신 귀족들이 주로 몰락한 귀족가문과 결혼함으로써 귀족으로 승격했는데, 그들의 사회적 승격이 12세기의 새로운 다른 종류의 귀족계급의 사례를 뒷받침하는 것은 아니다.

또한 근래에는 귀족신분과 전투적 요소가 결합되었다는 전통적 견해에 의문이 제기되었다. 12세기에는 모든 기사들이 자동적으로 귀족이라는 생각은 거의 하나의 공식이었다. 그런데, 많은 하급기사가 상대적으로 낮은 사회신분의 사람들이었다는 사실을 말해주는 증거가 나왔다. 중세 전성기의 귀족계급이, 세습적인 가족구조가 형성되면서 가족 성원끼리의 부의 집중과 상속이 가능하게 되면서 생겨났다는 것을 의미한다. 결론적으로 중세 귀족의 기원에 관해서는 아직도 일정한 정설이 없는 실정이다.

기사의 행동노선은 첫째, 주군에 대한 선서를 충실히 지킬 것, 둘째 교회를 보호하며 신에게 봉사할 것, 즉 이단과 이교(異教)의 축출에 앞장설 것, 셋째 부녀자를 존중하며 병든 사람이나 허약한 사람을 보호할 것, 넷째 관용과 친절을 베풀 것 등으로 규정되어 있었다.

기사들의 종교심은 단순 소박하였다. 용감하고 충성심을 발휘한다면 신이 그들을 돌보아 준다고 믿었다. 그들은 적극적으로 종교심을 표현하였는데, 교회를 짓거나 수도원에 땅을 기증하거나 성지순례를 하였다.

2. 봉건사회의 사회·경제적 기반

귀족계급이 전쟁과 정치에 전념할 수 있었던 것은 그만한 경제적 기반이 있었기 때문이었다. 그것은 자신과 가족의 생계를 유지하고, 귀족신분에 알맞는 복잡한 의무를 수행하기 위한 기반이었다. 귀족은 여러가지 권리를 갖는 일정한 크기의 경작지의 영주이고 농민이 그 땅에 예속되는 '영주제도'(seigneurial system)가 그것이었다. 인구의 대다수를 차지한 농민은 영주 아래에서 예속적인 삶을 살았다. 귀족은 지배계층으로서 법적 관할권(영주권)을 행사하여 농민에게 농업생산과 관련된 노역과 공납을 강요하였다.

영주제도는 게르만인과 로마인의 경제제도 또는 사회제도에 뿌리를 두고 있었으나 10세기경 틀이 잡혀 강력한 귀족 영주계층의 지배제도로 완성되었다. 이 과정에서 효과적인 노동력 관리와 공납 징수를 위한 촌락공동체인 장원(莊園)이 제도로 확립되었다.

A. 장원제도

봉건 지배층이 영유한 봉토는 여러 개의 장원들로 구성되었다. 장원(莊園)은 간단히 말하면 보통 기사 한 사람이 소유한 토지로 농경 및 토지관리의 단위였다. 대개 장원은 하나의 마을로 되어 있었다. 장원을 중심으로 토지 소유계급인 귀족과 예속적 농업 인구인 평민 간의 관계가 맺어졌다. 9세기말 장원은 유럽의 많은 지역에서 널리 제도화되었다.

일반적으로 장원제도(manorialism)는 남잉글랜드에서 프랑스에 이르기까지, 서독일에서 북이탈리아에 이르기까지 농업 생산이 가장 왕성한 지역에 정착되었다. 따라서 중세 장원제도에 관한 설명은 이러한 각지역의 특성을 감안한 평균적인 것일 수 밖에 없다.

장원의 개념 장원(manor; Grundherrschaft; seigneurie)은 영주와 농민층이 필요로 하는 모든 것을 생산하는 경제적 하부구조였다. 그러나 동시에 농민의 지배와 영주와 농민 상호간의 관계를 규정하는 정치 · 사회적 단위였다. 그것은 권력주체(영주)인 개인과 그에게 예속되어 있는 농민집단이기도 하였다.

그러나 프랑스, 독일, 기타 지방의 장원이 다같은 특성을 가진 것은 아니었다. 프랑스와 독일에 한정시켜 볼 때 프랑스의 경우(seigneurie)와 독일의 경우(Gerichtsherrschaft)는 '사법 영주'를 의미하였다. 여기에서는 보유농(保有農)이 하는 영주 직영지(直營地) 노동은 없었다. 영주는 농민을 토지보유자로서보다 성곽 주변에 살고 있는 주민으로서 지배하였다. 그러므로 '토지영주'(Grundherrschaft)는 사법영주나 '물건(物件)영주'(Gutsherrschaft) 등과 함께 영주지배의 한 유형에 불과하였다.

장원의 구조 장원의 형태와 구조는 지역과 시대에 따라 달랐다. 장원은 그 크기가 일정하지 않고 자급자족의 필요에 따라 달랐다. 그러나 대체로 작은 장원이라면 300-400 에이커이며 10가구 정도의 농민이 각각 30에이커(약 3만6천평)씩을 보유하고 있었다. 가장 큰 장원은 50가구로 구성되어 그 전체 넓이도 5천 에이커에 달하였다. 그러므로 거의 같은 시기의 아시아 특히 고려

장원의 전경

농민의 토지보유권

농민이 보유하고 있는 땅에 대해 직접 소유권을 가지고 있지 않았다. 소유권이라 함은 국가가 공권력의 유일한 담당자로서 대두하는 근대에 국가권력의 법적인 보호와 승인 아래 비로소 완전한 형태를 취하는 것이다.

중세 장원에서 영주권이란 공권력과는 상이한 것이며 따라서 농민이 가지고 있던 사실상의 토지 역시 농민이 직접 지배하는 소유권이라고 할 수 없는 것이었다. 그렇다고 해서 보유권(保有權)이 차지권(借地權)은 아니었다. 그것은 근대적 소유권의 전 단계라 할 수 있는 것으로, 가장 적당한 지칭이라 할 수 있다.

시대의 농민에 비해서 유럽 농민은 상대적으로 큰 땅을 경작하였다. 장원 내의 가장 높은 곳에 성벽을 쌓은 장원청(莊園廳: manor house)이 있어서 외부의 공격을 받았을 때 영주와 농민의 피난처가 되었다.

장원청의 규모는 장원주의 세력에 따라 달랐다. 예를 들면 세력이 큰 대귀족의 장원청은 견고하게 성벽을 쌓아올린 튼튼한 큰 성채(城寨)였다. 장원주가 딴 곳에 살 때는 그를 부재영주(不在領主)라 했는데, 이 경우 대리인이 영주권을 대행하고 장원을 관리하였다. '집사'(執事)는 전반적 감독과 조세 징수 업무 또는 장원 법정 등을 관장하며 대관(代官)은 영주의 개인적인 대리인이었다.

장원 행정은 농민측에서 나온 대표들에게 위임되는 경우도 있었다. 농민이 뽑는 이장(里長)은 농민의 이해를 대변하였다. 그는 영주와 농민 사이에서 중개역을 하고 노역을 감독하며, 파종 · 경작 · 수확 등 기술적 측면을 주도하였다. 장원청 근처에 농가들이 밀집하여 마을을 이루고 있었다. 마을에는 제분소 · 대장간 · 교회 · 사제관이 있었다.

민가들을 중심으로 경작지가 있고, 가축을 키우기 위한 목초지, 땔감이나 건축자재를 얻기 위한 숲, 자연수를 공급해 주는 강이 있었다. 그 밖에 황무지나 습지(濕地)가 있었다. 이러한 땅에 대해서는 농민들이 공동으로 사용할 수 있는 권리(공동사용권)를 가지고 있었다.

경작지의 3분의 1또는 반 정도는 영주 소유의 '직영지'(demesne)였고, 나머지는 농민 경작지(mansus; mansi; hides)였다. 직영지는 농민이 경작해 주지만 장원청에 부속된 채원(菜園)은 소작인에게 빌려주었다. 사제를 위한 '교회부속토지' 역시 농민이 경작하였다.

농경방식 농경방식에도 특이한 점이 있었다. 장원 내 모든 농경지는 울타리를 두르지 않은 이른바 '개방지'(開放地)였다. 이러한 개방지는 근대 이래 울타리를 친 개인 농장과 대비되는 것이다. 그것은 특히 훗날 양치기를 위한 '울타리 두르기'(enclosure)가 성행함으로써 더욱더 대조적인 것이 되었다.

중세에 개방지제도가 정착할 수 있었던 것은 농민이 자기의 농기구를 소유하지 않았으며 따라서 협동작업이 필요했기 때문이었다.

3포제도와 윤작 농사를 짓는 땅은 보통 추경지(秋耕地) · 춘경지(春耕地) · 휴한지(休閑地) 세 부분으로 나누어졌다. 이와 같은 '3포제도'(3圃制度: three-field system; Dreifeldersystem)는 고대 그리스 및 로마에 그 기원이 있는 2포제도의 연장이었다. 경작지와 휴한지 두 부분으로 나누어 윤작하는 2포제도는 900년대까지 널리 채택되었으나 그 이후에는 밀이나 라이(rye)보리를 가을에 파종하면서 더 효율적인 3포제도가 나오게 되었다.

농토를 여러 부분으로 나누는 이유는 비료 주는 법이 덜 발달되었거나 토지 개량법이 개발되지 않았기 때문이었다. 농토를 효율적으로 활용하기 위해 땅을 교대로 경작하는 것이었다. 중세 3포제도에 의하면 1차년도에 경지 A에 밀이나 라이보리를 심고, 경지 B에는 연맥(燕麥)을 뿌리고, 경지 C는 휴한지로 놓아두었다. 2차년도에는 경지 A를 휴한지로 놀리며 경지 B에 밀이나 라이보리를 파종하고, 경지 C에 연맥을 심었다. 3차년도에는 경지 A에 연맥을 심고 경지 B는 휴한지로 놀리며 경지 C에는 밀이나 라이보리를 파종하였다. 간단히 말해서 3포제도는 경작지를 순환 활용하는 제도였다.

중세 경작은 공동관리방식으로 행해졌다. 밭갈이 순서 · 파종의 종류 · 수확시기 등 경작방법을 농민 각자가 자유롭게 선택할 수 있는 것이 아니었다. 모든 것은 마을 전체의 협동작업과 공동결정에 따라 실시되었다. 경작지의 동등한 취급, 비옥한 토질의 균등한 배분 등을 위한 이러한 농경방식을 '경작강제'(field compulsion; Feldzwang)라 한다.

혼재지 장원 경작지에 관한 특이한 점은 혼재지(混在地:mixed-field; Gemengelage)제도이다. 영주 직영지든 농민 보유지든 모든 경작지는 일정

농민 보유지의 분포

3포제도하에서 농민 보유지는 바퀴 달린 철제 보습으로 온 마을 사람들이 공동작업을 함으로써 경작되었다. 농민의 땅은 3포에 고루 산재해 있었는데, 평균 표준적인 크기는 하루 노동으로 경작이 가능한 것이었으며 실제로는 길이 220야드, 폭 22야드의 1 에이커(약 1200평)의 땅이었다. 이러한 1 에이커 땅의 길쭉한 지조(地條)를 30개 정도, 즉 모두 합쳐 30에이커의 땅을 가지고 있었다. 농민은 3포제도 때문에 포마다 10 에이커를 보유하고 있는 셈이었다. 휴한(休閑)에 의한 윤작 때문에 결국 해마다 경작 가능한 토지는 20에이커(약 2만4천평)였다. 중세 농민은 비록 생산성이 떨어지는 땅에 제대로 비료를 주지 않은 농사를 했지만 아주 빈곤한 처지는 아니었다고 할 수 있다.

영주와 농민: 농민은 강제로 영주의 제분소를 이용해야 하였다.

크기의 길다란 조각(地條: strip)으로 나누어져 3포에 분산되어 있었다. 지조는 밭갈이에 적당한 크기였다. 농민 보유지의 크기는 지역마다 다르나 평균 30에이커이며, 각각 10에이커씩 3포에 고루 흩어져 있었다. 포마다 있는 자기 몫의 10에이커는 여러 개의 길다란 땅 조각인 지조로 나누어져 있었다.

이 지조의 크기는 나라마다 시기마다 달랐다. 영국의 경우 반 에이커나 1에이커의 땅 조각으로 되어 있었다. 혹은 이 땅 조각은 밭고랑만한 크기(furrow long)라 하여 펄롱(furlong)이라 하고, 그 너비는 밭갈이하는 소들이 되돌아 설 수 있는 정도였다. 그리고 각 땅 사이에는 갈지 않은 이랑(balk)이 있어서 땅의 경계를 나타냈다.

영주와 농민 장원은 영주의 재산이며 그의 수입원이었다. 그러나 농민측에서 보면 장원은 일상적인 삶의 터전이었다. 영주는 농민에게 경작할 토지를 주고 농민은 공납과 노역(勞役)으로 대가를 지불하였다. 양자의 관계는 관습상 법적 효력을 갖는 일종의 불문계약에 의해 규정되었다. 영주는 농민들에게 제분소와 교회를 마련해주고 법정을 열어 재판을 실시하였다. 원래 영주의 땅이라 해도 정당한 사유 없이 농민의 땅을 영주가 빼앗지 못하였다.

영주에게 해야 할 농민의 부담은 적지 않았다. 농민의 의무에는 노역·각종 공납·시설 사용료 등이 있었다. 노역에는 '주역'(週役)과 '특별노역' 두 종류가 있었다. 주역은 농민이 매주 2-3일간 정기적으로 영주 직영지의 경작에 동원되는 노동이었다. 특별노역은 부정기적인 노동 제공인데, 파종 때나 수확기와 같은 농번기에 농민들이 동원되었다.

그 밖에 다리나 도로 보수 및 운반작업 등을 하는 '임시노역'(corvée)이 있었다. 노역의 부담은 농민의 아내에게까지 적용되어 영주저택에 가서 실 뽑기 · 청소 · 음식준비 등에 동원되기도 하였다.

각종 공납 농민은 여러 가지 부담을 안고 있었다. 교회에 대해서는 10분의 1세(tithe)를 내야 하였다. 농민이 내는 지대(地代)는 현물(現物貢納:payment in kind)이었다. 중세 후기에 이르면 지대를 화폐로 지불하는 '금납화'(金納化: commutation)가 제도화되었다.

이밖에 자유민까지 포함하여 농민은 해마다 한 번 이상 인두세(人頭稅: taille; tallage; head-tax; chevage)로 곡물 · 가축 · 닭 · 벌꿀 등을 공납하였다. 농민의 아들이 성직을 가질 경우 영주 편에서 볼 때 노동력의 상실이므로, 사전에 영주의 승인을 받아야 할 뿐 아니라 그 대가를 지불해야 하였다. 마찬가지로 농민의 딸이 외지 사람과 결혼할 때에는 농민은 혼인세(formariage; merchet)를 지불하였다. 농민이 사망하면 당연히 토지는 아들에게 물려주게 되었으나 영주는 이때도 가축을 상속세(heriot; mainmorte)로 받았다.

농민은 각종 설비에 대한 사용료를 지불해야 하였다. 이는 일종의 독점권(獨占權: banality; banalité; Bannrecht)이었다. 영주가 포도압착기 · 제분소 · 빵 굽는 가마 등의 시설을 합법적으로 독점하고 있었으며, 농민은 포도주를 만들거나 밀가루를 내어 빵을 굽기 위해서는 사용료를 물어야 하였다.

이러한 독점권은 영주가 수렵과 어로를 독차지하여 농민의 밀렵이나 밀어(密漁)를 못하게 하고, 영주만이 화폐를 만들어 일반의 상거래를 제한하는 등 규제(bans)를 가하는 권리를 가진 데서 유래하였다.

이 밖에 영주는 여러 모로 농민을 착취하였다. 도량형의 기준을 세워 사고 판 물건에 대해서는 세금을 물렸다. 장원법정에 들어오는 수입도 영주의 몫이었다. 고소사건과 관련된 양쪽으로부터 소송비용을 징수하고 법 위반에 대해

중세 유럽의 농업기술

중세 유럽의 기술적 진보는 극히 완만한 것이었다. 특히 중세 전반기에서는 별 것이 없었다. 서유럽에는 아라비아인이 동방에서 계승받은 것과 같은 풍부한 과학적 전통이 없었으며, 과학은 12-13세기에 주로 아라비아인이나 유대인으로부터 전해진 것이었다. 따라서 과학사의 입장에서 본다면 중세 유럽은 고전고대와 근대 사이의 휴면기로 볼 수 있다.

그러나 중세 전기에서도 새로운 농업기술이 발견되고 있다는 점에 주목할 필요가 있다. 즉, 2포나 3포 농법에 따른 곡물 윤작, 로마인이 알지 못했던 말이 끄는 무거운 보습 사용이 그것이다. 이것이 가장 빨리 보급되기 시작한 지역은 르와르강과 센 강에 둘러싸인 지역으로 카롤루스 왕조시대, 적어도 샤를마뉴시대에는 상당히 보급된 것으로 짐작된다. 시대가 뒤로 약간 처지지만, 규모가 큰 물레방아 사용은 서유럽 중세의 농업 생산력 증대에 크게 기여하였다.

겨울철 농한기 때 중세 농민의 생활 모습

정기적으로 열리는 시장에서 상인들은 가판대를 펼쳐 놓았다. 그리고 주교(가운데)는 거리에 있는 사람들에게 축복을 내려주었다.

서는 벌금을 부과하였다. 재판은 매우 수익이 높았던 만큼 농민을 수탈하는 도구가 되었다.

농민생활 10세기에는 상거래가 거의 행해지지 않았으므로 대부분의 제품은 장원에서 만들어졌다. 대장간이나 목공과 같은 전문업자들이 있는 장원도 있었지만, 대개는 농민이 직접 집이나 가구 또는 도구를 수리하였다. 9세기와 10세기 농민의 기본 생활은 극히 소박했으며 비위생적이었다.

장원의 농민생활은 겨우 생계를 유지하는 수준에 불과하였다. 농기구가 매우 원시적인 것이었기 때문에 농민은 남녀 모두 하루 종일 열심히 일하지 않으면 안 되었다. 집은 초가 지붕에 흙으로 된 벽과 방바닥이 전부였다. 짚뭉치를 깔고 잤다. 창문은 벽에 뚫은 구멍에 불과하므로 겨울에는 짚으로 막아야 하였다. 닭은 집 주위에서 키우고 집 앞에 쓰레기나 분뇨가 쌓여 비위생적이었다.

농민의 식단은 검소하고 단순하였다. 검은 빵이 주식이며 치즈 · 달걀 · 양배추 · 무 · 콩 등이 부식이었다. 축제일에나 고기 · 생선 · 과일을 맛볼 수 있었다. 농민은 가끔 닭을 잡아먹었으나 추운 겨울이 다가와 건초가 없어지는 경우가 아니면 양 · 말 · 소는 잡지 않았다. 신선한 육류 대신 소금에 절인 돼지고기를 먹었다. 보통 집에서 만든 맥주나 포도주를 음료로 마셨다.

농민은 배우지 않아 문맹이었다. 그들은 미신을 잘 믿고 마술과 무당에 의존하였다. 일요일이나 그 밖의 축제일에는 마을에서 무도회가 열렸다. 농민은

밭갈이하는 중세 농민

크리스마스나 수확기에는 영주가 주최하는 잔치에 참여할 수 있었다.

중세 후기에 농민은 남은 생산물을 시장에 내다 팔 수 있었고 도시에서 하루를 즐기기도 하였다. 그 밖에 농촌을 순회하는 창극(唱劇)이나 곡예단과 때에 따라서는 야외행렬(野外行列) · 씨름 · 닭싸움 등이 농촌의 즐거움이었다.

농민의 구분 거의 모든 중세 농민은 마음대로 이동하거나 이사할 자유가 없었다. 영주의 허가를 받고서야 이동하고, 영주에 대한 여러 가지 의무를 이행해야 하였다. 이러한 농민의 부자유한 신분은 세습적이었다.

그러나 소수이긴 하지만 자유농(自由農)이 있었다. 자유농은 정기적인 부역에서 면제받았고 또 인신(人身)의 자유가 있는 농민이었다. 즉, 마음대로 이사갈 수 있었다. 그들은 보유지 지대를 지불했지만 그 땅을 마음대로 양도할 수 있었다. 12세기 이후로는 자유농의 수가 점차 증가하는 경향이 있었다.

이에 비해 중세 농민 중 압도적으로 많은 수를 차지하는 것이 농노(農奴: serfs)였다. 농노는 토지에 얽매여 있었고 영주의 승낙 없이는 마음대로 장원을 떠날 수 없었다. 농노의 보유지 경작은 세습적이지만 원칙적으로 영주와의 계약에 따른 것이었으므로 토지 보유 및 경작 대가를 지불하였다.

영국에서는 농노를 '빌린' villeins이라 불렀는데 이것은 로마시대의 대농장(villa)에 그 어원을 두고 있다. 대농장에서 일하던 노예와 소작농(colonus; coloni) 중 소작농은 본래 자유농이었으나 로마는 법으로 토지를 이탈하지 못하도록 해 놓았다. 따라서 로마의 소작농은 중세의 농노와 비슷한 존재였다.

중세 농민 중에 농업노동자 (cottagers; cotters;borders)가 있었다. 11세기 후반 영국의 이른바 둠즈데이 북*Domesday Book* 시대에는 농업노동자가 농촌인구의 거의 3분의 1을 차지하였다. 그들은 노예 제2세대 혹은 노예계층 출신이었다.

밭에서 일하는 농민

파워Eileen Power는 『중세의 사람들』에서 샤를마뉴시대 파리 근처 생 제르맹Saint Germain des Plés 수도원 영지에서 일하는 보드라는 농민의 모습을 사료에 입각해 다음과 같이 묘사하였다.

샤를마뉴 치세 말기 어떤 봄날 보드는 아침 일찍 일어났다. 왜냐하면 이 날은 수도원 직영지에 일하러 가는 날이었기 때문이다. 그는 관리인이 겁나서 늑장부릴 수 없었다. 아마도 관리인의 기분을 좋게 하기 위해 보드는 지난 주에 벌써 달걀이나 야채를 갖다 바쳤을 것이다. 그러나 수도원은 관리인이 뇌물을 받게 놓아두지 않을 것이고(물론 다른 영지에서는 때때로 행해지는 관례이긴 했지만) 또 보드 역시 일에 늦으면 안 된다는 것을 알고 있었다. 이 날은 주역(週役)을 하는 날이기 때문에 기르고 있던 큰 소와 막대기로 이 소를 쫓는 어린 위드를 데리고 다른 농민들과 함께 갔다.

농민들은 이 날 영주 저택에 일하러 갔다. 어떤 자는 말이나 소를 끌고 어떤 자는 긴 자루 호미 · 짧은 자루 호미 · 곡괭이 · 도끼 · 큰 낫 등을 갖고 관리인의 명령대로 직영지를 경작하거나 목초지와 삼림에서 일하기 위해 무리를 지어 갔다. … 보드는 지나치면서 '안녕하시오' 하고 인사하였다. … 보드는 휘파람을 불면서 아침의 찬 공기 속을 소와 아이를 데리고 나갔다. 그는 종일 밭에서 일하고 다른 농민들과 함께 나무 밑에서 도시락을 펼쳐 먹었다. 어쨌든 보드의 하루 일은 말할 수 없이 단조로운 것이어서 그의 뒤를 더 쫓아다녀 보아도 더 이상 묘사할 것도 없다.

농업노동자는 농노와 같은 법적 신분을 갖고 있었으나 보유지가 적어서 노역량도 농노보다 적었다. 그들은 장원 안의 잉여노동력이라 할 수 있었기 때문에, 점차 영주나 여유 있는 자유농을 위한 임금노동자로 일하였다.

중세 농민 최하위 계층은 농촌인구 중 극소수인 노예였다. 그들은 영주의 소유물이며 가축과 마찬가지로 매매가 가능하였다. 그들은 재판을 청구할 권리나 그 밖의 법적 권리를 가지고 있지 않았다. 중세 후기에 이르면 노예는 현저히 감소되어 농업노동자나 농노 계층으로 흡수되었다.

B. 상업의 부활과 도시

13세기까지 중세사회는 주로 농촌경제에 의존했으며 특권 지배층의 재산 형태는 주로 토지였다. 이런 사회에서는 지적 발전이 거의 없었고, 도시와 상공업이 부활되면서부터 비로소 중세문화가 활성화되었다.

중세의 전 시기를 통해 무역이나 상공업이 전적으로 소멸된 것은 아니었다. 매우 제한된 범위이긴 하지만 화폐는 유통되었고 도시민의 상공업 활동이 미미하게나마 존속하였다. 그러나 일반적으로 말해 중세는 거의 폐쇄적인 자급자족의 현물경제에 의존하였다.

11세기는 여러 가지로 중세사회의 분수령을 이루는 시기였다. 많은 유럽인이 1000년말에 세계의 종말이 올 것으로 우려하였다. 그러나 11세기 연대기 작가의 말과 같이 1000년을 무사히 넘기게 되자 "마치 온 세상이 스스로를 떨쳐버리고 낡은 시대를 벗어던지는 것 같았다."

새로운 활력, 새로운 열정이 10세기말-11세기초부터 유럽사회를 지배하기 시작하였다. 유럽 각지에서는 다투어 웅장한 교회를 짓고 신앙을 위한 새로운 열정으로 가득 차 있었다. 1300년대에 이르기까지 중세 문화와 사회는 고도로 발달하였다. 이 시기를 역사가들은 중세 '성기'(盛期)라 칭하고 있다. 특히 도시와 상업이 부활하여 중세의 독특한 문화가 꽃피었다.

중세 안정기인 10세기 후반에서 11세기초에 걸쳐 상업과 공업이 부활되기 시작해서 14세기 중반에 더욱 번성하였다. 상업은 유럽 경제의 매개체적 힘이 되었으며 새로운 형태의 공업이 나와 많은 공산품이 생산되었다.

유럽의 도시는 활기를 띠기 시작하고 상주인구와 그 활동범위가 점차 커졌으며, 12세기말에 이르러 로마시대를 능가하는 번영을 누리게 되었다. 1000년경부터 1300년경까지 주요 경제분야가 확장되었고 사회 질서는 재편성되었다. 상인과 수공업자들의 노력으로 중세 성기의 정치 · 종교 · 문화는 괄목할 만한 발전을 하였다.

그러나 중세 도시는 근대 도시와 근본적으로 상이한 특성을 가지고 있었다. 중세 도시는 어디까지나 봉건체제의 한계를 벗어나지 못하였다. 도시는 봉건 계약을 맺고 영주에 대한 권리와 의무에 매여 있었으며 영주재판의 사법적 관할권 아래에 놓여 있었다. 그리고 도시민의 생활은 상호간에 통제와 규제를 전제로 한 것이었다.

인구 증가 상공업과 도시를 부활하게 한 많은 요인들 중에는 인구 증가, 농업생산 증가 및 정치질서의 안정, 외부세계의 자극, 유럽의 정치적 · 군사 · 종교 확대 등이 있었다.

900년경부터 1350년 사이에 유럽 인구는 급격히 늘어나 약 2배로 증가하였다. 특히 프랑스 · 이탈리아 · 저지대 지방 · 영국에서 인구 증가가 두드러졌다. 한 조사에 따르면 중세 인구는 900년의 3천5백만 명에서 1350년에는 7천만 명으로 증가했다는 것이다.

이와 같은 인구 증가는 질병 · 전쟁 · 식량과 상관있는 여러 원인 때문이었다. 이 기간에 유럽에는 치명적 질병, 특히 흑사병이 없었을 뿐 아니라 파괴적인 커다란 전쟁도 없었으며 식량도 많이 생산되었다.

농업증산 중세도시의 부활을 뒷받침한 또다른 요인은 농업생산의 증대였다. 농업생산의 증가로 유럽인의 생활이 향상되었을 뿐 아니라 사회적 이동도 쉬

농가 공업

13세기경 유럽의 일부지역, 특히 저지대 지방이나 북이탈리아에서 발달된 복잡한 생산조직이 원료공급제(putting-out system)였다. 기업가형 상인은 원료를 농민이나 노동자들의 가정으로 가져다주고 일정한 시기에 생산된 공산품은 거두어 갔다. 이 방식은 특히 모직생산에 적용되었다.

영국에서 생산된 원모(原毛)는 저지대 상인들이 사들여 저지대 지방으로 운반해 거기서 세모(洗毛), 소모(梳毛), 방모(紡毛), 직조, 염색 등을 하였다. 각 공정은 가정 안에서 전문 노동자 특히 부녀자들이 담당하였다. 완제품은 상인이 가져다 팔았다. 이와 비슷한 모직 생산제도가 피렌체와 같은 북이탈리아 도시에서도 발달되었다.

워졌다. 자유민은 도시로 이주하였다. 인구가 증가하는 시기에 농업생산도 증가하였다.

먼저 이 기간에 유럽, 특히 북유럽의 기후가 좋아져 농업생산이 증가하였다. 겨울은 농작물 성장기에 알맞게 따뜻하였고 적당한 양의 비가 내렸다. 심한 기온 편차가 없었다. 이러한 기후조건이 농업생산을 향상시키는 데 작용하였다.

다음으로 개간사업이 진행되어 농경지가 확대되었다. 어떤 지역에서는 지금까지 쓸모 없던 습지를 개간했으며, 특히 북이탈리아와 네덜란드에서는 간척사업으로 농경지를 확장하였다. 대부분의 유럽 영주들은 변경지역을 개척하여 농경지로 활용하였다. 엘베강 동쪽의 독일 지역, 이슬람의 지배에서 벗어난 스페인 땅, 남이탈리아 지역 등이 개간되었다. 결과적으로 1000년부터 1300년까지 서유럽의 농경지가 거의 배로 늘어났다.

여러 모로 농업기술이 발전하여 농산물을 증산시킬 수 있었다. 새로운 편자(말굽쇠)와 마구, 특히 어깨받이(shoulder collar)가 나왔기 때문에 소 대신 말을 농축(農畜)으로 더 많이 사용할 수 있게 되었다. 물레방아와 풍차가 개선되었고, 동력전달장치가 발달하여 제분작업의 능률이 올라갔다. 금속가공의 발달로 보습 · 괭이 · 삽 · 써레 등과 같은 농기구의 사용이 가능해졌다.

중요한 것은 바퀴 달린 보습이 점점 더 많이 사용되기 시작했다는 사실이었다. 이 때문에 북유럽에서는 진흙땅을 깊게 갈아 뒤집어 놓을 수 있게 되었다. 이러한 단순한 농업기기(器機)의 발달로 농업인력은 효율적으로 활용되고 당연히 생산력이 증대하였다.

관개와 시비법(施肥法)이 향상되고 농업이 전문화되고 농산물도 다양화되었다. 관개는 서유럽의 일부지역에서 발달되었고, 프랑스 부르군디의 포도재배 지방이나 영국의 양치기 목초지에서와 같이 농업이 전문화되었다. 고단백 식품인 콩의 재배가 가능해져서 초기의 탄수화물 식품을 보완하였다. 종자 역시 지역의 토양이나 기후조건에 맞도록 개량되었다. 농축 종자의 개량으로 양질의 가축뿐 아니라 육류와 털을 증산할 수 있게 되었다.

상업의 부활 중세의 경제·사회적 부흥의 가장 두드러진 양상은 상업의 부활에서 나타났다. 10세기 이래 이탈리아를 중심으로 비잔틴 제국 및 레반트Levant 지방을 상대로 하는 국제무역이 부활하였다.

서유럽은 무역에서 항상 동방무역의 중심세력과 접촉했으며, 이는 주로 베네치아와 남이탈리아의 비잔틴 전초기지를 통해 이루어졌다. 먼저 베네치아는 일찍이 아드리아 해에 진출해서 해상활동을 개시하여 주도권을 장악했으며, 그 뒤를 이어 제노아Genoa와 피사Pisa가 11세기말 두드러진 해상세력을 이루었다. 도시의 해군은 서지중해를 지배한 이슬람 세력을 약화시켰으며, 상인들은 스페인과 북아프리카의 이슬람 상인과 무역관계를 수립하였다.

11세기말 십자군에서 성공을 거둔 이탈리아 도시는 12세기에 동지중해의 이슬람 지역에서 중요한 거점을 차지할 수 있었다. 제4차 십자군 전쟁 때인 1204년의 콘스탄티노플 점령은 베네치아인이 비잔틴 무역에 대한 실질적인 패권을 차지하는 계기가 되었다. 13세기에 이탈리아 상인은 남프랑스 및 스페인의 연해 도시 상인들과 함께 더욱더 상업적으로 진출하게 되었다. 국제무역의 주요상품은 사치품, 특히 향신료와 고급 옷감이었다.

이탈리아 연해 도시의 활동과 때를 같이하여 저지대 지방도 비슷한 활기를 띠고 국제무역에 진출하였다. 이 지방의 통상은 발트해 · 북해 · 대서양 등을 무대로 하였다. 이리하여 유럽대륙의 북쪽 해안지대에서도 바이킹족에 의해 동방무역의 길이 생기게 되었다. 바이킹족은 발트해와 북해를 통해, 혹은 러시아의 여러 강줄기를 따라 흑해와 콘스탄티노플에 이르는 길을 뚫었다. 북유럽의 무역중심은 네덜란드였으며, 이 지역의 상인들은 동방무역뿐 아니라 대서양 등을 무대로 국제무역을 활발히 하였다.

유럽의 2대 무역 중심지 간에 육로를 통한 원거리 통상도 시작되었다. 이탈리아와 북유럽을 연결하는 내륙 통상이 알프스 산맥을 가로질러 롬바르디아Lombardy 지방 · 프랑스 · 독일의 강변도시까지 강을 따라 확대되었다.

12세기 국제무역의 주요 교차지점은 프랑스의 샹파뉴Champagne 시장이

향신료

후추는 중세의 대표적인 향신료(香辛料)였으며 유럽에서 생산되지 않고 주로 동방, 예컨대 중국 · 인도 · 인도네시아 등 아시아 지역에서 가져온 것이었다. 후추나 계피같은 향신료는 중세에는 금은보석과 마찬가지로 귀중품이었으며 왕이나 상층 귀족만이 손에 넣을 수 있었다.

당시 향신료를 귀중하게 여긴 것은 육식 때문이었다. 소와 말은 농업생산이나 군대에서 쓰였기 때문에 육용(肉用)이 아니었고 주로 양이나 사냥해서 잡은 동물, 또는 돼지가 식용 고기였다. 이러한 고기는 냄새가 심했기 때문에 향신료가 필요했다. 일반적으로 유럽에서 얻을 수 있는 조미료는 소금 · 포도주 · 벌꿀 정도였으며 설탕은 향신료와 마찬가지로 수입품이었다.

샹파뉴 시장

12-13세기에 북방 무역의 핵심상품은 플랑드르 모직물이나 향신료였다. 이 품목 외에 여러 가지 상품을 교역하기 위해 국제적으로 정기적인 시장이 샹파뉴 지방의 론Rhône-Saône, 루아르Loire, 센Seine · 마스Maas · 모젤Moselle-Rhein 강과 같은 하천교통이 좋고 유럽의 동서남북을 연결하는 지리적 조건을 갖춘 곳에서 열렸다.

샹파뉴 시장은 바르Bar-sur-Aube, 라뉘Lagny, 프로뱅Provins, 트롸예Troyes에서 한 해 여섯 번 열렸다. 앞의 두 도시에서 한번씩, 나중 두 도시에서 두 번씩 열렸고, 한 번 시장이 열리면 6주간 계속되었다. 시장 개최 준비기간까지 합치면 큰 시장은 1월 2일부터 12월 18일까지 네 도시 중 하나에서 연중 열리는 셈이었다. 각 시장은 우선 직물시장(플랑드르 모직물, 독일 울름Ulm의 亞麻布 등)으로 시작되고 다음으로 가죽시장(生皮 · 鞣皮 · 모피 등), 제일 나중에 저울시장(저울로 재는 상품, 즉 향신료 · 약품 · 염료 · 귀금속 등)으로 마감하였다.

샹파뉴 시장은 14세기에 들어서 급속히 쇠퇴하였다. 13세기말 이 지방이 샹파뉴 백작령에서 프랑스 왕령(王領)으로 편입되면서부터 상인에게 무거운 세금을 물렸을 뿐 아니라 특히 이탈리아 상인이 14세기 이래 유럽 북부로 직항(直航)하여 한자동맹 도시와 직접 교역을 하게 된 것 등이 그 원인이 되었다.

었다. 여기서는 모든 지역의 유럽 상인이 와서 상품을 매매했으며, 이곳을 통해 각 지방의 물건이 교환되었다. 12세기말에는 주요 통상로(通商路)가 확정되고 상인들은 해상과 육로를 통해 서유럽의 거의 모든 지역으로 끊임없이 왕래하였다.

상인들은 항상 노상에서 지낼 수는 없었으므로 상행위를 위한 근거지를 필요로 하였다. 또한 불법과 위험에 맞설 수 있는 자기 방위와 안보가 필요하였다. 소비품에 대한 수요가 증가했기 때문에 부정기적인 시장보다도 항구적인 판매장소가 필요해졌다. 이리하여 13세기에 이르러 샹파뉴 시장은 점차 각 도시에 세워진 상설 시장 때문에 위축되었다.

상업활동이 확장됨에 따라 공업도 촉진되었다. 상업이 원활해지기 위해서는 기술이 좋은 수공업 제품이 만들어질 필요가 있었다. 직물 · 무기 · 도구 · 사치품 등을 전문적으로 만드는 사람들이 있어서 상인에게 상품을 공급해야 하였다.

중세 도시의 부활 중세 도시가 다시 번성하게 된 데는 여러 요인들이 복합적으로 작용하였다. 우선 고대 도시의 부활을 들 수 있다. 일부 지역에서는 로마시대의 도시(civitas)가 남아 있어서 인구가 증가함에 따라 도시의 범위가 차차 넓어졌다. 예를 들면 쾰른Köln; Cologne에는 게르만 민족 이동 후에도 계속해서 도시인구가 약간이나마 남아 있었으며, 11세기초에는 라인강 쪽의 시 외곽 부분에 상인들이 살았다. 그 후 12세기에 이 도시는 더 확장되어 결국 본래의 세 배 가량 크기로 성장하였다. 이와 같이 고대 로마도시의 잔재를 핵으로 삼아 외곽에 새로운 부분이 첨가되어 도시가 커졌다. 런던 · 요크York · 링컨Lincoln · 캔터베리Canterbury · 엑스터Exeter · 윈체스터Winchester 등 영국 도시도 이 경우였다.[2)]

또다른 유형으로는 교통 중계지(emporium)를 중심으로 발달된 도시가 있었다. 그 전형적인 예가 세 강의 합류 지점에 있는 벨기에의 강Gent; Gand이었다. 비슷한 예는 예페르Ieper; Ypres(벨기에), 막데부르크Magdeburg(독일), 더엄Durham(영국)에서 볼 수 있다.

도시는 상공업의 발달과 관련해서 교통왕래가 빈번한 지리적 요지에 섰다. 항구나 강변 그 밖의 교통의 교차점 혹은 산고개의 길목에 도시가 생겼다. 예를 들면 영국의 옥스퍼드Oxford · 케임브리지Cambridge, 유럽의 아라스Arras(북프랑스) · 브뤼쥬Brugge; Bruges 등이 그것이다.

중세도시 가운데 동독일 지방에서는 제후가 미개척지로 상공업자들을 적극 불러들여 새 도시를 건설하는 경우가 많았다. 대표적인 것이 뤼벡Lübeck였다. 뤼벡는 12세기 중반 홀슈타인 백작 아돌프 2세가 이주자들을 환영하면서 생겼고, 10년 후 불에 탄 것을 하인리히 사자공Heinrich der Löwe(獅子公: 1129-1195)이 재건하였다.

영주는 군사적 목적으로 성(castrum)을 축조했기 때문에 처음에는 전혀 도시의 성격을 띠지 않는 것이었다. 농촌을 떠나 상공업에 종사하게 된 사람들이 대부분 영주의 성곽 밖 근처에 살면서 무방비에 불안을 느끼고 거주지 둘레에 성벽을 쌓게 되었다. 점차 영주의 성과 시민 거주지의 경계에 있는 성

12세기 런던

12세기말에 쓰인 피츠스티븐William FitzStephen의 『노르만 시대의 런던』에는 다음과 같이 기술되어 있다.

런던 템즈 강가에는 배나 창고에서 꺼내 파는 포도주와 함께 대중 음식점들이 즐비하니 있다. 여기서는 계절에 따른 음식, 굽거나 기름에 튀기거나 끓인 요리, 크고 작은 생선, 가난한 자를 위한 질긴 고기, 부자를 위한 부드러운 고기, 크고 작은 사슴고기와 새고기 등을 볼 수 있다. 여행에 지친 친구들이 갑작스럽게 찾아올 때 신선한 음식, 하인들이 손씻을 물과 빵,…템즈 강 언덕으로 달려가면 원하는 모든 것들을 구할 수 있다. 밤낮, 시와 때를 가리지 않고 이 도시에 도착하거나 막 출발하려는 기사와 외국인들이 아무리 많아도, 도착하는 사람이 오래 배를 곯지 않으려면, 또는 출발하는 사람이 저녁식사를 거르지 않고 떠나려면 템즈 강쪽으로 발길을 돌려… 음식을 먹을 수 있다.

강가의 다른 데서는 시골 사람의 물건들, 농사기구, 젖통이 팽팽한 돼지, 줄지은 소떼, 털이 푹신한 양떼들이 있다. 말들은 쟁기 · 썰매 · 달구지들을 기다리고 서 있다.

2) Carl Stephenson, *Medieval History,* 308-9.

중세도시 전경(로렌체티, 1327-1339):「선량한 정부에 관한 알레고리」의 일부

벽이 없어지고 전체를 성벽으로 둘러싼 하나의 도시가 되었다. 성은 교통의 요지에 있는 경우가 많았고 또 비상시에 시민은 성 안으로 후퇴하여 영주의 보호를 받을 수 있었다. 그러므로 영주의 성을 중심으로 한 도시 발달이 하나의 추세가 되었다.

중세도시는 성장과정에서 새로운 부분을 추가하게 되었다. 이것이 오늘날 유럽 도시에서 볼 수 있는 신도시(faubourg; new bourg)이다. 대개 상업인구가 거주하는 신도시는 귀족들이 사는 낡은 부분인 구도시(vieux-bourg; old bourg)의 맞은 편 대안(對岸)에 생겼다. 유럽 도시(borough; burg; bourg)는 특권도시의 뜻을 갖게 되고 주민은 도시민(burgess; burgher; bourgeois)으로 불리게 되었다. 이러한 말은 '요새의 방위자'라기보다 '시민'의 뜻으로 통용되기에 이르렀다.[3]

도시 부활의 결과 1300년경 도시 인구가 많이 불어났다. 베네치아 · 밀라노 · 피렌체 · 제노아와 같은 이탈리아 도시는 약 10만 인구를 갖게 되었으며 파리는 8만, 런던은 5만의 도시가 되었다.

대다수의 중세도시는 평균 1만 또는 그 이하의 도시였으나 인구수와 관계없이 활기를 띠었다. 도시인구는 끊임없이 농촌지역에서 들어오는 사람들 때문에 증가하였다. 14세기 이후 도시민의 생계는 대개 무역이나 생산업을 주로 한 것이었으며, 이 점에서 중세 초의 비생산적인 도시인구와 근본적인 차이가 있었다.

도시 부활과 함께 화폐경제가 성장하였다. 11세기까지 최소한으로 유통되던 화폐는 무역이 성행하면서부터 급증하였다. 화폐경제는 농업분야에까지

3) Stephenson, 307.

침투하였다. 화폐경제의 충격은 혁명적인 것이었다. 화폐는 토지를 기반으로 한 전통적인 부의 형태를 바꾸어 놓았다. 노역이나 현물로 지불하던 낡은 방식은 화폐지불방식으로 바뀌었다.

도시가 부활하고 상공업이 활기를 띠면서 농업생산도 늘어났다. 영주와 농민 두 계층이 다같이 도시에 생긴 시장에서 잉여농산물을 처분하여 소득을 올릴 수 있었다. 또한 그 소득으로 시장에서 공산품을 사들여 질적으로 향상된 생활을 할 수 있게 되었다. 화폐유통으로 자급자족의 장원경제가 잉여생산을 처분하여 이윤을 추구하는 경제로 바뀌었다. 이 변화는 종래의 예속적인 영주와 농민의 관계를 바꾸어 놓았다.

이 예속관계의 변화에는 두 경향이 있었다. 하나는 금납화였다. 12세기에 영주들은 영지를 소작지로 분할하여 농민에게 현금으로 지대(地代)를 받고 종래의 노역과 현물공납도 화폐 지불로 바꾸었다. 농민도 농산물을 시장에 내다 팔아 저축한 돈으로 노역이나 공납을 대신하였다.

또다른 경향은 농지대차제도가 사라졌다는 것이다. 영주는 땅을 농민에게 빌려주지 않고 자신이 직접 경영하여 이윤이 많은 특작물을 집중적으로 재배하였다. 이 경우 고래로부터의 관례인 차지제(借地制)는 중단되고 농민은 임금노동자가 되고 말았다.

어느 쪽이 되었든 장원제도는 대부분의 서유럽에서 해체되고 있었다. 그 대신 다양한 농업착취가 행해지고, 이윤극대화를 위한 경제활동이 농촌이나 도시에 성행하게 되었다. 부의 축적을 위한 전략과 기술이 발달되고 화폐의 임차 및 금리 증식, 무역투자를 통한 투기, 토지매매에 따른 소득증대 등 새로운 경제 활동이 전개되었다.

도시민 가장 괄목할 만한 사회 변화는 도시민이라는 새로운 집단의 출현이었다. 그들은 전통적 사회계층인 성직자, 귀족이나 농민과는 다른 사회적 위치를 차지하게 되었다.

도시민의 기본 특징은 자유로운 신분이었다. 그들이 사는 도시는 봉건 영

성(姓)의 기원

서양 중세 사람들은 성을 갖고 있지 않았으나 점차 성이 제도화되었다. 성을 처음 제도화한 나라는 영국이었다. 사법제도가 잘 발달되어 있었을 뿐 아니라 과세자료로 사용하기 위한 목적 때문이었다. 성은 중앙정부의 사법이나 과세를 용이하게 하는 근거가 되었다.

성은 직업, 도시나 장소, 인물의 특징을 나타내는 경우가 많았다. 예를 들면 직업의 경우 Brewster는 여자 양조인, Smith는 대장장이를 가리키는 성이었다. Townsend는 도시 출신을 나타냈고 Squint, Blond는 신체적 특징을 나타낸 성이었다.

주의 관할 아래 있기는 했지만 도시민의 인신(人身) 자유는 보장되었다.

그러나 도시민이 자치권을 얻기까지는 오랜 시일과 끈질긴 투쟁을 거쳐야 하였다. 롬바르디아 지방의 도시들은 1세기 반의 투쟁 끝에 자치권을 얻는 데 성공하였다. 또는 영국이나 프랑스의 일부 도시에서와 같이 자치권을 돈으로 사는 경우도 있었다.

도시민 계층의 핵심을 이룬 사람들은 상인과 공인이었다. 그들은 봉건적 사법권에서 벗어나 개인적 '자유'를 얻으려고 했을 뿐 아니라, 경제생활을 스스로 규제하고 권익을 효과적으로 추구하기 위해 여러 가지 특권을 요구하였다. 그리하여 봉건 영주에 대한 시민의 저항이 북이탈리아의 경우와 같이 11세기 후반에 격화되었다.

마침내 도시는 법인(corporation)으로서 자치권을 법적으로 보장하는 인허장(認許狀: charter)을 받았다. 인허장의 내용은 도시에 따라 달랐다. 어떤 도시는 왕의 관리, 주교 또는 봉건영주의 권한을 존중하는 제한적인 권리를 행사할 뿐이었으나 이에 반해 대부분의 이탈리아 도시는 완전한 자치권을 얻은 코뮨(communes)이었다.

이제 시민은 시의회를 통해 시정(市政)에 참여하게 되었다. 시의회는 보통 입법 · 재판 · 징세 · 예산 · 대외교섭권까지 가진 기구였다. 많은 도시들이 시의회의 감독하에 행정수반인 시장(mayor, bourgmaster, podesta)을 두었다.

도시가 자치권 획득과정에서 최종 승리를 거둠으로써 유럽사에는 도시민이라는 하나의 새 계급이 성립되었다. 도시민은 상공업에 주요 관심을 가진 독립적인 사람들이었다. 그들이 강력한 사회세력으로 발전하게 됨에 따라 농업 중심의 봉건사회는 점차 무너졌다.

상인조합 도시민은 조합을 만들어 새로운 법과 관례를 세웠다. 그것은 지역에 따라 차이가 있긴 하지만 대체로 공통적인 기본 특성을 지녔다. 조합(gild; guild; Zunft)은 도시민의 이익 또는 친목을 도모하기 위한 조직이었으며, 주목적은 고용문제, 생산품 가격 및 노임의 통제, 생산과 판매에 관해 공동규제를 하는 것이었다.

조합에는 상인조합과 공인조합 두 종류가 있었다. 처음에는 상인이나 수공업자들이 다같이 상인조합에 가입했으나 후에는 공인조합이 독자적으로 조직되었다.

상인조합(merchant guild)은 배타적인 조직으로 이에 가입하지 않은 상인은 도시 내에서 상행위를 못하게 하였다. 조합의 목적은 대내적으로 조합원에 대해 동등하게 상행위를 규제하고, 대외적으로 경쟁력을 강화하는 데 있었다. 조합은 도시를 관할하는 봉건 영주로부터 인허장을 받아 조직하는 것이 보통이었으나,

조합을 먼저 조직한 후 투쟁을 통해 인허장을 얻어내는 경우도 있었다.

상인조합은 일종의 친목단체였다. 회원의 장례비나 기타 비상지출을 지원했으며 미망인이나 유족을 도와주었다. 이외에도 회원이 다른 도시의 감옥에 갇혀 있는 경우 보석금을 거두었다. 회원 집회는 조합회관(guild hall)에서 하고 종종 사교 모임과 연회를 열었는데, 참석은 강제적이며 결석자는 벌금을 물어야 하였다.

상인조합이나 도시행정의 실권을 장악한 것은 경제력이 강한 도매상인이었다. 도매상인이란 원거리 통상이나 중계무역에 종사한 대상(大商)이었다. 당시에는 아직 수공업생산의 규모가 작고 구매력이 약했기 때문에 수공업자나 소매상인들의 발언권은 약하였다.

규제와 보호 상행위에 관한 독점은 도시에 따라 달랐다. 외부 상인은 조합 이익과 어긋나지 않는 한 호혜적 특전을 받았으나 물건값을 내리는 상인은 무거운 벌을 받았다. 위반자는 회원자격이 박탈될 뿐 아니라 구타당하는 사례도 있었다.

초기 상인조합에 가입된 공인들이 따로 공인조합을 조직한 이후 상인조합은 공인조합의 판매 대리상 역할을 하게 되었다. 그러나 상인조합이 항상 더 번창하고 부유했으며 대체로 도시행정을 장악하였다.

상인조합의 장점은 일정 지역내의 상업과 수출입 과정에서 가격, 매매 행위 및 도산매를 공동으로 관리하여 회원들이 공평한 몫을 받을 수 있도록 한 데 있었다. 그러나 회원에 대한 일률적인 규제는 자유로운 상업의 발달을 막는 요소로 작용하였다.

원거리 통상에 종사한 대상인은 막대한 상업적 이윤을 챙겼다. 그들의 횡포 때문에 수공업자, 소상인들은 점차 불만이 높아졌다. 수공업자나 소상인이 점차 경제적으로 강해지는 13-14세기에 이르러 그들은 도시행정에 참여할 것을 요구하게 되었다.

이것이 이른바 '조합 투쟁'이다. 플랑드르, 피렌체 등 모직물 생산이 번성했던 곳에서는 수공업자들의 경제력이 컸기 때문에 그만큼 투쟁 강도가 높았다. 투쟁 결과 많은 도시에서 수공업자의 시정 참여가 실현되었고, 그들의 경제 · 정치적 지위도 향상되었다.

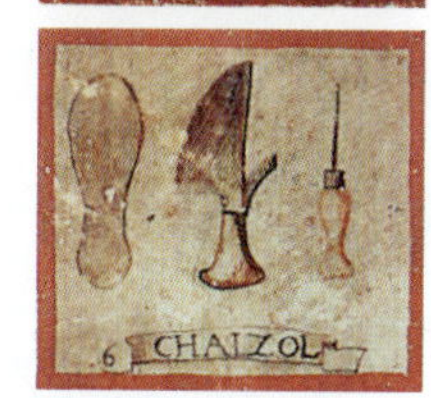

위로부터 무기제조업 · 밧줄제조업 · 제빵 · 신발 조합의 상징

공인조합 12세기경부터 수공업자들은 상인조합과 별도의 조합을 만들었다. 공인조합(craft guild)은 본래 노동조건을 보호하고 독점을 위한 단결을 목표로 조직된 것이었다. 그러나 모든 산업분야가 다 조합을 가진 것이 아니며, 그 조직이 지역적으로 통일된 것도 아니었다.

공인조합의 규정은 대단히 엄격했고 또 엄중히 실시되었다. 공인조합은 직종마다 조직되었다. 예컨대, 금세공 조합 · 화살제조인 조합 · 피혁공(皮革工) 조합 등이 있었다. 직종에 따라 세력과 규모가 큰 공인조합이 있는가 하면 영세한 조합도 있었다.

공인조합은 조합원에게 가격 · 노동시간 등에 규제를 가하였다. 생산물의 정당한 가격은 노동임금과 원료값을 포함한 것으로, 이 가격은 제품에 따라 일정해야 하였다. 회원은 원료 · 노임 · 가격을 속여서는 안 되며 제품의 품질 감정은 조합의 전문직 감독이 하였다. 노동시간이 정해져 있었고 일반적으로 야간작업은 금지되었다. 품질의 저하를 가져오기 쉬울 뿐 아니라 과외노동 시간을 활용하여 다른 조합원보다 많이 생산할 가능성이 있기 때문이었다. 또, 기술 혁신과 개선은 어떠한 것이든 집단의 승인을 받아야 했는데, 기술에 관한 정보를 공평하게 알아야 하기 때문이었다.

광고행위는 금지되었다. 손님이 지나갈 때 부르는 호객행위는 허용되지 않았다. 공인들의 작업은 거리에서도 들여다보이게 공개해야 하였다. 그것은 그들의 작업에서 속이는 것이 없음을 나타내는 것이었다. 공인조합의 생산과정과 가격에 관한 통제는 공인을 보호할 뿐 아니라 소비자 일반대중을 보호하는 일이기도 하였다.

모든 생산품에는 공정한 정가(定價)가 있으며 더 받거나 덜 받을 수 없었다. 소비자는 생산품에 관해 아는 것이 없다 해도 보호받을 수 있기 때문에 정가는 깎을 필요가 없었다. 노동자에 대한 부당한 대우와 착취가 없었고, 소비

파리 비단 목도리 직공조합 규정

1270년경 에티엔Etienne de Goileau은 파리 조합들의 규정을 편찬하였다. 이것은 여성 조합 규정이긴 하지만 기타 조합의 규정과 크게 다르지 않았다.

1. 파리에서 비단 목도리를 짜는 일에 종사하고자 하는 여자는 다음 관례와 관습에 따라 이 직업의 기술을 충실히 익혀야 한다.
2. 첫째, 시의 주최로 진행하는 행사일과 겹치는 교회 축제일에 일해서는 안 된다.
3. 야간작업은 금한다. 주간작업보다 좋은 성과를 올리지 못하기 때문이다.
4. 친척 견습공 한 사람 이외에 친척 아닌 견습공을 하나 이상 채용할 수 없다. 20 수sous 이하의 임금으로 견습공을 7년 이상 채용해서는 안 되며 무임금 견습공은 8년 이상 쓸 수 없다. 마스터가 필요에 따라 견습공을 파는 경우 그 견습공의 견습기간 종료 전에는 다른 견습공을 채용할 수 없다. 견습공이 자신의 자유를 사는 경우 마스터는 그 견습공의 견습기간 종료 전에는 다른 견습공을 채용할 수 없다.
5. 마스터 또는 직인(journeywoman)은 유대인, 독신녀 및 기타에게서 비단을 살 수 없다. 단지 정상적인 상인에게서 사야 한다.
7. 누구든지 이 규정을 어길 때에는 그 때마다 6 수의 벌금을 물어야 한다.
10. 이 조합에는 왕을 대신해 이 조합을 감독할 수 있으며…조합 규정을 위반한 경우 그 고시(告示)를 담당하는 책임자 셋이 있다.

자 보호가 철저히 이루어져 있었다.

공인조합도 상인조합과 마찬가지로 친목기능도 가지고 있었다. 연극이나 축제행렬 등을 마련하고 사교적인 연회를 조합회관에서 개최하였다. 회원이 앓으면 문병하고 죽으면 장례비를 대주며 유가족을 도왔다. 회원이 법정에 서게 되면 그를 변호하고 옥중 방문을 하였다. 그리고 회원간에 일어난 문제는 법을 통해서보다는 조합원의 중재로 해결하는 일이 많았다.

공인조합의 계층 공인은 특유의 계층으로 구분되어 있었고 조합은 취업조건을 규제하였다. 조합내에서 공인은 대체로 견습공(apprentice) · 직인(職人:journeyman) · 마스터(master; Meister)의 3계층으로 나누어져 있었다. 견습공은 어릴 때부터 마스터의 집에서 하숙하고 견습비를 내면서 2년에서 7년간 기술을 익혔다. 마스터는 견습공의 작업뿐 아니라 도덕이나 기율까지 감독했다.

마스터와 견습공:견습공은 마스터의 집에서 기술을 익혀야 하였다.

견습기간이 끝나면 비로소 직인이 되어 노임을 받고 일하였다. 직인은 충분한 기량을 쌓고 저축을 하게 되면 자신의 독립된 가게를 차리고 마스터가 되었다. 그는 기술을 닦기 위해 여러 명의 마스터를 찾아 각지를 돌아다니는 경우가 많았다. 공인조합 초기에는 직인이 마스터가 될 기회가 많이 있었으나 시간이 지날수록 어려워졌다.

마스터 마스터가 되려면 작업장과 생산도구를 가지고 있어야 하고, 원료 구입 자본이 있어야 하였다. 또, 견습공을 돌보아줄 부인이 있어야하고 시험에 통과해야 하였다. 대체로 23세를 전후하여 마스터가 될 수 있었는데, 자신의 실력을 나타내는 작품을 소속조합에 제출해서 엄격한 심사를 받아야 하였다. 이것이 이른바 '마스터의 작품'(masterpiece)이었다. 여성도 공인조합, 특히 섬유산업 관련분야의 조합회원이 될 수 있었으며 그들의 권리는 특별히 조합규정을 통해 보호되었다.

원칙적으로 모든 생산자는 공인조합에 가입할 수 있었으나 견습공은 조합에서 실시하는 선거와 행정에 관여할 수 없었다. 더욱이 중세 후기에 직종이 다양해지고 종사자의 수가 증가함에 따라 점차 조합은 마스터들만을 위한 배

비단을 짜고 있는 여성들: 대부분의 길드에서는 여성을 받아들이지 않았지만 비단을 짜는 일은 섬세한 여성의 손을 거쳐야 하였다.

타적인 조직이 되고 말았다.

이리하여 직인이 그들 나름의 조합을 조직했고, 마스터는 스스로의 이권을 더욱더 배타적으로 독점하려고 했지만 공인조합 자체의 세력은 쇠퇴하기 시작하였다. 그 후 공인조합은 자본주의적인 산업경영형태로 바뀌면서 공인조합의 목적과 기능이 점차 변질되었다.

도시동맹 13세기경 유럽 도시는 서로 동맹체를 구성하여 원거리 통상에서 안전을 도모하게 되었다. 이탈리아의 롬바르디아 동맹이나 독일지방의 한자동맹이 가장 대표적인 예이다. '롬바르디아 동맹'(Lombard League)은 교황과 신성로마 황제 프리드리히 1세Friedrich I(Barbarossa:빨간 수염, 1152-1190)가 서로 충돌했을 때 황제의 징세에 대항하여 북이탈리아 도시들이 결성한 동맹이었다.

마침내 12세기말 프리드리히 1세도 도시동맹의 요구에 굴복하고 말았다. 그러나 이 동맹은 이해관계가 대립되는 도시들로 구성되었기 때문에, 신성로마 황제의 군대가 알프스 이북으로 사라지자 동맹도 흐지부지되고 말았다.

신성로마 황제의 지배를 더 직접적으로 받은 독일지방에서는 수세기 동안 중요한 영향력을 행사하는 '한자동맹'(Hanseatic League)이 결성되었다. 한자Hansa라는 말 자체가 상인 단체나 조합을 의미하였다. 각 도시에서 모여든 상인들은 단체를 조직하여 정치적 압력에 대항하고 경제적 이익을 도모하였다.

뤼벡를 중심으로 함부르크Hamburg · 단치히Danzig · 브레멘 · 쾰른 등 북독일의 도시들이 참여한 한자동맹은 세력이 커짐에 따라 다른 대도시 상인들이 참여하였다. 한자동맹의 목적은 경제적 특권을 얻기 위해 당국에 압력을 가하고, 외부 세력이 침투하는 것을 막는 데 있었다. 이 동맹은 14-15세기에 군사적으로나 정치적으로 절정기를 맞이하였다.

뤼벡 시의 인장: 한자 동맹의 상선이 부조되어 있다.

한자동맹은 자본이 풍부하여 군주 제후에게 돈을 빌려주었다. 또 희귀(稀貴)상품을 공급할 능력을 갖추고 있었으므로 유럽의 군주들이 동맹을 활용하기도 하고 후원해 주기도 하였다. 이 동맹은 런던 · 브뤼쥬 · 노브고로드Novgorod 등에 항구적인 무역거점을 두고 독점상권을 형성하였다.

한자동맹은 자체의 법률과 법정을 가졌으며 자기방위를 위한 용병이나,

강력한 함대를 가지고 있었다. 14세기에는 200개에 이르는 도시를 산하에 두고 북해 및 발트해 무역을 완전히 장악했으며, 어떠한 왕도 이 동맹의 활동을 규제하기는 어려웠다.

그러나 15세기 중반 제2도시인 쾰른이 뤼벡의 주도권에 불만을 품게 되었고, 한자동맹에서 소외된 유럽 도시, 특히 영국이나 네덜란드 도시들이 동맹의 권위에 도전하였다. 이를 계기로 한자동맹이 쇠퇴하기 시작했으며, 새로운 항로와 새 무역지점이 발견된 이후에는 더욱 급속히 몰락하였다. 16세기에 이르러 영국과 네덜란드가 새로운 해상세력으로 대두하고 독일 영방(領邦) 제후도 도시세력을 억압하였기 때문에 한자동맹은 1669년 사실상 해체되고 말았다.

경제 변혁의 사회적 의미 상공업과 도시의 부활은 중세의 주요계급인 귀족과 농민에게 상당한 영향을 끼쳤다. 급격한 경제적 변화의 와중에서도 귀족은 계속 사회적 지배력을 행사했으나, 변화하는 경제조건은 새로운 환경을 조성했고, 귀족 신분과 그들의 생활방식에 영향을 끼쳤다.

귀족계급은 선대(先代)보다 더 경제적인 문제에 관심을 기울이지 않을 수 없게 되었다. 토지는 여전히 귀족계급의 부와 사회적 지위의 기반이었으나 화폐경제가 대두함에 따라 농업을 상업적으로 경영하지 않을 수 없었다. 인플레이션이 점증하는 시대에는 토지 수입이 감소하는 경향이 있었으므로 귀족의 사회적 지위도 불안해졌다. 따라서 귀족 중에는 기업가로 변신하여 상업활동을 하는 경우도 있었다.

이리하여 귀족 신분도 이전보다 더 복잡하게 계층화가 이루어지기 시작하였다. 토지의 생산력을 어떻게 효용 있게 늘리는가에 따라 귀족계급 자체 안

원거리 통상

원거리 통상에는 지중해 · 북해 · 발트해를 통한 해상 무역과 내륙 무역이 있었다. 지중해 무역은 비잔틴이나 아라비아 상인 간에 행해졌다. 주로 이탈리아 상인이 동방의 향신료 · 보석 · 견직물 등을 유럽 각지로 수입하였다. 이 무역으로 베네치아와 제노아는 가장 번창한 도시가 되었다. 그러나 밀라노와 피렌체 같은 내륙도시 역시 직물공업으로 성장하였다.

북해나 발트해를 통한 해상 무역은 노르만인의 활동으로 시작되었다. 청어 · 목재 · 모직물 · 양모 또는 일용품이 무역 대상이었으며 사치품 중심의 지중해 무역과 대조를 이루었다. 플랑드르 지방은 모직물공업지역으로서 중요한 역할을 하였다.

내륙 무역은 남북의 통상권(通商圈)을 연결하는 내륙교통으로 드녜프르 · 도나우 · 라인 · 센 · 론강이 이용되었고, 강을 따라 도시가 발달되었다. 러시아에서는 모피와 곡물을 수출하고 플랑드르 지방의 모직물과 비잔틴 수공업제품을 수입하였다. 남독일은 아우구스부르크 및 뉴른베르크가 지방특산인 은과 동을 팔아 번영하였다.

에서 부의 격차가 벌어졌다. 또 왕권의 신장과 함께 중앙집권국가가 발달함에 따라 귀족은 왕과 밀접한 관계를 맺으면서 그들의 권력과 특권을 강화하려고 하였다. 반대로 군주는 왕권을 강화하여 전문적인 군대와 관료를 제도화함으로써 귀족계급의 사회적 기능을 약화시켰다. 1300년대에 소득 격차로 인한 귀족계급내의 분화가 상당히 진행되었다.

농민생활의 변화 농민도 역시 경제의 급변으로 인한 사회적 영향을 입게 되었다. 12세기에서 13세기에 이르기까지 대규모의 농노 해방이 프랑스 · 영국 · 저지대 지방 · 이탈리아 · 서독일 지방에서 있었다. 농민은 신분의 자유를 돈으로 사는 경우도 있고 단순히 장원을 떠나 도시에 정착함으로써 자유를 얻기도 하였다. 가장 두드러진 변화는 현물 공납이 화폐 납부로 바뀌었다는 사실이다. 이리하여 대부분의 유럽 농민은 법적으로 자유 차지인(借地人)이 될 수 있었다.

12-13세기에 생산증가로 농민 수입이 증가하고 물질적 생활이 향상되었다. 식생활 · 건강 · 위생이 향상됨으로써 평균수명도 길어졌다. 경제 발전으로 농민들 사이에서도 소득의 격차가 크게 벌어졌다. 그러나 농민은 여전히 최하위계급이었으며, 자유에 대한 자각만큼 정치 · 사회적 권리는 부여되지 않은 상황에 있었다. 여전히 대부분의 농민은 가난했으며 그들의 삶은 지배 귀족계급에 의해 결정되고 있었다.

C. 중세인의 사회생활

중세사회에서는 상층계급이든 농민이든 누구나 매우 빈약한 의료시설과 나쁜 위생상태를 감수해야 하였다. 격한 전투가 다반사로 되어 있는 사회에서는 누구나 칼에 베인 상처, 창에 찔린 자상(刺傷), 그 밖에 무기로 인한 상처를 입기 쉬웠다. 비효율적인 도구로 밭갈이를 하거나 삼림이나 황무지를 개간해야 하는 농민과 그 가족도 사고를 당하는 경우가 많았다. 가난한 사람은 병에 대한 저항력이 약할 수밖에 없었다. 배탈 · 변비 · 설사 등이 흔했다. 목욕하는 일이 아주 드물고 개인의 위생 수준이 낮았기 때문에 병에 전염될 가능성이 컸다.

의료나 외과적 치료는 흔치 않았다. 그나마 의사는 농촌지역에서는 찾아볼 수 없었고 치료비는 비쌌다. 대부분의 병은 방치하는 수밖에 없었고, 참고 견디는 것만이 병에 대처하는 방법이었다. 그러므로 수명이 짧아 40세면 장수한 편이었다. 좋지 않은 건강상태, 영양이 적은 음식, 고치지 못한 질병 등이

수녀원에서 치료를 받고 있는 환자들: 처방법이나 치료약은 원시적이었지만 이 곳에서 환자들은 음식과 깨끗한 침대를 제공받을 수 있었다.

수명을 단축시키는 원인이었다.

의료법 초기 중세 의료상태에 관해서는 아직 잘 알려져 있지 않다. 유럽 전역에 침입한 게르만 민족은 질병 원인이나 치료에 관한 지식을 거의 가지고 있지 않았다. 사람들은 상처를 아물게 하거나 병을 낫게 하기 위해서는 주문(呪文)을 외우거나 부적을 붙이거나 사제의 축성을 받는 것이 고작이었다.

6-7세기경부터 수도원의 성직자들이 고대 의학에 관한 저서를 수집하고 연구하게 되면서 수도원은 병원 역할을 하는 장소가 되었고, 의료분야 발전에 기여하게 되었다. 그러나 대체로 중세의 약 처방은 비위생적인 것이었다. 기사가 격렬한 전투를 하거나 농민이 농사일을 하면서 입은 골절 · 상처 · 화상 등의 치료법은 다양하였다.

부패한 신체 부분은 치료보다 절단하는 방법으로 해결하였다. 마취할 때는 양귀비에서 나오는 끈적한 흰 즙을 포도주와 함께 마시도록 하였다. 술은 일종의 마취제였는데 이를 많이 마시고도 환자가 충분히 마취되지 않았을 때에는 사지를 결박해놓고 강제로 절단하였다.

중세에는 치과치료에 관한 지식이 거의 없었다. 충치는 비교적 적었던 것으로 보이지만 치주(齒周)가 상하는 일은 흔했다. 주로 탄수화물이 많은 거친 음식을 먹었기 때문이었다.

중세의 의사 9-10세기에 합리적인 의학연구가 시작되었다. 남이탈리아 지방, 특히 살레르노 의과대학에는 아랍 · 그리스 · 유대인 의사들이 모여들었다. 북유럽에서 의학을 공부하기 위해 학생들도 몰려왔다.

유대인 의사 아브라함Shabbathai Ben Abraham(931-982)은 의학저서를 남겼다. 11세기에 이르러 살레르노 대학은 국제적 명성을 얻게 되었는데, 가장 저명한 의학 교수는 아프리카의 콘스탄티누스Constantinus Africanus(1020-1087)였다. 카르타고 출신인 그는 중동에서 의학을 공부하고 어학 지식이 풍부했으므로 아랍문화를 서방에 전달하는 중요한 매개 역할도 하였다. 콘스탄티누스는 수년간 의학을 가르치고 개업했으며 생애 대부분을 몽테 카시노의 베네딕토 수도원에서 수도성직자로 지냈다.

몇몇 여성 의사도 활동하였다. 독일 헤세Hesse 출신 루페르츠베르크Rupertsberg 수녀원장 힐데가르트Hildegard(1098-1179)는 12세기의 가장 유명한 여의사였다. 예언으로 유명했던 수녀원장은 저서 『신체 요소론』에서 놀라울 정도로 과학적인 관찰 결과를 기술하고 있다.

중세 여성사

최근의 역사서술의 놀라운 성과는 여성사 분야에서 이루어졌으나 그럼에도 중세 여성사에 관한 서술은 해석상의 주요 문제점을 제시하고 있다.

중세 여성사에 관한 잔존자료는 매우 드물다. 서방세계의 여성은 공부한 수녀 이외에는 대체로 문맹이었고, 배운 여성도 라틴어보다는 속어를 알고 있을 뿐이었다.

대부분의 여성사 자료는 남성의 손으로 씌어진 것들이며, 있을 수 있는 편견을 신중히 고려해야 할 것이다. 그리고 종교적 자료는 사회조직상 필요에서 또는 계몽과 교육을 위해 씌어진 것이었다. 이러한 자료를 이해하기 위해서 역사가는 자료 작성의 맥락을 잘 파악해야 한다.

역사가들은 고고학적 증거를 창의적으로 사용해야 하며, 심지어 장소의 이름도 도움이 될 수 있다. 예를 들면 앵글로-색슨족의 경우 모르강기푸morgangifu를 남편이 부인에게 결혼 선물로 주었다. 오늘날 메이필드Mayfield 또는 모게이팜Morgay Farm이라는 지명은 그 곳이 이러한 결혼 선물이었음을 의미한다.

결론적으로 중세 여성사 기술에는 역사가의 용의주도한 자료 해석과 시대적 맥락을 함께 고려한 종합적 안목을 필요로 하는 것이다.

교회의 여성 혐오증이 과연 어느 정도 여성의 삶의 방식에 영향을 주었는가? 교회의 자료에 따르면 여성은 성모 마리아와 같은 성녀이거나 이브와 같은 죄인뿐이었다. 강인한 성녀와 여성 신비가들은 중세 후기의 종교 생활의 일부를 장식하였다. 중세 여성은 기업 또는 행정에 관여하는 수가 있었다. 그러나 여성은 대체로 일반적으로 인정되는 범위 안에서 행동을 해야 하였다.

중세의 사상적 · 정치적 생활에 대한 여성 참여에 대해서는 더 많은 연구가 있어야 한다. 여성은 대학에 다닐 수 없었으며 사제직에 임명되지 않았으며 입법이나 고위행정직에 취임할 수 없었다. 그 반면 개인적으로 여성은 저술을 하거나 사상논쟁에 참여하여 중세 문화에 공헌도 하였다. 여성들의 예술작품이나 저술의 대부분이 일실되었으나 중세 여성의 문화생활 참여를 알려주는 자료는 많이 남아 있다.

여성의 사회적 지위 봉건사회에서 여성의 지위는 법적으로나 사회적으로 낮았다. 그들은 거의 주군이나 가신이 될 기회를 갖지 못했으며 사회적 신분은 아버지나 남편의 신분에 따른 부수적인 것에 불과하였다. 결혼은 여자 일생의 중대사였으나 가족의 지위를 향상시키기 위한 방편으로 이용되었다.

결혼하지 않은 여성은 수녀원에 들어가지 않는다면 가족에게는 짐이었다. 귀족의 딸은 흔히 어려서 결혼해야 했는데, 훨씬 나이 많은 남자에게 시집가지 않으면 안 되었다. 그러나 열등한 예속적 지위에도 불구하고 여성은 가정생활을 꾸미는 데는 적극적이며 주도적 역할을 할 수 있었다. 남편이 집을 비울 때에는 봉토를 관리하기도 하고, 결혼할 때 가져온 혼수금을 직접 관리할 수 있었다.

3. 봉건왕국의 재편성

상공업과 도시가 부활하고 경제 활동이 확장됨과 거의 때를 같이하여 군주들은 정치권력을 강화하기 시작하였다. 11세기말부터 유럽 각 지역에서 군주는 제후 및 대귀족의 세력을 약화시켜 자신의 정치권력을 회복하려고 하였다.

이리하여 왕권이 단순한 영주권으로 격하되었던 종래의 제후국가(principalities)는 상대적으로 왕권이 강화된 왕령국가(territorial state)로 탈바꿈하게 되었다. 그러나 왕령국가는 여전히 기본적인 봉건적 특성을 탈피하지 못하였다. 그것은 분권적인 제후국가에서 중앙집권적인 국민국가로 넘어가는 과도 형태였다.

이러한 정치질서의 재편성에는 몇 가지 특성이 있었다. 첫째, 군주가 왕령을 확장하는 방법은 정복 사업이나 혼인정책을 통한 합병이었다. 왕령 확장은 국민 통합을 목적으로 한 민족국가를 형성하기보다는 왕 자신의 세력 확대를 목표로 한 것이었다. 둘째, 상대적으로 왕권이 증대했음에도 국가는 봉건적 성격을 벗어나지 않았다. 왕은 여전히 가신(家臣)에 대해 충성과 봉사를 요구할 수 있는 권리를 행사할 수 있었다. 다만 왕은 권한 확장을 위해 자신의 봉건적 위상을 이용했을 뿐이었다. 그래서 왕령국가를 '봉건' 왕국이라고 칭하는 이유가 여기에 있다.

대표적인 봉건국가는 독일지방의 신성로마 제국을 비롯해 이탈리아 · 영국 · 프랑스의 국가들이었다. 특히 영국과 프랑스는 효과적으로 정치적 권력을 강화하였다. 두 나라 지배자들은 주로 봉건적 권리를 활용하면서 서서히 세력을 확장하여, 마침내 모든 백성을 통치하는 광범한 주권을 행사할 수 있게 되었다. 영국과 프랑스의 봉건왕국은 궁극적으로 근대적인 국민국가의 특성을 갖는 새로운 정치질서로 전환되어 갔다.

A. 신성로마 제국

중세 정치 질서의 재편성은 신성로마 제국과 관계가 있었다. 신성로마 제국은 카롤루스 왕조가 분열되면서 태동하기 시작하였다. 그 핵심부는 오늘날의 독일에 해당하는 동프랑크 왕국이었다. 843년 베르덩 조약으로 성립된 동프랑크 왕국은 로타링기아Lotharingia가 갈라지면서 생긴 여러 군소 왕국들을 흡수하였다.

10세기초 카롤루스 왕계가 단절되고 프랑코니아Franconia 공 콘라트Konrad(911-918)가 동프랑크의 왕으로 선출되었다. 10세기말 다시 왕위가 작센Saxonia 공 하인리히에게 넘어간(919) 이후 작센 왕조가 1세기 이상 계속되었다.

그러나 지배층인 대귀족들 간의 분쟁이 심하여, 정치적인 분열로 공권력은 확립되지 못하였다. 더욱이 사라센족 · 마자르족 · 바이킹족의 침입을 받아 독일지역의 분립상태가 계속되었다.

오토 1세 이러한 분립상태와 지역주의는 오토 1세Otto I(대제, 936-973)에 의해 어느 정도 극복되었다. 그는 봉건제후의 세력과 강력히 맞서 왕의 권위를 세우는 한편 외부세력의 침입을 효과적으로 막았다. 955년 레흐펠프Lechfelf 전투에서 마자르족에 결정타를 가해 그들의 침입을 봉쇄하였다. 그는 이에 만족치 않고 슬라브족에 대한 군사적 활동 · 식민화 정책 · 그리스도교 선교를 통해 동진 정책의 계기를 마련하였다.

오토 1세가 왕권을 확립할 수 있었던 것은 성직자 계층이 강력히 지지했기 때문이었다. 그는 봉건적 관례에 따라 주교와 수도원장들에게 왕령(王領)에서 큰 덩어리를 떼어 교회 영지(領地)로 주었다. 영지를 받은 성직자들은 가신으로서 왕에게 군사적 · 정치적 봉사를 하여 왕의 권위를 뒷받침하였다. 오토1세는 성직자 가신(家臣)의 충성을 확보하기 위한 정책으로 성직자를 선출하는 '성직자 서임권' 을 장악하였다.

왕국의 통합과 방위에 성공한 오토 1세도 샤를마뉴처럼 이탈리아에 각별한 관심을 가졌다. 당시 이탈리아 사정은 강력한 외부 세력을 필요로 하였다. 교

1200년경의 신성로마 제국

황을 비롯해 많은 이탈리아인은 내부의 무질서와 마자르-사라센의 침입을 막아줄 외부인이 영입되기를 바라고 있었다.

이탈리아 제후들이 나약한 교황을 마음대로 움직이고 있을 때 오토 1세는 이탈리아 왕의 아름다운 미망인 아델하이트Adelheid(931-999) 왕비 구출을 구실로 951년 이탈리아에 원정하였다. 그는 원정에서 성공을 거두고 왕비와 결혼하여 이탈리아 왕을 칭하였다.

오토 1세는 독일의 내란 때문에 급히 되돌아갔으나 10년 후 다시 이탈리아를 원정하고, 교황의 지원 요청에 따라 로마까지 진격하였다. 이에 대해 교황 요한 12세John XII(재위: 955-964)는 962년 2월 이탈리아 귀족들의 횡포로부터 해방시켜 준 데 대해 감사하는 뜻으로 오토 1세의 황제 대관식을 집전(執典)하였다.

신성로마 제국 성립 이리하여 샤를마뉴의 전통은 부활되었다. 이것이 '신성로마 제국'(Holy Roman Empire)의 시작이다. 오토 1세는 자신의 지위에 대해 비잔틴 황제의 승인을 받았다. 오토 1세는 비잔틴과의 우호관계를 유지하기 위해 자신의 아들(장래의 오토 2세)을 비잔틴 황제의 딸 테오파노 Theophano(955-991)와 결혼시켰다.

유럽이 고대 로마로부터 이어받은 유산은 세계 제국과 보편 종교였다. 중세 초 민족이동 과정에서 세계 제국은 사라지고 보편 종교만이 잔존하는 불안한 상황이 왔다. 이 불안의 극복과 세속적 정치질서의 수립이 기대되고 있었는데 이는 신성로마 제국이 대두하는 배경이 되었다.

그러나 현실적으로 신성로마 제국은 봉건제후의 세력이 분립하고 통일성이 빈약한 '지역적' 존재에 불과하였다. 역대 신성로마 황제가 이탈리아에 관심을 두고 고대 로마제국의 영광을 꿈꾸었으나 이는 시대적 현실과 조건에 의해 뒷받침될 수 없는 시대착오적인 꿈이었다.

제국의 확장 오토 1세 사후 하인리히 3세Heinrich III(1039-1056)의 죽음에 이르는 80여년 동안 5명의 황제가 오토의 정책을 이어갔다. 이탈리아 경영에 힘쓴 오토 2세Otto II(973-983)와 오토 3세Otto III(983-1002), 그리고 그 뒤를 이은 하인리히 2세Heinrich II(1002-1024)는 독일 내 봉건제후의 세력을 꺾으려고 애썼다.

이후 프랑코니아 공 콘라트 2세Konrad II(1024-1039)가 제국의 새 왕계(王系)를 이었다. 하인리히 3세에 이르러서는 과거의 어느 황제보다 더 독일지방을 확고히 장악하게 되었다. 대공국(大公國)들의 세력이 꺾이고 황제 권위는 확고하게 되었다. 교회도 역시 황제에 잘 봉사하였다.

11세기 중반 신성로마 제국의 영토는 더 확대되었다. 서남쪽으로 부르군디아의 여러 왕국을 흡수하고, 동쪽으로도 폴란드 · 보헤미아 · 헝가리 등 외부 세력 침입을 저지하였다. 국가적으로 그리스도교적 질서를 보호하고 특히 오토 3세는 신학 이념의 정립에 기여하였다.

교회개혁 운동 신성로마 제국의 세력 확장에 대한 저항도 만만치 않았다. 예컨대 독일 귀족들은 토지 보유를 늘리면서 농민에 대한 지배력을 강화하는 한편 수도원의 건설을 통해 교회영국과 연합하여 세력을 확장하였다. 이탈리아에서는 귀족이 외래군주의 지배를 노골적으로 배척하려고 하였다. 대두하는 상공업 도시도 역시 황제의 지배에서 벗어나 자유와 특권을 획득하려고 하였다.

신성로마제국에 대한 가장 커다란 반대세력은 교회개혁운동에서 비롯되었다. 그것은 교회직이나 교회재산에 대한 군주의 지배에 저항하고 나아가서는 세속적이고 부도덕한 성직자계급을 개혁하려는 운동이었다. 개혁운동은 수도

성직자들, 주교들과 심지어 하인리히 3세와 같은 군주들의 지지를 받았다. 궁극적으로 개혁세력은 신성 로마제국의 교회간섭을 배제하고자 하였다.

시간이 지남에 따라 로마교황이 개혁을 주도하게 되었다. 11세기에 독일 알자스 출신 개혁운동가인 레오 9세Leo IX(재위: 1049-1054)가 교황이 되면서 전환점이 왔다. 레오 9세의 주도 아래 개혁성향의 인사들이 로마에 모였다. 이 집단의 추진력은 힐데브란트Hildebrand(후의 교황 Gregorius VII)였고, 그의 개혁운동은 교회 권위를 세우고 나쁜 종교 관례를 없애는 데 성공하였다.

레오 9세는 교황 재임 중에 새로운 이념을 실제 개혁 프로그램으로 접목시켜 기존의 정치·종교 체제를 혁신하였다. 그는 성직 매매와 성직자 결혼을 금지하고, 교황의 중앙집권적 행정체계를 확립하여 교황령(教皇令)이 전유럽에서 시행될 수 있도록 하였다.

신성로마 제국의 한계 신성로마 제국은 여러 가지 문제점을 안고 있었다. 우선 제국 내의 수많은 크고 작은 봉건제후의 분립상태는 독일지방에서 국가적 유대가 형성되는 데 큰 장애가 되었다. 다음으로 신성로마 제국 황제들이 이탈리아에 대해 꾸준한 야망을 품고 있었기 때문에 결국 로마 교황과의 충돌이 불가피하게 되었다. 교황권이 우세한 한, 신성로마 제국의 강력한 국가적 발전은 기대하기 어려웠다. 끝으로 신성로마 황제는 유럽 각지에 흩어져 있는 왕가의 영지 확보와 세력 유지에 최우선적 배려를 하고 있었으므로 제국 자체의 내적 통합은 항상 2차적 문제로 밀려났다.

이러한 문제들 때문에 신성로마 제국의 존재는 독일의 국가적 발전을 저해했으며, 군주국가의 출현을 기대할 수 없게 하였다. 그러므로 1806년 나폴레옹이 신성로마 제국을 해체했을 때, 오히려 독일 통일을 향한 기반이 확고히 다져질 수 있었다.

B. 중세 영국의 발전

11세기 중반에 덴마크 왕계(王系)의 영국 지배(1016-1042)는 끝나고 앵글로-색슨 왕계가 회복되었다. 에드워드Edward(고백왕, 재위: 1042-1066)는 망명지 노르망디에서 돌아와 1042년 즉위하였다. 그의 사후 대귀족 출신(Harold: Godwin of Wessex의 아들)이 영국왕으로 선출되었으나 왕위를 탐낸 노르웨이 왕의 침입을 받게 되었다.

이 위기 국면에서 에드워드와 먼 친척관계에 있던 노르망디 공 윌리엄이 왕위계승을 주장하며 1066년 영국에 침입하였다. 영국왕 해롤드는 노르웨이

헤이스팅스 전투를 그린 태피스트리의 일부: 색슨인이 유성을 바라보며 불길한 징조라 여기고 해롤드 왕에게 보고하는 장면이다.

군을 성공적으로 물리쳤으나 뒤 이어 들어온 윌리엄의 군대를 맞아 벌인 헤이스팅스Hastings 전투에서 눈에 화살을 맞고 전사하였다.

윌리엄은 이 전투의 승리로 영국의 지배권을 장악했으며, 영국에는 새로이 노르만 왕조가 시작되었다. 노르망디 공 윌리엄은 영국왕 윌리엄1세William Ⅰ(정복왕, 1027-1087)로 즉위하였다. 이를 '노르만인의 영국 정복'(Norman Conquest)이라 한다.

둠즈데이 북 영국왕 윌리엄 1세는 앵글로-색슨족의 전통을 보존하면서도 노르만-프랑스적 봉건제도를 도입하였다. 예를 들면 지방의 행정구분을 주(shire) · 군(county) · 면(hundred) 등으로 그대로 두었으나 영국의 모든 토지를 제후들에게 다시 분봉하여 영주권을 실질적으로 행사하였다.

윌리엄 1세는 대귀족들에게 여기저기 흩어져 있는 영지를 분봉해 주었으므로 그들이 왕에게 도전할 만큼 강력한 세력을 형성하기는 어려웠다. 재분봉 받은 하급 영주들도 왕에게 직접 충성을 다짐하였다. 종래의 위탄(Witan) 대신에 '국왕법정'(Curis Regis)을 창설하여 일반 가신들이나 성직 가신들이 재판에 참여하고 왕을 보좌케 하였다. 따라서 왕의 통치세력이 상당히 단단해진 셈이었다.

윌리엄 1세는 영국 내의 봉건적 재산을 자세히 조사하였다. 그 기록이 「둠즈데이 북」(*Domesday Book*, 1086)이다. 왕은 그리고 「둠즈데이 북」에 의거하여 철저히 징세(徵稅)했으므로 왕국의 재정이 튼튼해졌다. 결국 영국의 노르만식 봉건체제는 집권화 경향을 띠게 되었다.

프랑스 내의 영국 영토

윌리엄 1세는 노르만인 랑프랑Lanfranc을 캔터베리 대주교(재임: 1070-1089)로 임명하여 영국의 종교생활을 개혁하려고 하였다. 왕은 교회에 상당히 많은 영지를 주고 자체의 법정을 재량으로 유지하도록 허용하였다. 그러나 그는 결코 교회에 대한 지배권을 포기하지 않았고 고위 교회직을 직접 선출하였다.

'노르만의 영국정복'은 영국사의 커다란 전환점이었다. 이로써 유럽 대륙의 봉건제도가 영국에 도입되어 새로운 정치적 활력이 생겼을 뿐 아니라, 영국이 정치 · 경제적으로 유럽 대륙과 밀접한 관계를 가지게 되었다.

윌리엄 1세 사후 역대 왕은 대체로 유능했으며 열심히 왕권을 확장하였다. 1135-1154년의 내란 때를 제외하고 영국 왕위는 윌리엄 2세William II(1087-1100), 헨리 1세Henry I(1100-1135), 헨리 2세Henry II(1154-1189)로 계승되었다.

12세기의 왕, 특히 헨리 1세와 헨리 2세는 효과적인 중앙집권체제를 형성하였다. 이들은 징세 관련 업무를 맡는 대장성(Exchequer), 왕의 재정을 맡는 궁내성(宮內省: Treasury), 왕령을 공포하는 재상(Chancery) 및 국왕법정 등 주요기관을 확립하였다.

헨리 2세를 계승한 리처드 1세Richard I(獅子心, 재위: 1189-1199)는 제3차 십자군에 자신의 생애를 걸고 국민의 재력을 낭비하였다. 1187년 예루살렘이 이집트의 술탄 살라딘Saladin(Salah-ad-Din Yusuf ibn-Ayyub, 1138-1193)에게 점령되자 리처드 1세는 독일 황제 프리드리히 1세Friedrich I(Barbarossa, 재위: 1152-1190), 프랑스 왕 필립 2세 Philippe II(Augustus, 재위: 1179-1223) 등과 함께 십자군 원정에 나섰다.

리처드 1세는 10년 재위기간 중 단지 6개월만 영국에 머물러 있었을 뿐, 주로 십자군 원정이나 유럽 전쟁에 참가하였다. 그의 부재중에도 영국의 정치는 안정되었으나 십자군 전쟁에서 돌아오던 중 포로가 된 리처드를 위해서 영국 사람들은 막대한 인질대(人質代)를 지불하였다.

앙주 왕조의 성립과 사법개혁 강력한 통치를 한 헨리 1세가 죽은 후 혼란상태가 계속되었다. 왕위는 대륙의 플랜태저넷Plantagenet가로 옮겨가 헨리 2세Henry II(1154-1189)가 즉위하였다. 이것이 영국의 플랜태저넷 왕조 혹은 앙주 왕조(Anjou; Angevins)의 시작이다. 그는 프랑스 아퀴텐Aquitaine 지방의 계승자인 엘레아노르Eleanor와 결혼했으므로 영국왕인 동시에 프랑스 왕의 가신이 된 셈이었다.

헨리 2세는 정력적이며 활동적인 군주였다. 헨리 2세의 공헌은 사법제도의 혁신에 있었다. 그는 국왕법정의 관할 범위를 넓혀 모든 자유민이 제소할 수 있도록 개방하였다. 순회재판소를 정기적으로 열어 지방 귀족이 장악하던 사법권을 억제하고 공평한 재판을 실시하였다. 이와 같이 왕국 전체에 걸친 공통된 법과 국왕법정의 확대는, 한편으로 벌금 징수를 통해 왕의 수입을 늘렸고 다른 한편으로는 왕권신장과 국가 통일에 큰 영향을 끼쳤다.

가장 중요한 것은 국왕법정의 재판에 배심원을 정기적으로 참석시킨 제도였다. 당시에는 주로 범법자를 고발하는 데 배심원이 필요했는데, 이때부터 현대의 배심원과 같이 판결에 참여하기 시작한 것이다. 토지 소유권 재판(assize)에서는 국왕법정에 나온 배심원이 증거를 제시할 뿐 아니라 전후 상황의 판단에 의해 판결까지도 내렸다.

토마스 베켓의 순교

교회와의 충돌 일찍이 윌리엄 2세 치세 때 교회는 안셀름Anselm 주도하에 왕의 교회직 임명에 도전한 바 있었다. 이 싸움은 베크Bec 협약(1107)으로 해결되었다. 이 때부터 교회는 교회직을 자체적으로 선출하고, 대신 왕은 그들에게 토지를 주는 특권을 유지하게 되었다.

헨리 2세는 그의 철저한 사법정신 때문에 불가피하게 교회와 충돌하였다. 1164년 왕은 클래런든 기본법(*Constitutions of Clarendon*)을 공포하여 성직자라 해도 범법시에는 교회법정이 아니라 국왕법정에서 재판받아야 한다고 규정하였다.

이에 대해 교황은 성직자의 재판이 교회재판소에서 행해져야 한다고 주장했으며, 이 주장은 캔터베리 대주교 베켓Thomas á Becket(1118-1170)에 의해 강력히 뒷받침되었다. 그 후 베켓은 암살되었으나 그의 순교를 계기로 헨리 2세는 클래런든 기본법을 철회하고 사법문제에서 상당한 교회의 재량을 인정하였다.

존 왕과 마그나 카르타 12세기에는 왕권의 급속한 팽창에 대해 거의 저항이 없었다. 그러나 13세기에 이르러 영국왕은 강한 반발에 부딪히게 되었다. 헨리 2세 사후 두 아들 리처드와 존이 계속 즉위하였다. 이때 귀족, 성직자 및 부르주아 계급이 힘을 합쳐 봉건 질서를 지키도록 압력을 왕에게 가하였다.

이러한 충돌은 존 왕John(失地王, 1199-1216) 때에 분명해졌다. 그는 프랑스 왕 필립 2세의 꾀에 말려들어 프랑스 내의 영국 영토를 거의 다 잃고 말았다. 또한 캔터베리 대주교 임명권을 둘러싸고 교황 인노첸시오 3세

마그나 카르타

마그나 카르타에서 말하는 '자유민'은 성직자 계급과 상층 귀족이었으며 결코 당시의 대부분의 인구를 차지한 비특권평민층까지 포함한 것은 아니었다. 이 문서는 13세기를 거치는 동안 6회 확인되었으며 중세 말에 이르러서 여러 차례 확인을 거듭하였다. 그리하여 후세에 인권의 교두보와 같이 비추어졌으나 1215년에는 이런 뜻이 전혀 없었다. 그러므로 마그나 카르타의 중요성은 본래의 목적보다 후세에 확대 적용된 데 있다. 예를 들면 17세기 부르주아 계급이 절대군주들과의 투쟁에서 제12조는 '대의 없는 과세 없다'라는 원칙으로, 제39조는 배심재판의 보장으로 해석하였다.

마그나 카르타의 주요 조항을 살펴보면 이와 같다.

6조: 상속자는 아무런 거리낌 없이 혼인할 수 있으나 혼인 전에 상속자 자신이 친척들에게 이를 통고해야 한다.

7조: 남편과 사별한 과부는 아무런 어려움 없이 혼자금과 상속분을 즉시 차지할 수 있다. 과부산(寡婦産), 혼수금, 상속분의 대가는 치르지 않아도 된다. … 과부는 남편과 사별한 후 40일간은 남편 집에 머물러 있어도 된다.

12조: 관습상 인정된 것 이외의 과세 혹은 봉건 보조금은 국민의 공통된 합의, 즉 대회의에 의해서만 징수될 수 있다. 다만, 인질대, 장남의 기사 서임대, 장녀의 혼인대는 제외된다.

13조: 런던시는 고래부터의 자유권을 유지하며 육지와 해상의 관세에 대한 재량권을 가진다. 나아가 모든 기타의 도시와 항구는 자유권과 관세권을 가진다.

20조: 자유민은 죄목이 경미한 경우 벌금을 물지 않아도 된다. 중죄는 범행에 따라 벌금을 부과할 것이나 생계수단은 이에서 제외된다. 상인이나 농노의 경우 마찬가지로 각각 생계수단은 벌금에서 제외된다. 그러나 벌금은 이웃사람들의 선서에 의한 증언이 없이는 부과되지 아니한다.

21조: 대귀족은 동료귀족에 의해서만 처벌된다. 다만, 처벌은 중대한 죄목에 한한다.

39조: 자유민은 누구나 연행·투옥·재산몰수·추방 혹은 어떠한 방식의 고통도 받지 아니한다. 다만, 그와 같은 계급의 사람들(peers)의 판결에 의하거나 혹은 영국 국법에 의한 경우는 이에서 제외된다.

40조: 권리는 팔아서는 안 되며 또한 아무도 재판을 받지 않거나 재판을 지연시킬 수 없다.

Innocent III(재위: 1198-1216)와 충돌하였다. 이러한 잘못과 함께 몇 가지 횡포로 인해 강력한 반대세력에 부딪혔다. 1214년 귀족과 성직자계급이 회의를 소집하였다. 캔터베리 대주교 랭턴 Stephen Langton(약 1150-1228)이 주도한 이 회의에서는 왕이 제안한 과세를 반대하는 한편 그들의 봉건적 권리를 주장하였다. 왕은 부득이 이 요구에 굴복하여 1215년 마그나 카르타(*Magna Carta*: 大憲章)에 서명하였다.

마그나 카르타는 영국 헌정사상 중요한 문서이며 후세에 자유 헌장으로 찬양되었다. 그러나 마그나 카르타는 기본적으로 귀족·성직자·도시민의 봉건적 특권을 확인한 문서였다. 따라서 인간의 기본권을 보장한 18세기 때의 왕권 행사와 근본적으로 다르다.

이 문서에 의해 자의적 왕권 행사가 제동이 걸린 것은 사실이지만 그것으로 영국 왕권이 근본적 타격을 받은 것은 아니었다. 왕은 주로 징세·사법 행정·토지 보유에서 왕권을 제한하는 데 동의했을 뿐이었다.

마그나 카르타는 기본적으로 보수적 성격의 것이며, 왕권의 무제한 팽창을 억제하려는 것이 그 목적이었다. 법·관습·봉건적 계약 등에 규정된 백성의 권리를 왕이 존중해야 한다는 것이었다.

시몬 드 몽포트

에드워드 1세와 모델의회 존 왕의 양보로 왕권 제한을 둘러싼 갈등이 끝난 것은 아니었다. 다음에 왕이 된 무능한 헨리 3세Henry III(1216-1272)는 외국인 자문에 의존하고 쓸데없는 원정으로 국고를 낭비하였다. 귀족들은 강력히 저항하여 마그나 카르타를 다시 확인케 하고, 왕정을 감독할 국정회의 구성을 시도하였다.

이 시도가 실패하자 귀족들은 시몬 드 몽포트 Simon de Montfort(1208-1265) 주도 아래 1264년 대대적인 봉기를 하였다(Barons' War).

(위) 에드워드 1세
(가운데) 1215년 존 왕이 서명한 마그나 카르타
(아래) 마그나 카르타에 찍힌 존왕의 인장

에드워드1세의 모델의회

1265년 시몬 드 몽포트는 귀족·성직자·도시·주의 대표자들로 구성된 의회(Parliament)를 소집하여 왕권을 제한하려고 하였다. 반란군은 한때 성공했으나 자체 내의 반목으로 분열되고 그 결과 왕자 에드워드의 군에 의해 격파되었다.

헨리 3세에 이어 즉위한 에드워드 1세 Edward I(1272-1307)는 시대의 흐름을 감안하면서도 봉건귀족의 세력을 줄이고 왕권의 중앙집중을 강화하려고 하였다. 우선 행정과 사법분야에서 귀족·성직자·도시민의 불만을 없앴다. 행정을 효율화하고 순회재판 제도의 운영을 개선하였다. 다음으로 기본법을 제정하여 왕의 권한과 행사 방식을 분명히 규정하였다. 일반적으로 이러한 입법은 봉건제후와 교회의 간섭을 줄이고 왕의 권한을 확대한 것이었다.

에드워드 1세의 업적은 의회를 제도화했다는 데 있었다. 왕은 영국의 행정적 구조 기반을 넓히고 비봉건적 부르주아 계급과 긴밀하게 접촉하기 위해 군(county)과 자유시(borough)의 대표들을 추가시켜 구성한 대회의(大會議)를 수시로 소집하였다. 사실상 군이나 시의 대표들이 이미 지방법정에 참석하는 관례가 오래 전부터 있었으므로 에드워드 1세의 조치는 다만 이 관례를 국가적 차원으로 끌어올린 것이었다. 어쨌든 이 회의는 '의회'(議會)로 알려지게 되었다. 13세기 중반 이후 1세기 동안에 영국의 의회와 유사한 회의체가 유럽 각지에 성립되었다. 스페인(Cortes), 프랑스(états-généraux), 보헤미아(Diet), 독일(Diet와 Landtage) 등이 그 지역이었다. 그러나 이 지역의 회의체들은 영국의 의회와는 달리 완전히 왕의 예속하에 있었다.

1295년 에드워드 1세는 각 군에서 두 명의 기사와 각 자치시에서 두 명의 시민대표를 성직자-귀족회의에 참석하도록 소집하였다. 이것이 선례가 되어 그 후에도 정기적으로 개최되었기 때문에 1295년의 의회를 '모델 의회'(Model Parliament)라고 부른다.

에드워드 1세가 의회를 소집한 데는 무엇보다도 돈을 거두어들일 목적이 앞서 있었다. 잦은 전쟁과 늘어난 행정규모 때문에 봉건 과세만으로 재정을 충당하기 어렵게 되었다. 왕은 도시민이나 새로운 지주계급 대표의 동의를 얻을 경우 쉽게 과세할 수 있으리라 기대하였다. 처음 '평민 대표'는 의회의 중

추적인 부분일 수 없었으나 1297년 이후부터는 과세를 신설하는 경우 그들의 출석이 필요해졌다. 그러므로 평민 대표의 발언권이 점차 커졌다. 또 의회는 일반법정의 관할에서 제외된 불평 불만 사례를 다루는 법정 역할도 하였다. 중간계층의 대표가 의회에 포함됨으로써 의회는 상소(上訴)건을 다루게 되었다. 의회는 왕정에 대한 불평을 듣고 대안이 제시되는 제도적 기관이기도 하였다. 결국 의회는 왕권을 제한하는 입법을 제안하는 권리를 가지게 되었다.

모델 의회의 의의 에드워드 1세가 소집한 의회는 그 후 1세기 동안 조직이 모호하고 권한이 명백히 규정되지 않은 상태에 있었다. 다만, '모델 의회'의 중요성은 군주의 중앙집권 강화를 위해 왕이 백성의 요구를 듣는 한편 그들에게 발언을 허용하는 제도를 기꺼이 인정했다는 점에 있었다. 결과적으로 모델 의회는 국민적 통합에 이르는 길을 열어 놓았다. 군이나 자치시의 대표는 지방사정을 왕에게 전하는 한편 그들이 지방에 돌아가서 중앙정부의 소식을 전하기도 하였다.

주목해야 할 것은 '평민의 대표'가 애당초 선거민으로부터 전권을 위임받았다는 사실이다. 그러므로 영국 의회는 프랑스의 신분회와 같이 민의(民意)의 전달·반영보다는 오히려 정부의 자문에 응하는 국민 대표였다. 이것이 오늘에까지 전해오는 영국의 전통이다. 의회는 에드워드 1세 다음의 에드워드 2세Edward II(재위: 1307-1327) 시대에 이르러 더 확고한 세력으로 성장하였다.

C. 프랑스의 발전

프랑스의 군주국가는 영국의 경우보다 더 서서히, 그리고 다른 조건에서 성장하였다. 중세 프랑스의 모태는 베르덩Verdun 조약(843)과 메르센Mersen 조약(870)에 의해 확정된 서프랑크 왕국이었다.

서프랑크는 한때 동프랑크 왕국에 의해 통합되었으나 노르만인의 침입 때 다시 떨어져 나왔다. 9세기말 노르만인의 파리 공격으로부터 파리를 방어하여 용맹을 떨친 파리 백작 오도Odo(강한 Robert)가 왕이 되었다(888). 그 후 왕위는 오도가로부터 카롤루스가로 넘어갔으며 루이 5세Louis V(재위: 986-987)를 끝으로 카롤루스가의 왕통도 단절되고 말았다.

이 기간에 왕권이 계속 쇠퇴하다가 서프랑크 왕국은 수많은 작은 제후국가들로 나누어졌다. 제후들은 약한 왕을 봉건적 상급자로 인정하면서도 가신으로서의 봉사를 거의 하지 않았다. 마침내 987년 서프랑크의 봉건제후들이 오도의 후손 카페Hugh Capet(재위: 987-996)를 왕으로 추대하였다. 이렇게 성립된 카페 왕조가 프랑스의 국가적 기원이 되었다.

카페 왕조(987-1328)는 처음 네 왕의 통치기간인 12세기초까지 파리의 남북으로 뻗은 작은 '프랑스 섬'(Ile de France)을 차지했을 뿐, 왕령 밖으로는 거의 힘을 발휘하지 못하였다. 그것은 이를테면 봉건체제의 큰 바다에 둘러싸인 왕령이라는 섬에 불과하였다. 카페 왕조시대의 프랑스는, 노르만인의 영국 정복의 경우처럼 단번에 영국을 차지한 것과는 달리, 조금씩 왕령을 넓혀가지 않으면 안 되었다. 왕국은 엉성하게 묶어놓은 봉토의 집합체에 불과하였다.

반세기에 가까운 필립 1세Philip I(재위: 1060-1108)의 통치 기간에 처음으로 세력 확장이 두드러졌으나 주목할 만한 정치적 발전은 루이 6세Louis VI(肥大王, 재위: 1108-1137) 때에 이르러 비로소 이루어졌다. 그는 봉건제후의 세력을 누르고 왕권을 크게 신장시켜 샤를마뉴 이래 처음으로 공권을 확립해 놓았다. 자원을 충분히 활용하여 왕권을 '프랑스 섬' 이외의 지역으로까지 확장하였다.

루이 6세는 가신 간의 분쟁을 중재하고 약한 자를 보호하며 기회가 닿는 대로 봉건법이 허용하는 한도 안에서 영토를 확대하였다. 루이 6세는 죽어가는 아퀴텐 공의 딸 엘레아노르를 맡아 자신의 아들과 결혼시킴으로써 아퀴텐을 프랑스 왕령으로 편입시키는 계기로 만들었다.

필립 2세 정치적으로 무능했고 결혼생활에서 실패한 루이 7세 Louis VII(재위: 1137-1180)는 십자군 전쟁으로 피해를 입었다. 뒤를 이어 즉위한 필립 2세Philip II(Augustus, 재위: 1180-1223)는 왕령을 대폭 확대하여 프랑스사의 새 시대를 이룩하였다.

필립 2세

필립 2세는 현실적 이해관계에 밝고 추진력이 강한 조직적인 정치가였다. 봉건제후의 세력을 줄이면서 영토 확장에 힘써, 영국에서와 같이 봉건체제의 테두리 안에서 중앙집권을 강화하고 왕의 권위를 높였다.

필립 2세가 즉위하면서 세운 목표는 왕령의 몇 배 되는 봉건제후의 봉토, 특히 영국 왕이 차지한 땅을 도로 찾는 것이었다. 그는 영국 왕 헨리 2세의 두 아들 리처드와 존의 반란을 기화로 그들이 가지고 있는 프랑스 땅을 점거하였다. 특히 존 왕 시대(1205년까지)에는 자원이 가장 풍부한 노르망디 · 브르타뉴Bretagne; Brittany · 앙주Anjou · 멘Maine · 투렌Touraine · 포아투Poitou 등의 지역을 프랑스 왕령으로 귀속시켰다. 그리고 1214년 부뱅Bouvines 전투에 승리함으로써 이 땅에 대한 권리를 재확인하였다.

교황과의 관계 프랑스의 왕령을 3배 이상으로 확장시키고 왕권을 증대한 필립 2세는 교황과의 관계에서도 우월성을 지키려고 시도하였다.

필립 2세는 1193년 덴마크 왕 카누트 6세Canute VI(재위: 1163-1212)의 누이 잉게보르그Ingeborg와 결혼했으나 이를 무효로 하고 3년 후 다른 여자와 결혼하였다. 교황 인노첸시오 3세는 잉게보르그와의 혼인관계 지속을 요구하고, 1200년 이를 강요하기 위해 프랑스에 금령(禁令)을 선포하였다.

금령은 프랑스 내에서 모든 정상적인 교회 의식이 중지됨을 의미하였다. 필립 2세는 여론의 압력에 굴복하여 잉게보르그와의 결혼관계를 회복하였으나 교황의 강력한 반대에도 불구하고 영국 왕 존의 영지는 그대로 유지할 수 있었다. 1207년 그는 남프랑스 알비Albi시의 이단운동에 대한 교황의 십자군운동을 틈타 남프랑스 툴루즈Toulouse를 영토에 편입시켰다.

행정개혁 필립 2세는 또한 통치기구를 개선하여 봉건제후를 다루기 위한 행정제도를 발전시켰다. 제일 먼저 둔 관리는 '장관'(長官: provôt)이었는데 재정과 사법을 관장하는 직능을 가졌다. 왕은 그에게 봉건제후와 마찬가지로 봉토를 수여하였다.

프랑스 왕령의 확대

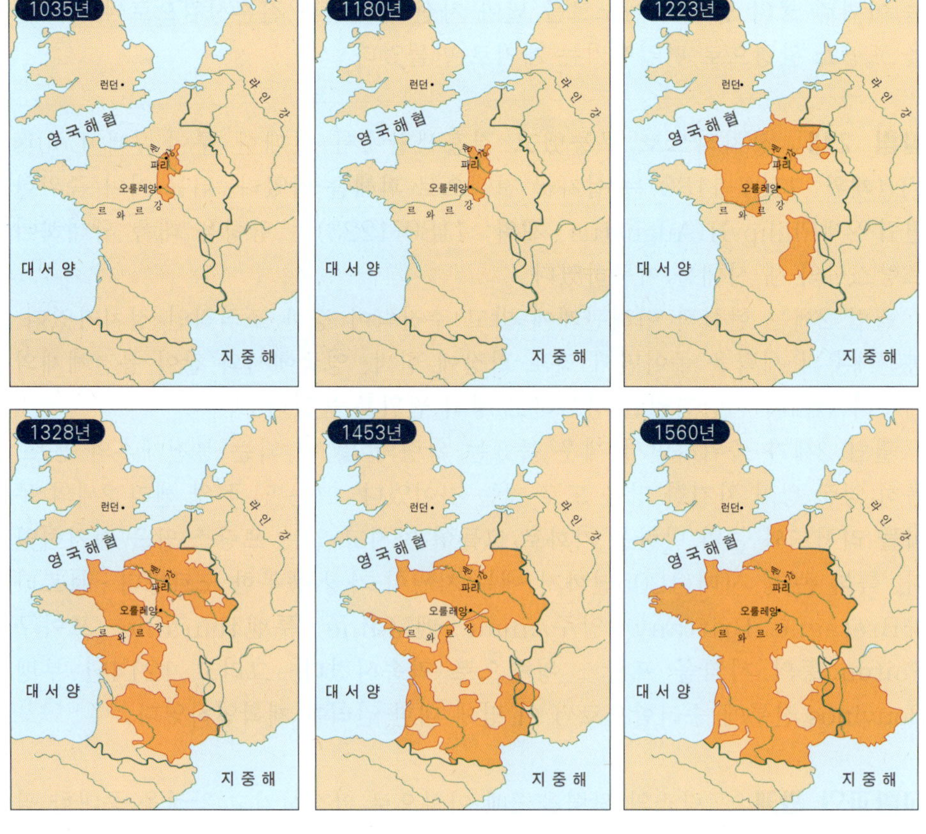

그후 필립 2세는 장관을 감독할 수 있는 '대관'(代官: bailli)을 임명하여 정책 수행의 효율을 기하였다. 먼저 프랑스 북방에 이 제도가 신설되었다. 또 통감(統監)은 왕명이 잘 지켜지는가 또는 세금이 잘 걷히는가를 감독하기 위해 관할 구역인 '대관구'(代官區: bailliage; bailwick)를 순방하였다.

남부에 이 제도가 확대 적용되었을 때는 대관을 '가령'(家令: sénéschal)이라 명칭했고 그 구역도 '가령구'(sénéchaussée)라 하였다. 이들은 예전의 장관과 같이 독립성을 유지했으며 부정(不正)을 저지를 가능성이 없지 않았다. 그 후 루이 9세Louis IX(聖 루이, 1226-1270)는 '순찰사'(巡察使: enquêteur)를 임명하여 순방하면서 감독케 하였다.

이와 같은 통치기구의 발달을 통해 프랑스 왕은 지방행정까지 비교적 자세히 파악하고 통제할 수 있게 되었다. 또, 중앙정부의 행정과 사법적 사항에 관해 왕을 협찬하는 여러 기능을 가진 국왕법정을 두었다.

이것은 필립 2세부터 루이 9세에 이르는 시기에 좀더 분명한 몇몇 기관으로 나누어지게 되었다. 왕을 자문하는 소수집단인 자문회의(conseil), 사법행정을 맡는 파리고등법원(parlement de Paris), 재정문제를 다루는 회계청(會計廳: chambre des comptes), 왕령을 공표하고 기록을 보존하는 재상부(宰相部: chancery)가 생겼다.

파리고등법원과 회계청 국왕법정의 기능은 고등법원과 회계청으로 갈라졌다. 훈련받은 전문 법률가들로 구성된 고등법원은 상소를 다루는 고등사법기관이었다. 14세기에는 파리에 본부를 두었기 때문에 파리고등법원이라 불리게 되었다. 파리고등법원은 지방법정에 사법권의 일부를 이양하는 경우가 있었고 이것이 지방고등법원의 기원이 되었다.

본래 국왕법정은 수입지출에 관한 보고서를 감사하는 등 일종의 재무관계 부처와 같은 역할을 하였다. 그러나 시간이 지남에 따라 더 전문적 경험과 지식을 가진 집단으로 발전하게 되었다. 마침내 14세기초(1309)에 회계청이라 불리게 되었다.

루이 9세 강력한 루이 8세Louis VIII(사자왕, 재위: 1223-1226)의 짧은 통치 뒤에 왕이 된 루이 9세는 프랑스의 왕권과 사법제도를 한층 더 확고히 하였다. 치세 초기에는 국내외의 저항세력을 맞게 되었으나 1243년 이후 국내는 물론 서방 그리스도교 세계의 평화를 유지하는 데 성공하였다.

루이 9세는 매우 경건하고 의무감이 강한 군주로서 생전에 이미 성자(聖者)의 칭호를 얻었지만 동시에 현실적 실천성이 강한 지배자였다. 한마디로 그는 중세적 이상을 지닌 기사다운 기사, 정의로운 통치자, 경건한 성인이었다.

루이 9세는 이단을 무섭게 규탄하고 어떠한 희생을 치러서라도 이교도를 토벌한다는 굳은 결심을 가졌고 성지에서 이슬람교도를 축출하는 것을 목표로 삼았다. 1248-1254년 십자군을 일으켜 남프랑스를 떠나 바다를 거쳐 예루살렘을 공격했으나 참패하여 포로가 되었으며 많은 몸값을 지불한 후 귀국하였다. 그는 겁 없는 기사였으므로 16년 후에 십자군 원정을 다시 하려고 했으나 실현하지 못하였다. 또한, 튀니스Tunis의 이단을 공격할 십자군을 일으켰으나 카르타고에서 죽었다.

사법제도 확립 루이 9세가 프랑스의 왕권신장에 한 기여는 사법제도의 확립이었으며 그 대표적인 예가 고등법원이었다. 13세기 중반 지방도시에 파견되기 시작한 순찰사는 시민들의 상호분쟁을 조정하였다.

1262년 왕은 각 도시에 해마다 예 · 결산 보고서를 제출하라는 명령을 내렸다. 이것은 봉건영주들의 사전 동의를 받지 않고 내린 포고(布告)였다. 이를테면 그것은 영주들의 동의를 얻지 않고도 모든 프랑스인에게 명령할 수 있는 강력한 왕권을 증명한 것이었다.

루이 9세는 두 가지 방식을 병행하여 강력한 왕권을 수립하였다. 하나는 중앙집권을 왕령 내에 직접 실시한 것이었고, 다른 하나는 봉건제도를 통해 왕권을 강화하는 것이었다. 그는 왕령 이외의 봉토에 간섭할 적에는 봉건법과 관습에 따라 하였다. 아르토아Artois, 포아투, 앙주 등에 대해 봉건적 방식으로 주종관계를 회복시켰는데, 결과적으로는 오히려 프랑스 영토가 줄어들었다.

필립 4세

필립 4세와 신분회 필립 4세Philippe IV(미남왕, 1285-1314)는 봉건제도에 결정타를 가하고 중앙집권적 차원에서 정책을 수행하고자 하였다. 그는 군주권과 중앙정부에 방해되는 요소들을 철저히 제거하려고 하였다. 왕의 관리들은 왕권을 배경으로 하여 봉건제후의 세력과 맞섰다.

필립 4세는 영국 및 저지대 지방 세력과 전쟁을 하였고, 혼인정책을 통해 남쪽 부르군드 지역의 프랑슈 콩테Franche Comté(自由州)를 획득하였다. 교묘한 외교로 영토를 확장하는 한편 교황 보니파시오 8세 Boniface VIII(1294-1303)의 내정간섭을 단호히 물리쳤다. 왕은 신전기사단(神殿騎士團; 템플 수도회)의 막대한 재산을 빼앗기 위해 가혹하고 교묘한 술책으로 기사단을 해체하였다. 필립 4세와 가까운 교황 글레멘스 5세Clement V(1305-1314)도 1312년 정식으로 이 기사단의 폐지를 공포하였다.

필립 4세의 국가정책 가운데 주목되는 것은 전국 신분회(全國 身分會 : états-généraux; estates general)의 창설이었다. 이것은 국가의 중요 결정사항, 특히 비상시에 과세할 필요가 생겼을 때 소집하는 각 신분 대표의 회의였다.

필립 4세는 교황 보니파시오 8세와 충돌하게 되자 1302년 성직자, 귀족 및 도시중간층 등 세 신분의 대표들을 소집하였다. 이것이 전국 신분회의 시초였다. 그것은 초기에는 영국 의회와 비슷했으나 후기에 이르러, 왕권에 제한을 가하기보다 도리어 강화시키는 역할을 했다는 점에서 달랐다.

신분회의 기능 필립 4세는 역대의 어느 왕보다도 봉건적 선례를 깨고 국민 중심의 정책을 수행하려고 하였다. 왕이 재정을 늘리고 전쟁 비용을 충당하려면 정규적인 봉건적 수입만으로는 부족하였다. 새로운 과세는 전통적인 봉건계급보다는 경제력을 가진 시민계급을 대상으로 해야 하였다.

따라서 신분회의 소집은 역사적으로 도시와 도시민의 중요성이 그만큼 커졌음을 의미하였다. 군주는 봉건제후의 세력에 대항하기 위해 도시민의 경제력에 의존하게 되었으며, 도시에 인허장을 내주면서 도시의 성장을 장려하였다.

신분회는 초기에는 뚜렷한 조직을 갖고 있지 않았으나 그 소집이 거듭됨에 따라 주목할 만한 운영방식이 생겼다. 신분회는 세 신분의 구분에 따라 별개의 독립적 회의를 가지고 왕의 자문에 응하였다. 대표 가운데 성직자는 제1신분, 귀족계급은 제2신분, 도시민인 평민이 제3신분으로 구분되었다. 제3신분 대표는 인허장을 받은 도시 주민에 의해 선출된 사람들이었다. 후에는 지방 농촌에서도 대표를 선출했으나 귀족들이 농지의 대부분을 소유하는 시대에서는 제3신분 대표를 주로 도시 중간층에서 뽑을 수밖에 없었다.

본래 신분회의 기능은 입법을 하거나 행정부를 견제하는 데 있지 않고 왕의 제안에 동의하는 데 있었다. 물론 신분회 대표는 불평 불만 사례를 제출하여 왕이 시정조치를 취해 주기를 희망하였다. 어쨌든 왕은 이 새로운 제도를 통해 각 계층과 더 밀접한 접촉을 하게 되었으며, 신분회는 애당초 왕권을 제한하기보다 강화하기 위한 것이었다.

필립 4세가 죽은 후 그의 세 아들이 차례로 왕위를 계승했는데, 모두 아들을 두지 못했으므로 이로써 카페 왕조의 전통이 단절되었다. 1328년 필립 6세Philippe VI(1328-1350)가 즉위하였는데 이것이 발로아Valois 왕조의 시작이었다.

D. 이베리아 반도

이베리아 반도에서는 8세기경 코르도바 칼리프국이 있을 때 피레네 산맥 근처에 작은 그리스도교 왕국들이 나타났다. 코르도바 칼리프국은 1031년 멸망하고 12세기에 아라곤Aragon이나 카스티야Castilla 등 그리스도교 세력이 두드러지게 성장하였다.

이슬람교도(무어인)를 몰아내고 그리스도교를 회복하려는 '재정복운동'(Reconquista)이 일어났다. 마침내 그라나다Granada만이 이슬람 세력하에 남고 그 외 지역을 모두 1236년 그리스도교 세력이 차지하면서 국가적 기초가 수립되었다. 이제 그리스도교 지배를 강화하고 안정적인 정치 질서를 수립하는 일이 남은 과제였다.

그리스도교 회복과정에서 대두한 주요 국가들은 포르투갈, 카스티야(레온Leon 포함), 아라곤(카탈로니아Catalonia와 발렌시아Valencia 포함) 등이었다. 그러나 이들 나라도 완전한 영토 통합을 이룬 것은 아니었다. 아라곤 왕국의 바르셀로나와 발렌시아, 카스티야 왕국의 부르고스Burgos, 톨레도Toledo, 발라돌리드Valladolid, 세비야Seville; Sevilla 등은 실질적으로 자치 공화국이었다.

이베리아 반도의 최대 왕국인 카스티야 왕국의 군사귀족들은 많은 땅을 봉토가 아닌, 완전한 재산으로 소유하고 있었다. 이러한 자유로운 소유권은 귀족들의 독립정신을 강화시켰다.

왕권 강화와 법전 이베리아 반도에서 모든 이러한 요소들을 묶어 공동 정부로서의 유대를 강화하는 것은 쉬운 일이 아니었다.

역대 왕은 강력한 봉건주권을 실시하기 위해 법과 관습을 체계화하고 왕의 특권과 신하의 의무를 분명히 하고자 하였다. 카스티야 왕 알폰소 10세 Alfonso X(Alfonso el Sabio, 재위: 1252-1284)는 법률가와 판사들에게 지침이 되는 법을 집대성하였다. 이 법전은 칠법(七法: *Siete Partidas*)으로 알려진 것으로, 로마법 정신에 입각해 편집되어 모든 재판의 근거가 되었다.

코르테스 영국이나 프랑스에서보다도 이베리아 봉건왕국의 정치는 왕권과 개인 특권간의 미묘한 균형을 이루는 데 성공하였다.

이베리아 반도의 왕들은 프랑스나 영국의 왕들보다 더 일찍 정책결정에서 신하의 동의를 얻어야 할 필요성을 깨달았다. 그리하여 12세기말 왕들은 자주 코르테스Cortes라는 대표자 회의를 소집하였다. 코르테스는 비록 영국의회와 같은 헌법기관의 위상을 달성하지 못했지만 13세기의 가장 강력한 대표자 회의였다.

E. 동방 세계

서방에서 외부세력의 침입이 사라지고 정치 · 경제 · 문화적으로 발전하고 있는 동안 동방에서는 또다시 아시아 민족의 침입을 받을 위험에 놓이게 되었다. 그것은 주로 13세기의 몽고민족 및 14세기의 오스만 터키 민족에 의한 침입이었다.

비잔틴 제국 그리스와 콘스탄티노플이 1204년 제4차 십자군에 의해 함락되었을 때 비잔틴 제국 내 소아시아와 흑해 연안에는 수많은 제후국가들이 있었다. 그 중 정치적 주도권을 장악한 것은 니체아Nicaea에 수도를 둔 제후국가였다. 그 결과 비잔틴 제국은 니체아를 중심으로 한 하나의 제국처럼 되어버렸다.

그러나 팔레올로구스 왕조 미하엘 8세Michael VIII Palaeologus(재위: 1261-1282) 때에 비잔틴 제국은 콘스탄티노플을 다시 탈환할 수 있게 되었다. 십자군 세력이 약화되고 콘스탄티노플의 방비가 허술한 틈을 타서 미하엘 8세는 이 도시를 약탈하였다. 그리스인은 이를 환영하였다. 미하엘 8세는 국제정치와 외교에 능란한 인물이었다. 강력한 불가리아제국과 그리스에 남아

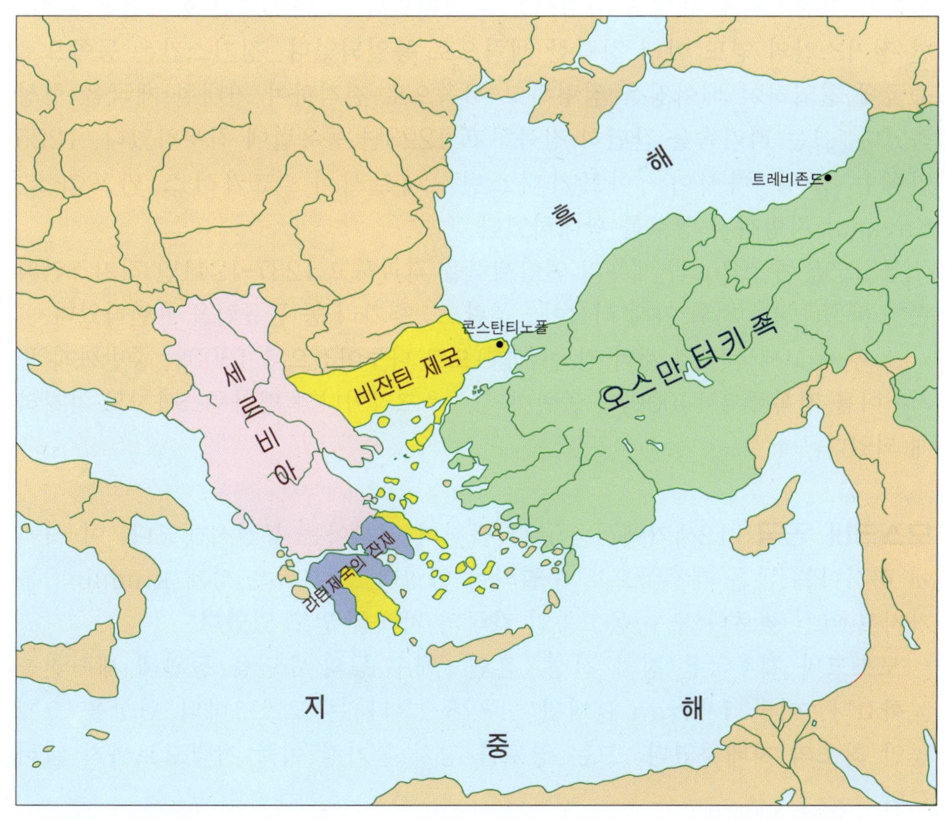

14세기 전반의 비잔틴 제국과 주변 국가

있는 서방의 봉건제후국가들을 굴복시키는 한편 새로이 부상하는 세르비아와 협상하였다.

발칸 비잔틴 제국 역대 황제는 발칸에 수많은 부족들을 정착시켰는데, 제4십자군 전쟁(1201-1204) 이후 부족 간의 싸움이 돌이킬 수 없는 분쟁의 근원이 되었다. 불가리아인은 이 혼란을 틈타 제국을 건설하고 러시아처럼 차르czar;tsar라는 칭호를 사용했을 뿐 아니라 콘스탄티노플에 침입하겠다고 위협하였다.

미하엘 8세는 전쟁과 혼인 정책을 통해 그 위협을 완화하였다. 1219년 동방 그리스도 정교로 개종한 세르비아인이 발칸에서 대두하는 강력한 세력이 되어 비잔틴 제국을 위협하였다.

다행히 미하엘 8세는 비잔틴 제국을 회복했으나 그 대신 전쟁과 변경 방위 비용 때문에 시달리게 되었다. 쇠약해진 상황에도 불구하고 팔레올로구스 왕조는 1453년 콘스탄티노플이 함락될 때까지 동유럽의 주요세력으로 남아 있었다.

몽고 타타르인이라 불리는 몽고인은 중앙 아시아의 다른 민족집단, 예컨대 훈족과 마찬가지로 유럽을 위협하는 세력이었다. 유목민족인 몽고인은 1206년 징기스칸의 영도 아래 강력한 세력으로 통일되었다. 징기스칸은 동쪽으로 중국에 침입하여 베이징을 점령하고 서쪽으로 진격하여 거대한 제국을 형성하였다. 그는 터키족을 간단히 정복하고 1223년 동유럽에 침투하였다. 1225년에는 중앙 아시아 · 아프가니스탄 · 페르시아 · 코카서스(카프카스, Kavkaz) 지방까지 영토를 확대하였다.

몽고군은 루스Rus족 제후의 연합세력을 격파하고 1237-1241년 징기스칸의 손자 바투(拔都) 지휘 아래 러시아 · 폴란드 · 헝가리 등 동유럽을 유린하였다.

그 후 몽고제국은 몇 개의 칸국(汗國)으로 나누어졌으나 1300년 중반까지 동러시아를 정복했고 1400년대 중반까지는 우크라이나와 벨라루스까지도 차지하게 되었다.

모스크바 공국 12세기에서 15세기까지의 러시아는 봉건시대였다. 이 시기에 러시아는 많은 제후국으로 분열되어 있었다. 제후국은 성채(kremlins)를 가지고 있긴 했으나 모두 몽고족인 칸국의 지배를 받고 있었다.

모스크바 제후국은 점차 전쟁 · 혼인 · 매수 등의 수단을 동원해 세력권을 넓혀갔다. 이반 1세Ivan I(재위: 1328-1341)는 모스크바의 위상을 크게 높인 최초의 지배자였다. 그는 영토를 점차 볼가강 이북 지역으로까지 넓혀갔다.

이반 1세는 몽고족 칸에게 충성을 다하고 비위를 맞추었다. 그리하여 러시아에서 공납을 거두는 권리를 위임받는 등 몽고를 대신하는 추장으로 인정받았다. 또 이반과 후계자들은 대공(大公)이라는 칭호를 항구적으로 사용할 수 있게 되었다. 칸을 위해 공납을 거두는 한편 자신의 재정도 늘려갔다. 이반 1세의 초청으로 러시아 교회의 주교가 자주 모스크바를 방문했고, 결국 모스크바는 러시아 정교의 영구적 중심지가 되었다.

1300년대말에 이르러 몽고의 영향이 쇠퇴했으며, 이에 따라 모스크바 공국은 몽고 지배에 항거하는 러시아인들 사이에서 주도적 지위를 차지하게 되었다.

이반 3세 이반 3세Ivan III(재위: 1462-1505)는 통일을 완성하고 근대 러시아의 헌법적 기반을 확립한 군주였다. 그는 서유럽과 통상하는 부유한 노브고로드를 획득하였다. 노브고로드 시민의 대부분은 러시아 정교도로서 모스크바 공국의 지배를 바라보고 있었다. 이에 이반 3세는 1478년 노브고로드를 모스크바 공국으로 편입하였다. 이어 영토 팽창을 계속했으며 1480년 모스크바 공국은 몽고 지배에서 완전히 벗어났다.

이반 3세는 넓은 영토를 차지하게 되자 대공 대신 왕을 칭하였다. 1453년 콘스탄티노플이 터키족에 의해 함락되자 그는 비잔틴 황제의 계승자임을 자임하면서 라틴어 카에사르에 해당하는 슬라브어 '차르'(czar)를 칭하였다. 그는 비잔틴 최후 황제콘스탄티누스 11세Constantine XI Palaeologus(1405-1453)의 조카 소피아Sophia Palaeologus(1455-1503)와 결혼하여 비잔틴 제국의 위세를 빌리려고 하였다. 또 비잔틴의 쌍두(雙頭) 독수리를 새 러시아 제국의 상징으로 채택하였다. 이탈리아에서 교육받은 왕비의 도움으로 그는 이탈리아 미술가들과 건축가들을 초청하여 모스크바에 크렘린을 재건하고 수도로서의 면모를 갖추었다. 이반 3세는 비잔틴 황제를 모방하여 1497년 수뎁니크Sudebnik로 알려진 새 법전을 공포하였다.

차르의 새 힘과 위세에 힘입은 몇몇 수도성직자들은 모스크바가 제3의 로마라는 개념을 합리화하였다. 그들에 의하면 제1 로마는 이단자들의 수중에 떨어지고 제2 로마인 콘스탄티노플은 비그리스도교도들에 의해 점령되었으며, 오직 모스크바만이 정교 지배자의 수도로서 참된 종교를 보존했다는 것이다.

이반 3세가 시작한 개혁은 세습 귀족제도를 단호하게 철폐한 이반 4세(공포왕, 치세: 1530-1584)에 이르러 비로소 완결되었다. 그는 러시아의 국토와 주민을 통합하는 과업을 완수하여 자신이 러시아의 전제군주임을 선언하였다. 이반 3세는 근대 러시아의 가장 특징적인 제도인 중앙집권적 전제정치 체제를 후계자들에게 유산으로 물려준 것이다.

■ 더 참고할 책 ■

제6장 봉건사회의 전개

Brooke, Christopher, *Europe in the Central Middle Ages, 962-1154,* 2nd ed. (Longman).

Hay, Denis, *The Medieval Centuries* (Torchbooks).

Heer, Friedrich, *The Medieval World: Europe, 1100-1350* (Mentor).

Mundy, John H., *Europe in the High Middle Ages, 1150-1309* (Basic Books).

Poly, Jean-Pierre. and Eric Bournazel, *The Feudal Transformation, 900-1200* (1990).

Southern, Richard W., *The Making of the Middle Age* (Penguin).

Strayer, Joseph R., *Western Europe in the Middle Ages* (Torchbooks).

▶ 자료

Geary, Patrick J., ed., *Readings in Medieval History.*

Herlihy, David, ed., *The History of Feudalism.*

1. 봉건체제의 성립

Bloch, Marc, *La société féodale.* Eng. tr. *Feudal Society,* by L. A. Manyon, 2 vols. (Phoenix). 국역 『봉건사회』, I · II (1986).

Contamine, Philippe, *War in the Middle Ages,* tr. by Michael James (1984).

Duby, Georges, *The Chivalrous Society,* tr. Cynthia Postan (Penguin).

Duby, Georges, *William Marshal: The Flower of Chivalry* (1985).

Ganshof, François L., *Feudalism,* 3rd ed. tr. by P. Grierson (Torchbooks).

Keen, Maurice, *Chivalry* (1984).

Painter, Sidney, *Medieval Society* (Cornell).

Painter, Sidney, *French Chivalry* (Cornell).

Reynolds, Susan, *Fiefs and Vassals: The Medieval Evidence Reinterpreted* (1994).

Stephenson, Carl, *Medieval Feudalism* (Cornell). 국역 『봉건제란 무엇인가?』.

유희수 "복건사회의 형성에 관한 연구"『사총』:27 (1983).

이기영 "초기 프랑스 사회에서의 로마인의 지위"『서양사연구』:4 (1982)

이원근 "메로빙 왕조의 귀족권에 관한 연구--7세기초 봉건제도의 성립문제를 중심으로"『사학지』:16 (1982).

이영구 "영국봉건제 성립문제"『부산여대 논문집』:16 (1984)

▶ 자료

Geary, Patrick J., ed., *Readings in Medieval History.*

The Song of Roland, tr. by D. P. R. Owen.

The Poem of the Cid, tr. by Lesley Bird Simpson.

2. 봉건사회의 사회 · 경제적 기반

Baldwin, S., *Business in the Middle Ages*

(Berkshire Studies).

Bennett, H. S., *Life on the Medieval Manor* (Torchbooks).

Bowsky, William H., *A Medieval Commune: Sienna Under the Nine, 1285-1355* (1981).

Bynum, Caroline Walker, *Holy Feast and Holy Fast: The Religious Significance of Food to Medieval Women* (1987).

Carter, John M., *Sports and Pastimes of the Middle Ages* (1988).

Cipolla, Carlo M., ed., *The Fontana Economic History of Europe: The Middle Ages* (1981).

Duby, Georges, *The Knight, the Lady, and the Priest: The Making of Modern Marriage in Medieval France* (1983).

Duby, Georges, and Philippe Aries, eds., *A History of Private Life*, vol. I (1988).

Erler, Mary, and Maryanne Kowaleski, eds., *Women and Power in the Middle Ages* (1988).

Gles, Frances and Joseph, *Marriage and Family in the Middle Ages* (1987).

Gold, Penny Schine, *The Lady and the Virgin: Image, Attitude, and Experience in Twelfth Century France* (1985).

Hanawalt, Barbara, ed., *Women and Work in Preindustrial Europe* (1986).

Hanawalt, Barbara, *Growing Up in Medieval London: The Experience of Childhood in History* (1993).

Hanawalt, Barbara, *The Ties that Bound: Peasant Families in Medieval England* (1986).

Herlihy, David, *Medieval Households* (1985).

Hodges, Richard, *Dark Age Economies. The Origins of Towns and Trade, AD 600-1000* (1982).

Kelly, Joan, *Women, History, and Theory: The Essays of Joan Kelly* (1984).

Labarge, Margaret Wade, *A Small Sound of the Trumpet: Women in Medieval Life* (1986).

Lopez, Robert S., *The Commercial Revolution of the Middle Ages, 950-1350* (Prentice-Hall).

Mollat, Michael, *The Poor in the Middle Ages. An Essay in Social History*, tr. by Arthur Goldhammer (1986).

Pirenne, Henri, *Medieval Cities*, Eng. tr. (Anchor).

Pirenne, Henri, *Economic and Social History of Medieval Europe* (Harvest).

Power, Eileen, *The Medieval People* (Anchor).

Rörig, F., *The Medieval Town* (U. of Calif.).

Sanders, J. T., *English Society in the Early Middle Ages*, 2nd ed. (Penguin).

Sapori, A., *The Italian Merchant in the Middle Ages* (Norton).

Shahar, Shalamith, *The Fourth Estate. A History of Women in the Middle Ages*, tr. Chaya Galai (1983).

Tawney, R. H., *Religion and the Rise of Capitalism* (Mentor).

Thrupp, S., *The Merchant Class of Medieval London* (Ann Arbor).
강일휴 "12 세기 프랑스 북부의 코뮌에 관한 연구" 『사총』:27 (1983)
홍성표 "삼포제도 실시의 원인에 관하여--13세기" 『역사교육』:28 (1980).

▶ 자료

Amt, Emilie, ed., *Women's Lives in Medieval Europe: A Sourcebook.*
Fitz Stephen, William, *Norman London,* with an essay by Sir Frank Stenton and introduction by F. Donald Logan.
Hollister, Warren, et al., *Medieval Europe: A Short Source Book.*
Lopez, R. S., and I. W. Raymond, eds., *Medieval Trade in the Mediterranean World. Illustative Document.*
Riley, H. T., *Memorials of London and London Life.*

3. 봉건왕국의 재편성

Abulafia, David, *Frederick II: A Medieval Emperor* (1988).
Arnold, Benjamin, *Medieval Germany, 500-1300: A Political Interpretation* (1997).
Baldwin, John W., *The Government of Philip Augustus: Foundations of French Royal Power in the Middle Ages* (1986).
Barraclough, Geoffrey, *The Origins of Modern Germany* (Capricorn).
Barlow, Frank, *Thomas Becket* (1986).
Brooke, C.. *Europe in the Central Middle Ages, 962-1154,* 2nd ed. (Longman).
Brooke, C., *From Alfred to Henry III, 871-1272* (Norton).
Brown, R. Alien, *The Normans and Norman Conquest,* 2nd ed. (1985).
Bryce, James, *The Holy Roman Empire* (Schocken).
Cam, H., *England Before Elizabeth* (Torchbooks).
Chancellor, John, *The Life and Times of Edward I* (1981).
Chibnall, Marjorie, *Anglo-Norman England, 1066-1166* (1987).
Clanchy, M. T., *England and Its Rulers, 1066-1272: Foreign Lordship and National Identity* (1983).
Constable, Olivia Remie, *Trade and Traders in Muslim Spain* (1994).
Dillard, Heath, *Women of the Reconquest: Women in Castilian Town Society, 1100-1300* (1984).
Douglas, David Charles, *William the Conqueror: the Norman Impact upon England* (Penguin).
Dunbabin, Jean, *France in the Making, 843-1180* (1987).
Durham, Thomas, *Serbia: The Rise and Fall of a Medieval Empire* (1989).
Fawtier, Robert, *Les Capétiens et la France* (1942). Eng. tr. *The Capetian Kings of France, 987-1328* (St. Martin's).
Fell, Christine E., Cecily Clark, and Elizabeth Williams, *Women in Anglo-Saxon England, and the Impact of 1066*

(1984).

Fennell, John, *The Crisis of Medieval Russia, 1200-1304* (1983).

Fletcher, Richard, *Moorish Spain* (1992).

Fuhrmann, Horst, *Germany in the High Middle Ages, c. 1050-1200*, tr. by Timothy Reuter (1986).

Geremek, Bronislaw, *The Margins of Society in Late Medieval Paris* (1987)

Green, Judith A., *The Government of England under Henry I* (1986).

Hallam, Elizabeth M., *Capetian France, 987-1328* (1980).

Halperin, Charles J., *Russia and the Golden Horde: The Mongol Impact on Medieval Russian History* (1985).

Harvey, L. P., *Islamic Spain 1250-1500* (1990).

Haskins, G. L., *The Growth of English Representative Government* (A. S. Barnes).

Herzstein, R., ed., *The Holy Roman Empire in the Middle Ages: Universal State or German Catastrophe?* (Heath).

Holt, J. C., *Magna Carta: The Idea of Liberty* (Wiley).

Jackson, Gabrial, *The Making of Medieval Spain* (Harcout Brace Javanovich).

Jones, T. M., ed., *The Becket Controversy* (Wiley).

Kelly, A. R., *Eleanor of Aquitaine and the Four Kings* (Vintage).

Leuschner, Joachim, *Germany in the Late Middle Ages* (1980).

Lewis, Andrew W., *Royal Succession in Capetian France: Studies on Familial Order and the State* (1981).

Leyser, K. J., *Medieval Germany and Its Neighbors, 900-1250* (1982).

Loyn, H. R., *The Governance of Anglo-Saxon England, 500-1087* (1984).

Martin, Janet, *Medieval Russia 980-1584* (1995).

Matthew. J. A., *The Norman Conquest* (Schocken).

Mayers, A. R., *England in the Late Middle Ages* (Penguin),

Meyendorff, John, *Byzantium and the Rise of Russia: A Study of Byzantine-Russian Relations in the Fourteenth Century* (1981).

Monahan, Arthur P., *Consent, Coercion, and Limit: The Medieval Origins of Parliamentary Democracy* (1987).

Morgan, David, *The Mongols* (1986).

Mundy, J. H., *Europe in the High Middle Ages* (Basic Books).

Myers, A. R., *England in the Late Middle Ages* (Penguin).

Newman, Charlotte A., *The Anglo-Norman Nobility in the Reign of Henry I: The Second Generation* (1988).

Otis, Leah, *Prostitution in Medieval Society: The History of an Urban Institution in Languedoc* (1985).

Painter, Sidney, *The Rise of the Feudal Monarchies* (Cornell).

Painter, Sidney, *The Reign of King John*

(Johns Hopkins).

Petit-Dutaillis, C., *The Feudal Monarchy in France and England* (Torchbooks).

Reilly, Bernard F., *The Kingdom of Leon-Castilla under Alfonso VI, 1065-1109* (1988).

Reuter, Timothy, *Germany in the Middle Ages, 800-1056* (1991).

Sayles, G. O., *The Medieval Foundations of England*, 2nd ed. rev. (Perpetua).

Soulis, George C., *The Serbs and Byzantium during the Reign of Tsar Stephen Dusan (1331-1355) and His Successors* (1984).

Stacey, Robert, *Politics, Policy, and Finance under Henry III, 1216-1245* (1987).

Stenton, F. M., *English Society in the Early Middle Ages, 1066-1307* 4th ed.(Penguin).

Strayer, Joseph R., *The Reign of Philip the Fair* (1980).

Turner, Ralph V., *King John* (1994).

Ward, Jennifer, *English Noble Women in the Later Middle Ages* (1992).

Warren, W. L., *The Governance of Norman and Angevin England, 1050-1272* (1987).

강일휴"12 세기 프랑스 북부의 코뮌에 관한 연구" 『사총』:27(1983).

박철원 "헨리 2세시대의 Common Law 성립에 관한 고찰" 『역사교육 논문집』:6 (1984).

▶ 자료

Bede, *The History of the English Church and People*, rev. ed. tr. by L. Sherley-Price.

Beowulf, tr. by D. Wright.

The Chronicle of Novgorod, tr by Robert Mitchell and Neville Forbes.

Douglas, D. C., and Greenaway, G. W., eds., *English Historical Documents, 1042-1189.*

Gregory of Tours, *The History of the Franks*, tr. by Lewis Thorpe.

Howes, Robert Craig, ed. and tr., *The Testaments of the Grand Princes of Moscow.*

Whitelock, Dorothy, ed., *The Anglo-Saxon Chronicle.*

※더 참고할 책의 최신 목록은 〈blog.daum.net/chasworldhistory〉 참조

제 7 장

보편교회와 그리스도교 문화

파리 노트르담 대성당

주 요 연 대

800	교황 레오 3세 샤를마뉴에게 로마 황제 대관
843	성상파괴 논쟁 종말
910	아퀴텐 공 윌리엄 부르군디에 클뤼니 수도원 설립
950	클뤼니 운동 시작
990	러시아인의 그리스도교 개종
1054	동서 로마 교회의 분리
1073	힐데브란트, 그레고리오 7세(1073-1085) 교황으로 피선
1077	카노사 사건
1085	그레고리오 7세 죽음
1095	프랑스의 클레르몽 회의; 제1차 십자군 운동(1096-1204)
1099	예루살렘 라틴 왕국(1099-1187)
1122	보름스 협약
1129	신전기사수도회(神殿騎士修道會) 창설
1152	프리드리히 1세(Barbarossa) 신성로마 황제(1152-1190)로 피선
1198	인노첸시오 3세 교황
1208	알비 십자군
1209	케임브리지 대학
1210	프란치스코 수도회, 공식 승인됨
1212	어린이 십자군
1215	교황 인노첸시오 3세, 파리 대학 학칙 하달
1220	교황 호노리오 3세, 도미니코 수도회 공식 승인
1227	교황 그레고리오 9세, 프리드리히 파문
1230	프리드리히와 그레고리오 9세 산 마리노 평화조약 체결
1239	교황 그레고리오 9세, 두번째로 프리드리히 파문
1241	그레고리오 9세 죽음
1241-1243	교황 공위(空位)시대
1243	인노첸시오 4세 교황으로 즉위
1257	소르봉, 파리 대학에 학료(學寮) 설치
1282	시칠리아 대학살
1291	십자군 마지막 거점인 아크레 함락
1305	글레멘스 5세 교황 선출
1305-1376	교황청의 '바빌론 유수(幽囚)'
1339-1453	백년전쟁
1378-1417	교황청의 대분열 시대
1414-1417	콘스탄츠 공의회
1439	피렌체 공의회(동서 로마 교회 통합합의)
1420-1434	후스파의 반란

중세는 고전문화의 호수에 게르만 민족이라는 도랑물이 힘차게 흘러 들어온 시대였다. 그러나 호수의 혼탁한 물은 점차 맑아지고, 그리스도교의 샘이 줄기차게 솟아올라 유럽 정신계를 흐르는 새로운 물줄기를 이루었다. 그리스도교는 중세를 지배한 보편종교가 되었다.

중세 성기에 그리스도교가 매우 강하게 추진되었으며, 그 결과 그리스도교권(敎圈)이 크게 확대되었다. 그 범위는 북으로는 스칸디나비아(9세기) · 덴마크 · 노르웨이 · 스웨덴 · 아이슬란드(10세기 후반), 동쪽으로는 슬라브 세계로 확대되어 10세기말에는 중앙 유럽의 보헤미아 · 폴란드 · 헝가리 등으로 확장되었다. 마침내 13세기에 이르러 그리스도교는 북아프리카와 근동으로 선교되고 심지어 몽고와 중국에까지 전파되었다.

1000년부터 1300년까지 강력한 종교적 혁신운동이 전개되었다. 이러한 혁신운동은 그리스도교적 사회의 구조조정과 그리스도교의 완성과 관련된 복합적인 것이었다. 어쨌든 그리스도교 혁신운동은 사회 전체에 커다란 영향을 미쳤을 뿐 아니라 유럽을 하나의 문명권으로 통합하는 추진력이 되었다.

한편 도시와 상업이 부활되고 군주의 권한이 팽창됨과 함께 중세문화는 본격적으로 발전하였다. 대학과 학문은 크게 성장하고 고딕 건축과 스콜라 신학이 완성되었다.

중세 유럽 지식인의 언어는 라틴어였다. 중세 라티어는 '고전 라틴어'(Ciceronian Latin)에 비해 우아함과 형식미를 결여했으나 좀더 신축성 있는 단순한 언어가 되었다. 중세 라틴어로부터 로맨스Romance어, 즉 프랑스어 · 이탈리아어 · 스페인어 · 포르투갈어 등 근대국가의 국어(vernaculars)가 발달하였다.

전체적으로 중세는 독창적 문화를 창조한 시기라기보다는 새 문명의 기초를 마련하는 모색의 시기였다. 대학 · 의회 · 영미법 등의 '근대적' 기원은 중세에 있었다. 중세의 사상과 문화에는 신앙과 이성, 자유와 권위, 기적과 자연법, 전통의 잔존과 미래를 향한 의욕이 혼합되어 있었다.

1. 유럽의 보편교회

그리스도교(Christianity)라는 말은 오늘날 상당히 넓은 뜻으로 사용되고 있다. 그러나 16세기 프로테스탄트 종교개혁이 있기까지 그리스도교란 말은 주로 325년의 니체아Nicaea 공의회에서 채택된 가톨릭이란 뜻으로 사용되었다. 그러므로 중세사에 관한 한, 그리스도교란 말은 주로 로마 가톨릭 교회에만 적용된다.

그러나 아리우스Arius파 역시 넓은 의미의 그리스도교라고 보아야 하며 동서로마 교회가 분리된 후 동유럽의 여러 지역에 퍼진 그리스정교(正敎: Greek Orthodox)도 그리스도교이다. 이처럼 그리스도교가 넓은 뜻으로 쓰인 것은 역사상 그리스도교 통합운동(ecumenical movement)에서 잘 예증되고 있다.

고대에서 현대에 이르기까지 그리스도교의 발전 과정을 살펴볼 때 그리스도교는 시대에 따라 각기 독특한 모습과 의의를 갖는 역사적 형성물이었다. 그리스도교는 역사적 과정에서 각 시대적 특성을 반영하면서 발전을 거듭하였다.

중세 그리스도교는 각 시기의 특색을 배경으로 조금씩 변화했으며 고대나 근대의 그리스도교와 여러 점에서 상이하였다. 이른바 원시 그리스도교 시대의 교회는 신도들이 인간적인 유대를 통해 결합한 집단이었으며, 신도 개인의 직업은 문제가 되지 않았다. 이에 반해 중세 교회는 기도를 전문직업으로 하는 성직자들에 의해 조직되었다. 더욱이 교회만이 영혼의 구원을 가능하게 하는 유일한 기관이었다. 성직자의 계층제도가 성립된 것도 원시 그리스도교에서는 볼 수 없는 점이었다. 중세 그리스도교의 두드러진 특징은 로마 가톨릭

중세유럽의 종교분포 (11세기)

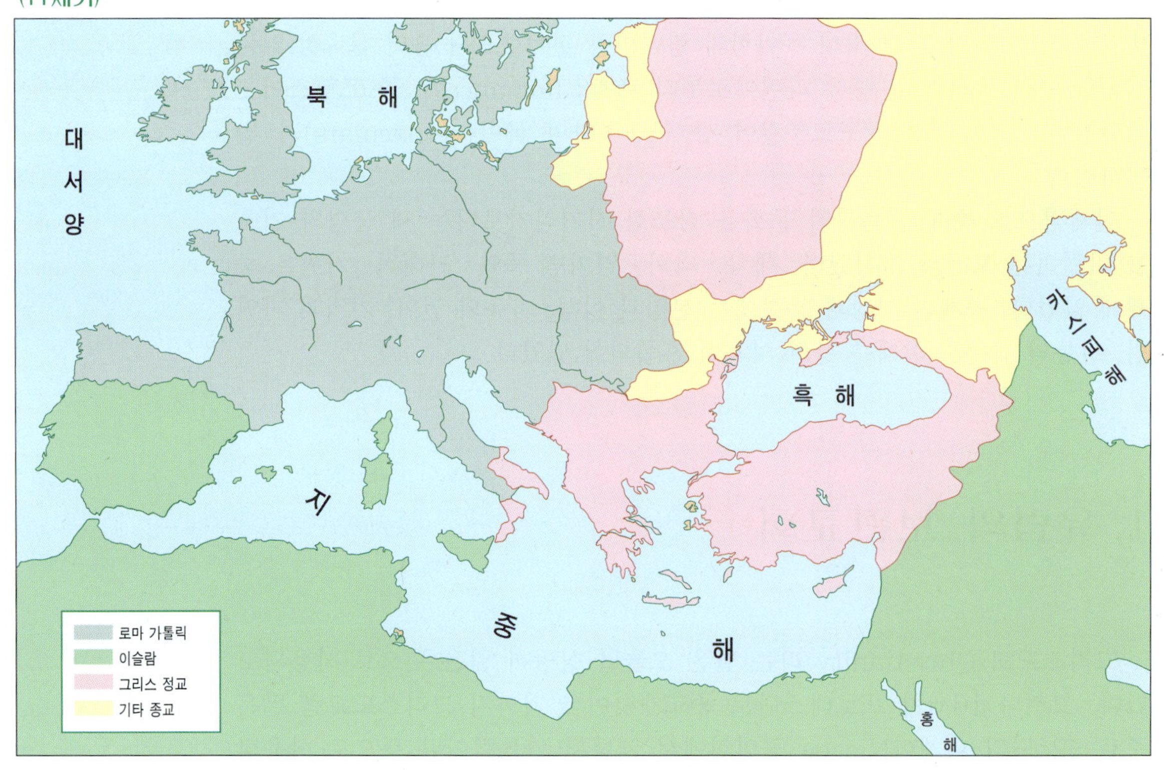

교회만이 당시 유럽의 유일한 교회였다는 사실이다.

영주제로 재편성되는 중세 사회의 복잡한 발전 과정은 중세 그리스도 교회에 중요한 영향을 미쳤다. 9세기 후기에서 10세기에 걸쳐 교회는 막대한 토지재산을 소유하게 되었다. 이 땅의 일부는 신도들이 기부한 것이었으나 대부분은 왕이나 강력한 세력가들이 사여(賜與)한 봉토였다. 그들은 성직자가 가신으로 봉사하기를 바랐던 것이다. 자구 노력만이 자신의 생존을 지킬 수 있는 세상에서 성직자 역시 다른 가신들과 같은 행동을 하지 않을 수 없었다.

또 성직자는 영주로서 자신의 봉토를 가신들에게 재분봉하여 그들의 정치적 · 군사적 봉사를 요구하였다. 성직자는 재판권이나 공납과 같은 영주권을 행사했으며 농민에게도 예속적 조건으로 경작할 것을 요구하였다. 봉건제도 아래에서 성직자들은 불가피하게 사제(司祭)로서의 교육과 의무, 자선사업과 종교적 지도를 소홀히 할 수밖에 없었다. 성직자의 기율과 도덕이 해이해지고 종교생활 수준은 떨어졌으며, 사회에는 미신이 팽배하였다.

그러나 11세기 이후 가톨릭 교회는 획기적으로 발전하였다. 이 때에 교회 계층제도가 정비되고 교황권은 비약적으로 확대되었다. 교회는 종교적인 위상을 회복하고 종교적 권위를 세우기 위한 혁신운동을 추진하였다. 특히 11세기 후반 교황 그레고리오 7세Gregory VII(재위: 1073-1085)는 교회개혁을 통해서 로마 가톨릭 교회의 보편적 권위를 확립하였다.

교회의 교구조직은 유럽 전체에 걸쳐 정비되었으며 마을마다 성당이 생긴 것도 11세기말의 일이었다. 세속권력자는 교회나 수도원에 땅을 기부하였다. 영혼의 구원을 위해 유럽 각지에 교회와 수도원이 서고 성지 예루살렘을 순례하는 관례가 성행하였다. 중세 그리스도 교회는 12세기의 십자군 운동을 계기로 보편적 권위로서의 위상을 확립했으며, 학문과 사상, 교육과 문화 등에서 독특한 문화를 형성하였다.

A. 가톨릭 교회의 확장

유럽 사회의 정신적 질서를 지배하게 된 그리스도 교회는 그리스-로마 문명의 전통을 게르만 민족사회에 인계해 주는 역사적 역할을 하였다.

민족이동이 있었던 중세 초기에 그리스도 교회는 그 현실적 기반이 약했으므로 세속 군주와의 제휴를 통해 세력을 유지하려고 하였다. 그러나 7-8세기에 가톨릭 교회가 봉건질서 내에서 실질적인 세력을 확보하게 되면서부터 이 제휴관계는 끝나고 심한 갈등을 겪게 되었다. 그러나 궁극적으로는 교회와 교

7성사

하느님의 은총이 베풀어지게 하기 위해서 구원의 기관인 교회가 행하는 일정한 종교의식이 바로 칠성사였다. 중세 말에 정해진 칠성사는 세례성사 · 견진(堅振)성사 · 성체성사 · 고해성사 · 병자성사 · 성품(聖品)성사, 혼인성사 등이었다.

세례성사는 갓난아이가 원죄로부터 정화되는 성사이다. 견진은 어린아이가 약 12세 되었을 때 그리스도교를 본인이 직접 받아들여 강하고 완전한 그리스도 교도가 되도록 하는 의식이다. 성체성사는 성사 중 가장 중요한 것으로 그 의식에서 성변화(聖變化:transubstantiation)의 기적을 통해 빵과 포도주가 그리스도의 몸과 피로 되는 것이다. 성체성사를 위하여 미사(mass)와 같은 의식이 발전되고 또한 화려한 큰 교회가 세워졌다. 고해성사는 세례 받은 후에 지은 죄를 용서받는 성사이며, 병자성사는 임종하는 신도에게 죽음에 대한 준비를 시키며 남은 죄를 씻어주는 성사이다. 제7성사인 성품성사는 신부가 되는 의식으로 성체성사를 행할 수 있는 힘을 주는 것이다.

황의 세력이 세속 군주의 세력보다 우월한 위치에 서게 되었다.

11세기 이후 중세 사회가 안정기로 들어서면서부터 교회는 세속적 봉건질서를 활용하여 유럽 문화권의 구심점이 되었다. 절대왕권이 충분한 세력으로 발전하기 전까지는 유럽 통합의 중심은 그리스도 교회였다.

가톨릭 교회는 유럽인의 생활과 의식, 생각과 느낌, 사회이론과 세계관을 지배하는 정신적 영도력을 발휘했을 뿐 아니라 사회 계층을 안정화하는 데 커다란 영향력을 미쳤다. 교회당국은 문학 · 수사학 · 논리학의 고전적 전통을 보존한 창고 역할을 하였다. 중세의 교육과 학문은 오랫동안 성직자들이 장악하여 그 방향과 내용이 결정되었다. 문학과 미술에서는 그리스도교의 이념에 상응하는 내용과 주제가 선호되었으며, 모든 지적 활동은 신학적 기초가 확고한 스콜라 철학의 영향하에 놓이게 되었다.

오늘날 우리가 태어날 때 이미 국가에 소속되어 있는 것처럼, 당시 사람들은 가톨릭 교회의 일원으로 출생했으며 교회 의식에 따라 결혼하고 또 죽었다. 군주도 백성이 가톨릭 교회에 복종하는 것을 당연하다고 여겼으며, 교회에 대한 공격이나 비난이 있을 경우 군주 자신이 이를 제지하거나 처벌해야 한다고 굳게 믿고 있었다.

가톨릭 교회의 보편적 권위는 적어도 15세기경까지는 세속적 질서에서나 도덕적 질서에서 확고부동하였다.

구원에서 교회의 역할 교회의 중요 목적은 사람의 영혼이 신의 은총을 입어 구원을 받아 천국에 가는 것을 도와주는 데 있다. 가톨릭 교회의 가르침에 따르면, 구원은 교회의 칠성사(七聖事)를 통해서만 이루어지는 것이다. 성사는 이른바 요람에서 무덤에 이르기까지 탄생, 결혼 및 죽음 등과 같은 인생의 큰 일에 관한 의식이었다. 따라서 이를 관장하는 그리스도 교회는 일상생활의 중심이 되었다.

칠성사 중에서 중세 사람들의 도덕을 바로 잡은 것은 고해성사였다. 가톨릭 교회에 따르면 죄지은 사람이 진심으로 회개하고 죄를 고백하면 사제(司祭)는 그를 '사면'해야 할 의무가 있었다. 회개하고 고백했다고 해서 죄의 결과는 없어지지 않으며 그 벌을 '연옥'에서 받아야 하는 것이었다.

그런데 교회는 현세에서 세속적인 벌을 과함으로써 연옥에서 받게 될 벌을 면속(免贖)해 줄 수 있었다. 신자는 특정 기도문으로 되풀이해서 기도한다든지, 특별단식을 한다든지, 다리를 세우거나 성지를 순례해야 하였다. 이와 같은 면벌(免罰) 절차를 대사(大赦: Indulgentia; Indulgences)라 하였다.

파문 성사를 받는 것이 구원에 필수적이었으므로 성사의 보류는 신도에게 무거운 벌이었다. 성사 보류에는 파문(excommunication) 또는 금령(禁令:interdict)의 형식이 있었다. 전면(全面) 파문은 고위 성직자나 교황이 선포하는 것으로 그 해당자가 교회 의식 일체로부터 제외되는 것을 의미하였다.

그리스도교 신자는 누구나 전면 파문된 사람과는 왕래를 하지 말아야 하며 만일 왕래하는 사람이 있다면 마찬가지로 파문당하였다. 파문당한 사람은 성사를 받지 못하며 죽은 후에도 교회 묘지에 묻히지 못하였다. 뿐만 아니라 세속사회와 실정법의 보호를 받지 못하고 불법자로 규정되었다. 파문이 풀린 사람이라 해도 엄격한 고해성사 과정을 거쳐야 하였다.

군주나 봉건제후가 파문에 처해지면 그의 영지 전역에 금령이 내려졌다. 금령은 집단적 파문이었다. 이것은 군주나 제후에 대해 일반여론의 압력을 가하기 위한 목적에서 취해졌다. 금령이 내려진 지역에서는 세례나 병자성사와 같이 예외적으로 기본적인 성사를 행하는 경우가 있긴 하지만 일반적으로 교회의식 일체가 금지되었다.

파문이나 금령은 교회가 세속 질서에 개입할 수 있는 강력한 수단이었다. 그것은 지방 성직자가 상급 성직자의 명령을 엄격히 시행할 때만 효과를 볼 수 있었다. 그러나 10세기에는 지방 성직자를 봉건제후가 서임(敍任)했으므로 파문이나 금령이 실제로 행해지기는 어려운 점이 있었다. 그러므로 '서임권' (Investiture)을 둘러싸고 세속 군주와 교황 간에 분쟁이 일어난 것은 당연하였다.

교회의 수입원 교회의 주요 수입원은 기부 · 10분의 1세(tithe) · 시설사용료 · 봉건 부과금 등이었다. 수세기 동안 군주와 제후는 교회나 수도원에 막대한 기부를 해왔다. 기부되는 토지는 '죽은 자의 땅'(in mortua manu; mortmain)이었다. 성직자는 '법적으로 사망한' 사람이기 때문에 이런 명칭이 붙여졌다. 교회 소유로 편입되는 땅이 해마다 늘어났기 때문에 영국에서는 에드워드 1세 때 기부금지법(Statute of Mortmain)을 제정할 정도였다.

10분의 1세는 교회의 정규적인 수입이었다. 보통 개인은 수입의 10분의 1을 교회에 냈으나 지역과 시기에 따라 상이하였다. 12세기에 교황 알렉산데르 3세Alexander III(1159-1181)는 삼림이나 제분소를 비롯해 직인 노동에까지 10분의 1세를 확대 적용하였다. 심지어 교회에 있지도 않은 이른바 '부재(不在) 성직자'에게도 10분의 1세를 물렸기 때문에, 이 세는 교회에 대한 일반인의 불평의 근원이 되었다. 종교 의식의 시행이나 성사를 집전(執典)한 대가로 받는 봉헌(奉獻)이 또다른 교회수입이었다.

교회나 수도원의 고위 성직자는 일반 귀족과 같은 봉건영주였으므로 가신들로부터 '봉건 부과금'을 받았다. 동시에 그들은 장원영주로서 농민으로부터도 부과금을 받았다. 그런데 이와 같은 교회 부과금이 함부로 징수되는 경향이 있었으므로 중세말 교권(教權)은 크게 떨어지고 교회가 쇠퇴하는 주요 요인이 되었다.

B. 중세교회의 개혁운동

유럽의 종교생활은 주로 교회가 봉건화되는 과정에서 그 질적 수준이 떨어졌다. 이런 이유에서 가톨릭 교회의 질적 개혁을 위한 종교적 혁신운동이 일어났다. 10세기부터 13세기에 이르기까지 가톨릭 교회는 내부적으로 자기혁신을 위한 노력을 기울였으며 유능하고 개혁적인 교황이 나와 교회의 위신과 권위를 높였다.

이와 같은 교권 확립이 반드시 순탄한 것만은 아니었다. 교황은 성직서임권을 둘러싸고 세속 군주, 특히 신성로마 황제와 분쟁을 겪는 한편, 부단히 이단과 이교와 싸워야 하였다. 11세기부터 시작된 2세기 동안의 십자군운동은 그 대표적인 예이다.

10세기말과 11세기초의 종교적 혁신운동은 산만하고 비조직적이며 구체적인 방향도 없고 상충되는 점이 없지 않았다. 그러나 11세기초부터는 교회개혁의 틀이 갖추어졌고 13세기에 이르러 교황권은 우월성을 확립할 수 있었다. 아울러 가톨릭 교회는 스콜라 신학이나 고딕 건축 등에서 중세문화의 중심이 되었다.

교권 우월성 확립의 요인에는 여러 가지 있었다. 먼저, 프랑스 지방의 클뤼니Cluny 수도원을 중심으로 한 성직자의 기강확립 운동을 들 수 있다. 더욱이 로마교회는 이른바 교속(敎俗) 분쟁의 핵심이 된 성직서임권 문제를 해결하고 십자군운동을 주도하였다. 특히 13세기에 활성화된 이단운동에 대응하여 교회의 혁신이나 새로운 수도원 운동 등이 일어났다.

클뤼니 수도원 개혁 혁신운동의 첫 번째 조짐은 수도자의 세계에서 나타났다. 가장 중요한 것이 클뤼니 수도원이었다. 910년 아퀴텐 공 윌리엄이 기존의 수도원과 다른 수도원을 동프랑스 지역 부르군디(지금의 부르고뉴 Bourgogne 지역의 사온에루아르 Saône-et-Loire)의 클뤼니에 설립하였다.

클뤼니 수도원은 엄격한 베네딕토 규칙을 지키고, 수도원을 세속의 지배에서 해방하며, 신에 대한 경배(敬拜)의 강도를 높이려는 목적으로 세워졌다. 헌신적이며 유능한 역대 수도원장은 클뤼니 수도원의 모델을 전파하여 11세기초에는 유럽 각지에 많은 분원(分院)을 두게 되었다. 궁극적으로는 300개 이상의 분원을 두게 된 클뤼니 수도원 연합체가 전유럽의 정신계를 이끄는 중심체로서 커다란 영향력을 미쳤다.

물론 수도원 개혁이 클뤼니 수도원에 국한된 것은 아니었다. 10세기 수도원 개혁은 로타링기아 · 이탈리아 · 잉글랜드 등에서도 있었다. 이 개혁운동을 통해 교회는 청빈(淸貧)의 강조, 도덕적 완성의 추구, 그리스도교 유산에 대한 깊은 이해 등과 같은 종교혁신의 여러 패턴을 보여주었다.

클뤼니 수도원 개혁 운동의 성공 비결은 수도원이 세속 군주 · 제후의 세력으로부터 독립할 수 있었던 데 있었다. 클뤼니 수도원의 책임자는 회원들이 선출했으며 교황 이외의 어떠한 지역 세력자의 간섭도 받지 않았다. 왕이라 해도 수도원을 해산시킬 수는 없었다. 또 클뤼니 수도원의 토지는 봉토가 아니었으므로 봉건영주가 몰수할 수 없었다.

클뤼니 수도원은 개혁운동을 통해 많은 성과를 얻었다. 첫째, 교황권이 세속 군주와 제후의 세력권에서 벗어나게 되었다. 둘째, 성직자의 독신생활이 성실히 이행되었다. 셋째, 모든 수도회 회원에 대한 교황의 절대권이 수립되었다. 넷째, 성직매매는 폐지되고 세속 군주 · 제후에 의한 성직서임권이 거부되었다.

수도자의 식사

중세의 식사는 일반적으로 조식(粗食)이었고 수도원에서 수도자의 음식은 소박하였다. 조리는 수도자들이 일주일씩 교대로 하였다. 식사는 4순절에서 부활절까지는 하루 한번, 저녁식사만 하였고 그 밖의 시기에는 정오나 오후 3시와 저녁에 두 번 식사하였다.

식사는 두 가지 또는 세 가지 요리로 되어 있으며 빵은 하루에 1파운드(약 454 그램)가 할당되었다. 때에 따라서는 특식이 나왔으나 육류는 병자 이외에는 먹을 수 없었다.

C. 교황권의 확립

클뤼니 수도원이 주도한 혁신운동은 교황권 자체의 개혁을 통해 제2단계에 들어섰다. 교황권의 개혁은 교황 그레고리오 7세가 주도했기 때문에 그레고리오 개혁이라고도 한다. 주로 서임권 남용, 성직매매, 족벌주의(nepotism) 및 파계(破戒) 등 성직자의 세속화가 개혁 대상이었다. 교구 성직자 중에는 공공연히 처첩을 거느렸으며 독신생활을 비인간적인 것이라고 생각하는 성직자가 많았다. 그런데도 11세기에 이르기까지 이와 같이 세속화된 폐습은 실효 있게 개혁되지 못하였다.

그러나 서서히 개혁의 기초는 다져졌다. 주로 클뤼니 수도원 출신 교황이 성직서임권을 세속 군주들에게서 빼앗으려고 하였다. 물론 토지재산이 많지 않은 교황청으로서는 일반 세속 군주의 권력을 완전히 물리치기는 어려웠다. 왜냐하면 성직자의 수입원천이 주로 토지였기 때문이다.

교황선출제도의 개선 교황청이 독립성을 유지하기 위해서는 교황선출에서 신성로마 황제의 간섭을 물리치는 것이 급선무였다. 하인리히 4세Heinrich IV(재위: 1056-1106)가 어린 나이에 황제로 선출된 때를 맞아 교황청은 앞으로의 교황선출이 추기경단(College of Cardinals)에 의해 행해질 것이라고 포고하였다(1059). 이 포고는 추기경이 교황에 의해서만 임명되는 종신직인 점에 비추어 볼 때 매우 중요하였다. 그리하여 교황선출은 신성로마 황제의 간섭에서 완전히 벗어날 수 있게 되었다.

교황이 지역 성직자를 거치지 않고 직접 신도에게 영향을 줄 수 있게 된 것은 새로이 창설된 교황사절 제도 덕분이었다. 교황사절은 교황이 특정지역에 파견하는 교황의 대변자였으며 그 지역의 어떠한 고위 성직자보다도 우위에 있었다. 교황사절은 교황의 지시에 따라 교황령을 공포하기도 하고, 파문 혹은 금령을 선포할 수도 있었다.

그레고리오 7세 11세기 중반 이후의 교황은 대부분 클뤼니 수도원 출신이었다. 그 가운데서도 그레고리오 7세는 교황이 되기 이전부터 교황보좌관으로서 개혁을 추진한 장본인이었다.

그레고리오 7세는 원래 힐데브란트Hildebrand라는 독일 이름을 가진 이탈리아의 수도성직자였다. 그는 1025년경 토스카나 지방의 미천한 가문에서 태어났다. 그에게는 깊은 학식은 없었으나 여러 의견을 종합하는 창조적인 능력이 있었다.

1073년 전임 교황이 죽자 로마 군중은 힐데브란트의 교황취임을 열렬히 요구하였다. 교황 그레고리오 7세로서 12년간 재임하는 동안 교회의 혁신과 교황권 강화를 위해 이룩한 그의 업적은 매우 컸다. 1059년 추기경단을 결성한 것과 성직자의 결혼을 엄금한 조치는 그레고리오 7세가 교황취임 이전에 한 업적이지만, 성직매매금지와 세속군주 · 제후에 의한 성직자 임명 금지는 교황으로서 착수한 가장 어려운 조치였다.

그레고리오 7세는 성직매매(simony) 및 성직자의 결혼 등과 같은 성직자의 도덕적 폐단을 없애기 위해 입법 조치를 취하였다. 그는 교황의 중앙집권을 확립하기 위해 추기경단을 교황행정의 핵심기구로 설정하였다. 빈번히 교황령을 공포하여 교회 통치와 성직자 행위에 관한 규칙을 정하였다. 교황사절을 유럽 전역으로 파견하여 교황령을 시행토록 독려하였다. 또한 교황청은 지역 종교회의를 활성화시켜 교계에 잔존해 있는 폐단을 시정하도록 하였다.

그레고리오 7세

그레고리오 7세의 개혁안은 그가 살아 있는 동안 전부 실현되지 않았으며 후임자의 과제로 남겨졌다. 교황권 강화는 여러 분야에서 주교와 제후들의 저항에 부딪혔다. 그러나 그레고리오 7세의 후임자들은 유능하였고 지속적으로 교황권 강화를 추진하였다. 13세기에 인노첸시오 3세Innocent III(재위: 1198-1216) · 호노리오 3세Honorius III(재위: 1216-1227) · 그레고리오 9세Gregory IX(재위: 1227-1241) · 인노첸시오 4세Innocent IV(재위: 1243-1254) 등의 교황은 전 서유럽 종교생활의 미세한 부분에 이르기까지 감독할 수 있는 방대한 조직을 주관하였다.

그레고리오 7세는 개인적으로는 신성로마 황제와 충돌하여 참담한 말년을 맞았으나 훗날 교황 인노첸시오 3세 시대에 절정에 이른 교황권의 확고한 기초를 마련하였다.

성직 서임권 분쟁 서임권을 둘러싼 교속분쟁은 주로 12세기초까지는 신성로마 황제와의 문제로 국한되었으나 사실상 그레고리오 7세의 서임권에 관한 지시는 모든 유럽의 봉건군주들을 상대로 한 것이었다.

그레고리오 7세는 성직자가 세속군주로부터 봉건관직과 토지를 받고 성직에 서임되는 것을 금지하였다. 이는 교회를 세속적 통제에서 벗어나게 하려는 것이었다. 1075년 주교 대의원회의(Synod)에서 교황은 세속 군주 · 제후로부터 임명된 모든 성직자들을 공식적으로 해임하였다. 이 조치는 유럽의 모든 군주를 대상으로 전쟁을 선포하는 것이나 다름없었다. 특히 가장 강력한 대상은 신성로마 황제였다.

신성로마 황제 하인리히 4세는 바로 그 해 작센 지방의 내란을 성공적으로 진압한 때였으므로 교황과의 관계에 각별한 신경을 쓰게 되었다. 그는 교황이 파문한 성직자들을 그대로 성직에 머물러 있게 했을 뿐 아니라 새로이 독일의 주교들을 비롯해 나아가서는 이탈리아의 대주교 및 주교들까지도 임명하였다.

그레고리오 7세는 교황사절을 파견하여 하인리히 4세가 계속 성직서임권을 고집할 경우 파문에 처하겠다고 위협하였다. 이에 대한 대응조치로 황제는 독일내의 관련 성직자들을 보름스Worms에 소집하였다.

그들은 황제의 지시에 따라 작성한 매우 공격적인 편지에서 그레고리오 7세를 교황으로 인정하지 않으며 따라서 순종할 수 없음을 분명히 하였다. 이에 그레고리오 7세는 1076년 황제를 비롯해 독일내의 모든 관련 성직자를 파문에 처하였다.

카노사 사건 파문에 대한 독일내의 반응은 하인리히 4세에게 매우 불리하였다. 작센 제후가 반란을 일으켰을 뿐 아니라 겁에 질린 독일 성직자들은 하인리히 4세를 변호하지 않았다. 더 나아가 독일 제후들은 황제를 감금하고 교황과 타협하지 않을 경우 그를 황제로 인정하지 않겠다고 선언하였다. 그가 타협을 거절했으므로 제후들은 교황을 초빙하여 신성로마 황제의 선출을 주재해 달라고 요청하였다.

사면초가의 하인리히 4세는 감금에서 탈출하여 1077년 1월 교황을 찾아가 사면해 줄 것을 간청하였다. 이 때 교황은 새 황제 선출을 주재하기 위해 독일로 가는 도중 북이탈리아 토스카나 지방의 마틸다Matilda 백작(女, 1046-1115)의 카노사Canossa 성에 머물러 있었다. 교황 그레고리오 7세는 여러 차례 망설인 끝에 고백하는 신도를 사면해야 하는 성직자의 의무를 저버릴 수 없어서 하인리히의 파문을 해제하였다. 카노사 사건은 신성로마 황제의 굴욕(屈辱)과 로마 교황의 승리를 극적으로 대비시켰으며, 로마 교황권의 우위를 신성로마 황제가 자인하는 선례가 되었다.

카노사 사건 이후 독일 제후들은 다시 하인리히 4세에게 충성하게 되고 황제의 권위도 회복하였다. 한편 불만에 찬 일부 봉건귀족들은 반란을 계속했으며 스와비아Swabia공(公) 루돌프를 황제로 선출하였다.

하인리히는 성직서임권을 계속 행사했기 때문에 교황은 1080년 다시 그를 파문에 처했으나 이때는 형세가 전과 같지 않았다. 교황은 하인리히의 군대에 쫓겨 로마로부터 피난하는 도중 실의(失意) 속에서 살레르노Salerno에서 죽었다(1085).

보름스 협약 황제와 교황간의 서임권 문제는 해결되지 않고 분쟁이 거듭되다가 마침내 일시적인 협조체제로 타협이 이루어졌다. 보름스 협약

(Concordat of Worms, 1122)에 따르면, 주교와 수도원장은 황제에 의해 임명되지만 세속 관직(봉토)의 보유자로서 임명되는 것에 불과하며, 종교적 권위를 상징하는 반지나 지팡이는 수여될 수 없게 되었다. 이것으로 어느 지역에서는 황제측에, 또다른 지역에서는 교황측에 득실이 각각 다르게 나타났다. 독일 지방에서는 봉토 수여식이 종교적인 임명식에 앞서 행해졌으므로 황제의 권위가 섰으나 이탈리아 지방에서는 그와 반대였으므로 황제는 실권을 잃은 셈이 되었다.

교황 인노첸시오 3세

결국 이 타협으로 교황은 별로 잃은 것이 없었으나 황제는 손해를 보았고 결과적으로 교황권이 강화되었다. 다만 이러한 타협 이후에는 성직서임권 문제가 그전처럼 날카로운 쟁점이 되지 않았다. 그 대신 이탈리아에 대한 신성로마 황제의 정치적 야심 때문에 황제와 교황간의 싸움은 계속되었다. 인노첸시오 3세 시대에 이르러 교황의 우월성이 확고부동하게 되었다.

황제파와 교황파 신성로마 황제와 로마 교황간의 오랜 갈등과 분쟁으로 독일과 이탈리아의 정치계는 양분되었고 두 지역 내에 대립적인 파당이 생기게 되었다.

신성로마 제국의 두 개의 커다란 봉건 가문인 벨프Welf가와 호헨슈타우펜Hohenstaufen가의 대립관계는 제국 정치를 항상 불안정한 상태에 있게 했을 뿐 아니라 그 반목이 이탈리아에까지 확대되었다. 이탈리아에서는 교황측에 가담하여 이탈리아의 지역적 독립을 주장하는 파당이 생겼다.

이를 교황파 또는 '구엘프파'(Guelfs)라 불렀는데, 벨프가의 이름에서 유래하였다. 여기에 대해 황제파를 '기벨린파'(Ghibellines)라 하였는데, 이는 호헨슈타우펜가의 영지 바이프링겐Waiblingen의 이름에서 나온 말이다. 이탈리아 안에서 두 파의 반목은 독일에서 두 가문간의 적대행위가 끝난 오랜 후에까지 계속되었다.

1125년 하인리히 5세가 아들이 없이 죽자 신성로마 황제의 계승권을 여러 가문에서 주장하였다. 특히 벨프가와 호헨슈타우펜가는 계승권 다툼을 계속하였다. 그러나 호헨슈타우펜가가 우세했고 마침내 프리드리히 1세가 신성로마 황제로 선출되었다.

그는 이탈리아를 침입하여 신성로마 제국의 영토를 회복하려고 했으나 북이탈리아의 롬바르디아 도시동맹이 교황의 뒷받침을 받아 완강히 항거하였으므로 실패하고 말았다(1176).

프리드리히 1세 독일이 통합 제국으로서 기틀을 잡을 수 있도록 공고한 기반을 구축한 지배자는 프리드리히 1Friedrich I (재위: 1152-1190)세였다.

그는 '바르바로사'(Barbarossa)라는 별명을 들었는데 '빨간 수염'을 하고 있기 때문이었다.

프리드리히 1세는 체구가 크고 용모가 단정하였으며 용맹스러운 왕으로 백성의 신망을 얻었다. 그는 정책면에서 12세기 영국의 헨리 2세, 프랑스의 필립 2세와 비슷하였다. 자신을 교회의 보호자라고 주장하였다. 그는 자신의 제국을 신성 제국이라 칭했으며, 이것이 계기가 되어 1254년 이후 신성로마 제국이란 명칭이 사용되게 되었다.

프리드리히 1세

프리드리히 1세는 세 가지 주요 목표를 추구하였다. 첫째, 유산으로 받은 스와비아, 혼인으로 얻은 부르군디아 및 롬바르디아까지 합쳐 강력한 제국영토를 구축하는 것이었다. 둘째, 남북의 독일 대제후를 굴복시키는 일이었다. 셋째, 이탈리아에 완전한 주권행사를 하는 것이었다.

프리드리히 1세의 이탈리아에 대한 야심은 교황과 이탈리아 도시국가를 불안하게 하였다. 교황의 강력한 지지를 받은 이탈리아 도시국가들은 밀라노의 주도 아래 롬바르드 연맹을 결성하였다. 이 연맹군은 1176년 레나노 Legnano 전투에서 프리드리히군을 격파하였다.

1183년 콘스탄츠 강화조약에서 프리드리히 1세는 이탈리아 도기국가들의 완전한 자치를 허용하는 대신 도시국가 성벽 밖의 농촌 지대에 대한 통치권을 보장받았다.

독일지방과 이탈리아에서 강력한 영도력을 확보한 프리드리히 1세는 유럽 전체에 걸친 주도권을 차지하기 위해 제3차 십자군을 구성하였다. 그러나 이미 노령에 달한 그는 소아시아 원정 중 강을 건너다 익사하여 비극적 종말을 맞았다.

D. 십자군 운동

중세 보편교회와 교황권의 우위를 단적으로 예증하는 커다란 운동은 십자군 운동(Crusades, Kreuzzüge, Croisades, 1096-1291)이었다. 이것은 클뤼니 개혁파 교황 우르바노 2세Urban II(1088-1099)에 의해 시작되어 전유럽인의 관심을 2세기 가까이 동방으로 쏠리게 한 운동이었다. 십자군의 명칭은 그리스도를 본받아 '십자가를 진다'는 말에서 유래했는데, 참전자가 동방으로 갈 때 가슴이나 어깨에 십자 표지를 달았고 돌아올 때에는 등에 달았다.

십자군 운동은 종교적 충돌이었다. 그리스도 교회는 무력 선교를 강력히 추진하는 이슬람 세력에 대해서 역시 자위수단을 강구하지 않을 수 없었다. 도화선은 이슬람 세력이 그리스도교도들의 예루살렘 순례를 방해한 데 있었다. 그러므로 십자군 운동은 11세기말에 이슬람교도들로부터 성지 예루살렘을 탈환하기 위한 그리스도 교도들의 전투행위이며, 어느 의미에서는 '무장' 순례였다.

이를 계기로 11세기에 시작된 대규모의 십자군 전쟁뿐 아니라 모든 이교 및 이단에 대한 교회의 전투를 십자군 운동이라고 부르게 되었다. 이 밖에 십자군 운동으로는 스페인 이슬람교도를 공격한 프랑스 제후들의 재정복 운동, 13세기초 남프랑스에서 교회와 대립한 그리스도교 일파를 알비Albi에서 정복한 교황 인노첸시오 3세의 알비 십자군 운동이 포함된다.

십자군 운동의 배경 11세기에 십자군 운동이 대규모로 전개된 데는 여러 요인이 작용하였다. 프랑스 봉건 영주층의 확대, 유럽의 도덕적 영도권을 주장하는 개혁교황들의 출현, 인구 증가와 상업의 발달을 가져온 도시와 상업의 부흥, 비잔틴 제국의 쇠퇴를 틈탄 셀쥬크 터키 세력의 대두 등이 지적될 수 있다.

그 밖에 중세 기사사회의 심리와 그리스도 교회의 전투정신이 작용하였다. 게르만 민족 이동 이후 전투정신이 중세교회 안에서 고조되어 있었다. 게르만 민족 국가들이 그리스도교로 개종함에 따라 게르만 특유의 전투정신이 교회로 유입되었기 때문이다. 이에 따라 교회는 원시 그리스도교 시대의 평화주의와는 대조적인 군인정신을 인정하게 되었으며, 사회적으로도 당시 사회가 기사들의 세상이었으므로 전투정신이 숭상되었다.

그러나 11세기 이후 유럽 사회가 전반적으로 안정기에 접어들었으므로 큰 전투는 발생하지 않았다. 더욱이 10세기말에서 11세기초에 교회는 '하느님의 휴전' 혹은 '신의 평화'를 정하여 기사들의 개인적 싸움이나 결투행위를 금지하였다. 그리스도의 죽음에서 부활까지에 해당하는 수요일 저녁부터 월요일 아침까지 모든 종류의 전투행위는 금지되었다. 이와 같은 일반적 교전행위의 금지 때문에 기사들은 전투정신을 발산할 기회를 찾고 있었다.

이슬람과 예루살렘 셀쥬크 터키족은 10세기경 사마르칸드 지방에서 나온 아시아 타타르Tatar계 민족으로서 이슬람교로 개종하였다. 그들은 세력을 시리아까지 넓히고 비잔틴 제국을 공격하였다. 만지케르트Manzikert 전투(1071)에서 비잔틴 황제는 패퇴했으며 소아시아의 영토를 완전히 상실하였다.

이후 비잔틴 제국은 이 지역을 회복하지 못했을 뿐 아니라 보스포루스 Bosphorus; Karadeniz Boğazi 해협을 사이에 두고 터키의 공격에 늘 불안해 하였다. 셀쥬크 터키는 비잔틴 제국의 수도 콘스탄티노플에 위협을 가했을 뿐 아니라 1071년에는 이집트의 파티마 칼리프가 지배하던 그리스도교의 성지 예루살렘을 점령하였다.

파티마 왕조의 역대 칼리프들이 허용해 온 성지 순례가 셀쥬크 터키족이 예루살렘을 점령한 후로는 위험하게 되었다. 성지 순례자들은 터키인의 잔학행위를 과장해 전하기도 하였다. 이 상황에서 비잔틴 제국의 황제 알렉시우스 1세Alexius I Comnenus(재위: 1081-1118)는 소아시아까지 확장된 셀쥬크 터키족의 위협에 직면하여 로마 교황에게 원조를 요청하였다.

클레르몽 회의와 십자군 비잔틴의 요청을 받은 교황 우르바노 2세는 1095년 11월 프랑스의 클레르몽Clermont에서 종교회의를 개최하였다. 이보다 수개월 앞서 열린 이탈리아의 피아첸차Piacenza 회의에서 비잔틴 황제 사절이 터키인의 잔학성을 보고했으나 이 때에는 별로 반응이 없었다.

우르바노 2세

각지의 대주교·주교·수도원장 등 600 여명이 클레르몽 회의에 모였을 때에는 '성전'(聖戰)을 다짐하는 결의가 확고하게 서 있었다. 교황이 소아시아의 참상과 그리스도 유적에 대한 터키인의 잔학함을 묘사하면서 성지탈환 운동을 전개할 것을 설교했을 때 수천 명의 사람들은 "하느님의 뜻이다"라고 소리높이 외치면서 즉시 십자 휘장을 붙여 원정을 떠날 준비에 들어갔다. 이리하여 약 2세기에 걸쳐 유럽의 군주·제후를 비롯하여 상인과 농민들이 빈부 격차를 초월해서 전투행위에 참가하는 대운동을 시작하였다.

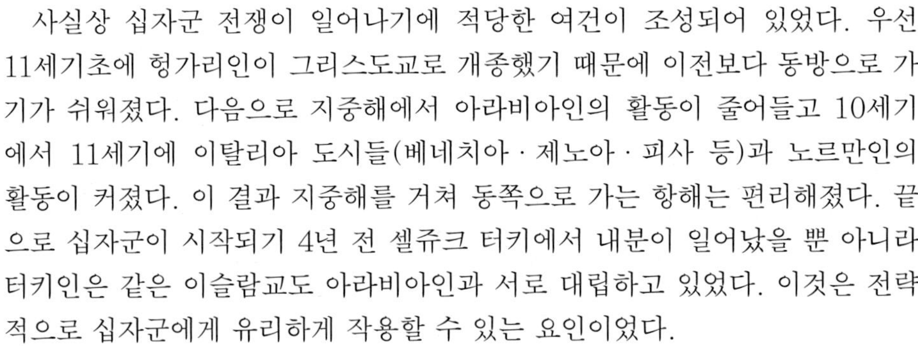

사실상 십자군 전쟁이 일어나기에 적당한 여건이 조성되어 있었다. 우선 11세기초에 헝가리인이 그리스도교로 개종했기 때문에 이전보다 동방으로 가기가 쉬워졌다. 다음으로 지중해에서 아라비아인의 활동이 줄어들고 10세기에서 11세기에 이탈리아 도시들(베네치아·제노아·피사 등)과 노르만인의 활동이 커졌다. 이 결과 지중해를 거쳐 동쪽으로 가는 항해는 편리해졌다. 끝으로 십자군이 시작되기 4년 전 셀쥬크 터키에서 내분이 일어났을 뿐 아니라 터키인은 같은 이슬람교도 아라비아인과 서로 대립하고 있었다. 이것은 전략적으로 십자군에게 유리하게 작용할 수 있는 요인이었다.

교황의 열변으로 촉발된 종교적 열기는 유럽 각처로 번져나갔다. 십자군에 참가함으로써 모든 교회법상의 처벌이 면제되며 천국행이 약속되었다. 사제들의 열띤 설교를 듣고 광신적인 농민들로 구성된 이른바 농민 십자군이 결성되었다. 은둔자 베드로(Peter the Hermit, 1115년 사망)와 무전거사(無錢居士) 고티에(Gautier sans avoir; Walter the Penniless, 1096년 사망) 등은 농민과 부녀자 등 오합지졸을 모아 육로로 행진해 갔으나 대부분이 굶어 죽었다. 나머지는 독일 도시에서 유대인을 학살하면서 동쪽으로 이동해갔다. 그들은 도나우강을 건너 헝가리와 불가리아에서 파괴행위를 일삼으며 보스포루스를 넘어 소아시아로 진격했으나 터키족에 의해 무참히 학살되고 베드로를 비롯해 불과 몇 사람만이 살아 돌아왔다.

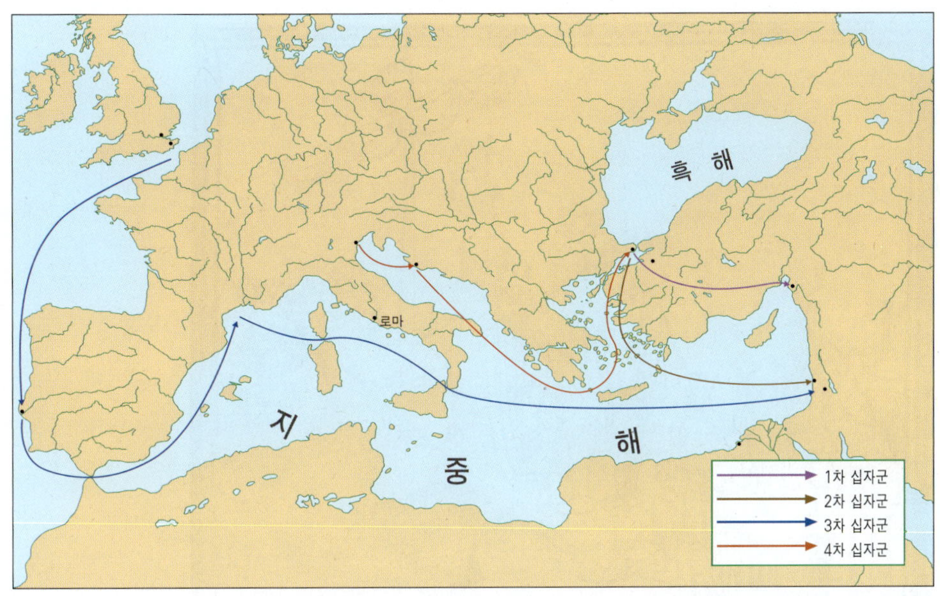

주요십자군의 경로

제1차 십자군과 예루살렘 라틴왕국 1096년 여름 프랑스의 노르망디, 툴루즈Toulouse 지방, 그리고 일부 독일 지방의 기사들과 봉건 귀족들로 구성된 십자군이 조직되었다. 그들의 제1목표는 콘스탄티노플이었다. 여기서 다른 세력들을 규합하여 비잔틴 제국의 보급을 받으면서 예루살렘으로 향하였다.

1097년 십자군은 니체아를 점령하고 소아시아를 거쳐 시리아 지방으로 행군하였으나 그 과정에서 많은 병력을 잃었다. 1098년 안티오키아를 점령한 후 예루살렘에 가까이 가자 십자군은 맨발로 찬송가를 부르면서 열광하였다. 그들은 노도와 같이 예루살렘을 점령하고 학살을 자행하였다.

1099년 십자군은 예루살렘에 라틴 왕국(1099-1187)을 세우고 가장 신앙이 독실한 롤렌(지금의 벨기에) 공 고드프리드Godfried van Bouillon (1060-1110)를 왕으로 선출하였다. 제1차 십자군 원정(1096-1099)은 여러 번의 십자군 원정 중 드물게 성공을 거둔 전쟁이었다.

예루살렘 라틴 왕국의 건설은 서방의 문화가 동방에 소개되는 계기가 되었으나 거의 아무런 영향을 끼치지 못하였다. 거꾸로 제1차 십자군은 사라센인의 상업활동을 전유럽으로 파급시키는 기회를 마련해주었다. 당시 동방의 이슬람 문화는 서방의 그리스도교 문화보다 훨씬 더 고도의 수준에 이른 것이었다.

기사 수도회 제1차 십자군이 세운 식민왕국과 더불어 군사적 수도단체인 기사 수도회들이 설립되었다. 이는 수도회를 모델로 한 조직으로서 성지의 그리스도교도를 지킴으로써 신에 봉사하기를 서원(誓願)한 기사들이 조직한 것이었다.

첫 번째의 군사적 수도단체는 '신전 기사수도회'(神殿騎士修道會:

십자군 전쟁을 치르기 위해 승선하는 루이 7세와 왕비 엘레아노르

Knights Templar)로서 제1차 십자군 이후 유럽의 성지 순례자들의 안전을 도모하기 위해 창설되었다. 이 수도회를 이룬 기사들은 솔로몬Solomon 신전 근처에 본부를 두었으므로 신전 기사수도회란 이름을 갖게 되었다. 이 수도단체 회원은 수도성직자이자 군인이었다. 그들은 성묘(聖墓)를 지키며 순례자들을 환대하고 병상자(病傷者)들을 간호하였다. 또다른 기사 수도회는 조금 늦게 세워진 '요한 기사수도회'(Knights Hospitaller)였다. 그것은 예루살렘의 낡은 성 요한 병원을 근거로 한 것이었다. 본래 이 수도회는 성지순례자들의 구빈(救貧)과 병상자들의 간호를 위해 1080년 예루살렘에서 창설되었다. 1099년 군사적인 수도단체가 되었다.

이 두 기사수도회는 서유럽에서도 큰 명성을 떨치고 신도들의 기부를 받아 많은 재산을 소유하게 되었다. 소속 기사는 각각 독특한 제복도 입었는데 예를 들면 신전 기사수도회는 흰 바탕에 적십자, 요한 기사수도회는 검은 바탕에 흰 십자 표장(標章)을 하였다. 이는 후의 독일의 '튜턴 기사수도회'가 흰 바탕에 검은 십자를 표지로 사용한 것과 대조적이었다.

이러한 기사단이 십자군 운동에서 한 역할과 기여는 컸지만 시간이 흐름에 따라 그들은 설립목적에 어긋난 행위를 하였다.

14세기초 신전 기사수도회는 막대한 재산을 탐낸 프랑스 왕 필립 4세에 의해 해산되고 말았다. 이보다 먼저 요한 기사수도회는 키프로스Kypros;

Cyprus로 이동했다가 14세기초 로도스Rhodos; Rhodes 섬으로 옮겼다. 그리고 1522년 오스만 터키인에게 쫓겨나 말타Malta 섬으로 가 있으면서 '말타 기사수도회'란 이름을 얻게 되었다. 이 수도회는 1798년 나폴레옹이 그곳을 점령할 때까지 2세기 반 동안 존속하였다.

제2차 십자군 1144년 셀쥬크 터키족이 다시 예루살렘 왕국 동북방의 에데사Edessa를 점령했다는 소식이 유럽에 전해지자 성 베르나르 St Bernard de Clairvaux(1091-1153)의 설교를 계기로 또다시 십자군이 결성되었다(1147-1149). 프랑스 왕 루이 7세Louis VII와 신성로마 황제 콘라트 3세 Konrad III 등이 참전한 이 십자군은 비잔틴 황제 마누엘 1세Manuel I Comnenus(재위: 1143-1180)의 의심과 예루살렘 라틴 왕국의 군주제후들의 질시로 완전히 실패하고 말았다.

제3차 십자군 셀쥬크 터키는 장기간의 내분으로 약화되었음에도 제2차 십자군 이후 살라딘이란 지도자가 나타나 이집트인과 시리아인을 결속시켜 강력한 세력을 만들었다. 살라딘은 2년간의 '성전(聖戰)'(1187-1189)으로 예루살렘과 그리스도교도가 점령했던 땅을 거의 모두 탈환하였다.

1세기 가까이 그리스도 교도가 지배했던 예루살렘이 이슬람교도에게 함락되었다는 소식으로 유럽은 또다시 십자군의 소용돌이 속으로 말려들었다(1189-1192). 먼저 신성로마 황제 프리드리히 1세는 노령에도 불구하고 제일 먼저 출발했는데, 소아시아에서 강물을 건너다 익사했기 때문에 그의 휘하 기사들은 되돌아갔다. 영국 왕 리처드 1세와 프랑스 왕 필립 2세는 1191년 협동작전을 벌여 예루살렘 왕국의 핵심 아크레Acre를 포위하였다.

그러나 두 왕 사이의 불화로 프랑스 왕은 아크레 함락 후 곧 귀국하였다. 영국

살라딘 병사를 무찌르는 영국왕 리처드 1세

왕 리처드는 1년 이상 고군분투했으나 도저히 살라딘의 적수가 되지 못했으므로 1192년 휴전조약을 체결하였다. 이 조약은 예루살렘을 이슬람의 점령지로 인정하고 다만 그리스도교도의 순례를 허용한다는 것을 골자로 하고 있었다.

그러므로 제3차 십자군은 약간의 해안지역을 회복한 것 외에는 그리스도교의 입장을 크게 개선하지는 못하였다. 이 십자군에는 유럽 주요국가의 왕들이 참전했으므로 '왕들의 십자군'이라는 호칭이 붙게 되었다.

제4차 십자군 13세기에 인노첸시오 3세 시대가 시작되면서 교황권은 절정에 달하였다. 1198년 인노첸시오 3세가 십자군 운동을 제의하였을 때에는 그다지 호응이 좋지 않았다. 내란 중인 신성로마 제국의 불참으로 프랑스 기사들이 주로 이 원정을 담당하게 되었다.

1202년 베네치아에 집합한 제4차 십자군(1202-1204)은 팔레스티나로 가지 않고 본래 목적에서 벗어난 행동을 하였다. 십자군은 병력수송을 맡은 베네치아 상인들이 시키는 대로 베네치아 무역경쟁 도시인 그리스도교 도시 자라 Zara(Dalmatia 연해) 시를 공격하고 점령하였다.

그리스도교 도시를 십자군이 공격했다는 소식은 유럽 사회에 충격을 주었다. 베네치아 상인은 교황의 파문에도 불구하고 계속 십자군의 향방을 바꾸어 놓았다. 그들은 동방무역의 경쟁자였던 비잔틴 상인의 세력을 쳐부수기 위해 십자군에게 콘스탄티노플 공격과 약탈을 지시하였다.

1204년 콘스탄티노플을 점령하고 약탈한 십자군은 즉각 라틴 제국의 수립을 선언하였다. 저지대 출신 귀족을 황제로 추대하고 베네치아 출신 성직자를 그리스 정교교회의 대주교로 임명하였다. 교황 인노첸시오 3세는 부득이 이를 승인하였다. 결국 제4차 십자군의 수혜자는 주요항구에 대한 지배권과 무역 특권을 얻은 베네치아였다.

라틴 제국은 소아시아 지방으로 후퇴한 비잔틴 제국에 의해 재탈환될 때까지 존속하였다(1261). 그리하여 본래 십자군 운동의 정신에는 완전히 어긋난 제4차 십자군을 통해서 베네치아는 동방무역의 패권을 장악한 반면 무식한 십자군은 귀중한 그리스의 서적, 문서와 예술품을 약탈 파괴하였다.

그 후의 십자군 제4차 십자군 이후에 십자군 운동은 유럽인에게 호소력을 거의 상실하고 말았다. 13세기를 통해 간간이 십자군 운동이 있었으나 모두 실패로 돌아갔다.

그 가운데는 '어린이 십자군'(1212)과 같은 무모한 일도 있었다. 독일과 프랑스의 소년소녀들이 십자군을 조직하여 이탈리아에 모였으나 그 중 많은 독일 소년들이 마르세유 상인들에 의해 노예로 팔렸다.

어린이 십자군

1212년 프랑스의 양치기 소년은 하느님의 계시를 받아 말하기를, 십자군이 성공하지 못하는 이유는 어른들이 깨끗하지 못한 마음으로 십자군에 가기 때문이라고 하였다. 청순한 어린이들이 가면 반드시 성공한다고 설득하였다.

이에 응해 수천 명의 소년소녀들이 모였으며, 독일에서도 똑같은 이야기를 하는 자가 나타나서 소년소녀를 모았다. 그들은 성지로 가기 위해 알프스 산을 넘어 지중해 바닷가에까지 이르렀다.

그러나 도중에서 포기하거나 죽는 아이들도 있었다. 성지를 향해 배를 탄 어린이들도 역시 바다에서 난파하거나 악질상인들에 의해 이집트에 노예로 팔리기도 하였다.

교황 인노첸시오 3세는 제5차 십자군을 조직했으나 1217년 실현되기 전에 죽고 말았다. 헝가리 왕이 인솔한 제5차 십자군은 이집트를 공격하여 지중해의 주요항구인 다미에타Damietta를 점령하였다. 계속 진격한 십자군은 나일강의 범람으로 오도 가도 못하고 이슬람에게 격파되었다(1220).

제6차 십자군은 신성로마 황제 프리드리히 2세의 지휘로 진행되었다. 그들은 전투에 의해서라기보다 절충에 의해서 예루살렘을 차지하였다(1228-1229). 프랑스 루이 9세(聖王)가 주도한 제7차 십자군은 빈약한 병력 때문에 이집트에서 참패하였다. 왕은 포로가 되어 인질대(人質代)를 지불한 후 석방되었다(1249-1254). 루이 9세는 제8차 십자군을 조직하여 튀니지로 원정했으나 전염병에 걸려 병사하였다. 이때 동행한 영국 왕 에드워드 1세는 시리아까지 갔으나 결과는 대단치 않았다. 그 뒤를 이어 프랑스 앙주가의 샤를르가 십자군 운동을 속행했으나 역시 성과가 없었다(1270-1272).

그 후에도 교황 그레고리오 10세Gregory X(재위: 1271-1276)는 1274년 십자군을 제의하여 여러 군주·제후들의 동의를 얻긴 했으나 교황의 죽음으로 계획이 중단되었다. 이러한 가운데 시리아에 남아 있던 예루살렘 왕국은 내분과 분파로 약화를 거듭한 끝에 1291년 마지막 거점인 아크레가 함락되었다. 이로써 2세기에 걸친 거창한 십자군 운동은 끝났다. 한때 유럽을 종교적 열정의 도가니 속에 몰아넣었던 십자군 정신도 완전히 식어버렸다.

십자군 전쟁의 결과 종교적 열정에 들뜬 사람들이 그 중심이 되어 십자군 전쟁을 일으켰다. 그것은 유럽 각지에서 온 각계각층의 사람들로 구성된 비조직적인 군사행동이었다. 군사행위를 주도한 역대 로마 교황은 군사 경험이 없었을 뿐더러 이슬람의 전력을 과소 평가했기 때문에 대체로 실패하였다. 제1차에서 제3차 원정까지는 성지 회복의 열광적인 신앙심에 의해 지탱되었다.

비잔틴 제국의 요청으로 간 십자군이 도리어 비잔틴 제국을 약화시키고 침략하는 모순을 범하였다. 한편 인노첸시오 3세의 제안으로 시작된 제4차 십자군은 베네치아 상인을 위한 동지중해 상권 쟁탈전이 되었다. 이후 십자군에서는 초기의 종교적 정열은 사라지고 세속적 동기가 더 강해졌다.

십자군은 그 자체로써 유럽사의 새로운 국면을 열어 놓았다기보다는 진행중에 있던 경제 · 정치 · 종교적 변화를 한층 더 촉진시키는 계기가 되었다. 무엇보다 십자군은 유럽 중세사회에 경제적 변화를 가져오는 기틀을 마련하였다. 이탈리아 상인은 전통적으로 지중해 연안 레반트 지방과 통상했으나 십자군 운동을 계기로 다른 지역과 더 활발하게 교류하였다. 조미료 · 설탕 · 직물 등 동방물산의 교역량이 증가하였다. 이러한 상품은 종래의 사치품 성격을 벗어나 일반인에게도 널리 보급되기 시작하였다. 십자군은 상업과 도시의 활동을 더욱 촉진시켰으며 결국 장원 해체에 결정적인 영향을 끼치게 되었다.

초기 십자군의 성공은 교황의 권위와 위신을 크게 높여 놓았다. 그리스도교는 프란치스코 수도회나 도미니코 수도회의 활동으로 소아시아와 동아프리카에 전파되었다. 13세기 유럽에 통일된 그리스도교의 이념을 실현시킨 것은 바로 십자군이었다.

그 이후에도 빈번히 이단과 이교도에 대한 성전(聖戰)이라는 명목으로 십자군이 편성되었다. 유럽 내의 이교도 문제, 예컨대 스페인의 무어인(Moors), 프로이센의 슬라브인 및 프랑스의 알비 이단운동 등은 새로운 십자군 운동의 대상이 되었다. 그러나 궁극적으로 십자군이 실패함으로써 유럽인들의 종교적 정열은 식었고 교황권은 쇠퇴의 길로 들어섰다.

십자군은 몇 번 있었는가

십자군의 회수에 관해서는 여러 견해가 있지만 오늘날 일반적인 해석으로는 8회설이 유력하다. 그러나 1219-1221년의 십자군을 제5회 십자군으로 보지 않기 때문에 모두 7회라고 보는 설도 있다.

1회(1096-99): 예루살렘 탈환, 예루살렘 왕국(1099-1187)을 세움.

2회(1147-49): 셀쥬크 터키인의 에데사 점령에 대해 신성로마 황제와 프랑스 왕이 군을 지휘하여 육로를 통해 성지에 갔으나 실패, 귀국.

3회(1189-92): 이집트 이슬람교도가 점령한 예루살렘의 회복을 시도하여 독일 황제 프리드리히 1세, 영국왕 리처드 1세, 프랑스왕 필립 2세 등이 협동 작전했으나 살라딘에게 패함.

4회(1202-04): 베네치아 상인의 제창으로 일으킨 십자군 전쟁. 콘스탄티노플을 점령하고 라틴 제국(1204-61)을 세웠으나 성지에는 가지 않았음.

5회(1219-21): 이집트로 향해 갔으나 전리품 분배 문제로 내분이 일어나 목적을 달성치 못함.

6회(1228-29): 신성로마 황제가 일으켜 예루살렘을 일시 회복했으나 결국은 실패.

7회(1248-54): 프랑스 왕 루이 9세를 중심으로 이집트로 갔으나 실패.

8회(1270): 프랑스 왕 루이 9세가 일으킨 십자군으로 왕이 도중에서 병사.

십자군은 정치 및 군사적 변화를 가져왔다. 우선 군사적인 면에서는 기병 중심의 전투방식에서 벗어나 기병과 보병의 협동작전 혹은 보병 중심의 전술로 바뀌었다. 십자군은 기사들이 주도하는 가운데 일반신도들도 보병으로 참전하였다. 정치적인 면에서 본다면, 십자군 운동을 통해서 국민감정의 대두, 군주권 강화 및 봉건계급의 몰락을 예고하는 징조들이 나타났다. 유럽 각지에서 모인 십자군 구성원들은 각자 출신지에서 멀리 떨어진 이국 땅에 가서는 상호간의 지역감정, 즉 민족감정을 노골적으로 드러냈다.

다년간 참전하는 동안 봉건제후들은 영지관리를 소홀히 하고 경제력도 소모하여 결국 사회적 힘을 잃게 되었다. 그 후 백년전쟁(1339-1453)과 장미전쟁(1455-1485)이 일어나 영국과 프랑스 봉건제후의 세력은 한층 더 쇠퇴하게 되었다. 상대적으로 이러한 봉건제후의 약화는 군주권을 강화시키는 요인이 되었다.

끝으로 십자군을 통해 유럽인은 동방문화와 접촉하게 되었는데, 이는 후의 르네상스 운동에 이르는 길을 트는 계기가 되었다. 유럽인은 동쪽의 새로운 사상, 상품, 생활양식과 접촉하게 되었을 뿐 아니라 특히 이슬람 문화 속에 보존되어 있던 고전 그리스 문화 유산을 전달받았다. 그로 인해 르네상스 시대의 유럽인은 고전부흥의 시기를 맞이할 수 있었다.

이단운동 11-12세기 이단운동이 일어나게 된 데는 성직자계급에 대한 불만과 새로운 정신적 요구에 그 원인이 있었다. 유럽인은 순례 · 십자군 · 무역을 통해 그리스정교, 이슬람 또는 동방의 이단적인 집단과 접촉할 수 있었다.

그 때까지의 이단이 주로 가톨릭 교회의 신학이나 교리에 대한 새로운 주장이었던데 비해 12세기의 이단은 주로 성직자들의 실천내용을 비판 대상으로 했다는 데 특징이 있었다. 이와 같은 반(反)성직자주의(anti-clericalism)를 지향한 운동의 공통점은, 복음서에 기술되어 있는 바와 같은 그리스도의 생활과의 일치가 진정한 그리스도교인의 생활이라는 신념이었다. 한마디로 12세기의 이단운동은 그리스도의 생활로 되돌아가려는 운동이었다. 이 운동에는 알비파와 왈도파라는 주요 그룹이 있었다.

왈도파 왈도파는 알비파처럼 이원론적인 주장을 하지는 않았다. 1170년 경 프랑스 리옹Lyons의 상인 왈도Pierre Waldo(Petrus Waldus, 활동기: 12세기 후반)는 철저한 가난 속에서 일생을 보내기로 작정하고 설교를 시작하였다. 1173년 그는 '리옹의 가난한 사람들'이라는 단체를 창설하였다. 이들이 곧 왈도파였다.

왈도는 복음 속의 그리스도가 재산을 모두 가난한 사람들에게 나누어 준

일을 모방하였다. 이는 후에 성 프란치스코가 수도회를 창설한 동기와 일치하며, 초기에는 교황 알렉산데르 3세의 주목을 받기까지 하였다.

왈도파는 성직자의 역할을 인정하지 않았다. 진실한 그리스도교인의 생활이란 오직 가난한 생활에 있다고 확신하였다. 가톨릭 교회는 1215년 라테란 공의회에서 왈도파를 이단으로 규정하였다. 그러나 교회는 이 운동을 탄압하는 데는 실패했으며 왈도파의 세력은 북이탈리아에서 집요하게 남아 그 중 일부는 후의 프로테스탄트 운동에 가담하기까지 하였다.

알비파 훨씬 더 강력한 이단운동은 카타리파였다. 카타리Cathari란 명칭은 그리스어의 순수하다는 뜻의 katharos에서 유래한 것이며, 이들은 흔히 알비파(Albigeois; Albigensians)라 불리게 되었다. 이는 프랑스 랑그도크 Languedoc 지방 알비Albi 시의 이름에서 유래하였다.

알비파에 따르면 이 세상은 빛의 신과 암흑의 신 또는 선과 악, 두 힘의 싸움터라는 것이다. 암흑의 신은 구약성서와 물질계의 창조, 그리고 빛의 신은 신약성서와 영혼의 구원과 동일시되었다. 그들은 또한 신체나 물질의 순화(純化)를 믿었다. 이러한 알비파 교리는 이원론적인 마니교(Manicheanism)의 영향을 받은 것이었다.

그러나 그들이 구약성서의 여호와가 악의 구현이라 주장했을 뿐 아니라 왈도파와 마찬가지로 칠성사와 성직자를 거부한 것은 가톨릭 교회와 상치되는 이단적인 것이었다. 그 밖에 교회조직이나 결혼에서 종교적 근본명제를 거부하는 등 완전히 이단적 주장을 하였다. 알비파에 따르면 구원은 생활의 절대 순수성, 예컨대 채식이나 독신생활 등을 실천함으로써 이루어진다는 것이다.

알비파는 남프랑스와 북이탈리아에서 널리 인기가 있었다. 이 파는 그 자체의 강력한 조직을 가지고 제후의 후원 아래 가톨릭 세력을 축출할 정도였다. 이 지방은 당시 프랑스에서 고도로 발달된, 트루바두르troubadour 시인들의 문학활동이 왕성한 곳이었다.

가톨릭 교회에서는 왈도파와 알비파에서 비롯된 위험을 고려하여 그들에 대한 재개종 운동을 시도하였다. 그러나 10년간의 재개종 운동이 실패로 돌아가자 1208년 '알비 십자군'을 결성하여 툴루즈 지방의 알비파에 대한 학살을 감행하였다. 그 결과 툴루즈는 프랑스 왕에게 귀속되고 알비 십자군의 난폭한 행위는 그 지방의 상업과 문화를 쇠퇴시키는 원인이 되었다.

알비 십자군은 중세 가톨릭 교회의 또다른 승리였다. 그러나 이를 계기로 기성교회에 대한 비판과 불만이 높아졌으며 위클리프나 후스가 주장한 개혁주의가 커다란 사회 문제로 대두하게 되었다.

이단에 대한 탄압 설교와 설득을 통한 재개종 과정은 효과가 느리고 불확실하였다.

13세기초에 이르러 교회는 본격적으로 알비파를 탄압하기 시작하였다. 교황 인노첸시오 3세는 평화적 방법을 버리고 강경한 조치를 취하였다. 교황 사절을 보내 툴루즈 백작을 파문에 처했지만 사절은 살해되고 말았다.

교황은 알비파 및 그 지지자들을 진압하기 위한 십자군(1208-1229)을 선포하였다. 북프랑스의 기사들이 열렬히 호응했으나 그들은 종교적 정통성의 회복보다 주로 약탈을 위한 탐욕에 더 관심을 가지고 있었다.

종교재판소 13세기에 교회는 늘어나는 이단을 누르고 종교적 통일성을 유지하기 위해서 '종교재판소'(Inquisition)를 제도화하였다. 1231년 교황 그레고리오 9세는 이단을 조사하고 처벌하기 위해 특별 재판소를 설치하였다. 종교재판소는 16 · 17세기에도 강력한 이단 억제의 수단이었다. 갈릴레오의 경우에서나 종교개혁 당시의 스페인과 이탈리아의 경우에서 종교재판의 효과는 입증되었다.

종교재판은 이단 혐의를 받은 사람을 심문하는 것을 목적으로 하였다. 재판관은 주기적으로 관할구역의 여러 도시를 두루 다니는 순회 재판관이었다.

종교재판관은 밀고를 접수하고 고발인을 보호하기 위해 그의 이름을 발표하지 않았다. 피고에게는 변호인의 조언을 받을 권리가 없었다. 용의자는 종교재판소에 소환되기도 전에 이미 유죄나 마찬가지였다. 재판에 회부되면 그는 이단을 고백하고 회개(悔改)할 수 있었다. 그러나 회개한 경우라 해도 용의자 재산은 몰수되는 것이 보통이었다. 벌금, 재산몰수, 투옥 등은 흔한 처벌이었다. 만일 고백하지 않으면 고문을 당하고 그래도 말을 듣지 않는 경우에는 일반 행정 당국으로 이송되어 화형에 처해졌다.

종교재판소는 박해와 유혈의 장소로 인식되었기 때문에 가톨릭 교회에 좋지 않은 영향을 미쳤다.

화형당하는 중세 이단자들

새로운 수도회 12세기는 그 동안 쌓인 교회악에 대해 비판하기도 하고 개혁을 시도한 때이기도 하였다. 교회를 혁신하고 그리스도교의 진리를 회복하며 이단을 없애기 위해 새로운 수도 단체가 11세기 말부터 설립되었다. 남프랑스 알프스산에 있는 사르

종교재판 심문

이단과 싸우기 위해 종교재판소는 용의자가 고백이나 회개를 하고 영혼이 구원받을 수 있도록 하려고 애썼다. 1307-1323년 남프랑스 툴루즈의 종교재판관 귀Bernard Gui는 심문에서 사용된 심리 기법에 관해 다음과 같이 생생하게 기술하고 있다.

이단자가 처음으로 조사받을 때에는 자신만만하게 아무런 죄가 없는 듯한 태도를 취한다. 내가 왜 불려온 것 같으냐고 물으면 그는 웃으면서 정중하게 '저도 그 이유를 알고 싶습니다'라고 대답한다.

재판관: 당신은 이단으로 고발되었다. 당신은 성스러운 교회가 믿는 것과 다른 내용을 믿고 가르쳤다는 죄로 고발되었다.

피 고: (눈을 하늘로 돌려 대단한 신앙인과 같은 태도로) 하느님이시여, 제가 무죄임을 아실 것입니다. 참된 그리스도교 이외의 어떠한 다른 종교를 믿은 바가 없습니다.

재판관: 나는 당신이 속임수를 쓰는 것을 알고 있다. 당신 교파의 믿음은 그리스도교인이 믿는 것과 같다고 주장한다. 그러나 이런 얼버무림은 시간만 낭비하는 것이다. 간단히 말하라. 당신은 하나인 하느님, 성부와 성자와 성령을 믿는가?

피 고: 네 믿습니다.

재판관: 동정녀 마리아가 낳은 그리스도가 고난을 받으시고, 부활하시고 하늘에 올라가신 것을 믿는가?

피 고: (간단히) 믿습니다.

재판관: 사제가 행하는 미사 때 빵과 포도주가 하느님의 힘으로 그리스도의 몸과 피로 바뀐다는 것을 믿는가?

피 고: 이를 믿지 않아야 할 이유라도 있습니까?

재판관: 내 말은 당신이 믿어야 한다는 것이 아니다. 당신이 믿는가 하는 것이다.

피 고: 저는 당신이나 다른 훌륭한 신학자들이 나에게 믿으라 하는 것이면 무엇이나 믿습니다.

재판관: 그렇다면 당신은 참된 신앙에 반대되는 어떠한 것도 결코 아는 바 없다고 맹세할 수 있는가?

피 고: (창백해지면서) 맹세해야 한다면 기꺼이 맹세하겠습니다.

재판관: 내 말은 당신이 꼭 그래야 한다는 것이 아니고 당신이 맹세할지, 않을지를 묻는 것이다.

피 고: 당신이 명하시면 나는 맹세하겠습니다.

재판관: 나는 맹세를 강요하지는 않는다. 왜냐하면 당신은 맹세가 불법이라고 믿고 있기 때문에 그 죄를 강요하는 나에게 씌우려는 것이다. 그러나 당신이 맹세하겠다면 나는 맹세를 들을 것이다.

피 고: 나에게 명하지 않는 맹세를 왜 내가 해야 합니까?

재판관: 그래야 이단의 혐의를 벗게 되니까.

피 고: 당신이 맹세하는 법을 가르쳐 주지 않으면 내가 어떻게 알겠습니까?

재판관: 만일 내가 맹세한다면 나는 내 손을 들어올려 손가락을 펴 이렇게 말할 것이다. '신이여, 저를 도와주소서, 나는 이단을 알거나 참 신앙에 반하는 것을 믿은 바 없습니다'.

그러면 그는 마치 그 형식대로 되풀이하지 못할 것처럼 몸을 떨면서 자신에게나 딴 사람에게 말하는 것처럼 더듬거리며 맹세의 절대적 방식이 없지만 그는 맹세를 한 것 같이 생각하게 될 것이다. … 아니면 그는 맹세를 기도 형식으로 바꾸려 한다 …. (그리하여 더 압박을 가하면 그는 이렇게 말하면서 호소할 것이다. '내가 무엇이든 잘못한 것이 있다면 나는 기꺼이 보속(補贖)하겠으니 불명예로 고발된 죄에서 벗어나도록 나를 도와만 주십시오.' 그러나 기운 좋은 재판관은 이런 식으로 진행되도록 하지 않고 잘못을 고백하기까지 적어도 공개적으로 이단을 포기하기까지는 확고하게 진행한다. 그래서 거짓으로 맹세한 것이 발각되면 더 청문하지 않고 일반 행정 당국에 넘겨 처형을 받게 하는 것이다.

트뢰즈 수도원(La Grand Chartrouse)이 본부 수도원이었다. 규칙적인 수련을 주장한 아우구스티노 은둔 수사회, 해이된 베네딕토 규율을 바로잡으려는 프레몽트레Premonstratens 수도회(1119), 1075년 성 로베르 St. Robert(1027-1111)가 창립한 시토Citeaux 수도원(Cistercian Order) 등은 모두 그리스도교의 순수성을 강조한 개혁 수도원이었다. 성 브루노 St.Bruno(1030-1101)가 1084년 세운 카르투시아 수도원(Carthusian Order)은 남녀 수도성직자들로 구성된 수도원으로 자체의 생활규칙을 갖고 있었다.

프란치스코 수도회 특히 탁발수도회(托鉢修道會)인 프란치스코 수도회와 도미니코 수도회가 나타남으로써 13세기의 종교개혁에 자극제가 되었다. 프란치스코 수도회는 부유한 이탈리아 상인 가정에서 태어난 프란치스코St Francis of Assisi(1181-1226)에 의해 창설되었다.

프란치스코는 젊었을 때 인생의 쾌락을 즐겼으나 정신적 개종을 경험한 후에는 사랑과 검소한 생활을 철저히 실천하고 그리스도를 모방해야 한다고 확신하였다. 그는 종교사상 가장 고귀하고 호소력이 있는 인물이며 중세의 종교적 이상을 몸소 구현한 인물이었다. 프란치스코는 카리스마적 전도자였으며 모든 창조물, 특히 불행하고 고통받는 인간에 대한 사랑을 표현하였다.

프란치스코가 수도회를 만들자 즉석에서 많은 남녀가 그를 따라 나섰다. 그들은 자신의 부를 버리고 생계를 위해 일하고 하느님과 인류를 위한 사랑의 메시지를 전도하였다. 수도회 회원은 걸식(乞食)하는 성직자들(friars, fratres)로서 순전히 개인의 인격을 통한 구원을 강론하였다.

1210년 프란치스코는 교황 인노첸시오 3세에게 공식적으로 종교적 교단의 조직을 허락해 줄 것을 청하였다. 이 수도회는 절대빈곤을 실천하며 전도와 자선사업에 전념할 것을 목적으로 하였다. 교황은 사랑과 회개라는 단순 소박한 메시지가 도리어 기성교회의 기구를 경시하게 하지 않을까 염려하여 교단(教團)의 창설인가를 주저했으나 결국은 인가하였다. 1226년 프란치스코가 죽을 때까지 교단은 급속한 성장을 보여 서유럽의 거의 모든 지역으로 퍼져나갔다.

프란치스코 수도회의 식당(18세기 회화)

그러나 교단이 확장됨에 따라 좀더 조직구성을 분명히 하고 그리스도의 모방이라는 단순한 지시보다는 훈련

(왼쪽) 성 프란치스코
(오른쪽) 새들에게 설교하는 성 프란치스코

을 더 공식화하였다. 절대빈곤의 규칙은 완화되고 수도회는 기부를 통해 많은 부를 얻는 한편 전도사 훈련을 위한 교육을 더욱 강조하였다. 많은 프란치스코 수도회원들에게는 이러한 타협이 프란치스코가 지향하는 이상의 거부를 의미하는 것으로 생각되었다.

그럼에도 불구하고 프란치스코 수도회는 모든 사회 계층의 종교생활에 강력한 영향을 미치게 되었다. 수도회는 예전에 중요시하지 않았던 학문연구에 집중하여 많은 신학 교수들을 배출하였다. 더욱이 프란치스코 수도회가 끼친 역사적 영향은 오래 갔다. 예를 들면 초기 이탈리아 르네상스의 미술은 특히 프란치스코파에서 그 영감을 얻었다. 또한 그들의 수도정신이 13세기 이후에는 더욱 확장되어 마침내 중국에까지 이르게 되었다.

도미니코 수도회 1206년 스페인의 도미니코St Dominicus(1170-1221)는 남프랑스를 여행하면서 알비파의 이단이 번성하는 것을 본 후 새로운 교단을 창설하기로 결심하였다. 도미니코는 전도사들이 신학을 배우고 모든 부의 유혹을 뿌리치고 이단자들과 가까이 섞여 지내면서 참다운 믿음을 가르칠 때만이 정통 그리스도교가 전파될 수 있다고 확신하였다.

1215년 교황 인노첸시오 3세는 이단을 억누르는 데 전념하는 수도회 설립의 권한을 도미니코에게 부여하였다. 수도회 규칙에 따르면 회원은 가난과 설교에 전념하며 신학과 법을 공부해야 하였다. '검은 옷을 입은 거지 성직자' 또는 '거지 성직 강론자'라 불리게 된 그들은 전유럽에 퍼져 주요세력을 형성하여 설교와 대학 신학교육에서 괄목할 만한 활동을 하였다.

1220년 교황 호노리오 3세는 정식으로 이 수도회를 인가하였다. 학식과 웅변에 능한 도미니코 수도회 회원은 도시민 설교에 적극 나서게 되었다. 당시의 도시는 교구성직자의 관심밖에 있었을 뿐 아니라 도시민도 나름대로의 바쁜 생활 때문에 성직자와 접촉할 기회가 많지 않았다.

도미니코 수도회가 대학 교육에 관계했기 때문에 13세기 교회의 종교적 주도권을 형성하는 데 기여하게 되었다. 프란치스코 수도회와 함께 도미니코 수도회는 가톨릭 교회의 가르침을 전도하고 이단의 목소리를 억누르며 영적 양식을 넓히는 데 선도적 역할을 하였다.

신비주의와 경건 수도원의 주요 특징이었던 종교적 경건은 13세기에 이르러 세속 세계로 나와 새로운 형태를 취하게 되었다. 일반인은 정신적으로는 프란치스코 수도회와 도미니코 수도회의 경건을 실천하면서도 자신의 세속생활 속에서 공동체를 이루어 이를 실천하고자 하였다. 대개 도시민 집단으로 공동 예배와 기도를 하면서 영적 삶을 심화하려는 것이었다.

이러한 경건한 삶의 바탕에는 휴머니즘이 있었다. 수많은 신비주의에 관한 저술이 나와 일반인에게 회개방법을 가르쳤다. 성서의 속어(각 국어) 번역이 나왔으나 활판 인쇄술이 나오기 전이어서 값이 비싸 유통 범위는 제한되었다. 사람들은 정서적 안정, 신의 사랑의 증거를 희구하고 신의 은총을 자신의 내부에서 구속(救贖)하려고 하였다.

여성의 실천 개인적 경건은 특히 여성의 경우에 현저하게 나타났다. 중세 전반에는 남성 성자(聖者)가 압도적이었으나 1348년부터 1500년에 이르는 중세 말에는 여성 성자가 많이 나왔다. 특히 성자가 여왕 · 공주 · 수녀원장에 제한되지 않고 일반인에게서까지 나왔다는 사실은 놀라운 변화였다.

14세기에 여성 신비주의자가 남성 신비주의자보다 훨씬 더 많은 수에 달했고 그 명성도 전유럽적인 것이었다. 예를 들면 가타리나Catherine of Siena(1347-1380)는 미천한 이탈리아 염색공의 25명 자녀 중 막내였다. 성스러움에 대한 그의 명성 때문에 멀리 영국에서까지 추종자들이 찾아왔다.

수녀원 밖에서 종교적 생활을 한 여성의 수도 점차 많아졌다. 그들 중 일부는 가족과 함께 도시에 살았고 일부는 변두리에 살았다. 교회는 수녀원 밖에서 종교생활을 하는 이러한 집단을 경계하였다. 그러나 교회가 통제하거나 억압하기에는 이 운동은 너무나 커졌다.

에크하르트 새로운 신비주의 운동의 중심지는 라인강 계곡에 있었다. 그 가운데 가장 유명한 신비주의자는 도미니코 수도성직자인 에크하르트Meister Eckhart(1260-1327)였다. 그는 인기있는 설교사였으며 아퀴나스의 제자였다.

에크하르트는 많은 일반 청중에게 신과의 직접 대화를 시도하라고 설파하였다. 그는 신자라면 모든 영혼 안에 있는 '신성한 불꽃'을 태워야 한다고 강조하였다. 그러기 위해서는 마음의 모든 잡념을 몰아내고 순수하게 받아들이는 상태에 도달해야 한다. 이 상태가 되면 하느님이 찾아오며 내부에 머무를 것이다. 에크하르트는 교리가 쓸데없음을 강조하고 암암리에 전통적인 경건 행위를 부정하였다.

공동생활 수사단 신비주의자는 형식적 지식의 가치를 부정하고 사랑의 필요와 신에 대한 마음의 헌신을 강조하였다.

가장 영향력이 큰 신비주의자는 네덜란드의 흐로테Geert Groote(1340-1384)였다. 그는 저술한 것이 거의 없으며 주로 추종자들에게 인품을 통해 영향을 주었다. 1384년 그가 죽은 후 제자들은 '공동생활 수사단'(Brethren of the Common Life)이라 알려진 종교 단체를 만들었다.

'공동생활 수사단'의 주요 과제는 교육이었으며 독일과 저지대지방에 여러 학교를 창설하여 '새로운 경건'(devotio moderna)이라 알려진 집단적인 경건생활을 실천하였다. 이 학교들은 많은 종교개혁 사상가들을 배출했는데, 에라스무스, 루터와 같은 사상가들도 이 학교 출신이었다.

『준주성범』 '새로운 경건'을 십분 표현한 저술은 1425년『준주성범(遵主聖範)』(*Imitatio Christi*)이다. 이 작은 책은 '공동생활 수사단'의 한 사람인 토마스 아 켐피스Thomas à Kempis(Thomas Hamerken, 1380-1471)의 저술로 알려져 있다.『준주성범』에는 금식 · 순례 · 기타의 전통적인 경건 행위에 관해서는 거의 언급되어 있지 않다. 그 대신 종교생활에 본질적인 내적 경험을 강조하고 있다. 이에 의하면 신자는 단지 예수의 삶을 본뜨려고 노력해야 한다는 것이다.

이 책에서 말하는 윤리의식이나 사회의식 또한 특이하다. 내부의 강한 신앙은 극단적인 속죄 행위보다는 오직 고도의 윤리적 행위를 하도록 한다는 것이다. 토마스 아 켐피스는 "무엇보다도 먼저 자신을 평화롭게 하라, 그러면 당신은 타인을 평화롭게 만들 수 있을 것이다"라고 말하였다.

2. 학문과 사상

중세철학이 독창성에서 뒤떨어진 이유는 중세사회가 고대 그리스에 비해 사고의 자유가 없는, 교회의 권위에 압도된 사회였기 때문이었다. 7교양 과목은 각각 하나의 '과학'이었으나 중세학문 가운데 우월한 것은 신에 대한 연구인 신학, 인간사회의 연구인 법학, 물질적 질서의 연구인 자연과학 등 세 분야였다.

그러나 그 중에서도 가장 지배적인 것은 신학이었다. 한마디로 신학은 오늘날의 철학을 포함한 '학문의 여왕'이었다. 신학이 발달된 것은 그리스도교 사회가 기본적 가르침을 통일하고 체계화할 필요가 있었기 때문이었다. 신학적 탐구는 주로 하느님의 진리를 담은 권위 있는 텍스트, 특히 성서의 의미를 이해하고 설명하는 것이었다. 주의 깊은 독서와 명상을 통해 하느님의 말씀에 담겨진 의미를 찾아내는 문헌적인 방법이 지배적이었다.

11세기에 이르러 신학 연구의 새 방법이 모색되기 시작하였다. 학자들은 성서 속의 모순을 점차 깨닫게 되면서 종교적 진리를 합리적으로 이해할 수 있는가에 대한 가능성을 추구하였다.

신학을 중심으로 한 학문연구와 그리스도교적 세계관이 중세의 정신계를 지배하였다. 철학 · 과학 · 문학 · 역사 등은 가톨릭 세계관을 반영하였으며 회화 · 조각 · 건축은 교회의 가르침을 상징화하였다.

A. 스콜라 철학

중세 신학을 발전시킨 핵심세력이 대학교수였으므로 신학은 '학교(schola)'에서 하는 학문, 즉 스콜라주의(Scholasticism)란 말을 듣게 되었다. 신학교수들의 대다수는 파리 대학과 관련이 있었고, 이 분야에서 파리 대학은 다른 대학을 능가하였다.

스콜라주의의 주목적은 가톨릭 교회의 보편적 지배를 뒷받침하기 위해 그리스도교 교리를 철학적으로 설명하고 체계화하는 데 있었다. 따라서 그것은 자유로운 입장에서 진리를 탐구하는 철학과 달리 교회의 일정한 교리를 전제로 한 것이었다. 그러나 스콜라주의는 신학과 철학적 문제만을 연구대상으로 국한시키지 않고 정치와 경제 등 현실사회의 문제도 논했기 때문에 좁은 의미의 종교론이 아닌 종합 학문의 성격이 강하였다.

스콜라 철학의 기반 스콜라주의는 의심할 바 없는 교리로서의 성서, 교회당국에서 발표한 신조나 교리, 성 아우구스티누스와 같은 교부들의 저술 등을 기반으로 하였다.

그러나 스콜라 신학자는 이러한 세 가지 권위의 원천이 항상 일치하지 않고 상충한다는 것을 깨닫고 있었다. 이 문제를 해결하기 위해 중세의 여러 시기에 많은 신학자가 의견을 내놓았다. 그것은 원칙적으로 신앙이나 계시 또는 이성(理性)과 깊은 관계가 있는 문제였다.

13세기 스콜라 철학자는 새로운 지식을 합리적으로 체계화하고 그리스도교의 교리와 조화되도록 주력하였다. 그들은 논리 정연하고 획일적인 교리 탐구를 통하여 교회에 봉사하고자 하였다. 신앙과 이성의 조화와 같은 문제는 대학에서 가장 집중적으로 탐구되었고 다양한 반응과 치열한 논쟁을 불러일으켰다.

교부철학 중세신학의 발전과정은 시기적으로 교부인 성 아우구스티누스에서 10세기에 이르는 교부 철학(scientia patrum ecclesiae)의 시기와 11세기에서 13세기에 이르는 스콜라 철학(scientia doctrum ecclesiae)의 완성기로 양분된다.

제1단계에서는 초월적인 세계관과 교회의 우월성이 주장되었다. 이 시기는 성 아우구스티누스St Augustine(354-430)의 『신국론』(*De Civitate Dei*)으로 대표된다. 그에 따르면 신국(神國)은 지상의 세속적 역사과정 속에 투영(投影)된 것이며, 따라서 인간 역사의 과정은 신의 섭리의 실현이었다.

『신국론』 아우구스티누스는 북아프리카 누미디아Numidia에서 태어났으며 정신적으로나 육체적으로 세속생활을 즐긴 청년시절을 보냈다고 『고백록』에서 회고하였다. 그는 라틴 문법과 수사학에 대한 교육을 받고 후에 수사학 교사가 되었으며 한때 페르시아의 마니교를 신봉하였다.

그러나 밀라노 주교 암브로시오와 신앙이 두터운 어머니 모니카의 감화를 받아 386년 그리스도교로 개종하였으며 사제가 되었다(391). 히포Hippo(지금의 알제리 아나바Annaba) 주교 사후 그 뒤를 이어 히포 주교가 되었다. 그의 생애는 로마 제국 최후의 시기와 게르만 민족의 이동이 뒤이은 혼란한 시대였다.

『신국론』은 중세 사상의 전개에 중대한 영향을 끼쳤다. 그는 임시적인 '지상의 나라'(civitas terrena)를 진정한 실재인 '신의 나라'(civitas Dei)와 대조시켰다. 그에 따르면 인간은 가톨릭 교회를 통해 신국으로 들어갈 수 있으며, 교회는 그 실현을 사명으로 하는 유일한 기관이었다. 간단히 말해 교회는 인간 구원을 위한 유일한 기관이었다.

초기의 신학논쟁 초기 중세신학으로부터 스콜라 철학의 확립에 이르는 기간에 많은 신학자들의 의견이 대립되었음을 볼 수 있다. 그 가운데 신앙과 이성의 대립, 실재론과 명목론의 대립 등이 가장 두드러진 것이었다.

이러한 철학적 대립은 이슬람의 주석을 통해 보존된 고대 그리스의 철학 내용이 그리스도교 사상 속에 들어옴으로써 시작되었다. 이 때 그리스도교 이전의 형이상학적 사상이 알려지게 되었을 뿐 아니라 논리의 인도를 받는 자연 이성의 가치가 인식되었다. 이리하여 논리는 신앙과 조화될 수 있다고 믿게 되었다.

아우구스티누스가 제시한 "나는 믿기 위해 알려고 하는 것이 아니라 알기 위해 믿는다"는 공식은 안셀모St Anselm of Canterbury(1033-1109)에 의해 명확하게 주장되었다. 노르망디의 베크Bec 수도원장이며 후에 캔터베리 대주교가 된 그는 새로운 신학의 길을 연 중심 인물이었다. 안셀모는 신앙이 이해를 구해야 한다고 주창하고 하느님의 존재를 논리적으로 증명하려고 하였다.

이와 같이 초기의 스콜라 철학자들은 신앙과 지식의 타협을 시도하였다. 이것은 이성의 힘을 부정한 것이 아니며 계시된 진리에 의해 밝혀질 때만이 타당한 결과를 낳을 수 있음을 말한 것이다. 이성과 신앙의 조화는 아베로에스Averroës(lbn Rushd, 1126-1198)를 거쳐 토마스 아퀴나스에 이르러 완전한 종합을 이루게 되었다. 스콜라 철학에서는 신앙과 이성의 관계가 중요한 문제가 되었으며 그것은 실재에 관한 문제와 밀접히 관련되었다. 여기에 대해 교회 안에 대립되는 두 의견이 있었는데 하나는 실재론(realism), 다른 하나는 명목론(nominalism)이었다. 보편적 개념이 실재이며 감각에 의해 알려진 개체는 실재가 아니라는 실재론과, 참다운 실재는 개체이며 보편적 개념은 개체들에 붙인 공통된 명칭에 불과하다는 명목론이 대립하였다.

실재론 실재론과 명목론의 두 견해는 플라톤과 아리스토텔레스 간의 의견 차이로 거슬러 올라가는 문제였다. 플라톤은 실재란 등급이 매겨진 여러 '이데아'들로 구성되며, 이러한 이데아들 가운데 가장 상위를 차지하는 중요한 것이 선이라고 주장하였다. 따라서 어느 특정 대상물은 영원불변한 보편적인 이데아의 본질을 구현할 때만이 비로소 실재한다는 것이었다.

아리스토텔레스는 이와 정반대의 입장을 취하여 개체는 그 자체로서 이미 실재하며 영원불변의 일반성과는 관계없다고 주장하였다. 아리스토텔레스에게는 개별 존재물이 실재하기에 앞서 보편적이며 일반적인 '이데아'가 존재할 수는 없었다.

중세 실재론자(realists)에 따르면 보편적 이데아는 '실재'(res)이며, 개별 명칭이 거기에 붙여지든 말든 상관없이 독립적으로 존재하는 것이었다. 명목론자(nominalists)에게는 보편적 이데아와 같은 추상적 관념은 단순한 명칭에 불과하며 실재하지 않는 것이었다.

간단히 말해 절대 실재는 개별 존재물에서 발견될 수 있는가, 아니면 하느님의 마음속에 형상으로 존재하는 보편적인 일반개념에서 발견되는가 하는 문제였다. 실재론자에 따르면 사람 개개인이 존재하기 전에 인간이라는 일반관념이 있었으며, 따라서 개개인은 인간이라는 일반 관념의 불완전한 반영에 불과하다. 이에 반하여 명목론자는 다만 개개인만이 실재하며 보편적인 인간이란 다만 공통 특징을 가진 개개인의 집단에 붙인 명칭에 불과하다고 주장하였다.

실재론은 11세기 후반 캔터베리 대주교 성 안셀모에 의해 대표되었다. 그에 따르면 신앙은 지식을 능가한다는 것이다. 신은 보편적인 실재이며 모든 개체는 그 불완전한 반영에 지나지 않는다. 실재론에 따르면 인식에 선행하는 실재는 무한한 것, 즉 보편은 개별적 사물에 앞서 실재한다(universalia sunt realia ante res)는 것이었다.

명목론 명목론은 12세기의 프랑스 철학자 로스켈리누스Roscellinus; Roscelin de Compiégne(1050-1122)가 창시했으며 다음 세기에는 둔스 스코투스Duns Scotus(1266-1308), 오캄William of Occam(Ockham, 1288-1349) 등에 의해 대표되었다. 로스켈리누스의 주장에 따르면 보편적인 교회는 없고 다만 수천 개의 개별적 교회가 있을 뿐이며, 삼위일체의 통일이 없다고 주장하여 세 신을 숭상함을 의미하였다.

명목론자는 개별적인 사물을 실재라고 인식하였다. 간단히 말해서 보편은 개별적인 사물이 존재한 뒤에 비로소 실재한다' (universalia sunt realia post res)는 것이다. 이 두 파는 상호간에 극단적 논리를 구사하게 되었다. 결국 실재론은 범신론(pan-theism), 즉 우주는 하나의 전체로서 그것이 곧 신이라고 주장한 반면 명목론은 물질론(materialism), 즉 우주는 전적으로 물질로 구성되어 있다는 견해로 발전하였다.

13세기가 되기까지는 실재론이 명목론보다 우세하였다. 1092년 솨송Soissons 종교회의에서 이단이라는 비난을 받은 로스켈리누스는 자신의 견해를 철회할 수밖에 없었다. 실재론은 초월적이며 초자연적인 존재를 인식할 수 있는 대상이라고 주장하였으므로 그리스도 교회의 권위를 지지한 셈이 되었다.

그러나 13·14세기에는 명목론이 다시 득세하였고, 특히 오캄파에 의해 강하게 주장되었다. 인간 정신이 특수한 개별적인 사물들의 실재를 파악할 수 있다고 믿은 오캄은 이성에 의해 종교의 진리를 증명할 수 있는 가능성을 부인하였다.

아벨라르와 엘로이즈

아벨라르 아벨라르Pierre Abélard(1079-1142)는 가장 독창적인 중세 지식인 중의 한 사람이며 신학을 학문으로 체계화한 주요 인물이다. 브르통Breton 지방의 소귀족 가문에서 태어난 그는 성당학교에서 교육을 받았다.

아벨라르는 한 성직자의 조카딸 엘로이즈Héloïse(1101-1162)와 비극적인 사랑을 나누어 세상을 떠들썩하게 만들었다. 그들은 비밀리에 결혼하고 아이를 낳았다. 그는 격분한 엘로이즈의 가족에 의해 거세당하고 연인과 헤어지는 비극을 맞았다. 그 후 수도원과 학교를 전전하고 방황하는 생활을 하였다. 그는 항상 진정한 사랑에 대한 추억을 간직하면서도 완전한 지식을 추구하려고 노력하였다.

논리학자로서의 탁월한 재능을 가진 아벨라르는 신학적 탐구도구로써 변증법을 체계화하는 데 주요한 공헌을 하였다. 그의 저서 『긍정과 부정』(*Sic et Non*)은 근본 교리문제에서 이견(異見) 158개 사항에 관한 질의 문답을 모은 것이었다. 그는 이성을 통해서만 의견의 대립을 풀 수 있다고 시사하였다.

아벨라르는 보편적 사항이란 객관적 실재성을 전혀 갖지 않으며, 다만 우리의 마음 속에 관념으로 존재하는 데 불과하다고 주장하였다. 즉, 사물 자체(res)와 그 명칭(nomen)이 구별되어야 한다는 것이었다.

클레르보의 성 베르나르도

우리는 많은 다른 속성을 가진 개체 존재물을 인식하고 상호 유사성을 발견하여 비로소 하나의 관념으로써 일반성에 도달한다. 개별적 사물에는 속성의 동일성이 있으며 그것을 추상함으로써 관념이 형성된다. 그 때 비로소 일반화된 유개념(類概念)이 객관적인 타당성에 도달하는 것이다.

롬바르두스

아벨라르는 학구욕이 강한 학자이긴 했으나 사교에 서툴렀기 때문에 적을 많이 만들었다. 신앙의 진리를 확신하는 경건한 신비주의자 성 베르나르도는 그 중 두드러진 상대였다.

그러나 아벨라르에 대한 저항은 소용이 없었으며 새로운 신학은 우세해졌다. 아벨라르의 입장을 계승한 롬바르두스Petrus Lombardus(1100-1194)는 더욱 새로운 관점에서 본 신학을 구하였다.

그는 그리스도교의 기본교리에서 교부들의 저술과 성서에 내포된 모순된 입장을 해결하기 위해 논리학을 원용하여 조직적인 통합신학을 체계화하였다. 그의 저서 『판례』(*Sentences*)는 신학교육의 기본 교과서가 되었다.

아베로에스 학파와 보나벤투라 학파 신학적 쟁점에서 아베로에스 학파는 보나벤투라 학파와 대립되는 주장을 하였다. 이슬람 출신의 철학자 아베로에스에서 이름이 유래한 이 학파는, 이성이란 자체적으로 타당성을 갖는 진리에 질서를 부여한다고 논하면서 아리스토텔레스의 합리주의를 전적으로 받아들였다.

반대 입장을 취한 것은 플라톤-아우구스티누스 전통을 주장한 학파였다. 이 집단의 가장 유명한 인물은 보나벤투라Bonaventura(1221-1274)였다. 그는 프란치스코 수도성직자로서 파리대학 교수였다.

보나벤투라는 이성을 통해서는 궁극적 진리를 발견할 수 없다고 논하였다. 그는 인간이성을 초월한 신의 섭리를 통해서만 비로소 직관적으로 지성에 닿는다고 주장하였다. 합리적 고찰의 가치를 부인하지는 않았으나 근본적인 진리가 발견되지는 않는다고 주장하였다. 그는 합리주의란 궁극적으로 교리상의 오류를 범하는 것으로 끝날 수밖에 없다고 확신하였다.

토마스 아퀴나스 11세기 이래 실재론과 명목론 두 입장이 대립하면서 점차 스콜라 철학은 완성되어갔다. 마침내 13세기에 토마스 아퀴나스Thomas Aquinas(1225-1274)에 이르러 스콜라 철학은 완성된 형태를 갖추고 '가톨릭 교회 교리철학' (scientia doctrum eccelesiae)으로 자리잡게 되었다.

스콜라 철학자들은 아리스토텔레스의 논리학을 성서 및 교리와 조화시켜 복잡한 체계로 발전시켰다. 그리스도교의 입장에 비추어 아리스토텔레스를 해석한 학자 중 주목할 만한 인물은 독일지방 출신의 대(大) 알베르토Albert, Albertus Magnus(1193-1280)였다. 그는 파리 대학에서 교편을 잡은 도미니코파 성직자로서 비록 일관성과 균형을 결하고 있긴 하지만 스콜라 철학에 체계를 부여한 최초의 위대한 학자였다.

그러나 계시와 이성을 조화시킨 가장 영향력 있는 스콜라 철학자는 토마스 아퀴나스였다. 그는 남이탈리아 몽테 카시노Monte Cassino 근처에서 태어나 열 살 때 나폴리에서 고전 및 철학을 공부하고 18세에 도미니코파 수도성직자가 되었다. 그는 여러 해 동안 대 알베르토에게서 배웠으며 1263년에는 교황 우르바노 4세Urban IV의 명에 따라 아리스토텔레스의 해석에 착수하였다. 그의 활동은 파리 대학에서 가르치는 일과 교황법정에서 봉사하는 일로 나누어졌다.

알베르토 마그누스

아퀴나스는 철학과 계시의 관계를 설명하여 교회가 받아들일 수 있는 최종 공식을 만들어냈다. 그는 플라톤보다 아리스토텔레스에 더 가까운 일종의 수정된 실재론을 주장하였다. 보편적 존재는 영원불변의 실재성을 갖지만 동시에 본질로서 개체 안에 존재한다고 논하였다. 한편으로 그는 교회교리를 그대로 인정하고 다른 한편으로는 아리스토텔레스의 논리와 체계를 받아들이려고 시도하였다.

『신학대전』 토마스 아퀴나스는 방대한 양에 달하는 신학적 저술을 하였으며 주저인 『반(反)이교도대전』(*Summa contra Gentiles*)과 미완성의 『신학대전』(*Summa Theologica*, 19권)은 스콜라 철학의 정수를 제시한 중세의 신학·철학 사상의 최고수준을 대표하는 것이다. 그의 논리전개 절차는 매우 특이하였다. 그는 (1) 진리의 어느 면을 진술하는 명제를 공식화하고(videtur), (2) 모든 가능한 반대 학설이나 견해들을 제시하고(praeterea), (3) 이러한 반대 입장들의 오류를 입증하고(sed contra), (4) 자기의견을 뒷받침하는 논거를 제시하며(respondeo dicendum quo), (5) 처음에 지적한 이견(異見)을 논박하였다(ad primum ergo dicendum). 이견을 반박하거나 자기 주장을 할 때는 성서나 교부철학과 교리에 의거하였다. 이 논법에 따라 그는 하느님의 실재를 증명하고 신의 영광을 찬미하기 위한 방대한 논리를 체계화하였다.

토마스 아퀴나스의 체계에서 각각의 진리는 모든 사물들을 완전한 진리에 도달할 수 있도록 연결시켜주는 상호 연관된 구조물의 한 부분이다. 그의 체계는 모든 지식을 하나의 거대한 구조물로 종합하여 하느님을 찬양하고 인간

성 토마스 아퀴나스의 승리

이성을 통해 창조물의 완성을 입증하려는 것이었다. 그는 아마도 중세사상을 가장 잘 종합했다고 할 수 있으며 관찰된 사실에 입각하지 않은, 순수한 인간 사고의 입장에서 최고의 지적 성취를 이룬 사상가라 할 수 있다.

B. 사회사상과 자연과학

이 시기의 법이나 사회사상, 또는 역사학은 어느 의미에서는 스콜라주의의 연장선상에 있었다. 이는 사실에 입각한 합리적 연구보다는 교회의 초월주의적 입장을 뒷받침하는 사회과학이었다.

한편 후세의 기준으로 보면 중세 자연과학사상의 성취는 보잘 것 없는 것 같이 보인다. 그것은 분류 방법이라든지, 역학의 잘못된 전제 등이 오랫동안 고수되었기 때문이었다. 그럼에도 중세의 과학적 연구 업적을 전적으로 부인할 수는 없다. 특히 중세 과학은 실제적인 분야에서 주목할 만한 진척을 보였다.

법 사상 중세 성기에 발달한 또다른 학문은 법학이었다. 많은 대학에 법학부가 있었으나 아무래도 법률연구의 중심은 볼로냐 대학이었다. 11세기에 법학 연구에 박차를 가하는 움직임이 교회와 궁정에서 일어났다. 법학은 사회질서를 바로잡는 수단이라고 생각되었다. 당시 기존의 법체계는 혼돈과 모순으로 차 있었다. 신학자와 마찬가지로 법 연구가는 이 문제를 해결하기 위해 변증법을 활용하기 시작하였다.

12세기초 그라티아누스Franciscus Gratianus의 저서(*Decretum Gratiani,* 1140)는 캐논법 편람의 모델을 제시하였다. 그것은 광범하게 법적 선례를 수집하고 합리적으로 해석한 것이며, 중세 법과대학의 캐논법 교육과정에서 기본 교과서가 되었다. 많은 캐논법 법률가들이 편집과 주석 작업을 계속했으므로 13세기에는 교회 행정에 필수적인 일관성 있는 법체계가 나왔다.

캐논법의 발달은 로마법 연구에 대한 관심을 크게 자극하였다. 중세 초기에 사용된 성문법이 남아 있는 남프랑스, 북이탈리아와 같은 몇몇 곳을 제외하고 로마법은 오랫동안 서방세계에서 소홀하게 다루어졌다.

11세기에 이르러 로마법 연구는 다시 활발하게 시작되었다. 그 주된 이유는 유스티니아누스 때 로마 시민법이 법전화되었기 때문이었다. 시민법학자들은 이 법전에 대한 '주석'(Glosses)에 큰 힘을 기울였으며, 법전에 제시된 원칙들을 기존사회 상황에 적용시키려고 하였다. 그들이 생산한 방대한 양의 법학 문헌은 뒤에 대두하는 군주국가의 왕권과 행정의 체계화에 결정적인 영향을 주었다.

로마법 연구가들이 설정해 놓은 법 개념은 기존의 무질서한 관습법들을 정비하고 법전 편찬을 촉진시키는 데 기여하였다. 그 예는 13세기의 브랙턴 Henry de Bracton(?-1268)이 편찬한 영국 관습법에 대한 중요한 논문집에서 볼 수 있다.

사회연구 중세에 근대적 의미의 사회과학은 발달되지 않았으나 신학자와 법률가들이 인간사회와 정치질서의 성격에 관한 저술들을 내놓았다. 주제는 국가와 사회의 본질에 대한 그리스도교적 관념, 교회와 국가간의 충돌, 새로운 군주국가의 권리주장에 대한 합리화, 로마법의 부흥, 고전 그리스와 로마의 정치적 저술, 특히 아리스토텔레스의 정치사상 등이었다. 점차로 정치이론 연구는 사회 및 정치질서의 본질에 대한 새로운 견해를 낳게 되었다.

아우구스티누스에서 비롯되는 전통적인 정치사상에서는 국가를 죄 많은 인간 본성을 억누르는 수단으로 보았다. 그러나 12 · 13세기에 이르러 점차 국가는 자연질서의 부분으로 간주되고, 인간의 잠재력을 온전하게 실현시키기 위한 필요한 세력으로 정의되었다.

토마스 아퀴나스는 이러한 새 국가관을 내놓는 중요한 역할을 하였다. 아리스토텔레스의 영향을 받은 그는 자연질서의 한 부분이며 인간이 선을 행할 수 있는 공동체가 국가라고 주장하였다. 정부형태는 인간적 필요를 합리적으로 반영한 결과라는 것이다. 그의 견해에 따르면 이상국가는 여러 계급이 올바른 지배자의 지도를 받아 정해진 기능을 다하는 국가이다. 국가의 궁극적 목적은 정의 실현이다. 국가 지배자에게는 인간사회를 신의 질서와 조화시키고 인간사회를 다스리는 데 필요한 자연법 원리를 발견해야 하는 책임이 있다. 중세 정치사상가들은 인간복리의 증진을 위한 도구로서 국가의 적극적인 역할을 발견하였으며, 국가와 그 기능에 대한 연구 기반을 수립하였다.

의학 중세과학의 가장 발달된 분야는 실제적인 의학이었다. 특히 살레르노 대학에서는 의학이 독립된 학문분야를 이루고 있었다. 의학연구는 주로 헬레니즘 시대와 이슬람 세계의 의학지식을 습득하는 데 초점이 맞추어져 있었다.

중세 성기에는 신이 창조한 자연계를 당연히 연구대상으로 삼아야 한다는 세계관이 나왔다. 물질계는 신이 창조한 완전한 질서의 부분이며 자연계도 인간이성의 이해 대상이 되어야 한다는 세계관이 그것이다. 고대 그리스와 아라비아의 저작물에 대한 번역이 나온 12세기에는 자연과학 연구가 상당한 진전을 보였으며, 수학 · 기하학 · 천문학 · 지리학 · 물리학 · 화학 · 생물학 · 의학 등을 연구하는 전문가들이 나왔다.

대(大) 알베르토와 같은 스콜라 철학자는 식물에 관한 선구적인 연구업적을 남겼으며, 13세기 옥스퍼드 학자들은 자연과학에서 중요한 성과를 올렸다. 이들은 자연계에 관한 진리는 단지 관찰과 실험을 통해서만 얻을 수 있다고 주장하였다. 가장 대표적인 학자로는 프란치스코파 수도성직자이며 수학자인 그로세테스테Robert Grosseteste(1175-1253)와 그의 제자 베이컨이 있었다.

실험 방법 베이컨Roger Bacon(1214-1294)은 스콜라 철학자들이 고대 전거(典據)에 지나치게 의존하고 있다고 보고 수학의 중요성과 더불어 실험의 중요성을 강조하였다. 그는 이른바 귀납법을 지식 추구의 방법으로 채택하고 실험과학(scientia experimentalis)이란 말을 만들어 냈다.

베이컨은 13세기의 세계에서는 특이할 만큼 실험에 대한 근대적 감각을 가지고 있었으며, 그의 실험에 의한 과학적 방법은 3세기 후의 또다른 베이컨 Francis Bacon(1561-1626)으로 이어지는 과학적 전통의 초석이 되었다. 그러나 14세기에 이르러 중세과학의 이러한 징조는 다시 사그라져 버렸다.

3. 중세의 대학

중세 성기의 문화적 성취는 대체로 두 시기로 구분될 수 있다. 첫째, 1000-1170년의 기간이다. 이 시기는 활발한 탐구와 실험으로 특징지어지며 문화적 지평이 확대되는 문화부흥의 시대였다. 어떤 중세 연구가는 이를 '12세기의 르네상스'라 부르고 있다. 둘째, 1170-1300년에 해당되는 기간으로, 탐구정신보다도 조직적인 체계화가 존중된 시기였다. 이 시기에는 가장 성숙된 중세문화가 산출되었지만 신선함과 발랄함을 결여하고 있었다.

11세기와 12세기에 중세 교육제도는 기본적 변화를 겪게 되었다. 샤를마뉴가 칙령(789)으로 공포한 이래 1000년대 이전까지 중세의 학교교육은 대체로 수도원 학교와 교회 학교에서 담당하였다. 11세기초부터 소수의 성당학교와 시립학교가 세워지기 시작하였다. 12세기초의 저명한 성당학교는 파리 · 샤르트르Chartres · 랑스Reims 등에 있었다. 이러한 학교의 명성은 문과 중 어느 한 분야에 정통한 교사들이 있었기 때문이었다. 어쨌든 성당학교는 고전의 분석과 해석에 치중하였다. 이에 반해 이탈리아에 있었던 시립학교는 주로 법 공부에 중점을 두었다.

당시 교과과정은 로마 시대 이래의 7학과, 즉 3학과(trivium: 문법 · 수사 · 변증)와 4학과(quadrivium: 산수 · 기하 · 천문 · 음악)로 구성되어 있었다. 본래 7학과(seven liberal arts)는 그리스 이래의 교육과정이었다. 로마 시대에는 그것이 시민의 실제 생활에 맞도록 편성된 반면, 중세에서는 교회의 목적에 맞도록 재편성되었다. 예컨대 음악은 교회음악, 산수는 부활절의 계산 등을 위해서 교육되었다. 이러한 교과 과정에 따라 전해진 교과서들은 주로 샤를마뉴 시대에 설정된 것이었다.

그러나 이러한 교육기관은 이른바 '12세기의 르네상스' 시대에 만개한 학문과 교육의 진흥을 효과적으로 뒷받침할 수는 없었다. 12세기에 이르러 6백년 동안 잊혀진 유스티니아누스 법전이 발견되어 법 연구를 자극하고 아리스토텔레스의 학문체계가 부활되어 논리학, 신학 및 그 밖의 학문발달에 영향을 주었다. 유클리데스의 기하학과 아라비아 숫자에 기초를 둔 새 수학이 아라비아 쪽에서 도입되었다.

이와 같이 학문에 대한 자극이 컸기 때문에 종래의 수도원 학교나 교회학교로는 이를 만족시킬 수 없었다. 이러한 시대적 요청에 부응하여 새로운 교육제도가 대두한 것은 당연한 추세이며 마침내 본격적인 학문연구의 중심으로 대학이 탄생하였다.

A. 초기의 대학

대학(universitas)이란 말은 오늘날과 같은 종합대학을 의미한 것이 아니라 라틴어로 중세의 '조합'을 뜻하였다. 그것은 학생조합, 교수조합 또는 학생·교수 전체의 조합을 나타내는 말이었다. 즉, 대학은 학생이나 교수의 인적 결합 집단으로 시작되었다. 특정 건물이 있는가의 여부는 초기의 대학에서는 그다지 큰 의미를 갖지 않았다. 많은 경우에 대학은 강의할 장소를 따라 옮겨 다녔으며, 학생들은 바닥에 앉아 강의를 받았다. 볼로냐Bologna 대학의 경우 자체 건물을 갖게 된 것은 중세말의 일이었다.

대학의 시작 정확한 시기는 알 수 없으나 대체로 12세기말 또는 13세기초에 이탈리아·프랑스·영국 등에 대학이 창설되었으며, 얼마 안 되어 다른 지역에서도 대학 설립의 붐이 일어났다. 초기 대학은 공동이익을 스스로 지키고 자율을 주장하기 위해 교수나 학생들이 자체적으로 만든 조합이었다. 예를 들면 파리에서는 문과 교수들이 주교의 지배에서 벗어나 교육과정을 장악하기 위해 자치단체인 문학부를 만들었다.

그러므로 13세기초에 왕이나 주교 또는 시의회가 인허장(charter)을 정식으로 대학에 내 준 것은 다만 기정사실의 추인(追認)일 뿐이었다. 이러한 인허장에 의해서 대학은 법적 지위를 얻게 되었다. 교수나 학생에 대해서는 통상적인 시민의 의무가 면제되는 특권, 예를 들면 병역 면제라든지 사법권으로부터의 면제 등이 부여되었다. 대학의 자치권 중 가장 두드러진 것은 소정의 과정을 마친 학생에게 수여하는 학위증서였다.

1215년 교황 인노첸시오 3세가 하달한 파리 대학의 학칙에 의하면 석사학위(M. A.)는 20세가 되어야 받을 수 있고 신학교수 자격은 35세가 넘어야 수여되었다. 유럽에서 가장 유명한 초창기의 대학은 신학 중심의 파리 대학과 법학 중심의 볼로냐 대학이었다.

파리 대학 파리 대학은 노트르담 교회의 부속학교로 출발하였다. 일찍부터 명성을 얻은 이 학교에서는 인기있는 철학자 아벨라르, 이탈리아 출신의 파리 주교 롬바르두스 등 저명한 지식인들이 강의하였다. 그리하여 12세기에서 13세기로 넘어가는 전환기를 전후해 프랑스 왕 필립 2세는 이 학교를 '대학'(studium generale)으로 공인하였고, 비로소 국왕법정이나 도시의 법적 지배를 받지 않게 되었다. 교황 인노첸시오 3세도 이를 승인하였다. 파리 대학은 유럽 각지의 대학, 예를 들면 영국의 옥스퍼드 대학·케임브리지 대학, 독일의 하이델베르크Heidelbeg 대학, 체코의 프라하Prague 대학, 오스트리아의 빈Wien; Vienna 대학 등의 모델이 되었다.

파리 대학은 고급 강의로서 신학 · 의학 · 법학에 관한 과목들과 하급 강의로서 7교양학과를 개설하였다. 신학 · 의학 · 법학 및 7교양학과 등 강의 계통을 따라 각각 학부(faculty)가 편성되었다. 그 중 교양학부(faculty of arts)에 학생들이 가장 많았다.

교양학부의 소속학생들은 출신 민족별로 구분되었다. 즉, 프랑스인(이탈리아인과 스페인인 포함), 노르만인, 피카르디Picard인(저지대 지방 출신), 영국인(독일인 및 그 밖의 독일계 학생들) 등으로 나누어졌다. 이렇게 민족별로 구분되어 있던 학생들도 대학의 최고 책임자인 학장(Rector) 선거 때에는 단결하였다.

파리 대학 인장

파리 대학은 스콜라 철학의 발전에 기여한 신학 연구 중심 대학이었다. 이 대학은 교황 인노첸시오 3세 · 대 알베르토 · 토마스 아퀴나스 · 보나벤투라 · 둔스-스코투스 · 로저 베이컨 등 저명한 학자와 사상가들을 배출하였다.

대학의 기구를 비롯해 학부제 · 강좌 · 시험 등과 같은 학사제도, 학장 · 학부장 · 교수 · 학사 · 박사 등 교수 또는 학생에 대한 칭호도 모두 파리 대학에서 기원하였다.

학료 제도와 소르본느 대학 당시 대학생은 비싸고 귀한 서적과 숙식 때문에 고생하는 경우가 많았다. 그리하여 독지가의 후원으로,
수업료 · 책값 · 숙식대 등이 부족한 학생들을 위해 최초로 파리 대학에 숙식과 강의를 겸할 수 있는 시설이 생겼다. 이것이 학료(學寮: college)였다.

학료의 명칭도 역시 조합을 뜻하는 collegium이라는 라틴어에서 왔다. 이러한 연유로 직인(職人)조합의 경우와 마찬가지로 학생은 견습생, 학사(學士)는 직인이라 불리게 되고, 면허(licentia)를 가진 마기스테르magister에게만 교수자격이 부여되었다.

최초의 학료는 파리 대학의 소르본느Sorbonne였다. 1257년 프랑스 왕 루이 9세의 고해 성직자 소르봉Robert de Sorbon(1201-1274)은 신학박사 과정을 이수하는 학생 16명을 위한 건물을 파리 대학에 신축 · 기부하였다. 신학을 연구하는 교수와 학생은 이 기숙사에 입주하였다. 이윽고 파리 대학의 일부로 신학부 · 문학부 · 이학부를 포함하게 되었다. 오늘날 소르본느 대학은 파리 제4대학으로 명칭이 바뀌었다.

학료는 다른 유럽 지역의 대학에도 세워졌고 일종의 대학 예비교육 또는 대학 교육 자체의 장소로 발전하였다. 특히 영국에서는 이 제도가 인기가 있었으며 옥스퍼드 대학과 케임브리지 대학의 경우가 대표적이다. 현재 옥스퍼드에는 트리니티 콜리지, 뉴 콜리지 등 21개 콜리지, 케임브리지에는 킹스 콜리지, 펨부르크 콜리지 등 17개 콜리지가 있다.

볼로냐 대학 파리 대학이 서유럽과 영국 등의 대학 모델이 된 것과 같이 북이탈리아의 볼로냐 대학은 이탈리아를 비롯해 스위스와 스페인 대학의 선례가 되었다. 이탈리아 살레르노 대학, 스페인 세비야 대학을 비롯해 시칠리아 및 스위스의 대학 모델이 된 것이다.

볼로냐 대학의 시작은 법률 연구에 있었다. 11세기말 노르만인의 시칠리아 정복 직후 발견된 유스티니아누스 법전은 볼로냐 출신 이탈리아 법학자 이르네리우스Irnerius의 손에 들어갔으며, 그는 이를 새로운 시대조건에 맞도록 수정하여 주해(註解)를 편찬하였다.

이리하여 볼로냐는 많은 법률 주석가를 배출하였다. 법학연구의 주 대상은 교회의 캐논법과 함께 일반 시민법이었다. 훈련받은 전문 법률가의 필요성이 더욱 커짐에 따라 볼로냐 대학 교수들은 더 많은 법학도들을 키우는 한편 유럽의 다른 대학에 가서 법학부를 창설하기도 하였다.

13 · 14세기의 교황들은 대부분 캐논법을 대학에서 공부하였으며 적어도 13세기의 많은 교황들이 볼로냐 대학에서 공부한 적이 있었다. 군주들도 봉건제후의 세력을 억누르고 절대권을 확립하기 위해 프랑스 필립 4세의 경우와 같이 법률 전문가의 해석에 크게 의존하였다.

볼로냐 대학의 특색은 처음부터 대학의 실권을 학생들이 장악했다는 데 있었다. 파리 대학과는 달리 볼로냐 대학생은 대개 평균 연령이 높아 교육비를 스스로 마련할 능력을 가지고 있었다. 학생들은 교수를 채용하고 봉급을 지급하며 그들의 수업의 극대화를 위해 지각하는 교수에게 벌금을 물렸다. 이에 교수는 학생들의 지나친 요구와 과도한 정열을 막기 위해 따로 조합을 조직하게 되었으나, 결국 12세기초에는 학생 조합과 합쳐져 정식으로 대학이 발족하게 되었다.

옥스퍼드 대학 인장

그 밖의 대학들 파리 대학과 볼로냐 대학은 유럽 각지의 대학 창설에 영향을 끼쳤다. 이미 1167년경 일부 파리 학생들이 영국으로 건너가 옥스퍼드 대학의 기초를 놓는 데 도움이 되었다. 역시 비슷하게 약 40년 후 옥스퍼드의 일부 학생들이 케임브리지에 대학을 창설하였다(1209).

옥스퍼드 대학은 파리 대학과는 달리 교황의 별다른 주목을 받지 않고 성장해 갔다. 거기서는 파리 대학에서 경시했던 4학과 중심으로 교육하였다. 옥스퍼드 대학생과 교수들은 아라비아 수학과 자연과학을 받아들이고 아리스토텔레스에 대해서도 주로 그의 체계 중 경험적이며 자연과학적인 측면에 관심을 기울였다. 이 점은 이후 영국의 자연과학 사상의 발전 내지 영국 경험론의 성장과 관련이 있는 것으로 보인다.

곧이어 의학으로 유명한 이탈리아의 살레르노 대학도 창설되었다. 1347년

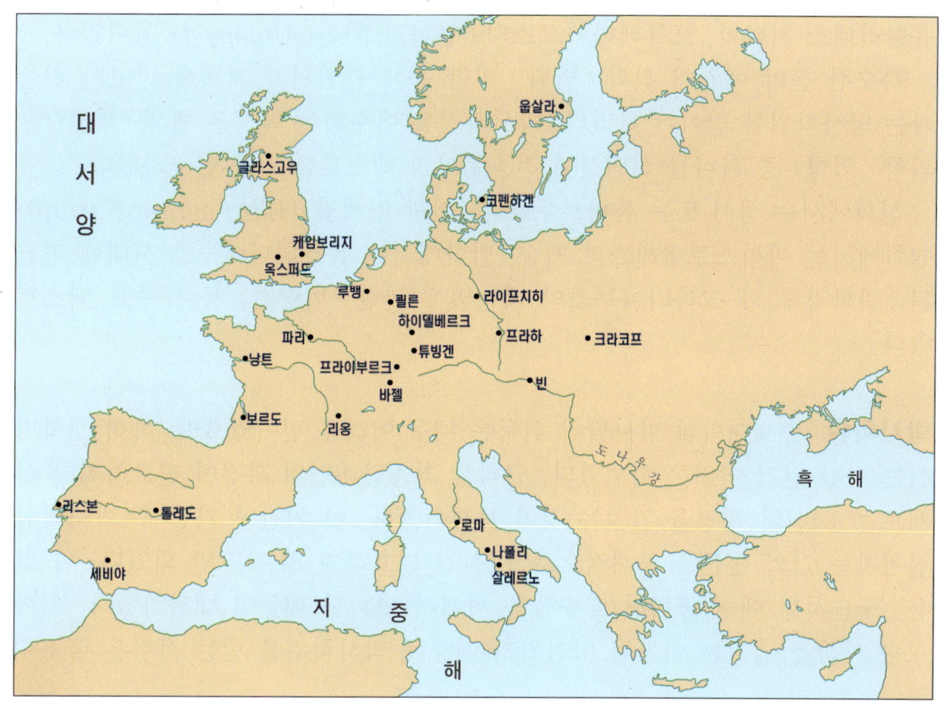

중세 대학의 분포

에는 체코의 프라하 대학이 설립되었고, 거의 같은 시기에 오스트리아의 빈 대학이 세워졌다. 독일은 약간 늦은 편이어서 1386년에 이르러서야 비로소 하이델베르크 대학이 창설되었다.

14세기는 대학 설립의 시대이며 1400년까지 유럽의 대학수는 50개에 달했고, 중세말까지는 75개로 증가했으며, 대학은 명실 공히 학문과 연구 중심으로 크게 발전하였다. 이리하여 대학의 전통은 확고부동하게 수립되고 현대 대학의 근원적 형태와 제도가 이때 마련되었다.

B. 교과과정과 대학생

대학입학 최소연령은 13세였으며 6-8년이 지나야 교양학부 과정을 모두 마칠 수 있었다. 대학의 전형적인 교과과정은 7교양학과에 기본을 둔 것이었다. 입학 후 3-5년이 지나 3학과를 마치면 문학사(B. A.: baccareatus artium) 학위를 받게 되는데 그다지 중요시되지는 않았다. 문학사 학위 취득 후에는 주로 4학과 과목에 치중하였다. 특히 아리스토텔레스의 저작물이 강조되었다. 이 과정을 마치고 졸업할 때 문학석사(M. A.: magister artium) 학위를 받고 대학에서 가르칠 수 있는 자격을 부여받았다. 중세 대학의 교과서로 큰 비중을 차지한 것은 아리스토텔레스의 논리학 · 물리학 · 형이상학,

유클리데스 기하학, 프톨레마이오스의 『알마게스트』(*Almagest*) 등이었다.

특수한 분야 예컨대 신학 · 법학 · 의학 등에서 권위적 지위에 앉고자 하는 자는 박사학위를 받아야 하였다. 박사과정을 이수하는 학생은 세 분야(신학 · 의학 · 법학) 중 하나를 선택하여 전공분야의 텍스트를 집중 연구하였다.

신학에서는 성서 또는 롬바르두스의 『신학 명제집』(*Libri sententiarum*), 철학에서는 아리스토텔레스의 저술, 법학에서는 유스티니아누스 시대에 편찬된 『법학강요』와 그라티아누스의 캐논법에 관한 『법령집』 등이 주요 텍스트였다.

박사학위 중세대학의 박사학위 취득은 매우 어려운 편이었으며, 특히 신학박사는 가장 얻기 어려운 학위였다. 규칙상 최소한 8년의 과정이 필요하지만 실제로는 14년의 과정을 거치는 것이 보통이었다. 이 기간이 지난 후 박사학위 신청자는 그의 논문을 공개적으로 12시간 변호하지 않으면 안 되었다. 이 같은 '구술시험'에 성공하면 교수들을 위해서 연회를 베풀어 대접하였다. 신학교수 자격을 얻기는 이처럼 어려웠기 때문에 박사학위를 받는 사람은 극소수였다.

대학의 궁극적 목적이 학위취득에 있었지만 많은 학생은 학위를 취득하지 않고 단지 대학에서 시간을 보내기도 하였다. 대학에 재학한다는 것 자체가 직장에서 승진할 때 유리하고 사회적 존경을 받을 수 있었기 때문이다.

강의방법 강의방법은 주로 강술(講述 : lectio)과 토의(討議: disputatio) 두 가지였다. 강의 후에 이루어지는 학생들 상호간의 토론이 항상 결정적인 것은 아니었으나 교수는 일정한 시기에 공개토론 시간을 마련하여 질의를 받아 응답하였다. 학생측에서 반론이 제기되면 교수 자신이 해답을 내놓았다.

중세 학생이 사용하던 납판 노트

학생의 하루 일과는 대개 한 과목 또는 두 과목의 강의를 듣는 것이었는데, 보통 한 과목 강의가 약 3시간 계속되었다. 첫 번째 강의는 새벽에 시작되었는데 텍스트는 아리스토텔레스의 저서가 중심이었다. 교수는 텍스트를 천천히 읽고 거기에 주석을 붙였다.

13세기에는 필기용 종이를 얻기 어려웠으므로 학생은 납판(臘板)에 노트하였고, 강의가 끝난 후 서로 노트를 비교하면서 토론과 논쟁을 하곤 하였다. 첫 번째 강의가 끝나면 학생은 10시나 11시에 식사하고 휴식을 취하였다.

오후에 두번째 강의가 있었으며 저녁식사는 4시나 5시에 하는 것이 상례였다. 통행금지 시간까지 학생은 사교활동을 하고 밤에는 촛불을 구하기 어려웠기 때문에 대부분 공부하지 않았다. 한 과목이 종강된 후 수강생들은 필기와 면접 두 종류의 시험에 합격해야 하였다.

볼로냐 대학의 강의

중세 대학생 생활 일반시민 이외에 귀족들이나 성직자들도 대학생으로 등록하였다. 입학과 퇴학 절차는 까다롭지 않고 어디서나 라틴어가 공용어였으므로 학생들은 유명 교수의 강의를 듣기 위해 대학을 옮겨 다니면서 공부하였다.

모든 시대의 학생들과 같이 중세 대학생 중에는 떠들썩한 학생이 있는가 하면 조용한 학생도 있었다. 중세 대학생은 자유분방하고 주색을 서슴지 않고 음담 패설하는 경우가 허다하였다. 싸우고 난폭하고 주정하고 고성 방가하였다. 예를 들어 1238년 옥스퍼드 대학생들이 교황사절에 폭행을 가해 그 일행을 살상하였다. 관련 학생들은 런던에 호송 · 투옥되고 파문된 후 맨발로 시가를 돌면서 용서를 비는 처벌을 받았다. 그러나 15세기말 초서의 묘사에는 조용하게 살면서 돈이 생기면 책을 사는, 가난하지만 우수한 옥스퍼드 대학생도 등장하고 있다.

초기의 대학에는 거의 시설다운 시설이 없었고 서적은 매우 귀하였다. 실험실과 도서관은 물론이고 교수는 강의실마저 없어서 아무 건물이나 이용하여 강의하였다. 어떤 때는 자비로 건물을 세내기도 했으며, 운이 좋으면 교탁이 있었으나 대학생들은 짚을 깐 바닥에 주저앉아 강의를 들었으며 책상이라곤 없었다.

후에 대학건물이 서게 되었다 해도 보통 창문이 없고 난방도 되어 있지 않았다. 책은 비싼 양피(羊皮)로 만든 필사원고(筆寫原稿: manuscript)였으며 부정확할 뿐더러 부유한 학생만이 살 수 있는 비싼 것이었다.

4. 문학과 예술

중세의 문학과 미술도 학문과 사상의 경우와 같이 그리스도교의 영향을 강하게 받았다. 그러므로 문학이나 미술의 예술적 소산은 주제나 내용에서 그리스도교 정신을 반영한 것이 대부분이었다. 궁중생활이나 기사도를 주제로 한 역사와 연대기 같은 라틴어 산문은 격식을 갖춘 중세 상층계급을 대변하면서 동시에 종교적 경건함을 담은 예술이었다.

한편 중세는 도시민이 상공업을 영위하고 활발한 도시생활을 이끌어 나간 시기였으므로 도시민의 취향에 맞는 예술 형식이나 내용이 많이 생산되었다. 특히 13세기에는 속어문학과 대중을 대상으로 한 연극이나 문학 작품들이 나왔으며, 건축에서도 도시민의 부를 기반으로 한 화려한 고딕 양식의 건물이 많이 세워졌다.

A. 중세 문학

중세 문학은 신학과 법학 분야에 못지 않게 풍요로운 결실을 맺은 분야였다. 문학작품은 주로 대학 교재용으로, 또는 점차 증가하는 라틴어 독자들을 상대로 계몽과 교양을 목적으로 생산되었다.

중세 문학은 크게 라틴어 문학과 국어 문학(vernacular literature)으로 나누어 볼 수 있다. 라틴어는 지식인의 공통어로서 기도 · 설교 · 강의 · 저술 등에 사용되었다. 라틴문학은 고전고대 작가들의 문체를 모방한 것이었다. 중세 작가들은 끊임없이 새로운 단어와 의미를 덧붙임으로써 문학작품의 질적 수준을 향상시키려고 하였다.

국어는 당시 속어(俗語 vernacular)라고 하였는데, 그것은 대부분의 유럽 주민이 지역 언어를 사용하였기 때문이다. 지역이란 프랑스 · 독일 · 이탈리아 등과 같은 국가를 뜻하였다. 일반대중은 라틴어를 알지 못하였으므로 그들에게 호소하는 문학은 지역 주민의 일상 용어인 속어로 써야만 하였다. 속어는 각국의 국어로 발달되고 속어문학은 당연히 국민문학의 기반이 되었다.

라틴어 문학 주로 라틴 문학은 좀더 격식을 갖춘 주제를 가지고 쓰인 산문이나 시였다. 따라서 라틴 산문에서는 설화나 소설과 같은 순수 문예작품보다는 역사·연대기·교회문서·논문·변증·서간 등이 주류를 이루었다. 세비야 출신 이시도루스Isidorus Hispalensis(560-636)의 『어원』(*Ethymologiae*), 그레고리오Gregory(Tours, 538-594)의 『프랑크 사』, 영국의 베다Bede; Beda Venerabilis(672-735)의 『영국교회사』 등이 그 예이다.

라틴어로 된 시는 (1)카롤루스 왕조시대 (2) 11세기-12세기 (3) 페트라르카(1304-1374) 시대로 구분되어 발달되었으며 단계적으로 변화하였다.

페트라르카 시대에 라틴 시는 속어로 쓰인 시에 눌려 쇠퇴하였다. 라틴 시인은 로마 제국 말 그리스도교 시인의 전통을 이어받아 주로 종교시를 창작하였다. 예컨대 아벨라르는 감명 깊은 시를 지었으며, 성 베르나르도는 순수한 종교정신에 투철한 시를 지었다.

심각하고 진지한 면과 달리 경쾌한 측면이 라틴 문학에 있었다. 사랑과 풍자를 노래한 중세 대학생들의 라틴 시, 중세 대학생의 생활이나 교회와 성직자를 풍자한 '골리아스 시'는 중세사회의 또다른 측면을 이해하는 데 중요한 단서가 된다.

'골리아스 시'의 이런 면은 학생시인의 상상적인 수호자인 골리아스 주교를 언급했기 때문일 것이다. 골리아스 시인들의 중심지는 북프랑스였다. 그들은 방랑시인이라고 할 수 있는데, 이 전통은 르네상스의 '방랑하는 휴머니스트'들에까지 이어졌다고 볼 수 있다.

속어 문학 라틴 문학은 종교적이며 교훈적인 내용을 담고 있었기 때문에 그 영향력이 극히 제한된 것이었다. 이에 비해 속어문학은 그 주제의 다양성에 비추어 일반 대중에게 큰 호소력을 가졌던 것이다.

중세의 속어문학은 대체로 기사문학·도시민 문학·일반서민 문학 등으로 구분될 수 있다. 이 가운데서 기사문학이 주제·내용·형식에서 풍부하고 다양하게 발달되었으며 중세문학의 큰 줄기를 이루었다.

기사문학 기사문학은 사회의 상층계급인 귀족들의 취향에 맞도록 작품화되었다. 그 형식에는 영웅 서사시와 서정시가 있었다. 중세 서사시는 '샤를마뉴계', '아서계' 및 '트로이계' 등으로 나누어진다. 가장 대표적인 중세 서사시는 일찍이 8세기에 씌어진 앵글로-색슨의 「베오울프」(*Beowulf*), 독일의 「힐데브란트의 노래」(*Hildebrandslied*), 7·8세기에 나타난 노르만인의 무용담 등이었다.

「니벨룽겐의 노래」(*Nibelungenlied*)는 1200년경 오스트리아의 한 기사의 저작으로 알려져 있다. 그것은 옛 게르만 민족의 한 파인 니벨룽겐과 관련된 전설을 바탕으로 한 서사시이다. 전설에 의하면 부르군드 왕(Gunther)의 왕비 브룬힐트Brunhild와 왕의 여동생이며 지크프리트Siegfried의 처인 크림힐트Kriemhild가 서로 사이가 나빠 끝내는 지크프리트가 브룬힐트에 의해 살해되었다. 그 뒤 크림힐트는 훈족의 왕과 재혼하고 남편의 살해에 관련된 사람들을 모두 학살하였다. 남녀의 성실한 의리와 끈질긴 복수를 묘사한 것으로 심각하고 음울한 분위기를 자아내고 있다.

이 전설은 19세기의 음악가 바그너Richard Wagner(1813-1889)의 악극 작품 「니벨룽겐의 반지」에서 재생되었다. 기사문학은 그 후 프랑스에 와서 독특하게 발전하였으며 마침내 유럽 전체에 널리 전파되었다. 이 문학의 주제는 그리스-로마의 신화나 전설뿐 아니라 각국의 민족 설화를 바탕으로 하고, 동시에 기사의 무용과 사랑을 주요 소재로 하였다.

무훈시와 서사시 트루베르Trouvères는 방랑하면서 각국 궁정의 보호를 받아 역사시 또는 무훈시(武勳詩)를 쓴 북프랑스의 시인들이었다. 무훈시(chansons de geste)는 새로운 시 형식으로서 주로 그리스도교적 정신과 용기 있는 기사들의 행위를 표현하였다. 대표적인 무훈시는 「롤랑의 노래」(*Chanson de Roland*)였다. 그 내용은 8세기말(778) 샤를마뉴가 스페인 정복에 나섰을 때 롱스발르Roncesvalles 전투에서 그의 부하 브르타뉴 후작(侯爵) 롤랑이 무어인의 공격을 용감하게 저지하고 전사한다는 것이다. 이 외에도 80여 개의 무훈시가 있는데 주로 샤를마뉴 및 그의 기사들을 주제로 하고 있다.

또 다른 영웅 서사시는 켈트인의 전설적인 영웅 아서Arthur왕을 주제로 한 것이다. 아서왕 이야기는 11세기의 북프랑스 브르타뉴 지방에서 나온 것이며 제프리Geoffrey(Monmouth, 1110-1154)가 라틴어로 쓴 것이 대본이 되어 프랑스·독일 등에서 서사시로 번안(飜案)되었다. 따라서 여기에는 나라마다 전해오는 여러 종류의 전설과 신화가 가미되었다. 영국의 노르만계 작가인 제프리의 라틴어 저술 『브리튼인의 역사』(*Historia Britonum*)는 전설과 단순한 공상의 혼합물이었는데 많은 시인과 설화가에게 소재를 제공하였다.

아서왕의 전설을 바탕으로 한 서사시는 왕과 원탁의 기사들, 왕비 귀니버Guinevere를 둘러싸고 벌어지는 일들을 이야기한 것이다. 이 계통의 서사시에는 13세기 독일 고트프리트Gottfried von Strassburg(?-1210)가 완성한 「트리스탄과 이솔데」(*Tristan und Isolde*), 12세기 후반기 프랑스의 크레티앵Chrétien de Troyes(?-1185)이 작시한 「랑슬로트」(*Lancelot*), 독일의 기사출신 시인 볼프람Wolfram von Eschenbach(1170-1220)이 쓴 「파시발」(*Parzifal*) 등이 포함된다.

「트리스탄과 이솔데」나 「랑슬로트」에서는 애정과 의리의 갈등, 완벽한 기사도, 순수한 사랑 등이 묘사되었으나 「파시발」에서는 아서왕의 전설에 그리스도교의 영향이 가미되었다. 파시발은 자연 속에서 성장한 무지하고 순진한 기사가 죄악을 저지르게 되나 성배(聖杯)를 찾아 헤매다가 마침내 성공한다는 이야기다.

서정시 기사문학의 또 다른 장르로 서정시가 있었다. 북프랑스의 시인들이 영웅 서사시를 제작하던 12·13세기에 남프랑스의 프로방스 일대의 시인들은 프로방스 지방어(Provençal)로 아름다운 여인과 기사들의 사랑을 표현하였다. 이러한 서정시인들을 트루바두르라 불렀다. 그들은 여기 저기 궁정을 옮겨 다니는 시인이었다.

그 중 일급의 유명한 트루바두르는 아퀴텐 공 윌리엄 9세 William IX(1071-1126)였는데, 그는 전쟁과 사랑, 음담과 해학을 주제로 작시하였다. 트루바두르 시인들은 알비 십자군에 의해 큰 타격을 받았으나 그 전통은 독일로 전해졌다. 독일의 미네징거Minnesinger(Minnesänger)라는 사랑의 시인 중 대표적인 인물은 발터Walther von der Vogelweide(1170-1230)였다. 그는 낭만적인 주제를 신선하고 섬세하게, 그리고 깊이있게 표현하였다.

13세기에는 기사문학과 같은 궁중문학이 프랑스에서 더욱 발전되어 은근(慇懃)문학(courtoisie)이 되었다. 이로써 남성적인 기사도는 일종의 감상적인 내용을 가진 주제로 바뀌었다. 기사가 귀부인 한 명을 정하고 봉사하며 철저히 예속되는 내용이다. 기사와 귀부인의 사이가 지리적으로 떨어져 있다든지, 사회적 불평등이나 기혼으로 갈라져 있게 되는 주제는 더 큰 인기를 끌었다. 그리하여 무훈시도 이와 같은 은근문학의 영향을 받아 음창(吟唱)보다도 독서에 적합한 장시(長詩) 형태로 발달했는데 이것이 로망스Romance이다. 오늘날 '낭만적'(romantic)이라 말하는 장시의 주제는 아름다운 숙녀, 용감한 기사, 잔인한 남편, 불길한 마술사, 자비로운 수도성직자, 말하는 동물, 신비스러운 삼림 등이었다. 로망스 작가들은 구식의 영웅 서사시에 만족하지 않고 알렉산드로스 대왕, 아에네아스, 트로이 성의 포위 등 옛 이야기에서 소재를 구하였다.

서민문학 서사시와 서정시 또는 로망스 등은 귀족들이 쓰고 노래하며 읽은 작품이었다. 반면에 귀족이 아닌 보통사람들의 취향에 맞는 문학작품 형태가 나왔다. 특히 주목되는 것은 연극과 '파블리오'(fabliaux)였다.

중세 연극은 교회의 성찬식에서 비롯되었다. 예배의식의 일부가 연극화되어 교회 외부의 시장에서 상연되었다. 13세기에는 길드가 종교 축제에서 상연할 연극연출의 책임을 맡았다.

연극의 종류로는 성서의 장면을 재연하는 미스테리 극, 성자의 생애를 다룬 기적극, 인간의 미덕과 악덕을 인격화한 도덕극 등이 있었다. 이러한 성스러운 연극은 속된 언어를 사용하고 주역을 희화화(戱畵化) 하는 것을 그 특징으로 하였다.

도시민에게는 스스로의 경험과 연관된 통속적인 것, 예를 들면 동물 이야기, 우화(寓話) 또는 서민적인 파블리오 등이 인기가 있었다. 우화의 대표적인 것은 「여우 르나르Renard의 이야기」였다.

13세기에 인기가 있던 파블리오는 광장에서 군중을 즐겁게 하기 위해 읽는 짤막한 이야기였다. 그 주제는 도시민의 일상생활과 밀접한 사건들이었으나 거의 제한 없이 다양한 것이었다. 대개 파블리오에서는 여자와 성직자를 믿지 못할 존재로 풍자하였다. 여자는 아무리 아름답고 영리해도 도덕심이 없고 성직자는 위선적이라는 것이었다.

파블리오는 당시 사회상의 일면을 반영하는 풍자와 해학의 산물이었다. 파블리오의 전형적인 예는, 농부와 그의 아내가 노트르담 교회의 신부에게 소를 주었더니 그 소가 신부의 소까지 데리고 다시 돌아온다는 「Brunain(소)의 이야기」라든지, 말을 지방의 귀족에게 맡겼다가 늑대에게 잡힌 「가난한 행상인의 이야기」에서 볼 수 있다.

문자를 해득하지 못한 서민은 거의 작품을 남길 수 없었으나 다만 14세기의 의적(義賊)을 주제로 한 「로빈 후드」(*Robin Hood*)나 14세기에 랭글런드William Langland(1330-1387)가 농민생활의 어려움을 묘사한 「피어즈 플라우먼의 이야기」(*Vision of Piers Plowman*) 등은 보기 드문 예외이다.

초서 파블리오와 비슷한 줄거리를 가지면서 좀더 수준 높은 작품으로 보카치오Boccaccio(1313-1375)의 『데카메론』(*Decameron*)과 초서Geoffrey Chaucer(1343-1400)의 『캔터베리 이야기』(*Canterbury Tales*)가 있다. 초서는 중세 문학의 가장 위대한 작가에 속하며, 그의 작품에는 근대적 감각이 뚜렷하였다.

초서의 『캔터베리 이야기』 속에 나오는 순례자들

『캔터베리 이야기』는 14세기 영국의 생활 · 관습 · 사상의 단면을 나타냈다. 초서는 단테가 토스카나 지방어를 사용한 것처럼 미들랜드Midland 지방어를 사용하였다. 또 그는 고도의 코미디 · 풍자 · 해학 · 아이러니 등을 훌륭하게 구사하였다.

초서는 당시 일상생활과 현실을 예리하게 파악하였으며, 영국 르네상스의 선구자가 되었다. 『캔터베리 이야기』는 성 베켓의 묘로 찾아가는 순례 일행에 관한 시이다. 인물 하나 하나의 성격을 잘 묘사했으며 중세의 평범한 남녀들을 사실적으로 생동감있게 그려냈다.

단테 중세 문학은 이탈리아 시인 단테에 이르러 통일과 종합을 이루었다. 그는 토마스 아퀴나스의 13세기와 페트라르카의 14세기를 연결하고 중세 세계관을 종합하였다.

피렌체 출신 단테Dante Alighieri(1265-1321)는 정치적 파쟁에 연루되어 피렌체에서 추방당해 프랑스의 라벤나Ravenna에서 죽었다. 그는 『신곡』(*Divina commedia*)에 다만 희극이라고만 제목을 달았다. 왜냐하면 그의 시가 처음에는 슬픔으로 시작하지만 마지막은 최고의 기쁨으로 끝나기 때문이다.

『신곡』에 사용된 토스카나 지방어는 이탈리아 문학을 위한 언어가 되었다. 지옥 · 연옥 · 천국의 3부로 나누어진 이 작품에서 단테는 경건한 종교적 감정과 함께 고전작가들에 대한 숭배를 표현하였다. 단테는 『신곡』 이외에 『신생』(*Vita nuova*), 『세계군주론』(*De monarchia*), 『속어론』(*De vulgari eloquentia*) 등을 저술하였다.

단테와 그의 시

B. 고딕 미술

중세 미술은 중세 후기까지도 세속적인 주제보다도 그리스도교와 밀접한 관련이 있었다. 어떠한 역사상의 시기보다도 중세 미술은 종교의 영향을 강하게 받았다. 동시에 매우 웅장하고 화사한 양식을 발전시켜서 종교적 감정이 십분 반영되는 작품을 만들어 냈다.

중세 성기에 시각미술은 가난한 사람과 부자, 유식한 사람과 무식한 사람에게 다같이 공통적인 문화적 매개체가 되었다. 이 시기는 미술사의 결정적인 시기였다. 로마네스크Romanesque 양식과 고딕Gothic 양식은 두 주요한 미술 양식이었다. 고딕 양식은 1000년부터 1300년 사이에 완성되었다. 주로 종교적인 동기가 강한 고딕 양식은 종교의식의 장소에 적합하도록 제작되었다. 교회는 미술활동을 촉진하는 주요 기관이었다.

중세 시각미술에서 두드러진 분야는 건축과 조각이지만, 조각보다는 건축이 훨씬 더 많이 만들어졌고 중세의 독특한 미술 정신을 표현하였다.

중세건축의 단계 중세 건축양식의 발달은 3단계로 나누어 생각할 수 있다. 제1단계는 고대말부터 8세기까지로 비잔틴 미술의 영향을 받은 초기 그리스도교 건축의 시기, 제2단계는 9세기부터 12세기까지의 로마네스크 시대, 제3단계는 13세기부터 15세기까지의 고딕 양식의 시기이다.

중세 건축의 출발점은 장방형의 회당(會堂)을 가진 로마 건축양식인 바실리카Basilica였다. 중세 바실리카에서는 제단이 있는 반원형의 동쪽 끝 부분에서 미사가 집전되었다.

카롤루스 왕조 말부터 로마네스크적 특징이 있는 건축물이 나와 12세기에는 가장 번성한 양식으로 확립되었다. 중세 바실리카는 비잔틴 · 게르만 · 켈트의 영향을 받아 새로운 양식으로 발전된 것이었다.

로마네스크 건축은 바실리카식 평면배치에 익당(翼堂)부분을 추가하여 좌

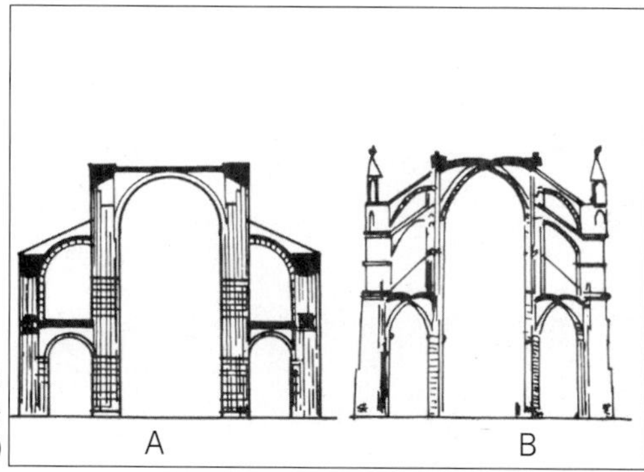

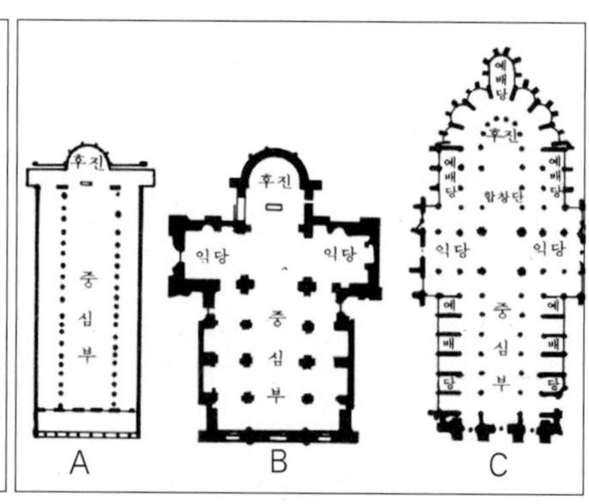

(왼쪽)중세건축의 단면도
(오른쪽)중세교회의 평면도
(A: 바실리카 양식, B: 로마네스크 양식, C: 고딕 양식)

우로 연장한 라틴 십자형이었다. 이 건축은 지역에 따라 상이했으나 반원 아치와 기둥의 중요성을 강조하고 엄숙하고 장중한 인상을 주는 공통점이 있었다.

로마네스크 교회건축이 발달하고 전파된 데에는 클뤼니 개혁자들의 역할이 컸다. 건축가들은 전통적인 목조 지붕이 불에 약하기 때문에 석조로 바꾸었다. 그리하여 원통형의 석조 지붕이 놓이게 되고 그 무게를 받치는 두터운 벽면이 생기게 되었다.

보름스 대성당: 전형적인 로마네스크 양식의 대성당. 로마네스크 양식은 창이 거의 없고 벽이 두꺼워 장중한 인상을 준다.

로마네스크 건축은 독일 · 프랑스 · 영국 등 각국에 널리 분포되어 있으나 특히 이탈리아에서 많이 건축되었고 중세를 통해 그 전통이 유지되었다. 전형적인 로마네스크 양식은 이탈리아의 피사 대성당, 프랑스 포아티에의 노트르담 대성당(Notre Dame la Grande), 독일지방의 보름스 대성당, 마리아 라하(Maria Laach) 수도원 성당, 이탈리아 밀라노의 상트 암브로지오(St Ambrogio) 성당 등에서 볼 수 있다.

로마네스크 건축에는 또 그에 알맞은 조각이 내부 공간을 장식하여 건축의 당초 목적에 부합되도록 하였다. 로마네스크 조각에서 받는 인상은 환상적이며 신비로운 것이다. 흔히 형상이 추상적으로 단순화되어 있어 비현실적인 느낌이 강하게 풍긴다.

고딕 양식과 특징 12세기 중기부터 유럽 사회는 급속한 변화를 겪게 되고 그 변화에 맞는 새로운 고딕 양식이 등장하였다. 고딕이란 말은 르네상스 시대 사람이 고트족을 경멸하여 붙인 명칭이었다. 이 양식이 처음 나타난 곳은

(왼쪽) 밀라노 대성당(고딕 양식)
(오른쪽) 고딕 양식 건축의 내부

피사 대성당(로마네스크 양식, 약 1063-1272년): 이탈리아 교회 건축에 큰 영향을 미쳤다.

카페왕조의 발상지인 파리 한 복판의 섬 '일 드 프랑스'(Ille de France)였다.

최초의 고딕 교회건축은 생 드니(St Denis)의 수도원 교회였다. 이것은 1137-1144년 루이 6세와 루이 7세의 자문관 쉬제르Suger라는 수도원장이 파리 근교에 세운 것이다.

13세기에 절정에 달한 고딕 양식은 그리스도 교회 건축의 정수이며 역사상 가장 아름다운 종교건축 중의 하나로 평가될 수 있다. 그 외형적 인상이 주는 경쾌한 수직감은 마치 중세 사람들이 천국을 동경하는 것 같다. 고딕식 교회의 대부분은 도시민의 재력에 의하지 않고는 건축될 수 없는 규모와 구성을 가진 것이며, 농촌경제를 바탕으로 한 중세 전반의 교회건물과는 비교가 되지 않는다.

이 건축양식은 독일과 프랑스에서 전형적으로 발달되었다. 반면 이탈리아에서는 거의 발달되지 않았으며, 아름다운 고딕 양식인 밀라노 대성당은 예외적인 것이다. 그 밖에 영국과 스페인 등에서도 널리 채택되었으나 가장 독특한 발달을 본 곳은 북프랑스였다. 프랑스의 아미앙Amiens · 노트르담(파리) · 랑스 · 샤르트르 · 스트라스부르Strasbourg · 부르쥬Bourges · 루앙Rouen, 영국의 링컨Lincoln · 요크York · 솔즈베리Salisbury · 웨스트민스터Westminster · 글로스터Gloucester를 비롯하여 스페인의 살라망카Salamanca · 세고비아Segovia · 세비야Sevilla, 독일의 쾰른Köln 성당 등이 유럽의 저명한 고딕 교회건축물이다.

건축상의 특징은 첨두(尖頭) 아치(pointed arch)와 늑골궁륭(肋骨穹窿: vault, Gewälbe) 및 아치 형 부벽(扶壁: flying buttress) 등에서 찾아 볼 수 있다. 고딕 건축은 로마네스크 건축에 비해 벽면이 많이 없어지고 벽 두께

샤르트르 대성당 전경

대성당 안의 스테인드 글라스(성모마리아와 아기 예수)

샤르트르 대성당

대성당문의 조각상

가 얇아진 반면 채광을 위한 유리창이 많이 생겼으며, 외벽에는 작은 첨탑들이 세워졌다.

고딕 교회 건물 내부의 조각은 로마네스크 조각과는 달리 사실적이며 생동감이 넘치는 인상을 준다. 상징적이며 추상적인 점이 많이 사라지고 그리스도교와 관계된 조각이 인간적이며 사실적이다. 조각은 더 말할 나위 없이 교회 내부의 공간을 장식하는 효과를 지니고 있는데, 스테인드 글라스(색유리; stained glass)에 의해 더욱 장식적 효과가 높아졌다. 유리 조각들과 때로는 보석까지 사용하여 납(鉛)으로 윤곽을 만든 스테인드 글라스는 웅장한 오르간 음악에 맞추어 부르는 성가 합창과 함께 교회의 분위기를 한층 더 종교적으로 만들어 준다.

고딕 양식에 대한 평가 일반적으로 고딕 양식에 의한 교회건축은 순전히 금욕적인 내세적 표현이라 믿고 있다. 그러나 이러한 평가는 매우 부적절하다. 우선 고딕 건축을 가능케 한 재원(財源)은 세속적 생활을 활발하게 하고 또 즐기는 당시 상공업 계층이 마련한 것이었다. 고딕 건축은 시민적 욕구가 많이 반영된 것이었다. 물론 일차적으로는 고딕 성당 건축은 신의 영광을 찬미하고 영원한 삶에 대한 희망을 표출한 것임에 틀림없다. 그러나 고딕 건축의 내부를 장식한 스테인드 글라스 및 고딕 조각은 성상(聖像)뿐 아니라 시민의 일상 생활이나 동·식물을 표현한 것들이 많다. 인간성에 대한 관심이나 자연미의 표현은 더 이상 죄스러운 것으로 간주되지 않았다.

강조되어야 할 점은 고딕 건축의 시민성이다. 건축물은 거의 예외 없이 중세 도시 안에 위치해 있었다. 그것은 도시생활의 중심이며 도시의 위대성을 표현한 것이었다. 각 도시는 서로 다투어 자기 도시를 자랑하기 위해 아름다운 고딕 성당을 건축하였다.

C. 연극과 음악

흔히 중세 문화를 이야기할 때 연극이나 음악은 2차적 중요성밖에 부여되지 않는 경향이 있다. 그러나 중세의 연극과 음악이 후세에 끼친 영향을 간과해서는 안 될 것이다. 현대 연극은 고전 연극뿐 아니라 중세 연극의 영향을 많이 받았다.

교회 연극 중세에는 라틴 고전 연극이 필사원고를 통해 알려지고 있었으나 거의 상연되지는 않았다. 그 대신 교회 연극이 성행하였다. 초기에는 미사 기도문을 연극조로 낭송하는 형식이 취해졌다.

본격적인 중세 연극이 상연되기 시작한 것은 12세기에 이르러서였다. 주로 파리에서 라틴어로 된 종교극이 교회 안에서 상연되었다. 그러나 그 후 얼마 안 되어 라틴 연극은 속어 연극으로 신속히 대치되었으며, 관객은 교육을 받지 않은 일반 대중으로 바뀌었다. 1200년경 연극이 교회 밖에서 상연되기 시작하면서부터는 일상화되었다. 비(非)종교적 주제의 연극이 나오고 인물묘사도 다양해졌으며 근대 연극의 길이 열렸다.

중세 음악가와 악기들

음악 음악 역시 기도문 낭송의 전통 안에서 발달되었다. 중세 음악은 12세기가 되기까지는 단성가창(單聲歌唱)이었다. 그것이 두 개 또는 세 개의 멜로디가 화음을 이루는 다성 가창으로 바뀌면서 비약적으로 발달하였다. 이러한 전환은 10세기경부터 시작되었으나 근본적 변화가 시작된 것은 12세기 후기에 이르러서였다.

1170년경 파리 대성당에서 미사가 봉헌될 때 처음으로 두 목소리가 각각의 멜로디를 따라 부르는 대위법(對位法)이 나왔다. 거의 때를 같이 하여 악보체계가 발명되었다. 이에 따라 더 이상 기억에만 의존하는 노래 부르기는 사라지고 노래 자체가 더 복잡해졌다.

5. 중세로부터 근대로

13세기 후반부터 중세 특유의 사회적 특성이 달라지기 시작하였다. 이 변화는 종교 · 정치 · 사회 · 경제 · 문화 분야에서 일어났다. 십자군 운동이 끝난 1270년경을 전후하여 로마 가톨릭교황은 더 이상 군주보다 우월한 입장을 지키지 못하게 되었을 뿐 아니라 사회 일부에서 교회의 권위와 실천 내용에 맹렬한 비판이 가해지기 시작하였다.

특히 봉건제후의 세력이 후퇴하고 군주에 의한 왕령국가가 출현하는 정치적 변화가 두드러졌다. 1300년대에 이르러 주요지역의 왕령국가에서는 중앙집권적인 통치기구가 창설되었다. 그러한 기구는 과거의 봉건적 행정기구에 비해 더 효율적이며 더 강력한 힘을 발휘하였다. 정치적 재편성은 국가간의 적대행위를 유발하고 참담한 전쟁을 초래하게 되었다. 이것이 왕조전쟁이었다. 17세기까지 계속된 이 전쟁으로 유럽의 국제관계는 매우 복잡하게 전개되었다.

사회 · 경제적으로도 변화는 두드러지게 나타났다. 도시 인구가 증대하고 상공업이 발달하는 한편 활발한 화폐유통으로 장원을 중심으로 운영되던 농촌경제는 변화하였다. 도시민의 사회적 세력이 점차로 커졌으며 인구가 도시로 몰려들었다.

비록 궁극적인 성공을 거두지는 못했으나 농민들의 반란은 고정적 사회신분에 대한 동요를 일으키는 징조였다. 유럽 인구를 거의 3분의 1로 감소시킨 흑사병(1348-1350)이 농촌과 도시에 미친 충격은 컸다. 그러나 그것조차 팽창하는 유럽 경제의 발전을 저지하지는 못하였다. 상인 · 은행가 · 기업가들은 자본주의적 수법을 완성시켜 시장을 개척했으며 경제는 두드러지게 발전하였다.

이러한 과도기에 인간의 자의식은 강해지고 학문과 사상은 더욱 자유롭게 탐구되었다. 문화적으로 고전고대를 회복하려는 운동은 자아 발견으로 연결되었다. 그 결과 교회조직을 통한 전통적인 신앙보다도 개인중심의 구원이 강조되기 시작하였다. 즉, 사람들은 이제 영혼을 구원하는 일이 자기자신의 일이며, 어떠한 기관과 형식을 통해서 이루어지는 것이 아니라고 믿기 시작하였다.

그리하여 13세기 후기부터 17세기 전기에 이르는 4세기는 새로운 시대적 특성이 강한 사회였으나 낡은 요소를 완전히 극복한 시대는 아니었다. 그것은 중세에서 근대로 옮겨가는 하나의 커다란 역사적 과도기였다.

A. 교황권의 쇠퇴

위대한 교황 그레고리오 7세 사후 2세기만에 교황권의 우월성은 기울어지기 시작하였다. 교황이 교속분쟁(教俗紛爭)에서 결정적 승리를 거둔 13세기가 지나면서 더 이상 우월성은 지속되지 않았다. 특히 보니파시오 8세Boniface VIII(재위: 1294-1303)가 교황이 되면서 교황권 쇠퇴의 징후는 완연하였다. 약 70년 동안 프랑스 왕의 괴뢰로서 아비뇽에 연금된 아비뇽Avignon 교황시대와 직후의 대분열(大分裂: Great Schism)시대를 거치면서 교황은 단순히 교회의 행정수반으로서 한 나라의 왕과 같은 지위로 떨어지고 말았다.

먼저 교황 보니파시오 8세는 시대의 추세를 정확하게 읽지 못하고 교황권의 절대적 우위를 완강히 주장했기 때문에 각국 군주, 특히 프랑스와 영국의 왕들과 충돌하게 되었다. 교황은 성직자에 대한 국가비용을 요구하는 칙령(Clericis Laicos, 1296)을 프랑스(Philippe Ⅳ)와 영국(Edward I)에 공포했으나 두 나라의 강력한 반대에 부딪혀 부득이 철회하였다. 그 후 이 문제가 다시 제기되었을 때, 프랑스 왕은 1301년 최초의 신분회(身分會: états-généraux)를 소집하여 사회 각계각층의 지지를 받아 교황을 규탄하였다. 뿐만 아니라 프랑스 왕은 교황을 체포하려고 했으며, 교황은 충격을 받아 사망하고 말았다.

바빌론 유수 이른바 '교황의 바빌론 유수(幽囚)' 사건으로 교황의 위신은 더욱 실추되었다. 보니파시오 8세가 죽은 2년 뒤 글레멘스 5세Clement V(재위: 1305-1314)는 프랑스 왕의 지지를 얻어 교황으로 선출되었는데, 이탈리아의 불안정한 정세를 구실로 로마에 부임하지 않고 아비뇽에 교황청을 두었다.

아비뇽은 실제로 프랑스의 영토는 아니었다. 남프랑스 프로방스Provence 지방에 있는 이 도시는 나폴리 앙주Anjou가의 봉토였다. 그러나 아비뇽은 바로 프랑스의 접경지대에 있었으므로 당연히 프랑스 왕의 강력한 영향을 받게 되었다.

글레멘스 5세는 프랑스 왕 필립 4세의 요청으로 신전기사 수도회를 해체하는 데 협조하였다. 그는 다수의 프랑스 출신 추기경을 임명하여 이후의 교황이 프랑스인 중에서 선출되도록 하였다.

글레멘스 5세 이래 70여년간 아비뇽에 머물러 있게 된 교황청을 가리켜 '교황의 바빌론 유수'라 부른다. 이는 고대 유대인이 신바빌로니아에 의해 집단적으로 바빌론에 수용된 '바빌론 유수'라는 옛 일에서 유래한 말이다.

더욱이 아비뇽 교황청은 징세를 강행하여 영국 왕(Edward III)과 충돌하였다. 이에 교황권 우월성에 대한 비판이 일어나고 일반민중의 성직계급에 대한 저항도 더욱 거세졌다. 영국의 오캄은 교황의 세속적 주권 행사를 거부하였고, 1324년 마르실리우스Marsilius(Marsiglio da Padova, 1290-1342)는 『평화의 옹호자』(*Defensor Pacis*)를 공저하여 교황권의 한계를 명시하였다.

오랜 아비뇽 유수는 서방 그리스도 교권(教圈)의 중심인 로마를 혼란과 불안정 속에 방치하는 결과를 가져왔다. 그러므로 교황 그레고리오 11세Gregory XI(재위: 1377-1378)가 로마로 돌아가 교황의 임무를 수행하고, 다년간 미루어 온 문제를 해결하자 로마 군중의 환영을 받았다.

대분열 시대 그러나 그레고리오 11세는 로마에 돌아온 후 곧 사망하였다. 로마 군중의 폭력이 난무하는 가운데 나폴리 출신 이탈리아인이 우르바노 6

세Urban VI (재위: 1378-1389)로 선출되었다. 그러나 새 교황 선출에 협조한 프랑스 출신 추기경들은 기대와는 달리 푸대접받았으므로 로마에서 철수하였다. 그들은 새로운 교황 글레멘스 7세Clement VII(재위: 1378-1394)를 선출하여 지난번 교황 선출을 무효라고 선언하였다. 새로 선출된 글레멘스 7세는 아비뇽 교황청에서 집무하였고, 로마 교황청에서는 글레멘스 7세와 그의 추기경들을 파문하고 새로운 추기경단을 임명하였다.

교황이 둘씩 있는 분립 상태를 종식시키려는 노력도 있었다. 1409년 소집된 피사 공의회는 그레고리오 12세(로마)와 베네딕토 13세(아비뇽)를 다같이 폐위시키고 제3의 인물을 교황 알렉산데르 5세Alexander V(재위: 1409-1410)로 선출하였다. 그리고 그가 몇 달 안 가서 서거했으므로 그 뒤를 요한 23세가 계승하였다.

이에 대해 로마와 아비뇽의 교황들은 다 같이 새 교황에 복종하기를 거절하였고, 결국은 교황이 셋으로 늘어나고 말았다. 이런 교황들의 대립으로 약 40년간 교회의 위계질서가 분열되는 이른바 '대분열 시대' (1378-1417)가 왔다.

서방 그리스도교의 국가들은 이해관계에 따라 그 어느 한쪽에 가담하였다. 나폴리를 제외한 이탈리아 도시들은 로마 교황을 승인하였으며, 프랑스는 아비뇽 교황을 인정하였다. 그 밖의 나라들은 상호간의 적대관계 내지 우호관계에 따라 그 어느 한편에 가담하였다. 예를 들면 프랑스와 우호적인 관계에 있는 스코틀랜드, 스페인 및 일부 독일 제후들은 아비뇽 교황을 지지하고 영국·네덜란드·포르투갈·신성로마 제국 및 스칸디나비아의 나라들은 로마 교황에게 순종하였다.

가톨릭 교회의 권위 실추에 대해 신성로마 황제는 일찍이 콘스탄티누스 대제가 325년 니체아 공의회를 소집한 것과 같은 해결의 길을 모색하였다. 그는 1414년 콘스탄츠 공의회를 개최하여 3명의 교황을 다 같이 폐위시키고, 새로운 교황 마르티노 5세Martin V(재위: 1417-1431)를 선출하였다.

이로써 여러 교황이 분립하던 오랜 대분열 시대가 끝났다. 이러한 최종결정은 공의회의 우월성을 확립하는 결과를 가져왔으므로 이후 교회의 주요사항은 공의회가 결정하는 '공의회 운동'이 일어나는 듯하였다. 그러나 이 운동은 후계 교황 에우제니오 4세Eugenius IV(재위: 1431-1447)에 의해 봉쇄되고 교황의 주도권은 회복되었다.

대분열의 결과 1세기 반에 걸친 대분열로 교회의 권위는 결정적으로 추락되었을 뿐 아니라 그 후 교계(教界)의 보편적 지배자로서의 교황의 위치는 결코 회복될 수 없었다. 이와 아울러 교회의 형식주의적 타성이나 성직자 계급의 도덕적 해이는 역시 가톨릭 교회의 세력을 크게 약화시켰다.

대분열의 결과 교황권의 결정적인 몰락과 더불어 교회의 정신적 권위가 크게 손상되었다. 각국에서는 교회와 성직자를 비판하는 소리가 높아졌고, 그것은 큰 사회운동으로 확대되어갔다.

위클리프와 후스 가톨릭 교회의 약화와 쇠퇴를 입증하는 운동이 영국의 위클리프와 보헤미아의 후스에 의해 나타났다. 옥스퍼드 대학 교수인 위클리프 John Wyclif(1320-1384)는 1375년 교황권의 우월성과 성직자의 축재(蓄財)를 비판하는 글을 발표하였다. 대분열을 계기로 그는 이 신념을 굳히고 좀 더 근본적인 비판과 공격을 가하게 되었다.

위클리프의 비판 근거는 성서에 있었다. 그는 후의 프로테스탄트와 같이 초기 그리스도교 신자의 소박한 생활과 가르침으로 돌아가야 한다고 주장하였다. 성서에 근거하여 그는 순례 · 성자 숭배 · 대사(大赦)에 관한 성직자의 권한이나 교회 의식을 공격하였다. 그를 추종하는 롤라드파(Lollards)는 위클리프의 교리를 널리 전했으나 수년 후 헨리 4세Henry IV(재위: 1399-1413)에 의해 이단으로 탄압되었다.

위클리프의 교리는 보헤미아까지 전파되어 15세기 전반에는 사회운동으로 확대되었다. 후스John Hus(1369-1415)는 위클리프와 같이 지식인으로서 프라하 대학 교수였다. 성직자의 부도덕성에 대한 그의 비판은 보헤미아의 민족의식으로 연결되어 강력한 지지를 얻었다. 후스 운동은 영국에서 볼 수 없는 반(反)교회주의와 애국심이 혼합된 결과였다.

1414년 후스는 신성로마 황제 지기스문트Sigismund(재위: 1433-1437)가 소집한 콘스탄츠Constanz 공의회에서 이단으로 판결을 받고 화형되었다. 황제는 공의회에 출두하기에 앞서 후스에게 신변보장을 약속했으나 이를 지키지 않았다. 사후에 그의 추종자들이 수년 동안 반란을 일으켰으며 교회의 타협(Basel 공의회)으로 겨우 진압되었다.

B. 백년전쟁

프랑스와 영국간의 전쟁인 백년전쟁(Hundred Years' War, 1338-1453)은 두 나라의 봉건체제에서 군주권이 확립되는 과정과 관계가 깊다. 백년전쟁의 원인은 표면상 프랑스의 왕위계승 문제에 있었으나 더 넓게 보아 양국간의 정치 · 경제적 문제가 얽혀 있었다. 두 나라의 왕이 전통적으로 지속해 온 봉건적인 주군-가신 관계는 14세기에 이르러 그대로 방치될 수 없는 정치적 상황이 되었다.

발로아 왕조의 성립을 전후하여 왕권을 자신 만만하게 확대한 역대 프랑스 왕은 국토 안에 영국 왕의 영지를 허용할 수 없다고 생각하였다. 한편 영국 왕은 자신이 프랑스 왕의 가신이라는 사실이 국가적 차원에서 모욕적이라 생각했을 뿐 아니라 여러 세대에 걸쳐 잠식당하여 프랑스 내 영지가 남프랑스의 아퀴텐 일부와 가스코니Gascony 등으로 줄어들었으므로 과거의 연고지를 회복하려고 하였다.

경제적으로 영국은 저지대 지방과 오랫동안 밀접한 이해관계를 가지고 있었다. 저지대 지방의 도시민은 영국 양모의 수입 여하에 따라 모직 공업의 번영이 좌우되었기 때문에 영국과 동맹관계를 유지해야 할 필요가 있었다. 그러한 동맹은 저지대 지방이 프랑스에 인접해 있는 요지인 만큼 프랑스에는 위협이 되었다. 더욱이 프랑스는 영국과 전통적으로 적대관계에 있는 스코틀랜드와 동맹을 맺고 있었으며, 그것은 두 나라의 관계를 긴장시키는 요인이 되었다.

직접적 원인 무엇보다도 백년전쟁이 일어나게 된 직접적 원인은 영국 왕이 프랑스 왕위를 주장한 데 있었다.

발로아 왕조의 필립 6세Philip VI(재위: 1328-1350)가 즉위한 바로 한 해 전 1327년 영국은 스코틀랜드와의 전쟁에서 패배하였다. 국내 반란을 수습하지 못한 에드워드 2세Edward II(재위: 1308-1327)를 이어 에드워드 3세Edward III(재위: 1327-1337)가 즉위하였다.

이 후 영국은 큰 전쟁을 두 번 겪는데 그 하나는 백년전쟁이고 다른 하나는 장미전쟁이었다. 이 두 전쟁은 결과적으로 영국의 봉건 대귀족 세력을 쇠퇴시키고 근대적인 절대왕권의 수립을 촉진시키는 계기가 되었다.

에드워드 3세는 자신의 어머니가 카페 왕조의 프랑스 왕 필립 4세의 딸이었으므로 발로아 출신의 필립 6세보다 프랑스 왕위 계승에 대한 우선권을 가지고 있다고 생각하였다. 이와 같은 주장을 프랑스측에서는 고대법(古代法)까지 들추어가면서 반박했으나 영국 왕을 납득시키지는 못하였다.

백년전쟁의 단계 백년전쟁은 영국과 프랑스 양쪽의 왕들이 대대로 이어 싸운 전쟁이 되었다. 비록 간간이 평화와 조약, 휴전과 중단이 있었으나 백년전쟁은 대체로 2단계로 나누어 진행되었다. 전쟁 시작부터 브르타뉴Brétigny 조약 체결까지의 제1단계(1338-1360), 프랑스 왕 장 2세Jean II(재위: 1319-1364)가 포로에서 풀려나 전쟁이 재발되는 때부터 1451년에 영국군이 아퀴텐 지방에서 축출될 때까지의 제2단계(1369-1451)로 구분될 수 있는 것이다.

제1단계는 프랑스의 전술적 후진성, 역대 왕의 무능함, 국내의 반란 등으로 점철된 패배와 열세의 시기였다. 발로아 왕조의 왕들은 거의 모두가 무능하였

슬뤼 전투

다. 영국군은 모든 주요 전투에서 승리하고 넓은 땅을 차지하였다. 한편 프랑스는 흑사병(1348-1350)의 유행과 사회적 혼란 때문에 더욱 어렵게 되었다.

제2단계에 이르러 프랑스 샤를르 5세Charles V(賢王, 재위: 1364-1380)는 전쟁을 유리하게 이끌고 나갔다. 그러나 샤를르 5세 이후 연이은 패전과 정권쟁탈로 불리하다가 마침내 프랑스측은 잔다르크의 분투에 힘입어 영국군을 프랑스에서 몰아내기 시작하였다. 프랑스는 오랜 전쟁을 치르는 동안 군대제도를 개혁하고 도리어 왕권을 강화할 수 있었다.

흑태자 잘 조직된 영국군이 훈련받지 못한 봉건적 프랑스군에 슬뤼Sluys 해전(1340)에서 승리하였다. 5년간의 휴전 끝에 에드워드 3세는 노르망디에 상륙하여 크레시Cry 전투(1346)에서 프랑스군을 대파하였다. 그것은 중무장한 기병(프랑스군)과 보병(영국군)의 싸움이었다. 영국 보병은 큰 활(大弓)부대의 지원을 받아 훈련과 기율이 부족한 프랑스군을 쳐부수었다. 영국군은 계속 전진하여 해안도시 칼레Calais를 점령하고 유럽 대륙 진출을 위한 해상거점으로 삼았다.

8년간의 휴전(1347-1355) 기간에 프랑스는 흑사병으로 많은 인명을 잃었다. 휴전 후 에드워드 3세의 아들 흑태자(黑太子: Black Prince)는 프랑스 남쪽 가스코니 지방으로부터 북진하여 포아티에 전투(1356)에서 큰 승리를 거두었다. 이 때 프랑스 왕 장 2세는 포로로 영국으로 압송되어 다년간 억류 생활을 하였다.

1360년 체결된 브르타뉴 조약에서 영국 왕은 프랑스 왕위 계승권을 포기했으나 그 대신 실질적 이익을 거두었다. 즉, 영국 왕은 모든 봉건적 의무에서 면제되었을 뿐 아니라 북쪽의 칼레와 퐁티어Ponthieu를 비롯, 남쪽의 아퀴텐과 가스코니를 완전히 소유하게 되었다. 프랑스는 왕을 석방시키기 위해 막대한 몸값을 지불하지 않으면 안 되었다(1364).

프랑스에 끼친 영향 크레시 전투와 포아티에 전투를 겪은 후 프랑스의 북부와 남부 농토는 군의 작전과 약탈 때문에 황폐해졌다. 프랑스는 백년전쟁의 처음 20여년이 지나면서 이미 심각한 타격을 받았으며, 그 결과 사회불안이 조성되었다. 도시민의 정치적 활동이 활발해지고 농민반란이 일어났다.

역대 프랑스 왕은 전쟁 비용을 과세에 의존했지만 포아티에 패전 후 도시민은 무거운 과세를 순순히 감당하려고 하지 않았다. 신분회는 전보다 더욱 대담한 발언을 하였으며 여러 모로 왕에게 개혁을 요구하였다.

이미 크레시 전투를 전후하여 필립 6세가 소집한 두 차례의 신분회는 과세에 동의하기를 거부했으며 포아티에 전투 후에는 왕세자 샤를르의 요구를 그대로 받아들이지 않았다. 신분회는 왕에게 지출명세를 책임질 것과 관리들을 더 철저히 감독할 것 등을 요구하였다.

그러나 이에 대해 왕은 일관성 있는 정책을 제시하지 않았다. 왕은 신분회에 의지할 수 없다고 생각하고 그들의 요구를 거절하는 한편, 지방 귀족들에게 개별적으로 요청하여 필요경비를 충당하였다.

이 상황은 도시민의 반항을 불러일으켰다. 파리 시민은 새로운 왕위 계승권자를 내세워 정치참여를 주장하면서 상인 마르셀Étienne Marcel(?-1358)의 주도 아래 혁명을 일으켰다. 샤를르는 신분회의 요구에 굴복하고 「대칙령」(*Grand Ordonnance*, 1357)을 공포하여 관리들을 숙청하는 데 동의하였다. 그러나 신분회가 프랑스 정치를 주도한 것은 1356-1357년의 2년간에 불과하였다. 어쨌든 이때의 혁명은 앞으로 프랑스사에서 일어나는 많은 혁명 가운데 최초의 것이었다.

이때 상태를 더욱 악화시킨 것은 농민 출신 혁명가 칼르 Guillaume Cale의 주동으로 일어난 자크리Jacquerie 반란(1358)이었다. 그는 보통 자크Jacques Bonhomme라 알려져 있었기 때문에 자크의 반란 즉, 자크리라고 부른다. 자크리 반란은 노르망디 · 피카르디Picardy · 샹파뉴Champagne 지방의 농민이 전쟁으로 인한 고통 때문에 일으킨 난동으로 반란군은 귀족들을 살해하고 성곽을 태웠다. 왕은 귀족들과 합세하여 농민을 학살함으로써 반란을 진압하였다.

반란을 틈탄 외세의 개입을 두려워한 신분회는 새로운 과세를 승인하고 샤를르가 질서를 회복할 수 있는 길을 터놓았다. 왕은 이와 같은 신분회의 조치에 힘입어 반란을 진압하고 영국군과 평화조약을 체결할 수 있었다(1360년 브르타뉴 조약). 결국 프랑스의 신분회는 왕정을 비판했으나 왕권 제한에 대한 적절한 조치를 취하지 못했으므로 영국의 의회와 같은 발달과정을 밟지는 못하였다.

잔다르크 샤를르 5세는 섭정 시대에서 얻은 경험으로 재정을 정비하고 군대를 재편성하였다. 그는 특히 제1신분과 제2신분의 협조에 힘입어 제3신분에 부담시키는 과세에는 성공했으나 재위기간에는 되도록 신분회를 소집하지 않고 징세를 위한 행정기구를 창설하여 활용하였다.

5년간의 휴전 끝에 백년전쟁이 재개되었다. 전세는 유능한 지휘관 게스클랭Bertrand du Guesclin(1320-1380) 덕분에 프랑스군에게 유리하게 전개되었다. 프랑스군은 영국군을 조금씩 후퇴시키면서 영토를 회복하였다. 그 결과 1377년에 이르러 영국군의 세력범위는 칼레와 일부의 해안지대에 국한되고 말았다.

그러나 이 후 35년간 휴전을 거듭하며 정체(停滯)가 계속되었고 영국이나 프랑스의 왕들은 국내정치의 불안정 때문에 효과적으로 전쟁을 수행할 수 없었다.

15세기초 영국 왕 헨리 5세 Henry V(재위: 1413-1422)가 프랑스의 내란을 틈타 백년전쟁을 재개하고 센Seine 강 입구에 상륙하였다. 전세는 아쟁쿠르Agincourt 전투(1415)를 고비로 다시 영국에게 유리하게 전환되었다. 그러므로 프랑스는 트루아Troyes 조약(1420)을 맺고 영국 왕의 프랑스 왕위 계승권을 약속하였다.

그러나 백년전쟁의 마지막 단계에서 또다시 전세는 프랑스에게 유리하게 바뀌었다. 헨리 5세가 죽은 후 나이 어린 헨리 6세Henry VI(재위: 1422-1461)가 왕위를 계승하자 영국군은 새 프랑스 왕 샤를르 7세Charles VII(재위: 1422-1461)의 군대를 공격하기 위해 남쪽으로 이동하였다.

아직 공식적으로 대관식을 하지 않고 있던 샤를르 7세가 심한 곤경에 빠져 있을 때 1429년경 잔다르크Jeanne d'Arc(1412-1431)라는 농촌 소녀가 나타나 프랑스군에게 새로운 용기와 애국심을 불러일으켰다. 교육을 받은 바 없는 시골 소녀인 잔다르크는 신의 계시를 얻어 샤를르 7세를 도와 프랑스를 파멸의 위기로부터 구출하였다.

잔다르크의 활동은 전쟁의 전환에 결정적이었다. 그는 남프랑스의 중요한 전략적 위치에 있는 도시 오를레앙Orléans을 영국군의 포위로부터 해방시키고자 하였다. 남장한 잔다르크는 직접 군대를 지휘하여 오를레앙 시를 탈환하는 데 성공했으며, 이에 용기를 얻은 왕은 예로부터 즉위식을 거행하는 유서 깊은 랑스 교회로 가는 모험을 감행하였다.

여기서 거행된 즉위식은 프랑스군의 사기를 한껏 높였다. 1439년 잔다르크는 프랑스의 반왕파(反王派)인 부르군드 군대의 포로가 되었으며 영국군에게 넘겨져 화형되고 말았다. 백년전쟁의 교착상태와 암담한 프랑스의 장래를 타개한 것은 의심할 바 없이 잔다르크의 영웅적 행위 때문이었다.

잔다르크가 죽은 후에도 백년전쟁은 20년이나 더 계속되었으나 프랑스군은 서서히 영국군을 압박하여 칼레를 제외한 전 프랑스 국토에서 영국 세력을 몰아내는 데 성공하였다. 그것은 잔다르크의 기적으로 시작된 프랑스인의 애국심 때문만은 아니며 국가적 재정구조와 군대조직의 향상에 따른 군사적 승리 및 인내심 있는 외교의 결과였다.

C. 새로운 군주국가의 대두

군주의 영토확장으로 봉건제후 세력이 약화된 것은 12세기 이래의 경향이었다. 십자군 이후 전투를 전문으로 하는 기사계급은 점진적으로 몰락하는 추세에 있었다. 주로 무기의 발달과 전술의 변화 때문이었다. 총이나 대포는 장갑(裝甲)기병의 공격과 성곽에 의한 방어라는 종래의 전술을 바꾸어 놓았다. 보병(步兵)의 전술적 중요성은 이미 십자군 원정에서 입증된 바 있었다.

대포의 사용: 총이나 대포의 사용은 성곽에 의한 방어라는 종래의 전술을 바꾸어 놓았다.

다음으로 봉건제후의 위상에도 변화가 왔다. 지방 대귀족의 봉토는 군주가 주권을 확대해감에 따라 점차 줄어들었다. 또한 장원 내 영주-농민의 관계도 달라졌다. 농민과의 관계는 주로 화폐유통이 활발해지고 현물공납이 사라지면서 변화하기 시작하였다.

봉건제후의 쇠퇴와 교황권의 약화에 힘입어 군주는 중앙집권을 강화해갔다. 새로운 통치기구는 과거의 행정체제에 비해 더 효율적이며 더 강력한 힘을 발휘할 수 있었다. 군주권이 확대될 수 있었던 이면에는 중앙정부의 행정을 능률적으로 담당한 관료조직 및 봉건적 징병제도를 보완하는 새로운 군사제도가 있었다. 새로운 관료제도와 군대제도는 근대적 절대군주의 권력구조를 강화하는 데 필수적인 조건이었다. 이 두 제도를 조직화할 수 있게 한 것이 바로 신흥 도시민의 부(富)였다.

왕은 도시민의 부를 새로운 재원으로 인식하고 그들의 협력을 구하게 되었다. 영국의 의회와 프랑스의 신분회의는 다 같이 도시민과의 협동을 얻기 위해 창설된 제도였다. 봉건계급, 특히 지방의 대제후의 세력을 꺾는 것은 상대적으로 군주권의 강화를 의미했는데, 그 점에서 신흥 도시민계급의 협력이 필요하였다. 이러한 시도에서 어느 정도의 성공을 거둔 국가는 프랑스 · 영국 · 스페인이었다.

샤를르 7세

프랑스의 왕권 신장 프랑스는 발로아 왕조의 성립과 거의 동시에 백년전쟁을 시작했으나 15세기 중반에 전쟁이 끝났을 때가 되어 비로소 칼레 시를 제외한 프랑스 땅에서 영국 세력을 추방할 수 있었다. 전후의 부흥에 착수하기 위해 샤를르 7세는 「부르쥬 조칙(詔勅)」을 발포하여 프랑스 국가교회(Gallicanism) 기반을 다졌다. 이로써 프랑스 교회는 가톨릭 교회 안에서 실질적인 자율성을 유지하고, 성직임명과 교회 수입에 대한 교황의 권한을 극도로 제한하였다.

샤를르 7세는 또한 쾨르Jacques Coeur(1395-1456)의 도움으로 국가재원을 확보하고 상비군을 창설함으로써 왕권을 강화하였다. 쾨르는 지중해 교역, 동광(銅鑛)과 은광 개발, 대금업과 은행 투자를 통해 거부(巨富)가 된 인물이었다. 그는 15년간 화폐 발행자로서 왕의 재정을 장악하였다. 왕은 그에게 물어야 할 많은 빚 때문에 결국 쾨르를 반역죄로 투옥하고 그의 재산을 몰수하였다. 쾨르의 경우는 군주가 개인적인 자본경영을 도와줌으로써 국가 전체의 재정을 늘리려는 초기 절대군주시대 수법의 전형적인 예였다.

루이 11세의 부르군드 정책 루이 11세Louis XI(재위: 1461-1483)는 필립 2세(Augustus)와 필립 4세(美男王)의 군주제 전통을 계승하여 한층 더 발전시켰다.

'거미 왕'이란 별명을 가진 루이 11세는 왕령(王領)을 두 배로 늘리고 군대를 근대화하였다. 또한 사법제도를 중앙집권화하고 신분회의를 통제하며 가장 강력한 봉건 대귀족인 부르군드 공의 세력을 억눌렀다.

루이 11세는 농민계급과 중산계층에 중세를 과함으로써 충분한 세원(稅源)을 확보하였다. 그의 연수입은 샤를르 7세가 180만 리브르livres였던 데 비해 456만5천 리브르였고, 1481년에 거둔 인두세(人頭稅: taille)는 460만 리브르에 달했던 것으로 추산된다.

부르군드 공국 흡수 이러한 시대적 배경 아래 루이 11세는 프랑스 최대의 봉건세력인 부르군드 공국을 흡수하여 프랑스 왕권강화의 큰 장애물을 제거하였다.

원래 부르군드 공국은 1419년 지배자가 된 필립 3세Philip III(善良公, 1396-1467)시대에 저지대 지방 등 동프랑스 일대에서 크게 세력을 떨치는 커다란 세력권을 이루고 있었다. 백년전쟁 때에는 영국과 동맹을 맺고 프랑스 왕에게 도전하였다. 그의 재력은 적어도 프랑스 왕이나 신성로마 황제와 비등한 것이었다.

루이 11세

부르군드 공국이 프랑스 왕과 결정적으로 대결하게 된 것은 샤를르 1세(大膽公, 1433-1477)에 이르러서였다. 1467년 지배자가 된 그는 북쪽의 저지대 지방으로 통하는 로렌Lorraine과 알자스Alsace를 점령하고자 하였다. 당시 이 지대는 스위스 관할이었는데, 위협을 느낀 스위스가 루이 11세의 원조를 얻어 1476-1477년 동안 세 차례에 걸쳐 샤를르의 군대를 격퇴시켰다. 마지막 싸움에서 샤를르는 전사하였다.

아들이 없는 샤를르의 영지는 분할되었고 프랑스 왕이 주요 부분인 부르군드 공국을 차지하게 되었다. 프랑슈 콩테Franche Comté 역시 왕령으로 귀속되었다. 부르군드 공국령 중 샤를르의 딸 마리Mary가 상속받은 저지대만이 유지되었을 뿐이었다.

루이 11세의 아들 샤를르 8세(재위: 1483-1498)는 이탈리아 정복에 너무 몰두하고 있었으므로 국내정치를 등한히 하였다. 그의 후계자 루이 12세 Louis XII(재위: 1498-1515)는 국내 질서 유지와 엄정한 사법 적용으로 국민에게 군주권을 깊이 인식시켰다. 프랑스 국민은 무거운 과세에도 불구하고 아무런 저항도 하지 못하였다.

영국 튜더 왕조의 성립 14세기말 영국의 봉건세력은 커다란 저항에 부딪혔다. 그 한 예가 농민반란이었다. 1381년 반란을 일으킨 농민은 징세(徵稅)인들을 살해하였다. 그들은 봉건적 의무에 관한 문서를 불태우고 캔터베리 대주교도 살해하였다.

농민들은 런던으로 진격하여 어린 왕 리처드 2세Richard II(재위: 1377-1399)를 만나 농노제 폐지를 포함한 여러 가지 요구를 내놓고 왕의 약속을 받아냈다. 그러나 이 약속은 지켜지지 않았고 그들은 심한 보복을 받았다.

봉건세력의 쇠퇴는 백년전쟁이 끝난 후에도 계속되었으며 상대적으로 왕권이 강화되었다. 영국의 최대 귀족 가문인 랭커스터Lancaster 가(家紋: 붉은 장미)와 요크York 가(家紋: 흰 장미) 사이에 1455년 충돌이 일어나 싸움은 30년간 계속되었다. 이것이 장미전쟁(1455-1485)이다.

만성적인 내란이 계속되는 동안 영국 의회는 귀족계급의 정치도구가 되고 나라는 무법의 땅이 되었다. 그러나 대귀족들이 서로 싸워 세력이 쇠잔한 결과 영국에서 왕권 강화는 프랑스에 비해 도리어 순탄하게 이루어졌다.

헨리 7세

1485년 헨리 튜더Henry Tudor가 최후의 요크가 출신 영국왕 리처드 3세 Richard III(재위: 1483-1485)를 패배시킴으로써 장미전쟁은 끝났다. 그가 헨리 7세 Henry VII(재위: 1485-1509)로 즉위함으로써 새로이 튜더 왕조(1485-1603)는 성립하였다.

본래 헨리 튜더는 랭커스터가의 먼 친척이어서 뚜렷한 왕위 계승권이 없었던 만큼 오직 국민이 원하는 안정과 질서를 위해 노력하여 민심을 얻으려 하였다. 그는 요크가의 리처드 3세 조카딸과 결혼하여 문벌(門閥)간의 간격을 메우려 했으나 반란에 대해서는 엄격히 다루었다.

헨리 7세는 또 귀족의 사병(私兵) 유지를 엄금하고 왕권 강화 및 질서 유지를 위해 특별 행정재판을 관장하는 성청(星廳: Star Chamber)을 활용하였다. 그가 주로 의존한 사회계층은 부유한 도시 상인계급이었다. 왕의 징세 및 재정정책으로 세입(歲入)이 2배로 늘었고, 그 결과 재정문제로 의회와 충돌하는 일은 드물게 되었다. 결국 헨리 7세의 통치로 영국의 왕권은 확립되었으며 안정과 질서가 회복되었다.

동유럽과 독일지방 14세기 전반기에 신성로마 제국은 위기에 직면하게 되었다. 먼저 1326년 오스만 터키 민족이 동남 유럽으로 침입하였다. 비잔틴 제국은 약화되어 있었고 다만 콘스탄티노플을 중심으로 명맥을 유지하고 있을 뿐이었다. 터키군은 코소보Kosovo 전투(1389)에서 세르비아 왕국의 군대를 크게 무찔렀으며 동남 유럽까지 깊숙이 침투하였다.

터키의 유럽 침입으로 십자군이 1396년 결성되었으나 참가국들의 내분으로 실효를 거두지 못했고, 마침내 1453년 콘스탄티노플은 함락되고 말았다. 콘스탄티노플 함락으로 이탈리아의 여러 도시국가, 특히 베네치아는 동지중해 및 흑해 방면의 무역 거점들을 잃어버려 경제적 타격을 받았다.

한편 신성로마 제국은 약 20년간의 이른바 대공위시대(大空位時代: Great Interregum, 1254-1273)를 겪은 후 합스부르크가의 스위스 출신 귀족 루돌프가 황제로 선출되었다. 그러나 역대 황제는 대귀족들의 영향 아래 있어 실권을 행사하지 못했을 뿐 아니라 교황의 간섭을 받았다. 그 가운데서도 1438년 합스부르크가는 세습적인 제위계승 제도가 확립할 수 있었다.

후스 반란 15세기초 신성로마 제국에 영향을 준 것은 보헤미아에서 일어난 후스 반란이다. 슬라브족이 세운 보헤미아는 10세기 이래 점차 신성로마 제국으로 편입되는 가운데 독일인이 상층계급을 이루고, 원주민인 체코족은 노동·농민 계층을 형성하였다.

14세기를 거치는 동안 보헤미아는 부강해졌다. 수도 프라하는 유럽의 대도시 중 하나로 부상하였고 1348년 창립된 프라하 대학은 중앙 유럽 최초의 대학이었다. 보헤미아는 스스로의 왕을 추대하고 있었으므로 점차 신성로마 제국으로부터의 분리를 주장하는 사람들이 많아졌다.

프라하의 최고최대(最古最大) 대학 카롤리나(지금의 카를로바Karlva) 대학 교수 후스Jan Hus(1369-1415)가 주도한 반란은 체코인의 독립정신을 반영하는 한편 교회의 폐단에 대한 개혁을 주장하는 것이기도 하였다. 후스는 처형되었으나 후스파는 신성로마 제국에 대한 전쟁을 수년간 더 계속하였다. 1436년 후스난이 일단 끝났으나 보헤미아에서의 이단운동은 근본적으로 가라앉지 않았다.

스페인 스페인의 국가적 통일은 15세기 중반(1469) 카스티야의 이사벨라 Infanta Isabella(1451-1504)와 아라곤의 페르난도 2세Ferdinand Ⅱ(1452-1516)가 결혼함으로써 이루어졌다. 이 두 군주가 결합함으로써 스페인에는 중앙집권체제가 확립될 계기가 생겼다. 도시의 세력을 장악하고 군부를 통솔하게 된 스페인 왕국은 또한 가톨릭 교황과의 절충을 통해 스페인 국내의 성직서임권을 갖게 되었다. 중세 이래로 대의기관인 코르테스Cortes 및 레온 칙령(勅令)과 같은 대헌장은 페르난도와 이사벨라에 의해 탄압되었다. 1480년 설치된 종교재판소는 이단에 대한 탄압수단일 뿐 아니라 스페인의 왕권 강화를 위한 수단이었다.

페르난도 2세는 콜럼버스가 아메리카 대륙을 발견하던 1492년에 마지막으로 남아 있던 무어인 지역인 그라나다Granada를 점령하였다. 그는 1504년 이사벨라가 죽음으로써 전 스페인 왕국을 단독 지배하게 되었다. 그는 죽기 전인 1512년 피레네 산맥 남쪽에 위치한 나바르Navarre 왕국을 정복하였다. 이로써 스페인은 해상왕국으로서 비약할 수 있는 기반을 단단히 다져놓은 셈이었다.

D. 중세경제의 변화

14·15세기에 이르러 농촌의 변화와 도시경제의 발달은 한층 더 분명하게 유럽 경제와 사회를 바꾸어 놓았다. 11세기 이래 상업부활은 도시의 시장활

흑사병

흑사병(黑死病)은 페스트pest라고 하는데 선(腺) 페스트 · 폐(肺) 페스트 · 피부 페스트의 3종이 있다. 1348-1339년 유럽 전역에 맹위를 떨친 것은 주로 선 페스트이며 폐 페스트가 추가로 나타났다. 흑사병Black Death이라는 이름이 붙여진 것은 죽음을 맞은 환자의 전신 피부가 검푸른 색깔로 변하기 때문이었다.

흑사병은 1347년 크리미아 반도 남쪽에서 시작되어 흑해, 콘스탄티노플, 에게해, 이오니아해를 거쳐 남쪽으로 옮겨갔으며, 그후 서쪽으로 시칠리아 섬의 메세나Messena로 이동했고, 다시 지중해 무역로(貿易路)를 따라 이탈리아 반도의 서쪽 연안으로 북상하여 피사Pisa, 제노아Genoa에 전염되었다.

여기서 전염경로는 두 갈래로 나누어졌다. 하나는 알프스를 넘어 유럽 내부로 향해 갔으며 다른 하나의 경로는 서쪽으로 이동하여 마르세유Marseilles에 도달하였다. 1348년에 들어서 흑사병은 론-손강을 거슬러 올라 북상하였다. 흑사병으로 유럽 전인구의 3분의 1에서 5분의 1이 사망했다고 하며 이로 인해 커다란 사회불안이 야기되었다.

동을 활발하게 했으며, 화폐가 유통됨에 따라 농촌의 자급자족 경제도 무너지기 시작하였다. 농산물이 시장으로 나가 매매되고 장원은 외부와 접촉하게 되어 점차 폐쇄적인 구조가 깨지게 되었다. 화폐가 편리하고 그 유용함을 알게 된 영주는 직영지(直營地)까지 소작인에게 빌려 주고 수입증가를 꾀하게 되었다

농촌의 변화 농촌의 임금노동자는 흑사병(1348-1350)이 유럽과 서남아시아를 휩쓴 이후의 인구감소로 더욱 구하기 어려워져 14세기 후반에 임금이 2배로 뛰었다. 영주 직영지의 소멸과 함께 병행된 금납화가 더욱 성행하게 되었고, 영주는 지대(地代)로 농산물보다 화폐를 선호하였다. 이와 같이 영주와 농민간의 전통적인 계약관계—물납(物納)과 노역(勞役)을 통한 예속관계--는 토지의 임차관계로 변하였다.

결과적으로 장원 내에 있어서 농민 노역이 화폐로 환산 · 지불됨으로써 토지에 얽매이는 농민의 예속도(隷屬度)는 낮아졌다. 농민은 돈을 주고 이사할 수 있는 자유를 살 수 있게 되었다. 영국에서는 15세기말까지 농노가 거의 사라져버렸다. 이와 같은 경위로 14 · 15세기를 통해 농민의 경제적 조건 및 지위가 향상될 수 있었다.

그럼에도 봉건 지배층은 농민의 생활조건의 변화를 인정하지 않았으며, 낡은 제도를 고집하여 예전처럼 농민을 수탈하려고 하였다. 운 나쁜 농민은 땅을 잃고 임금노동자로 전락하였다. 결국 낡은 장원제도의 붕괴는 사회적 불안을 초래하였다.

1358년 프랑스의 자크리난, 1381년 영국의 와트 타일러Wat Tyler의 난과 같은 농민반란은 이러한 구제도의 붕괴에 따른 농민의 불안을 반영한 것이

었다. 농민반란은 그후에도 유럽각지에서 계속되었다. 보헤미아에서 1419년 후스파의 반란이 일어났고 종교개혁 후에는 뮌처Münzer가 영도한 농민반란이 독일에서 일어났다(1524-1525). 한편 14 · 15세기를 거치는 동안 유럽의 상공업 구조도 결정적으로 변화하였다.

사회계층의 이동 경제적 변화에 따라 사회 계층간의 이동이 활발해졌다. 농민은 무산대중으로 전락하는가 하면 하층계급에서 상층계급으로 격상되기도 하였다. 중세 말에는 무수한 거지, 부랑자, 크고 작은 범죄자들로 사회 문제가되었다. 영국의 경우 신세계에 대한 이민은 이러한 문제를 처리하는 하나의 방식이 되었다.

과도기적 변화는 한때 심각한 경제 위기와 사회 불안을 수반하였다. 흑사병은 유럽 인구를 크게 감축시키고 농촌과 도시에 다같이 큰 충격을 주었다. 그렇지만 유럽 경제의 팽창은 계속되었다.

자본주의 발달 이미 중세 후기에 들어서면서 상공업이 발달하기 시작했으나 그러한 발달은 어디까지나 중세적 사회구조, 예컨대 길드에 의해 지배된 것이었다. 그런데 13세기말이 되기 전에 전통적인 경제체제가 파괴되고 근대 자본주의 형태에 입각한 산업활동이 전개되기 시작하였다.

상업과 공업은 그 질과 양에서 크게 변화하고 도시민의 역사적 역할을 중요하게 만들었다. 상인 · 은행가 · 산업기업가들은 자본주의 방식을 통해 시장을 개척하였고, 그 결과 사회 · 경제적 발전은 두드러졌다.

이탈리아 · 저지대 지방 · 독일 · 영국의 도시민은 자본을 축적하고 이윤 증대를 위한 사업에 재투자하였다. 해상을 통한 통상의 규모와 범위는 커졌으며 상인들은 동업과 주식회사 등 조직을 통해 좀더 합리적으로 이윤을 추구하게 되었다. 한편 대금업과 은행업이 성행하여 유럽의 거대한 금융 자본가가 주로 이탈리아와 독일에서 많이 나왔다.

직물공업이 이탈리아와 영국의 도시에서 매우 활발했으며 상업자본이 산업에 투입되는 근대 산업자본주의가 싹트게 되었다. 1421년 영국의 관세수입의 74%가 원모(原毛) 수출에서 나온 것이었다. 14 · 15세기에 영국은 원모를 저지대 지방이나 이탈리아로 수출하였다. 16세기 튜더 왕조에 이르러서 영국은 원모 생산 및 모직물 생산에서 유럽 경제내의 확고한 위치를 차지하였다.

상공업의 획기적인 발전을 적극 지원한 것은 근대적인 군주국가였다. 절대군주의 권력을 강화하기 위한 배경이 상공업을 주업으로 하는 시민계급이었기 때문에 군주는 시민의 권익을 옹호하려고 하였다. 그리하여 상공업의 보호장려 정책이 절대군주 체제의 공식이 되었다. 이에 따라, 중산층 시민계급은 점차 적극적인 사회 · 정치적 참여를 요구하면서 새로운 문화형성의 중심세력이 되었다.

■ 더 참고할 책 ■

제7장 보편교회와 그리스도교 문화

Artz, Frederick B., *The Mind of the Middle Ages: A Historical Survey, 200-1500,* 3rd ed. rev. (Chicago).

Claster, Jill N., *The Medieval Experience: 300-1400* (1982).

Hamilton, Bernard, *Religion in the Medieval West* (1986).

Heer, F., *The Medieval World* (Penguin).

Herrin, Judith, *The Formation of Christendom*(1987).

Reynolds, Susan, *Kingdoms and Communities in Western Europe 900-1300* (1984).

Swanson, R. N., *Religion and Devotion in Europe, c. 1215-c. 1515* (1995).

Ullmann, W., *A Short History of the Papacy in the Middle Ages* (Torchbooks).

▶ 자료

Shinners, John, ed., *Medieval Popular Religion, 1000-1500: A Reader.*

1. 유럽의 보편교회

Abulafia, David, *Frederick II: A Medieval Emperor* (1988).

Angold, Michael, *The Byzantine Empire, 1025-1204: A Political History* (1984).

d'Avery, D. L., *The Preaching of the Friars: Sermons Diffused from Paris before 1300* (1985).

Barraclough, Geoffrey, *The Medieval Papacy* (Harcourt Brace Jovanovich).

Baldwin, J. W., *The Medieval Church* (Cornell).

Blumenthal, Uta-Renate, *The Investiture Controversy: Church and Monarchy from the Ninth to the Twelfth Century* (1988).

Cameron, Malcolm, and D. E. P. Jackson, *Saladin: The Politics of the Holy War* (1982).

Chadwick, H., *The Early Church* (Penguin).

Davies, J. G., *The Early Christian Church* (Anchor).

Deanesly, M., *A History of the Medieval Church, 590-1500,* 9th ed.(Barnes and Noble).

Duckett, E., *The Wandering Saints of the Early Middle Ages* (Norton).

Grundmann, Herbert, *Religious Movements in the Middle Ages* (1995).

Hamilton, Bernard, *The Medieval Inquisition* (1981).

Holl, Adolf, *The Last Christian,* tr. by Peter Heinegg (1980).

Housely, Norman, *The Later Crusades: From Lyons to Alcazar 1274-1580* (1992).

Jedin, Hubert, and John Dolan, *Handbook of Church History.* Vol. 2: The Imperial *Church to the Early Middle Ages,* tr. by Anselm Biggs (1980).

Kedar, Benjamin Z., *Crusade and*

Mission: European Approaches Toward the Muslims (1984).

Lambert, Malcolm, *Medieval Heresy*, 2nd ed. (1992).

Lawrence, C. H., *Medieval Monasticism: Forms of Religious Life in Western Europe in the Midddle Ages* (1984).

Lawrence C. H., *The Friars: The Impact of the Early Mendicant Movement on Western Society* (1994).

Lynch, Joseph, *The Medieval Church: A Brief History* (1992).

Mayer, Hans Eberhard, *The Crusades*, 2nd ed. (1988).

Moore. R. I., *The Formation of a Persecuting Society: Power and Deviance in Western Europe, 950-1250* (1987).

Morris, Colin, *The Papal Monarchy: The Western Church from 1050-1250* (1989).

Newhall, R. A., *The Crusades* (Berkshire Studies).

Ozment, Steven, *The Age of Reform, 1250-1550: An Intellectual and Religious History of Late Medieval and Reformation Europe* (1980).

Packard, Sidney R., *Europe and the Church under Innocent III* (Berkshire Studies).

Peters, Edward M., *Inquisition* (1988).

Phillips, J. R. S., *The Medieval Expansion of Europe* (1988).

Riley-Smith, Jonathan, *The Crusades: A Short History* (1987).

Riley-Smith, Jonathan, *The First Crusade and the Idea of Crusading* (1986).

Runciman, Steven, *A History of the Crusades*, 3 vols. (Penguin).

Russell, Jeffrey, *A History of Medieval Christianity: Prophecy and Order* (AHM).

Sayers, Jane, *Innocent III: Leader of Europe 1198-1216* (1994).

Smith, John H., *St. Francis of Assisi* (Scribner's).

Southern, R. W., *Western Society and the Church in the Middle Ages* (Penguin).

Straw, Carole, *Gregory the Great: Perfection in Imperfection* (1988).

Swanson, R. N., *Religion and Devotion in Europe, c. 1215-c. 1515* (1995).

Tellenbach, Gerd, *Church, State, and Christian Society at the Time of the Investiture Contest*, tr. by R. F. Bennett (Meridian).

Tillmann, Helene, *Pope Innocent III*, tr. Walter Sax (1980).

Tobin, Frank, *Meister Eckhart: Thought and Language* (1986).

Trevor-Roper, H., *The Rise of Christian Europe* (Harcourt Brace Jovanovich).

Tuberville, A., *Medieval Heresy and the Inquisition* (Shoe String).

Ward. J. W. C., *A History of the Early Church to A. D. 500* (Torchbooks).

Wallace-Hadrill, J. M., *The Frankish Church* (1983).

Workman, H., *The Evolution of the Monastic Ideal* (Beacon).

강치원 "신정적 왕권과 대관식에 관한 연구--9-

11세기 하향적 통치원리를 중심으로"『사학지』:16 (1982).
장준철 "교황통치체제 확립에 관한 Gregory VII의 사상"『전북사학』:5 (1981).
조인형 "유세비우스의 『교회사』 서술에 관한 연구--그의 사료취급에 대한 비판을 중심으로"『역사학보』:108 (1985).

▶ 자료

Brown, Raphael, ed. and tr., *The Little Flowers of St. Francis.*
Brundage, James A., ed., *The Crusades: A Documentary Survey.*
Eckhart, *Meister Eckhart, a Modern Translation,* tr. by R. B. Blakney.
Kempe, Margery, *The Book of Margery Kempe (1436),* tr. by B. A. Wineatt.
Memoirs of the Crusades, tr. by F. T. Marzials.
Otto of Freising, *The Deeds of Frederick Barbarossa,* tr. by Charles C. Mierow.
Paris, Matthew, *Chronicles: Monastic Life in the Thirteenth Century,* ed. by Richard Vaughan.
Peters, Edward, ed., *The First Crusade: The Chronicle of Fulcher of Chartres and Other Source Materials.*
Peters, Edward, ed. and tr., *Heresy and Authority in Medieval Europe.*
Riely-Smith, Louise and Jonathan, eds., and trs., *The Crusades: Ideas and Reality, 1095-1274.*
Rule of Monastries, tr. by L. J. Boyle.
Tierney, Brian, ed., *The Crisis of Church and State, 1050-1300.*
De Villehardouin, Geoffrey, and Jean De Joinville, *Chronicles of the Crusades,* tr. by Margaret R. Shaw.

2. 학문과 사상

Berman, Harold J., *Law and Revolution: The Formation of the Western Legal Tradition* (1983).
Boswell, John, Christianity, *Social Tolerance, and Homosexuality in Western Europe from the Beginning of the Christian Era to the Fourteenth Century* (1980).
Brundage, James, *Law, Sex, and Christian Society in Medieval Europe* (1987).
Cadden, Joan, *Meanings of Sex Difference in the Middle Ages: Medicines, Sciences, and Culture* (1993).
Chadwick, Henry, *Augustine* (1986).
Copleston, Frederick, *Aquinas* (Penguin).
Davies, Brian, *The Thought of Thomas Aquinas* (1992).
Elders, Leo, *The Philosophical Theology of St. Thomas Aquinas* (Leiden, 1990).
Gilson, Etienne, *Reason and Revelation in the Middle Ages* (1938).
Haren, Michael, *Medieval Thought: The Western Intellectual Tradition from Antiquity to the Thirteenth Century* (1985).
Haskins, Charles H., *The Renaissance of the Twelfth Century* (Mentor).

Jones, W. T., *A History of Western Philosophy: The Medieval Mind* (Penguin).

Kenny, Anthony, *Aquinas* (1980).

Knowles, David, *The Evolution of Medieval Thought*, 2nd ed. (Vintage).

Laistner, M. L. W., *Thought and Letters in Western Europe, 500-900*, rev. ed. (Cornell).

Leclercq, Jean, *The Love of Learning and the Desire for God*, 3rd ed. (1982).

Leff, Gordon, *Medieval Thought* (Penguin).

McIlwain, Charles H., *The Growth of Political Thought in the West* (Cooper-Square).

McInerny, Ralph, *A First Glance at St. Thomas Aquinas* (1990).

Marenbon, John, *Later Medieval Philosophy (1150-1350): An Introduction* (1987).

Morris, Colin, *The Discovery of the Individual, 1050-1200* (Torchbooks).

Radding, Charles M., and William W. Clark, *Medieval Architecture, Medieval Learning* (1992).

Smalley, Beryl, *The Study of the Bible in the Middle Ages*, 3rd ed. (1983).

Southern, R. W., *Saint Anselm: A Portrait in a Landscape* (1990).

Southern, R. W., *Scholastic Humanism and the Unification of Europe*, vol. 1: *Foundations* (1995).

Ullmann, Walter, *Medieval Political Thought*, rev. ed. (Penguin).

Waddell, Helen, *Peter Abelard* (Compass).

Weisheipl, James A., *Friar Thomas d'Aquino: His Life, Thought, and Works*, 2nd ed. (1983).

Wulf, M. de, *Philosophy and Civilization in the Middle Ages* (Dover).

박은구 "William of Ockham의 세속정부론" 『숭실사학』:3 (1985).

이석우"Ausgustinus에 있어서의 〔두 도시〕의 성격"『서양사론』:21 · 22 합 (1980).

조인형 "성 아우구스티누스의 『신국론』에 관한 연구—역사학적 관점에서"『사학지』:16 (1982).

▶ 자료

Anselm of Canterbury, *Basic Writings: Proslogium, Monologium, Gaunilon's On Behalf of the Fool, Cur Deus Homo*, tr. by S. W. Deane.

Aquinas, Thomas, *Basic Writings*, ed. by Anton C. Pegis.

An Aquinas Reader, ed. by Mary T. Clark.

Boehmer, P., ed., *Ockham, Philosophical Writings.*

The Letters of Abelard and Héloïse, tr. by Betty Radice.

3. 중세의 대학

Ben-David, Joseph, *Centers of Learning: Britain, France, Germany, United States* (1992).

Benson, Robert L., and Giles Constable, eds., *Renaissance and Renewal in the*

Twelfth Century (1982).
Brooke, C., *The Twelfth Century Renaissance* (Harcourt Brace Jovanovich).
Cobban, Alan B., *The Medieval English Universities: Oxford and Cambridge to c. 1500* (1988).
Esposti, Carlo D., *Bologna: alma mater studiorum* (1988).
Flexner, Abraham, *Universities: American, English, German* (1994).
Hall, Michael, *Oxford* (1990).
Hall, Michael, *Cambridge* (1990).
Haskins, Charles H., *The Rise of Universities* (Great Seal).
Newman, John H., *The Idea of University: Defined and Illustrated* (1994).
Waddell, Helen. *The Wandering Scholars,* rev. ed. (Anchor).
이광주 『대학사』 (1997).
이광주 "중세대학에서의 자유의 문제," 『서양사론』: 29 · 30합 (1988).
이석우 "중세대학의 기원과 성립" 『경희사혹』:12 · 13합 (1986).
장명수 "대학 발생까지의 중세 프랑스에서의 고전적 학문의 존속" 『사총』: 24(1980).

▶ 자료

Thorndike, Lynn, ed., *University Records and Life in the Middle Ages.*

4. 문학과 예술

Adams, Henry, *Mont-Saint-Michel and Chartres* (Mentor).
Coulton, G, G., *Medieval Panorama* (Meridian).
Curtius, E., *European Literature and the Latin Middle Ages* (Princeton).
Dronke, Peter, *Women Writers of the Middle Ages* (1984).
Duby, Georges, *History of Medieval Art, 980-1440* (1986).
Duby, Georges, *The Age of the Cathedrals: Art and Society, 980-1240,* trs. Eleanor Levieux and Barbara Thompson (Penguin).
Gimpel, Jean, *The Cathedral Builders,* tr. by Teresa Waugh (1984).
Jackson, William T., *Medieval Literature: A History and a Guide* (Collier).
Lewis, C. S., *The Allegory of Love* (Galaxy).
Mâle, E., *The Gothic Image: Religious Art in France in the Thirteenth Century* (Torchbooks).
Morey, C., *Christian Art* (Norton).
Panofsky, Erwin, *Gothic Architecture and Scholasticism* (Meridian).
Pevsner, N., *An Outline of European Architecture* (Penguin).
Ross, J. B., and M. M. McLaughlin, eds., *The Portable Reader* (Viking).
Simson, O. von, *The Gothic Cathedral* (Princeton).
Stock, Brian, ed., *Medieval Latin Lyrics* (Godine).
Temko, A., *Notre-Dame of Paris, the Biography of a Cathedral* (Viking).

▶ 자료

Alighieri, Dante, *The Divine Comedy*, tr. by Mark Musa.

Chrétien de Troyes, *Arthurian Romances*, tr. by W. W. Kibler.

Chrétien de Troyes, Yvain, *The Knight of the Lion*, tr. by Burton Raffel.

Frisch, Teresa G., *Gothic Art, 1140-1450: Sources and Documents* (1987).

Goldin, Frederick, *Lyrics of the Troubadours and Trouvéres: Original Texts, with Translations.*

Gottfried von Strassburg, *Tristan*, tr. by A. T. Hatto.

Hoppin, R. H., ed., *Anthology of Medieval Music.*

Marie de France, *The Lais of Marie de France*, tr. by Glyn S. Burgess and Keith Busby.

The Song of Roland, tr. by D. P. R. Owen.

Stenton, Frank, ed., *The Bayeux Tapestry.*

Wolfram von Eschenbach, *Parzival*, tr. by H. M. Mustard and C. E. Passage.

5. 중세로부터 근대로

Allmand, Christopher, *The Hundred Years War: England and France at War, c. 1300-1450* (1988).

Barraclough, Geoffrey, *The Origins of Modern Germany* (Capricorn).

Beard, Mary, *A History of Business*, 2 vols. (Ann Arbor).

Bryce, James, *The Holy Roman Empire* (Schocken).

Burne, Alfred H., *The Agincourt War: A Military History of the Latter Part of the Hundred Years War, from 1369 to 1453* (1991).

Cheyney, Edward P., *The Dawn of a New Era, 1250-1453* (Torchbooks).

Chrimes, S. B., *English Constitutional History*, 4th ed. (Oxford).

Elliott, J. H., *Imperial Spain, 1469-1716* (Penguin).

Freedman, Paul, *The Origins of Peasant Servitude in Medieval Catalonia* (1991).

Gillingham, John, *The Wars of the Roses: Peace and Conflict in Fifteenth-Century England* (1981).

Gilmore, Myron P., *The World of Humanism, 1453-1517* (Torchbooks).

Hay, Denis, ed., *The Renaissance Debate* (Holt, Rinehart & Winston).

Hanawalt, Barbara, ed., *Women and Work in Medieval Europe* (1990).

Harvey, L. P., *Islamic Spain 1250-1500* (1990).

Hilton, Rodney, and T. H. Ashton, eds., *The English Rising of 1381* (1987).

Huizinga, Johan, *The Waning of the Middle Ages* (Anchor).

Jacob, E. F., *Henry V and the Invasion of France* (Collier).

Kaeuper, Richard W., *War, Justice, and Public Order: England and France in the Late Middle Ages* (1988).

Kelly, Amy, *Eleanor of Aquitaine and the*

Four Kings (Vintage).

Lerner, R. E., *The Age of Adversity: The Fourteenth Century* (Cornell).

McFarlane, K. B., *John Wycliffe and the Rise of English Nonconformity* (Verry).

Maczak, Antoni, Henryk Samsonowitz, and Peter Burke, ed., *East-Central Europe in Transition: From the 14th to the 17th Century* (1985).

Martin, Alfred von, *The Sociology of the Renaissance* (Torchbooks).

Michelet, J., *Joan of Arc* (Michigan).

Myers, A. R., *England in the Late Middle Ages, 1307-1536* (Penguin).

Nicholas, David, *Medieval Flanders* (1992).

Nicholas, David, *The van Arteveldes of Ghent: The Varieties of Vendetta and the Hero in History* (1988).

Petit-Dutaillis, C., *Feudal Monarchy in France and England from the I0th to the 13th Century*, tr. by E. D. Hunt (Torchbooks).

Perroy, Edouard, *La Guerre de cent ans* (1945), tr. by W. B. Wells *The Hundred Years' War* (Torchbooks).

Pirenne, Henri, *The Economic and Social History of Medieval Europe*, tr. by I. E., Clegg (Torchbooks).

Power, Eileen, *Medieval People* (Anchor).

Rice, Eugene F., Jr., *The Foundations of Early Modern Europe, 1460-1559* (Norton).

Roth, C., *The Spanish Inquisition* (Norton).

Thirsk, Joan, *Economic Policy and Projects: The Development of a Consumer Society in Early Modern England* (Penguin).

Thomson, Faith, *A Short History Parliament, 1295-1642* (Minnesota).

Warner, Marina, *Joan of Arc: The Image of Female Heroism* (1981).

Ziegler, Philip, *The Black Death* (Meridian).

▶ 자료

Allmand, Christopher, ed., *Society at War: The Experience of England and France During the Hundred Years War.*

Dobson, R. B., ed., *The Peasant Revolt of 1381.*

Froissart, Jean, *The Chronicles of England, France, Spain and Other Places Adjoining.*

The Pastons: *The Letters of a Family in the War of the Roses*, ed., Richard Barber.

Pernoud, Régine, ed., *Joan of Arc: By Her Witnesses.*

※더 참고할 책의 최신 목록은 〈blog.daum.net/chasworldhistory〉 참조

제 8 장

르네상스와 종교개혁

비너스의 탄생(산드로 보티첼리, 1482년경)

주 요 연 대

1304-1374	페트라르카
1313-1375	보카치오; 단테(1265-1321)
1328	발로아 왕조 시작
1337-1453	백년전쟁
1346	크레시 전투
1348-1350	흑사병, 최악의 전염
1356	「황금 칙서」(黃金勅書: Golden Bull)
1358	자크리의 난
1378-1417	대분열
1381	영국의 농민반란
1399-1413	영국 헨리 4세 통치
1402	후스 운동
1410-1415	교황 요한 23세
1414-1418	콘스탄츠 공의회
1415	영국 헨리 5세, 프랑스 왕위 주장; 후스 화형
1420-1433	후스 전쟁
1429	잔다르크의 오를레앙 구출작전; 잔다르크 화형(1431)
1445-1510	보티첼리
1452-1519	레오나르도 다 빈치
1453	콘스탄티노플 함락
1454	구텐베르크의 성경 출판
1455-1485	장미전쟁; 튜더가에서 영국 왕 헨리 7세 등위
1469	카스티야의 이사벨과 아라곤의 페르난도 결혼
1466-1536	에라스무스
1469-1527	마키아벨리
1471-1528	뒤러
1474	이사벨, 카스티야 왕위 계승
1475-1564	미켈란젤로
1478	스페인 종교재판소 설치
1479	페르난도, 아라곤 왕위 계승
1483-1520	라파엘로
1483-1546	마르틴 루터
1488	디아스, 희망봉 도달
1492	콜럼버스, 아메리카 대륙 도달; 이슬람 최후의 보루인 그라나다 함락
1492	스페인, 유대인 추방
1494	프랑스, 이탈리아 침입
1494-1498	사보나롤라, 피렌체 장악
1509-1564	칼뱅

1511	에라스무스의『치우신 예찬』
1512-1521	교황 레오 10세
1515	토마스 모어의『유토피아』
1517	루터(1483-1546)의「95개항 논제」
1519-1522	마젤란 일행의 지구 일주 항해
1519	츠빙글리 설교 시작
1521	보름스 국회; 발로아-합스부르크 왕조 전쟁
1524-1525	독일 농민반란
1527	신성로마 황제 칼 5세 로마 약탈
1533-1592	몽테뉴
1534	헨리 8세(1509-1547), 수장령(首長令) 공포; 재세례파 뮌스터 점령
1536	칼뱅의『그리스도교 강령』
1534	예수회 창설; 예수회의 승인(1540: 교황 바오로 3세)
1545-1563	트렌트 공의회
1547-1616	세르반테스
1555	아우구스부르크 평화조약
1556	칼 5세 퇴위; 스페인 필립 2세(1556-1598) 즉위
1558-1603	영국 엘리자베스 1세 여왕
1561-1626	프란시스 베이컨
1562-1629	위그노 전쟁
1564-1616	셰익스피어
1564-1642	갈릴레오
1566-1609	네덜란드 반란
1583-1645	하비
1572	성 바르톨로메오 축일의 학살
1577	티코 브라헤, 혜성 관찰
1584	오렌지 공 윌리엄 암살
1588	영국과 스페인 전쟁; 스페인 무적함대, 영국해군에 격파됨
1588-1679	토마스 홉즈
1589-1792	부르봉 왕조
1596-1650	데카르트
1598	낭트 칙령
1601	영국 엘리자베스 1세의 구빈법(救貧法)
1602-1798	네덜란드의 동인도회사
1603	스튜어트 왕조(1603-1688)의 제임스 1세 즉위
1606-1669	렘브란트
1607-1773	영국, 북아메리카 13주 식민지 건설
1608-1674	밀턴
1610-1619	케플러의 운동법칙
1611-1632	스웨덴 왕, 구스타부스 아돌푸스
1618-1648	30년 전쟁

14세기부터 16세기에 걸쳐 유럽 사회는 봉건적 특성을 상실하고 새로운 시대로 전환하는 과도기를 맞이하였다. 봉건제도 · 기사도 · 길드 및 가톨릭 교권이 점차 쇠퇴하고 정치 · 경제 · 사회 · 문화 · 종교적으로 새로운 변화가 일어났다. 사람들은 전통적인 사고방식과 가치관에 회의를 느꼈다. 종교적 신앙의 본질, 교회의 권위, 학문의 목적, 도덕적 이상의 원천, 미의 기준 등과 같은 기본문제에 대해 회의하기 시작하였다. 종교와 문화의 낡은 이념과 사상을 강도 높게 비판했으며 혁신적 시각에 따라 창의적으로 사고하게 되었다.

이러한 지적 전환이 르네상스와 프로테스탄티즘의 종교개혁으로 나타났다. 그것은 유럽 근대사회의 시작을 알리는 정신운동이었다. 이 운동을 주도한 사람들은 낡은 기준과 사상에 대한 비판의 기준을 과거에서 찾으려고 하였다. 르네상스의 경우 고전 고대 프로테스탄티즘의 종교개혁에는 원시 그리스도교가 기준이 되었다.

르네상스와 종교개혁은 중세적 속박으로부터 인간을 해방시키려는 혁신운동이었다. 이 두 운동은 동시대적인 사건이었을 뿐 아니라 공통점과 차이점을 함께 가지고 있었다. 르네상스는 주로 고급문화를 창출하는 지식인 계층과 관계가 있는 반면 종교개혁은 봉건제후, 농민, 시민의 복잡한 움직임과 관련되면서 전개되었다. 그러므로 어느 의미에서 종교개혁은 르네상스보다 더 큰 영향을 미쳤으며 더 중요한 역사적 의의를 가지고 있었다.

1. 르네상스

13세기 후반부터 약 2세기 동안 사회 전 분야에 새로운 전환이 일어났다. 이를 사학사(史學史)에서는 르네상스라 칭한다. 르네상스(Renaissance)란 말은 재생(再生:renaître)을 뜻하는 프랑스어에서 유래했으며, 프랑스 역사가 미슐레Jules Michelet(1798-1874)가 1855년 자신의 저서 『프랑스사』에서 처음으로 사용하였다.

르네상스는 중세에서 근대로 넘어가는 시기에 일어난 과도적 현상이었다. 그것은 미술 · 음악 · 문학 · 철학 · 과학 분야뿐 아니라, 경제생활 · 사회구조 · 정치체제에 걸쳐 일어난 커다란 변화였다.

이와 같은 유럽 사회의 전반적인 변화는 새로운 시대의 출발로 인식되었다. 르네상스의 선구자 페트라르카나 보카치오는 '재생'이라고 표현했으며, 16세기 이탈리아의 전기작가 바사리Giorgio Vasari(1511-1574)도 『저명미술가 열전』에서 '부활'(이탈리아어 rinascita)이라는 말을 썼다.[1]

A. 이탈리아 르네상스

르네상스는 도시와 상업의 부활이 가장 빨리 일어난 이탈리아, 특히 북이탈리아에서 먼저 시작되었다. 도시민의 자아에 대한 각성과 권위에 대한 비판 속에서 활발한 지적 활동이 전개되었다. 그것이 고전 고대문화를 부흥하려는 휴머니즘이었다.

이러한 고전 고대문화의 부흥은 중세를 뛰어넘었다기보다 중세의 사상과 문화적 전통을 좀더 창조적인 것으로 전환시켜 놓았다.

르네상스의 배경 이탈리아는 유럽의 어느 지역보다도 도시활동이 활발한 지역이었다. 사실 게르만 민족 이동 때에도 이탈리아에는 고대 로마 도시의 전통이 어느 정도 남아 있었으며, 또한 중세 도시가 그 곳에서 제일 먼저 부활하였다. 상공업의 발달로 롬바르디아와 토스카나 등 북이탈리아 도시는 부를 축적하고 이탈리아 정치와 경제의 중심이 되었다. 이와 같은 도시의 활발한 분위기와 풍부한 경제력이 르네상스 운동의 배경이 되었다.

이탈리아의 지리적 위치는 지식과 문화의 교류에 매우 유리하였다. 중세를 통해서 동로마(비잔틴) 제국과 빈번히 교통하였으며, 15세기에 비잔틴 학자들이 이탈리아를 내왕하여 학술 진흥을 자극하였다. 예를 들면 크리솔로라스Manuel Chrysoloras(1355-1415)가 이탈리아에 왔고, 그 후 가장 위대한 비잔틴 학자 중 한사람인 플레톤Plethon(1355-1450)은 피렌체에서 메디치가의 원조를 받아 1440년 플라톤 학회(Academia Platonica)를 설립하였다.

이미 십자군 운동 기간 중 이탈리아 상인은 동방의 여러 나라들과 접촉하여 고도로 발달된 아라비아의 자연과학 및 발명, 그리고 철학과 사상에 접할 기회가 자주 있었다.

사회 경제적 기반 문화 진흥에는 후원자가 있었다. 참주, 제후 또는 교황들이 거의 예외 없이 문학과 미술 및 휴머니스트의 활동을 지원하였다. 이탈리아 도시국가의 실권자(podesta), 예를 들면 피렌체의 메디치Medici가(家), 밀라노의 비스콘티Visconti가(家), 그리고 교황 율리오 2세Julius II(재위: 1503-1513)가 학자와 예술가들을 후원하였다. 정치 지배자들이 문예후원에 적극적이었던 것은 자신들의 불안정한 지위를 굳히려

---

1) 18세기에 영국 문인 아놀드Matthew Arnold(1822-1888)는 저서 『교양과 무질서』(*Culture and Anarchy*, 1727)에서 '재생'을 독특하게 영어(Renascence)로 표기했으나 널리 사용되지는 않았다.

는 의도에서였다.[2)]

이 외에도 많은 재산을 모은 상인들이 문예를 후원하였다. 그리스도교의 윤리 도덕에서는 인색함과 축재의 죄악을 강조하였기 때문에 부유한 계층은 문예후원에 재산 중 일부를 내놓는 일이 많았다.

세속주의 도시의 분주한 생활, 향락의 기회, 인간 능력에 대한 낙관주의 등은 재산 · 사치 · 여유와 관련되어 도시민에게 매우 세속적이며 개인주의적인 생활태도를 갖게 하였다. 교회가 설교하는 내세와 천국에 대한 믿음은 현실세계에서의 명예와 권력, 재산과 번영으로 약해졌다.

르네상스 시대의 사람들은 교회와 신앙을 2차적인 것으로 제쳐놓는 성향을 갖게 되었는데, 그렇다고 무신론이나 무종교를 표방한 것은 아니었다. 그들은 다만 자기 주위에서 움직이고 있는 것들에 더 큰 관심을 가지고, 가능한 한 현세 생활의 즐거움을 찾으려고 한 데 불과하였다.

개성의 발휘 르네상스의 개인주의는 19세기의 개인주의와 달리 좀더 깊은 철학적 의미를 지니고 있었다. 그것은 인간의 내적 세계의 확대, 예컨대 개성의 발전과 뚜렷한 자아의식을 강조하였다. 중세에는 개인의 자유보다 신분 · 계급 · 길드 등 조직체에 예속되는 것을 강조했는데, 시대가 바뀌어 이러한 특징이 무너졌다. 능력에 따라 출세가 가능하고 노력만 하면 더 많은 재산을 모을 수 있게 되었다. 지적으로나 예술적으로 개인의 재능을 십분 발휘할 수 있게 되었다. 그리하여 르네상스 시대에는 개성을 자유로이 발달시킨 이른바 '완성인'(完成人)이 많이 배출되었다.

정치적 분립주의 이탈리아 르네상스, 특히 14세기는 정치적 혼란의 시대였다. 이탈리아는 통일된 국가가 아니라 각 도시마다 하나의 국가를 이루고 있는 이른바 분립주의(particularism) 상태에 있었다.

중세 이래의 전통적인 황제파 · 교황파 간의 충돌은 이탈리아를 지역적 분열 속으로 몰아넣었다. 더욱이 각 도시국가는 통상의 확대와 유지 및 그 밖의 경제적 이해를 둘러싸고 서로 경쟁했으며, 도시국가의 용병대는 혼미한 정국을 더욱 악화시켰다.

북부 및 중앙 이탈리아의 거의 모든 도시국가는 대상인과 귀족 등 상층계급에 의한 공화정 체제로 시작되었는데, 13세기말에 이르러 낡은 지배계급은 새로운 자본가 계급과 중산층의 도전을 받게 되었다. 이 결과 계급간의 갈등

---

2) Myron P. Gilmore, *The World of Humanism* (Torchbooks), 230-231.

과 투쟁이 빈번하여 내부적인 혼란이 일어났다. 이 혼란을 극복하기 위해 독재자나 소수의 지배층이 강력한 지배체제를 수립하였다. 이것이 참주정(僭主政)이었다.

참주는 대체로 비상한 능력과 강력한 실천력을 가지고 있었다. 그들은 불법적인 수단으로 정권을 장악했으며 법을 초월하여 존재한다고 자처하였다. 자본가적 타산에 밝았으나 성격이 잔인하고 무자비하였다. 참주는 군사행동을 취할 때는 용병대에 의존하였다.

용병대장(condottieri)의 지휘 아래 움직이는 군대는 대개 여러 나라에서 온 병사들로 구성되어 있었다. 그들의 주요관심은 전쟁의 승패에 있는 것이 아니라 자신의 생계를 보장받기 위해 전투를 계속하는 것이었다. 따라서 그들은 고용주인 군주를 배신하는 경우가 허다하였고, 군주를 내몰고 스스로 정권을 장악하는 일이 많았다.

르네상스의 5개 국가 14세기 이탈리아에 분립해 있던 군소 국가는 서로 싸우면서 차차 세력이 더 큰 국가에 흡수되었다. 그리하여 15세기 중반 이탈리아에서는 밀라노 공화국 · 베네치아 공화국 · 피렌체 공화국 · 교황령 국가 · 나폴리 왕국 등 5대 도시 국가와 시에나Siena 공화국 · 만토바Mantova 후작국 · 페라라Ferrara 공국 · 모데나Modena 공국이 있었다.

밀라노 중세에 밀라노Milano; Milan는 롬바르디아Lombardia 평원의 가장 부강한 국가였다. 1310년 신성로마 황제 하인리히 7세가 북이탈리아에 침입해 왔을 때 비스콘티Matteo Visconti(1250-1322)가 황제의 지원으로 집권하였다. 이리하여 밀라노는 비스콘티가의 독재정치 아래 놓이게 되었고 동시에 전성기를 맞았다.

밀라노는 제노아Genoa · 베네치아 · 베로나Verona 등에 대항하여 북이탈리아까지 세력을 확장하였다. 14세기 후반 이후 비스콘티가는 풍부한 재력 때문에 유럽 군주들의 주목을 받았으며 명문가들과 통혼하였다. 밀라노는 잔 갈레아초Gian Galeazzo Visconti(1378-1402)에 이르러 전성기를 이룩했는데, 그는 신성로마 황제(Wenceslas)로부터 밀라노 공의 칭호를 샀다. 그리고 제노

시에나 공화국의 관공서(Palazzo Pubblico)

1500년경의 이탈리아

아, 페라라 등을 병합하여 북이탈리아의 위협적인 세력으로 성장하였다.

그러나 그의 사후 공국은 분열하고 쇠퇴하였다. 밀라노가 쇠퇴함으로써 상대적으로 베네치아와 피렌체가 세력을 팽창할 수 있게 되었다. 필립 마리아Philip Maria Visconti(1412-1427)에게 후사(後嗣)가 없는 것을 틈타 시민들은 암브로시아Ambrosia 공화국을 세웠다.

그러나 평민 출신 용병대장 프란체스코 스포르차Francesco Sforza(1401-1466)가 불법 집권하여 밀라노 공이 되었다(집권:1455-1466). 스포르차가는 지배기간에 밀라노의 문예를 발달시켰으며, 당시의 풍조에 따라 학자나 미술가들을 초빙하였다. 레오나르도 다 빈치도 그 중의 한 사람이었다.

베네치아 포Po 강 하구에 위치하여 아드리아 해를 장악한 베네치아 Venezia; Venice는 유럽에서 가장 부유한 도시 중의 하나가 되었다. 여기서는 13세기 이래 몇몇 귀족 가문이 정권을 독점하는 과두정치가 행해졌다. 그러나 공화정 형태는 존속했기 때문에 다른 도시에 비하면 민주적 분위기를 가지고 있었다.

베네치아의 최고 행정책임자는 종신임기의 통령(統領: doge)이었다. 처음에 통령은 시민에 의해 선출되었으나 12세기 이후에는 480명의 귀족으로 구성된 대회의(大會議: Maggior Consiglio)에서 선출되었다. 대회의는 최고 입법기관으로서 법률을 심의하고 그 밖의 사항도 집행하였다(대회의는 1399년 폐지되었다).

그 외에 베네치아의 중요한 정치 기구는 원로원과 10인 위원회(Consiglio dei Dieci)였다. 원로원은 약 300명의 의원으로 구성된 행정집행기관이었다. 여기에서는 재정 · 공공행정, 선전(宣戰)과 강화 등의 문제를 토의하였다. 또 외국에 파견된 사절(使節)의 보고를 접수 · 검토하였다.

10인 위원회는 일종의 공안위원회와 같은 것이었다. 본래 이것은 상업권을 장악한 신 귀족이 구 귀족의 음모 · 반란 등을 심문하고 처벌하기 위해 설치한

베네치아의 통령 관저

것이었다. 1310년에 이르러 10인 위원회가 최고의 행정기관으로 영구화되고 신 귀족층에 의한 일종의 재벌정치 기관이 되었다,

이와 같은 베네치아의 정치형태는 일종의 혼합정체였다. 통령 · 원로원 · 대회의가 각각 군주제 · 과두제 · 민주제의 원리를 반영했기 때문이다. 어쨌든 베네치아의 정치체제는 정치적 안정을 가져왔으며 국가의 대외팽창을 가능케 하였다. 15세기초 베네치아는 밀라노의 세력 팽창에 맞서 파도바Padova를 점령하고 밀라노에까지 침입하였다. 그 결과 로디Lodi 조약(1454)으로 롬바르디아 평원의 동쪽을 차지할 수 있게 되었다.

피렌체 이탈리아 서부 롬바르디아의 남쪽 토스카나Toscana; Tuscany 평원에 자리 잡은 피렌체Firenze; Florence공화국은 15세기초에 매우 강대한 세력을 형성하였다. 피렌체의 국가적 부의 원천은 모직공업과 금융업이었다.

피렌체는 고도의 문화를 창출하고 지식과 학문의 중심이 되었으나 정치적으로는 항상 불안정하였다. 시 정부는 빈번한 반목과 내란의 희생이 되었으며 대개 부유한 가문의 소수 집단에 의해 지배되었다.

피렌체는 주위의 농촌지역까지 행정적으로 포함하고 있었으나 다른 도시국가의 경우와 마찬가지로 농촌인구는 정치참여에서 제외되었다. 피렌체의 경우 약 10만 인구 가운데 3천 명의 시민만이 정치에 참여하였다.[3]

피렌체 공화정은 지역 대의(代議)와 직능 대의의 결합체였다. 도시는 구

3) Gilmore, 110.

(區)로 나누어져 대표가 나오고 또 7개의 대조합(大組合: arte maggiore)과 14개의 소조합(小組合: arte minore)에서도 대표가 나왔다. 이러한 대의제에 근거해 9명으로 구성된 행정위원회(Signory)와 인민회의가 구성되었다. 그 밖에 8인 위원회, 6인 위원회, 10인 위원회 등과 의회(Parlamentum)가 있었다.

대(大) 로렌초

피렌체 공화정은 15세기 전반(1434) 금융가인 메디치Medici가의 지배를 통해 참주정으로 바뀌었다. 시 정부는 형식상 공화정을 유지했으나 코시모 데 메디치Cosimo de' Medici(1389-1464)로부터 시작된 새 체제는 실질적으로 전제주의였다. 코시모는 계몽군주로서 30년간 피렌체를 지배하여 국부(國父, Pater Patriae) 칭호를 받았다.

그의 손자인 대(大) 로렌초Lorenzo de'Medici, il Magnifico(1469-1492)의 통치 아래 피렌체의 번영은 절정에 달하였다. 로렌초는 시인이며 문예후원자였을 뿐 아니라 정치와 외교에서 비상한 수완을 발휘하였다.

로렌초 사후 외교관계를 통해 유지되어 온 이탈리아 반도의 세력균형이 깨지고 메디치가의 지배도 끝났다. 1494년 프랑스의 샤를르 8세Charles VIII(재위: 1483-1498)가 이탈리아로 침공해 들어 왔을 때 도미니코파 수도성직자 사보나롤라Girolamo Savonarola(1452-1498)는 개혁을 주장하면서 피렌체 시정(市政)을 장악하였다.

교황령 국가 반도의 중앙부를 차지한 교황령 국가는 '바빌론 유수' 기간에는 교황령 내의 도시들이 제각기 패권을 주장하는 난립상태에 있었다. 따라서 1417년 '대분열'이 끝난 이래 이른바 '르네상스 교황'은 정치적 질서를 회복해야 할 과제를 안고 있었다.

역대 교황은 각 도시를 장악한 용병대장 출신 독재자들을 점차 자기 가문의 사람들로 바꾸어 감으로써 사태를 수습해 나갔다. 르네상스 교황은 다른 도시국가의 군주들과 마찬가지로 외교 동맹, 조약 파기, 용병 채용 등의 방법을 사용하였다.

르네상스 교황은 또한 호사스러운 궁전을 짓고 대규모 건축을 했으며 문예활동을 적극 후원하여 재력을 소모하였다. 바티칸Vatican 도서관을 창설한 니콜라오 5세Nicholas V(재위: 1447-1455)와 한때 에네아스 실비우스Aeneas Silvius란 필명으로 고전연구에 몰두한 바 있는 비오 2세Pius II(재위: 1458-1464)는 적극적인 문예후원자였다.

르네상스 교황들 중에는 서슴지 않고 도덕적 부패를 일삼은 교황도 있었다. 예를 들면 식스토 4세Sixtus IV(재위: 1471-1484)와 인노첸시오 8세Innocent VIII(재위: 1484-1492)는 족벌주의(族閥主義)를 노골화하였고,

보르지아Borgia가 출신의 알렉산데르 6세Alexander VI(재위: 1492-1503)에 이르러 도덕적 퇴폐가 절정에 달하였다.

그럼에도 불구하고 알렉산데르 6세와 아들 체자레 보르지아Cesare Borgia(1475-1507)의 강력한 정책수행 덕분에 교황령 국가의 통일과업의 기초가 확립되었다. 전쟁을 자주 한 율리오 2세의 뒤를 이은 메디치가 출신 레오 10세Leo X(재위: 1513-1521)는 문예창달의 황금기를 이끌어냈다.

율리오 2세

나폴리 왕국 중세를 통해 이탈리아 반도에서 가장 봉건적인 체제를 유지한 나폴리Napoli; Naples 왕국의 르네상스 시대사는 프랑스계의 앙주Anjou가와 스페인의 아라곤Aragon가 사이의 갈등의 과정이었다.

일반적으로 나폴리 왕국에서는 봉건적 색채가 농후하여 르네상스의 특징인 고전 부활과 문예활동은 활발하지 못한 편이었다.

B. 르네상스 휴머니즘

르네상스의 사상적인 특성은 휴머니즘에서 잘 표현되었다. 휴머니즘은 좁은 의미로는 그리스-로마의 문예작품과 철학사상의 중요성을 깨우친 운동이었다. 이 시대의 지식인(휴머니스트)은 고전을 수집하고 연구 · 해석하였다.

르네상스 휴머니스트는 고전의 연구를 통해 참다운 인간의 모습이나 삶의 방식을 보려고 하였다. 그들은 고전의 수집과 연구로 인간의 참다운 가치를 인식하고 진정한 자아를 주장하는 새로운 정신운동을 일으켰다.

그러므로 넓은 의미로 휴머니즘은 인간본위 사상의 경향을 뜻하게 되었다. 고전 연구라는 학문적 관심에서 모든 인간적 가치와 인간의 존엄성을 높이 평가하는 삶의 철학이 나오게 되었다. 휴머니즘을 인본주의(人本主義) 또는 인도주의(人道主義)라고 옮기는 것은 이러한 르네상스 휴머니즘의 2차적인 성격을 가리키는 것이다.

휴머니즘과 휴머니스트 르네상스 휴머니즘은 고전어를 연구하고 고대 문헌을 수집 · 대조 · 부주(附注)하는 '새로운 학문'(New Learning)이었다. 이는 오늘날의 문과(文科: humanities, liberal arts) 분야와 거의 일치한다.

고전 연구에 헌신하는 사람은 후마니타스humanitas를 공부한다는 뜻으로 휴머니스트라고 불렸다. 이 말에는 키케로가 사용한 뜻, 즉 인간에게 적합한 정신교양 특히 세련된 문학 형태로 표현된 교양에 관한 것이란 뜻이 있었다.

휴머니스트는 고대 문헌을 수집 · 연구하여 가장 정확한 원전의 의미를 찾아내려고 애썼다. 따라서 필사원고(manuscripts)의 수집열이 대단하였다. 그들은 유럽 수도원의 도서관을 뒤졌고 먼 곳까지 낡은 문헌을 찾아다녔다.

고전문헌의 수집과 연구는 초기에는 주로 로마 작가들의 것을 대상으로 하였으나(라틴 르네상스), 보카치오의 죽음을 전후한 1400년대 중반 이후에는 그리스 작가와 학자들의 필사원고를 수집대상으로 삼게 되었다(그리스 르네상스). 그러므로 르네상스 휴머니즘은 내용상 두 단계로 나누어질 수 있다.

'그리스 르네상스'는 비잔틴 제국이 멸망한 15세기 중반 이후에 크게 촉진되었다. 1397년 비잔틴 제국의 유능한 학자 크리솔로라스Manuel Chrysoloras(1355-1415)가 휴머니스트들의 초청으로 피렌체로 와 3년 동안 그리스어를 가르쳤다. 그것이 계기가 되어 그리스 연구자의 수가 증가되었다.

그 후 1438-1439년 피렌체 종교회의 개최로 동서 로마 교회의 통합이 논의되었을 때 그리스 학자들이 이탈리아에 왔다. 그 중 플레톤은 피렌체에 플라톤 학회를 세우는 데 기여했으며, 베사리온Basilius Bessarion(1403-1472)은 로마에 와서 그리스 고전을 라틴어로 번역하였다.

페트라르카 최초의 휴머니스트는 페트라르카Francesco Petrarca; Petrarch(1304-1374)였다. 그는 젊었을 때 아버지가 시키는 법률공부를 하지 않고 베르길리우스나 키케로를 탐독하였다. 한편 그는 아우구스티누스의

고대 로마에 대한 페트라르카의 동경심

페트라르카는 고전 고대의 경험을 되살리기 위해 로마 작가들에게 마치 가까운 친구처럼 편지를 썼다. 어느 편지에서는 키케로가 그를 방문해오는 것으로 쓴 적이 있다. 1350년 2월 파두아 시를 지나갈 때 이 도시가 로마 역사가 리비우스의 생지(生地)라는 것을 기억하고 즉시 그에게 다음과 같은 편지를 썼다.

나는 단지 당신과 같은 시대에 태어났더라면 합니다. 그랬더라면 우리 시대는 더 유익한 교훈을 얻을 수 있었겠지요. 나 자신은 당신의 시대가 더 나은 시대였다고 생각합니다. 당신 시대에 태어났더라면 나는 틀림없이 당신을 방문했을 것입니다. 지금은 단지 당신의 저작을 보고 당신에 대한 생각을 할 뿐이지요. 나는 지금의 곳, 때, 관습을 잊고 싶을 때면 언제곤 당신 저작을 열심히 읽습니다. 나는 금은보화만을 높이 평가하고 물질적 쾌락만을 좇는 오늘날의 부도덕에 분노를 느낄 때가 많습니다.

나는 여러모로 당신에게 감사하고 있습니다. 특히 당신은 나에게 오늘날의 악을 잊어버리게 하고 행복한 시절로 나를 이끌어 주기 때문입니다. 내가 당신 글을 읽을 때는 스키피오, 브루투스, 카토 기타 많은 다른 사람들과 함께 살고 있는 것처럼 느껴집니다. 내가 산다는 것은 그들과 함께 있다는 것입니다. … 아무쪼록 폴리비우스와 같은 당신보다 나이 든 역사가들, 플리니우스와 같은 젊은 역사가들을 만나게 해주십시오.

그대 필적할 자 없는 역사가여, 그럼 안녕히 계십시오.

당신이 태어나고 묻힌 땅, 생자(生者)의 땅에서 당신의 묘비 앞에서 1350년 2월 22일 씀.

이상을 동경하고 사색하는 것과 같은 중세적인 면을 간직하고 있었다. 자신이 지은 웅장한 서사시 「아프리카」(*Africanus*)는 스스로 걸작이라고 평가한 작품이었다.

그러나 주로 후세에 와서 그가 근대적인 휴머니스트로 평가받는 것은 연인 라우라Laura에게 보낸 서정시 때문이다. 토스카나어로 씌어진 이 서정시에는 근대적인 감각과 고전에 대한 강렬한 관심이 표현되어 있다.

보카치오 보카치오Giovanni Boccaccio(1313-1375)는 주로 이탈리아 산문의 발전에 기여하였다. 그는 페트라르카보다 더 세속적 태도를 지니고 있었으며 피아메타Fiammetta 부인을 위한 사랑의 시 3편을 썼다.

그의 대표작인 『데카메론』(*Decameron*)은 당시의 사회와 도덕을 잘 반영하고 있는데 르네상스 후기의 작가들에게 영향을 주었으며 특히 영국 작가 초서Geoffrey Chaucer(1340-1400)에게 직접적인 영향을 주었다.

15세기 휴머니즘 휴머니스트 운동은 점차 전 이탈리아를 풍미하게 되었다. 교황 니콜라오 5세는 바티칸에 새 도서관을 세워 이탈리아 고문서 보존의 중심이 되게 하였다. 만토바Mantova의 곤차가Gonzaga와 우르비노Urbino의 몬테펠트로Montefeltro 등 각 지역의 대제후, 역시 휴머니스들에 대한 후원에 힘썼다.

이제 고전고대의 영향은 교육과 학문의 모든 분야에서 뚜렷하게 나타났다. 문학은 고대인의 영향을 깊이 받았으며, 고전에 대한 관심은 시와 연극의 형식과 내용을 새롭게 하였다.

종교적 목적은 사라지고 세속적 주제가 극히 흔한 일이 되었다. 역사서술은 점차 더 분석적인 것이 되고, 리비우스와 같은 고대사가를 공공연하게 모델로 삼게 되었다.

휴머니스트 교육 아마 가장 직접적 효과가 나타난 분야는 교육일 것이다. 구아리노Guarino da Verona(Varinus, 1370-1460)와 비토리노Vittorino da Feltre(Ramboldini, 1378-1446)와 같은 교육학자는 여러 휴머니스트의 선구적인 견해를 체계화하여 교육 프로그램으로 만들었다.

콘스탄티노플에서 그리스어를 공부한 구아리노는 전통적인 교육방법을 혁신할 방법을 주장하였다. 비토리노는 자신이 만토바에 창설한 학교, '행복의 집' (Casa Giocosa)에 새 교육 방법을 실제로 적용시켰다. 이 학교에서는 빈부의 차별 없이 남녀 학생을 받아 가르쳤으며 특히 빈곤한 학생에게는 장학금을 주기도 하였다.

비토리노의 교육철학은 인간의 신체 · 도덕 · 사회적 발달의 균형을 중시하는 것이었다. 그리하여 모든 학생이 라틴어 · 그리스어 · 수학 · 음악 · 철학뿐 아니라 사교춤이나 예의를 배우고, 승마와 검술과 같은 신체 단련을 받았다. 비토리노의 학교에는 이탈리아 전국으로부터 학생이 왔으며 그의 방법은 널리 확산되었다.

궁극적으로 휴머니스트 교육은 엘리트 교육의 새로운 방법이 되었다. 베르길리우스나 그밖의 고대 작가를 즉시 인용할 수 있는 능력은 높은 교양을 의미했을 뿐 아니라 사회적 우월성을 가리키는 것이 되었다. 이러한 고전 작가에 대한 지식은 점점 더 인기 있는 교과과정이 되었다. 그러나 라틴 교과서의 반복이나 기억만을 중시하는 폐단도 낳게 되었다.

새로운 행위규범 휴머니스트 교육은 문예 장려의 중요한 계기가 되었다. 신체적 용감성은 더 이상 귀족의 최고 자질이라고 주장하기 어렵게 되었다. 귀족은 휴머니스트 교육을 통해서뿐 아니라 문예를 장려함으로써 사회적 명성을 얻으려고 하였다.

카스틸리오네(라파엘, 1514)

훌륭한 행위로는 구아리노가 권장한 자질 이외에도 세련된 취미와 우아한 언행이 일반적 기준으로 받아들여지게 되었다. 이러한 새로운 삶의 방식은 카스틸리오네Baldassare Castiglione(1478-1529)가 쓴 『정신론(廷臣論)』(*Il Cortegiano*, 1528)에서 제시되었다. 그는 만토바 출신으로 외교관이며 저술가였다. 밀라노, 우르비노 등의 궁중에서 근무했으며 교황 글레멘스 7세의 교황사절로 스페인에 파견되기도 하였다.

『정신론』은 카스틸리오네의 후원자이기도 한 우르비노의 몬테펠트로 백작 저택에서 신사숙녀 사이에 주고받은 대화형식을 취하고 있다. 『정신론』은 여러 나라에 소개되고 1561년 영어번역이 나왔으며 수세기 동안 신사와 숙녀의 행위규범을 말해주는 책이 되었다.

후기 르네상스 문학 1520년대에 이르러 휴머니즘은 기울어지고 고전에 대한 관심 역시 퇴조하였다. 작가와 저술가들은 라틴어보다 자국어로 글을 써서 일반대중에게 접근하려고 하였다. 새로운 활판 인쇄술의 발달로 독서층이 증가하고 문인들도 제각기 자기 나라 말로 표현하는 것이 훨씬 더 독창적이며 자연스러움을 알게 되었다.

그러나 유럽의 사상과 문학의 발전에 대한 고전의 영향은 계속되었으며, 19세기초 로만주의 운동이 일어나기까지 근대문학의 기조를 이루었다. 17세기에는 고전에 대한 수많은 번역이 나와 고전어를 모르는 독자들도 고전작품을 읽게 되었을 뿐 아니라, 고전 작품은 실상 유럽 국가의 속어 작가들에게 영감의 원천이 되었다.

프랑스 르네상스 문학 프랑스 문학의 원천은 이탈리아 작품에 있었다. 16세기 중반에 그리스-라틴 고전과 이탈리아 시를 함께 다듬은 프랑스 시인(Pléiade)의 시도는 루이 14세Louis XIV(재위: 1643-1715) 시대에 이르러 최고조에 달했는데, 이것이 프랑스 문학양식의 제1단계였다. 이 때 나온 롱사르Pierre de Ronsard(1534-1585)와 벨레Joachim du Bellay(1522-1560)의 시는 불멸의 아름다움을 지녔다.

몽테뉴 몽테뉴Michel Eyquem de Montaigne(1533-1592)는 종교동란과 같은 격동기에 살면서도 객관적인 논리를 구사하여 시대적인 문제들을 냉철하게 다룬 작가였다. 그는 근대적 수필문학의 창시자로서 16세기 프랑스 휴머니스트의 제1인자였다.

몽테뉴

교육심리에 관한 참신한 견해를 시사하는 『수상록(隨想錄)』(*Essais*, 1571-1580)에서 몽테뉴는 모든 관점에서 문제를 분석하였다. 그는 르네상스의 비판정신에 투철하면서도 근대적 합리주의에 이르는 길을 터놓았다고 볼 수 있다.

17세기 전반 프랑스 문학에는 거의 주목할 만한 진전이 없었던 반면 프랑스어의 세련미와 정확성을 위한 노력은 있었다. 문법과 어휘의 정확한 사용을 위해 애쓴 작가들을 '기교파'(Précieux)라 불렀다. 루이 14세 시대의 작가들은 이러한 기교파의 언어 세련운동에 힘입은 바 컸다. 리슐리외Duc de Richelieu(1696-1788) 시대에 이르러 프랑스어의 표준화가 프랑스 학술원(L'Académie française: 1635년 리슐리외 창설)에 의해 이루어졌다.

영국 르네상스 문학 영국에서도 고전작가들과 이탈리아 작가들의 영향은 컸다. 특히 튜더왕조 시대에 그러하였다. 와이엇Sir Thomas Wyatt(1503-1542), 하워드Henry Howard, Earl of Surrey(1516-1547), 시드니Sir Philip Sidney(1554-1586), 드레이턴Michael Drayton(1563-1631) 등 일급 시인들이 나와 16세기 영국 서정시를 풍요하게 하였다.

영국 시는 외래의 영향을 많이 받았지만 상대적으로 국민 정서도 담고 있었다. 엘리자베스 여왕을 찬양한 스펜서Edmund Spenser(1552-1599)의 「선녀 왕」(*The Faerie Queen*)과 같은 서사시는 비록 아리오스토Ludovico Ariosto(1474-1533)와 타소Torquato Tasso(1544-1595)를 모방했다고는 하지만, 단순한 모방이 아닌 독창성이 짙고 국민 감정이 강하게 표현된 작품이었다.

셰익스피어William Shakespeare(1564-1616)는 더 말할 것도 없고 말로Christopher Marlowe(1564-1593), 존슨Ben Johnson(1573-1637)과 같은 희곡 작가들의 업적을 결코 과소 평가할 수는 없다. 엘리자베스 시대가

지나면서 영국 드라마의 화려한 시기는 사라지고 서정시도 점차 퇴조하기 시작하였다.

피코 델라 미란돌라

르네상스 철학 중세철학이 큰 변화를 겪지 않고 대학에서 계속 강의되고 있는 한편 휴머니스트들은 새로운 관점에서 아리스토텔레스와 플라톤을 해석하려고 하였다. 중세 이래로 영향력이 컸던 아리스토텔레스 철학이 아직도 영향력을 잃지 않고 있었다.[4)]

그러나 르네상스 철학의 특이한 점은 일차로 플라톤의 부활에 있었다. 피렌체의 플라톤 학회는 르네상스의 절정기에 창립되어 가장 저명한 휴머니스트 철학자들, 예를 들면 피치노Marsilio Ficino(1433-1499) 또는 피코Pico della Mirandola(1463-1494) 등을 배출하였다. 피렌체의 플라톤 철학은 전통적인 플라톤과 신 플라톤을 함께 연구한 절충적인 형태의 것이었다.

근대 역사학의 시작 그리스-로마의 고전에 주석을 달고 연구하며 정오(正誤)를 밝히는 고증과정에서 사회적으로 날카로운 비판정신이 대두되었다. 바로 이 비판정신이 르네상스 역사학의 발달을 촉진시켰다.

발라Lorenzo Valla(1405-1457)는 전통적으로 공인된 교회 문서가 위작(僞作)임을 밝혀냄으로써 이러한 비판정신을 유감없이 발휘하였다. 그는 교황령의 세속권 주장의 근거가 된 「콘스탄티누스 대제의 기부증서」가 위조되었음을 입증하였다. 이와 같은 르네상스 역사가들의 연구태도에는 가톨릭 교회의 권위에 맞서는 용기가 필요하였다.

르네상스의 역사연구는 중세 이래의 전통적인 그리스도교의 초월성을 거부하고 인간성과 현실을 기술하였다. 이러한 시대정신에 비추어 볼 때 인간사에 대한 신의 간섭과 신의 섭리에 대한 믿음은 근거를 잃게 되고, 그 대신 개별적인 사실에 대한 정밀한 분석이 활발해지게 마련이었다.

귀차르디니Francesco Guicciardini(1483-1540)는 명문 출신 법률가로서 외교관 경력도 있었으며 르네상스 시대의 혼란 속에서 직접 정치를 경험한 사람이었다. 그는 『이탈리아사(史)』(*Storia d'Italia*, 1561-1564)에서 14세기말부터 16세기초까지의 정치적 사건을 다루었는데, 종래의 연대기적 형식에서 완전히 벗어나 분석적으로 서술하였다.

귀차르디니는 세력균형에 입각한 15세기 이탈리아의 정치사를 객관적으로

---

4) Paul O. Kristeller, *Renaissance Thought: The Classic, Scholastic and Humanistic Strains* (Torchbooks), 24-47.

설명하려고 하였다. 그의 역사 서술은 정확성을 위해서 문체를 희생시켰는데 이 때문에 당대에는 인기를 얻지 못하였다.

마키아벨리 마키아벨리Niccolo Machiavelli(1469-1527)는 사건의 객관적 서술과 역사가의 냉철한 판단에 근거한 과학적 역사를 주장하였다. 그는 국민적 자각심에 입각해서 역사를 고찰하며 명석한 산문체로 객관적인 역사서술을 하려고 노력하였다.

르네상스 시대의 역사서술은 정치사 중심이었다. 그것은 역사에서의 정치적 요소의 중요성을 뜻함과 동시에 근대적 정치이론의 전개를 의미하였다. 『티투스 리비우스의 로마사에 관한 논고』(*Discorsi*)에서 로마 공화제를 지향한 마키아벨리는 『군주론』(*Il Principe*)이란 작은 책에서 강력한 군주의 전제를 주장하였다. 마키아벨리는 당시 이탈리아 정치정세가 혼란하고 세력 분립 상태가 지속되고 있었기 때문에 이탈리아 통일을 위한 정치체제의 출현을 희망하였다.

마키아벨리

그를 따라 주장된 이른바 마카아벨리주의(Machiavellianism)는 군주권 우위에 입각한 통치자의 지배원리를 강조하고, 정치 목적 달성을 위해서는 수단과 방법을 가리지 말아야 한다고 하였다. 마키아벨리의 주장은 17세기 영국의 정치철학자 홉즈Thomas Hobbes(1588-1679)의 저서 『리바이어던』(*Leviathan,* 1651)에 반영되었을 뿐 아니라, 프로이센의 프리드리히 2세 Friedrich II(대왕, 1712-1786)를 비롯한 각국 군주의 정책 시행과정에 구체적으로 나타났다.

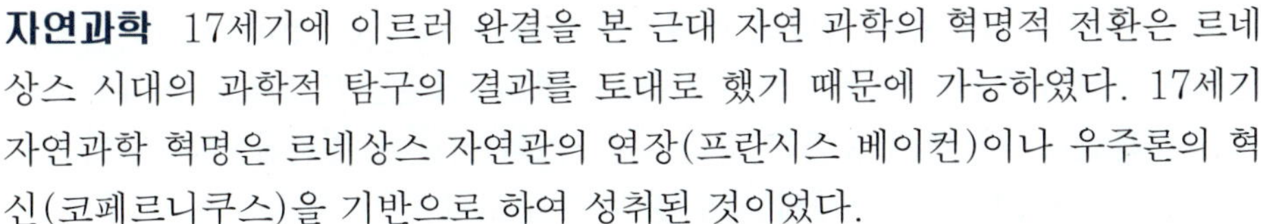

자연과학 17세기에 이르러 완결을 본 근대 자연 과학의 혁명적 전환은 르네상스 시대의 과학적 탐구의 결과를 토대로 했기 때문에 가능하였다. 17세기 자연과학 혁명은 르네상스 자연관의 연장(프란시스 베이컨)이나 우주론의 혁신(코페르니쿠스)을 기반으로 하여 성취된 것이었다.

코페르니쿠스

르네상스 과학은 근본적으로 휴머니즘에 입각해 있었다. 그것은 관찰이나 실험보다는 휴머니스트의 단순 · 간결한 사고의 결과였다. 이러한 휴머니스트 전통을 바탕으로 새로운 패러다임을 제시한 과학자가 코페르니쿠스였다.

새로운 천문학 코페르니쿠스Nicholas Copernicus(1473-1543)는 폴란드 출신의 성직자로 중세적 천문학의 기본 명제를 뒤집어 놓았다. 그는 고대 천문학자, 특히 고대 그리스의 사모스Samos출신 아리스타르코스Aristarchus (BC 310-230)의 견해에 공감하여 지동설을 부활시켰다.

코페르니쿠스가 임종시 출판한 『천구(天球)의 회전에 관하여』(*De*

프톨레마이오스의 우주 체계

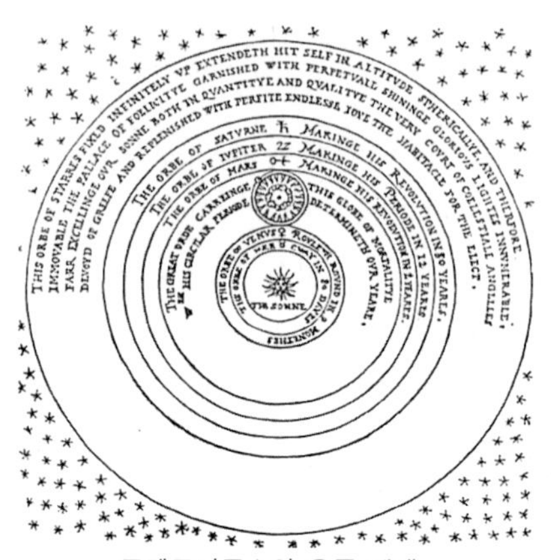
코페르니쿠스의 우주 체계

reuolutionibus orbium caelestium, 1543)는 전통적 우주론을 비판한 하나의 '혁명'이었다.

16세기에 이르러서는 과학의 기본 방법인 관찰과 실험에서도 커다란 진척을 보았다. 덴마크의 티코 브라헤Tycho Brahe(1546-1601), 이탈리아의 갈릴레오Galileo Galilei(1546-1642)는 관측에 근거한 천문학 이론을 내놓았으며, 네덜란드의 얀센Zacharias Jansen은 1590년경 현미경을 발명하여 미시적 세계를 직접 관찰하였다.

새로운 해부학 인체 해부를 금기시하던 관습상의 난관을 극복하고 근대의학의 기초가 확립된 것도 르네상스 시대였다.

유럽 저지대 지방의 의사였던 베살리우스Andreas Vesalius(1514-1564)는 해부학에서 획기적인 위치를 차지하는 『인체구조론』(*Fabrica*, 1543) 7권을 저술하였다. 이 책의 출판은 코페르니쿠스의 저술이 출판된 해와 같았으므로 우연히 1543년은 인간계의 외부인 우주 구조와 내부 세계인 인체 구조 해명에서 모두 중요한 진전을 이룩한 해가 되었다.

당시 의학분야에서도 여러 시도가 행해졌는데, 취리히 출신 파라셀수스Paracelsus(1493-1541)는 의학 이론과 질병치료의 전통적 방법을 비판하고, 그후 17세기에 구체적으로 나타난 의학발전의 초석을 마련하였다.

르네상스가 이루어 놓은 과학적 업적은 추상적 이론에서보다는 실제 분야에서 더 현저했다. 르네상스의 자연과학은 중세의 스콜라적 사고를 물리친 최초의 시도로 평가되어야 하지만 그 의의는 매우 제한된 것이었다.

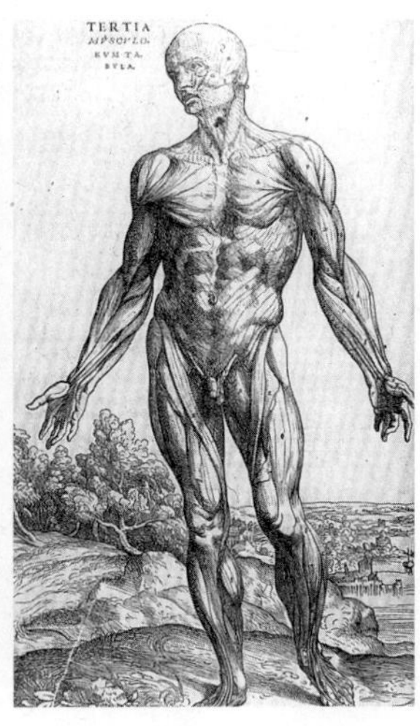
(왼쪽) 베살리우스
(오른쪽) 베살리우스 근육조직도

C. 미술과 음악

휴머니스트의 고전 연구는 미술계에도 영향을 주었다. 르네상스 미술가는 고대 미술에 깊은 관심을 나타내고 그리스-로마의 조각이나 건축양식을 모방하였다. 그들은 중세적인 생활조건과 제약에서 완전히 벗어나지 못했으나 점차 중세적인 '직인'의 지위를 넘어 '미술가'로서의 사회적 지위를 인정받게 되었다. 우수한 미술가는 군주, 제후, 대상인, 금융업자들로부터 훌륭한 보수와 예우를 받았다.

미술가의 개성과 능력이 충분히 발휘되는 사회적 여건 덕분에 '신과 같은'(divino in quella professione) 솜씨를 가진 천재들이 많이 나왔다. 이른바 완성인이라 할 '만능인'(萬能人: l'uomo universale)은 르네상스 시대의 이상적 인간형이었다. 레오나르도 다 빈치Leonardo da Vinci(1452-1519)는 그림 · 시 · 음악 · 기계공학 · 축성술(築城術) · 해부학 · 생물학 등에 정통하였고, 미켈란젤로는 그림 · 조각 · 건축 · 회화 · 음악 등에 능통했으며, 알베르티Leon Battista Alberti(1405-1472)는 문학 · 음악 · 그림 · 건축 · 기계공학, 그 외에도 '사람이 할 수 있는 일'에서는 누구보다도 잘 할 수 있다고 자신한 인물이었다.

르네상스는 가장 이탈리아적인 운동인 동시에 미술에서 가장 그 특색이 잘 나타난 운동이었다. 르네상스 시대의 이탈리아 미술은 전기(前期) 르네상스(Trecento: 14세기), 초기 르네상스(Quattrocento: 15세기), 성기(盛期) 르네상스(Cinquecento: 16세기)로 구분될 수 있다. 전시기를 통해 가장 독특한 발전을 이룬 분야는 회화였다. 중세의 연장이라 할 전기 르네상스를 거쳐 15세기 중반 이후에 미술은 주제 · 양식 · 기법 등에서 옛 방식을 탈피하고 고도의 완성 단계에 들어섰다.

ⓐ 치마부에 「성모 마리아와 아기예수」
ⓑ 지오토 「성 모자」
ⓒ 마사치오 「성삼위일체」

회화 회화의 중심은 피렌체였으며 이 도시가 가진 풍부한 재력과 세속적 관심이 반영되어 초상화와 같은 장르가 확립되었다. 치마부에Cenni di Pepo Cimabue(1240-1302)나 지오토Grotto di Bondone(1267-1337)와 같은 선구자들을 거친 15세기 이탈리아의 회화는 자연미와 사실성을 철저히 추구하였다. 이는 원근법과 같은 3차원적 표현과 기법에 정통한 결과였다.

마사치오Massaccio(Tommaso Cassai, 1401-1428)는 짧은 생애 동안에 완벽한 기법을 구사한 선구자였다. 프라 필리포 리피Fra Filippo Lippi(1406-1469)는 세속적 인상이 풍기는 걸식 수도성직자로서 사실주의적 초상화를 즐겨 그려 큰 인기를 얻었다. 그가 죽었을 때 많은 시민이 상점

보티첼리 「프리마베라(봄)」

레오나르도 다 빈치 「반석 위의 마돈나」

(왼쪽) 레오나르도 다 빈치 「모나리자」
(오른쪽) 라파엘로 「풀밭 위의 마돈나」

라파엘로 「아테네 학원」

미켈란젤로 「천지 창조」 (시스틴 예배당의 천정화 부분)

미켈란젤로 「최후의 심판」(시스틴 예배당 천정화 부분)

문을 닫고 애도할 정도였다.

성기(盛期) 르네상스 보티첼리Sandro Botticelli(1447-1510)는 15세기 화가 가운데 대단히 탁월한 인물로서 고전적인 「프리마베라」Primavera라든지 「비너스의 탄생」과 같은 우아한 그림들을 그렸다. 16세기 전반기에 들어 이탈리아 회화는 중세적 잔재를 일소하는 기법상의 진전을 이룩하였다.

이 시기의 위대한 천재 화가는 레오나르도 다 빈치, 라파엘로, 미켈란젤로 세 사람이었다. 피렌체 출신의 레오나르도 다 빈치는 그 시대의 가장 다재다능(多才多能)한 만능인이었다. 그는 피렌체의 메디치가, 밀라노의 스포르차가, 혹은 프랑스 왕의 후원을 얻어 르네상스 자연주의를 완성시켰다. 15세기말 완성한 벽화 「최후의 만찬」과 16세기초에 그린 초상화 「모나리자」Mona Lisa(라 지오콘다:La Gioconda)는 화가로서의 그의 명성을 영원한 것으로 만들었다.

우르비노 태생으로 아버지가 궁정화가였던 라파엘로Raffaello Sanzio; Raphael(1483-1520)는 피렌체, 로마 등에서 활동하였다. 그는 주로 종교적 주제를 다루어 조화 있고 우아한 성모의 모습을 많이 그렸다. 바티칸에 그린 「아테네 학원」은 군상도(群像圖)로 매우 훌륭한 구도를 가진 명작이다.

피렌체 귀족 출신 미켈란젤로Michelangelo Buonarroti(1475-1564)는 「시스틴Sistine 예배당의 천정화」에서 천지창조로부터 노아의 대홍수에 이르는 성서 내용을 웅장한 기법으로 그렸는데, 그의 회화는 다음 세대에 오는 바로크 양식의 선구적 표현이라고 할 수 있다.

이와 같은 화가들 이외에도 위대한 화가들이 수없이 많은데, 특히 풍부한 색채와 시민적 취향을 다룬 베네치아 화가들이 주목을 받았다. 조르조네Giorgione(1478-1510), 티치아노Tiziano Vecellio; Titian(1477-1576), 틴토레토Tintoretto(1518-1592), 베로네제Veronese(1528-1588) 등은 이 계열에 속한 가장 유명한 화가들이었다.

조각 조각은 회화의 경우와 마찬가지로 교회의 내부장식에 활용되었으며 중세적 길드의 테두리 안에서 제작되었다. 13세기말에서 14세기초에 걸쳐 니콜로 피사노Niccoló Pisano(1220-1284)와 지오바니 피사노Giovanni Pisano(1245-1314)로부터 시작된 르네상스 조각은 점차 고딕 전통에서 자연주의로 이행하여 갔다.

그러나 전체적으로 르네상스 조각은 아직 건축의 부분이면서 점차 독립된 미술형식이 되어가는 과정에 있었다.

기베르티Ghiberti(1378-1455)는 피렌체 교회 세례당(洗禮堂) 청동문 위에 부각한 조각을 통해 알려진 최초의 르네상스의 리얼리즘 조각가였다. 15

도나텔로 「다윗」

도나텔로
「막달레나 마리아」

(왼쪽) 미켈란젤로 「모세
(오른쪽) 미켈란젤로 「다

브루넬레스코「파치 예배당」

브라만테「템피에토」

성 베드로 대성당 전경

성 베드로 대성당의 돔

산타 마리아 델 피오레의 돔

세기 최대의 조각가는 「용병대장 가타멜라토Gattamelato 기마상」을 조각한 도나텔로Donatello(1386-1466)이다. 그리고 조각의 절정기는 회화의 경우와 같이 16세기 전반기이며, 당시의 대표적인 조각가는 미켈란젤로이다.

그의 작품 중 피렌체 시청 앞에 세운 「다윗」David 및 로마의 성 베드로 대성당에 있는 「피에타」Piéta 등은 르네상스 조각에서뿐 아니라 조각사 전체를 통한 일대 걸작이다. 특히 「피에타」는 미술사가 시몬즈John A. Symonds(1840-1893)의 말과 같이 "엄숙하고도 조화 있는 구성을 한, 깊은 종교적 감정과 고요한 고전적 조화의 조합"이라고 할 수 있다.

건축 중세 고딕 양식의 교회건축이 르네상스 건축으로 바뀌면서 나타난 고대로의 복귀 경향은 로마식 돔(圓蓋: dome)을 활용하여 건축한 사실에서 예증되고 있다.

피렌체의 교회건축을 한 브루넬레스키 Filippo Brunelleschi(1377-1446)는 돔을 적용하여 르네상스 건축의 특징을 분명하게 표현하였다. 알베르티와 같은 만능의 건축가와 성 베드로 대성당을 설계한 브라만테Donato Bramante(Donat d' Agnolo, 1444-1514)도 위대한 르네상스 건축가였다.

성 베드로 대성당의 설계와 공사는 그 후 팔라디오Andrea Palladio(1518-1580)와 라파엘로 등을 거쳐 미켈란젤로에 의해 완성되었다. 그리고 대성당 앞 광장은 17세기의 첼리니Benvenuto Cellini(1500-1572)에 의해 추가로 완성되었다.

레오나르도 다 빈치 「음악가의 초상」(1485)

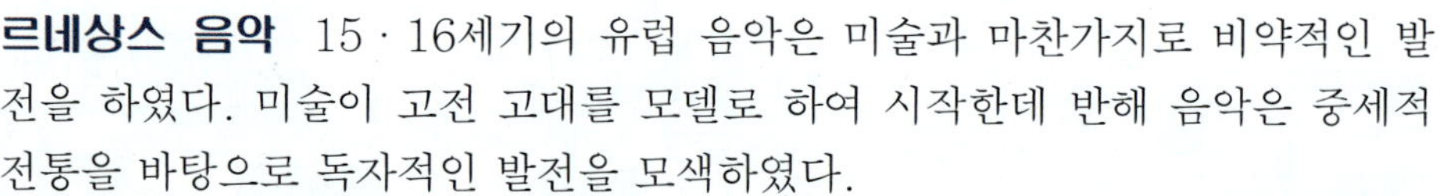

르네상스 음악 15 · 16세기의 유럽 음악은 미술과 마찬가지로 비약적인 발전을 하였다. 미술이 고전 고대를 모델로 하여 시작한데 반해 음악은 중세적 전통을 바탕으로 독자적인 발전을 모색하였다.

새로운 르네상스 음악은 합창과 기악을 조화시켜 음과 음을 복잡한 화음으로 쌓아올리는 다선율 음악(多旋律音樂: polyphony)이었다. 새 음악은 저지대 지방, 특히 1477년 프랑스로 귀속된 부르군드 공국의 일부에서 싹텄다.

마쇼Guillaume de Machaut(1300-1377), 뒤페Guillaume Dufay(1400-1474), 그리고 특히 데프레Josquin Després; de Prez(1450-1521)는 대표적인 음악가이었다. 그들은 창조성을 의식하여 자신들의 음악을 '새로운 예술'(ars nova)이라 불렀다.

알프스 산맥을 가운데 두고 남북의 음악이 교류되었다. 이탈리아의 단선율(單旋律) 민요와 북방의 다선율 음악의 요소들이 서로 영향을 주고 받았다. 남쪽의 세속 음악과 북쪽의 교회음악이 혼합된 새로운 경향은 로마 출신의 이탈리아 음악가 팔레스트리나Giovanni Pierluigi da Palestrina(1526-1594)에 의해 절정에 달하였다. 그는 가톨릭 종교개혁 정신에 알맞은 미사곡을 작곡하여 시대적 요청에 부응하였다.

16세기 후반에는 대위법(對位法)에 의한 교회음악이 압도적이었다. 이 시기에 이탈리아로 귀화한 저지대 지방 출신 라수스Orlando de Lassus(1530-1594), 영국의 가톨릭 작곡가 버드William Byrd(1542-1623), 스페인의 빅토리아Luis de Victoria(1535-1611) 등의 공헌이 컸다.

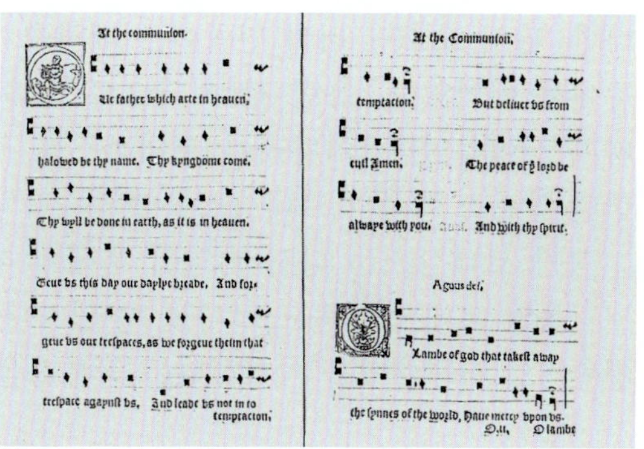

16세기의 악보

르네상스 시대를 통해 음악가의 사회적 지위가 향상되고, 중세에서와 같은 익명성(匿名性)을 벗어나 개성을 발휘할 수 있게 되었다. 한편 악기도 개량되었다. 바이올린 · 오르간 · 하프시코드 등이 새로 나오거나 부분적으로 개량되어 음악의 내용이 더욱더 풍부하게 되었다.

D. 북방 르네상스

이탈리아에서 시작된 르네상스는 알프스를 넘어 전유럽으로 퍼져 나갔다.

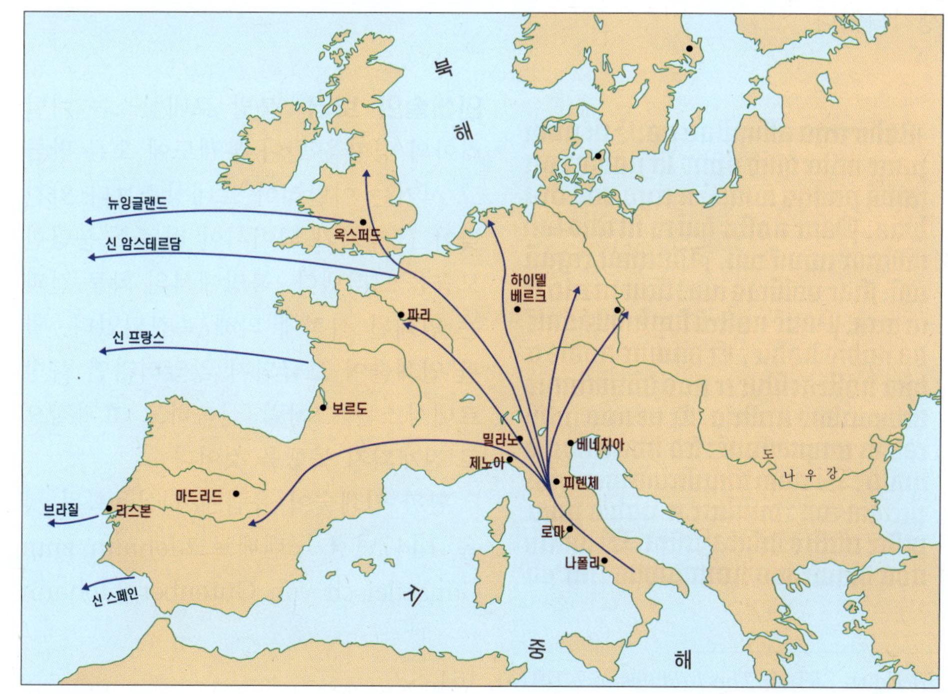

이탈리아 르네상스 운동의 전파

다만, 당시 오스만 터키 민족이 지배하고 있던 동남 유럽 지역은 르네상스 운동에서 예외였다. 유럽 각 지역으로 전파된 르네상스 운동의 양상은 지역에 따라 상이하였다. 이탈리아 르네상스를 '알프스 이남의 르네상스'라 부르는 반면 알프스 이북의 르네상스를 흔히 '북방 르네상스'라 부른다.

북방 르네상스는 다시 지역적 특색에 따라 프랑스 르네상스 · 영국 르네상스 · 독일 르네상스 등으로 나눌 수 있으나 대체로 성서 중심의 종교개혁 또는 전반적인 사회개혁을 지향했다는 공통점을 가지고 있다.

알프스 이북 르네상스의 특징 이탈리아 르네상스는 대체로 심미적(審美的)인 경향을 강하게 보인데 반해 북방 르네상스는 사회 개혁적 특징을 나타냈다. 이런 특징을 갖게 된 이유는 여러 가지이지만 그 중 하나가 봉건제도이다. 농촌과 도시의 구별이 뚜렷한 프랑스 · 독일 · 영국 등에서는 봉건적 주종관계와 관습이 이탈리아에서보다 더 뿌리 깊이 박혀 있었고, 스콜라 철학의 영향력도 더 확고하였다.

그러므로 봉건체제가 쇠퇴함에 따라 사회와 교육에 대한 개혁이나 종교적 혁신에 더 큰 관심을 갖게 되었다. 이 결과 "이탈리아 르네상스가 신생 예술을 낳았다면 북방 르네상스는 신생 종교를 낳게 되었다."[5)]

알프스 이북 유럽에서 휴머니스트의 관심은 주로 성서나 그 밖의 그리스도교의 고전을 원어로 연구하고, 가능한 한 원초적인 그리스도교 정신으로 돌아가는데 있었다. 그들에게는 윤리 · 종교적 덕성을 함양하는 일이 더 중요하게 생각되었다.

Nolite ergo assimilari eis. Scit enim
pater vester quid opus sit vobis: an
tequā petatis eum. Sic ergo vos ora
bitis. Pater noster qui es in celis san
ctificetur nomē tuū. Adveniat regnū
tuū. Fiat volūtas tua: sicut in celo et
in terra. Panē nostrū supsubstātialē
da nobis hodie. Et dimitte nobis de
bita nostra: sicut et nos dimittimus
debitoribus nostris. Et ne nos indu
cas in temptationē: sed libera nos a
malo. Si enim dimiseritis hominibꝫ
peccata eoꝝ: dimittet et vobis pater
vester celestis delicta vestra. Si autem
non dimiseritis hominibus: nec pa

고딕체로 인쇄된 『구텐베르크 성서』의 일부(1454)

인쇄술의 보급 북방 르네상스는 이탈리아의 영향을 받아 본궤도에 오른 만큼 그 시기는 이탈리아 르네상스보다 약간 늦어 15세기가 되어서야 비로소 분명한 모습을 드러냈다. 북방에서의 학문 전파는 인쇄된 서적에 의해 촉진되었다. 활판 인쇄술이 보급되지 않았더라면 북방 르네상스는 그처럼 신속하고 효과적으로 전개되지 못했을 것이다.

활판 인쇄술이 유럽에서 실용화된 것은 1447년경 구텐베르크Johann zum Gänsefleisch von Gutenberg(Johann

5) Edith Sichel, *The Renaissance* (1914), 164.

Gutenberg, 1400-1468)가 독일 마인츠Mainz에 차린 인쇄소에서 서적을 출판하면서부터였다. 그는 모형(母型)에서 똑같은 주조 활자로 인쇄한 후 해판(解版)하여 다시 쓸 수 있는 방식을 썼다. 1454년경 새 방식으로 출판한 성서가 이른바 『구텐베르크 성서』(*Gutenberg Bible*)이다.

이 새로운 인쇄 기술은 유럽의 다른 지역으로 전파되어 그리스어나 히브리어로 찍힌 고전문헌이 많이 인쇄 출판되었다. 고딕체는 마인츠 인쇄소의 대표적인 활자체였다. 구텐베르크 성서에 쓰인 고딕체는 다른 인쇄소에서도 그대로 쓰였다. 이에 비해 이탈리아의 알두스Aldus 인쇄소에서는 독특한 이탤릭체를 사용하였다. 이 두 활자체는 오늘날까지 그대로 사용되고 있다.

인쇄술의 영향 15세기 후반에는 이탈리아 · 프랑스 · 저지대 지방 · 스위스 등 유럽 각지에 인쇄소가 생겼다. 대표적인 것은 베네치아의 알두스, 파리의 에티엔Etienne, 안트베르펜Antwerp의 플란틴Plantin, 바젤Basel의 프로벤Froben 인쇄소였다. 1500년경까지 유럽의 주요국가에 1천 개 이상의 많은 인쇄소가 설치되어 약 3만 종류의 서적이 출판되었다.

활판인쇄술은 새로운 사상을 급속히 전파시키는 매체가 되었다. 도시민 · 지식인 · 귀족 등 상공업 계층이나 상층계급의 3분의 1가량이 문자 해독 인구였으며, 책은 행상인의 손에 의해 유럽 각지로 퍼져나갔다.

책의 종류도 다양하였다. 연감(年鑑)이나 성서는 출판물 중 제일 흔한 것이었다. 보통 사람들도 역사상 처음 성서 내용을 접할 수 있게 되었다. 종교서적, 성자전(聖者傳), 성서는 가장 인기 있는 책이었다.

(왼쪽) 종이를 만드는 모습
(오른쪽) 인쇄하는 모습

인쇄소 증가상황

1500년경 독일, 영국, 프랑스, 네덜란드, 이탈리아 등 유럽 각국의 도시에 처음으로 인쇄소가 설립된 상황은 다음과 같다. 영국정부는 인쇄소 설립을 억제하기 위해 런던 및 옥스퍼드 대학과 케임브리지 대학 소재지에만 설립을 허용하였다.

시기 \ 사용지역	독일어	이탈리아어	프랑스어	스페인	영국	네덜란드	기타	합계
1471년 전	8	4	1	1	-	-	-	14
1481-1480	22	36	9	6	3	12	5	93
1481-1490	17	13	21	12	-	5	4	72
1491-1500	9	5	11	6	-	2	8	41
합 계	56	58	42	25	3	19	17	220

서적 출판으로 일반인의 사제 의존도는 줄었다. 이제 사람들이 직접 성서를 읽을 수 있었기 때문이다. 1522년에는 18종류의 성서 번역판이 나왔다. 독일에서만 약 1만4천 권이 인쇄되었는데 이는 당시 독일어 사용 인구의 대부분이 성서를 읽을 수 있게 되었음을 뜻한다. 따라서 가톨릭 교회는 이 결과를 좋지 않게 여기고, 각국 정부는 인쇄소의 수를 통제하려고 하였다.

활판인쇄술의 직접적 의의는 휴머니즘뿐 아니라 새로운 사상, 특히 종교사상을 전파하는 수단이 되었다는 점에 있다. 필사(筆寫)에 의한 전통적인 서적복제 방식에 비하면 활판인쇄는 정확성과 신속성에서 매우 효율적이었다. 인쇄술에 의한 출판은 책의 내용을 더 정확하게 전달할 수 있게 했을 뿐 아니라 책값도 크게 떨어뜨려 독서를 대중화하였다.

그리스도교적 휴머니즘 북방 휴머니스트는 성서나 그리스도교 관계 고전에서 단순 소박하고 생명력이 넘치는 종교적 원천을 발견하였다. 그들의 과제는 그리스도교 초기의 복음 신앙이 지닌 순수성을 부활시키는 것이었다. 그러기 위해 그들은 성서나 교부철학 원전을 원어로 연구할 필요를 느꼈다. 이리하여 그들은 그리스어나 히브리어를 공부하여 직접 원전을 연구하게 되었고, 전통적인 전거(典據)와 해석을 중요시하는 보수적인 신학자들과 충돌하게 되었다.

이와 같이 원초적인 그리스도교로 돌아가려는 운동이 '그리스도교적 휴머니즘'(Christian Humanism) 혹은 '성서 휴머니즘'(Biblical Humanism)이었다. 그리스도교적 휴머니즘은 16세기초부터 본격적으로 일어난 프로테스탄트 운동의 기반을 마련하는 데 크게 기여하였다.

독일 독일 지방의 학자들은 이탈리아 휴머니즘의 영향을 강하게 받았으나 나름대로 지적 독자성을 발휘하였다.

이탈리아 유학으로 고전학을 배운 로이힐린Johann Reuchlin(1455-1522)을 비롯하여 기사 출신 휴머니스트인 후텐Ulrich von Hutten(1488-1523), 아리스토텔레스 연구가인 멜랑흐톤Philip Melanchthon(1497-1560), 『우인선(愚人船)』의 저자 브란트Sebastian Brant(1457-1521) 등의 활동이 활발하였다.

특히 로이힐린은 독일 휴머니즘 운동의 두드러진 지도자로서 '독일의 불사조' 라는 별명이 붙여졌다. 그는 구약성서를 해석하기 위해 히브리어의 연구에 헌신하였다.

로이힐린이 1506년 출판한 히브리어 문법은 그 계통에서는 최초의 책으로 북방 학계에 큰 자극을 주었다. 히브리어 서적 출판을 탄압하는 것이 당시의 풍조였으므로 이를 공공연히 어긴 로이힐린은 이단으로 몰려 6년간이나 종교재판을 받았다.

그의 관점에 관해 의견이 찬반양론으로 나누어져 공개토론이 열렸다. 로이힐린의 문제를 둘러싸고 신학자들과 휴머니스트들 사이에 오고간 오랜 논쟁은 탐구의 자유와 보수적 권위와의 싸움이었다. 이는 새로운 학풍이 중세적 전통에 도전하는 과정을 상징하였다.

프랑스 성서연구와 사회혁신은 프랑스 휴머니즘의 특성이기도 하였다. 독일에서 로이힐린이 구약성서를 위해 공헌한 것처럼 프랑스에서는 데타플Jacques Lefèvre d'Étaples(1455-1536)이 신약성서를 위해 노력하였다. 이탈리아 유학을 마친 후 파리 대학에서 가르친 데타플은 신약성서의 의미를 밝히고자 하였다. 그는 그리스 원전을 가지고 신약성서를 연구함으로써 그리스도와 사도들의 가르침을 새롭게 해석했으며, 후의 루터 및 프로테스탄트 개혁자들에게 영향을 미쳤다.

그리스도교적 휴머니스트의 범주에 들어가지는 않으나 프랑스 르네상스에 기여한 문인으로는 뷔데Guillaume Budé(1467-1540), 라블레François Rabelais(1495-1553), 몽테뉴 등이 있었다. 뷔데는 오를레앙 대학에서 법학을 공부했으나 『플루타르코스 영웅전』을 번역하는 등 고전 연구에 주력하였다. 그는 또 이탈리아 사절로 가 있는 동안 로마법과 고대 화폐를 연구하였다.

휴머니스트로서 그의 활동은 프랑소아 1세François I(재위: 1515-1549)의 후원에 힘입은 바 컸다. 뷔데의 활동으로 프랑스 대학(Collège de France)과 국립도서관(Bibliothéque Nationale)이 설립되었다. 프랑소아 1세의 궁정은 문예후원의 중심이었다. 왕의 여동생인 마르게리트Margaret(Navarre 여왕 Marguerite)는 비상한 문재(文才)를 발휘했으며, 당대의 종교사상뿐 아니라 고전철학과 이탈리아 문학에 정통하였다. 그는 보카치오의 『데카메론』을 모방하여 『헵타메론』(*Heptaméron*)을 창작하였다.

프랑시스 1세

라블레는 의학을 공부한 수도성직자로서 고전연구에 몰두하였다. 1532년 그는 풍자적으로 사회비판을 한 『팡타그뤼엘Pantagruel의 아버지, 위대한 가르강튀아Gargantua의 생애』(『가르강튀아와 팡타그뤼엘』)를 완성하였다. 라블레 사후 프랑스 문학계에서 몽테뉴는 근대적인 수필문학의 창시자로 16세기 프랑스 휴머니스트의 제 1인자가 되었다.

영국 영국 르네상스의 기운은 이미 초서에서 시작되었고 그 전통은 15세기를 통해 계승되었다. 영국 르네상스도 역시 독일이나 프랑스의 경우와 마찬가지로 사회 혁신을 목표로 실제 문제를 연구하는 특성을 나타냈다.

리나커Thomas Linacre(1460-1524)는 이탈리아 여행에서 돌아온 후 옥스퍼드 대학에서 그리스어를 가르쳤다. 당시 최신 의학 지식을 습득한 그는 고대 로마 의사 갈레누스의 서적을 번역하고 런던 의과대학 창설에 힘썼다.

영국의 주요한 그리스도교적 휴머니스트는 콜레트John Colet(1467-1519)와 모어Sir Thomas More(1478-1535)였다. 콜레트는 런던 성 바우로 교회의 교회학교를 창립한 인물이며 옥스퍼드 대학에서 성서에 관해 강의하였다. 그는 나름대로 교회 개혁에 관해 깊은 관심을 가지고 있었다.

콜레트는 수년간 이탈리아에서 공부한 경험으로 휴머니스트 교육방식을 옥스퍼드에 도입하여 그리스어와 라틴어를 가르쳤다. 그는 당시 교회의 관례를 개혁하려고 시도하였기 때문에 모어와 에라스무스Desiderius Erasmus(1466-1536)와 함께 '옥스퍼드 개혁파'(Oxford Reformers)라 불리고 있다.

유토피아 『유토피아』(*Utopia*, 1516)를 출판한 모어는 공상적(空想的) 사회주의자였다. 그의 『유토피아』는 플라톤의 『국가론』의 영향을 받은 것 같다. 모어는 헨리 8세의 이혼문제에 반대했기 때문에 사형당한 독실한 가톨릭 신자였다. 그러므로 그의 종교개혁의 시도는 이른바 휴머니스트의 온건함과 보수성을 넘지 않는 것이었다.

토마스 모어

모어는 『유토피아』에서 기존 법률의 가혹함과 전쟁의 어리석음을 비판하였다. 『유토피아』에 묘사된 그의 이상국가는 건물 · 시가(市街) · 위생 · 노동 · 교육 · 경제 등에 관해 매우 진보적인 정책을 취하고 있다. 예를 들면 유토피아의 수도 아모로우트Amaurote 사람들은 6시간 일하고 8시간 자며 그 외에는 각자의 취미, 특히 독서에 시간을 보낸다. 유토피아의 시민은 자위(自衛)를 위해, 그리고 피압박 국민의 해방을 위한 경우 외에는 절대로 전쟁을 하지 않는다. 교육은 범죄 예방책으로 실시되며 교도소에 갇힌 사람들은 생계를 위한 교육을 받고 석방된다. 국가의 부는 모든 시민에게 균등 분배된다.

모어의 『유토피아』는 유토피아 문학의 선구가 되었다. 그의 책은 모방의 모

글로브 극장 (The Globe Playhouse 1599~1613) : 셰익스피어 작품을 주로 상연하던 극장으로 1613년 소실되었다.

델이 되었을 뿐 아니라 그의 사상은 이상적 사회를 희구하는 사람들에게 기준을 제공하였다.

베이컨 모어의 영향을 받은 사람 중에는 베이컨Sir Francis Bacon(1561-1626)이 있었다. 그는 과학자들의 이상국가를 묘사한 『새로운 아틀란티스』(*New Atlantis*)를 저술하였다. 그밖의 저술로는『학문의 진보』(*Advancement of Learning,* 1605),『신(新) 논리학』(*Novum Organum,* 1620) 등이 있다.

베이컨은 진리탐구를 위한 확실한 방법으로 자연과학적 귀납법을 강조하였다.

셰익스피어

Mr. WILLIAM
SHAKESPEARES
COMEDIES,
HISTORIES, &
TRAGEDIES.
Published according to the True Originall Copies.

LONDON
Printed by Isaac Iaggard, and Ed. Blount. 1623.

셰익스피어 베이컨과 동시대 사람인 셰익스피어는 엘리자베스 여왕 시대의 가장 위대한 작가일 뿐 아니라 세계문학사에서 탁월한 위상을 차지하는 문인이었다.

비극 「햄릿」(*Hamlet,* 1602), 「오셀로」(*Othello,* 1604), 「리어왕」(*King Lear,* 1606), 「맥베스」(*Macbeth,* 1606)와 함께 「베니스의 상인」, 「로미오와 줄리엣」(*Romeo and Juliet*)과 같은 작품에서 천재적인 문학적 재능을 발휘하였다.

에라스무스 북방의 그리스도교적 휴머니스트뿐 아니라 르네상스 시대의 모든 지식인 가운데 가장 위대한, 이른바 '휴머니스트의 왕'은 네덜란드 출신의 에라스무스였다. 그는 16세기 전반 유럽 지성계(知性界)를 지배한 인물이었다.

에라스무스는 휴머니즘을 통한 개혁을 강력하게 주장한, 범 유럽적인 영향력을 발휘한 휴머니스트였다. 로테르담Rotterdam시에서 성직자의 사생아로 태어난 에라스무스는 수도 성직자가 되었으나 생애의 대부분을 독일 · 프랑스 · 영국 · 이탈리아 · 스위스 등에서 보냈다.

그는 우아한 고전 라틴어를 자유로이 구사하고 해박한 지식으로 새로운 학풍을 완성시켰다. 1499년 영국을 방문한 이래 모어, 콜레트와 친교를 맺어 그들의 종교개혁 사상을 적극 뒷받침하였다.

에라스무스의 주요 업적은 다른 휴머니스트들과 마찬가지로 초기 그리스도교의 단순성과 소박함으로 되돌아가려는 운동을 벌인 데 있다. 그는 교회의 타성적인 의식과 번거로운 교리보다는 일상생활의 인도(引導)를 위한 구원의 종교를 더 높이 평가하였다. 그는 '그리스도의 철학'을 내세우고 그리스도를 본뜬 참다운 경건 생활을 중시하였다.

성서 본래의 뜻을 정확하게 이해함으로써만 그리스도교의 회복이 가능하다고 확신한 에라스무스는 당시까지 교회에서 사용되어온 라틴어판 성서(Vulgata)가 믿을 만한 것이 못된다고 생각하여 그리스어로 된 원전을 토대로 해서 성서를 다시 번역하였다. 수년간의 노력을 기울인 끝에 초기의 필사원고를 근거로 신약성서를 번역하고 주석을 달아 1516년 출판하였다. 그것은 그리스 원어로 된 신약성서가 번역 · 출판된 최초의 경우였다.

『치우신 예찬』 그리스도교 초기의 순수성을 찾기 위한 에라스무스의 노력은 기성교회의 형식주의를 크게 비판하는 데까지 연결되었다. 무엇보다도 그의 의도는 『치우신 예찬』(痴愚神 禮讚 : *Encomium moriae*)에서 잘 표현되었다. 『치우신 예찬』은 에라스무스가 1508-1511년 이탈리아 여행에서 영국으로 돌아가는 길에 착상하여 쓴 것이다. 그의 저서 가운데 가장 유명하고 또 영향력이 큰 이 책은 '치우(痴愚)의 여신' 입을 통해 당시의 사회와 교회를 풍자하고 비판한 것이었다.

에라스무스

그의 저작이 당시의 지성계와 일반대중에 미친 영향은 그 책이 중판 매진되고 각국어 번역판이 각계 각층에서 애독되었다는 사실에서 짐작할 수 있다. 『치우신 예찬』이 정신계의 지배권을 갖는 가톨릭 교회의 부조리와 성직자 계급의 부도덕성을 공격하였으므로, 여러 대학에서 찬반양론이 격렬하게 벌어졌다.

에라스무스의 개혁사상은 중세사회 일반인들의 신앙의 순화, 스콜라 신학의 형식주의에 대한 비판, 수도 성직자 계층의 부도덕성에 대한 공격, 교황권의 반성 촉구 등을 주제로 하였다. 그것은 앞으로 다가올 루터의 프로테스탄트 개혁운동을 위한 기반을 다져 놓았다.

스페인의 르네상스 스페인 르네상스도 역시 전체적으로 사회개혁의 성격을 띠었으나 동시에 희곡이나 문학작품에서 훌륭한 업적을 남겼다.

세르반테스

비베스Juan Luis Vives(1492-1540)와 같은 휴머니스트는 교육사상사에 큰 자취를 남겼다. 희곡작가 중 가장 주목할 만한 인물은 로페Lope de Vega(1562-1635)이다. 그는 다산(多産) 작가로서 1500편 이상의 코미디와 400편 이상의 종교적 우화(寓話)극을 썼다. 현존하는 것만 해도 500편 이상에 달한다. 그의 극은 대체로 상층계급의 음모와 허영을 묘사한 것과 스페인의 국위선양을 주제로 한 것으로 양분된다.

스페인의 르네상스 작가 중 최대 인물은 『돈 키호테』(*Don Ouixote*)를 지은 세르반테스Miguel de Cervantes Saavedra(1547-1616)이다. 『돈 키호테』는 봉건제도를 통렬히 풍자한 작품이다.

북방 예술의 특성 르네상스 시대를 통해 이탈리아 미술과 북방의 미술은 대체로 독자적인 길을 따라 발달했으나 양자간의 상호영향은 끊임없이 있었다. 북방의 조각과 회화는 이탈리아의 경우에 비해 중세적 정신과 양식을 탈피해 갔다.

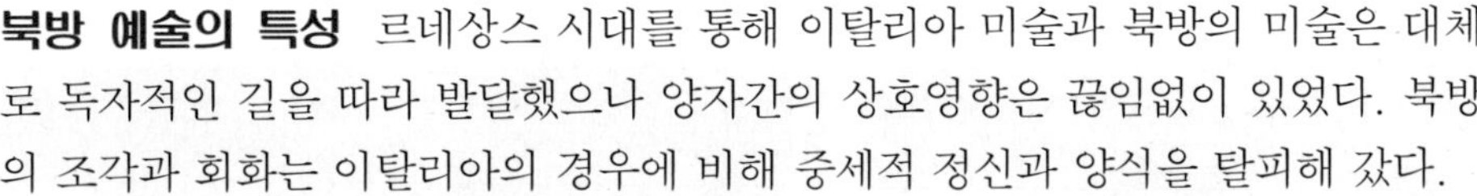

14세기와 15세기의 조각은 르네상스 특유의 양식이라기보다는 고딕 양식에 속한 것이었다. 북방 르네상스 미술은 일반적으로 내면세계를 표현하면서 특이한 자연주의적 기법을 완성시켰다.

음악의 경우는 이탈리아보다 북방에서 더 선구적 발전을 하였다. 북프랑스, 영국, 네덜란드 등에서 '새로운 예술'이 나와 16세기 서유럽을 풍미하는 음악형식으로 발전되었다.

14 · 15세기에 프랑스와 저지대 작곡가, 예를 들면 마쇼, 뒤페, 데프레 등은 중세적 전통을 극복하고 합창과 기악을 접목하여 세속 음악이나 교회 음악을 작곡하였다.

저지대 지방 이탈리아 휴머니즘이 알프스 산맥을 넘어 북방 르네상스에 자극을 준 것과 같이 이탈리아 미술도 북쪽으로 넘어가서 내재적인 요소와 결합하여 새로운 미술 기법이 유행하였다. 저지대 지방의 에이크Jan van Eyck(약 1390-1441)는 유화(油畵) 기법을 개발한 화가였다.

15세기 저지대 지방의 미술은 부유한 부르군드 지방의 시민이나 제후들의 후원을 얻어 성장하였다. 주제는 전통적인 종교적 주제 이외에 농촌이나 도시민의 생활, 관습을 대상으로 한 것들이 많았다. 저지대 미술은 바이덴Roger van der Weyden(1400-1464)이나 멤링Hans Memling(1430-1494) 등을 거쳐 16세기의 브뢰겔Pieter Brueghel(1525-1569)에 이르러 그 절정에 달하였다.

브뢰겔은 이탈리아 미술의 영향을 받지 않은 독특한 그림을 그렸다. 그가

로저 반 데르 바이덴「최후의 심판」

피터 브뢰겔「농민의 축제」

피터 브뢰겔「눈속의 사냥꾼」

얀 반 에이크「지오반니 아르놀피니와 그의 신부」

택한 주제는 마을 광장, 스케이트 장면, 혼인 축하연 등과 같은 통속적이며 친근한 민중 생활이었다. 일상생활을 사실적으로 묘사하는 양식은 '장르화'(genre painting)라 알려지고 있는데, 저지대 지방 화가들이 이 분야에서 우수한 재능을 발휘하였다.

독일지방 북방미술의 가장 위대한 화가는 독일 지방에서 나왔다. 대표적 화가는 뒤러Albrecht Dürer(1471-1528)와 홀바인Hans Holbein(少 홀바인, 1497-1543)이다.

이탈리아 미술을 독일 전통에 접목시킨 뉴른베르크Nürnberg 출신의 뒤러는 소묘(데생) · 목판화 · 동판화 등 여러 가지 그림을 그렸으나 특히 사실적인 초상화에 능통하였다. 신성로마 황제나 에라스무스와 같은 저명인사의 후원을 받은 뒤러는 도덕 · 종교 문제에 깊은 관심을 보이는 주제를 그렸는데 그것은 나중에 그가 루터의 열렬한 추종자가 되는 계기가 되었다.

뒤러보다 1세대 후에 출생한 아우구스부르크Augusburg의 홀바인은 훌륭한 초상화를 많이 그렸다. 그는 스위스나 영국 등을 널리 여행하면서 제작활동을 하였으므로 뒤러보다 독일적 요소가 엷은 그림을 그렸다.

스페인의 예술 북방 미술은 프랑스, 영국, 스페인 등에서도 대표적인 미술가들을 생산하였으나 그 가운데서 스페인 화가들이 각별한 주목을 받았다.

스페인 르네상스는 벨라스케스Diego Velásquez(1599-1660), 엘 그레코El Greco(1547-1614), 무리요Bastolome Murillo(1617-1682) 등 위대한 화가들을 배출하였다. 특히 엘 그레코는 이름이 가리키는 바와 같이 원래 그리스인(그리스 이름은 Kyriakos Theotokopoulos; 스페인 이름은 Domingo Teotocopuli)으로 스페인 톨레도Toledo에 정착한 위대한 종교화가였다. 그는 이탈리아에 머물러 있을 때 베네치아파, 특히 티치아노의 영향을 받았다. 그러나 후에는 경건하고 깊은 종교적 감정을 표현하는 독특한 종교화를 많이 그렸으며, 이른바 '스페인화파(畵派)'의 효시가 되었다.

2. 유럽세계의 확대

중세에서 근대로 넘어오는 과도기에 각 국가의 군주들은 새로운 통상로(通商路)를 개척하려는 노력을 기울이게 되었다. 그 결과 유럽인은 활발히 해외

뒤러「아담과 이브」

뒤러「용과 싸우는 성 미카엘」

뒤러「자화상」

홀바인「앤 오브 클레브즈」

엘 그레코 「추기경의 초상」

벨라스케스 「라스 메니나스」

벨라스케스 「박쿠스의 승리」

벨라스케스 「불카누스의 대장간」

탐험 활동을 벌여 새로운 통상로뿐 아니라 미지의 땅을 발견하게 되었다.

지리적 확장 결과 1450년경 이후 약 2세기 동안 세계의 많은 지역이 유럽 지배하에 들어가 식민지가 되었다. 유럽 탐험가들은 아프리카 해안, 남북 아메리카 대륙, 인도로 가는 항로, 대서양과 태평양의 여러 섬들을 발견하였다. 발견-탐험-식민화의 과정을 따라 유럽 국가들은 전세계에 지배적인 위치와 우월성을 유지하였다. 이러한 유럽의 세계 제패는 20세기말까지 계속되었다.

A. 항로 개척과 해상탐험

유럽인이 로마 시대부터 아시아와 왕래했으나 중세 말까지 유럽에 알려진 곳은 동아시아 일부와 아프리카의 북부 등으로 제한되어 있었다. 사람들은 지중해를 중심으로 형성된 유럽과 그 주변의 다른 지역들에 관해 억측할 수밖에 없었으며, 지리지식은 매우 불확실한 것이었다.

유럽인은 10세기말부터 지리탐험을 시도하였다. 982년경 노르웨이 사람 에릭Eirik Raude(950-1000)은 그린란드를 발견하였다. 4년 후 그 곳에 정착하여 두 개의 도시를 세웠다. 다시 1002년경 에릭의 아들 라이프Leifr Eiríksson(970-1020)는 아메리카 쪽으로 남하하여 라보라도르Labrador를 거쳐 더욱 남쪽으로 내려가 노바 스코시아Nova Scotia, 뉴잉글랜드에 도착하였다. 그는 이곳을 빈란드Vinland라 불렀다. 그러나 이때 아메리카를 발견한 것은 유럽 역사에서 완전히 잊혀지고 말았다.

13세기부터 유럽과 아시아 사이에 더욱 교통이 잦아졌다. 교황 인노첸시오 3세가 수도 성직자들을 중국에 파견하였고, 제5차 십자군에 참가한 프랑스 왕 루이 9세(聖王)도 몽고와 사절을 교환하였다. 13세기 후반에 베네치아 상인 마르코 폴로Marco Polo(1254-1323)가 중국 원의 조정에서 쿠빌라이 Kubilai Khan(世祖 忽必烈, 1215-1294)에게 봉사한 후 1292년 중국을 떠나 3년 만에 베네치아로 다시 돌아왔다.

그의 견문기(見聞記)는 당시 사회에 큰 호기심을 자아냈으며 사람들의 모험열을 자극하였다. 그는 제노아와의 싸움에서 포로가 되어 잡혀 있는 동안 견문기를 기술했다고 한다. 견문기의 필사원고가 현재 85종 남아 있다. 이 견문기는 사실에 충실했다기보다 황당무계하고 진기한 이야기를 과장한 것이었으나 당시 사람들의 마음을 설레게 하기에는 충분하였다.

이와 같이 고대부터 동서간에 부정기적인 왕래가 있었음에도 유럽인의 지리적 탐험은 15세기 중반에 이르기기까지 극히 제한되고 간헐적인 것에 불과하였다.

지리상 발견의 동기 그러면 왜 15세기에 지리 탐험 운동이 거세게 일어났는가? 근대 초에 유럽은 사회 · 경제 · 정치 · 종교에서 많은 변화가 있었다. 그러한 여건 변화는 대양 항해를 자극하고 해외 모험에 나서게 하는 요인으로 작용하였다.

우선 해외 진출의 배경에는 경제적 동기가 있었다. 유럽에서 수요가 많은 조미료 · 면(棉) · 견(絹) · 금 · 은 · 보석 등을 충분하게 확보하기 위해서는 상인들은 종래의 통상 방식에만 의존할 수 없게 되었다.

동방으로 가는 중세말까지의 루트는 장기여행에서 오는 위험이 따를 뿐 아니라 과중한 경비가 들고 중간지역에서 지불하는 세 부담이 컸다. 따라서 새로운 통상로가 개척될 필요가 있었다. 더욱이 15세기에는 소아시아 오스만 터키 민족의 위협도 커져서 일부 국가에서는 다른 동방무역 항로를 개척하게 되었다.

또 다른 해외 진출의 배경에는 종교적 목적이 있었다. 근대초 서방 국가들은 그리스도교 선교사업에 대한 의욕을 가지고 있었다. 15세기 중반을 전후한 이슬람의 진출, 근동 지방에서의 오스만 터키 민족의 세력 팽창과 콘스탄티노플 함락은 이미 진행 중에 있던 서방 그리스도 교회의 전도사업에 박차를 가하였다.

12세기부터 퍼지고 있던 프레스터 존Prester(Presbyter) John의 전설은 그리스도교 전도열과 탐험열이 결합되어 생긴 것이다. 이 전설은 아비시니아 Abyssinia에 그리스도교 지역이 있었으므로 생긴 것 같다. 이 전설에 따르면 몽고 방면이나 아프리카 내부에 프레스터 존이 그리스도교 왕국을 건설하고 있다는 것이다. 당시 서방국가들은 전설을 믿고 이 왕국과 동맹하여 이슬람에 대항할 수 있다는 생각을 가지고 있었다. 이 전설은 17세기까지 계속되었다.

끝으로 정치적인 요인이 있었다. 우선 오스만 터키족에 의해 동방 통상로가 단절되었다는 것, 이탈리아 도시국가들이 정치적 혼란과 외세 간섭으로 쇠약해 있었다는 것—이러한 정치 상황은 15세기에 크게 성장한 군주국가들이 국제적인 역할을 할 계기가 마련되었음을 의미하였다.

특히 이베리아 반도에서는 스페인이 무어인을 추방하고 영토를 통일하였다. 포르투갈도 국가적 기반을 확립한 이래 영토 확장이라는 국가적 목적을 성취하기 위해 적극적으로 행동하였다. 이러한 신흥 국가는 정치적 강화와 자원 획득을 함께 달성할 목적으로 해외진출을 적극 추진할 필요가 있었다.

항해술의 발달과 지리지식의 증대 14 · 15세기에는 지리적 탐험을 가능케 하는 조선, 항해에 관한 기술이 발달하고 정확한 지리지식 역시 충분히 축적되고 있었다. 이 시기에 구면삼각법이 발달했기 때문에 지도와 해도의 작성과 천체 관측이 이전보다 훨씬 더 정확해졌다.

또 13세기경부터 큰 범선(帆船)이 건조되고 나침반이 사용됨으로써 야간 항행(航行)과 대양 항해가 가능해졌다. 다음으로 지구 구형설(球形說)이 부활됨으로써 세계 지리에 관한 편견이 깨지고 사람들에게 더 멀리까지 나갈 수 있다는 생각을 가지게 하였다.

피렌체의 토스카넬리Paolo dal Pozzo Toscanelli(1397-1482)는 1474년 고대 그리스의 구형설을 주장하였다. 그 때까지는 지구가 평탄하고 끝으로 가면 바닷물이 폭포처럼 떨어진다고 생각했으나 이제 사람들은 육지가 아닌 바다를 거쳐 아프리카를 돌아간다면 인도나 중국에 닿을 수 있으리라 믿게 되었다.

엔리케 왕자

발견의 경과 포르투갈인의 탐험은 처음부터 국가가 적극적으로 지원하였다. 지리탐험을 추진한 중심 인물은 엔리케 왕자(Dom Enrique el Navegador: Henry the Navigator, 1394-1460)였다. 그는 생애를 과학적 항해탐험과 포르투갈의 상업발전에 헌신하였다. 그러나 엔리케 왕자 시대의 포르투갈인은 대체로 아프리카 서쪽 중간의 카메룬Cameroon까지 항해하는데 그쳤다.

본격적인 탐험은 15세기말 포르투갈 왕 후안 2세John II(O principe perfector, 재위: 1481-1495)에 의해 전개되었다. 1488년 디아스Bartholomeu Diaz(1450-1500)는 아프리카 남쪽 끝 희망봉에 도달하였다. 그는 처음에 그 곶을 '폭풍의 곶'(岬: Cabo Tormentoso)이라 귀국 명명하고 계속 동쪽으로 항해하려 했으나 선원들의 불복으로 귀국하였다. 귀국 보고를 들은 후 왕은 이를 '희망봉'(希望峰)이라고 개명하였다.

디아스가 계속하지 못한 동쪽으로의 항해를 다 가마Vasco da Gama(1469-1524)가 이뤄냈다. 1498년 그는 희망봉을 돌아 인도의 캘리컷Calicut에 도착하여 신항로 발견을 기리는 대리석 기념비를 세웠다. 그는 다음해 동방물산을 가득 싣고 리스본으로 귀국하였다. 그는 많은 선원을 희생시킨 대신 60배의 이익을 보았다.

이후 포르투갈인은 정기적으로 인도로 항해하여 조미료 · 비단(絹) · 보석 등을 수입하였다. 또 상인과 함께 그리스도교 선교사들이 통상지역에 가서 전도하였다. 고아Goa를 비롯하여 실론Ceylon(지금의 스리랑카) · 수마트라Sumatra · 자바Java · 향료제도 등을 포르투갈인이 점령하여 무역지점으로 만들었다.

아메리카 대륙 한편 스페인도 이사벨 여왕의 후원 아래 대양항해와 지리탐험에 나섰다. 스페인의 해외 팽창은 이탈리아 선원 콜럼버스Cristoforo Colombo; Cristobal Cólon; Christopher Columbus(1446-1506)를 통해 실현되었다.

제노아 출신의 콜럼버스는 스페인 여왕의 후원을 얻어 1492년 중국을 향해 서쪽으로 항해하여 약 1개월 만에 서인도 제도의 바하마 열도 바하마스

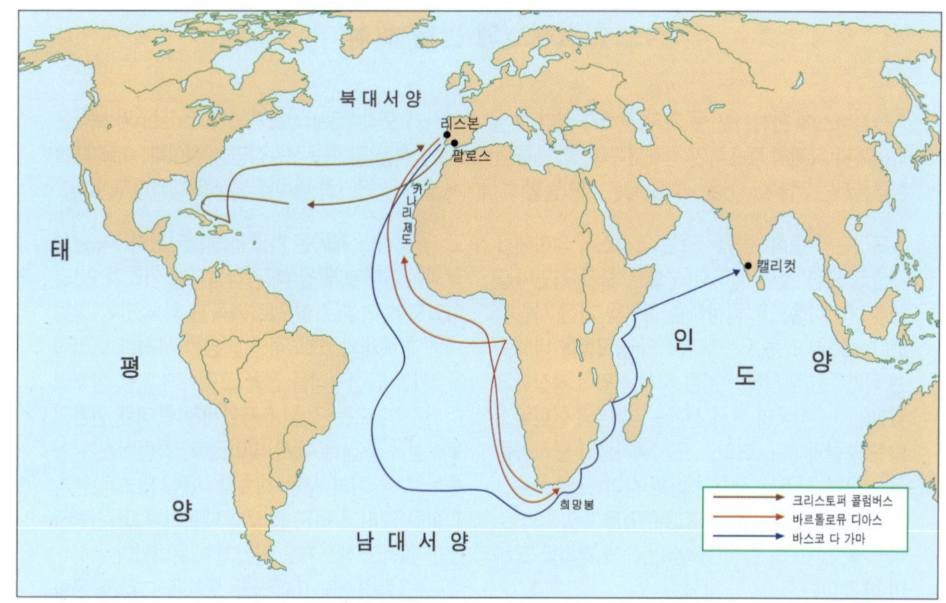

지리상 발견의 항로

Bahamas 중 하나인 산살바도르San Salvador에 상륙하였다.

콜럼버스는 이곳을 인도로 착각했으며 주변의 카리브해 섬들을 둘러 본 후 다음해 스페인으로 돌아왔다. 그는 그후 세 차례 더 항해했으나 끝까지 그곳이 아시아라고 믿었다. 그것이 신대륙으로 알려진 것은 베스푸치에 이르러서였다.

베스푸치Amerigo Vespucci(1451-1512)는 이탈리아 피렌체 출신으로 포르투갈과 스페인에 봉사하였다. 그는 아메리카가 새로운 대륙임을 알아차리고 그 사실을 발표하였다(1503).

그로부터 4년 후 독일 지리학 교수가 논문에서 이 새로운 대륙을 아메리고 Amerigo(라틴어로는 Americus)라 명명할 것을 제안하였다. 그 후 수년 동안 스페인 탐험가들은 아메리카의 플로리다에서 브라질에 이르기까지 아메리카 대륙의 연안을 따라 항해했으나 건널 수 없는 대륙임을 알고 인도로 가는 길이 막혔다고 실망하였다.

콜럼버스

스페인과 포르투갈 스페인 사람들은 신대륙을 무자비하리만큼 약탈하였다. 콘키스타도르(정복자: Conquistadores)라 일컬어진 스페인 약탈자들은 멕시코에서 금은을 닥치는 대로 탈취하였다.

코르테스Hernando Cortez(1485-1547)와 일행은 1519년 멕시코 원정에 착수하여 철제무기, 말, 화약으로 원주민 아즈테크인(Aztecs)을 정복하였다.

그 후 1533년 피사로Francisco Pizzaro(1471-1541)는 페루의 잉카Inca제국에 들어가 왕을 사로잡고 고대문화의 금은제 미술품을 약탈하였다. 그는 수도 리마Lima('왕들의 도시')를 점령하고 다시 남쪽으로 세력을 더 확장시켰다.

콜럼버스에 관한 해석

콜럼버스에 관해서는 두 가지 견해가 있다. 미국 해양사가 모리슨Samuel Eliot Morison의 해석은 최근까지 학계의 대표적인 견해였는데, 이는 콜럼버스의 업적을 말하는 전통적인 해석이다. 이에 대해 환경론자인 세일Kirkpatrick Sale은 지리탐험 해석에서 일어난 급격히 변화된 입장을 대변하고 있다.

모리슨의 해석: 콜럼버스는 그리스적 의미에서 새롭고 묘한 것을 경이의 눈으로 보고 자연미를 예술가의 마음으로 감상하는 감각을 가진 사람이었다. 콜럼버스는 자신의 업적의 숭고함을 더해주는 국가주권과 신의 무한한 지혜를 깊이 확신하고 있었다. … 미국의 역사 전체는 네 번의 콜럼버스 항해의 결과이다. 그리스 도시국가들이 불사신들을 건국의 시조로 간주한 바와 같이 오늘날 수십의 독립국가들은 그리스도교 문명을 대양 너머로 확산시킨 제노아 출신 콜럼버스에게 경의를 표해야 할 것이다.

세일의 해석: 노련한 선원들이 야단 법석하는 그의 항해술이나 뜻밖의 탐험 방향에도 불구하고, 콜럼버스 제독은 가없은 항해가였다. 네 번의 항해는 올바르게 볼 때 용감성과는 거리가 먼 것이었으며 어설픈 실수로 가득찬 항해였다. 잘못 세운 항해계획, 초보적인 경영을 무시한 어리석음, 기본 안전수칙을 전혀 고려하지 않은 항해였다. … 이 모든 것들이 자연세계에 대한 인간의 우월성을 주장한 데서 빚어졌다. 콜럼버스가 실수한 것은 거의 모두 해류와 바람, 암초의 불가피함을 알려고 하지 않았기 때문이며 더 건방진 것은 알려고 애쓰지도 않았기 때문이었다.

… 콜럼버스의 아메리카 도착은 그러한 문화유산과 문화 민족의 대부분을 파괴하는 계기를 만들었기 때문이다.

스페인 사람들의 활동과 함께 포르투갈 사람들의 아메리카 대륙 탐험도 가열되었다. 1500년 포르투갈 선장 카브랄Pedro Álvares Cabral(1460-1526)은 다 가마의 항로를 따라 인도로 떠났으나 도중에 세찬 바람 때문에 브라질 해안에 도달하였다. 그는 그곳을 '참다운 십자가의 섬'(Vera Cruz)이라 불렀으며 그 이래 포르투갈 영토가 되었다.

이와 같이 포르투갈과 스페인이 영토 확장을 위해 치열하게 경쟁함에 따라 교황 알렉산데르 6세가 조정에 나섰다. 교황은 1493년 칙령으로 두 나라의 경쟁을 조정하고 다음해(1494) 토르데실라스Tordesillas 조약으로 두 나라 사이의 경계선을 결정하였다.

영국과 프랑스 지리 탐험의 경쟁은 곧 다른 나라로 번지게 되었다. 특히 영국과 프랑스의 활동이 커졌다. 제노아 출신 카보트Cabot 부자(아버지 Giovanni, 1450-1498; 아들 Sebastian, 1476-1557)는 영국 왕 헨리 7세의 후원으로 북아메리카를 탐험하였다. 아버지 카보트는 1497년 캐나다, 뉴펀들랜드Newfoundland, 라브라도르 등을 탐험하여 영국의 소유권을 확보하였다. 그 후 영국인의 탐험은 주로 북아메리카와 캐나다 지방에 집중되었다.

영국인 허드슨Henry Hudson(1570-1611)은 허드슨강을 탐험했으며 드레이크Sir Francis Drake(1540-1596)는 대서양을 무대로 스페인 선박을 약탈하였다. 그 후 18세기에 쿠크James Cook(Captain, 1728-1779)가 오스트레일리아를 탐험하였다.

프랑스는 비교적 다른 나라보다 늦게 탐험에 착수하였다. 1534년에서 1541년 사이에 카르티에Jacques Cartier(1491-1557)가 캐나다의 세인트 로렌스St Lawrence 지역을 발견하였다. 그것은 북아메리카 대륙 북동부에 대한 프랑스 영유권의 근거가 되었다.

쿠크

그 후 프랑스는 1604년 노바 스코시아Nova Scotia에 식민지를 건설하였다. 1608년 샹플랭Samuel de Champlain(1567-1635)을 통해 퀘벡Quebec에 프랑스 최초의 식민지를 만들었다.

1681년 라살르Robert Cavelier, Seiur de LaSalle(1643-1687)는 미시시피 강을 탐험하여 루이 14세에게 경의를 표하는 뜻에서 그 일대를 루이지애나Louisiana라 이름 붙이고 프랑스의 영유권을 주장하였다. 19세기초 나폴레옹 1세가 미국(제퍼슨 대통령)에 루이지애나를 팔아서 영국 정복을 위한 함선 건조 비용을 마련하려고 하였다.

유럽인이 신대륙으로 진출하면서 토착문화를 파괴하였다. 탐험가들은 무력으로 토착민의 재산이나 금은제 문화재를 빼앗았을 뿐 아니라 북아메리카 서남부의 푸에블로Pueblo 문화, 멕시코의 아즈텍 문화와 마야 문화, 남아메리카 페루의 잉카 문화 등 고도의 원주민 문화를 파괴하였다.

마젤란 스페인 정부는 동양으로 가는 길을 모색하는 것을 포기하지 않았다.

스페인과 포르투갈의 쟁패

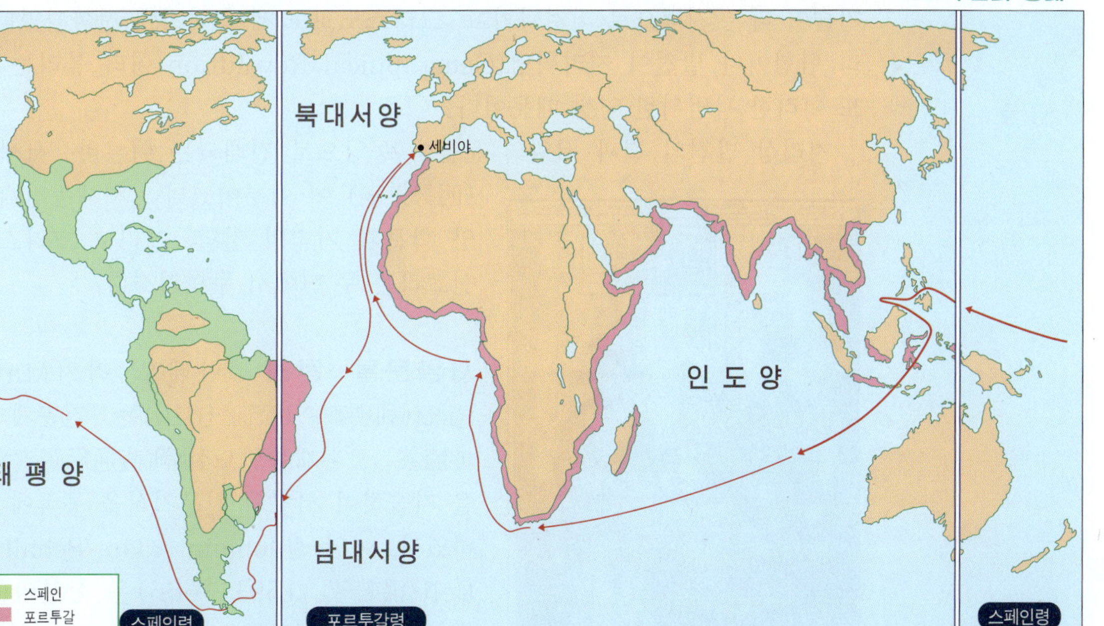

이미 발보아Vasco Nunez de Balboa(1475-1519)가 남아메리카의 남쪽을 돌아서 태평양 연안으로 진출하긴 했으나 포르투갈인이 개척한, 아프리카를 경유하는 동방항로와 연결하지는 못하였다.

동쪽과 서쪽을 연결하는 세계항로를 개척한 인물은 포르투갈 귀족 마젤란Fernando de Magalhães; Ferdinand Magellan(1480-1521)이다. 그는 스페인 정부의 배 5척을 지휘하여 1519년 세비야Sevilla 항을 출발하여 남아메리카의 남단을 돌아 향료제도로 직행하려고 하였다. 그는 다음해 마젤란해협을 통과해서 폭풍이 몰아치는 바다를 항해한 끝에 태평양으로 나갔다. 바다는 고요해 태평양이라 이름을 붙였다.

그는 3개월만에 라드로네스Ladrones제도에 도착했으나 필리핀Philippines 원주민에게 살해되었다. 1522년 남은 한 척의 배로 18명만이 귀국할 수 있었다. 그들은 최초로 세계를 한바퀴 도는 데 성공하였다. 이로써 당시 스페인 왕의 이름을 딴 필리핀이 스페인 영토가 되었다.

B. 식민운동과 상업혁명

새로운 항로와 미지의 땅이 발견됨으로써 유럽인의 견식과 안목은 넓어졌고 동시에 유럽의 상업도 크게 변화하였다. 유럽의 학문과 사상, 문화와 과학기술이 다른 지역으로 퍼져나가고, 그리스도교도 세계 각지에 전파되었다. 지리 탐험이나 발견이 지리혁명(Geographical Revolution)이라 불리는 이유도 이러한 광범위한 영향 때문이다.

지리상 발견의 결과 서양의 문물이 동양으로 전래되는 이른바 '서세동점(西勢東漸)'이 이루어졌다. '서세동점'은 서양 학문과 기술의 전달, 그리고 그리스도교 선교라는 두 면에서 두드러졌다.

마테오 리치와 서광계

서양문물 전래 마테오 리치Matteo Ricci(利瑪竇, 1552-1610)는 『건곤체의(乾坤體義)』,『혼개통헌도설(渾蓋通憲圖說)』 등을 저술하여 서양의 천문지식을 중국에 전달하였다. 아담 샬Johann Adam Schall von Bell(湯若望, 1591-1666)은 상한의(象限儀)·지구의(地球儀)·망원경을 제작하였다. 서양역국(西洋曆局)을 담당한 그는 『서양측

일력(西洋測日曆)』, 『고금교일고(古今交日考)』 등을 번역하였다. 또한 1634년(숭정 7년)에 새 달력 『숭정역서(崇禎曆書)』(100권)를 완성하였다.

마테오 리치의 구술에 의거하여 쉬광치(徐光啓, Hsu Kuangch'i, 1562-1633) 등이 『기하원본(幾何原本)』을 저술하여 유클리데스 기하학을 중국에 소개하였다. 지리학에서는 역시 마테오 리치가 『만국여도(萬國輿圖)』를 통해 주위 여러 나라의 존재를 중국인에게 알렸다. 이 밖에 서양 선교사, 특히 예수회 회원들에 의해 서양의 화기(火器)가 소개되는가 하면 학문의 여러 분야, 즉 철학·논리학·심리학·언어학 등 전반에 걸쳐 서양 학문이 중국에 도입되었다.

그리스도교 선교 한편 예수회 신부의 가톨릭 선교도 매우 활발하게 전개되었다. 1542년 일본에 도착한 하비에르 Francisco Javier; Francis Xavier(1506-1552)가 선교에 성공했으며 그 결과 일본의 가톨릭 신자 수가 급증하였다. 즉, 1600년대까지 일본의 신자가 20만에 달하였다.

중국에서도 그리스도교는 교세를 꾸준히 확장하였다. 그리스도교 선교사는 교리를 강권하지 않고 중국의 전통적인 관습이나 풍속과 조화시키려고 노력했기 때문에 선교에 성공할 수 있었다.

그리하여 1584(萬曆 12)년 3명이던 가톨릭 신자가 1585년에는 20명, 1586년에는 40명, 1596년에는 1백 명, 1600년에는 4백 명으로 해마다 증가하였다. 1603년 5백 명의 개종자 중에는 서광계가 포함되었으며 1610년 2천5백 명으로 개종자가 급증하였다. 숭정(崇禎)조에 이르러 신자는 더욱 늘어 1636(숭정 9)년에 3만8천 명으로 증가하였다. 1648년에는 영명왕(永明王)의 모왕태후(母王太后) 외 태후·왕비·태자 등 종실(宗室)이나 고위 관리 중 상당수가 개종했으며 1650(永曆 4; 順治 7)년 가톨릭 신자가 15만에 달하였다.

서양의 선교사들은 당시 지식계급의 호기심에 영합하는 신기한 서양 학술을 소개하면서 조정에 봉사하며 대포 등 화기를 제조하는 데 협력했으므로 별다른 박해를 받지 않았을 뿐 아니라 점차 그리스도교세를 성공적으로 확장할 수 있었다.

상업혁명 지리상 발견은 동양에 대해서뿐 아니라 서양 자체에 대해서도 매우 큰 영향을 미쳤다. 무엇보다도 서방세계의 번영 중심이 바뀌었다. 애당초 서방 고전문명의 중심은 지중해에 있었으며, 사실상 중세를 통해서도 지중해는 서양사의 무대였다.

그리하여 아라비아 상인이든, 이탈리아 도시민이든 지중해에서 어떠한 해양 활동을 하는가는 서양의 역사과정을 특징지어 놓았다. 그러나 지리상 발견과 함께 유럽의 번영을 포르투갈과 스페인, 영국과 프랑스 등이 주도하게 되고, 지

후추의 수확 장면: 후추는 16세기 향료 무역에서 가장 인기 있는 상품이었다.

중해라는 내해로부터 대서양 또는 태평양이라는 바다로 활동무대가 바뀌었다.

콜럼버스가 아메리카를 발견하고 약 30년이 지난 후부터 1세기 반에 걸쳐 유럽의 해외무역이 확장되었다. 이 과정에서 나타난 교역 물품의 질적 다양성과 양적 증대 및 각국의 부 증가 등과 같은 급격한 경제적 변화를 상업혁명(Commercial Revolution)이라 부른다.

새로 발견된 지역은 새로운 원료 공급지일 뿐 아니라 유럽 상품의 소비시장이기도 하였다. 종래의 교역 상품의 가치 · 양 · 내용이 크게 바뀌었다. 후추 · 클로브cloves · 향수에 더하여 차 · 설탕 · 담배 · 귀금속 · 노예 등이 새로운 교역상품으로 등장하였다.

후추

육두구

아메리카 대륙과의 교역으로 전통적인 지중해 중심 이탈리아 상인의 활동은 점차 둔화되고 런던 · 암스테르담 · 안트베르펜 · 낭트 · 리스본 · 카디스 등 대서양 연안의 항구 도시들이 번창하게 되었다.

특히 안트베르펜은 16세기에 세계적인 항구로 인정받았고 전유럽의 무역과 금융을 좌우하였다. 그러나 스페인 필립 2세의 군대가 1585년 약탈 · 방화한 후부터 안트베르펜은 쇠퇴하고, 그 대신 런던 · 프랑크푸르트 · 함부르크 등이 유럽 통상의 중심으로 부상하였다.

교역량이 풍부해짐에 따라 일반인도 수입 물품을 쓸 수 있게 되었다. 종래까지는 비싸고 희귀한 물건이었던 향신료(香辛料) · 과일 · 염료 · 차 · 후추 · 설탕 · 커피 · 면직물(예를 들면 캘리코calico) 등이 대량 수입되어 일반 대중까지도 손쉽게 이용할 수 있었다.

새로운 식품 지리 탐험 결과 식료품이 질적으로 다양해졌다. 아메리카 대륙으로부터 새롭게 들어온 가장 대표적인 식품은 감자와 옥수수이다. 감자는 농민의 영양원(營養源)으로 빵값 안정에 도움을 주었다.

아일랜드에서 러시아에 이르기까지, 스칸디나비아에서 지중해에 이르기까

중세 말 환전상들

지 널리 감자가 재배되었다. 옥수수는 빵이나 옥수수죽의 재료가 되었으나 주로 사료로 사용되었다. 감자와 옥수수 외에 토마토와 고추 역시 아메리카 대륙에서 들어온 새로운 식품이었다.

금융제도 개선 지리상 발견으로 인한 통상지역의 확대는 자본주의 발달을 뒷받침하고 또한 금융제도를 발달시켰다. 상인들은 믿을 만한 교환수단인 화폐 주조의 필요성을 절감하였다. 1252년 나온 피렌체 금화(金貨) 플로린florin은 유럽에서 널리 사용되었다. 베네치아가 뒤따라 1280년 두카트ducat를 발행하였다. 이리하여 유럽의 화폐경제가 13세기 이탈리아에서 확립되었다.

은행도 역시 원래 화폐교환소로 이탈리아 도시에서 발생하였다. 영어의 은행(bank)은 이탈리아어 벤치(banco)에서 유래하였다. 처음에 은행가들이 시장의 벤치 위에 앉아서 돈을 바꿔 주었기 때문이다. 돈을 바꾸어 주지 못하는 경우가 생기면 대중은 관례적으로 벤치를 파괴했기 때문에 '부서진 벤치'가 '파산'(bankrupt)의 어원이 되었다.

금융업은 어음 교환을 통해 한층 더 발달되었다. 자본이 없는 상인은 투자자로부터 자금을 받아 그 이익을 20-50% 분배하는 해외진출 사업이 지리상 발견 시대에 유행하였다. 교환 어음제도는 상인의 지불결제 방식을 편리하게 간소화했으므로 이 역시 자본주의 촉진에 기여하였다. 이 제도의 보급으로 상인들은 현금을 휴대할 필요가 없어지고 안전하게 원거리 교역에 종사할 수 있었다.

가격혁명 금융자본의 성장을 위해서는 화폐의 주조 공급이 적절해야 하였다. 아메리카 대륙 발견 이래 멕시코와 페루 등에서 막대한 양의 금과 은이 유럽으로 흘러들어와 화폐 공급이 손쉽게 되었다.

그러나 금은의 대량 유입으로 유럽의 금 가격이 폭락하고 상대적으로 물가가 급등하였다. 1520년부터 1660년까지 스페인에 들어온 금은 200톤이며 은이

스페인령 아메리카 식민지의 은광 개발

1만8천톤에 달하였다. 이러한 막대한 양의 금은이 전유럽으로 퍼져 나가 물가 폭등을 초래하는 원인이 되었다. 16세기말 지역에 따라 물가가 2-4배 급등하였다. 이것이 가격혁명(Price Revolution)이다.

물가 폭등은 값싼 임금에 의존하는 저소득 노동자층에게 큰 타격을 주었고 지대(地代) 수입에 의존하던 토지귀족의 생활을 위협하였다. 그 반면 주로 상공업에 종사한 도시민은 경제적 지위를 굳힐 수 있었다.

식민경쟁 지리적 발견 시대에 이미 상업과 식민을 위한 열강의 전쟁이 시작되었다. 중세에는 충돌이 봉건국가나 도시국가 상호간에 국한되었으나 이제 유럽 대륙 안에서보다 해외 식민지에서 치고받는 전쟁이 많아졌다. 네덜란드와 포르투갈, 스페인과 프랑스, 프랑스와 영국은 수년 동안 세계 여러 지역에서 싸움을 벌였다. 그것은 거의 모두 상업과 식민을 위한 전쟁이었으며, 결국 19세기말 제국주의로 이어졌다.

세계사 성립 지리상 발견 시대를 계기로 참다운 의미의 세계사가 성립하였다. 종래까지 극히 부분적인 현상에 그쳤던 동서교류가 16세기 이래 매우 활발하게 전개되었다. 물론 상당한 기간에 걸쳐 유럽의 과학기술과 문화가 일방적으로 아시아로 들어온 것이 사실이지만 아시아의 전통 사상 또한 서양문화권에 영향을 미치게 되었다.

유럽의 주요국가들이 아메리카 · 아프리카 · 아시아의 여러 지역에 진출한 결과 역사상 처음으로 진정한 세계사적 교섭관계가 성립되었다. 유럽세력의 진출과 식민활동을 통해 서양의 과학문명과 그리스도교가 세계로 전파되고, 지구상의 다른 문명권은 서구문명에 예속되었다.

C. 자본주의의 대두

르네상스 시대의 정치 변화와 함께 경제 변화도 함께 일어났다. 인구가 급증하고 자본이 축적됨에 따라 자본주의가 발달하게 되었다. 교통운수의 기술이 발달되어 원거리 시장 개척이 쉬워지고 상공인은 시장 중심으로 기업활동을 할 수 있게 되었다.

새로운 항로와 새 대륙이 발견됨으로써 넓은 해외 시장이 개척되고, 산업에 필요한 원료가 염가로 대량 공급되어 공업이 발달될 수 있었다. 상공업의 성장은 빠르고 광범하여 가히 혁명적이었다.

유럽의 상업이 팽창됨으로써 자본주의는 제도적으로 정착되기 시작하였다. 15세기 중반 이래 꾸준히 성장해 온 생산과 거래량이 더욱 증대되었다. 이리하여 자본주의는 유럽사회에 풍요를 가져왔을 뿐 아니라 사회구조를 바꾸어 놓았다.

인구 증대와 도시화 근대 초 유럽 경제팽창의 기반은 급증하는 인구였다. 산아율은 증가하지 않았지만 사망률이 감소했기 때문에 인구는 급속히 불어났다. 1500년 유럽 인구는 러시아를 포함하여 약 8천만이 되었으며, 흑사병의 피해에도 불구하고 16세기 한 세기 동안에도 1천만이 더 늘어났다.

1620-1650년 유럽 인구는 30년 전쟁의 피해 · 기아 · 질병 때문에 감소추세에 들어섰으나 1700년에 이르러 다시 불어나 1억2천만이 되었다.

인구 급증의 결과 도시화가 급속하게 진행되었다. 예를 들면 수천 명의 인구밖에 없던 소도시인 마드리드는 1561년 필립 2세가 수도로 정한 후 인구가 급속히 늘어났다. 1600년까지 마드리드 인구는 약 7만으로 증가했고 1630년에는 15만을 웃돌게 되었다.

상업도시 또는 공업도시의 성장도 괄목할 만한 것이었다. 16세기 중반 파리는 13만, 런던은 6만 인구의 도시였으나 1세기 후에는 50만 인구를 갖게 되었다. 암스테르담 · 베를린 · 코펜하겐 · 더블린 · 스톡홀름 · 빈 등도 중요한 도시로 성장하였다.

자본주의와 새로운 기업형태 인구 증가와 급속한 도시화는 자본주의적 경제발전을 가져왔다. 자본주의는 사기업이 상품과 서비스를 시장에 자유롭게 내다 팔고 이익을 취하는 경제제도이다. 사기업은 토지 · 기계류 · 설비 · 공장 · 원료 등을 소유하고 노동자들을 고용하여 생산을 결정한다. 자본주의 제도의 핵심은 기업의 상호 경쟁과 수요공급의 원리에 따라 이루어지는 자유로운 시장에 있었다.

부의 축적과 이윤 창출의 의욕은 역사적으로 결코 새삼스러운 것이 아니었으나 근대 초 유럽 상공인의 경제활동은 일찍이 없는 사회 변화를 일으켰다. 새로운 기업 형태는 동업과 회사였다. 17세기초 영국(1600) · 네덜란드(1602) · 프랑스(1604) 가 동인도주식회사를 설립하였다. 상인들은 '규제회사' (規制會社: regulated company) 또는 '주식회사' 를 조직하여 기업의 원활한 운영을 도모하였다.

주식회사는 1350년 이전 이탈리아에서 생겼으나 해외무역이 증가함에 따라 다른 지역에도 많이 설립되었다. 17세기말까지 주식회사 설립은 시대의 추세를 이루었고 서유럽을 모두 합치면 회사 수는 수백 개에 이르렀다.

1600년 설립된 영국의 동인도 주식회사(East India Company)는 한 번의 교역활동이 있을 적마다 자본과 이익을 배당했으나 1610년 이후에는 전체적인 회사의 통상활동에 따라 배당하였다. 이 회사의 초기 통상 때는 3배 이상의 이익을 내는 경우도 있었다.

영국의 동인도 회사나 네덜란드의 동인도 회사(Vereenigde Oost-Indische Compagnie: VOC)는 일찍이 선례가 없는 대규모의 조직적 상업활동을 벌였다. 그것은 세계경제를 주도하는 현대의 다국적 기업의 선조였다.

주식회사와 병행하여 또다른 기업운영 형태는 인허회사(認許會社: chartered company)였다. 보통 주식회사를 만든 상인들이 교역을 위한 새로운 식민지를 원하는 경우 그들은 왕에게 무역식민을 위한 독점권 인허를 신청하였다.

1606년 설립된 런던 회사는 북아메리카 식민의 독점권을 얻은 인허회사였다. 1609년 이 회사가 북아메리카에 제임스타운Jamestown을 창건한 후에는 정부가 이 회사 임원을 임명할 권리를 가졌다. 그러므로 한 마디로 인허회사는 왕의 이익이 상업적 기업과 합쳐져 생긴 것이다.

각국 정부는 자본주의 성장에 필요한 역할을 하였다. 정부는 개인의 사유재산 소유권을 보호했으며, 계약이행을 강제하고 기업거래의 분쟁을 조정하였다. 또 정부는 주식회사의 인허장을 주고 상업적 이윤 추구를 위해 식민지 지배권도 부여하였다. 영국과 네덜란드 상인들은 국가정책 결정에 중요한 영향력을 행사했으며, 국가는 자본주의 경제에 가장 유리한 정책을 채택하였다.

D. 아프리카와 노예무역

역사적 전개과정으로 볼 때 아프리카는 크게 두 부분으로 나누어진다. 먼저 아프리카의 북쪽에 해당되는 지중해 연안 일대는 유럽의 고대문명과 관계가 깊었고 특히 로마제국의 지배를 받아 외부세계와 접촉이 있었다. 그러므로 북아프리카는 인류사의 시작과 함께 문명이 발달된 지역이었다.

이에 반해 사하라 사막 이남 아프리카에서는 8세기경까지 전통적인 생활이 그대로 유지되었다. 이 지역의 아프리카인은 수세기 동안 내려오는 관습대로 혈연집단에 기반을 둔 씨족사회를 구성하고 있었다. 유럽세력의 침투 대상이 된 곳은 바로 이 지역이었다.

근대 초 해상교역이 증대함에 따라 동아프리카의 도시국가들이 포르투갈 상인의 수중에 들어가고 말았다. 유럽인의 무역 범위가 확장되고 원거리 통상이 활발해지면서 이슬람과 그리스도교는 사하라 이남 아프리카에서 우월한 지위를 차지하게 되었다.

15세기말은 아프리카 역사의 전환점이었다. 이른바 유럽의 지리상 발견 시대는 사하라 이남 아프리카에 커다란 변화를 가져 왔다. 대서양 무역이 행해지면서 유럽 선박들이 내왕하고 이익을 챙기려는 상인들로 붐비면서 해안을 따라 도시들이 생겼다.

대서양 무역은 아프리카 사회에 중대한 영향을 끼쳤다. 아프리카에는 수세기 동안 이슬람 상인이 거래하는 노예시장이 있었다. 유럽 상인이 오면서 노예시장의 규모는 더욱 커졌으며 역사상 유례가 없는 '인간 화물(貨物)' 거래가 시작되었다. 수많은 아프리카인이 주로 카리브 해 지역이나 아메리카로 실려갔다. 일부는 가정 노예, 광부, 노동자로 일했지만 대부분은 사탕수수, 담배, 목화 또는 곡물 재배 농장에서 일하였다.

서아프리카의 이슬람 국가 8세기에서 16세기에 이르는 동안 서아프리카에 이슬람을 신봉하는 강력한 왕국, 예컨대 가나 왕국, 말리 제국, 송하이 제국 등이 나타났다.

제일 먼저 형성된 것이 가나Ghana 왕국으로 5-6세기에 시작되어 8세기에는 이 지역 일대에 세력을 확립하였다. 낙타가 운송수단으로 도입되어 교역의 혁명적 변화가 왔다. 사하라 사막을 횡단하면서 황금 · 소금 · 상아 무역을 지배한 가나 왕국(750-1076)은 군대와 재력을 보유하고 다른 서아프리카 지역에 영향력을 행사하였다.

13세기에는 말리Mali 제국(1235-1645)이 서아프리카의 두드러진 세력이 되었다. 말리 제국도 사하라 횡단교역 정책을 계속했으나 15세기에 약화되기 시작하여 17세기에는 쇠망하였다.

한편 교역도시로 출발한 송하이Songhay 제국이 8세기 이래 세력을 확장하면서 15세기 후반 말리 제국을 능가하는 국가로 성장하였다. 즉, 인접 지역을 정복한 송하이 제국(1464-1591)이 확립되었다.[6] 송하이 제국은 주요 도시들을 장악하고 상업적 부를 이용하여 니제르Niger 계곡 지대를 지배하였다. 송하이 제국도 가나 및 말리와 마찬가지로 사하라 횡단무역을 통해 황금과 노예를 소금 · 직물 · 금속제품과 교역하였다.

송하이 제국의 지배층은 1200년대에 이슬람교로 개종했기 때문에 그 이래로 이슬람 상인과 북아프리카 이슬람 국가들과 협력관계를 맺었다. 그들은 모

6) Jerry H. Bentley and Herbert F. Ziegler, *Traditions and Encounters: A Global Perspective on the Past*, vol. Ⅱ (2000), 622-623.

스크와 대학을 세웠다. 16세기말 모로코군이 송하이 제국을 무너뜨리자 나라가 분열하여 작은 왕국이나 도시국가들로 나누어졌다.

포르투갈의 아프리카 경영 유럽 국가 중 아프리카 경영에 제일 먼저 나선 나라는 포르투갈이었다. 포르투갈은 15세기말부터 아프리카 경영에 착수하여 동아프리카를 비롯해 사하라 이남 지역과 중앙 아프리카에 그리스도교를 전파하였다.

1497-1498년 바스코 다 가마가 인도로 가는 길에 동아프리카 모잠비크Mozambique에 상륙한 것이 계기가 되었다. 1505년 포르투갈은 대규모의 해군 원정군을 파견하여 여러 도시를 정복하였다. 포르투갈은 모잠비크에 군본부를 두고 요새를 건설하였다.

콩고 왕국 동아프리카 원정에 앞서 1482년 포르투갈 함대는 콩고강 입구를 정찰했고 통상을 시작하면서 몇 년 안에 포르투갈 상인이 콩고 왕국과 외교 관계를 수립하였다. 콩고 왕실은 포르투갈과의 관계를 더욱 밀접하게 하기 위해 그리스도교로 개종하였다. 콩고 왕 아폰소 1세Affonso I(재위: 1506-1543)는 독실한 가톨릭 신자이며 성서 공부가 지나쳐 때로는 침식을 잊을 정도였다.

콩고는 부를 축적하고 외국의 인정을 받게 되었으나 궁극적으로는 포르투갈 식민지가 될 운명에 있었다. 포르투갈 상인은 콩고에 직물과 무기를 주는 대신 금은이나 상아, 특히 노예를 가져갔다. 16세기말 콩고왕국은 내분으로 분열되었으며 포르투갈 상인들과 공모한 외부세력이 왕국을 침입 유린하였다. 1665년 콩고왕국과 포르투갈의 관계 악화로 전쟁이 일어나 포르투갈군이 콩고군을 격파하고 왕을 처형하였다.

동고 왕국 포르투갈 탐험가들은 엔동고Ndongo를 앙골라Angola라 칭했는데, 이는 엔골라Ngola란 왕의 이름에서 온 것이었다. 16세기에 엔동고는 작은 추장국가에서 강력한 왕국으로 성장하였다. 포르투갈 상인은 금은을 캘 목적으로 이 지역에 몰려들었으나 귀금속 대신 풍부한 노예자원을 얻을 수 있었다.

17세기초 포르투갈은 동고에 대한 무력 공격을 감행하였다. 그러나 엔동고 왕국의 정복은 쉽지 않았다. 엔징가Njinga 여왕(재위: 1623-1663)은 40년간 남장(男裝)하고 저항군을 직접 지휘하였다. 그리스도교로 개종한 여왕은 유능하고 효율적인 군 지휘관이었으나 중앙 아프리카인의 분열을 막지 못하여 포르투갈 군대를 중앙 아프리카에서 몰아내는 데는 실패하였다. 그의 사후 곧 엔동고 왕국은 포르투갈군에게 정복되고 사하라 이남 지역의 최초의 유럽 식민지가 되고 말았다.

남아프리카 남아프리카의 작은 국가들 중 짐바브웨Zimbabwe는 각별히 두드러진 나라였다. 10세기경 인도양쪽 남아프리카 해안에서는 이슬람 상인들과 교역하면서 11세기에 '대(大) 지바브웨'가 발전하게 되었다. 교역상품은 황금 · 상아 · 구리 · 유리 등이었다. 1300년 확립된 대 짐바브웨는 15세기말까지 근처 평원 일대를 지배하는 커다란 세력으로 성장하였다.

15세기 이후에는 여러 왕국이 흥망을 거듭했으나 17세기부터 점차 포르투갈과 네덜란드 상인들의 개입이 증폭되었다. 17세기 중반 케이프 타운Cape Town에 네덜란드 상인이 무력거점을 확보하였다. 그들은 수렵 민족인 코이코이Khoikhoi족(Hottentot족이라 멸칭)을 힘들이지 않고 정복하였다. 1700년까지 다수의 네덜란드인이 남아프리카로 이주하여 18세기 중반에는 가장 번창한 식민지 기반을 다져 놓았다.

1888년 영국의 제국주의자 로즈 Cecil Rhodes(1853-1902)가 광산권을 얻고 이 지역의 식민지화에 착수하였다. 1895년 그의 이름을 따라 이 지역이 로데시아 Rhodesia라 명명되었다.

노예무역 아프리카와 유럽과의 관계에서 가장 주목할 만한 것이 노예무역이었다. 사실상 지리상 발견 이래 유럽 무역의 기반은 노예제도였다. 노예무역은 15세기부터 19세기에 이르기까지 유럽인의 사탕수수 농장이나 담배 농장을 제도적으로 뒷받침해주는 노동력 공급의 주요수단이었다.

설탕과 담배는 지리상 발견 시대 이전에는 유럽에 알려지지 않았으나 16세기 후반 이래 매우 인기 있는 품목이 되었다. 두 가지 물품은 당시에는 병 치료에 효험이 있다고 믿어졌다. 담배는 스페인이 아메리카 대륙으로부터 16세기 중반에 들여왔지만 담배 피우기가 유행한 것은 영국인 롤리Sir Walter Raleigh(Ralegh, 1552-1618)가 버지니아 인디언으로부터 배워 피우기 시작한 후부터였다. 주로 노예노동력으로 담배와 사탕수수가 재배되었으며, 이 품목에 대한 수요가 늘어남에 따라 자연 노예무역량도 늘어났다. 노예무역은 아프리카에서 노예를 유럽으로 송출하고, 중간지점에서 럼rum주(酒), 금속제품, 무기를 받는 등 이른

유럽의 도덕론자들은 담배를 음주나 도박, 매춘과 같은 죄악으로 간주하며 비난하였다. 그럼에도 담배는 급속도로 확산되었다.

바 3각무역을 통해 이루어졌다.

이슬람 노예무역 원래 아프리카에서도 다른 사회에서와 마찬가지로 노예는 존재하고 있었다. 그렇지만 제도화되어 있지 않았을 뿐더러 전용 노동력으로 간주되지 않았다.

상업적 목적으로 아프리카 노예무역을 시작한 것은 이슬람이었다. 8세기 후 북아프리카 · 아라비아 · 페르시아 등에서 온 이슬람 상인이 아프리카의 판매조직망을 통해 노예를 사서 지중해 연안 지역 · 서남 아시아 · 인도 · 동남아시아 · 중국 등에 팔았다.

그러나 노예무역이 급속히 팽창한 것은 이른바 지리상 발견 이후 유럽인이 아프리카와 아메리카에서 상업적 이익을 추구하기 시작했을 때부터였다. 15세기 중반 이후 그들은 기존의 노예 판매조직망을 이용하여 아프리카 노예무역을 확장하고 막대한 이윤을 거두었다.

노예무역의 역사 15세기 중반에 포르투갈인이 서아프리카 해안에서 아프리카인 10여명을 사로잡아 노예로 데려간 것이 유럽 노예무역의 시작이었다. 그 후 노예를 생포하는 대신 구매할 수 있음을 알고 1460년까지 포르투갈 상인은 해마다 노예 몇백 명을 사서 포르투갈과 스페인으로 송출하였다. 유럽에서 아프리카 노예는 보통 광부, 일꾼, 가사 노동자로 일하였다.

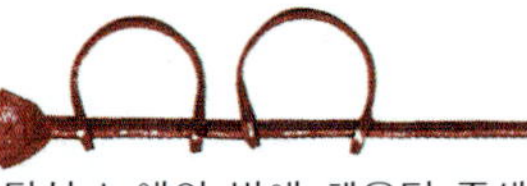
당시 노예의 발에 채우던 족쇄

한편 초기 유럽의 노예 상인은 아프리카 노예를 대서양에 있는 포르투갈 식민지 농장으로 송출하였다. 특히 새로 개발한 식민지의 사탕수수 농장에서는 노예 수요가 해마다 증가하였다. 노예 노동으로 사탕수수 재배 생산성이 크게 향상되었다.

노예선 평면도: 윗층(왼쪽)과 아래층(오른쪽)

재미를 붙인 포르투갈 업자들은 노예사역을 남아메리카까지 확대하였다. 1530년대에는 포르투갈 농장주들이 콩고와 앙골라에서 브라질로 직접 노예를 송출했으며, 따라서 브라질은 서반구에서 가장 번성한 사탕수수 생산지가 되었다.

스페인 업자들도 카리브 해 지역이나 남북 아메리카에서의 노동력 부족을 노예사역으로 대신하였다. 16세기초(1518) 최초로 서아프리카에서 카리브해 지역으로 보내진 노예들은 사탕수수 농장에서 일하였다. 뉴잉글랜드의 영국 식민지에 노예가 반입된 것은 17세기초였다.

노예에 대한 수요는 서인도 제도, 브라질, 베네수엘라 및 북아메리카 남부에서 계속 증가하고 가격도 상승하였다. 영국과 프랑스에서는 인허회사가 노예무역의 독점권을 가지고 있었다. 그러나 점차 노예무역 독점권이 무너져 개인도 노예를 수입해 들여오게 되었다. 영국의 브리스톨Bristol이나 리버풀을 근거로 독립 노예상이 진을 치고 있었다. 1730년대 이후에는 노예무역의 독점권이 완전히 깨졌

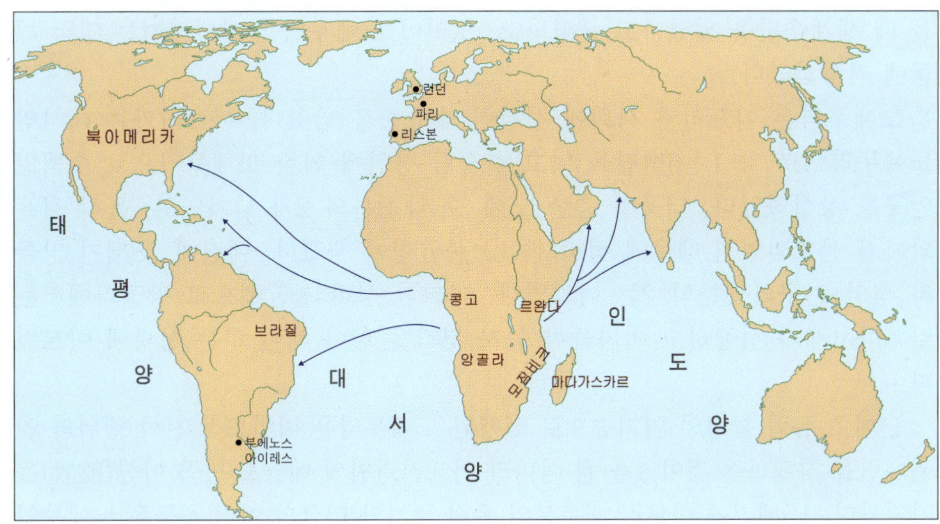

노예 무역로

다. 독점권이 무너짐과 함께 노예무역 자체가 점차 쇠퇴하기 시작하였다. 1780년대부터 노예무역은 전성기를 지났고 19세기초에는 대서양 노예무역이 끝났다.

노예무역 규모 노예무역의 규모는 1600년 이전까지는 비교적 크지 않았으나 17세기부터는 대폭 커졌다. 1600년까지 유럽에 반입된 노예는 해마다 평균 2천 명 수준이었으나 17세기 이후부터 10배로 증가하였다.[7]

그리하여 18세기에는 노예무역이 절정에 달하였다. 해마다 7만5천-9만의 흑인이 대서양을 건너 팔려갔다. 1790년경 생트-도맹그Sainte Domingue(지금의 아이티)의 인구 중 50만이 흑인노예였다. 남북 아메리카로 반입되는 노예만 해도 해마다 평균 5만5천 명이 되었으며 1780년 한 해 8만8천 명의 노예가 반입되었다. 18세기 전체로 볼 때 6백만의 노예가 거래되었다.

15세기에 노예무역이 시작된 후 19세기에 끝날 때까지 서반구에 반입된 아프리카인은 약 1천2백만에 달하였다.

노예무역의 영향 노예무역은 지역에 따라 각기 다른 영향을 끼쳤다. 르완다Rwanda, 부군다Bugunda와 동아프리카 유목민족 마사이Masai와 투르카나Turkana의 경우는 대체로 노예무역의 피해를 보지 않았다. 노예무역 거점이 서아프리카 항구들이었기 때문에 거리상의 이유가 작용했을 것이다.

일부 아프리카 국가는 노예무역으로 많은 이익을 보아 강력한 군대를 갖게 되었다. 노예를 교환해서 얻은 유럽제(製) 무기로 이웃 종족을 노예로 잡아 팔았다. 노예무역으로 이득을 본 아프리카인은 19세기에 노예무역이 사라졌

---

7) Bentley and Ziegler, 636-637.

을 때 생계수단을 잃었다고 불평하고, 도리어 노예무역을 차단하려는 영국 해군에 저항하였다.

노예무역은 아프리카 사회에 심각한 휴유증을 남겼다. 아프리카는 대서양 노예무역으로 약 1천6백만을 잃고 이슬람 상인에 의한 노예무역으로 수백만 인구를 상실하였다. 더욱이 송출 노예 중 약 3분의 2가 남자였고, 특히 젊은 남자가 선호되었기 때문에 성비(性比) 불균형이 생겼다. 예컨대 18세기 앙골라 성인 인구의 3분의 2는 여자였다. 이러한 성비 불균형으로 앙골라에서는 일부다처제가 성행하고 여자들이 농지 경작을 맡아 해야 하는 상황에 이르렀다.

근대초 유럽 확장의 역기능으로 성행된 노예무역은 비인도적 잔학 행위와 인권유린을 자행하는 것이었을 뿐 아니라 아프리카인의 대규모 민족 이산(離散)을 가져왔다. 19세기에 이르러 대부분의 유럽 국가와 미국의 여러 주들은 노예무역을 끝내고 노예제도를 폐지했으나 이 때에는 이미 아프리카 노예와 그 후손의 이산이 아프리카인의 정체성과 문화적 독자성에 지울 수 없는 자국을 남겼다.

3. 프로테스탄티즘의 성립

중앙집권적 왕령국가가 대두하고 자본주의적 시장경제가 활성화되는 변화 속에서 가톨릭 교회와 로마 교황권은 개혁을 요구하는 시대적 요청에 부응하지 않으면 안 되었다.

개혁의 조짐은 이미 휴머니즘에서 나타났다. 특히 알프스 이북의 그리스도교 휴머니즘은 개인 중심의 구원 신앙을 회복하려는 원시 그리스도교를 지향하고 가톨릭 교회의 개혁을 요구하였다.

그러나 가톨릭 교회가 개혁조치를 취하기 전에 교회의 권위에 대한 도전이 먼저 일어났다. 16세기초 독일에서 시작된 프로테스탄트 운동은 독일을 넘어 전 유럽적인 운동으로 확산되었다. 프로테스탄트 운동이 빚은 파문은 가톨릭 교회에만 국한된 것이 아니라 전 유럽의 정치 구조, 경제체제 및 사상에까지 미치게 되었다. 결국 프로테스탄트 운동에 대항하여 가톨릭 교회도 자체 조정을 하게 되었다. 가톨릭교회와 프로테스탄트 두 진영의 대립으로 유럽 전체가 마침내 종교동란이라는 일대 혼란기를 맞이하게 되었다.

프로테스탄트 운동이 많은 사람들에게 공감을 불러일으킨 것은 각 지역의 정치 · 사회 · 경제적인 이유가 덧붙여져서 역사적인 사건으로 전개되었기 때문이다.

그러나 프로테스탄트 개혁에 대한 일차적인 원인은 무엇보다도 가톨릭 교회의 권위 실추, 형식주의적 타성, 성직자의 부도덕성에 있었다. 십자군 운동의 실패에서부터 '바빌론 유수'(1309-1377)와 '대분열'(1378-1417)에 이르기까지 가톨릭 교회는 보편적 권위에 큰 타격을 받았다.

성직자는 타락과 부패 때문에 사회적 불신을 샀다. 고위성직자의 도덕성은 해이해지고 교회나 수도원 재산이 부당하게 관리되는 수가 많았다. 여러 성직을 한 사람이 차지하는 겸직, 서임(敍任)된 교구에 있지 않는 부재(不在) 성직자, 어린 나이에 성직자가 되는 유년(幼年) 서임 등이 성행하였다. 예컨대 보로메오St Carlo Borromeo(1538-1584)는 12세에 부유한 베네딕토 수도원 원장이 되었다. 후에 밀라노 대주교로 임명되었을 때, 그는 전임자들이 80년 동안 그 도시에 부재한 채 교구 수입을 챙기기만 했다는 사실을 알게 되었다. 따라서 성 보로메오가 취임과 함께 취한 첫 조치는 단순히 문벌로 그가 얻게 된 수도원 12개의 권리를 포기하는 일이었다.

교황 레오 10세

'르네상스' 교황 알렉산데르 6세는 매우 부도덕한 인물이었으며 아들 체자레 보르지아에게 재산이나 사회적 지위를 주는 데 몰두하였다. 율리오 2세는 자주 전쟁을 하였고 메디치가 출신 교황 레오 10세Leo X(재위: 1513-1521)는 로마의 성 베드로 대성당 수축(修築)을 위한 헌금운동을 벌이고 이를 위해 성직을 팔았다. 이러한 모든 요인들은 당시 교회에 대한 불만과 성직자에 대한 불신의 씨앗이 되었다.

중세 내내 독일이나 저지대 지방에서는 내적 경건(敬虔)과 신과의 직접적인 교섭을 강조하는 종교운동이 있었다. 이러한 내적 경건을 강조하는 신비주의적 사상은 교회의 근본적 신앙 체계를 파괴하는 힘으로 작용하였다. 따라서 북방 르네상스의 그리스도교 휴머니스트들의 종교적 순수성 회복을 위한 활동은 결과적으로 프로테스탄트 운동의 사상적 기초를 마련해 놓았다고 볼 수 있다.

이러한 정신적 배경 외에 정치적인 요인이 종교개혁을 촉진하였다. 이미 14세기 이래 각국의 국가적 통일기운이 무르익고, 일반민중 쪽에서도 강력한 국민국가를 원하는 소리가 높아졌다. 군주권은 왕령국가를 확장함에 따라 점차 강화되어갔으나, 종교는 여전히 국가권력 밖에 있는 거대 세력이었다. 따라서 군주는 교회를 국가 통합의 장애물이라고 간주하였다. 그러므로 종교개혁은 군주권 강화에 좋은 기회가 되었다.

경제적으로도 자본주의적 정신이 점차 고조되어가는 시대였기 때문에 교회나 수도원의 막대한 토지재산이 자본화되고 생산을 위해 투자되어야 한다는 시대적 요청이 있었다. 그러므로 군주제후뿐 아니라 산업가나 자본가들이 교회의 위기를 활용하거나 관망하려는 태도를 갖게 된 것은 당연하였다.

A. 마르틴 루터

어느 다른 지역보다도 종교개혁이 현실로 나타날 가능성이 있는 곳은 독일이었다. 중세말 독일은 영국이나 프랑스와 달리 수많은 영방(領邦) 제후(Landesherr)에 의해 할거(割據)되어 있었으며 14세기 중반(Golden Bull, 1356) 이래 대(大)제후는 관세권 · 화폐 주조권 · 징세권 등을 행사하고 있었다. 그러므로 이와 같은 분립과 할거는 로마 교황권 행사를 쉽게 하였다. 동시에 이러한 지역적 분립과 로마 교황권의 강세는 독일인의 자주성과 국가적 통합을 촉구하는 목소리를 높이는 요인이 되었다.

마르틴 루터

독일에는 종교적 경건을 중시하는 전통이 있었다. 중세말 이래 경건은 사람들의 큰 관심이었다. 토마스 아 켐피스Thomas à Kempis(Thomas Hemerken: Thomas Hammerlein, 1380-1471)의 『준주성범(遵主聖範)』과 같은 직접적 종교 경험을 강조하는 책이 많이 읽혀졌다. 이러한 영적 순화를 요구하는 경건성은 종교개혁의 정신적 바탕이 되었다.

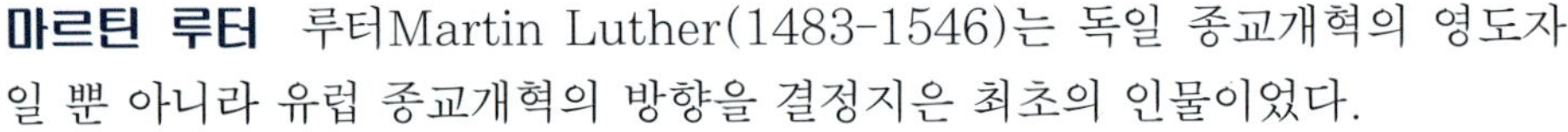

마르틴 루터 루터Martin Luther(1483-1546)는 독일 종교개혁의 영도자일 뿐 아니라 유럽 종교개혁의 방향을 결정지은 최초의 인물이었다.

루터는 작센Saxonia 지방의 농민 집안에서 태어났다. 아버지 한스 루터는 가업을 잇는 대신 중류 정도의 소자본가 광산업자로 성공하였다. 그는 아버지의 희망에 따라 에르푸르트Erfurt 대학에서 법률을 전공하고 법학박사 학위를 받았다. 1505년 벼락으로 친구가 급사하자 놀란 루터는 성 안나에게 수도성직자가 될 것을 맹세하고 아우구스티노 수도원에 들어갔다.

루터는 1508년부터 비텐베르크Wittenberg의 신설 대학에서 신학을 강의하면서 학문연구와 교편 생활을 계속했으나 내면적으로는 구원의 문제로 고민하고 교회의 선행(善行)의 관례를 회의하게 되었다.

1515년 어느 날 그는 바오로의 로마서 1:17을 읽고 그것이 의미하는 새로운 뜻을 깨달았다. 거기에 따르면 사람은 신앙에 의해서만 의롭게 된다는 것이다. 즉, 신앙에 의해서만 구원받을 수 있다는 것이다. '오직 믿음에 의한 구원'(sola fide)이라는 루터의 신념은 종래의 선행(성사 · 기도 · 단식 · 순례 등)을 통해 구원받을 수 있다는 교회의 관행과 반대되는 것이었다.

루터는 교회의 선행 실천 중 교황 레오 10세가 성 베드로 대성당 수축을 위해 발행한 대사(大赦: Indulgentia; Indulgence)를 비판하게 되었다. 가톨릭 교회에 따르면 대사는 죄 자체를 사면해 주는 것이 아니며, 연옥에서 받아야 할 벌의 일부 혹은 전부를 면제해주는 은전이었다. 대사는 2세기 이상 계속되어 온 그리스도교적 실천사항이며 가톨릭 교회의 구원 절차에서 빼놓을 수 없는 부분이었다. 다만 교황 레오 10세가 대사를 받을 수 있는 일반적인 조건에 성 베드로 대성당 수축을 위한 헌금 조항을 추가한 데서 문제가 발단되었다. 헌금을 낸 신도는 수령증서를 받았던 것이다.

「95개항 논제」 루터는 헌금 수령증서에 관한 문제를 제기하였다. 그는 1517년 10월 「95개항 논제」(*Ninety-Five Theses*)를 발표하고 이를 비텐베르크 대학 교회 문 위에 붙여 증서의 부당성을 지적하였다. 「95개항 논제」는 사람들의 관심을 끌어 다음해 봄 독일어로 번역 · 인쇄되어 독일 전역에 퍼졌으며, 대사의 수령증서 판매에 큰 차질을 빚게 하였다.

가톨릭 교회와의 갈등에도 불구하고 루터는 1517년에만 해도 전면적으로 가톨릭 교회에서 분리해 나올 생각을 하지는 않았다. 그러나 그는 가톨릭 교회 안에서 그의 의견에 찬성하는 사람들이 소수임을 알게 되었다. 더욱이 그는 유명한 신학자 요한 에크Johann Eck(Mayer, 1486-1543)와의 공개토론(1519)에서도 교회사 및 정통교리의 연구 부족으로 곤경에 빠졌다.

그럼에도 루터는 자신의 신념에 확신을 가졌다. 그는 일년간 은퇴하여 연구를 한 후 1520년 3개의 팜플렛을 발간하여 자신의 의견을 대담하게 공표하였다. 이를 계기로 그는 가톨릭 교회에서 결정적으로 분리해 나왔다.

3개의 팜플렛 중 「그리스도교 개혁에 관해 독일 국가의 귀족계급에 고함」에서 루터는 독일인의 애국심에 호소하며 귀족층의 교회개혁 프로그램을 제시하였다. 또 「교황의 바빌론 유수」로 교회의 성사제도를 학문적으로 비판하였다. 그는 특히 미사를 비판하고 성사 가운데서 영세와 성체만을 인정하였다. 세 번째의 팜플렛인 「그리스도 교인의 자유」는 루터의 새로운 신학을 제시한 글들이었다. 그는 교리 실천내용에 관해 일반인에게 평범하게 설명하였다.

상황이 이렇게 되자 로마 교황청은 루터의 주장을 반박하는 문서를 공표하고, 그를 파문하였다. 신성로마 황제는 루터를 다음해(1521) 봄 보름스 Worms 국회에 소환했으나 루터는 주장을 굽히지 않았다.

「95개항 논제」

「95개항 논제」 중 대사증서에 관계되는 루터의 논제는 다음과 같다.

제 21항: 대사증서 옹호론자가 말하는 바와 같이 교황의 사면에 의해 모든 벌에서 면제된다고 함은 옳지 않다.

제27항: 상자 속에서 돈이 짤그랑거리자마자 사람의 영혼이 연옥을 떠나 (천국으로) 간다고 설교하는 것은 황당무계하다.

제36항: 고백하는 마음을 가진 모든 그리스도교 신자는 대사증서를 갖지 않아도 벌이나 죄에서 완전히 해방되어야 한다.

루터가 번역한 독일어 성서의 일부(성가)

루터는 생명의 위협을 받았으므로 바르트부르크Wartburg 성에 은신했으며 거기서 신약성서를 독일어로 번역하는 작업에 착수하였다. 대중이 쉽사리 접할 수 있는 성서의 독일어판이 나왔는데, 1532년 루터가 독일어 번역을 내기 전에 최소한 18종이 이미 출판되고 있었다. 그러나 그의 번역이 성서의 근본정신을 더 잘 전달할 수 있었다.

루터의 명성은 전독일에 퍼지고 많은 독일인이 그를 지지하였다. 그는 1522년 봄 비텐베르크로 돌아가 교회를 재건하고, 자신의 신념에 따라 이른바 루터파(Lutheranism)를 조직하였다. 루터파는 중앙 독일 및 북독일에서 즉각 호응을 얻었고, 독일 농민은 물론 봉건제후의 추종을 받았다.

이러한 지지에도 불구하고 루터가 잃은 것도 있었다. 에라스무스를 비롯한 북방 휴머니스트들은 루터의 과격한 분파 행동을 비판하고 그를 지지하지 않았다. 그것은 루터파에 대한 타격이었을 뿐 아니라 그 후 루터파가 보수화되는 계기가 되었다. 더욱이 루터는 농민의 지지를 잃게 되었다. 한때 중세적 지배층의 압제에 항거한 농민들은 처음에는 루터를 지지했으나 루터의 태도가 바뀐 후로는 그를 불신하였다.

기사의 반란 프로테스탄트 운동은 루터의 예상과는 달리 극단적인 방향으로 전개되었다. 그의 가르침을 과격 행동과 폭력으로 관철시키기 위한 운동이 독일 각 지역에서 일어났다. 이리하여 루터가 시작한 종교개혁은 사회혁명의 성격을 띠게 되었다.

기사의 반란(1522-1523)은 첫 번째 사회적 봉기였다. 빈곤해진 소귀족 기사들은 주교들이 토지를 집중적으로 소유했기 때문에 그들의 생활이 비참해졌다고 단정하였다. 따라서 그들은 대지주인 제후와 주교의 지배를 벗어난 독일 통일을 갈망하였다.

그들은 휴머니스트 기사 후텐Ulrich von Hutten(1488-1523), 지킹겐

Franz von Sickingen(1481-1523)의 지휘 아래 반란을 일으켰다. 그러나 이 반란은 주교와 대귀족의 군대에 의해 단시일 내에 진압되었다.

농민전쟁 이어 농민 역시 기존 체제에 반기를 들었다. 1524년부터 1525년에 걸쳐 남독일 튀링겐Thuringia; Thüringen의 '검은 숲' (Schwarzwald) 지방에서 농민들이 불공평한 봉건적인 제도에 항거하여 궐기하였다. 이것이 독일을 휩쓴 농민전쟁(Bauernkrieg)이었다. 그것은 종교적 유토피아 이상과 혼합된 일종의 사회혁명이었다. 그들이 믿은 천년지복(千年至福) 왕국에서는 부자는 죄많은, 신앙심 없는 자이며 가난한 사람은 '성자(聖者)' 나 '선민(選民)' 이었다.

남독일의 경우 반란의 지도자는 뮌처Thomas Münzer(1489-1525)였다. 반란 농민들은 '농민 12개조' 를 발표하고 경제 · 사회적 어려움에서 벗어나기 위한 사회정의와 경제적 보상을 요구하였다. 루터는 처음에는 농민에게 호의적인 태도를 보이고, 농민에 대한 지배를 개선하지 않으면 "사람들은 피로써 손을 씻게 될 것이다" 라고 봉건 제후에게 경고한 바 있었다.

그러나 농민반란이 과격하게 되자 루터의 태도는 바뀌었다. 농민들은 극단적인 복음주의로의 회귀를 요구하고, 그리스도교적 공산주의를 주장하면서 신 앞의 만인 평등을 주장하였다. 이에 대해 루터는 성서에 나오는 지배자에 대한 복종과 그리스도교적 고정신분론을 내세워 봉건 제후를 옹호하게 되었다. 왜냐하면 루터는 의(義)와 자유가 외적(外的) · 물질적인 것이 아니라고 생각했기 때문이다. 그는 「그리스도교인의 자유」에서 "외적인 것에는 어떠한 명칭을 붙인다 해도 결코 사람을 자유롭게 하지도 않으며 의(義)롭게 하지 않음이 분명하다" 고 말하였다. 루터는 농민을 "강도와 같은, 피에 굶주린 폭도" 라 규정하고, "그들을 미친개처럼 목매어 죽이라" 고 권고하였다.

농민전쟁은 무자비하게 탄압되고 수많은 농민이 학살되었다. 루터파는 농민의 지지를 잃었으며, 다만 북부 및 중앙 독일 이북 스칸디나비아 지역으로 전파되어갔을 뿐이었다.

재세례파의 사회혁명 약 10년 후 비슷한 사회혁명 운동이 재연되었다. 성서 해석과 교회 의식 문제에서 과격한 주장을 하는 사람들은 교회 조직조차 인정하지 않고 성직자를 거부하면서 전적으로 개인적인 신앙의 자유를 강조하였다.

또 일부 과격파는 유토피아적 공동체를 조직하여 재산과 여자를 공유하는 것을 실천에 옮기려고 하였다. 그들은 집단적으로 살면서 메시아의 강림(降臨)이 임박했음을 믿고 최후 심판의 날에 대비하였다. 이러한 과격파 중 가장 두드러진 것이 재세례파였다.

프로테스탄티즘의 좌파라 불리는 재세례파(再洗禮派: Anabaptists)는 초

16세기 유럽의 종교분포

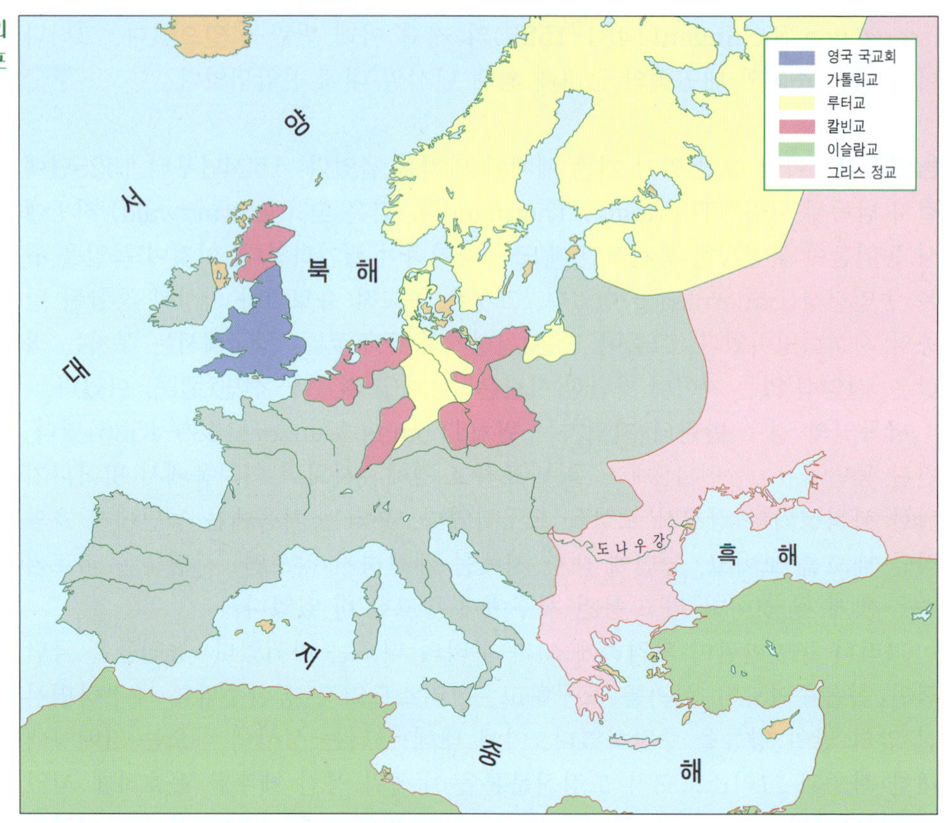

기에는, 신자가 자기 뜻에 따라 신앙을 확인하게 될 성년에 '다시 세례 받을 것'을 주장하였다. 그러나 후에는 유아 세례에 반대하고 단지 성년이 되었을 때 세례를 받음으로써 단순한 세례파(침례교)란 명칭이 붙게 되었다. 유아세례를 반대한 것은 세례란 양심을 선택할 수 있는 성인만이 받을 수 있다고 확신했기 때문이다.

그들은 종교적으로는 그림이나 초상 등 우상 파괴를 주장하고 성직 제도와 국가교회를 부정하였다. 재세례파는 극단적인 종교적 개인주의자들로서 개인마다 마음의 빛을 따라 신에게 인도된다고 확신하였다. 그들은 주의 재림이 임박함을 믿으며 이른바 '성자들'에 의한 폭력 사용을 인정하였다.

또 그들은 봉건적 경제체제에서 유래하는 계급적 모순을 시정하려고 하였다. 사회적 계급이나 지위를 부정하고 평등을 주장하며 병역과 납세를 거부하였다. 정치와 종교의 완전한 분리를 주장한 재세례파는 종교적인 면에서뿐 아니라 사회적인 면에서도 프로테스탄트 운동의 혁명적 성향을 대변한 운동이었다.

뮌스터 혁명 재세례파의 일부가 1534년 북독일 베스트팔렌 지방의 뮌스터 Münster시에서 혁명을 통해 정권을 장악하였다.

한때 양복 직인을 한 바 있는 네덜란드 출신 얀 뵈켈손Jan Beuckelszoon; Johann Buckholdt(1509-1536)은 재세례파 집단을 지휘하여 뮌스터를 '신 예루살렘'으로 정하고 시온 왕국을 세워 왕이 되었다. 그들은 종교적 이유를 내세워 부자를 공격하였다. 비신자의 재산은 몰수되고 일부다처제를 시작하였다.

그러나 약 1년 후 루터파 및 가톨릭계의 군주 · 주교들의 연합군이 다시 뮌스터를 점령하였다. 과격파 지도자들은 고문을 받은 끝에 처형되었다. 재세례파는 종교적으로 과격했을 뿐 아니라 위협적인 사회 세력으로 등장했으므로 그 이래 전독일 지방에 걸쳐 심한 탄압을 받았다.

재세례파는 독일지방에서 실패한 후 일부는 폴란드로 도피하고, 다시 그 후 저지대 지방으로 갔다. 비교적 온건하고 평화적인 형태의 재세례파는 영국이나 미국으로 가서 어느 정도 성공을 거두었다. 그 중에는 메노Menno Simons(1492-1559)가 시작한 메노파Mennonits 또는 퀘이커 교도가 있다.

종교개혁의 전파 종교개혁의 초기단계에서 이미 분열과 파쟁의 징조가 뚜렷이 나타났으므로 루터 자신이 개혁의 앞날에 관해 비관적이었다. 그럼에도 루터가 시작한 종교개혁 운동은 시대와 사회의 요청에 따라 전유럽으로 확대되어 갈 기세였다.

루터의 보수적 태도로 인해 루터파는 농민이나 노동자들과 같은 하층계급의 공감을 얻지 못했고, 서남 독일지방에도 더 이상 침투하기 어려웠다. 그러나 독일 제후들 사이에는 프로테스탄트 운동을 추종하는 세력이 증가하였다. 제후들은 루터파로 개종함으로써 교회 토지 재산을 점거할 수 있었고, 교황권에서 벗어나 정치권력을 유지할 수 있었다.

루터파는 독일과 스칸디나비아에 직접 영향을 끼치는 데 국한되었으나 프로테스탄트 운동 자체는 유럽의 다른 지역으로 전파되었다. 그리고 개혁의 내용이나 형태에는 지역적 차이가 생겼다. 스위스 · 프랑스 · 네덜란드 · 스코틀랜드 · 영국에서는 독자적인 프로테스탄트 운동이 일어났다. 특히 스위스를 중심으로 한 칼뱅의 새 종교는 독일 밖에서 일어난 프로테스탄트 운동으로는 가장 강력한 것이었다.

B. 스위스와 영국

스위스 · 프랑스 · 네덜란드 · 스코틀랜드 등의 지역에서 칼뱅 개혁 세력이 쉽사리 뿌리를 내릴 수 있었던 것은 선구적인 츠빙글리Huldreich Zwingli(1484-1531)의 기초작업이 있었기 때문이었다. 스위스는 16세기 전반 신성로마 제국의 영향하에 있었지만 독립적인 공화 체제를 유지하는 13개의 칸톤(州: cantons)으로 구성되어 있었다.

유럽 심장부에 위치한 스위스는 상업과 교역으로 크게 번영하였다. 북부 도시, 예를 들면 취리히 · 바젤 · 베른 등은 그리스도교 휴머니즘의 사상을 받아들였고, 특히 에라스무스의 강한 영향을 받고 있었다. 루터와 거의 같은 시기에 성직자로 임명된 츠빙글리는 열심히 고전을 연구했으며 에라스무스를 숭배하였다.

츠빙글리 츠빙글리는 1519년 새로운 종교적 계시를 경험하고 개혁사상을 실천에 옮기기로 하였다. 그는 정치적으로 취리히를 장악하고 교황 세력을 배제하여 1525년 가톨릭 교회로부터 완전히 독립하였다. 츠빙글리는 에라스무스의 종교관을 일상생활의 철학적 지침으로 삼고 실천하는 것을 다짐하였다.

츠빙글리의 개혁은 루터의 경우보다 더 과격하였다. 그도 역시 루터와 같이 단식, 성자 숭배, 성직자 금혼 및 성사제도 등을 폐지하였다. 그의 신도들은 이것을 실행에 옮겨 교회 건물, 성화상(聖畵像), 성물(聖物)들을 파괴하였다. 츠빙글리는 루터와 같이 성서에 입각한 교리를 설교했으나 한층 더 자유롭게 해석하였다. 특히 성체 성사를 단순히 상징적인 것으로만 간주하였다. 결국 츠빙글리는 루터보다 교조적이며 이론적인 면이 덜했던 것이다.

취리히에서 시작한 츠빙글리의 가르침은 다른 칸톤으로 옮겨지고 스위스 밖의 지역, 예컨대 슈트라스부르크(지금의 프랑스 스트라스부르) 및 라인강 상류의 독일 도시로 전파되었다.

그러나 스위스 중심부의 5개 농촌지역 칸톤은 가톨릭을 신봉하면서 츠빙글리의 개혁에 찬성하지 않았다. 1529년 5개 칸톤은 오스트리아와 동맹하여 개혁교회에 반대했으므로 전쟁이 일어났다. 1531년 츠빙글리는 이 전쟁 중 전사하였다. 카펠Cappel 휴전에서 각 칸톤이 종교 선택의 자유를 갖기로 합의했으나 개혁교회는 지도자를 잃은 채 침체에 빠졌다.

칼뱅

칼뱅 프랑스의 피카르디 지방 노아용Noyon에서 태어난 중산계급 출신인 칼뱅Jean Calvin(1509-1564)은 파리 대학에서 신학과 법학을 공부하였다. 그는 종교에 관해 휴머니스트적인 온건한 견해를 가지고 있었으나 1533년 갑자기 루터 개혁사상으로 전향하였다. 프랑스 왕 프랑시스 1세가 박해하려 하자 칼뱅은 스위스로 도피하여 1536년 주네브Geneva; Genève에 정착하였다.

칼뱅은 주네브 시정(市政)을 완전히 장악하고 종교와 정치가 하나의 체제로 융합된 신정적(神政的) 공화국을 건설하였다. 그는 시민에게 엄격한 윤리적 생활을 강요했으며, 축제 · 오락 · 극장을 금지 또는 폐쇄하였다. 엄격한 정치체제와 간소한 생활이 시민을 지배하였다. 어떤 시인은 시를 잘못 써서 사형되었다. 칼뱅은 간통을 사형으로 다스렸으며 비밀경찰로 하여금 시민 생활을 감시하게 하였다. 세르베투스Michael Servetus(1511-1553)는 삼위일체에 관해 이견을 가졌다는 이유로 사형되었다. 1542-1546년 동안 58건의 사형과 76건의 추방이 있었다.

예정설 1536년 칼뱅이 발표한 『그리스도교 강요(綱要)』는 체계적인 신학서로 매우 중요한 것이었다. 1559년 판에는 유명한 예정설(豫定說)이 포함되어 있었다. 예정설에 따르면 신은 전지전능하며 각 개인의 구원 여부를 미리 결정해 두었다는 것이다. 그리하여 신의 은총에 소명(召命)되기 위해서는 도덕적 행위가 필요하였다. 따라서 각자는 현세에서 자기 직업에 충실하고 근면하게 일하도록 노력해야 하였다.

결과적으로 이러한 칼뱅의 교리는 영리(營利) · 축재(蓄財)를 합리화하고 자본주의적 활동을 하는 신흥 상공 시민 계층의 이해와 일치하였다. 칼뱅의 경제활동 합리화는 궁극적으로 근대 자본주의 형성에 기여하였다. 칼뱅파는 라인강 하류지역 북네덜란드 지방(고이젠Geusen), 프랑스(위그노Huguenot), 스코틀랜드(퓨리턴Puritan) 등의 상공계급에 전파되었다.

칼뱅의 교리가 제시한 그리스도교의 윤리가 근대자본주의 형성에 원인을 제공했다는 베버Max Weber(1864-1920)의 주장이 나온 이래 이 문제를 놓고 학계에서는 찬반 논쟁이 일어났다. 그 후 베버의 논지에 수정이 가해졌으나, 결국 그리스도교의 윤리와 자본주의의 관계는 인과적인 연결보다는 상호 밀접한 관련성이 있다는 결론이 나왔다.

녹스와 장로교파 장로교파(Presbyterians)라 불리는 스코틀랜드의 칼뱅파는 녹스John Knox(1515-1572)의 전도사업에 힘입어 발전하였다. 녹스는 주네브에서 칼뱅과 가까이 지낸 후 스코틀랜드에 돌아가 개혁교회의 지도자가 되었다.

녹스는 1560년 「장로교회 법조(法條)」(*The Articles of the Presbyterian Church*)를 기초(起草)하고 종교개혁을 시도하였다. 그는 스코틀랜드를 널리 여행하면서 성직자 제도 · 성상숭배 · 미사 등을 반대했으며, 스코틀랜드 여왕 매리 스튜어트Mary Stuart(Queen of Scots, 1542-1587)의 가톨릭 부활정책을 비판하는 설교를 하였다.

영국교회 성립배경 영국 종교개혁의 배경에도 대륙의 경우와 같은 요인들이 있었다. 그러나 영국의 경우에는 순수한 종교적 요인보다는 정치 · 경제적 요인이 더 강하게 작용하였다. 결국 영국의 경우 종교개혁은 정치혁명에 부수된 사건이었다.

영국을 로마 가톨릭 교황권에서 벗어나게 한 주역은 헨리 8세Henry VIII(1509-1547)였다. 그의 종교개혁은 표면상으로는 개인적인 문제를 계기로 시작된 것이었으나 국가 이익을 증진시키고 왕권을 강화시키는 결과를 가져왔다.

애당초 헨리 8세는 확고한 가톨릭 신도로서 루터파의 영국 침투를 매우 경계하고 있었다. 그는 1521년 「7 성사(聖事) 옹호론」을 발표하여 루터파에 대해 강경한 반론을 제기하고 교황으로부터 호교자(護教者: fidei defensor)라는 칭호를 받은 바 있었다. 그러나 이 재혼 문제는 결국 영국의 종교개혁으로 이어졌다.

헨리 8세

헨리 8세의 이혼문제 헨리 8세의 왕비 캐서린Catherine(1485-1536)은 18년간의 결혼생활에서 딸 하나밖에 낳지 못하였다. 캐서린은 스페인 아라곤Aragon 출신이며 페르난도 왕과 이사벨 여왕의 딸이었다. 본래 헨리 8세의 형수였으며 합스부르크가 출신 신성로마 황제 칼 5세의 이모이기도 했다.

헨리 8세는 튜더 왕조를 이을 왕자를 낳기를 원했으며 왕비에게는 그 가망이 없었다. 그래서 헨리 8세는 1527년 캐서린과 이혼하고 궁녀 앤 불린Anne Boleyn(1507-1536)과 결혼하기로 하고, 교황 글레멘스 7세(재위: 1523-1534)의 승인을 얻으려고 하였다. 그러나 교황은 캐서린과의 결혼무효를 승인하기를 주저하였다. 그것은 무엇보다도 교황 율리오 2세(재위: 1503-1513)가 내린 바 있는 결혼성립 인가를 번복하는 선례를 남기지 않으려는 것이었다.

더욱이 당시 로마를 직접 무력으로 지배하던 신성로마 황제 칼 5세와의 관계를 생각해서였다. 교황은 결정을 내리지 않고 시간만 끌었으므로 헨리 8세는 더 이상 기다리지 않고 로마 교황과 갈라설 것을 결심하였다.

수장령 1529년 왕은 의회를 소집하고 영국 교회의 독립을 선언하려고 하였다. 재상이며 추기경인 울지Thomas Wolsey(1475-1530)는 왕의 의도를 충족시키지 못했으므로 다음해 반역죄로 처형되었다.

1533년 새 캔터베리 대주교가 된 크랜머Thomas Cranmer(1489-1556)는 캐서린과의 결혼을 무효화시켰다. 1534년 영국 의회는 수장령(首長令: Act of Supremacy)을 공포하여 헨리 8세가 영국교회(Anglican Church, Anglicanism)의 우두머리임을 선포하였다. 이와 같은 왕의 조치에 대해 로체스터 주교 피셔John Fisher(1459-1535), 토마스 모어 등의 성직자와 학자들이 반대했으나 모두 탄압 처형되었다.

대부분의 일반인에게는 왕의 조치가 교리나 의식면에서 큰 차이가 없는 극히 보수적인 개혁으로 비추어졌으나 수장령을 공포함과 동시에 헨리 8세는 수도원을 해산하고 그 토지 · 재산을 몰수하였다. 이것은 튜더 정권이 근대적 절대주의 국가로 발전하는 데 필요한 재원으로 전용되었다.

통일령 1547년 헨리 8세가 죽기까지 영국 교회의 교리나 의식은 근본적으로 가톨릭 교회와 거의 다를 바 없었다.

스페인의 필립공과 매리 튜더

그러나 그의 사후 영국 교회의 변화는 서서히 일기 시작하였다. 우선 에드워드 6세Edward VI(재위: 1547-1553)는 1549년 「42개조」(*Forty-Two Articles of Religion*)를 공포하였다. 이로써 영국 교회의 개혁적 요소가 두드러지게 나타났다. 이어 캔터베리 대주교 크랜머는 「공동기도문」(*Book of Common Prayer*)을 영어로 번역하여 영국 교회의 기도서를 확정하였다. 1553년 「42개조」는 영국 교회의 교리를 정의하였다.

그러나 에드워드 6세의 뒤를 이은 캐서린의 딸 매리 1세Mary Tudor(재위: 1553-1558) 여왕은 가톨릭 복귀 운동을 일으켰고, 영국 교회에서는 크랜머 대주교가 사형되는 등 많은 희생을 치렀다.

이러한 가톨릭 부흥기는 오래 가지 못하였다. 앤 불린의 딸 엘리자베스 1세 Elizabeth I(재위: 1558-1608)시대에 이르러 영국 교회의 프로테스탄트 기반이 확립되었다. 1559년 공포된 통일령(統一令: Act of Uniformity)은 수정된 기도서(祈禱書)를 의무적으로 따르도록 규정했으며 「39개조」(*Thirty-Nine Articles*)는 영국 교회 교리적 권위의 원천으로서 성서를 강조하였다. 에드워드 6세 때에 통과된 「42개조」 중 3개조가 줄어든 셈이었다. 오늘에 이르기까지 「39개조」는 영국 교회신학의 권위 있는 근거로 전해지고 있다.

이와 같이 영국 교회는 확립되었으나 종교적으로는 영국이 통일되지 않았다. 엘리자베스 여왕 이후에도 영국교회파(Conformists) 이외에 교황파(Papists) 및 그 밖의 프로테스탄트들(nonconformists; dissenters)이 시대와 상황에 따라 각종 정치세력과 복잡하게 얽히게 되었다.

프로테스탄트 운동의 결과 루터로 시작된 프로테스탄트 운동은 스위스와 영국에까지 확산되어 가톨릭 교회를 중심으로 한 그리스도 교권의 통일성과 보편성이 깨지고 말았다. 유럽 그리스도교권은 크게 프로테스탄트 진영과 가톨릭 진영으로 양분되었다. 가톨릭 교회는 이탈리아 · 오스트리아 · 프랑스 · 스페인 · 포르투갈 · 남독일 지방 · 폴란드 · 아일랜드 등에서 그 세력을 확보하는 데 그쳤다.

프로테스탄티즘은 지역적으로 또는 국가적으로 독자 세력권을 형성하였다. 북독일과 스칸디나비아 지역에 전파된 루터파 외에 영국은 자체의 국가교회를 세웠으며, 프랑스·스위스·스코틀랜드·네덜란드에서는 칼뱅주의가 지배적이었다. 이와 같은 그리스도 교권 분열은 16세기 이후 유럽 각국의 정치·경제·사회·문화 등 각 분야의 발전과정과 밀접한 관계가 있었다.

종교개혁운동이 빚어낸 프로테스탄트와 가톨릭의 대립은 궁극적으로는 종교적 관용이 실천되는 계기가 되었다. 종교적인 분파와 경합은 서로 상대방의 신앙을 인정하게 되었기 때문이다.

16세기 이후 약 1세기 동안 각국은 정교(政教) 분리 원칙에 따라 점차 종래의 종교 우위에서 정치 우위로 옮아가는 과도기를 맞이하게 되었다. 이러한 과도기는 역사적으로 종교동란이라고 부르는 시기이다. 이 기간에 네덜란드 독립 전쟁이나 프랑스의 위그노 전쟁이 일어났으며, 보헤미아에서 시작되어 전 유럽적 규모로 확대된 30년 전쟁을 겪었다.

C. 가톨릭 혁신운동

루터가 비텐베르크 교회 문 위에 「95개항 논제」를 붙이면서 프로테스탄트 운동을 시작한 지 20년 가까이 지나면서 로마 가톨릭 교회는 유럽에서 쇠퇴하는 교세를 회복하려는 운동을 폈다. 예컨대 교회는 성직계층의 도덕성을 다시 세우고, 선교사업을 활발히 하면서 혁신을 시도하였다. 이것을 가톨릭 교회개혁이라 부른다.

가톨릭 교회개혁에 대한 사회적 요청이 중세 말부터 높았으며 또 실제로 개혁이 시도된 것도 사실이었다. 그러나 각별히 16세기의 역사적 상황이 가톨릭 교회의 과감한 변신을 요구하였다. 가톨릭 종교개혁은 자발적인 운동이면서도 프로테스탄트의 위협으로부터 스스로를 지키기 위한 방위적 행동이었다.

가톨릭 교회는 조직의 통일성을 교란하지 않는 동시에 전통적 교리의 타당성을 수정하지 않는 범위 안에서 혁신하려고 하였다. 가톨릭 종교개혁의 주요한 역할은 개혁 교황, 트렌트 공의회(公議會), 예수회 등 세 주체에 의해 수행되었다.

개혁 교황 문예진흥 사업과 세속에 깊은 관심을 기울인 르네상스 교황의 시대는 지나가고, 1534년 바오로 3세Paul III(재위: 1534-1549)가 교황이 되면서 개혁 교황의 시대가 시작되었다.

바오로 3세 이외에 바오로 4세Paul IV(재위: 1555-1559), 비오 4세Pius IV(재위: 1559-1565), 비오 5세Pius V(재위: 1566-1572), 그레고리오 13세Gregory XIII(재위: 1572-1585), 식스토 5세Sixtus V(재위: 1585-1590) 등이 교회개혁에 적극 동참하였다. 그들은 재임기간 중 추기경·교황

티치아노 「바오로 3세와 조카들」(1546)

법정 · 주교 등으로부터 하급성직자들에 이르기까지 모든 성직자의 윤리성을 확립하는 정책을 견지하였다.

바오로 3세는 학식과 덕망을 겸비한 유능한 인물들을 상급성직에 임명하고 가족적 이익이나 사리(私利)를 추구하는 것을 배격하는 정책을 강력히 추진하였다. 교회 안의 진지한 개혁 주장자들은 조사 보고서를 통해 교회 안의 부패를 지적하고, 또 이교도들에 대한 대책을 제의하기도 하였다.

개혁 교황에게 진언하는 개혁자들 중에는 대체로 두 파가 있었다. 하나는 베네치아 출신 휴머니스트 추기경 콘타리니파이며, 다른 하나는 나폴리 출신 주교 카라파파였다.

콘타리니Gasparo Contarini(1483-1542)는 프로테스탄트와의 타협을 주장한 대표적 인물이며, 가톨릭 교리에 대한 자유로운 해석을 시도하였다. 바오로 3세 시대 초기에 콘타리니파는 교황에게 영향을 미치는 한편 신성로마 황제인 칼 5세의 강력한 지지를 받았다.

그들은 프로테스탄트와 통합할 목적으로 1541년 레겐스부르크Regensburg(Ratisbon)의 대화를 시도하기까지 하였다. 콘타리니는 가톨릭측을 대표하고 멜랑흐톤이 프로테스탄트측을 대표하여 매우 자유로운 분위기에서 기탄 없는 의견 교환을 하였다. 그러나 상호간 상당한 이해 증진에도 성사문제를 둘러싸고 결렬되고 말았다. 이는 매우 좋은 여건이 조성되어 있을 때조차 가톨릭과 프로테스탄트 양측이 타협되기 어렵다는 것을 예증한 사례였다.

이 후 타협에 대한 주장은 기울어지고 카라파파가 득세하게 되었다. 카라파Giovanni Pietro Caraffa(1476-1559)는 이단운동을 탄압하고 교리나 의식의 변화를 반대하는 비타협적인 강경파의 대표적 인물이었다. 그는 1555년 교황(Paul IV)이 된 후 바오로 3세의 개혁정책을 계승하였다. 그러므로 이탈리아의 경우도 스페인과 같이 종교재판소를 통해 프로테스탄트 운동을 탄압하는 방향으로 나가게 되었다.

트렌트 공의회 개혁 교황의 활동을 보강 · 지지하며 프로테스탄트 운동에 대한 대책을 강구하기 위한 종교회의가 소집되었다. 1545년 바오로 3세는 이탈리아 북쪽 국경 근처 신성로마 제국 티롤Tyrol 지방의 도시 트렌트Trent, Trient(지금의 이탈리아 Trento)에서 트렌트 공의회(公議會)를 개최하였다.

트렌트 공의회는 주도한 교황에 따라 대체로 3단계로 구분될 수 있다. 즉, 1545-1547년의 바오로 3세 시대, 1551-1552년의 율리오 3세(재위: 1550-1555) 시대, 1562-1563년의 비오 4세 시대로 나누어진다.

트렌트 공의회의 토의는 각 지역 대표 간에 일치를 보기 어려운 고비도 있었지만 공의회의 목적과 결과는 가톨릭 교회의 입지를 확고히 하는 데 큰 도움이 되었다. 그 가운데 가장 중요한 성과는 가톨릭 교리에 대한 최종적인 확인이었다. 프로테스탄트측에서 비판하고 도전한 가톨릭 교리 내용은 조금도 흔들림 없는 정통 교리로 확고하게 선포되었다. 선행은 영적 구원을 위해 필수불가결한 것이며, 성사 · 성변화(聖變化: transubstantiation) · 연옥에 대한 믿음 · 성자 공경 등 모두를 가톨릭 종교체계의 필수 요소로 선언하였다.

트렌트 공의회는 또 교황의 권위와 그 우월성을 확실히 다져 놓았으며, 성서와 함께 모든 전통적인 관례를 고수하는 것을 원칙으로 재천명하였다. 성서와 전통(聖傳)은 교회의 수장인 교황에 의해 해석되어야 하며, 라틴어판 성서(Vulgata)의 권위도 계속 고수될 것임을 확인하였다.

이와 같은 교리 확립과 전통 고수라는 대원칙을 확정한 트렌트 공의회는 그 밖의 실제 개혁을 위한 법령을 통과시켰다. 교회 내의 권한 남용과 퇴폐 근절, 성직계층의 기강을 확립하는 문제 등이 그것이었다. 예컨대 대사 증서의 판매를 금지하고 성직 겸직제를 없애며, 성직자 교육을 위해 교구당 신학교 하나씩을 세운다는 목표를 세웠다.

또 가톨릭 신도의 신앙에 해로운 「금서목록」(*Index librorum prohibitorum*)을 작성하고 종교재판소의 기능을 강화하였다. 1564년 교황 비오 4세가 선포하고 그 후 식스토 5세 때에 「목록총람」(*Congregation of*

트렌트 공의회

Index)이 확정된 후 이 총람은 오늘에 이르고 있다.

종교재판소 종교재판소(Inquisition)는 13세기에 설립되어 남프랑스의 이단 탄압에 효과를 보았으며 15세기말 스페인에 다시 설치되었다. 스페인에서 거둔 효과가 컸기 때문에 교황 바오로 3세 때 교황직속 재판소(聖廳: Holy Office)가 설치되었다. 종교재판소에서 용의자는 비밀리에 고문당하기도 했으며, 이단자는 국가에 넘겨져 화형에 처해지기도 하였다.

종교재판소가 가장 성공을 거둔 지역은 스페인과 이탈리아였다. 그러나 이와 대조적으로 알프스 이북과 피레네 이북 지역에서는 거의 성과를 거두지 못하였다.

예수회 가톨릭 개혁에서 가장 광범한 영향력을 행사하고 업적을 쌓은 기관은 예수회였다. 예수회(Societas Jesus, 약칭 S. J.)의 창립자는 스페인 바스크 지방 귀푸스코아Guipuzcoa 출신의 귀족 이냐시오 로욜라Ignatius Loyola(1491-1556)였다.

그는 신성로마 제국 황제 칼 5세Karl V(Charles V, 재위: 1530-1556) 휘하의 장교로 복무하던 중 북스페인 팜펠루나Pampeluna 지방의 전투에서 부상을 입고 입원하게 되었다. 몇 달 동안 입원 치료를 받으며 그리스도 및 그 밖의 성자들의 생애에 관해 독서하다가 심중의 변화를 겪었다. 그는 세속 군주의 군대가 되기보다는 그리스도의 군대가 되기로 하였다.

로욜라는 교육의 부족을 느끼고 33세에 라틴어를 배우고 1528년 파리 대학에 입학하여 7년간 신학을 공부하였다. 그 사이에 많은 동지가 주위에 모여들었다. 그 중에 하비에르Francis Javier(Francisco Xavier, 1506-1552)도 있었다. 그들은 1537년경 예루살렘으로 가서 이슬람교도들을 개종시킬 계획을 세웠다.

그러나 이 계획은 실천되지 못하고 그 대신 이탈리아 각지에서 강론(講論)과 교육에 종사하게 되었다. 로욜라는 이러한 경험을 토대로 1539년 수도회를 결성하였다. 1540년 교황 바오로 3세는 이 수도회를 공식 인가하고, 1541년 로욜라는 총장(總長)으로 피선되었다. 예수회의 이름 가운데 수도회를 뜻하는 라틴어 societas는 '예수의 군대'를 의미하는 말이다.

예수회는 한 마디로 '종교적 목적을 위한 군대조직'이었다. 다른 수도 성직자들과 같이 예수회원은 수도 3선서에 더하여 교황에 대한 특별한 복종(順命)을 서약하였다. 예수회는 공인 후 몇년 만에 급속하게 성장하여 교황으로부터 여러 권리를 부여받았다. 1550년 교황 율리오 3세는 칙령을 내려 예수회의 특권을 인정하였다.

이냐시오 로욜라

1522-1524년 로욜라는 『영신수련(靈神修鍊)』(*Spiritual Exercises*: 1548년 완성)을 저술하여 명상과 기도 등 개인의 신앙체험에 관해 적었다. 예수회의 목적은 가톨릭 신앙을 지키기 위해 전적으로 헌신하는 것이었다. 그 목적을 달성하기 위한 예수회의 주요 사업은 청소년 교육, 신앙심 확립, 선교활동, 군주 제후에 대한 봉사와 국제 정치상의 외교활동 등이었다.

예수회 활동은 커다란 성공을 거두었다. 폴란드에서는 가톨릭 교세가 대부분 회복되고 바바리아 · 남네덜란드(지금의 벨기에) · 아일랜드 등에서도 가톨릭이 유지될 수 있었다. 예수회원은 남북 아메리카뿐 아니라 중국 · 일본 등에까지 세계적으로 가톨릭을 선교하였다.

예수회 세력은 크게 확장되고 유럽 도처에서 예수회는 직 · 간접으로 많은 학교들을 설립하는 주체가 되었다. 예수회원은 유능한 교사였다. 예수회가 유럽 사회에 끼친 영향은 컸으며, 특히 종교동란 시대를 거치는 동안 각국의 정치와 종교 분야에서 중요한 역할을 하게 되었다.

마녀사냥 르네상스와 종교개혁, 그리고 종교동란 시대를 거치면서 제도종교가 변화의 소용돌이 속에 휘말린 것과 때를 같이하여 일반인의 신앙심도 커다란 굴절을 겪게 되었다. 이에 따라 일어난 것이 마녀사냥이었다.

15세기 후반 신학자들은 악마에게서 초인적 힘을 받은 마녀가 밤에 빗자루를 타고 날아다닌다는 설을 내놓았다. 이에 따르면 마녀는 악마숭배를 위해 집회를 하고 악마와 성적 교섭을 가진다는 것이었다. 마녀의 초인적 힘이라든지 집회는 상상의 산물이었음에도 일반 대중에게 공포심을 자아내 집단적으로 마녀를 색출해내려는 운동이 일어났다. 마녀의 마술 때문에 예컨대 흉작, 화재, 갑작스런 죽음, 불임증 등과 같은 흉사(凶事)가 있다고 믿었다.

16세기와 17세기에 약 10만에 달하는 많은 사람이 마녀로 재판을 받았으며, 그 중 절반이 교수형이나 화형으로 사형당하였다. 희생자 중에는 남자도 있긴 했지만 대부분이 여자였다. 가난하고 늙었거나 독신녀 또는 과부의 경우가 많았다.

마녀 사냥은 대체로 유럽적 사건이었으나 북아메리카 식민지에까지 전파되었다. 가장 심각한 마녀사냥은 17세기 미국 동부 뉴잉글랜드에서 발생하였다. 10만 정도의 인구를 가진 이 곳에서 2백 명 이상을 재판에 회부했고, 그 중 40명 가까이 교수형에 처해졌다.

1700년에 이르러 마녀에 대한 공포는 대체로 사라졌다. 고발 · 재판 · 처형이 간간히 있을 뿐이었다. 마지막 마녀사냥은 1782년 스위스에서 있었다. 약 2세기에 걸친 마녀사냥 소동은 근대 초의 사회 변동에 처한 유럽인의 정신적 불안이 분출된 결과였다.

종교개혁의 결과 무엇보다도 16세기 이후로 유럽의 그리스도 교권은 두 개로 나누어졌다. 북독일 · 덴마크 · 노르웨이 등 튜턴 요소가 강한 북유럽은 프로테스탄티즘(루터파) 영향 아래에 들어가고 이탈리아 · 스페인 · 프랑스와 같은 라틴적 남유럽은 가톨릭 교회의 세력권에 머물러 있게 되었다.

그리스도 교권 분열은 16세기 이후 유럽 각국의 정치 · 경제 · 사회 · 문화와 밀접한 관계를 지녔다. 16세기 이후 약 1세기 동안 정치와 종교를 분리한다는 대원칙이 서긴 했으나 바로 이러한 과도기에 커다란 혼란이 왔다. 이것이 종교동란이었다. 네덜란드 독립전쟁, 프랑스의 위그노 전쟁을 비롯해 전유럽적 규모의 30년 전쟁이 모두 종교와 정치의 분리과정에서 일어난 종교적 전란이었다.

4. 종교동란

17세기 중반까지는 영국 · 프랑스 · 스페인 · 포르투갈 · 네덜란드 · 덴마크 · 스위스 등 유럽의 주요 근대국가의 경계선이 확정되었다. 왕조국가의 상호견제와 상업 · 식민 경쟁은 전쟁의 명백한 구실이 되었다.

정치 · 경제적 요인 이외에도 프로테스탄트와 가톨릭의 대립이 왕조 전쟁의 배경이 되었다. 종교개혁은 그리스도 교권의 통일성을 파괴하는 대신 애국심 또는 민족의식을 촉진하였다. 특히 영국이나 유럽의 북방지역에서는 군주권이 강화되었다.

16세기초부터 17세기 중반까지 1세기 이상에 걸쳐 진행된 종교동란은 군주권과 전통적인 종교체제와의 대립이었다. 그것은 일찍이 독일지역에서 일어난 슈말칼덴 전쟁에서부터 17세기 전반의 30년 전쟁(1618-1648)에 이르는 약 1백년간의 전쟁이었다.

대체로 종교동란 시대를 3단계로 나누어 보면 다음과 같다. 제1단계(1519-1556)는 프로테스탄티즘이 대두하는 시기로 가톨릭과 프로테스탄트간에 갈등이 있던 시기이며 흔히 '칼 5세 시대'라 부르는 때이다. 제2단계(1556-1598)는 보통 '필립 2세 시대'로 불리는 시기로 각국의 세력균형이 이루어지는 때였으며, 제3단계(1598-1660)는 30년 전쟁의 결과 절대주의와 중상주의가 확립되는 최종시기이다.

A. 칼 5세 시대

16세기 전반기를 통해 유럽 국제관계의 중심은 칼 5세의 방대한 왕조국가에 있었다. 그의 국가는 합스부르크가(家)의 막강한 지배력을 통해 전 유럽에 군림하였다.

합스부르크가는 결혼정책을 통해 독일을 비롯해 중앙 유럽 · 남이탈리아 · 스페인 · 저지대 지방을 통합한 거대한 지배세력을 형성하였다. 부르군드 공국이 샤를르 1세(대담공, 1433-1477) 사후에 분할되면서 저지대를 상속받은 칼 5세의 할머니는 합스부르크가의 막시밀리안 대공(후의 신성로마 황제 Maximilian I)과 결혼하였다. 또 칼 5세는 저지대 출신이었으나 1516년 스페인 왕위를 계승하여 스페인에서는 칼 1세가 되었다.

칼 5세의 흉상

1519년 그는 신성로마 황제로 선출되어 칼 5세Karl V(Charles V, 재위: 1530-1556)가 되었다. 그의 목표는 합스부르크가의 영역을 팽창시키고 그리스도 교회를 재통일하며 유럽 정치의 주도권을 장악하는 것이었다.

그러나 신성로마 제국을 구성하고 있는 독일 제후들은 합스부르크가의 지배력 강화를 환영하지 않았다. 더욱이 독일 지역의 종교적 내분과 오스만 터키 민족의 위협은 칼 5세의 목표를 순조롭게 실현시키지 못하게 하는 주요 요인이었다. 특히 프랑스의 청년군주인 프랑소아 1세와의 왕조전쟁은 몇 대에 걸쳐 이탈리아 · 프랑스 · 저지대 지방 · 독일 지역에서 계속되었다. 칼 5세가 치른 최초의 종교전쟁은 슈말칼덴 전쟁이었다.

슈말칼덴 전쟁 1529년의 제2차 슈파이에르Speyer 국회는 제후의 종교 선택권을 부인하는 신성로마 황제 칼 5세의 지시에 '항의' 하였다. 이로부터 생긴 프로테스탄트(항의하는 사람: Protestant)라는 명칭은 그 후 모든 비(非)가톨릭계 그리스도 교도를 의미하게 되었다.

'항의' 가 있은 후 얼마 안 되어 프로테스탄트 제후측과 가톨릭 제후측은 각각 자기 방위를 위한 동맹체를 구성하였다. 그 결과 독일지방은 두 진영으로 갈라졌다. 루터파 제후들은 1531년 슈말칼덴Schmalkalden 동맹을 결성하고 대항하였다. 칼 5세는 1547년 뮐베르크Mühlberg 전투에서 동맹군을 격파하였다. 슈말칼덴 전쟁은 실질적으로 끝났으나 슈말칼덴 동맹 세력은 저항했으며 결국 싸움은 1555년까지 계속되었다.

아우구스부르크 강화조약 1555년에는 독일 내의 종교동란을 끝막음하고 적어도 16세기 후반의 평화를 가져오는 조치가 취해졌다. 그 해에 아우구스부르크Augusburg 국회가 소집되어 프로테스탄트와 가톨릭 양측을 함께 받

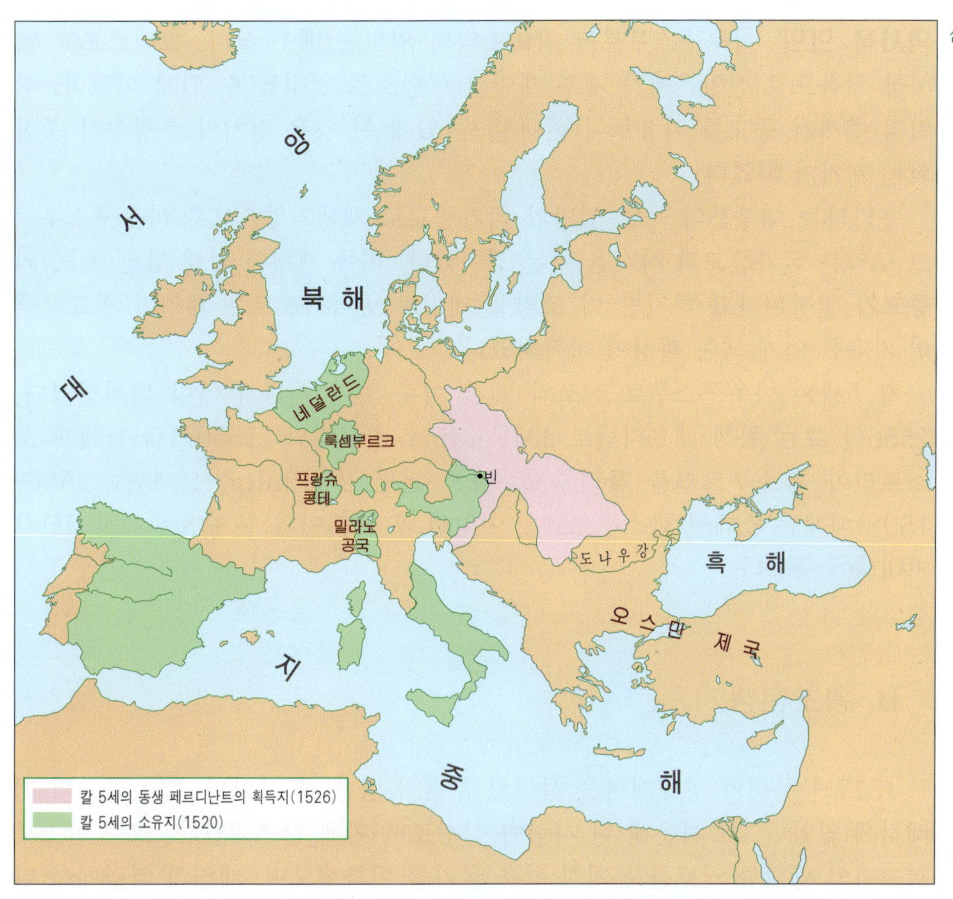

신성로마제국의 판도

아들이는 결정이 났는데 이것이 아우구스부르크 강화조약이었다.

이 조약으로 다음과 같은 주요한 결정이 이루어졌다. 첫째, 각 영방(領邦) 제후는 자기 영방 종교를 결정할 권리를 갖게 되었다. 이것은 일반적으로 '각 영방에게 종교의 자유를'(라틴어: cujus regio, ejus religio)라고 표현된 정책이었다. 지배자 개인의 종교에 따라 피지배층의 종교도 집단적으로 정해진다는 것을 의미하였다. 둘째, 이 원칙은 루터파에만 적용되며 그 밖의 프로테스탄트, 즉 점차 증가 추세에 있는 칼뱅파에게는 적용되지 않았다. 그러므로 이는 후일의 화근으로 남게 되었다. 셋째, 1552년까지 프로테스탄트들이 점거한 교회재산은 프로테스탄트측의 기득권으로 인정되었다.

'성직자에 관한 단서조항'에 따라 성직자 제후, 즉 대주교, 주교 및 수도원장 등 고위 성직자 가운데 루터파로 전향하는 경우 영지를 포기해야 하며 가톨릭 교회의 관할에 맡겨야 하였다. 그 경우 그 영지 내의 루터파 신도는 종교를 포기할 필요가 없었다. 어쨌든 이 점은 나중에 칼뱅계와 갈등의 소지가 되었다.

역사적 의의 아우구스부르크 강화조약의 의의는 매우 크다. 그리스도교 역사상 처음으로 신앙문제가 제후 개인의 독단으로 결정될 수 있게 되었다. 정치적 주체가 종교를 자유로이 선택할 수 있게 된 것은 정치의 우월성이 주장되는 계기가 되었다.

루터파는 대부분의 독일 영방의 국가종교로 채택되었으므로 아우구스부르크 조약은 국가종교의 시작을 이룬 셈이었다. 비록 제후에 의해 영민(領民)의 종교가 결정된다고 하지만 이 조약을 계기로 궁극적으로는 개인이 종교선택의 자유를 얻게 되는 과정이 시작되었다.

칼 5세는 아우구스부르크 조약 체결 이후 얼마 지나지 않아 퇴위하였다. 1556년 그는 동생 페르디난트 1세Ferdinand I(재위: 1556-1564)에게 오스트리아 합스부르크를 물려주고, 아들 필립 2세Philip II(재위: 1556-1598)에게는 스페인 합스부르크를 이양한 후 스페인의 한 수도원에서 3년간 지내다가 죽었다.

B. 왕조전쟁

1517년 루터가 종교개혁을 시작할 무렵 유럽은 세 사람의 청년 군주의 지배하에 있었다. 그 가운데 한 사람이 신성로마 황제 칼 5세였다. 그는 합스부르크가의 방대한 영토를 통치한 왕조 국가를 이룩했으며, 개인적 역량에서 다른 군주들을 능가하였다. 19세에 신성로마 황제로 선출된 그는 또한 오스트리아 · 스페인 · 네덜란드 · 보헤미아 · 부르군드 · 나폴리 등 서유럽의 거의 절반에 해당하는 넓은 지역을 통치하였다.

다음으로 프랑스의 프랑소아 1세는 발로아가 출신으로 칼 5세와 함께 두 왕조 사이의 전쟁을 시작한 당사자였다. 세 번째 군주는 영국의 헨리 8세였다. 그는 이 두 군주 사이를 중재하면서 유럽의 세력균형을 잡는 역할을 하였다. 그러나 그는 영국 내의 문제, 특히 개인 문제로 유럽 정치에 적극적으로 관여하지 못하였다.

프랑소아 1세와 칼 5세의 각축 발로아가의 프랑소아 1세는 합스부르크가의 방대한 영토로 둘러싸여 항상 자기 방위의 필요를 느끼고 있었다. 또 프랑스는 5-6개의 지역에 관한 계승권을 놓고 합스부르크가와 다투었다. 독일측은 프랑스가 영유한 밀라노 공국에 대해서 신성로마 제국의 봉토라고 주장하는 반면 프랑스측은 합스부르크가가 지배하는 나폴리 왕국에 대해서 앙주가 이래의 계승권을 주장하였다.

북방 부르군드 지역에 관해서는 독일측이 동프랑크 칼(부르군드의 샤를르: 대머리 왕)의 계승권을 주장한 반면, 프랑스측은 부르군드 공국의 영유권을 주장하였다. 플랑데르 지역에 관해서는 독일측이 영유권을 주장한 반면 프랑스측은 계승권을 주장했으며, 스페인 나바르 지역에 관해서는 프랑소아 1세측이 나바르 왕의 계승권을 주장하고 칼 5세측은 할아버지 아라곤의 페르난도 2세(스페인 왕 Ferdinand V, 재위: 1452-1516)의 합병지임을 주장하였다.

왕조전쟁의 결과 1521년 발로아가와 합스부르크가 사이의 전쟁이 시작되었다. 주로 이탈리아가 싸움터가 되었다. 초기에는 단일국가이며 자원이 더 풍부한 프랑스가 우세하였다. 독일과 스페인에서 일어난 내란과 자금 부족은 칼 5세를 불리한 처지에 놓이게 하였다. 1544년까지 전쟁은 산발적으로 행해졌고 간간이 몇몇 조약이 체결되었다.

1521-1526년의 전쟁 결과 마드리드 조약, 1527-1529년의 전쟁 결과 캉브레Cambray 조약이 각각 체결되었다. 그 밖에 1536-1538년 및 1542-1544년 동안 전쟁이 있었다. 두 왕조 간의 전쟁은 다음 세대까지 이어졌으나 마침내 1559년 프랑스의 앙리 2세Henri II(1547-1559)와 스페인의 필립 2세 사이에 카토-캉브레시스Cateu-Cambrasis 조약이 체결됨으로써 오랜 전쟁은 끝났다. 프랑스는 메츠Metz · 투르Tours · 베르덩 등 주교구를 보유하였으나 이탈리아 · 네덜란드 · 스페인 등에 대한 영유권을 포기하였다. 합스부르크가는 이탈리아에 대한 지배권을 장악하였다.

합스부르크가와 발로아가 사이의 왕조전쟁 결과 독일에서는 프로테스탄트의 세력이 크게 강화되었으며, 가톨릭을 함께 신봉하는 군주들이라 하더라도 종교적 신앙보다는 세속적 이해득실을 앞세워 싸우게 된다는 사실이 새삼 입증되었다. 신성로마 제국이 이탈리아 지배권을 장악한 것은 이탈리아 르네상스 문화를 무로 돌리고 이탈리아의 국가적 통일을 오랫동안 지연시키는 요인이 되었다.

스페인의 필립 2세

필립 2세와 네덜란드 16세기 후반(1556-1598)은 스페인의 필립 2세가 유럽 정치에서 지배적 위치를 차지한 시기로 '필립 2세 시대' 라고도 한다. 이 시기는 트렌트 공의회의 최종 회기(1562)가 열리고 있는 종교동란의 제2단계였다.

필립 2세는 아버지 칼 5세의 왕조 정책을 답습하면서도 가톨릭 노선을 더욱 강화하여 스페인의 우월성을 강조하였다. 이러한 그의 정책에 가장 민감한 반응을 보인 것은 네덜란드 사람들이었다. 그들은 칼 5세 이래 행해진 경제 · 정치 · 종교적 탄압에 강하게 반발하였다.

네덜란드(저지대 지방)는 지금의 네덜란드와 벨기에를 가리키지만 당시까지는 막연히 유럽의 북서지역을 지칭하기도 하였다. 이 지역은 중세 후기에 번영한 곳으로 인구는 3백만이나 되며 성곽도시가 2백-3백 개 가량 있었다. 네덜란드 17 주(州)는 칼 5세의 할머니 마리Marie(부르군드가)의 유산이었다.

17주는 남북으로 나누어져 경제적으로나 문화적으로 또는 인적 구성에서 서로 차이가 있었다. 라인 강과 셸트Scheldt 강 이북에 위치한 북부의 할렘Harlem · 라이덴Leyden · 암스테르담Amsterdam · 로테르담Rotterdam 등 독일계 주민 대부분은 칼뱅을 신봉하는 상공계층으로 구성되어 있었다. 이에 대해 북프랑스에 가까운 남부의 강Ghent · 브뤼쥬Bruges · 브뤼셀Brussels · 안트베르펜 등에는 가톨릭을 굳게 믿는 농민들이 살고 있었다.

네덜란드 독립전쟁 경제적인 면에서 보면 네덜란드인은 칼 5세 이래 무거운 세금에 시달리고 지역 산업은 스페인의 유사 산업 보호를 위해 억제되었다. 정치적으로는 스페인에서와 같이 전제군주제가 실시되어 전통적인 각 주의 입헌적 분립 및 특권이 인정되지 않았다. 스페인은 네덜란드의 도시와 귀족의 특권을 박탈하고, 네덜란드인을 등용하지 않고 스페인 관리들을 파견하여 통치하였다.

이와 같은 경제 및 정치적인 이유 외에도 네덜란드인은 필립 2세를 좋아하지 않은 이유가 있었다. 칼 5세는 출생지가 네덜란드였고 지역주민의 공감을 사는 정책을 실시한 반면, 필립 2세는 스페인에서 태어나 교육받고 스페인으로 돌아간 1559년 이후 섭정(攝政)을 보내 통치하며 네덜란드를 위성(衛星)적인 존재로 취급하였다.

16세기 후반 네덜란드에서 큰 문제가 된 것은 종교였다. 특히 북부 제주(諸州)에서는 칼뱅파의 프로테스탄트 운동이 점차 세력권을 넓혀 갔는데, 그 때문에 탄압을 받았다. 칼 5세는 종교재판을 실시하고 프로테스탄트에 대한 박해를 강화하였다. 유명한 국제법의 아버지 그로티우스에 따르면 칼 5세의 박해로 1521-1555년 사이에 10만의 희생자가 나왔다. 이 희생자 수는 과장되었을 가능성이 없지 않으나 1550년 칼 5세가 칙령으로 다수 프로테스탄트를 화형 · 교수형 · 생매장하라고 명령한 것은 사실이었다.

그러나 이러한 탄압과 박해에도 불구하고 프로테스탄트의 세력은 칼 5세 은퇴 후에 더욱 커졌다.

발단 1566년 500명의 네덜란드인은 섭정인 마르테Margherita di Parma; Margarete von Österreich(1522-1586)에게 폭정 중지와 종교재판 개선을 청원했으나 아무런 성과가 없었다. 그 때 옆에 있던 자문관 중 하나가 "무엇 때문에 이 거지들을 두려워합니까"라고 말하였다. 이후 네덜란드 독립 운동가들은 자칭 거지라고 칭하였다.

알바

과격한 반란이 뒤따라 일어났다. 칼뱅파와 재세례파의 영향을 받은 일부 프로테스탄트는 가톨릭 교회에 침입하여 성물(聖物)과 성상(聖像)을 파괴했으며 수도원을 약탈하고 책들을 태워 버렸다.

필립 2세는 네덜란드 사태를 강경한 태도로 탄압하기로 작정하였다. 일찍이 독일 프로테스탄트 탄압에 위세를 떨친 적이 있는 알바Alva 공(公)(Fernando Alvarez de Toledo, 1508-1582)이 진압군 지휘관으로 파견되었다. 장비가 잘 갖추어진 진압군은 반란도를 닥치는 대로 죽였다. 알바 공은 특별재판소를 설치하여 반란도를 신속히 재판 · 처형하였다. 알바 공은 이른바 '피의 위원회'를 설치하고 1567년부터 1573년까지 공포정치를 계속하였다.

독일의 나사우Nassau에서 독립군을 조직한 윌리엄 1세Willem I (寡默公, 1533-1584)는 승산 없는 전쟁을 승리로 이끄는 과업에 착수하였다. 원래 가톨릭인 그는 왕에게 자문한 적도 있었으나 1567년에는 모든 공직에서 물러났다. 윌리엄은 얼마 후 개종하여 독립전쟁 초에 프로테스탄트에 가담하였다.

그는 결단성과 불요불굴의 정신을 지닌, 과묵한 인물이었다. 1568년 윌리엄은 소수의 군대로 전투를 시작하고 북부 모든 주의 지지를 받았으나 정부군에게 패하였다. 윌리엄은 군인이라기보다 정치가였으나 전쟁 지도자로서도 재능을 발휘하였다. 노련한 스페인군과 대적하여 계속된 패전 속에서도 훗날 미국의 워싱턴과 같이 불굴의 용기를 잃지 않았다.

최초의 승리는 해전에서였다. 1569년 이래로 '바다 거지', 즉 해상에서 활동한 독립군은 우호적인 영국 항구를 근거지로 대서양에서 해적 행위를 하였다. 스페인 함선을 약탈하고 전리품은 영국에 팔아 넘겼다.

마침내 그들은 1572년 네덜란드 해안의 브릴Briel을 점령하는 데 성공했으며 이후 그곳을 독립군의 중심 근거지로 삼았다. 이 최초의 성공이 다른 도시들의 용기를 북돋아 놓았으며 북부의 모든 주가 윌리엄을 제1대 지사로 임명하였다.

남부의 반란 알바 공의 무자비하고 잔인한 학살이 네덜란드인의 반감을 고조시켰으므로 1573년 필립 2세는 그를 소환하지 않을 수 없었다. 네덜란드 독립군이 목적을 더 빨리 성취하게 된 것은 남부의 반란 때문이었다. 총 매상(賣上) 10분의 1을 징수하는 중세(重稅)에 반대한 남부 상인들은 상점을 닫고 항의하였다. 이 세금이 스페인이 실시한 알카발라alcabala이며 스페인 상공업 위축의 원인이 되기도 하였다. 알카발라는 전통적으로 카스티야에서 징수하던 10% 판매세였다.

이른바 '스페인군 난동사건'을 계기로 남부인도 드디어 북부의 독립운동에 가담하게 되었다. 그것은 1576년 스페인 군대가 보수를 지급받지 못했기 때문에 난동을 부려 부유한 안트베르펜 시를 약탈 방화한 사건이었다. 이 난동에서 드러난 스페인군의 잔학 행위에 격분한 남부인들은 강Ghent 평화선언을 채택하였다. 남북 17주 전체의 가톨릭과 프로테스탄트가 스페인 폭정에 항거하며 서로 관용한다는 데 합의한 것이었다.

북부 7주의 독립 그러나 스페인의 이간 정책으로 남부는 곧 스페인과 타협하였다. 가톨릭을 믿는 남부 10주는 불만이 가시지 않은 대로 필립 2세의 회유책에 응하였다. 이 결과 남부는 그 후 2백여년 이상이나 합스부르크가의 지배를 받았고 19세기에 이르러 비로소 독립을 획득하게 되었다.

이에 반해 북부는 항쟁을 계속하였다. 1579년 남부에서 갈라진 북부 7주(Holland · Zeal · Utrecht · Gelderland · Overyssel · Groningen · Friesland)는 1581년 7월 25일 통합 제주동맹(통일 네덜란드)으로 독립선언을 채택하였다.

스페인은 윌리엄의 암살을 공개 현상하였다. 귀족 칭호와 막대한 상금을 건 암살 제의에 대해 윌리엄은 「윌리엄의 변론」이라는 글을 통해 폭정에 신랄한 공격을 퍼부었다. 여러 차례 실패 끝에 1584년 윌리엄은 살해되었다. 암살자 게라르드Balthasar Gerard는 독립군에 처형되었으나 그의 가족은 스페인 정부의 상금을 받았고 귀족으로 승격되었다.

윌리엄의 암살에도 불구하고 독립전쟁은 계속되었다. 그리고 전세는 프랑스와 영국의 참전으로 새로운 국면에 접어들었다. 1588년 영국-스페인 전쟁이 일어나 엘리자베스 여왕의 영국 함대가 스페인 무적함대를 격파하였다. 필립 2세는 1598년에 죽었고 그 뒤를 이은 필립 3세Philip III(재위: 1598-1621) 때에도 네덜란드 독립전쟁은 계속되었다.

마침내 1609년에 스페인과 네덜란드 사이에 12년간의 휴전이 성립되었다. 사실상 네덜란드의 독립이 달성된 셈이었다. 그 후 1648년 베스트팔렌 조약에서 스페인은 네덜란드의 독립을 공식 승인하였다.

1609년의 네덜란드

독립전쟁이 장기간에 걸쳐 진행되는 동안 독립군은 외국의 지원을 받았으며 해상이나 지형의 유리한 점을 이용하여 최종 승리를 거둘 수 있었다.

전쟁 기간에도 네덜란드인은 상공업을 활성화하여 번영을 누렸고 인구는 늘어났으며 자원은 증대하였다. 네덜란드는 동인도와 무역을 활발히 하고 아시아에서 왕성한 식민활동을 전개하였다. 네덜란드의 지적 · 문화적 발전도 괄목할 만한 것이었다. 도처에 대학이 설립되고 16세기 후반부터 17세기에 걸쳐 자연과학과 기술분야에서 세계적 학자들이 배출되었다.

프랑스 종교동란의 배경 카토-캉브레시스 조약이 체결된 1559년은 프랑스사에서 하나의 전환점이었다. 합스부르크와의 오랜 왕조전쟁이 끝나고 프랑스 국내에서 종교적 내란이 시작되었다.

프로테스탄트 운동에 대해 프랑스 역대 왕은 대체로 박해와 탄압정책을 펼쳤다. 그럼에도 칼뱅파는 도시민, 부농 및 귀족계층을 대상으로 세력을 확장해 갔다. 그리하여 앙리 2세가 죽은 직후 파리에서는 칼뱅파가 전국 규모로 결성되어 커다란 정치세력으로 등장하였다.

앙리 2세의 사후 궁정은 두 대귀족 가문에 의해 좌우되었다. 이 두 가문은 각각 프로테스탄트와 가톨릭이었기 때문에 그들의 정치적 경합은 곧 종교 대립으로 바뀔 소지가 있었다. 새 왕 프랑소아 2세François II(재위: 1559-1560)가 어렸으므로 왕비의 출신 가문이며 가톨릭을 믿는 기즈Guise 가가

홀란드와 네덜란드

네덜란드(Netherlands; Nederland)는 저지대 지방을 가리키는 지리적인 용어로 네덜란드, 벨기에(Belgium), 룩셈부르크(Luxembourg) 등의 지역을 총칭하는 말이었다. 역사적으로 15세기 중반까지 이 지역은 스페인 영토였다. 1568년부터 네덜란드는 스페인으로부터 독립하기 위한 운동을 벌였다. 80년간의 독립운동 끝에 1648년의 베스트팔렌 조약에 따라 공식적으로 네덜란드의 독립이 인정되었다. 새 나라의 이름은 '7개 네덜란드 통일 공화국'(통일 네덜란드)이었다. 이것은 네덜란드 17주 가운데 홀란드를 비롯한 북부의 7주만이 독립했기 때문이다.

독립 후에도 남부 10주는 여전히 스페인의 지배를 받게 되었으므로 '스페인령 네덜란드'로 알려지게 되었다. 이 상황은 1713년까지 계속되다가 스페인 왕위계승 전쟁 후 위트레크트 조약으로 스페인령 네덜란드가 오스트리아로 이양되어 '오스트리아령 네덜란드'가 되었다.

나폴레옹 전쟁 후 1815년의 빈 회의에서, 유럽 열강국은 프랑스를 견제하기 위해 오늘날의 베네룩스로 구성된 강력한 네덜란드 왕국을 창설하기로 결정하였다. 그 후 벨기에는 베네룩스에서 이탈하여 1830년과 1831년의 런던조약에 따라 독립했으나 룩셈부르크는 1890년 마지막 왕이 사망할 때까지 네덜란드와 유대를 맺고 있었다. 오렌지가의 남계(男系)만이 룩셈부르크의 왕을 잇는 전통 때문에 1890년 여왕이 네덜란드 왕위를 계승하자 여왕의 통치를 거부하는 룩셈부르크가 네덜란드로부터 분리 독립하였다.

그 동안 홀란드와 네덜란드는 동의어처럼 사용되어 예컨대 네덜란드인이 표류해 왔던 일본에서는 네덜란드를 '화란(和蘭)'이라 불렀다. 이것은 잉글랜드(England)와 영국(Britain)이 동의어로 되어 있는 것과 같다. 따라서 현재의 북홀란드, 남홀란드라는 지명이 네덜란드 국명과 혼동되기 쉬운 것도 사실이다. 우리나라 일부에서도 홀란드 또는 화란이라는 호칭을 관례적으로 사용하고 있긴 하지만 네덜란드라는 표기가 더 정확한 것이다. 그것은 '네덜란드 왕국'이라는 국명을 사용하는 네덜란드 정부의 공식 입장과 부합되기 때문이다.

정권을 독단하였다. 기즈가는 프로테스탄트를 심하게 탄압했으나 그들은 이에 굴하지 않고 세력 기반을 유지하였다.

프랑소아 2세의 뒤를 이어 그의 동생 샤를르 9세Charles IX(재위: 1560-1574)가 프랑스 왕위를 계승하였다. 그러나 왕의 어머니 카트린Catherine de Médicis(Caterina de Medici, 1519-1589)은 섭정(1560-1563)이 되었을 뿐 아니라 그의 치세 전체에 걸쳐 실권을 행사하였다.

이후 약 30년간 프랑스 정치를 좌우한 카트린은 가톨릭과 프로테스탄트간의 극단적인 대립관계를 이용하여 자기 아들들이 차례로 왕위에 오를 수 있도록 온 힘을 기울였다.

위그노 전쟁 카트린은 첫 조치로 당시 위그노Huguenots로 알려진 프랑스 프로테스탄트에게 제한된 범위이긴 했지만 종교적 자유를 부여하는 칙령을 공포하였다. 위그노는 프랑스 인구의 10분의 1미만으로 극소수였으나 부유하고 활동적인 상공 시민 계층과 전투적인 부농 계급이었기 때문에 수에 비해서 막강한 실력을 가진 집단이었다.

칙령에 표현된 중도(中道) 정책은 더 완전한 자유를 원하는 위그노에게나 더 강력한 탄압을 바라는 가톨릭에게 다 같이 불만스러운 것이었다. 이에 양파의 극렬 분자들은 서로 상대방 교회를 습격하는 난동을 부렸다.

1562년 가톨릭측의 제3대 기즈 공(公) 앙리(Henri I de Lorraine, 1550-1588)는 카트린에게 칙령을 철회하도록 압력을 가하였다. 이에 대해 프로테스탄트측에서도 무력으로 신앙을 수호하려고 하였으므로 양파간에 전쟁이 일어났다. 1562년 바시Vassy의 학살에서 가톨릭측이 위그노를 살상함으로써 위그노 전쟁(1562-1629)이 촉발되었다.

그 후 위그노측과 가톨릭측은 각각 영국과 스페인과 같은 외국세력까지 끌어들여 격렬한 싸움을 계속하였다. 1570년 휴전조약(생 제르맹St Germain 조약)을 체결하여 한때나마 타협이 이루어졌다. 조약을 더욱 확실하게 굳히기 위해 그들은 양파 간의 혼인을 성립시켰다. 가톨릭측에서 내세운 신부 샤를르 9세의 여동생 마르그리트Marguerite(Reine Margot, 1553-1615)와 프로테스탄트측에서 내세운 신랑 나바르 왕 앙리 Henri de Navarre(1553-1610)가 1572년 결혼식을 거행하게 되었다. 카트린은 그 기회를 이용하여 위그노 지도자들을 없애면 프랑스 왕권을 안전하게 지킬 수 있을 것이라고 생각하였다. 나바르 왕 앙리는 1594년 앙리 4세로 왕위에 올랐다.

바르톨로메오 학살 결혼식 직후 성 바르톨로메오 축일(8월 24일) 새벽 종소리를 신호로 일제히 프로테스탄트들을 학살하였다. 위그노 학살은 지방에

성 바르톨로메오 축일의 학살

까지 번졌다. 위그노는 항쟁을 계속했지만 이 학살 결과 위그노 세력은 대체로 프랑스 일부 지방에 국한되고 말았다.

학살 이후 샤를르 9세가 서거하자 1574년 새 왕 앙리 3세Henri III(재위: 1574-1589)가 즉위하였다. 앙리 3세의 건강은 좋지 않았고 그에게는 아들이 없었다. 기즈 공 앙리는 가톨릭 연맹을 결성하여 위그노파를 탄압하였다. 기즈 공 앙리는 왕위가 나바르 왕 앙리에게 돌아가는 것에 반대했고, 이로 인해 앙리 3세, 기즈 공 앙리, 나바르 왕 앙리 사이에 '세 앙리의 전쟁'이 일어났다.

앙리 3세는 처음에 가톨릭 연맹의 세력에 이끌려 기즈 공 앙리와 행동을 같이 하였다. 그러나 점차 그의 지시를 받는데 싫증이 난 앙리는 기즈 공을 살해하였다. 또한 앙리 3세 자신도 기즈 공 일파의 자객 도미니코파 수도성직자의 손에 암살되고 말았다. 결국 세 앙리 가운데 나바르 왕만이 살아 남았다. 그가 바로 앙리 4세Henri IV(대왕, 1589-1610)이다.

부르봉 왕조의 성립 발로아 왕조는 앙리 3세를 끝으로 단절되고 부르봉Bourbon 왕조가 시작되었다. 앙리 4세는 즉위 후 반대세력을 포섭하기 위해 가톨릭으로 개종하였다.

앙리 4세는 1598년 스페인과의 전쟁을 끝낸 해에 낭트Nantes 칙령을 공포하였다. 이 칙령에 따라 모든 프로테스탄트에게 종교적 신앙의 자유와 정치적 권리가 부여되었다.

그럼에도 프랑스 내의 프로테스탄트의 저항은 17세기초까지 계속되었다. 따라서 프랑스 정부는 프로테스탄트에 대한 압박을 계속하였다. 앙리 4세를 계승한 루이 13세(1610-1643)시대에 18년간(1624- l 642) 정치적 실권을 장악한 추기경 리슐리외Richelieu(Armand Jean de Plesis; 'Eminence Rouge', 1585-1642)는 프로테스탄트 세력을 분쇄하기 위해 라로셸La Rochelle을 점령하였다(1627-1628).

1년간의 전쟁으로 프로테프탄트측은 패배하고, 위그노는 이후 정치적 세력을 상실하고 다만 종교적 자유만을 향유하는 데 그쳤다. 위그노 전쟁은 1629년 그라스Grace 칙령으로 실질적으로 끝났다.

C. 30년 전쟁

종교동란 중 최후 최대의 것은 30년 전쟁이다. 이 전쟁으로 스페인과 그 동맹국가, 특히 오스트리아의 합스부르크가는 큰 타격을 받았으며 그 대신 프랑스가 유럽의 새로운 지배세력으로 등장하게 되었다.

30년 전쟁(1618-1648)의 발단은 동유럽 일부 지역에 있었으나 이 전쟁은 점차 각국의 대내외 정세와 복잡하게 얽혀 국제적 규모로 확대되었다.

전쟁의 배경 전쟁이 복잡해진 배경에는 여러 가지 문제들이 있었다. 첫째, 1555년의 아우구스부르크 강화조약이 미해결로 남겨 놓은 종교적 문제가 있었다. 이 조약 이후 프로테스탄트로 전향한 제후는 더 이상 가톨릭측 재산을 점거할 수 없게 되었다. 더 큰 쟁점은 16세기 중반 이후 상당한 교세를 확립한 칼뱅파에 대해 여전히 종교적 관용이 이루어지지 않은 것이었다. 둘째, 정치적 문제로는 전반적으로 강력한 중앙 집권적 국가가 형성되는 추세에 있었는데도 서유럽의 핵심부인 독일 지방은 신성로마 황제의 선출과정 때문에 분립(分立) 상태로 방치되어 있었다.

셋째, 여러 나라가 발트해 연안을 제각기 정치적 경제적으로 중요시하고 서로 발트해로 진출하려고 하였다. 발트해에 인접한 덴마크와 스웨덴은 같은 프로테스탄트 국가임에도 정치적으로나 경제적으로 경쟁 상대였다. 더욱이 신성로마 제국이 발트해를 필요로 하는 데 대해 스페인 역시 발트해 연안 일대를 해군기지로 삼으려 하였다. 뿐만 아니라 프랑스와 영국 및 네덜란드 역시 발트해 연안을 중심으로 통상 이익을 증진시키려고 하였다. 넷째, 전통적인 왕조 간 대립의 문제가 있었다. 프랑스는 발로아 왕조 이래 전통적으로 독일(합스부르가)과 왕조적인 경쟁 의식을 갖고 있었다. 프랑스는 나라 주위가 합스부르크가의 영토로 둘러싸여 있다는 피해의식을 갖고 있는 반면 독일 쪽은 우세를 유지하기 위해 프랑스를 꺾어야 하는 과제를 안고 있었다.

이와 같은 배경 아래 시작된 30년 전쟁은 보헤미아 시기(1618-1623), 덴마크 시기(1625-1629), 스웨덴 시기(1630-1635), 프랑스 시기(1635-1648) 등 네 단계로 진행되었다.

발단 애당초 30년 전쟁은 보헤미아에서 시작되었다. 몇 해전부터 이미 프로테스탄트와 가톨릭 사이의 대립은 시작되고 있었다. 1608년 칼뱅파인 팔츠 선제후(Pfarz; Palatinate 選帝侯, 1610-1623)인 프리드리히 5세 Friedrich V('겨울 왕', 1596-1632)를 지도자로 하는 프로테스탄트 동맹이 결성되고, 1609년 바바리아Bayern; Bavaria 공 막시밀리안1세 Maximilian I(1573-1651)를 우두머리로 하는 가톨릭 연맹이 결성되었다.

프로테스탄트측이 우세한 보헤미아에서 종교적 관용이 거부되자 1618년 지방(체코) 귀족들이 신성로마 황제 마티아스Matthias(재위: 1612-1619)에 대한 반란을 일으켰다. 보헤미아인은 프라하 왕궁에 침입하여 종교적인 관용뿐 아니라 정치적 독립까지도 쟁취하려고 하였다. 그들은 합스부르크가의 지배를 거부하고 신왕(新王)으로 프리드리히 5세를 추대하고자 하였다.

그러나 1619년 황제 마티아스가 죽은 후 페르디난트 2세Ferdinand II(1578-1637)가 즉위하여 가톨릭 연맹의 도움과 스페인 지원군을 얻어 프리드리히 5세측을 격파하였다. 반란은 진압되고(1620) 프리드리히의 영토는 바바리아에 편입되었다. 스페인의 필립 4세Philip IV(재위: 1621-1665)는 이 기회를 이용하여 네덜란드를 정복하려고 하였으나 프랑스와 영국이 네덜란드를 도왔기 때문에 실패하고 말았다.

덴마크 시기 일단 끝난 듯이 보인 전쟁은 덴마크의 간섭으로 재연되었다. 덴마크의 크리스티안 4세Chiristian IV(재위: 1588-1648)는 덴마크 및 노르웨이의 왕일 뿐 아니라 홀슈타인Holstein 공으로서 신성로마 제국의 구성원이었다.

크리스티안 4세는 루터파로, 독일 프로테스탄트가 점거한 카톨릭 재산을 지키고자 하였다. 그는 북독일 지방의 프로테스탄트측을 원조하려고 했을 뿐 아니라 북해의 항구들을 세력권 안에 넣으려고 하였다.

그러나 1625년 독일에 침입한 그의 군대는 페르디난트 2세의 지휘관 발렌슈타인Albrecht Wenzel von Wallenstein(1583-1634) 군대에 의해 패퇴되었다. 발렌슈타인 군대는 각국에서 모인 잡당으로 신앙의 구별 없이 편성된 약탈 위주의 용병에 불과하였다. 크리스티안 4세는 1629년의 뤼벡Lübeck 조약으로, 신성로마 제국의 제후로서 가졌던 독일내의 특권을 상실하고 말았다.

한편 신성로마 황제 페르디난트 2세는 이러한 가톨릭측의 군사적 성공에 고무되어 1629년 반환령(返還令)을 공포하였다. 아우구스부르크 평화조약 이래 프로테스탄트에게 넘어간 모든 가톨릭 교회 재산을 원상으로 회복시켜야 한다는 것이었다. 그것은 두 세대 이상이나 프로테스탄트측이 소유했던 재산, 특히 독일의 가장 부유한 일부 지방의 재산이 다시 프로테스탄트의 손을 떠난다는 것을 의미하였다. 그로 인하여 프로테스탄트측은 종교적 자유를 잃었을 뿐 아니라 북독일에서 영토상의 우월권을 상실하게 되었다.

스웨덴 시기 전쟁은 스웨덴의 간섭으로 속개되었다. 1611년 왕이 된 스웨덴의 구스타부스 아돌푸스Gustavus Adolphus(1594-1632)는 열광적인 프로테스탄트였다. 그는 정치적으로는 영토를 확대하고 발트해를 지배하려고 하였다. 독일 지방에 침입한 스웨덴군이 계속 승리하였으므로 페르디난트 2세는 발렌슈타인을 다시 등용하였다.

구스타부스 아돌푸스군은 바바리아로 진격하여 뮌헨을 함락시키고 계속 빈으로 향해 진격하였다. 1632년말 뤼첸Lützen 격전에서 발렌슈타인군을 격파했으나 스웨덴 왕 자신은 전사하고 말았다.

스웨덴군은 왕의 전사에도 불구하고 전쟁을 강행하여 독일을 황폐하게 만들었다. 뇌르틀링겐Nördlingen 격전(1634)에 이어 발렌슈타인이 살해되었으므로 페르디난트 2세도 휴전하지 않을 수 없게 되었다. 마침내 1635년 프라하 휴전으로 프로테스탄트 제후들과의 타협이 이루어졌다.

프랑스 시기 이러한 타협적인 휴전은 프랑스의 재상 리슐리외가 개입함으로

「전쟁의 참화」(1633) 자크 칼로Jaques Callot의 판화
30년 전쟁 동안 자행된 용병들의 만행.

써 끝났다. 이리하여 30년 전쟁은 프랑스가 주도하는 새로운 국면으로 접어들었다. 리슐리외는 합스부르크 왕조를 패퇴시켜야만 프랑스가 안전하다고 믿고 있었다. 1635년까지 비밀리에 독일의 프로테스탄트 제후와 스웨덴측을 원조한 그는 이제 공공연하게 합스부르크가에 도전장을 내밀게 되었다.

프랑스는 독일 제후들로 하여금 신성로마 황제 군과 싸우게 하고 남쪽으로는 스페인을 공격하였다. 스페인은 이때 이미 포르투갈을 잃고 남네덜란드와 이탈리아의 소유지를 겨우 유지하고 있었다.

한편 신성로마 황제인 오스트리아의 페르디난트 3세Ferdinand III(재위: 1637-1657)는 독일 제후들의 공격으로 수세에 몰리게 되었기 때문에 휴전을 제의하였다. 이에 당사자들은 1641년 베스트팔렌Westfalen; Westphalia 지방에서 휴전하여 4년간 토의를 한 끝에 1648년 베스트팔렌 조약을 체결하였다.

베스트팔렌 조약 이 조약의 내용은 크게 종교적인 면과 정치적인 면으로 나누어졌다. 이러한 양면성 자체가 30년 전쟁의 성격을 설명해 주는 것이다. 먼저 종교적인 면을 보면 첫째, 칼뱅파는 루터파와 똑같은 모든 특권을 향유하게 되었다. 둘째, 1624년 현재로 프로테스탄트이든 가톨릭이든 교회재산을 그대로 유지할 수 있게 되었다. 셋째, 신성로마 제국의 황제재판소에서 루터파와 칼뱅파는 동수(同數)의 재판관 주재 아래 재판을 관장하게 되었다.

정치적 타협은 좀더 복잡한 조항으로 이루어졌다. 첫째, 각 제후는 자기 영내에서 실질적으로 독립주권을 행사하게 되었다. 즉, 각 제후는 신성로마 황제의 간섭을 받지 않고 전쟁과 평화에 관한 외교권을 행사할 수 있게 되었다.

베스트팔렌 조약으로 달라진 영토 상황

둘째, 프랑스는 스트라스부르Strasbourg 자유시 이외에 알자스Alsace 지방의 소유권을 양도받았다. 즉, 메츠 · 투르 · 베르덩 주교구의 소유가 재확인되었다. 셋째, 스웨덴은 포메라니아Pomerania 일부를 양도받아 오데르 강 입구를 장악할 수 있게 되었다. 또 브레멘Bremen 시 주변의 브레멘 주교구를 소유하여 엘베Elbe 강과 베제르Weser 강의 하구지역을 장악하였다.

넷째, 이와 같이 프랑스와 스웨덴은 독일 지방을 양도받게 되어 신성로마 제국 국회에서의 표결권을 갖게 되었다. 그것은 이 두 나라가 장차 독일 내정에 간섭할 가능성이 생겼음을 시사하는 것이었다. 다섯째, 브란덴부르크 Brandenburg는 동포메라니아 및 다수의 주교구를 소유하게 되었다. 이리하여 이 때 이미 후의 프로이센 또는 독일의 국가 발전의 기초가 세워지기 시작하였다. 여섯째, 스위스는 오스트리아 합스부르크가로부터, 네덜란드는 스페인 합스부르크가로부터 각각 독립된 자유국가로 공식적인 승인을 받았다.

30년 전쟁의 결과 1517년 마르틴 루터가 「95개항 논제」를 제시한 이래 1백년 이상의 종교동란 시대는 30년 전쟁을 끝으로 막을 내렸다. 장기간의 전쟁은 사실상 종교적 이유보다는 정치적 이유에서 계속되었으며 이 점은 30년 전쟁에서 가장 잘 예증되었다. 표면상 가톨릭과 프로테스탄트는 종교적 관용을 문제삼았지만 전쟁의 진정한 동기는 정치 · 경제적인 요인에 있었다.

예컨대 리슐리외 추기경과 같은 가톨릭 교회의 고위 성직자가 가톨릭 국가인 스페인이나 오스트리아를 상대로 전투를 한 것은 프랑스의 영토 확장을 위한 목적이나 합스부르크가의 유럽 지배를 억제하기 위한 목적이 더 크게 작용했음을 말해주고 있다. 결과적으로 30년 전쟁이 끝난 17세기 중반 이후 유럽의 패권을 장악한 것은 프랑스였다. 그 후 루이 14세 시대에 이르러 프랑스는 전성기를 누렸다.

30년 전쟁의 결과 중 하나는 근대적인 국제적 외교관계를 수립하게 되었다는 것이다. 근대 국가체제, 국제적 세력균형, 근대적 외교관계 등의 관념은 이미 16세기부터 대두되어 왔으나 신성로마 제국의 우위가 그 실현을 억눌러 왔었다. 그러나 30년 전쟁이 종식된 후 유럽 각국은 동등한 주권행사와 국제관계를 수립하게 되었다.

30년 전쟁 중의 잔인한 학살이나 무차별적인 전투행위는 국가 간의 관계를 규제하는 법, 즉 국제법의 필요성을 깨닫게 하였다. 인도주의적 고려를 우선하는 국제적 관심이 일어나기 시작하고 평화시뿐 아니라 전시의 행위를 규정하게 되는 국제법에 대한 인식이 싹트기 시작한 것이다. 즉, 비(非)전투원 시민에 대한 보호, 병상자의 대우, 또는 무차별 약탈 금지 등과 같은 문제가 국제적 논의의 대상이 되었다.

■ 더 참고할 책 ■

제8장 르네상스와 종교개혁

Becker, M. B., *Civility and Society in Western Europe, 1300-1600* (1988).

Burke, Peter, *Popular Culture in Early Modern Europe* (Torchbooks).

Dickens, A. G., *The Age of Humanism and Reformation* (Prentice-Hall).

Hale, John, *The Civilization of Europe in the Renaissance* (1993).

Huizinga, Johann, *The Waning of the Middle Ages* (Penguin).

Major, J. R., *The Age of the Renaissance and Reformation* (Lippincott).

Rice, Eugene F., Jr., *The Foundations of Early Modern Europe, 1460-1559* (Norton).

Smith, Preserved, *Origins of Modern Culture* (Collier).

1. 르네상스

Adt, C. M., *Lorenzo de' Medici and Renaissance Italy* (Collier).

Allen, J. W., *Political Thought in the Sixteenth Century* (Barnes & Noble).

Baron, Hans, *The Crisis of the Early Italian Renaissance: Civic Humanism and Republican Liberty in the Age of Classicism and Tyranny* (Torchbooks).

Baxandall, Michael, *Painting and Experience in Fifteenth Century Italy* (Penguin).

Berenson, Bernard, *The Italian Painters of the Renaissance*, 2 vols. (Phaidon).

Bergin, Thomas G., *Boccaccio* (1981).

Blunt, Anthony, *Artistic Theory in Italy, 1450-1600* (Oxford).

Boas, M., *The Scientific Renaissance, 1450-1630* (Torchbooks).

Brink, Jean, Alison Coudert, and Maryanne Horowitz, eds., *The Politics of Gender in Early Modern Europe* (1989).

Brinton, Crane, *The Shaping of the Modern Mind* (Mentor).

Brucker, Gene A., *Giovanni and Lusanna: Love and Marriage in Renaissance Florence* (1986).

Burckhardt, Jacob, *The Civilization of the Renaissance in Italy*, 2 vols. (Torchbooks).

Butterfield, Herbert, *The Origins of Modern Science* (Collier). 국역 『근대과학의 기원』(탐구당, 1980).

Butterfield, Herbert, *The Statecraft of Machiavelli* (Mentor).

Chabod, Federico, *Machiavelli and the Renaissance* (Torchbooks).

Clark, Kenneth M., *Leonard da Vinci* (Penguin).

Cole, Bruce, *The Renaissance Artist at Work: From Pisano to Titian* (1983).

Duplessis, Robert R., *Transitions to Capitalism in Early Modern Europe* (1997).

Friedrichs, Christopher, *The Early Modern City 1450-1750* (1995).

Gilmore, Myron P., *The World of Humanism* (Torchbooks)

Ginzburg, Carlo, *The Cheese and the Worms: The Cosmos of a Sixteenth-Century Miller*, tr., by John and Ann Tedeschi (1980).

Goldthwaite, Richard A., *The Building of Renaissance Florence: An Economic and Social History* (1980).

Grendler, Paul F., *Schooling in Renaissance Italy: Literacy and Learning, 1300-1600* (1989).

Gundesheimer, W. L., *The Italian Renaissance* (Prentice-Hall).

Hale, J. R., *Machiavelli and Renaissance Italy* (Torchbooks).

Hanning, Robert W., and David Rosand, ed., *Castiglione: The Ideal and the Real in Rensaissance Culture* (1983).

Harbison, E. H., *The Christian Scholar in the Age of the Reformation* (Scribner's).

Hay, D., *The Renaissance in its Historical Background* (Cambridge U. P.).

Herlihy, David, and Christiane Klapisch-Zuber, *Tuscans and Their Families: A Study of the Florentine Catasto of 1427* (1985).

Hibbard, H., *Michelangelo* (Torchbooks).

Highet, G., *The Classical Tradition: Greek and Roman Influences on Western Literature* (Galaxy)

Hollingsworth, Mary, *Patronage in Renaissance Italy from 1400 to the Early Sixteenth Century* (1994).

Holmes, George, *Florence, Rome, and the Origins of the Renaissance* (1986).

Hughes, Philip, *A Popular History of the Reformation* (Anchor).

Huizinga, Johan, *Erasmus and the Age of the Reformation* (Torchbooks).

Hutchison, Jane C., *Albrecht Dürer: A Biography* (1990).

Kenny, Anthony, *Thomas More* (1983).

Kent, F. W., and Patricia Simons, eds., *Patronage, Art, and Society in Renaissance Italy* (1987).

Klapisch-Zuber, Christiane, *Women, Family, and Ritual in Renaissance Italy* (1985).

Kristeller, Paul O., *The Classics in Renaissance Thought* (Torchbooks).

McLuhan, Marshall, *The Gutenberg Galaxy* (Mentor).

Mallet, M. E., and J. R. Hale, *The Military Organization of a Renaissance State: Venice c. 1400 to 1617* (1984).

Martin, Alfred Von, *The Sociology of the Renaissance*, tr. by W. L. Leutkens (Torchbooks).

Panofsky, Erwin, *A Study in Iconology: Humanistic Themes in the Renaissance* (Torchbooks).

Philips, Margaret M., *Erasmus and the Northern Renaissance* (Collier).

Plumb, J. H., *The Italian Renaissance* (Torchbooks).

Popkin, Richard H., *The History of Scepticism from Erasmus to Descartes*

(Penguin).
Rabb, Theodore K., *Renaissance Lives* (1993).
Ralph, Philip L., *The Renaissance in Perspective* (St. Martin's).
Ridolfi, R., *The Life of Girolamo Savonarola* (Greenwood).
Roover, R. de, *Rise and Decline of the Medici Bank, 1397-1494* (Norton).
Rosand, David, ed., *Titian, His World and His Legacy* (1981).
Sarton, George, *Six Wings: Men of Science in the Renaissance* (Meridian).
Sellery, George C., *The Renaissance: Its Nature and Origins* (Wisconsin).
Schevill, Ferdinand, *The Medici* (Torchbooks).
Skinner, Quentin, *Machiavelli* (1981).
Steinberg, S. H., *Five Hundred Years of Printing* (Penguin).
Symonds, John A., *The Renaissance in Italy*, 5 vols. (Capricorn).
Turner, J. G., ed., *Sexuality and Gender in Early Modern Europe: Institutions, Texts, Images* (1993).
Vallentin, Antonina, *Leonardo da Vinci* (Grosset and Dunlop).
Wölfflin, Heinrich, *Classic Art: An Introduction to the Italian Renaissance*, 3rd ed. (Praeger).
Wolf, A., *A History of Science, Technology and Philosophy in the Sixteenth and Seventeenth Centuries*, rev. ed. (Torchbooks).
김영한 『르네상스의 유토피아 사상』 (1983).
김평중 "북방 휴머니즘이 종교개혁에 미친 영향—에라스무스" 『전북사학』:4 (1980).
곽차섭 "르네상스 Humanism의 해석에 대한 재검토—Kristeller 학파의 수사학적 humanism에 대한 비판을 중심으로" 『역사학보』: 108 (1985).
진원숙 "프로렌스 공화국 전통" 『대구사학』:18 (1980).

▶ 자료

Brucker, Gene A., ed., *The Society of Renaissance Florence: A Documentary Study.*
Cassirer, Ernst, P. O. Kristeller, J. H. Randall, Jr., eds., *The Renaissance Philosophy of Man.*
Chambers, David, and Brian Pullan, eds., *Venice: A Documentary History, 1450-1630.*
Erasmus, *The Praise of Folly.*
Guicciardini, Francesco, *The History of Italy and Other Selected Writings*, tr. by Cecil Grayson.
Kohl, Benjamin G., and Ronald G. Witt, eds., *The Earthly Republic: Italian Humanists on Government and Society.*
Machiavelli, Niccoló, *The Prince; The Discourses*, ed. Max Learner.
Marsilius of Padua, *Defender of Peace*, tr. by Alan Gerwith.
Petrarch, *Epistolae Familiares*, tr. by Thoedore K. Rabb.
Popham, A. H., ed., *The Drawings of*

Leonardo da Vinci (Harvest).

Putnam, S., ed., *The Portable Rabelais: Most of Gargantua and Pantagruel* (Viking).

Richter, J. P., ed., *The Notebooks of Leonardo da Vinci* (Dover).

2. 유럽세계의 확대

Abbot, William W., *The Colonial Origin of the United States* (Wiley).

Arnold, David, *The Age of Discovery, 1400-1600* (1996).

Axtell, James, *The Invasion Within: The Contest of Cultures in Colonial North America* (1985).

Baker, J. N. L., *A History of Geographical Discovery and Exploration*, rev. ed. (1963).

Bentley, Jerry H., and Herbert F. Ziegler, *Traditions and Encounters: A Global Perspective on the Past* (1999).

Brebner, John, *The Explorers of North America, 1492-1806* (Meridian).

Brummett, Palmira, *Ottoman Seapower and Levantine Diplomacy in the Age of Discovery* (1993).

Bohannan, Paul, and Philip D. Curtin, *Africa and Africans*, 3rd ed. (1988).

Braudel, Fernand, *Civilization and Capitalism, 15th to 18th Century*, 3 vols. tr. S. Reynolds (1981-1984).

Bushnell, G. H. S., *Peru* (Praeger).

Callaway, Colin G., *New Worlds for All: Indians, Europeans, and the Remaking of Early America* (1997).

Chaudhuri, K. N., *Trade and Civilisation in the Indian Ocean: An Economic History from the Rise of Islam to 1750* (1985).

Conniff, Michael I., and Thomas J. Davis, *Africans in the Americas: A History of the Black Diaspora* (1994).

Cronon, William, *Changes in the Land: Indians, Colonists, and the Ecology of New England* (1983).

Crosby, Alfred W., *Ecological Imperialism: The Biological Expansion of Europe, 900-1900* (1986).

Curtin, Philip D., *The Rise and Fall of the Plantation Complex: Essays in Atlantic History*, 2nd ed. (1998).

Dale, Stephen Frederic, *Indian Merchants and Eurasian Trade, 1600-1750* (1994).

Davidson, Basil, *The African Slave Trade*, rev. ed. (1980).

Davis, David Brion, *Slavery and Human Progress* (1984).

David, David Brion, *The Problem of Slavery in Western Culture* (Penguin).

Dewald, Jonathan, *The European Nobility, 1400-1800* (1996).

Duplessis, Robert S., *Transition to Capitalism in Early Modern Europe* (1997).

Farris, Nancy M., *Maya Society under Colonial Rule: The Collective Enterprise of Survival* (1984).

Ferguson, Leland, *Uncommon Ground: Archaeology and Early African America*,

1560-1800 (1992).

Fernández-Armesto, Felipe, *Before Columbus: Exploration and Colonization from the Mediterranean to the Atlantic, 1229-1492* (1987).

Frank, Andre Gunder, *ReORIENT: Global Economy in the Asian Age* (1998).

Gernet, Jacques, *China and the Christian Impact*, tr. by J. Lloyd (1985).

Harris, Joseph E., ed., *Global Dimensions of the African Diaspora*, 2nd ed. (1993).

Hilton, Anne, *The Kingdom of Congo* (1985).

Howe, K. R., *Where the Waves Fall: A New South Sea Island History from First Settlement to Colonial Rule* (1984).

Inikori, Joseph E., and Stanley Engerman, ed., *The Atlantic Slave Trade: Effects on Economies, Societies, and Peoples in Africa, the Americas, and Europe* (1992).

Israel, Jonathan I., *Dutch Primacy in World Trade, 1585-1740* (1989).

Jones, E. L., *Growth Recurring: Economic Change in World History* (1988).

Kirkpatrick, Frederick A., *The Spanish Conquistadores* (Meridian).

Lach, Donald, *China in the Eyes of Europe* (Phoenix).

León-Portilla, Miguel, *The Broken Spears: The Aztec Account of the Conquest of Mexico*, rev. ed.. (1992).

Lockhart, James, *The Nahuas after the Conquest* (1992).

Lockhart, James, and Stuart B. Schwartz, *Early Latin America: A History of Colonial Spanish America and Brazil* (1982).

MacCormack, Sabine, *Religion in the Andes: Vision and Imagination in Early Colonial Peru* (1991).

McNeill, William H., *The Pursuit of Power: Technology, Armed Force, and Society since A. D. 1000* (1982).

Manning, Patrick, *Slavery and African Life: Occidental, Oriental, and African Slave Trades* (1990).

Mintz, Sidney W., and Richard Price, *The Birth of African-American Culture: An Anthropological Perspective* (1992).

Nash, Gary B., *Red, White, and Balck: The Peoples of Early America*, 3rd ed. (1992).

Nowell, C. E., *The Great Discoveries and the First Colonial Empires* (Cornell).

Pagden, Anthony, *European Encounters with the New World: From Renaissance to Romanticism* (1993).

Parry, John H., *The Establishment of European Hegemony, 1415-1715* (Torchbooks).

Pearson, M. N., *The Portuguese in India* (1987).

Phillips, William D., Jr., and Carla Rahn Phillips, *The Worlds of Christopher Columbus* (1992).

Postma, Johannes, *The Dutch in the Atlantic Slave Trade, 1600-1815* (1990).

Price, Richard, First-Time: *The Historical Vision of an Afro-American People* (1983).

Rawley, James, *The Transatlantic Slave Trade: A History* (1981).

Robinson, H., *Latin America* (Praeger).

Sale, Kirkpatrick, *The Conquest of Paradise: Christopher Columbus and the Columbian Legacy* (1990).

Sauceau, Elaine, *Henry the Navigator* (Archer Books).

Scammell, G. V., *The First Imperial Age: European Overseas Expansion c. 1400–1715* (1989).

Schwartz, Stuart B., ed., *Implicit Understanding: Observing, Reporting, and Reflecting on the Encounters between Europeans and Other Peoples in the Early Modern Era* (1994).

Stern, Steve J., *Peru's Indian Peoples and the Challenge of Spanish Conquest*, 2nd ed. (1993).

Subrahmanyam, Sanjay, *The Portuguese Empire in Asia, 1500–1700: A Political and Economic History* (1993).

Sykes, P., *A History of Exploration* (Torchbooks).

Sobel, Mechal, *The World They Made Together: Black and White Values in Eighteenth Century Virginia* (1987).

Solow, Barbara I., ed., *Slavery and the Rise of the Atlantic System* (1991).

Subrahmanyam, Sanjay, *The Career and Legend of Vasco da Gama* (1997).

Thornton, John, *Africa and Africans in the Making of the Atlantic World, 1400–1800*, 2nd ed. (1997).

Tracy, James D., ed., *The Political Economy of Merchant Empires: State Power and World Trade, 1350–1750* (1991).

Ungar, Richard W., *The Ship in the Medieval Economy* (1980)

Vansina, Jan, *Paths in the Rainforest: Toward a History of Political Tradition in Equatorial Africa* (1990).

Weber, David J., *The Spanish Frontier in North America* (1992).

White, Richard, *The Middle Ground: Indians, Empires, and Republics in the Great Lakes Region, 1650–1815* (1991).

Wilford, John Noble, *The Mysterious History of Columbus: An Exploration of the Man, the Myth, the Legacy* (1991).

Writley, E. A., *Population and History* (Penguin).

Wrong, George W., *Rise and Fall of New France* (Octagon).

▶ 자료

Curtin, Philip D., *Africa Remembered: Narratives by West Africans from the Era of the Slave Trade.*

Northrup, David, ed., *The Atlantic Slave Trade.*

Parry, John H., ed., *The European Reconnaissance: Selected Documents.*

3. 프로테스탄티즘의 성립

Bainton, R. H., *Here I Stand: A Life of*

Martin Luther (Apex).

Bainton, R. H., *The Travail of Religious Liberty* (Torchbooks).

Bindoff, Thomas, *Tudor England* (Penguin).

Boehmer, Heinrich, *Martin Luther* (Meridian).

Bossy, John, *Christianity in the West, 1400-1700* (1985).

Bouwsma, William J., *John Calvin: A Sixteenth-Century Portrait* (1989).

Broderick, J., *The Origins of the Jesuits* (Greenwood).

Burns, Edward M., *The Counter Reformation* (Princeton).

Chadwick, Owen, *The Reformation* (Penguin).

Cohn, N., *The Pursuit of the Millennium*, rev. ed. (Galaxy).

Courvoisier, J., *Zwingli: A Reformed Theologian* (John Knox).

Daniel-Rops, H., *The Catholic Reformation, Eng.* tr. 2 vols. (Image).

Davis, Natalie Zemon, *Society and Culture in Early Modern France* (Penguin).

Dickens, A. G., *Reformation and Society in Sixteenth-Century Europe* (Harourt Brace Jovanovich).

Elton, G. R., *Reformation Europe, 1517-1559* (Meridian).

Erikson, Erik, *Young Man Luther* (Norton).

Fontaine, Laurence, *History of Pedlars in Europe* (1996).

Fülöp-Miller, René, *Jesuits: History of the Society of Jesus* (Capricorn).

Hall, K., *Cultural Significance of the Reformation* (Meridian).

Harbison, E. H., *The Age of Reformation* (Cornell).

Harkness, G. E., *John Calvin: the Man and His Ethics* (Apex).

Hillerbrand, Hans J., ed., *Radical Tendencies in the Reformation: Divergent Perspectives* (1986).

Hughes, Philip, *A Popular History of the Reformation* (Image).

Huizinga, Johan, *Erasmus and the Age of Reformation* (Torchbooks).

Hurstfield, Joel, *Elizabeth I and the Unity of England* (Torchbooks).

Janelle, P., *The Catholic Reformation* (Christian Classics).

Jones, M. D. W., *The Counter Reformation* (1995).

Kittelson, James M., *Luther the Reformer: The Story of the Man and His Career* (1986).

Marshall. Sherrin, ed., *Women in Reformation and Counter-Reformation Europe: Public and Private Worlds* (1989).

McGiffert, A. C., *Protestant Thought before Kant* (Torchbooks),

McNeill, J. T., *The History and Character of Calvinism* (Galaxy).

Mattingly, Garrett, *Renaissance*

Diplomacy (Torchbooks).

Obermann, Heiko A., *Luther: Man between God and the Devil*, tr. by E. Walliser-Schwartzbart (1989).

O' Malley, John, *The First Jesuits* (1993).

Parker, T. M., *The English Reformation to 1588*, 2nd ed. (Oxford).

Po-chia Hsia, R., ed., *The People and the German Reformation: Approaches in the Social History of Religion* (1988).

Popkin, R. H., *A History of Skepticism from Erasmus to Descartes* (Torchbooks).

Samuelsson, K., *Religion and Economic Action* (Penguin).

Scribner, Robert, *For the Sake of Simple Folk: Popular Propaganda for the German Reformation* (1981).

Schwiebert, E. G., *Luther and His Times* (Concordial).

Spitz, Lewis, *The Protestant Reformation, 1517-1558* (1985).

Tawney, R. H., *Religion and the Rise of Capitalism* (Mentor).

Walker, Williston, *John Calvin: The Organiser of Reformed Protestantism* (Schocken).

Weber, Max, *The Protestant Ethic and the Spirit of Capitalism* (Torchbooks),

Whale, J. S., *The Protestant Tradition* (Cambridge).

Wiesner, Merry, *Women and Gender in Early Modern Europe* (1993).

Williams, Penry, *The Tudor Regime* (1981).

장수한 "Fugger가와 독일의 종교개혁" 『호서사학』 :12 (1984).

장수한 "Martin Luther의 Beruf 개념과 사회체제론" 『영남사학』:1 (1985).

▶ **자료**

Bettenson, H. S., *Documents of the Christian Church*, 2nd ed..

Calvin, John, *On God and Political Duty*, ed., J. T. McNeill.

Erasmus, Desiderius, *Essential Works of Erasmus*, ed. by W. T. H. Jackson.

Hillerbrand, H. J., *The Reformation in Its Own Words*.

Loyola, Ignatius, *The Spiritual Exercises of St. Ignatius*, ed. by R. W. Gleason.

Luther, Martin, *Martin Luther: Selections from His Writings*, ed. by John Dillenberger.

4. 종교동란

Barbour, V., *Capitalism in Amsterdam in the Seventeenth Century* (Ann Arbor).

Bonney, Richard, *The European Dynastic States 1494-1660* (1991).

Cadoux, C. J., *Philip of Spain and the Netherlands* (Archon Books).

Clark, George N.. *The Seventeenth Century*, 2nd ed. (Penguin),

Collins, James B., *The State in Early Modern France* (1995).

Davies, R. T., *The Golden Century of Spain, 1501-1621* (Torchbooks).

Dehio, L., *The Precarious Balance: Four*

Centuries of the European Power Struggle (Vintage).

DeVries, Jan, *The Economy of Europe in an Age of Crisis, 1600-1750* (Penguin).

Dunn, Richard S., *The Age of Religious Wars, 1559-1715*, 2nd ed. (Norton).

Elliott, Johana H., *Europe Divided, 1559-1598* (Torchbooks).

Forster, Robert, and Jack P. Green, ed., *Preconditions of Revolution in Early Modern Europe* (Torchbooks).

Geyle, Pieter, *The Revolt of the Netherlands, 1555-1609* (Barnes and Noble).

Guérard, A., *France in the Classical Age: The Life and Death of an Ideal* (Torchbooks).

Knecht, R. J., *Renaissance Warrior and Patron: The Reign of Francis I* (1994).

Levack, Brian P., *The Witch-Hunt in Early Modern Europe* (1987).

Neale, John E., *The Age of Catherine de' Medici* (Torchbooks).

Ogg, David, *Europe in the Seventeenth Century*, 8th ed. (Collier).

Parker, Geoffrey, *The Thirty Years' War* (1984).

Rady, Martin, *The Emperor Charles V* (1988).

Rice, Eugene F., Jr., *The Foundations of Early Modern Europe, 1460-1559* (Meridian).

Steinberg, S. H., *The "Thirty Years' War" and the Conflict for European Hegemony, 1600-1660* (Norton).

Stoye, James, *Europe Unfolding, 1648-1688* (Torchbooks).

Strauss, Gerald, *Law, Resistance, and the State* (1986).

Thomas, Keith, *Religion and the Decline of Magic* (Penguin).

Thompson, James M., *European History, 1494-1789* (Torchbooks).

Wedgwood, Cicely V., *The Thirty Years' Wars* (Anchor).

Wedgwood, Cicely V., *William the Silent, William of Nassau, Prince of Orange, 1533-1584* (Norton).

▶ 자료

Kossmann, E. H., and A. E. Mellink, *Texts Concerning the Revolt of the Netherlands.*

Rabb, T. K., ed., *The Thirty Years' War: Problems of Motive, Extent, and Effect.*

※더 참고할 책의 최신 목록은 〈blog.daum.net/chasworldhistory〉 참조

제 9 장

절대군주제의 전개

아카데미 프랑세즈 회원들과 함께 한 루이 14세

주요연대

1622-1673	몰리에르
1624-1642	리슐리외 추기경 집권
1625	그로티우스(1583-1645) 『전쟁과 평화』
1628	권리청원
1632	갈릴레오(1564-1642) 『2대우주체계에 관한 대화』
1632-1677	스피노자
1639-1699	라신
1640-1649	청교도 혁명; 장기의회(1640-1660)
1643	루이 14세(1643-1715) 즉위; 수상에 마자랭
1649-1653	프롱드의 난
1649	영국, 찰스 1세 처형
1649-1660	영국, 청교도 공화국
1651	홉즈 『리바이어던』
1653	크롬웰, 호국경
1660	영국, 왕정복고; 찰스 2세(1660-1685) 즉위; 프랑스 루이 14세 친정 시작
1662	영국 왕립학회 설립
1662-1683	콜베르 프랑스 재무장관
1666	런던의 큰 불; 프랑스 학술원
1673	심사율
1685	낭트 칙령 철폐
1687	뉴턴(1642-1727) 『자연철학의 수학적 원리』
1688-1689	명예혁명
1688-1697	아우구스부르크 동맹 전쟁
1689	권리선언; 존 로크(1632-1704) 『정부에 관한 두 논문』
1689-1725	러시아, 피요트르 대제
1694-1778	볼테르
1700-1721	대북방 전쟁
1701-1714	스페인 왕위계승 전쟁; 위트레크트 조약(1713-1714)
1715	루이 14세 죽음
1740-1748	오스트리아 왕위계승 전쟁
1740-1780	마리아 테레사
1740-1786	프리드리히 대왕
1749-1832	괴테
1756-1763	7년 전쟁
1756-1791	모차르트
1759-1805	쉴러
1762-1796	러시아, 에카테리나 2세
1772	폴란드 제1차 분할(2차 1793; 3차 1795)

1550-1770년에 이르는 절대주의 시대는 여전히 중세 봉건제도의 잔재가 남아 있는 구체제의 시대였다. 비록 왕령(王領)국가가 중앙집권에 착수하기는 했지만 정치제도, 경제체제, 법과 관습, 사고방식 등에서 봉건적인 요소들이 여전히 사회를 지배하고 있었다.

17세기 유럽의 정치정세에서 가장 두드러진 점은 프랑스의 국제적 지위가 격상되었다는 사실이다. 16세기에 합스부르크가와 발로아가의 첨예한 대립이 거의 모든 유럽 대륙국가들을 몰아넣는 국제적 전쟁으로 확대되었는데, 그 결과 프랑스가 유럽의 패권을 장악하였다.

절대주의적 군주제는 프랑스뿐 아니라 거의 모든 유럽 국가에서 채택되었다. 그것은 18세기 후반 시민혁명에 의해 무너지기까지 유럽 정치체제의 지배적 형태로 존속하였다. 절대주의를 대두케 한 배경에는 경제 · 종교적 요인들이 있었다.

무엇보다도 절대주의 대두의 주요 요인은 상업혁명이었다. 중상주의 정책으로 국내외의 상업활동을 보호 육성하고 식민제국을 세워 원료 공급지와 해외시장을 확보하였다. 그 결과 군주들은 강력한 병력과 많은 함선을 보유할 수 있게 되고, 왕권 확장을 위해 활용할 수 있는 풍부한 재원을 마련할 수 있게 되었다. 이와 동시에 통상 확장은 강력한 정부의 뒷받침이 있어야 가능했으므로 상공 계층은 전제군주의 권력강화를 지지하였다.

경제적인 요인 이외에 프로테스탄트 종교개혁이 절대군주 국가 대두의 요인이 되었다. 종교개혁으로 인한 교황의 지배력 약화는 상대적으로 군주권을 강화시켰는데, 이는 특히 영국이나 유럽 북방지역에서 두드러졌다.

1. 프랑스의 절대주의

정치적 절대주의는 비단 17세기의 산물만이 아니다. 절대왕권을 합리화하는 왕권신수설은 이집트의 전제군주, 고대 그리스의 알렉산드로스 대왕, 로마의 카에사르에서도 볼 수 있다. 그러나 절대주의가 분명한 정치적 형태를 취한 것은 17세기 후반에 이르러서였다. 이 때 절대주의는 세련된 철학적 논리를 갖추게 되고 시대 정신의 주류를 이루었다.

이러한 시대적 경향을 가장 잘 대변한 인물이 프랑스 왕 루이 14세Louis XIV(1643-1715)였으므로, 역사가들은 17세기 후반을 '루이 14세 시대'라 부른다. 각국 군주는 다투어 루이 14세를 모방하려고 했으며 당연히 프랑스는 유럽 정치를 좌우하게 되었다.

A. 배경과 기반

1660년부터 1700년까지 프랑스는 유럽 정치에서 우월한 위상을 확보하였다. 그 주요한 이유는 유럽의 정세가 프랑스에게 유리하게 작용했기 때문이었다. 17세기 중반까지의 종교동란과 왕조전쟁은 거의 모든 유럽 지역을 싸움터로 만드는 국제전쟁으로 확대되었다.

스페인은 네덜란드 독립전쟁을 계기로 두드러지게 쇠퇴하였고, 오스트리아는 터키의 위협에 직면했으며, 독일지방은 30년 전쟁의 타격으로부터 회복되지 못하였다. 영국도 역시 혁명의 소란을 겪었다. 이러한 모든 상황은 프랑스에게 유럽 패권의 기회를 주었다.

루이 14세는 유럽에서의 가장 강력한 절대주의 국가를 건설하여 반세기 이상 국제정치를 좌우하였다. 그가 주장한 왕권신수설은 17세기에 널리 받아들여져 1660년대까지는 스위스와 일부 이탈리아 국가 및 네덜란드를 제외한 거의 모든 유럽 나라들이 절대군주제를 채택하였다. 루이 14세가 수립한 절대군주제는 하나의 모델로 18세기 후반까지 지배적인 정치형태로 존속하였다.

베르사유 궁의 궁중문화와 프랑스 문학과 예술은 전유럽에 영향을 미쳤다. 프랑스는 사교와 유행의 중심지로 다른 나라 국민들이 부러워하는 나라가 되었다.

절대주의의 합리화 16세기 후반 이래 정치이론은 주로 국가의 최종 권한인 주권 소유문제를 중심으로 한 것이었다. 이 문제와 관련하여 왕권의 절대성을 주장한 것은 마키아벨리였다. 그는 『군주론』을 통해 강력한 군주 통치를 지지하였다. 이와 같이 군주의 절대적인 주권행사를 뒷받침한 논리가 절대주의(Absolutism)이다. 16세기말 보댕Jean Bodin(1530-1596) 역시 『국가론』(1576)을 통해서 절대주의를 강조하였다.

마키아벨리나 보댕보다 더 치밀하게 절대주의를 정치철학적으로 합리화한 사람은 홉즈Thomas Hobbes(1588-1679)이다. 그는 왕권의 우월성을 계약설로 합리화하였다. 그의 대표적 저술 『리바이어던』에 따르면 인간이 자연상태를 탈피하기 위해서는 자신의 권리를 포기해야 하며, 이는 왕의 절대적 권위를 인정함으로써 가능하다는 것이다.

왕권신수설 17세기 절대주의의 근거로 제시된 왕권신수설(Divine Right of Monarchy)은 신이 왕권을 부여했기 때문에 왕만이 지상에서 가장 우월한 존재라는 주장이다. 이 견해에 따르면 왕은 절대적이며 아무런 제약을 받지 않고 권력을 행사할 수 있다.

보쉬에 주교

17세기초 루이 14세 아들의 개인교사인 모Meaux 주교 보쉬에Jacques Bossuet(1627-1704)가 『성서에 근거한 정치』라는 저술에서 절대왕권을 강력히 옹호하였다. 그에 따르면 왕은 모든 법을 초월한 존재이며 신의 이미지이다. 따라서 왕은 신에 대해서만 책임을 지며 백성이나 지상의 누구에게도 책임을 지지 않는다. 그러므로 신하가 왕의 행위에 이의를 제기하는 것은 신성모독이며 중죄라는 것이다.

17세기의 지배자들 역시 저술을 통해 직접 자신의 절대군주제를 합리화하려고 하였다. 영국의 제임스 1세(재위:1603-1625)와 프랑스의 루이 14세는 대표적인 예이다. 루이 14세는 왕이야말로 신의 지시에 따라 움직이는 유일한 입법관이며 사법관이요, 국민의 행정관이라고 선언하였다.

그는 왕의 절대적 재가권(裁可權)에 관해 이와 같이 말하였다. "결정하는 권리를 신하에게, 또는 명령하는 권리를 백성에게 귀속시키는 것은 사물의 참다운 질서를 문란케 하는 것이다. 심의 또는 결정의 권리는 오로지 우두머리인 왕에게 귀속되어 있다. 신하의 권리는 그들에게 주어진 명령을 효과적으로 수행하는 데 있다."

루이 14세는 보쉬에의 논리에 따라 "신하가 군주에 대해 반란을 일으킨다면 비록 군주가 악인이든 압제자이든 항상 영원한 죄를 짓는 것과 같다"고 말하고, "왕은 절대군주이므로 당연히 신하들의 재산을 자의적으로 처분할 수 있는 권한을 가지고 있다"고 강조하였다.

물론 17세기초에는 절대군주제를 반대하는 목소리도 없지 않았다. 독일의 칼뱅파 알투시우스Johannes Althusius(1557-1638)는 신정(神政) 국가론을 내세워 절대주의를 공격하였다. 또 추기경 벨라르미노Roberto Bellarmino(1542-1621)와 예수회 신부 수아레스Francisco Suárez(1542-1621)는 교황의 권리만이 신이 내리신 것이라고 주장하면서 왕권신수설을 반대하였다.

루이 14세의 절대주의 1643년 즉위한 루이 14세는 반세기 이상 각종 회의를 직접 주재하고 일상적 잡무까지도 직접 보살피면서 정력적으로 직무를 수행하였다. 그는 강력한 군주권을 행사했기 때문에 '태양왕' (Le Roi Soleile) 혹은 '대군주' (Grand Monarque)라는 말을 들었다. "나는 곧 국가이다"(L'état, c' est moi)라는 말은 루이 14세의 행동강령을 잘 요약해 준다.

루이 14세가 절대군주로서의 위신과 권위를 높이게 된 기반에는 몇 가지 요인이 있었다. 우선 17세기 중반 유럽의 전반적 정세를 생각할 수 있다. 유럽에서 다년간 계속된 내란과 종교적 충돌로 사람들은 평화와 안정을 갈망하게 되었다. 루이 14세는 이러한 사회적 요청에 부응하여 귀족 · 시민 · 농민 상호간의 갈등이나 분파를 억제하고 계층간의 균형을 유지하도록 하였다.

루이 14세의 절대왕권론

루이 14세는 1660년대 후반에 때때로 자신의 체험을 메모해 두었다. 다음은 왕자에 대한 지침으로 왕권의 절대성을 주장한 것으로 주목된다.

복종이란 마땅히 왕에게 바쳐야 한다. 왕이 하고 싶은 일은 무엇이나 할 수 있다. 아무리 군주가 나쁘다 해도 백성이 왕을 배반하는 것은 항상 악질적 범죄라는 데 동의하지 않을 수 없다. 인간에게 왕을 준 신의 의도는 왕이 신의 대리인으로 존중되고, 왕의 행실을 따져 묻는 권한이 오직 신에게만 있다는 것이다. 백성으로 태어난 사람은 누구나 아무런 조건 없이 복종해야 한다는 것이 신의 뜻이다. 세상 어디서나 분명한 이 법은 단지 군주 때문에 생긴 것이 아니고 백성 스스로의 행복을 위해 만들어진 것이다. 그런 까닭에 왕의 의무는 종교를 유지하는 데 친히 시범을 보여야 한다는 것이다. 만일 왕이 악덕에 골몰하거나 폭력으로 치달을 때에는 마땅히 받아야 할 존경을 받을 수 없으며 전능 · 신성한 신의 살아있는 이미지로 인정받을 수 없음을 반드시 깨달아야 한다.

왕이 된다는 것은 좋은 일이며, 숭고하고 즐길 만한 일이다. 그러나 고통이나 고달픔 또는 골칫거리가 없을 수 없다. 왕은 열심히 통치에 힘써야 한다. 왕은 나라를 위한 일을 혼자 하고 있는 것이다. 어느 한 사람의 행복은 또다른 사람의 영광이다. 나라가 번영하고 강력해지고 국위가 선양될 때 그 원인인 왕이 영광스러운 것이다. 왕은 결과적으로 인생의 가장 즐거운 것에 대해 그 누구보다도 큰 몫을 차지해야 한다.

다음으로 그는 왕조의 우월성과 국가 지상권(至上權)을 결합시켰다. 1660년 프랑스 인구는 약 1천7백만으로 전유럽 인구의 5분의 1이었다. 이러한 인적 자원을 가지고 있는 프랑스는 30년 전쟁으로 황폐해진 독일이나 청교도혁명으로 혼란한 영국에 비하여 유리한 조건으로 유럽에서 주도적 지위를 지킬 수 있었다. 루이 14세는 다른 나라 왕보다 한층 더 군주권을 강화하고 국내외 중재자로서의 위치를 확고히 할 수 있었다.

끝으로 루이 14세는 강력한 추진력을 가진 인물이었다. 그는 왕으로서의 자질을 십분 발휘하였다. 학식은 대단치 않았으나 그에게는 강한 자제력과 의지가 있었다. 그는 확고한 결의와 대담성을 가지고 직무수행에 정력을 쏟았다. 특히 1661년 마자랭 사후 루이 14세는 22세의 젊은 나이에 직접 재상(宰相)을 겸하고 즐기면서 왕의 업무를 수행하였다.

리슐리외 추기경

리슐리외와 마자랭 루이 14세의 친정(親政)이 시작되기 이전에 이미 프랑스 절대주의의 기초는 상당히 다져져 있었다. 그것은 두 사람의 유능한 정치가에 의한 것이었다. 한 사람은 루이 14세가 왕위에 오르기 전 재상이었던 리슐리외 추기경, 또다른 사람은 왕이 친정으로 들어가기 직전까지 재상을 지낸 마자랭Giulio Mazarin(1602-1661)이었다.

리슐리외는 루이 13세 시대의 재상으로 18년간 프랑스의 정치적 실권을 장악하였다. 그가 재상으로 취임한 1624년 이래 프랑스 역사는 리슐리외의 이력서와 같은 것이었다. 절대주의는 국가정책으로 수립되었다. 봉건제후의

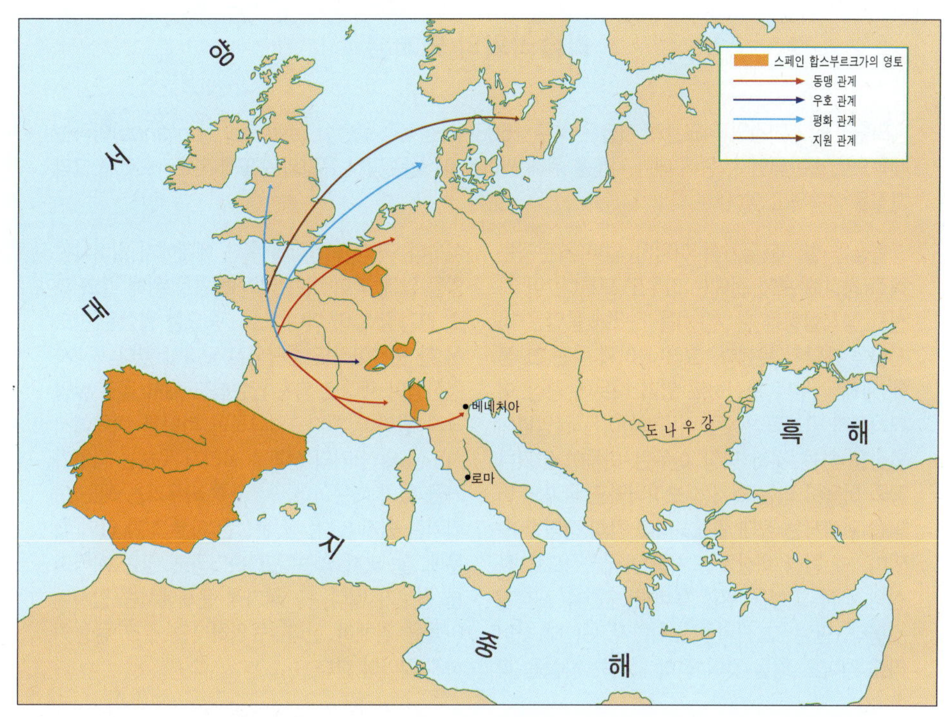

리슐리외의 스페인 봉쇄정책

성이 차례로 공격되고 지방 자치권은 축소되었다. 중세 이래 대의기관이었던 신분회(états-généraux)의 발언권은 봉쇄되었다.

리슐리외는 대외정책에서도 역시 성공하였다. 프랑스는 30년 전쟁에 개입함으로써 합스부르크가에게 결정타를 가하고 유럽 최강국으로서 국제적 지위를 확립하였다. 그는 의지와 결단의 인물로 마키아벨리의 『군주론』을 몸소 실천에 옮긴 정치가였다. 강압적 태도로 봉건제후와 프로테스탄트들을 꾸준히 탄압하여 많은 적을 만들었으나 그는 적대(敵對)에는 복수로, 간계(奸計)에는 속임수로 맞대응하여 국가적 통합과 국위 선양을 위해 수단과 방법을 가리지 않았다.

리슐리외가 죽은 다음해인 1643년 루이 13세 역시 서거하고 프랑스 왕위는 불과 다섯 살 된 루이 14세에게 이어졌다. 어린 왕을 대신한 모후(母后) 섭정 기간에 마자랭이 재상직에 있었다. 이탈리아 출신의 법률가이며 추기경인 마자랭은 전임(前任) 재상 리슐리외의 정책을 계승하여 행정 수완을 발휘하였다. 그는 "개인적으로는 별로 위대하지 않지만 위대한 일을 한 사람들 가운데 한 사람"으로 평가되기도 한다.[1)]

마자랭은 재상으로 재임한 초기의 5년간(1643-1648) 주로 30년 전쟁을 속행하는 데 관심을 두었고, 후반 5년간은 프롱드Fronde난을 진압하는 데 집중하였다.

1) J. A. R. Marriott, *The Evolution of Modern Europe, 1453-1939* (1957), 155.

리슐리외의 외교론

리슐리외 추기경의 외교관계 저술은 사후 1688년 『정치적 증언』(*Testament politique*)이라는 제목으로 출판되었다. 왕에 대한 자문을 위해 씌어진 이 책은 당시 유럽의 주도적 외교관으로서 그의 자질을 입증하고 있다.

협상을 할 때 국가적 이익이 얼마나 큰지는 직접 경험해 보기 전에는 아무도 모른다. 나 자신도 정책실행을 한 후 처음 5-6년 동안은 이 사실을 깨닫지 못했다. 그러나 이제 나는 그 점에 관해 너무나 확신하고 있기 때문에 항상 어디서든지 공개협상이든 비밀협상이든 끊임없이 협상을 하는 것이 당장 아무런 이득이 없거나 장차 이득이 없는 것처럼 보이더라도 국가의 번영을 위해서는 절대 필요하다고 감히 장담할 수 있다. … 항상 협상하는 사람은 궁극적으로 자신의 목적 달성을 위한 올바른 순간을 포착할 것이다. 만일 그 기회를 포착하지 못한다 하더라도 적어도 잃을 것이 전혀 없다는 사실은 확실하다. 게다가 협상을 통해 세계에서 일어나는 일을 알게 되며 이는 국가 번영을 위해 결코 과소 평가될 일이 아니다. … 중요한 협상은 반드시 한 순간이라도 중단되지 말아야 한다. … 사건진행이 제대로 되지 않는다고 해서 결코 실망하지 말아야 한다. 왜냐하면 마땅한 이유에서 시도된 일이 거의 성과를 올리지 못하는 경우가 가끔 있기 때문이다. … 자주 싸우기는 해도 이기기란 쉽지 않다. … 협상은 아무 죄가 없기 때문에 잘 되지 않는다고 하더라도 얻는 이익이 클 경우가 많다. … 국가적 문제에서는 만사에 이득을 취해야 한다. 유익하다면 결코 등한히 하지 말아야 한다.

프롱드 난 1648년초 마자랭은 왕실 재정을 해결하기 위해 일부 관리의 봉급을 4년간 지급 정지하였다. 이에 대해 여러 기관에서 항의했는데, 특히 파리 고등법원은 요구사항을 제시하였다. 그들은 지사(intendant)직 폐지, 신직(新職) 창설금지, 과세 승인권, 인신보호법 제정 등을 요구하였다.

마자랭은 이에 파리 고등법원 고위층을 체포함으로써 오히려 민중 봉기를 야기하였다. 파리 시민의 봉기로 마자랭과 왕족은 파리에서 도망쳤다. 마자랭은 고등법원의 불만 해결을 약속한 후 1649년 파리로 돌아왔다.

그러나 문제가 완전히 해결된 것이 아니었다. 1649년 여름 봉기는 전 프랑스로 번져 옛 위그노 근거지인 서남부에서 격렬한 농민 반란이 일어났다. 이것이 프롱드 난이다.

다음 3년간 주로 귀족계급의 음모와 이합집산의 결과 정치적 혼란이 오고 불안이 끊임없이 계속되자 마자랭은 국민의 좌절감을 이용하여 군주권의 위상을 회복하였다. 그는 무력으로 파리를 굴복시키고 군사력을 사용하여 지방의 반란을 대부분 진압하였다.

14세의 루이 14세는 1652년 모후 섭정을 끝내고 왕의 친정을 선포하였다. 드디어 다음해 귀족들이 굴복하였다. 농민들은 간헐적인 저항을 수년간 계속했지만 프랑스 왕권은 절서 회복의 기틀을 잡게 되었다.

루이 14세의 친정 1661년에 이르러 루이 14세는 친정체제를 확고히 하였다. 그는 극히 사소한 일까지 직접 관장하는 정력적인 집무를 하였다.

루이 14세

루이 14세의 행정체제는 고도로 집권적이며 복잡한 구조를 가지고 있었다. 국가 행정은 국가회의(대외정책, 전쟁과 평화를 결정), 문서발송회의(국내정책 수행), 재정회의, 추밀회의(樞密會議: 국왕법정으로서 최종항소를 다루고 확정) 등 네 회의를 통해 실행되었다. 네 기관의 권한은 프랑스 국내의 모든 지방에까지 적용되었다. 지방행정은 도지사가 문서발송회의와 긴밀한 연락을 취하면서 수행하였다. 모든 사항은 왕의 재가를 받아야 하며, 관리들은 왕의 지시에 복종하기만 하면 되었다.

그러나 강력한 중앙집권적인 국가 행정체계에도 불구하고 권한은 중복되고 절차가 복잡하여 관리들이 창의성을 발휘할 수 없었다. 제반행정은 왕이 직접 주재하는 회의에 의존하게 되므로 세부에 이르기까지 왕의 권한이 직접 미쳤다.

베르사유 궁전 왕권 행사의 중앙무대는 호화로운 궁전이었다. 이미 1500년대 후반에 스페인의 필립 2세는 마드리드 교외 에스코리알Escorial에 대규모 궁전을 지은 바 있었다. 그로부터 약 1세기 후 프랑스 왕 루이 14세는 화려한 베르사유Versailles 궁전을 건축하였다. 그것은 필립 2세의 궁전보다 더 규모가 크고 정교하였다.

베르사유 궁전은 '태양왕'을 위한 하나의 작은 우주였다. 이 궁전은 1669년 파리 교외(郊外) 습지에 건축되기 시작하였다. 정면 약 400m 길이의 궁전

베르사유 궁전 전경

베르사유 궁전의 「거울 방」

에는 아름답게 꾸며진 정원이 있었다. 다양하게 장식된 많은 방들 가운데 가장 유명한 것은 은제(銀製) 왕좌가 있는 '아폴로 살롱'과 '거울 방'이다.

베르사유에는 루이 14세를 중심으로 약 1만5천의 사람들이 살고 있었다. 이곳은 프랑스 상류층이 모인 곳으로 당시 사교계에서는 선망의 대상이 되었다. 여기에서 궁중 귀족은 악덕과 가식(假飾), 사치와 안일에 빠진 생활을 하였다. 왕은 낮에 산책과 수렵을 즐겼고 밤에는 연회와 무도회를 열었다. 베르사유 궁전은 아름다움과 기지(機智), 사교와 에티켓, 연극과 문학이 가득한 곳이기도 하였다.

루이 14세의 궁중 생활은 이웃나라 군주들에게 하나의 모델이 되었다. 프랑스 궁중에서의 유행, 프랑스어, 베르사유 예법은 유럽 귀족사회의 표준이었다. 루이 14세 자신은 청년시절에 소설과 시를 애독하고 춤과 스포츠에 열중한 바 있으므로 문학과 예술의 후원에 인색하지 않았다. 이리하여 루이 14세의 치세에 '프랑스 영광의 세기'가 실현되었다.

파리의 살롱에 모인 계몽사상가들

파리 문화 베르사유에 필적하는 문화의 중심지는 수도 파리였다. 베르사유는 궁중문화, 파리는 대중문화를 각각 대표하였다. 문화 중심이 정부와 민중으로 갈라진 것이 궁극적으로 프랑스 혁명을 야기하는 원인이 되기도 하였다.

베르사유 궁전은 남성 중심의 사교계였다. 고도로 세련된 상냥함과 예법을 몸에 익혔음에도 베르사유 궁전에서 여성은 사회적으로나 문화적으로 독립된 위상을 부여받지 못하고 단지 남성의 부속물에 불과하였다.

그러나 파리에서는 여성의 역할이 이와 달랐다. 여성은 살롱의 주인공이었다. 계몽사상시대부터 많은 사상가들이 여러 살롱의 단골로 드나들었다. 살롱은 다른 사회적 배경을 가진 여러 층의 사람들이 섞여 정치논의나 자유분방한 해학을 표현할 수 있는 분위기를 가지고 있었다.

베르사유 궁전이 공식적이며 딱딱한 분위기인데 반해 살롱은 자유롭고 친숙한 분위기를 자아냈다. 몰리에르 작품은 베르사유 궁전에서는 겨우 1669년에 상연이 허용될 정도로 인기가 없었으나 이에 비해 파리에서는 대성황을 이루었다.

여성이 파리에서 결정적으로 우월한 지위를 차지한 것은 1789년 프랑스 혁명이 일어난 후였다. 그리고 혁명의 결정적 전환점이 여성들의 베르사유 행진이었다.

B. 군사적 변화

16 · 17세기의 끊임없는 전쟁은 전투방식이나 군 편성에 혁명적 변화를 초래하였다. 14세기 이래 사용되었으나 그다지 효과를 거두지 못한 화약이 16세기 이후에는 전쟁에서 핵심 역할을 하게 되었다. 화약은 총포 제조업과 같은 새로운 산업을 촉진시켰을 뿐 아니라 전술의 변화를 가져오는 계기가 되었다.

무기와 전술의 발달과 함께 군의 규모, 편제, 계급제도가 달라졌다. 각국은 징병제를 채택하였다. 군 복무연한이나 군대생활에도 변화가 왔다. 군의 기율은 처벌이나 투옥으로 강화되고 심지어 탈영시에는 사형까지 집행되었다.

전술의 변화 성곽이나 성벽은 폭약의 위력 앞에 무력해졌으며 포위작전이 주요 전술로 등장하였다. 포위전은 비용이 많이 드는 전술이었으나 18세기말까지 계속된 중요 작전 방식이었다. 화약에 의한 폭파에 견디기 위해 호(濠)나 성을 한층 정교하게 만들게 되었다. 대포의 표적에서 벗어나고 접근전을 막기 위해 성벽은 5각형 별 모양으로 축조되었다. 별 모양 성의 대표적 예는 북프랑스 릴Lille 성에서 볼 수 있다.

총이나 대포가 나옴으로써 기병 대신 보병의 역할이 중요해졌다. 1500년경 선보인 새로운 보병 전술은 스페인군에 의해 완성되었다. 이 전술로 스페인군은 페르난도 2세(아라곤 왕) 이래 약 1세기간 유럽 최강을 자랑하게 되었다.

이것은 4각형 단위 편성의 보병부대를 대량 투입하는 작전이다. 총포로 무장하는 것은 비용이 많이 들었으므로 모든 보병이 총을 가지지는 못하고 창병(槍兵)이 섞인 대열을 편성하였다.

전술 변화의 이정표는 전쟁사에 천재 중 하나로 기록될 스웨덴 왕 구스타부스 아돌푸스가 도입한 '살보' salvo 전법이었다. 병력과 기동성을 다 함께 고려한 '살보' 전법은 소단위로 편성된 소총부대가 가하는 일제사격이었다. 지금까지는 한 줄로 선 소총병들이 교대 발포했는데 '살보' 전법에서는 전 소총부대가 동시에 발포하였다. 이는 적군 전체를 한꺼번에 괴멸시키는 무서운 전법이었다.

군대 조직의 변화 전술 변화에 따라 군 편성방식에도 변화가 왔다. 편성단위가 많을수록 전쟁의 효과는 더 컸다. 스페인군은 1560년부터 1640년에 걸쳐 4만에서 6만을 유지하는 데 그쳤으나 스웨덴군은 1632년 15만에 이르렀다. 이 수는 더 늘어나 17세기말 루이 14세는 프랑스의 우위를 유지하기 위해 기본적으로 40만이 되어야 한다고 생각하였다.

병력증강은 병력 동원 방식을 변화시켰다. 병력 증강을 위해 각국은 징병제를 실시하였다. 자원 입대하는 사람도 늘어났으나 진정한 의미의 '자원' 입대는 드물고 대개 징병관이 요구하는 할당인원을 동네마다 채우지 않으면 안 되었다.

징병제와 상비군 가장 먼저 징병제를 실시한 나라는 스웨덴이었다. 1620년말 스웨덴 왕 구스타부스가 이를 도입하였다. 적어도 스웨덴군의 절반이 스웨덴 인으로 구성되어 있어, 지휘관은 휘하 장병을 통솔하기 훨씬 더 쉽게 되었다.

또다른 주목할 만한 것은 상비군이었다. 종래에는 전쟁이 가을에 일단 끝나고 군대를 해산했는데, 이제는 계절에 구애받지 않고 군대를 유지하였다. 상비군 유지는 행정요원과 경비의 대폭적인 증가를 의미하였다. 이는 징세 증가로 연결되었다. 과세는 전체 인구에 모두 영향을 주었으며 특히 하층계급에 큰 부담이 되었다.

계급과 군복 싸움터에서 충분한 기동성이 발휘되기 위해서는 평시 단련과 전시 훈련이 실시되고 군의 엄격한 기율이 필요하였다. 이를 위한 명령계통이 확립되어야 했으며, 17세기에는 오늘날의 영관(領官)급 및 장성 계급이 제도화되었다.

계급과 그에 따른 군복의 발달은 군 장교간 상호 협력정신을 키우게 되었다.

명령계통 확립과 군기 유지를 위해 이용된 최종단계는 처벌이었다. 군기 위반시에는 영창(營倉)이나 매질 등 심한 처벌을 받았으며 탈영 같은 범법행위에는 사형이 언도되었다. 그러나 군기는 원칙상 엄격하게 규정되었지만 실제 실시되는 경우는 드물었다.

C. 중상주의 정책

중상주의(Mercantilism)는 상업활동이 국가의 부를 증가시키는 가장 확실한 수단이라는 내용을 골자로 한 주장이다. 그것은 봉건사회에서 자본주의 사회로 이행하는 상업자본주의 시대의 경제이론이며 정책이었다. 중상주의 정책에 따라 국가 전체의 부(富) 증대가 우선시되고 그 대신 개인의 자유로운 경제활동은 통제되었다. 국가에 의한 상공업 통제정책인 중상주의의 근본목적은 자기 나라를 이웃 나라보다 더 부유하게, 더 강력하게 만들겠다는 데 있었다.

이 점에서 경제적 중상주의는 정치적 절대주의와 표리(表裏)를 이루었다. 절대주의 국가는 대내적으로 국민의 경제활동을 통제하고 대외적으로 무역과 식민 운동을 전개하였다. 이 목적을 달성하기 위해서는 흔히 무력과 전쟁에 호소하기도 하였다.

중상주의의 단계 중상주의의 제1단계는 가능한 한 많은 화폐, 즉 많은 금은을 보유하려는 중금주의(Bullionism)의 시기였다. 그런데 프랑스 · 영국 · 네덜란드에서는 금은이 거의 생산되지 않았기 때문에 무역을 통해서만 금은을 축적할 수 있었다.

제2단계는 무역차액제도(Balance of Trade System)의 시기였다. 이 시기에 각국은 수출을 적극적으로 늘리면서 동시에 수입을 억제하여 결과적으로 국가 부의 증가를 도모하였다. 국내 상품의 생산과 국산품 소비를 장려하고 수출을 지원하는 한편, 외국 생산품의 수입을 금지하거나 고율 보호관세를 부과하여 수입품 소비를 억제하였다. 이를 위해 흔히 법령이 제정되었다.

상선(商船)은 평상시에는 외국 상품의 수입과 국내 생산물의 수출로 돈을 버는 운송수단이며, 전시에는 전투용 함선으로 개조되는 등 효용가치가 컸다.

그러므로 각국마다 조선(造船)사업에 힘썼다. 대부분 국가들은 항해법(航海法)을 제정하여 국내선박에 의한 수출입을 통제하였다. 각국 정부는 선원을 양성하고 어로작업을 촉진하며 동시에 식량 자급을 늘리는 한편 수출상품을 다양화하려고 하였다. 이 방면에서 네덜란드는 가장 앞서 있었다. 콜베르 시대의 유럽 상선 2만 척 중 4분의 3은 네덜란드 상선이었다.

제3단계는 중상주의의 후기로 신흥 산업자본가들이 종래의 산업자본가들을 대신하여 활동한 시기이다. 이 시기에 각국은 공업제품을 팔기 위해 해외시장 확보와 무역 주도권 쟁탈전을 벌였다. 보호관세를 실시하면서 식민지 쟁탈을 위한 전쟁도 서슴지 않았다.

콜베르

콜베르주의 중상주의와 일치한 것이 프랑스의 콜베르주의(Colbertism)이다. 이는 정치적으로 독립한 국가라면 경제적으로도 독립해야 한다는 주장이다.

루이 14세는 치세 초기에 재정전문가 콜베르Jean Baptiste Colbert(1619-1683)의 자문을 받아 성공적으로 국가재정을 확장하였다. 1661년 재무총감(Compteur général de finance)에 임명된 콜베르는 증세에 의해서가 아니라 지출 절감을 통해 정부 수입을 증가시켰다.

이를 위해 그는 담세(擔稅) 능력이 있는 모든 계급에게 과세를 균등하게 부담시켰다. 그리고 후진적인 농업과 공업부문을 진흥시키기 위하여 면세와 재정지원 방법을 썼다. 이러한 산업진흥책은 콜베르 정책 중 가장 주목되는 정책이었다.

콜베르주의에는 두 가지 전제가 있었다. 첫째로 국가 안보에 필요한 모든 물자는 국내에서 생산하거나 또는 식민지에서 수입해 올 수 있어야 한다는 것, 둘째로 국가가 번영하기 위해서는 물자를 외국에 수출하고 수입을 최소한으로 억제해야 한다는 것이다. 이와 같은 원칙은 자유주의 무역정책이 널리 채택되기 이전의 무역차액제도를 의미한다.

어쨌든 콜베르주의는 프랑스 절대주의 국가정책에 크게 기여하였다. 수입의존 정책을 지양하기 위해 유럽 각지에서 숙련공을 데려와 프랑스 노동자들이 기술을 습득하도록 하였다. 외국과의 경쟁에서 국내산업을 보호하기 위해 수입품에 대한 고율 관세를 부과하였다. 강력한 통제와 규제를 통해 프랑스 국내 산업이 진흥하고, 도로 · 운하 · 항만 축조를 통해 대외 통상의 여건이 개선되었다.

절대주의의 한계 17세기의 절대주의는 중세의 2원국가와 다른 한편 근대적인 전체주의와도 상이한 체제이다.

중세 후반의 군주국가는 왕이 사회신분 대표자들과 주권을 함께 나누어 갖는 혼합군주제이거나 이들과 협동하여 국가를 통치하는 2원국가이다. 왕은 국정 시행 과정에서 신분대표자 회의의 합의를 도출하고 협력을 구하지 않으면 안 되었다. 프랑스의 신분회(états-généraux) · 영국의 의회(parliament) · 스웨덴의 릭스다크(riksdag) · 스페인의 코르테스(cortés) · 이탈리아의 스타티(stati) 등이 이러한 신분 대표자 회의였다.

그러나 17세기에 이르러 왕권이 제약을 받지 않는 '순수 군주제'(unmixed monarchy)가 수립되었다. 이러한 국가에서 왕의 권한은 절대적인 것이었지만 실제로 국민생활의 모든 분야를 철저하게 장악한 것은 아니다. 또 절대군주는 초법적인 존재임에도 '무법' 정치를 하지는 않았다. 비록 왕은 백성을 다스리는 법을 직접 만들기는 했지만 왕도 역시 신법(神法)이나 자연법에 복종해야 하였다.

실제 정치에서 절대군주들은 주로 수상이나 장관의 재능과 역량에 의존하였다. 그러므로 절대군주 시대에서는 위대한 행정가들이 출현하였다. 프랑스의 리슐리외와 마자랭, 스페인의 올리바레스Conde de Olivares(1587-1695), 영국의 로드William Laud(1573-1645)와 스트래퍼드Thomas Wentforth Strafford(1593-1641), 스웨덴의 욱센셰르나Axel Gustafsson Oxenstierna(1583-1654) 등은 왕을 대신하는 권력을 행사하였다. 이러한 행정가들에 의해 각국의 절대주의 체제의 특색이 결정되었으며 국내외 정책의 근간이 영향을 받았다.

D. 루이 14세의 전쟁

루이 14세의 주요 목적은 절대군주제 확립을 통해 제도 운영을 마음대로 하고 프랑스를 유럽에서 가장 강한 국가로 만드는 데 있었다. 국력 강화의 주요 수단은 무력 양성이었다. 그는 콜베르가 이루어 놓은 풍부한 재원을 이 목적을 위해 아낌없이 이용하였다.

국방장관 루보아François Michel le Tellier, Marquis de Louvois(1641-1691)의 지휘 아래 프랑스 육군은 유럽에서 가장 효율적 군대가 되었다. 프랑스는 정부에서 직접 훈련을 실시하고 봉급과 제복을 지급하는 근대적 의미의 상비군을 유지한 최초의 국가가 되었다. 루보아는 군기(軍紀)를 엄정하게 세우고 명령 위반을 가차없이 처벌하여 군대정신을 함양하였다. 예비군을 늘리고 프랑스군을 20만으로 증강하였다.

루이 14세는 루보아뿐 아니라 콩데Condé(Louis II, Duc d' Enghien, 1621-1686)나 튀레느Vicomte de Turenne(1611-1675)와 같은 일급 장군

들과 보방Sebastian Le Prestre de Vauban(1633-1707)과 같은 전술가를 등용하였다.

침략 전쟁 루이 14세는 콜베르가 쌓은 풍부한 재력과 루보아가 건설한 막강한 군대를 믿고 침략전쟁을 감행하였다. 1665년 스페인의 필립 4세Philip IV(재위: 1621-1665)가 사망하자 루이 14세는 왕비가 스페인 왕가 출신임을 구실로 스페인령 네덜란드를 요구하였다.

이 요구의 근거는 1659년 피레네 조약에 있었다. 이 조약으로 루이 14세는 스페인 왕 필립 4세의 장녀 마리아 테레사Maria Theresa(Marie Thérèse, 1638-1683)와 결혼하였다. 필립 4세는 1665년 죽을 때 둘째 딸과 두 번째 결혼에서 얻은 병약한 아들(스페인 왕 Carlos II로 즉위)을 뒤에 남겼다.

네덜란드 일부 제후령(諸侯領)에서는 전적으로 첫 번째 혼인의 자손들에게 상속한다는 법에 입각한 계승 원칙을 내세웠기 때문에 루이 14세가 네덜란드를 왕비의 몫으로 요구하게 된 것은 당연하였다. 스페인측에서는 왕국의 어느 부분도 제후령으로 구성되어 있는 것이 아니라고 반박하였다.

1667년 프랑스가 스페인령 네덜란드를 침략하여 여러 도시를 점령했으므로 '전승전쟁'(傳承戰爭: War of Devolution)이 시작되었다. 1668년 프랑스군이 프랑슈-콩테를 점령하였을 때 인접한 네덜란드는 위협을 느꼈다. 그리하여 네덜란드는 영국과의 무역전을 일시 중단하고 영국, 스웨덴과 함께 삼국동맹을 체결하여 프랑스에 대항하였다.

루이 14세는 부득이 대규모의 유럽 전쟁을 피할 수밖에 없었고 엑스 라 샤펠Aix-la-Chapelle 조약을 체결하게 되었다. 이 조약으로 루이 14세는 프랑슈-콩테를 비롯한 점령지 대부분을 포기하고 국경 근방의 11개 도시를 유지하는 데 그쳤다.

네덜란드 전쟁 루이 14세는 '전승전쟁' 때 네덜란드가 한 방해행위를 마땅치 않게 생각하였다. 그는 자유주의와 칼뱅주의를 채택한 네덜란드의 체제를 싫어했으며 네덜란드 역시 프랑스 상품에 고율 관세를 부과하였다. 이에 네덜란드 전쟁이 일어났다.

루이 14세는 스웨덴을 삼국동맹에서 손 떼게 하고, 영국의 찰스 2세를 도버 밀약(Treaty of Dover, 1670)에 따라 분리시켜 놓았다. 프랑스군은 1672년 예고 없이 네덜란드에 침입하였다. 네덜란드는 비상수단을 다하여 젊은 지도자 오렌지 공 윌리엄(훗날 영국의 윌리엄 3세)을 중심으로 결사적인 방위전(1672-1678)을 전개하였다.

네덜란드가 위기에 처하게 되자 유럽 각국은 또 다시 네덜란드를 지원하였다. 먼저 신성로마 황제 레오폴트 1세Leopold I(재위: 1658-1705)와 브란덴부르크 선제후(選帝侯) 등이 원조에 나섰고, 뒤를 이어 덴마크와 스페인, 그리고 마지막으로 영국이 가세하였다. 전투는 다년간 저지대, 라인강 일대, 영국해협, 지중해 일대, 아메리카 대륙 등에 걸쳐 광범하게, 또 육지와 바다 양면에서 행해졌다.

콩데, 튀레느 등이 전투에서 승리하긴 했으나 싸움에 지친 프랑스는 1678년 니메겐Nijmegen, Nimwegen 조약을 체결하고 네덜란드 정복을 단념하였다.

그럼에도 이 전쟁으로 프랑스는 프랑슈-콩테를 비롯하여 많은 도시와 요새들을 점유하게 되었으며, 결과적으로 '대군주'로서 루이 14세의 국내 인기는 높아졌다.

이후 10년 동안 비교적 평화가 유지되었으나, 국외로는 슈트라스부르크 Strassburg(지금의 프랑스 스트라스부르 Strasbourg) 자유시를 공략하고(1681), 룩셈부르크를 공격하였으며(1683), 국내로는 낭트 칙령을 철폐하는 등 특기할 만한 사건들이 있었다.

위그노 추방 특히 위그노들이 해외로 많이 추방되었다. 그들은 낭트 칙령으로 앙리 5세 때 위그노의 신앙이 허용되고 있었다. 그러나 낭트 칙령이 철폐되면서 교회가 폐쇄되자 그들은 해외로 망명했는데, 17세기말에 이르러 그 수가 30만에 달하였다.

위그노 해외 망명으로 프랑스 산업은 큰 타격을 받았다. 이를 계기로 위그노 숙련공들이 해외로 방출되었을 뿐 아니라 그와 함께 많은 자본이 유출되었다. 그 대신 위그노를 받아들인 네덜란드 · 영국 · 브란덴부르크 등 나라들의 산업은 비약적으로 발전하게 되었다.

아우구스부르크 동맹전쟁 루이 14세의 독일 침략에 대항함과 동시에 낭트 칙령 철폐의 여파를 우려하여 네덜란드를 중심으로 한 인접 국가들은 1686년 동맹을 결성하였다. 이것이 스페인 · 신성로마 제국 · 네덜란드 · 스웨덴 · 바바리아 등이 결성한 아우구스부르크 동맹이다.

루이 14세는 인척관계를 이유로 라인강 일대의 팔츠Pfalz; Palatinat; Palatinate에 진군하여 유린하였다. 이로써 이른바 아우구스부르크 동맹 전쟁(1688-1697)이 시작되었다. 이 전쟁으로 하이델베르크와 보름스 등의 고적(古蹟)이 황폐해지고 10만 이상의 난민이 발생하였다. 명예혁명 후 1689년에 영국도 이 동맹에 가담하여 프랑스 해군을 제압하는 역할을 하였다.

유럽은 큰 싸움터로 변했다. 장기전에 돌입한 양측은 자원도 고갈되었으므로 뤼스빅크Ryswick 조약을 체결하였다. 이 조약으로 양측은 상호간에 점령지를 교환했으므로 루이 14세는 거의 아무런 이득을 얻지 못하였다. 뿐만 아니라 영국 왕 윌리엄 3세를 승인하고 네덜란드와 불리한 통상조약을 맺게 되었다.

스페인 왕위계승 전쟁 뤼스빅크 휴전 3년 만에 스페인 왕위계승을 둘러싸고 대규모 전쟁이 일어났다. 1700년 스페인의 카를로스 2세Carlos II(Charles II, 재위: 1665-1700)는 아들없이 임종하면서 루이 14세의 손자 앙주 공 필립 5세Philip V(1683-1746)를 후계자로 지명하는 유언을 남기게 되었다. 결국 이것은 루이 14세의 외교적 승리였으며, 동시에 스페인에서는 오랜 전통의 합스부르크 가계가 끊기고 새로 부르봉 가계가 시작되는 것을 의미하였다.

루이 14세가 프랑스와 스페인 사이에 피레네가 없다고 호언한 것은 두 나라를 합친 대제국의 건설을 공개적으로 선언한 셈이었다. 이에 유럽 국가들은 프랑스의 세력 팽창을 누르고 세력균형을 유지하기 위한 대동맹을 결성하였다.

루이 14세는 전쟁을 예상하고 1701년 스페인령 네덜란드를 침공하였다. 이에 대해 1702년 오스트리아 · 영국 · 네덜란드 · 브란덴부르크 · 프로이센 · 포르투갈 · 사보아 등이 동맹을 맺고 프랑스와의 전쟁을 감행하였다. 이것이 루이 14세가 일으킨 전쟁 가운데 최후이자 최대의 전쟁이라 할 스페인 왕위계승 전쟁(1701-1714)이다.

전쟁 발발 직후 1702년 영국왕 윌리엄 3세(재위: 1689-1702; 네덜란드 오렌지 공 윌리엄1672-1702)가 죽었다. 그러나 말보러Marlboroush 공 처칠John Churchill(1650-1722)이 이끄는 영국군은 블린트하임Blindhaim(1704) · 라미예Ramillies(1706) · 아우데나르데Oudenaarde(1708) · 말플라케Malplaquet(1709) 등의 전투에서 승리하였다.

결국 동맹군은 프랑스군을 몰아내고 독일과 네덜란드를 회복하는 데 성공하였다. 1713년의 위트레크트Utrecht 조약 및 1714년의 라슈타트Rastadt 조약을 각각 체결하면서 스페인 왕위계승 전쟁은 끝났다.

위트레크트 조약 1713년 체결된 위트레크트 조약은 유럽 지도를 크게 바꾸어 놓은 중요한 조약이다. 이 점에서 1648년의 베스트팔렌 조약에 비견될 수 있다.

위트레크트 조약은 비교적 어느 나라도 약세에 놓이거나 또는 강대해지지 않도록 적절한 세력균형을 고려했으므로 이후 약 30년간 유럽에서는 큰 충돌 없이 지내게 되었다. 위트레크트 조약에는 다음과 같은 내용이 포함되어 있었다. (1) 프랑스와 스페인 양국이 합병하지 않는다는 조건으로 부르봉계 필립 5세의 스페인 왕위계승을 인정하였다. (2) 영국은 프랑스로부터 노바 스코시아 · 뉴펀들랜드 · 허드슨 만, 스페인으로부터는 미노르카Minorca와 지브롤터Gibraltar 등을 각각 양도받았다. (3) 사보아 공국은 왕의 칭호(稱號)를 사용할 수 있으며 또한 시칠리아를 영유하게 되었다. (4) 오스트리아는 나폴리 · 밀라노 · 사르디니아 등을 영유하고 스페인령 네덜란드(오늘날의 벨기에)를 양도받았다. (5) 네덜란드는 프랑스의 재침을 방지하기 위해 남쪽 경계선 근방의 중요한 요새들을 차지하고, 쉘트Scheldt 강 무역의 독점권을 갖게 되었다. (6) 브란덴부르크의 호헨촐러른Hohenzollern 선제후 프리드리히 3세(1688-1701; 프로이센 Friedrich I, 재위: 1657-1713)는 프로이센Preussen; Prussia 왕의 칭호를 공인받았다. (7) 프랑스는 종래까지 차지하고 있던 국경 지대의 정복지 대부분을 유지할 수 있었다. 이로써 프랑스는 국가 안보를 기할 수 있게 되었다.

이 조약은 여러 가지 면에서 주목할 만한 역사적 의의를 가지는 것이었다. 우선 영국이 중요한 식민지와 해군기지를 얻은 것은 앞으로의 국가 발전과 관계된 중요한 성과였다. 다음으로 사보아 왕국, 프로이센 왕국 등과 같은 침략세력이 독립왕국으로 공인되었다. 뒷날 19세기에 사보아가는 이탈리아 통일의 중심이 되었고 호헨촐러른가는 독일 통일을 주도하게 되었다.

여전히 대국이라 하지만 프랑스는 루이 14세가 일으킨 많은 전쟁으로 쇠약해지고 국가적 자원을 탕진했으며 재정 적자를 면치 못하게 되었다. 루이 14세 시대에 전쟁으로 과도하게 국력을 소모한 것이 뒷날 1789년 프랑스 혁명 발발의 기원이 되었다. 루이 14세는 실의에 빠진 채 1715년 사망하고 마침내 루이 14세 시대는 막을 내렸다.

2. 영국 절대주의와 혁명

루이 14세가 유럽 대륙에서 확고한 절대주의 체제를 유지하고 있는 동안 도버 해협 건너편의 영국에서는 의회세력에 의해 왕권이 곤경에 처해 있었다. 13세기 이래 대의정치가 상당한 세력을 발휘했으며, 의회를 무시한 왕정은 모두 생명이 길지 못하였다.

절대주의라는 일반적 추세에 똑같이 부응하면서도 17세기 후반의 프랑스와 영국은 극히 대조적이었다. 영국은 프랑스에 비해 외세 침입이 쉽지 않은 지리적 여건 때문에 군대 유지, 과세, 권력집중에 관해서는 프랑스의 경우만큼 왕의 자의(恣意)를 허용해야 할 필요가 현실적으로 덜했다.

그러나 17세기 스튜어트 왕조에 이르러 영국도 왕권이 집중 · 강화되는 절대주의 시대에 들어섰다. 그러나 영국 절대주의는 프랑스의 경우와 달리 의회의 강력한 반발에 부딪혔다.

스튜어트 왕조는 입헌주의적 전통에 입각한 의회의 반발로 두 번의 혁명을 겪게 되었다. 이 혁명들을 통해 영국은 근대 국가로 성장했을 뿐 아니라 민의(民意)와 인권을 존중하는 시민적 민주주의를 향해 발전할 수 있었다.

A. 영국의 국가 발전

영국 절대주의는 튜더 왕조의 성립과 함께 시작되었다. 장미전쟁에 시달린 중산층은 사회적 불안정을 싫어하고, 군주의 강력한 통제에 의한 보호를 환영하였다. 헨리 7세를 계승한 헨리 8세(재위: 1509-1547)와 엘리자베스 1세(재위: 1558-1603)는 16세기를 통해 영국의 국민적 이익을 증진하는 데 힘쓰면서도 군주권을 강화하였다. 튜더 왕조는 비교적 안정된 국가재정과 번영된 사회를 유지할 수 있었다.

중앙정부가 상공업을 장악하고 국왕법정이나 왕이 임명한 치안판사가 사법 · 행정을 담당하였다. 헨리 8세의 종교개혁으로 교회의 성직자들까지도 왕의 통제하에 들어갔다. 또한 봉건귀족은 왕의 통치수단인 국왕회의에서 제외되고, 그 대신 중산계급이나 사법 · 행정의 전문직에 종사하는 새 귀족들이 들어왔다. 동시에 지방의 사법도 지방 젠트리gentry 계급 출신인 치안판사에 의해 장악되었다.

그러나 튜더 왕조의 절대왕권 체제에는 한계가 있었다. 그것은 전통적인 의회주의의 테두리를 크게 벗어나기 어려웠다는 사실이다. 민중의 인기에 바탕을 둔 헌법 절차를 존중해야 하였다. 이 점에서 영국 의회는 프랑스의 신분회와 달리 견제 역할을 잘 하였다. 비록 헨리 8세 치세를 통해 의회는 왕의 통치수단으로 예속되긴 했으나 그럼에도 제도적 변혁은 항상 의회 입법을 통해 이루어졌다. 영국 교회의 독립문제라든지 수도원 재산문제와 같은 주요한 정책은 모두 의회를 거쳐야 하였다.

왕은 전제(專制)는 해도 폭정(暴政)을 하지는 못하였다. 이는 일반 대중의 지지를 기반으로 할 때 비로소 가능하였다. 주로 도시민과 지방 젠트리로 구성된 하원(下院)은 왕을 지지하였다. 튜더 왕조의 역대 왕, 특히 헨리 7세, 헨리 8세, 엘리자베스 1세 등은 백성을 이해할 줄 알았을 뿐 아니라 젠트리와 중산계급의 경제적 이익을 망각하는 정책을 밀어붙이지는 않았다.

헨리 8세 헨리 8세의 대외전쟁 규모는 본질적으로 합스부르크가의 칼 5세나 필립 2세의 경우처럼 큰 모험을 건 것이 아니었다. 합스부르크와 발로아 왕조 간의 대립을 틈타 유럽 대륙에서 세력균형을 유지하려는 것이 그의 대외정책의 근본노선이었다.

헨리 8세는 수장령(首長令)을 공포함으로써 영국교회를 독립시켰다. 수도원 재산을 몰수하여 재분배함으로써 결과적으로 국가재정을 늘리고 절대왕권을 강화시켰다. 몰수한 토지의 재분배를 통해 새로운 귀족층이 형성되고 왕에 대한 그들의 충성을 기대할 수 있었다. 그는 캔터베리 대주교 울지와 크랜머, 행정수반인 크롬웰Thomas Cromwell(1485-1540) 등 관료를 잘 활용하여 전문적이며 효율적인 행정체계를 구축하고 의회를 능란하게 다루었다.

16세기말 영국은 역사상 가장 찬란한 시기를 끝막음하였다. 튜더 왕조의 마지막 왕 엘리자베스 1세는 국가 위기를 자신 있게 해결해 나갔으며 영국을 스페인의 침략으로부터 막아냈다. 영국의 프로테스탄티즘은 유럽의 가톨릭 종교개혁 속에서도 살아남을 수 있었다.

16세기말 영국은 부강하고 국민의 유대가 강한 국가로 성장하였다. 튜더

스페인의 무적 함대를 격파하는 영국 해군

왕조하의 영국은 국민의식 · 국민문학 · 국가교회 및 국가적 안전보장을 확립한 국민국가로 발전하였다.

에드워드 6세와 매리 1세 에드워드 6세(재위: 1547-1553)가 미성년으로 죽었는데 그의 치세에 귀족계급은 정권을 다시 장악하려고 시도하였다. 중앙정부의 권한이 약화되고 종교개혁은 급속히 진전되었다. 이에 대해 에드워드 6세의 이복 여동생 매리 1세(재위: 1553-1558)는 로마 가톨릭 교회를 재건하려고 시도하였다. 그는 많은 신하를 추방하여 두 차례의 반란이 일어났으나 귀족들의 야망을 꺾을 만큼 강력한 왕권을 행사하였다.

그러나 매리 1세의 죽음으로 영국 종교를 가톨릭으로 돌려놓으려는 시도 역시 무위로 돌아갔다. 다음에 헨리 8세의 막내딸 엘리자베스 1세가 왕위에 올랐으며 그는 왕권의 성장을 계속 추구하였다.

엘리자베스 시대 스페인과의 싸움에서 영국은 뜻밖의 승리를 거두었다. 엘리자베스 1세 치세에 영국은 대외적으로 과거에 잃은 유럽대륙에서의 발언권을 되찾고, 국내로는 의회제도를 통한 국민합의를 도출할 수 있었기 때문에 영국의 국가적 지위는 크게 향상되었다.

엘리자베스 1세는 예리한 지성, 확고한 의지, 여성다운 매력으로 백성에게 인기 있는 왕이 되었다. 여왕은 정책수행에 헌신적 노력을 기울였고, 훌륭한 자문관들을 두고 우아한 궁중생활문화를 통해 예술을 후원하였다. 정치적 위협이 되지 않는 한, 종교에 대해서도 관용정책을 실시하였다. 이리하여 엘리자베스 1세는 당시 가장 존경받는 여왕이 되었다.

엘리자베스 1세

엘리자베스 여왕은 프랑스 · 스웨덴 · 네덜란드 등과의 국제관계에서 나름대로 중요한 역할을 하여 국위를 선양하였다. 특히 1588년 스페인의 무적함대를 격파함으로써 영국해군의 우수성을 내외에 과시하였다.

국내에서 가톨릭 부흥운동을 근절하기 위해 1587년 스코틀랜드의 매리 여왕을 처형하였다. 귀족들은 군부와 정부에서 더 이상 우월적 지위를 누리지 못하게 되고, 그 결과 하원은 상원보다 더 큰 정치적 권한을 행사하였다.

B. 스튜어트 왕조와 내란

1603년 여왕 엘리자베스 1세가 죽은 후 조카이며, 매리 스튜어트의 아들인 스코틀랜드 왕 제임스 6세가 영국 왕위를 계승하여 제임스 1세(1603-1625)로 즉위하였다.

제임스 1세는 성서 번역위원회를 임명하고 1611년 제임스 흠정판(欽定版: The King Jame's Version)을 출판하였다. 이 성서 영역은 영국 산문학(散文學)의 걸작품으로 평가되었다. 완고하고 허영심이 많은 반면 학식도 두루 갖추고 있었던 제임스 1세는 프랑스 왕 앙리 4세가 평한 것처럼 '서방 그리스도 세계의 가장 현명한 바보'였다.

제임스 1세의 왕권신수설 제임스 1세는 왕권신수설을 고집하여 1609년 의회에서 "왕은 지상에서의 신의 대리자요, 신의 자리에 앉아 있을 뿐 아니라 신 자신에 의해서조차 신이라 불리고 있다"고 선언하였다. 그는 저술 『참다운 군주국가의 법』(*The Law of Trew Monarchies*)에서 "왕의 절대적 특권에 관한 한, 그것은 법률가의 혀 끝에서 논의될 성격의 것이 아니며, 논하는 것 자체가 불법"이라고 주장하였다. 계속해서 "마치 신이 무엇을 할 수 있는가를 논하는 것이 무신론이며 독신(瀆神)인 것과 같이, 신하가 왕이 무엇을 할 수 있는가를 논하는 것은 건방진 일이며 큰 모욕"이라고 역설하였다.

제임스 1세

그는 "착한 군주란 법에 따라 행하기는 하지만 항상 법을 초월해 있고 거기에 구애받지 않는 존재"라고 말하면서, 왕은 의회의 자문없이도 어떠한 법령이든 제정할 수 있다고 주장하였다. 왜냐하면, "왕은 그의 권력을 국민으로부터가 아니라 신으로부터 받은 것"이며, "따라서 그는 국민에 대해서가 아니라 신에 대해서만 책임지기" 때문이라 하였다.

종교정책 제임스 1세가 제기한 의회에 대한 헌법 문제는 결국 종교 문제로 확대되었다. 그는 즉위 초에 반청교주의(反淸教主義) 정책을 공표하였다.

청교주의(Puritanism)의 뜻은 시대에 따라 조금씩 다르다. 예를 들면 제임스 1세 초기의 청교도는 후에 미국 동북부 뉴잉글랜드New England를 창설한 청교도와 다르며, 크롬웰 시대에 의회 군을 만든 청교도와도 다르다. 일반적으로 말해 청교도는 칼뱅 신학으로 기울어진 극단적인 프로테스탄트였다. 그들은 엘리자베스 여왕이 단행한 영국 국교 개혁 이후에도 여전히 남아 있는 가톨릭 의식을 영국 교회로부터 '정화'(purify)하려고 한 종교인들이었다.

청교도는 대개 도시의 중산층이었으므로 제임스 1세의 자의적인 불법 과세에 반대하고 상업적 이익의 보호와 확장을 위한 입법을 원하였다. 제임스 1세가 편 친(親)가톨릭 종교정책은 청교도를 더욱 소외시켰다.

제임스 1세의 자의적 과세, 친가톨릭 정책, 절대왕권 강조 등은 의회와의 충돌을 일으키기에 충분하였다. 의회는 자체의 특권을 규정하면서 「변론」(*Apology*)을 작성하여, 회기(會期) 내에 의원은 아무런 제지나 통제를 받지 않고 자유로이 양심에 따라 발언할 수 있는 권리를 가지고 있다고 주장하였다.

제임스 1세는 자신의 치세 후기에 일어난 30년 전쟁에서 친스페인 정책으로 기울어졌기 때문에, 보헤미아의 프로테스탄트들을 원조하고자 했던 청교도의 불신을 사게 되었다.

찰스 1세 제임스 1세의 뒤를 이은 찰스 1세Charles I(1625-1649)는 근면하고 문학 취미를 가지고 있었다. 그러나 그는 제임스 1세보다 더 고질적인 신권설(神權說)을 주장했으며, 선왕(先王)의 잘못을 되풀이하여 문제를 확대시켰다.

찰스 1세

즉위 후 얼마 안 되어 찰스 1세는 프랑스와 전쟁을 하게 되었다. 그는 전쟁자금이 필요했으나 의회는 이를 대주지 않았으므로 '강제로' 빌려 썼다. 이와 같은 압제의 결과 유명한 「권리청원」(*Petition of Right*)이 나오게 되었다.

1628년 소집된 의회에서는 왕의 과세에 동의하는 대신 「권리청원」을 작성하여 왕에게 의회 권한을 인정해 주도록 요구하였다. 「권리청원」은 13세기의 「마그나 카르타」, 17세기 후반의 「권리장전」(權利章典)과 함께 영국 헌정사(憲政史)의 3대 중요문서라 할 수 있다. 이 문서는 평화시의 계엄선포, 군대의 민가숙영(民家宿營), 자의적 과세, 불법적 인신구속(人身拘束)과 투옥 등을 금지하였다.

이러한 요구에 찰스 1세는 어쩔 수 없이 동의하긴 했지만 그후에도 국정을 독단적으로 처리하였다. 의회의 동의 없이 징세하고 저항분자들을 투옥하였다. 그가 부과한 세금 중 '선박세'(ship money)는 가장 큰 물의를 일으켰다. 영국의 해안도시들이 전통적 관례에 따라 영국 해군에 선박을 제공하기 위해 기부를 해온 것은 사실이었다.

그런데 찰스 1세는 해안도시뿐 아니라 내륙 도시에도 이 세를 적용하려고 하였다. 많은 도시민이 납세를 거부하였다. 납세를 거부하고 투옥된 햄프던John Hampden(1594-1643)은 왕의 압제에 대한 저항의 상징이었다.

찰스 1세의 종교개혁도 앞 세대에서와 같이 물의를 빚게 되었다. 그는 유럽의 대세를 감안하여 가톨릭으로 복귀하려고 시도하였다. 당시 유럽 대륙에서는 프로테스탄트측의 명분을 내세운 덴마크 왕 크리스티안 4세가 발렌슈타인군에게 패배하고 프랑스에서는 리슐리외가 농성 중의 위그노파를 제압하고 있었다.

찰스 1세는 가톨릭 신자인 왕비(Henrietta Maria: 루이 14세의 숙모)를 맞아 스페인 및 프랑스와 공동 보조를 취해 가톨릭을 회복시키려고 하였다. 1633년 보수적인 고교회(高敎會: high church)파 로드를 캔터베리 대주교로 임명하고 엄격한 국교의식의 실시를 강행하였다. 더욱이 영국 국교를 스코틀랜드의 장로교에까지 확대 적용시키려고 하였다. 그 결과 1638년 스코틀랜드의 장로교도는 호교(護敎) 서약대회(National Covenant)를 열고 반란을 일으켰다.

영국 내란 스코틀랜드 반란을 진압하기 위해 자금이 필요하게 되자 찰스 1세는 의회 없이 11년을 보낸 끝에 1640년 부득이 의회를 소집하지 않을 수 없었다. 이에 대해 의회의 태도는 확고하였다. 의회는 왕이 정치를 개선하지 않는 한 전쟁자금을 댈 수 없다고 잘라 말하였다.

이에 찰스 1세는 의회를 해산시켰으므로 의회는 '단기의회'(Short Parliament)로 끝나고 말았다. 그러나 영국 내에서 반란이 일어나고 스코틀랜드군이 영국으로 침입해 왔으므로 왕은 또다시 의회를 소집하지 않을 수 없게 되었다.

이제 왕의 약점을 십분 파악한 의회는 스스로의 권한을 강화하면서 동시에 자의적 왕권을 제약하는 작업에 착수하였다. 이것이 이후 약 20년간 계속된 '장기의회'(Long Parliament)였다.

먼저 의회는 왕의 소집 없이도 3년마다 개회할 수 있도록 규정한 3년 개회법(Triennial Bill)을 통과시켰다. 왕이 함부로 의회를 소집하고 또 해산하지 못하게 하려는 것이었다. 그리고 선박세 및 압제의 대행기관이었던 성청(星廳: Star Chamber)이나 고급위원회(High Commission)와 같은 특별재판소를 폐지하였다.

의회는 한걸음 더 나아가 왕의 수족인 스트래퍼드와 로드 대주교를 탄핵·투옥했으며 각각 1641년과 1645년에 반역죄로 처형하였다. 또 의회는 '대간주'(大諫奏: Grand Remonstrance)를 공포하여 왕의 과오를 일일이 열거하고, 내각을 의회 책임하에 둘 것을 요구하는 내용을 인쇄하여 전국에 배포하였다. 왕은 하원의 행위에 격분하여 친위군을 파견하여 주모자 5명을 체포하려고 했으나 실패하였다.

이 사건이 계기가 되어 영국은 내란 속으로 휘말려들었다. 1642년부터 1646년까지 계속된 영국 내란은 종교적인 측면뿐 아니라 정치·경제적 측면과도 깊은 관련을 갖게 되었다. 이 내란을 보통 청교도혁명(淸敎徒革命)이라 한다.

왕과 의회 사이의 대립이 격화됨에 따라 왕을 옹호하는 기사파(騎士派; Cavaliers)와 의회를 옹호하는 단발파(短髮派; Roundheads)로 나누어졌다. 주로 중산층 청교도로 구성된 하원 의원들은 단발파라는 말을 들었다. 상대 당파가 긴 가발을 쓴 데 비해 이들은 머리를 짧게 깎았기 때문이었다.

단발파는 다시 독립파(Independents)와 장로교파(Presbyterians)로 나누어졌다. 이 분파는 주로 교회행정에 관한 이견 때문에 나누어진 것이었고, 그 밖에 칼뱅파 신앙을 가진 점이라든지 왕의 특권에 제약을 가하고자 한 점에서는 같은 의견을 가지고 있었다.

왕을 지지하는 사람들은 기사파라 칭해졌다. 주로 프로테스탄트 운동에 반대하는 지주계급으로 구성된 그들은 왕의 전권을 박탈하는 것에 반대하고 가톨릭으로 복귀하려는 찰스 1세의 종교정책을 지지하였다.

두 당파는 영국 내 각처에서 대립하였다. 그것은 일종의 당쟁이었다. 영국 역사가 트리벨리언G. M. Trevelyan(1876-1962)이 말하는 바와 같이 "프랑스 혁명이 두 사회계급 간의 싸움이고 아메리카 혁명이 두 지역 간의 싸움이라면 영국의 대내란(大內亂)은 두 당파 간의 싸움이었다."[2)]

올리버 크롬웰

크롬웰의 등장 처음에는 전쟁 경험이 많은 기사파 왕당군이 승리했으나 1년 후부터는 전세가 바뀌어 크롬웰Oliver Cromwell(1599-1658)이 지휘한 단발파 의회군이 마스튼 무어Marston Moor 전투(1644)와 네이즈비Naseby 전투(1645)에서 대승하였다.

의회군이 승리하게 된 중요한 요인으로 크롬웰의 탁월한 지휘능력을 꼽을 수 있다. 지방의 젠트리 출신이며 부농이었던 그는 의회군을 재편성·훈련하여 군기(軍紀)를 세우고 종교적 사명감을 고취하였다. 정신적으로 결속된 의회군은 용사군(Ironsides)이라 불리었으며, 전투시에는 찬송가를 부르는 용감무쌍한 병사들이었다.

패색이 짙은 왕은 1646년 의회군을 지원하기 위해 온 스코틀랜드군에게 결국 투항하고 말았다. 왕은 의회군에 인도되었으며, 2년간 라이트Wright 섬에 감금되었다. 의회군은 승리의 결과를 두고 문제 해결 방향을 잡지 못하고 있었다.

왕은 의회 안의 세력 대립을 이용하여 타협적 태도를 취하고, 의회 내 다수를 차지한 장로교도는 1648년 12월 입헌군주제를 세움으로써 화해를 선포하였다. 그들은 더 이상 필요가 없어진 군을 해체하고자 하였다. 그러나 당시 독립파로 구성되어 있던 군은 군주제와 국가교회의 폐지를 주장하고 왕의 처벌

---

2) G. M. Trevelyan, *England Under the Stuarts* (1947), 190.

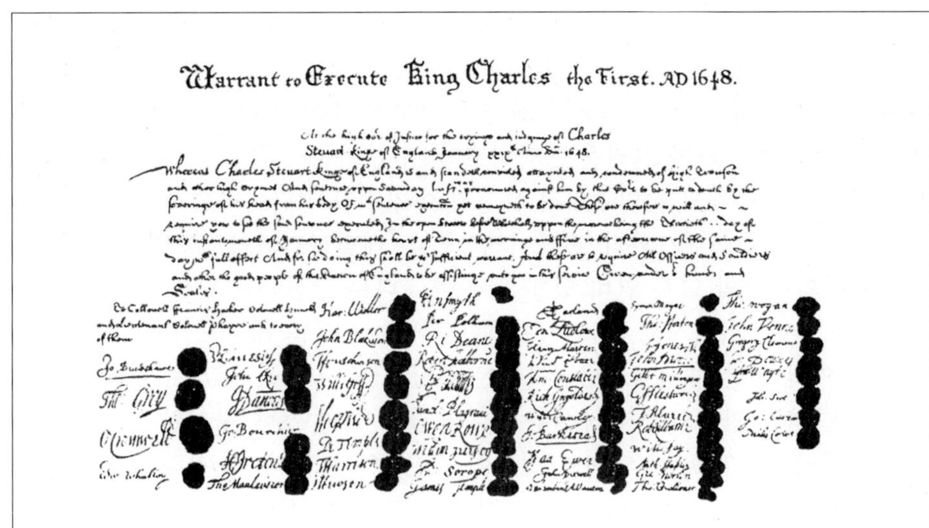
Warrant to Execute King Charles the First. AD 1648.

찰스 1세의 사형 집행서

을 원하고 있었다. 이와 같은 상황에서 전쟁이 재연되었다.

찰스 1세는 감금상태에서 도망쳐 나와 스코틀랜드군과 조약을 맺었다. 조약의 내용은, 스코틀랜드군의 지원으로 영국에 장로교를 확립하고 영국 의회군을 해산하며 왕의 특권을 회복한다는 것이었다. 이 조약 내용이 알려지자 영국에는 반왕(反王) 감정이 크게 일어났을 뿐 아니라 스코틀랜드군이 국경을 침입해 들어온 데 반발하여 의회 내의 두 분파가 힘을 합치게 되었다.

크롬웰군은 결정적 승리를 거두었다. 독립파는 왕과 스코틀랜드군을 패배시킨 것을 계기로 의회 안에서도 우세를 차지하게 되었다. 이때 독립파에 호응한 군이 의회에 침입하여 장로교파를 추방하였다. 이 추방을 '프라이드의 숙청' (Pride' s Purge)이라 부른다.

프라이드 대령이 인솔하는 군대가 하원에 침입하여 143명의 장로교파 의원을 강제로 축출하였다. 나머지 의원 약 40명으로 구성된 '잔여의회' (殘餘議會: Rump Parliament)는 군의 독재하에 놓이게 되었다. 잔여의회는 찰스 1세에게 반역죄를 적용하는 법령을 통과시키고, 왕을 특별고등재판소(High Court of Justice)의 재판에 회부하였다. 왕은 1649년 1월말 런던 화이트홀Whitehall 궁 앞 광장에서 사형되었다.

그 후 상원은 폐지되었다. "하원은 인민에 의해 선출되었으므로 영국 최고의 존재요, 모든 정당한 권력의 원천이며 따라서 국왕이나 상원은 불필요하다"고 선언되었다. 영국은 과두제 공화정하에 놓이게 되고, 이른바 청교도혁명의 제1단계가 이로써 완성되었다.

호국경 크롬웰 새로운 공화국(Commonwealth)을 조직하는 과제는 전적으로 독립파의 수중에 맡겨졌다. 잔여의회는 그대로 존속했으나 정부 행정은 베인Sir Henry Vane(1613-1662) 등 41명으로 구성된 국가위원회(Council of State)에 의해 집행되었다. 의회군의 군사적 승리를 이끄는 데 결정적 역할을 한 크롬웰은 군의 실권을 장악하고 국정을 좌우하였다. 크롬웰은 잔여의회를 불신하고 부패와 족벌주의적 부정과 이기주의 집단이라고 비난하였다.

크롬웰은 스코틀랜드와의 전쟁이 끝난 후 네덜란드와의 교전을 논의하는 자리에서 의원들의 말을 인내 있게 들은 후 "나는 당신들이 지껄이는 것을 끝장내고자 한다. 나가시오, 더 나은 사람들에게 자리를 내놓으시오. 당신들은 더 이상 의회라 할 수 없소. 당신들과는 끝났소"라고 소리질렀다.

1653년 4월 잔여의회가 해산됨으로써 결국 혁명 초에 구성된 장기의회는 끝나고 말았다. 그 후 새 의회가 신심이 깊은 종교인이나 군 장교들로 구성되었다. 156명으로 구성된 이 의회는 런던 피혁(皮革)상인이며 재세례파인 베어본Praisegod Barebone(Barbon, 1596-1679)의 이름이 붙은 '베어본의회'(Barebone's Parliament) 혹은 '소의회'(Little Parliament)라 불렸다. 의회는 비실제적이며 제대로 기능을 하지 못했고, 크롬웰파가 주동이 되어 자진 해산하고 말았다.

전권(全權)은 크롬웰에게 위임되었다. 그는 군 장교들이 기초한 헌법에 의해 독재체제를 수립하였다. '통치헌장'(Instrument of Government)이라 부

크롬웰의 목적

1656년 영국 의회가 정치 안정 회복의 방도로 올리버 크롬웰에게 영국왕이 될 것을 제안했을 때 크롬웰은 이런 해결방식이 자신의 원칙과 어긋난다는 것을 깨달았다. 마침내 1657년 4월 13일 의회에서의 답변에서 그는 왕위에 대한 제의를 물리치고, 영국 왕정의 재확립이 잘못이라는 점을 다음과 같이 길게 연설하였다.

나는 의원 여러분이 이 나라의 평화와 자유의 정착에 관심을 기울여야 한다고 생각합니다. 그렇지 않으면 이 나라는 산산조각이 날 것입니다. 그러함에 있어서 나는 될 수 있는 대로 왕으로서가 아니라 경관(警官)으로 봉사할 준비가 되어 있습니다. 왜냐하면 내가 할 일을 관할구역의 질서를 유지하는 좋은 경관에 비교하는 것 외에 무엇이라 형용키 어렵다고 생각했기 때문입니다. 이것이야말로 내가 겪은 어려움에서 얻은 만족감이었습니다. … 나는 이 직업을 처음 가진 후 아래 계급에서 위 계급으로 갑자기 올라간 사람입니다. … 신의 섭리는 왕이라는 칭호를 물리쳤습니다. 즉흥적 사건이 아닌 10년이나 12년에 걸친 내란 때문에 많은 피를 흘렸습니다. 나는 그 시기가 적절했는가를 왈가왈부하려는 것이 아닙니다. 그러나 엄정(嚴正)한 신은 한 가족 전체를 없앴고 나라 밖으로 몰아냈습니다. 신은 그 가족을 쳐부수는 데서 뿐 아니라 왕이라는 이름을 없애는 데서 섭리를 나타냈습니다. 신은 바로 그 명칭을 없앴습니다. 나는 신의 섭리가 파괴하고 잿더미로 만든 것을 다시 세우려고 하지 않을 것입니다. 나는 결코 예리고Jericho를 다시 세우지 않을 것입니다.

르게 된 이 헌법은 영국 역사상 최초의 성문헌법이라 할 수 있는 것이었다. 이 문서에 따라 크롬웰은 종신임기의 세습적 '호국경'(護國卿: Lord Protector)이 되었으며, 그에게 광범한 절대권한이 부여되었다.

호국경 체제는 스튜어트 왕조보다 더 전제적인 군주제였다. 그러나 이 체제는 인구의 극소수만이 지지할 따름이었고, 5만의 정예군대를 배경으로 유지되었던 만큼 국내문제에 있어 난관에 부딪혔다.

평준파와 분배파 청교도 혁명의 주도세력인 청교도 가운데서도 다른 주장이 나왔다. 그것이 평준파(平準派 또는 수평파: Levellers)와 분배파(分配派: Diggers)이다. 평준파는 주로 정치적 평등을 달성하려는 주장을 하면서 피지배층의 동의에 입각한 정치 · 성문헌법 · 보통선거 · 의회의 우위 등을 요구하였다.

한편 경제적 평등에 더 큰 관심을 보인 분배파는 울타리 없는 공유지를 점거 · 경작하여 생산물을 빈민에게 분배할 것을 주장하였다. 이들은 토지의 공유권을 강조한 원시 공산주의자들이라 할 수 있다. 이러한 과격한 주장을 하는 사람들, 그리고 독립파 · 장로파 · 국교파 등 종교 분파를 끝내 타협시키지 못한 크롬웰의 정치는 후기에 이를수록 더욱 더 큰 어려움에 부딪치게 되었다.

아일랜드 정복 크롬웰이 난처하게 된 데는 그 밖에 여러 이유가 있었다. 일찍이 호국경 정치를 시작하기 전에 스코틀랜드 및 아일랜드와 전쟁을 한 것도 크롬웰이 당면한 어려움 중 하나였다.

아일랜드의 귀족과 가톨릭 신도가 찰스 1세의 아들 찰스 2세(재위: 1660-1685)를 왕으로 인정했을 뿐 아니라 프로테스탄트의 영도자 오몬드James Ormonde(1610-1688)의 지휘 아래 영국 공화정을 전복시키기 위해 군대를 조직하였다.

이렇게 시작된 아일랜드와의 전쟁(1649-1652)은 드로게다Drogheda 전투(1649)에서 크롬웰의 용사군이 대승함으로써 끝났다. 그 후 각 도시가 연이어 함락되었으며 1652년 아일랜드가 완전히 정복되었다.

아일랜드의 정복 과정에서 잔인한 학살이 수반되었으므로 아일랜드의 인구는 대폭 감소되었다. 아일랜드인 지주는 토지를 몰수당하고 추방되었다. 몰수된 땅은 영국과 스코틀랜드계 프로테스탄트들에게 분배되었다. 이것을 '크롬웰의 이주정책'(Cromwellian Settlement)이라고 하는데, 아일랜드 역사에서는 '크롬웰의 저주'(Curse of Cromwell)라 부른다.

스코틀랜드 전쟁 아일랜드와의 전쟁과 거의 동시에 스코틀랜드 전쟁이 일어났다. 1650년 찰스 2세는 프로테스탄트 군주로 즉위할 것을 스코틀랜드인에게 약속하였다. 한편 많은 스코틀랜드인도 찰스 2세를 지지했으므로 크롬웰은 국가위원회의 요청에 따라 스코틀랜드로 진격하였다.

크롬웰 용사군의 명성은 스코틀랜드인을 공포로 떨게 하였다. 던바 Dunbar 전투(1650)와 우스터 Worcester 전투(1651)에서 겁에 질린 스코틀랜드군은 대패하고 말았다. 찰스 2세는 갖은 고초를 겪은 끝에 유럽 대륙으로 망명하였다.

이러한 대외전쟁은 크롬웰이 호국경 체제를 수립하기 이전의 일이었으나 국내에서의 정책 수행을 곤란하게 만든 원인이 되었다. 그러나 크롬웰은 주로 다음과 같은 세 가지 요인 때문에 체제유지에 성공하였다. 첫째는 말할 나위 없이 군대의 힘이었다. 막강한 용사군이 그의 독재 체제의 배후 세력이었다.

다음으로 크롬웰은 중산계층의 상업적 이익을 증진시키는 정책을 썼다. 항해조령(1651)으로 영국 상업은 중상주의적 보호를 받았으며 조선업이 크게 성장하였다. 또 네덜란드 및 프랑스와 조약을 체결하여 통상을 통한 이익을 확보하였다.

마지막으로 해외 영토가 확장되었다. 크롬웰은 프랑스-스페인 전쟁에서 프랑스를 지원하여 승리를 거두게 함으로써 덩케르크Dunkerque; Dunkirk와 자메이카 등을 획득하여 국위를 선양하였다.

C. 왕정복고와 명예혁명

1658년 크롬웰이 죽고 그의 아들 리처드Richard Cromwell(1658-1659)가 계승하였다. 그는 무능하고 우유부단했으며 정치는 혼란상태에 빠졌다.

대부분의 영국인은 군대를 배경으로 한 크롬웰의 독재와 청교도의 엄격한 윤리를 싫어하였고 왕정으로 되돌아가기를 희망하였다. 잔여의회가 다시 소집되었으나 스코틀랜드 군 지휘관 몽크George Monck(1608-1670)는 의회를 해산하고 찰스 2세의 등위를 정당하다고 판단하였다. 새로운 의회(1660)의 양원(兩院)은 왕을 영접하는 사절을 보냈고, 찰스 2세는 영국민의 열렬한 환호 속에 귀국하였다. 1660년 왕정복고는 이루어졌다.

찰스 2세 9년의 망명 생활 끝에 돌아온 찰스 2세는 오락과 연극을 허가하고 청교도 체제의 찌꺼기를 씻어버림으로써 많은 영국민의 환영을 받았다. 그는 왕정복고 다음 해인 1661년 찰스 1세의 시해(弑害)자들을 처형하고, 이미 죽

찰스 2세

은 크롬웰의 묘를 파헤쳐 찰스 1세 일주기(一週忌) 되는 날 다시 사형에 처하는 절차를 취하였다.

찰스 2세의 치세에 큰 재앙들이 일어났다. 하나는 1665년 유행한 흑사병이었다. 6개월 동안에 10만 명이 사망하였다. 다른 하나는 1666년 런던 대화(大火)였다. 이 불로 13만 채의 가옥 및 교회가 소실되었다. 그러나 이 화재는 런던을 근대도시로 탈바꿈하게 하는 계기가 되었다.

비록 왕정복고가 청교도 체제를 끝내기는 했으나 왕은 더 이상 마음대로 정치를 할 수 없었다. 왕령 공포만으로는 입법하지 못하고, 의회의 동의 없이는 과세할 수도 없게 되었다. 이제 왕은 영국의 정치 권력을 의회와 나누어 갖게 된 셈이었다.

그럼에도 여전히 왕은 상당한 실질적 권한을 가지고 있었을 뿐 아니라 마음속으로는 의회를 거치지 않는 전제정치를 바라고 있었다. 또 기회가 닿는 대로 가톨릭을 회복할 것을 계획하고 있었다.

찰스 2세의 치세 처음 10년 동안 의회는 국교도 중심으로 구성되어 있었다. 의회는 1661년부터 1664년까지 일련의 법령을 통해 국교 이외의 종교를 탄압하고자 하였다. 1661년의 '도시 자치법'(Corporation Act)은 국교도가 아닌 자에게는 시 정부에 참여하는 것을 금지하였다. 1662년 통일령에 따라 국교 기도서를 따르지 않는 청교도 목사 2천 명이 추방되었다. 1664년 '집회법'(Conventicle Act)은 비국교 의식(儀式)을 따르는 5명 이상이 모인 집회를 금지하고, 위반자는 투옥 또는 국외추방하도록 규정하였다.

대외문제에서 찰스 2세는 우선 네덜란드와 식민전쟁을 재개하였다. 1664년 영국은 서인도제도 중 몇몇 섬을 차지하였다. 또 맨해튼Manhattan 섬을 빼앗아 뉴암스테르담New Amsterdam이던 지명을 왕제(王弟) 요크 공의 이름을 따서 뉴요크New York라 고쳐 불렀다. 1667년의 조약으로 그 점령은 인정되었다.

찰스 2세는 외국과 조약을 맺어 가톨릭 회복 운동을 진행시켰다. 1670년 도버 밀약에 따라 프랑스가 네덜란드를 공격할 경우 이를 지원하기로 하고, 프랑스의 재정지원을 받아 영국 가톨릭을 부활시키려고 하였다. 찰스 2세는 첫 단계로 1672년 가톨릭 신도들을 포함한 모든 비국교도의 신앙을 관용하는 칙령을 공포하였다.

그러나 의회는 곧 칙령 철회를 요구함과 동시에 심사율(審査律: Test Act, 1673)을 제정하고, 모든 공직자는 반드시 국교도여야 한다는 것을 규정하였다.

토리당과 휘그당 17세기 후반 여론의 지지를 비슷하게 받는 두 당파가 나왔다. 이는 각각 토리당(Tories)과 휘그당(Whigs)이란 명칭을 얻게 되었다. 토리당은 왕과 국교회를 지지하는 왕당파이며, 휘그당은 프로테스탄트파로서 입헌군주제를 옹호하는 집단이었다.

1679년 선거에서 휘그당이 대승하여 18년간 왕당파가 지배한 의회 시대가 끝났다. 새로운 의회는 '독점법'(Exclusion Bill)을 제정하여 가톨릭 신도가 영국 왕이 되는 것을 방지하고자 하였다. 1679년 의회는 '인신보호령'(Habeas Corpus Act)을 통과시켰다. 이에 따르면 법적 근거가 없는 구속·체포는 금지되고 혐의자는 일정 기간 내에 재판을 받아야 하며, 혐의 내용은 명시되어야 한다는 것이었다.

그러나 1681년 이후 찰스 2세는 의회를 소집하지 않고 독단적인 전제정치를 하였다. 절망한 휘그파 일부는 찰스와 제임스를 암살하고 찰스의 서자 먼머스Monmouth공(James Scott, 1649-1685)을 왕으로 옹립하기 위한 '라이 하우스 음모'(Rye House Plot, 1683)를 꾸몄으나 실패하였다.

제임스 2세 찰스 2세는 가톨릭의 부활을 실현하지 못한 채 1685년 사망하였다. 제임스 2세는 즉위 초에는, 가톨릭 신도임에도 불구하고 신앙을 개인적 문제로 국한시키고 영국 국교회의 특권을 확인했으므로, 토리당의 지지를 받았다.

1685년 6월 영국과 스코틀랜드에서 동시에 먼머스 공의 추종자들이 일제히 반란을 일으켰다. 그러나 '먼머스 반란'은 실패로 돌아가고 대법원장 제프리스George Jeffreys(1644-1689)에 의한 유명한 '피의 재판'(Bloody Assizes)이 있었다. 1천 명 이상의 용의자들이 체포되어 사형 또는 외국 추방의 형을 받았다.

이 사건 이후 제임스 2세는 가톨릭 부흥정책을 구체화하였다. 왕은 심사율을 철회하고 인신보호령도 폐기하였다. 가톨릭 신도들은 추밀원(樞密院) 의원이 되었으며 군·교회·대학 등의 고위직에 임명되었다.

제임스 2세는 재혼한 가톨릭 왕비인 매리Mary Beatrice(Mary of Modena, 1658-1718)가 왕자를 출산함을 계기로 가톨릭 회복을 선언하였다. 이 노선에 따라 왕은 1687년 모든 백성이 자유롭게 신앙을 선택할 수 있음을 인정하는 칙령을 발포하였다.

명예혁명 이와 같은 가톨릭 부흥에 대해 왕당파인 국교도들은 반대하였다. 영국의 모든 당파가 합심해서 네덜란드의 지배자 오란여 공 빌럼(1672-1702)을 초청하여 영국 왕으로 옹립하려고 하였다.

1688년 11월 빌럼은 아무런 저항도 받지 않고 영국에 상륙하였다. 제임스

2세가 프랑스로 망명하자 12월에 빌럼은 런던에 입성하였다. 의회는 빌럼을 윌리엄 3세William III(재위: 1689-1702)로, 제임스 2세의 왕녀이며 빌럼의 아내인 매리를 매리 2세Mary II(1662-1694)로 추대하고 영국을 공동통치해줄 것을 제의하였다.

윌리엄 3세

새 왕은 「권리선언」(후의 「권리장전」: *Bill of Rights*)을 승인하였다. 새로운 의회는 "예수회원과 그 밖의 악당들의 권고로 기본 법률을 위반하고 왕국에서 도피하며 정부를 버린 까닭에" 제임스 2세의 왕위는 무효라고 선언하였다. 이로써 유혈 없이 영국에서 혁명이 완성되었기 때문에 이를 명예혁명(名譽革命)이라 한다.

명예혁명을 계기로 영국의 절대주의 체제는 끝났다. 그리고 로마 교황과의 관계는 다시 한번 분명하게 단절되었다. 반면, 의회의 정치적 위상은 확고해지고 도시 상공 시민과 지방 젠트리 층의 영향력이 확고하게 되었다.

윌리엄과 매리

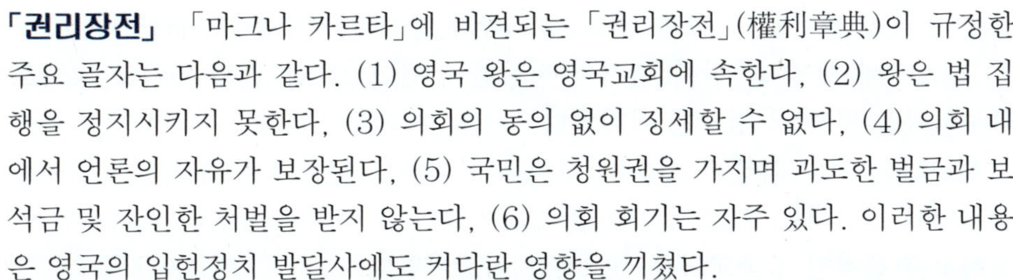
「권리장전」 「마그나 카르타」에 비견되는 「권리장전」(權利章典)이 규정한 주요 골자는 다음과 같다. (1) 영국 왕은 영국교회에 속한다, (2) 왕은 법 집행을 정지시키지 못한다, (3) 의회의 동의 없이 징세할 수 없다, (4) 의회 내에서 언론의 자유가 보장된다, (5) 국민은 청원권을 가지며 과도한 벌금과 보석금 및 잔인한 처벌을 받지 않는다, (6) 의회 회기는 자주 있다. 이러한 내용은 영국의 입헌정치 발달사에도 커다란 영향을 끼쳤다.

「권리장전」은 부분적으로 미국 헌법과 프랑스 혁명 인권선언에도 영향을 주었다. 미국의 수정 헌법이나 프랑스의 「인간과 시민의 권리선언」(1789)에서 「권리장전」의 영향을 발견할 수 있다.

이 밖에 여러 법령이 추가로 공포됨으로써 명예혁명의 결과는 더욱 공고히 다져졌다. 예컨대 관용법(Toleration Act, 1689)은 영국 국교 외에 프로테스탄트 신앙을 보장하였다.

1693년 의회가 관례적인 검열법의 통과를 거부함으로써 언론 출판의 자유가 대의정치와 병행 발전하였다. 이외에도 판사임기에 관한 법이 제정되어 함부로 판사를 파면하지 못하게 함으로써 사법부의 독립을 보장하였다. 평화시의 상비군 유지는 의회의 동의를 얻어서 비로소 가능하게 하였다.

앤 여왕

한편 이 시기에 내각의 기원이 있었다. 윌리엄 3세는 소수의 관리와 국정을 의논하면서 국사를 처리하였다. 국왕 법정의 옛 관례에 그 유래를 두고 있는 이러한 관리 집단은 곧 내각(內閣: cabinet)이란 이름으로 모습을 바꾸게 되었다. 이리하여 내각은 윌리엄의 계승자인 앤 여왕 치세 말 1714년경까지 정책수립 기구로 확립되었다.

D. 안정과 번영

명예혁명으로 의회의 우월성이 확인되었다. 왕권에 가해진 제약에도 불구하고 윌리엄 3세는 강력한 영도력을 발휘하였다. 그는 적극적인 대외정책으로 영국의 국위를 선양하고, 자신의 목적 달성에 적절한 인물을 내각에 기용하였다. 네덜란드 문제로 해외에 나가 있을 때에는 절대로 의회가 개회하지 못하도록 하였다.

그의 통치연간에 중앙정부의 권한은 상당히 강화되었다. 그러나 제임스 2세와 달리 윌리엄 3세는 자신의 한계를 인정하였다. 그는 「권리장전」을 폐기하고 상비군을 창설하려고 시도했으나 저항에 부딪히자 포기하고 말았다. 그러므로 대체로 젠트리 계층은 왕의 의사대로 통치하는 데 만족하였다.

휘그파와 토리파 17세기말부터 18세기에 걸친 영국의 정치제도는 사회 현실을 반영한 것이었다. 소수 엘리트가 국가 정책과 기구를 지배하였다. 그들은 찰스 2세 때 의회 안에 생기기 시작한 집단이었으나 견해 차이로 양파로 나누어졌을 뿐 아직 정당은 아니었다.

휘그파는 왕의 특권과 가톨릭 교회를 반대하고 명예혁명 때 제임스 2세를 왕위에서 몰아내는 주요 역할을 한 집단이었다. 토리파는 왕권의 독자성을 인정하고 전통적인 영국교회를 선호하는 집단이었다.

휘그파는 제임스 2세를 몰아낸 주역이었으므로 윌리엄 3세의 통치기간 대부분 정부권한을 좌우하였다. 그들은 루이 14세와의 전쟁(1689-1697)에 찬성하였다. 왜냐하면 프랑스가 제임스 2세의 추종자들인 반혁명 세력의 왕정복고 시도를 지원하고 있기 때문이었다.

18세기 영국정치의 주요쟁점은 선거구 조정이었다. 영국은 연(年) 40실링 이상의 지대(地代)를 지불하는 시민에게만 선거권을 부여하였고, 이 선거자격은 1700년대 말까지 계속되었다. 영국은 1860년대에 가장 많은 투표권 인구를 가진 나라가 되었다. 이때 인구의 5%(성인남자의 15% 이상)가 투표권을 가지고 있었다.

1700년 선거는 그때까지의 휘그파의 강세를 꺾어 놓았다. 토리파는 루이 14세와의 전쟁 재개에 반대함으로써 선거에서 승리하였다.

윌리엄 3세가 죽은 1702년 영국은 다시 프랑스와 전쟁을 하게 되었다. 이것이 스페인 왕위계승 전쟁이다. 휘그파가 정권을 다시 장악했으며 1710년까지 전쟁을 강행하였다. 그러나 전쟁에 싫증을 느낀 국민은 토리파를 다시 집권케 하였다. 토리파는 앤 여왕을 설득하여 1713년 위트레크트 조약을 체결하도록 하였다.

1714년 아들없이 앤Anne 여왕(재위: 1702-1714)이 죽은 후 독일계 하노퍼Hanover가의 선제후(選帝侯) 게오르크Ludwig Georg가 조지 1세 George I(재위: 1714-1727)로 영국 왕위를 계승하였다. 이로써 하노버 왕조가 시작되었다. 휘그파는 때 맞추어 다시 집권했으며 그들의 집권은 이후 약 1세기 동안 계속되었다.

경제와 사회 18세기초 영국은 일찍이 보지 못한 번영을 누리게 되었으며 강국으로서의 위상을 확립하였다. 영국 해군은 프랑스와의 전쟁에서 결정적 역할을 하였다. 영국제국은 해외 식민지를 새로이 창설하고 급속한 발전을 하였다. 1707년 잉글랜드와 스코틀랜드가 통합되었으며, 이로써 영국은 세계적 영향력을 행사하게 되었다.

영국은 경제적으로도 두드러지게 발전하였다. 1694년 '잉글랜드 은행'이 설립된 것은 주목할 만한 일이었다. 은행은 공공부문에서 자금조달 권한을 부여 받았다. 영국정부는 재정적 안정성을 과시했으며 엘리트 계층은 국가에 대한 충성심을 십분 발휘하였다. 런던은 세계 금융의 중심이 되었다. 상인들은 동아시아에서 북아메리카에 걸쳐 해상무역을 활발하게 전개하였다. 경제 붐의 혜택은 결국 하층계급에까지 돌아갔다.

조지 1세

18세기 영국에서는 도시화 진행 속도가 빨라졌다. 1800년까지 영국 인구의 약 30%는 도시에 거주하게 되었다. 런던은 영국 인구의 11%에 해당되는 50만 명이 사는 거대도시가 되고 빈민가와 범죄로 오염되었다.

약 반세기 동안 인플레이션이 있은 후 18세기에 이르러 노동자들은 다시 윤택한 삶을 추구하게 되고 수공업자들은 제품 주문으로 바빠졌다. 사회 상층은 더 많은 정치적 발언권을 갖게 되고 경제적 번영으로 해외무역·관료계·사치품시장 등에서 더 많은 출세영달의 기회를 갖게 되었다. 영국은 네덜란드를 제외한 유럽의 어느 나라보다도 더 잘 사는 나라가 되었다.

1730년경에는 약 6만의 성인 남자들이 이른바 전문직에 종사하게 되었다. 영국은 유럽에서 좋은 도로를 가장 많이 가지고 있으며 공정한 사법제도를 실시하고 있었다. 특히 젠트리만큼 실질적 이득을 얻은 계층은 없었다. 사법제도 개선과 같은 개혁은 사실상 상층계급이 쟁취한 승리의 간접적 결과였다.

정치적 안정 1700년대에 영국은 나라 안으로 국가의 권한을 확립하고 밖으로는 국제적 발언권을 증대시켰다. 이러한 팽창은 군주 개인뿐 아니라 지주계층이나 도시민이 합심한 결과였다. 이러한 계층의 정권 장악은 하원 의석 점유 분포에서 극명하게 나타났는데, 의원 선출은 선거구의 인구 규모와는 거의 상관이 없었다. 예를 들면 1793년 잉글랜드와 웨일즈의 51개 선거구에는 1

천5백 명 미만의 투표권자밖에 없었으나 하원 의석의 5분의 1에 해당하는 1백 명의 의원을 배출하였다.

많은 선거구를 지방 권력가들이 장악하고 있었으며 선거는 자주 뇌물 · 권세 · 공갈 등에 의해 결과가 결정되었다. 전국적으로는 정파간의 이해관계가 정치에 반영되었다. 휘그파는 강력한 의회를 원했고 대개 농업보다 상업적 이해를 중시한 반면 토리파는 왕을 지지하고 대토지 소유층을 옹호하는 정책을 선호하였다. 그러나 실제정치는 정파내의 소그룹의 이익과 타산에 근거한 이합집산에 의해 좌우되었다.

국가적 번영은 군대 유지와 재정확립으로 가능하였다. 영국정부의 국방비와 재정규모는 18세기를 통해 급증하였다. 1770년대에 영국군 병력이 20만이 되었으며 공공비용의 태반이 군사비로 충당되었다. 1770년대 영국정부의 공공비용은 명예혁명 이전에 비해 약 15배로 증가하고 관료도 3배로 증가하였다.

월폴

월폴 시대 독일계인 하노버 왕조의 제1대왕 조지 1세와 제2대 왕 조지 2세George II(재위: 1727-1760)는 영어를 유창하게 말할 줄 몰랐다. 언어 장벽과 하노버가의 독일령에 대한 관심 때문에 그들은 영국정치에는 거의 관심이 없었고, 그 결과 의회의 권한이 상대적으로 점차 증대하였다.

20년 이상 영국정치에서 지배적 위상을 차지한 사람은 월폴Sir Robert Walpole(1676-1745)이었다. 그는 '남해 거품 사건' (South Sea Bubble)이라 알려진 해외무역회사의 붕괴에 따른 공황기간에 재정정책을 유능하게 집행한 수완을 인정받아 1720년 정계에 부상했으며 1742년까지 영국정치를 장악하였다.

많은 역사가들이 월폴을 최초의 수상이라 부르고 있지만 공식 칭호는 아니었다. 그러나 그는 장관의 책임을 묻고 집단으로 공동과업을 수행하는 이른바 '내각' (cabinet)이라는 관념을 세우는 데 제1보를 내디딘 사람이다.

월폴은 모든 장관에게 왕과 하원과 협의하도록 강조하였다. 그는 정책 결정에 대한 하원의 지지를 얻기 위해 직접 하원에 참석하기까지 하였다. 그러나 19세기 이전에는 하원이 장관을 사임케 하지는 못하였다.

월폴의 평화정책은 다수 지주층을 만족시켰으나 상공인의 분노를 샀다. 그들은 프랑스의 상업발전과 식민활동을 두려워하였다. 상공계층의 이익을 대변한 '대(大)' 피트William Pitt(Chatham 백작, 1708-1778)는 달변이며 자신감에 찬 인물로 영국제국 건설의 비전을 가지고 있었다. 그는 1738년부터 의회에서 정부 정책을 공격하고 프랑스를 해상에서 축출해야 한다고 요구하였다.

18세기 영국 하원

월폴 정책은 1742년 그가 사임한 후에도 계속되었으나 1758년 마침내 피트에게 기회가 왔다. '대' 피트가 수상으로 있을 때 영국은 유럽대륙에서 영국의 중요성을 확인시키는 전쟁에 개입하게 되었다.

3. 강대국의 팽창과 세력균형

18세기초 유럽의 국가체제는 프랑스 · 영국 · 러시아 · 프로이센 · 오스트리아 등 5대강국에 의해 지배되었다. 오랜 전통을 자랑하는 신성로마 제국 및 동쪽의 오스만 터키는 쇠망의 길에 들어섰고 한때 강력했던 스페인 · 포르투갈 · 네덜란드 · 스웨덴은 절정기를 지나 더 이상 국제정치에서 주요 역할을 하지 못하게 되었다.

이와 대조적으로 프랑스와 영국은 역동적(力動的)이며 침략적이었다. 프로이센과 러시아는 안정세력을 구축하고 일류 국가로 급속히 성장하였다. 러시아는 로마노프 왕조의 유능한 역대 군주에 의해 근대국가로 전환하였다. 프로이센은 매우 효율적인 영도력을 발휘한 호헨촐러른가에 의해 18세기에 강대국으로 발전하였다. 프로이센은 이웃의 약소국을 위협하면서 파렴치한 외교

관계 수립과 군사력의 동원으로 영토를 확장해 나갔다.

오스트리아를 지배한 합스부르크가는 쇠퇴해 가는 중세 제후국가 연합체인 신성로마 제국을 거느리고 있는 데 불과했으나 그럼에도 보헤미아 · 헝가리 · 이탈리아의 일부 및 오스트리아령 네덜란드를 차지하는 국가로서 5대강국의 대열에 끼어 유럽의 국제정치를 좌우하였다.

이러한 강대국에 의해 근대적인 국제정치 구조가 새로이 형성되었다. 그것은 국가적 팽창과 국제적 세력균형을 유지하려는 체제였다. 이러한 체제는 근대 이전에는 없었다. 이 체제하에서 각국은 독립과 공존을 유지하면서 동시에 침략과 확장을 시도하였다. 그 주요수단은 무력이며 각국은 군사력 증강에 집중적인 노력을 기울였다.

그러나 어느 한 나라가 각별히 강해지는 것을 막기 위해 그때 그때 필요한 외교관계와 동맹을 수립하거나 군사적 협동관계를 맺었다. 어제의 적국이 오늘의 우방이 될 수 있는 등 동맹관계의 이합집산(離合集散)은 일반적인 현상이 되었다.

프랑스는 루이 14세 시대에 유럽에서 가장 강대한 군사력을 보유하게 되었으며, 영국은 두 차례의 혁명을 겪으면서도 18세기초에 유럽 정치의 중재역을 담당할 만큼 강력한 해군 보유국이 되었다.

A. 러시아의 발전

러시아는 지리적으로 아시아와 유럽에 걸쳐 있었고 역사적으로 오랫동안 후진성을 면치 못하였다. 그러므로 지역적으로는 반(半) 유럽적이고 관습적으로는 반(半) 아시아적인 면을 갖고 있었다. 정치적 전제체제와 더불어 여성의 낮은 사회적 위치, 비개방성, 엄격한 가부장제에 의한 가족제도와 같은 사회관습 등이 아시아적인 측면이었다.

또한 러시아는 인종과 종교에서 유럽과 연결되어 있었다. 인종상으로 슬라브 민족은 폴란드인 · 보헤미아인 · 세르비아인과 관계가 있는 민족집단 중의 하나였다. 종교적으로 10세기초 슬라브 민족은 그리스도교로 개종하였다. 15세기 중기에 비잔틴 제국이 멸망한 뒤에는 그 후계자로서의 정통성을 계승하고 있다고 자처하였다.

근대 러시아 성립 9세기경 동슬라브족은 드녜프르 강의 키예프Kiev를 중심으로 국가를 형성하고 있었으나 13세기에 몽고 민족에 의해 멸망하였다. 그 후 15세기 후반까지 약 3백년간 깊착칸국(欽察汗國: the Golden Horde)의

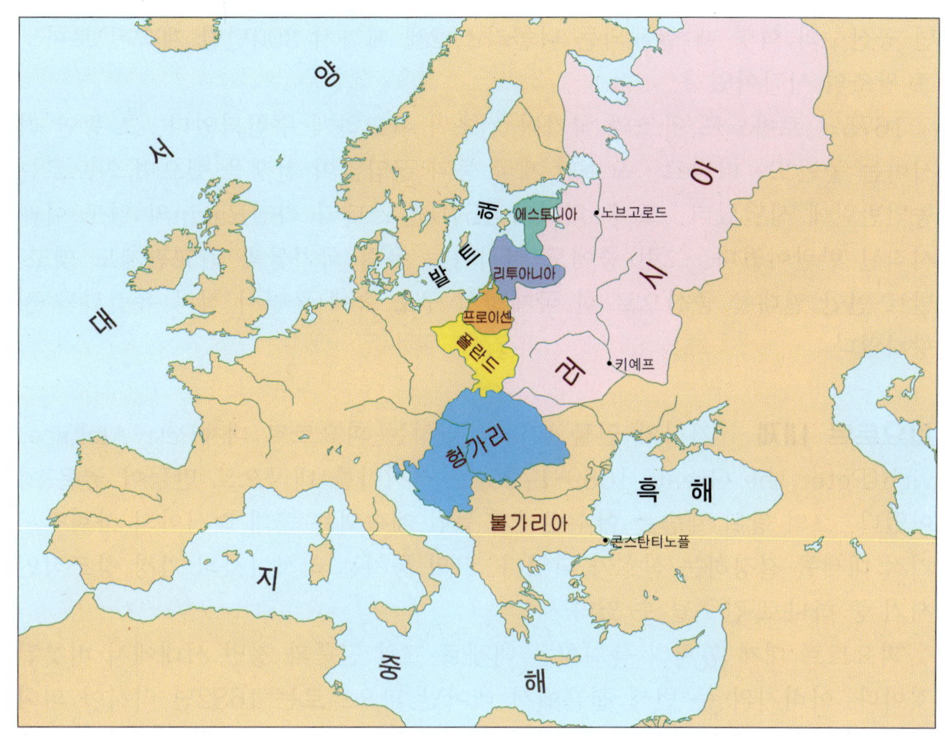

몽고 침입 전의 러시아

지배를 받았다.

모스크바 공국은 1480년 모스크바 대공 이반 3세Ivan III(大, 재위: 1462-1505) 시대에 몽고 민족의 지배에서 벗어나 독립하였다. 이것이 근대 러시아의 시작이었다. 모스크바 공국은 동로마제국 멸망 후 정교(正敎)를 신봉하는 종주국이 되었다.

대(大) 이반은 비잔틴 제국 최후의 황제 콘스탄틴 11세Constantine XI Paleo- logus (Dragases, 1448-1453)의 조카(Sophia Paleologus)와 결혼하여 차르tsar; czar, 아우구스투스의 후계자 또는 정교의 보호자를 자칭하였다. 그의 시대에 비잔틴 문화가 러시아의 건축 · 조각 · 역법(曆法) · 문자 등에 명백한 영향을 끼쳤다.

이반 4세Ivan IV(恐怖王, 재위: 1533-1584) 때에 이르러 지방 영주층의 세력을 누르고 제후들을 복속시켜 강력한 국가건설에 나섰다. 그는 대외적으로 타타르족이 영유한 볼가Volga 강변을 정복하여 서방과 무역의 길을 터놓았다.

그러나 이반 4세 이후에는 왕위 계승을 둘러싼 내란이 있었으며 외세, 특히 폴란드의 침입을 당하는 난국을 맞게 되었다.

1613년 로마노프Michael Romanov; Romanoff(재위: 1613-1645)는 폴란드와 스웨덴의 쇠퇴를 틈타 근대국가 러시아를 창건하였다. 이것이 1917

년 공산주의 혁명 때 살해되는 니콜라스 2세 때까지 300년간 계속된 로마노프 왕조의 시작이었다.

1675년 로마노프 왕조의 국가적 기초가 확고하게 수립되었다. 그 동안 러시아는 폴란드 · 타타르 · 오스만 제국 등과 끊임없이 전쟁을 했으며 안으로는 농민반란에 시달렸다. 그 중 하나가 1670년 스텐카 라진Razin의 영도 아래 시작된 반란이었다. 그런 중에도 러시아는 유럽 국가들과 외교관계도 맺고, 발트 연안 일대를 중심으로 한 국제정치 구조 속에 들면서 점차 유럽화를 지향하였다.

피요트르 대제

피요트르 대제 '기적의 인물'이라고 말하는 피요트르 대제Pëtr Alekseevich(Peter the Great, 1689-1725)는 러시아를 대국으로 만들어 놓은 왕이었다. 그의 왕위 계승은 이후 2세기 동안 계속되는 근대 러시아의 사회적 · 지적 대세를 결정하는 신호가 되었다. 그의 통치는 러시아사의 가장 창조적인 시기 중 하나로 간주될 수 있다.

피요트르 대제 통치의 특이함은 대체로 그의 인품과 청년 시대에서 비롯된 것이다. 아버지의 두 번째 결혼에서 태어난 피요트르는 1682년 러시아 의회에서 왕으로 선출되었으나 곧 가정의 반목으로 이복 여동생 소피아Sophia Alekseevna(1657-1704)에 의해 크렘린에서 추방되었다.

피요트르는 소피아의 섭정 기간(1682-1689)에 친구들과 전투연습을 하는 등 자유분방한 생활을 하였다. 또 러시아에 체류중인 유럽인과 교분을 가져 서방의 과학기술 · 항해술 · 조선술과 그 밖의 문물과 제도를 알게 되었다. 그는 7척 장신의 위풍 당당한 거구였으며, 본질적으로 호기심이 많은 정력가였다. 마침내 1689년 소피아의 섭정 체제를 전복하여 이복형 이반 5세Ivan V(1666-1696)와 공동통치를 했으며, 이반 사후 1696년 비로소 단독 통치를 하게 되었다.

피요트르의 정책 피요트르는 즉위 초에 세 가지 정치 목적을 세웠다. 러시아의 '서양화', 부동항(不凍港) 영유, 차르의 절대권 확립이 그것이다.

그의 첫 번째 목표는 러시아의 서양화였다. 국내 통치기반이 잡힌 1697년 그는 서유럽 여행을 떠나 선진문명을 직접 배우려고 하였다. 러시아 황제로서는 키예프 왕조 이래 처음으로 유럽 여행을 떠난 그의 근본목적은 러시아 해군 건설에 있었다.

이미 1696년 귀족가문 출신의 청소년 50명을 영국 · 네덜란드 · 베네치아 등에 파견하여 선진 과학기술과 학문, 특히 조선술과 축성법(築城法)을 배워 오게 하였다. 그는 선진국의 정치 · 교육 · 무역 · 산업을 견학하기 위한 사절단을 구성하여 발트해 및 북해 연안국가를 순방하였다. 제1회 순방(1697-1698)과 제2회 순방(1716-1717)에서 일행은 서유럽의 제도 · 기술 · 학문뿐 아니라 복장과 관습 등 생활문화에 이르기까지 많은 것을 배우려고 노력하였다.

그는 유럽여행에서 미개하고 거친 슬라브인의 기질을 십분 발휘하였다. 그는 평범한 러시아 장교 미하일로비치Peter Mikailovitch라는 익명으로 여행했을 뿐 아니라 영국이나 네덜란드의 조선소에서는 직접 노동자로 일하기까지 하였다. 암스테르담의 조선소 직공들은 4개월 동안 그를 바스Bass 혹은 피요트르 감독이라 불렀다. 그는 틈틈이 박물관 · 극장 · 병원 · 화랑을 찾아다니는 등 다방면에 관심과 호기심을 나타냈다. 공장 방문 시에는 많은 질문을 하고 메모했으며, 인쇄기의 작동을 자세히 관찰하는가 하면 해부학 강의를 청강하였다. 심지어 외과 수술과 이 빼는 기술까지 배웠으며 법령집이나 기계모형 등을 구입하였다. 그동안 그는 러시아 기술자 양성을 목적으로 장교 · 기계공 · 인쇄공 · 건축가 · 선원 등 약 500명의 전문 기능인들과 계약하였다. 그밖에 많은 직종의 사람들을 러시아로 데려갔다.

한편 그의 호기심은 가는 곳마다 많은 일화를 남기곤 하였다. 프로이센의 쾨니히스베르크 시 당국에 차열(車裂)처형 모습을 보여줄 것을 요청하여 깜짝 놀라게 하였다. 영국에서는 일행이 묵고 있던 해군제독의 저택을 엉망으로 어지럽혀 놓는 말썽을 빚기도 하였다.

1697년 피요트르 대제가 빈에 체류하고 있을 때 친위대(Streltsi)의 반란이 있었으나 모스크바로 급히 돌아가 2천 명의 반란도를 처형하였다.

서양화 정책 귀국 후 그는 러시아인의 전통적 관습을 고치려고 하는 한편 '서양화' (Westernization) 개혁에 착수하였다. 그는 단발령(斷髮令)을 내려 수염을 깎게 하고 위반하는 경우에는 과세하였다. 프랑스식 또는 독일식 옷을 장려하였다. 남녀간의 자유로운 교제를 권장하고 베일의 사용을 금지하는 등 여성의 개방을 적극 유도하였다.

피요트르 대제는 문자를 개혁하고 인쇄시설을 만들며 유럽식 달력을 채택하고 병원과 학교를 세웠다. 유럽식 수자(數字)를 도입하고 외국어 학습을 장려하였다. 청소년의 외국유학을 권장하는 한편 외국학자들로 구성된 학술원을 설립하였다. 정부기관의 능률적인 행정을 위해 스웨덴과 프로이센의 제도를 본따 혁신하였으며 외국인 관료를 임용하였다. 그는 공장을 세우고 광산을 개발하는 등 산업 진흥에 힘쓰는 한편 기구 · 종자 · 농축(農畜) 등의 개량을 통해 농업을 발달시켰다.

이와 같은 개혁에 거세게 반대하는 층이 있었으나 피요트르 대제는 가차없이 이들을 탄압하였다. 개혁 반대자들의 반란에 왕자가 관련된 적이 있었으나

귀족의 수염을 자르는 피요트르 대제

용서 없이 처단하였다.

이리하여 1709년까지는 확고부동한 통치체제를 수립할 수 있었다. 육군은 주로 프로이센식으로 정비·확장했으며 바다의 중요성을 인식하여 해군을 창설하였다. 그리고 수도를 바다와 가까운 곳에 새로이 건설하여 상트 페체르부르크(St Petersburg)라 이름 붙였다.

그는 절대군주제를 확립하기 위하여 지방자치 정부의 잔재를 일소하고 중앙정부를 완전히 자기 뜻에 따라 장악하였다. 귀족에게는 가문의 전통보다도 정부와 황제에게 더 충실히 봉사하도록 요구했으며, 귀족 교육은 국가에 기여를 우선하는 방향으로 실시되었다. 1700년의 제도개혁을 통해 러시아 교회는 절대군주체제를 가장 강력하게 지지하는 세력이 되었다. 종교 분야에서는 주교회의(Synod)를 창설하고 관구장(管區長: Patriarch)제도를 폐지하였다.

대북방 전쟁 피요트르 대제의 또다른 정치목적인 부동항(不凍港) 영유는 통치 초기부터 일관된 것이었다. 북쪽 백해(白海)에 면한 아르칸겔스크Arkhangelsk; Archangel는 해마다 9개월간 얼어붙는 항구였으므로 다른 부동항을 물색하지 않을 수 없었다. 서북 해안선은 스웨덴의 세력하에 있었고, 남쪽 항구들은 오스만 제국 지배하에 있었으므로, 러시아의 부동항 영유정책은 필연적으로 이 두 나라와 충돌하게 되었다. 러시아는 1695년과 1696년의 원정으로 오스만 제국으로부터 아조프Azov 연안 지역을 획득하였다. 아조프 항은 그 후 1711년 오스만 제국에게 빼앗겼으나 1739년 다시 러시아의 영토가 되었다.

바다로 진출하려는 피요트르의 야망은 1700년의 '대북방 전쟁'(大北方戰爭, 1700-1721)으로 구체화되었다. 이보다 한 해 전인 1699년 스웨덴에 대항하기 위해 이미 네덜란드, 덴마크와 비밀조약을 체결한 바 있었다.

당시 18세의 스웨덴 왕 찰스 12세는 "미덕보다 악덕이 더 많은 왕"이라는 볼테르의 평을 듣긴 했지만 북방의 사자라는 별명을 가진 유능한 군주였다. 그는 1697년 15세의 어린 나이에 즉위했으나 조숙하였다. 그는 의회(Riksdag)의 섭정을 폐지하고 절대 군주권을 장악하였다.

상트 페체르부르크 건설

1735년 귀족 출신 독일 학자는 러시아의 페체르부르크에 약 20년 이상 체류하면서 피요트르 대제에 관한 일화를 수집하여 기록했는데 거기에는 피요트르 대제가 페체르부르크 건설에 착수한 내력에 관한 설명이 상세히 적혀 있다.

스웨덴과의 대북방 전쟁이 일어나기 오래 전에 피요트르 대제는 자신의 계획을 수행하는데 필요한 선박들을 건조할 수 있는 항구를 발트해 연안에 만들 계획을 세웠다.

그는 나라의 주인이 되자마자 도시를 건설할 결심을 하고 1703년 기초를 닦았다. 그는 이 도시의 둘레에 네바Neva강 쪽에는 요새를 두르고 다른 쪽에는 해군성을 두도록 하였다.

이전에는 이 지점에 어부의 오막살이가 한 채 있었을 뿐이었는데 바로 이 오막살이는 건설을 시작할 때 왕이 휴식을 취하는 곳이 되었다.

1714년 마침내 자신의 정복지를 평화적으로 소유하고 유리한 조약을 맺을 수 있게 되었을 때, 그는 자신의 설계 진행을 가로막는 장애물이 모두 없어지고 특히 자신의 관심을 전적으로 러시아 문명에 집중할 수 있는데 대해 매우 기뻐하였다. 그러므로 그는 신도시 건설을 재촉하는 칙령을 공포하였다.

그는 모든 지주, 성직자, 일반인이나 수도원에 명하여 자신들의 재력에 알맞은 집을 짓기 위해...11, 18, 27, 36 미터 길이로 땅을 구획 지어 2년 내에 거주할 수 있도록 지시하였는데 이는 재산몰수의 대가였다.

그는 명령을 용이하게 실시하고 누구든 방해가 되거나 변명을 하지 못하게 하기 위해 풍부한 재료를 비축하고 이탈리아인 건축가 트레신스Tressins의 지휘 아래 땅의 너비에 따른… 사무실을 세웠다…. 목재, 파일, 석회는 라도가Ladoga와 노브고로드Novgorod에서 적당한 값을 지불하고 풍부하게 운송되어 왔다.

평판, 오리목, 대들보 등은 모두 풍력이나 수력으로 가동된 무수한 제재소에서 공급되었다….

많은 노동자들이 차르의 명령에 따라 신도시 건설과 도로 포장 작업을 하기 위해 러시아 전역에서 모집되었다. 그는 정상적인 화물과 함께 일정량의 석재를 상트 페체르부르크로 실어 나르기 위해, 또는 그 목적으로 도시 입구에 지정된 집하장(集荷場)에 운송하기 위해 동원되는 모든 선박과 차량을 지휘하였다.

찰스 12세는 선제공격을 개시하여 덴마크를 쉽사리 굴복시키고 러시아군을 나르바Narva에서 궤멸시키는 대승을 거두었다. 그러나 러시아에게 결정적 타격을 가하지 않은 채 방향을 바꾸어 6년간 폴란드 원정에 몰두하였다. 찰스 12세는 1697년 선출된 폴란드 왕 아우구스투스 1세(Frederick Augustus I, 1694-1733)를 폐위시키고 레쉰스키Stanislas Leszczynski를 왕으로 앉혀 놓았다.

폴타바 전투 1708년 스웨덴군은 다시 러시아에 침입하여 모스크바로 진격하였다. 전번과 달리 피요트르는 후퇴작전을 썼다. 스웨덴군의 세력과 사기는 매서운 겨울 추위 속에서 약화되고(1709) 그 결과 러시아군은 폴타바Poltava 전투에서 대승을 거둘 수 있었다.

그 후 수년간 스웨덴은 오스만 제국으로 하여금 러시아를 공격케 하여 피요트르를 난처하게 만들었다. 그러나 덴마크 · 폴란드 · 프로이센 · 하노버 등이 적대하게 되자 스웨덴도 열세에 놓이게 되었다.

1718년 스웨덴 왕은 전사하고 마침내 1721년 니스타드Nystad 조약이 체결되었다. 스웨덴은 대북방 전쟁의 패배를 끝으로 일류국가로서의 지위를 잃고 발트해 연안 일대는 그 영향권에서 벗어났다. 이리하여 1703년부터 건설중에 있던 새 수도 페체르부르크는 바다를 향한 창문 역할을 하게 되었다.

엘리자베타 여제 피요트르 대제 사후 계승문제로 수년 동안 분쟁이 있었다. 마침내 1741년 피요트르의 두 딸 중 둘째 딸이 먼저 엘리자베타 여제(女帝)(Cza rina Elizabeth; Elizaveta Petrovna, 재위: 1741-1761)로 즉위하였다.

엘리자베타 여제 즉위로 러시아는 20년간 다시 안정기에 들어섰다. 이 기간에도 러시아의 전통문화를 주장하는 측과 서양화를 찬성하는 측의 대립은 없어지지 않았으나 일단 서양화의 주장이 우세한 것으로 일단락되었다. 정치적 침체에도 불구하고 문예와 교육이 창달되었다.

엘리자베타 여제는 1743년 스웨덴으로부터 핀란드의 영토를 빼앗고, 7년전쟁(1756-1763)에서는 프랑스와 오스트리아에 가세하여 동프로이센에 침입, 여러 차례 승전하였다.

그러나 그가 죽은 후 피요트르 3세가 1762년 즉위하면서 프리드리히 대왕을 숭배한 나머지 프랑스 등과의 동맹관계를 파기하고 엘리자베타의 승전 결과를 수포로 돌아가게 하였다. 그 해에 피요트르 3세는 궁중난(宮中亂)이 일어나 암살되고 말았다. 그는 1월부터 7월까지 불과 6개월간 재위했을 뿐이었다.

에카테리나 대제 피요트르 3세 암살 후 그의 왕비가 에카테리나 2세 Ekaterina Alekseevna Ⅱ(대제, Catherine, 재위:1762-1792)로 즉위하였다. 에카테리나 대제는 개인생활에서는 무분별하고 정치적으로는 마키아벨리주의자였다. 그러나 즉위 후에는 훌륭한 정치를 하여 러시아를 강대국 지위에 올려놓았다.

에카테리나 대제

피요트르 대제가 러시아에 외부세계를 향한 창문을 낸 왕이라면 에카테리나는 그 창문을 활짝 열어 놓은 왕이었다. 피요트르가 강하고 독립적인 러시아의 존재를 유럽 대륙에 인식시켰다면 에카테리나는 러시아를 유럽 강국으로 만들어 놓았다고 할

러시아의 발전과 팽창

수 있다. 피요트르는 유럽 문화를 도입하기 위해 전통적인 러시아 문화를 파괴했으나 에카테리나는 유럽 영향을 받긴 했으나 여전히 러시아 민족문화의 기반을 다져 놓았다.

에카테리나 2세는 본래 독일 제후 아우구스투스Christian Augustus (Anhalt-Zerbst)의 딸로 이름이 소피아 프레데리카Sophia Augusta Frederica였으나 그리스정교로 개종하면서 에카테리나로 개명하였다.

그는 16세에 피요트르 3세와 결혼하여 러시아에 왔다. 결혼 후 남편이 별로 돌보지 않는 가운데 널리 독서하고 러시아어를 배우면서 외로움을 달랬다. 그리고 결국 러시아를 깊이 사랑하게 된 여장부형 러시아 황제가 되었다. 디드로는 "클레오파트라의 모습에 브루투스의 정신을 가지고 있다"고 그를 평하였다.

계몽정치 에카테리나 대제는 국내정치에서 전통주의와 서양화 사이에 적절한 균형을 취하고 대외정책에서는 피요트르 대제의 노선을 적용·확대시켰다. 그는 프로이센의 프리드리히 2세, 오스트리아의 요제프 2세, 스웨덴의 구스타부스 3세 등 이른바 18세기 후반의 계몽군주들과 동시대인이었다. 이 군주들은 헌신적으로 국가의 번영과 국민의 이익을 위해 노력했으며 계몽사상을 잘 이해하였다.

계몽군주란 국가 주권이 다수보다 한 사람에게 있는 것이 옳다고 생각하면서도 개혁과 계몽에 주력한 군주이다.[3] 프로이센의 계몽군주인 프리드리히 2세는 "군주와 국민과의 관계란 두뇌와 사람과의 관계와 같다. 군주는 될 수 있는 대로 국민을 위해 모든 이익을 얻도록 생각하고 또 사회를 위해 행동하는 것이 그의 의무이다. 군주는 절대적인 주인이 아니라 국가제일의 종에 불과하다"고 하였다.

당시의 계몽군주로 프리드리히 대왕 이외에 오스트리아의 요제프 2세Joseph II(1741-1790), 스웨덴의 구스타부스 3세Gustavus III(1771-1792), 사르디니아의 카를로스 에마누엘레 3세Carlos Emmanuel III(1730-1773) 등이 열거될 수 있다.

3) Geoffrey Bruun, *The Enlightened Despots* (1967), 35-37.

러시아 농노의 생활

다음과 같이 농노의 참상을 날카롭게 비판한 필자(Alexander Radischev, 1749-1802)는 에카테리나 대제에 의해 투옥되었다. 그는 1790년『상트 페체르부르크에서 모스크바까지의 여행』에서 당시의 농노제, 절대주의 정치, 종교 등을 비판하였다. 그는 결국 시베리아로 추방되었다.

어떤 사람이 수도를 떠나 1백-2백 명의 농노들이 사는 작은 마을을 사서 농사로 자신의 생계를 꾸려나가기로 했다. … 이 목적으로 농민을 감정이 없는 도구와 같이 만드는 것이 가장 확실한 방법이라고 생각하였다. 그리고 그는 명령받아 집단으로 전장으로 나가며 한 사람씩 행동할 때 아무 책임도 지지 않은, 군인과 같이 농민을 그렇게 만들어 놓았다. 이 목적으로 그는 농민들에게서 작은 경작지와 목초지를 빼앗았다. 이 땅은 대개 귀족들이 농민에게 요구한 강제노동의 대가로 생계를 유지하도록 준 땅이다. 한마디로 이 귀족은 그의 농민과 처자들에게 일년 내내 노동하도록 강요하였다. 그들이 굶지 않을 만큼 약간의 빵을 나누어주었다. … 만일 고기가 있다면 다만 이스터 주간에나 있을 뿐이었다."

농노는 실정에 따라 의복을 받았다. … 당연히 그들은 소 · 말 · 양 · 염소를 소유하지 않았다. 주인은 농노에게 소유의 허가라기보다는 소유의 수단을 주지 않았다. 누구든지 좀 잘 지내는 사람이 약간 아껴 먹는다면 몇 마리 닭을 가질 수 있었는데 이것조차 주인이 가끔 제멋대로 값을 쳐서 가져가 버렸다.

삽시간에 그는 2백 명의 농노 이외에 탐욕의 희생물로 또다른 2백 명을 추가하였다. 그리하여 첫 번째 수법에 따라 자신의 소유지를 해마다 불려 땅에서 신음하는 농노의 수는 해마다 증가하였다. 이제 그는 수천의 농노를 가졌고 유명한 농업기업가라는 칭송을 듣고 있다.

야만인이여! 농업생산을 하는 사람들이 힘든 밭갈이하는 소와 똑같은 신세라고 한다면 해마다 수천 부셸bushel의 곡식이 자라는 나라에 무슨 득이 있겠는가? 우리 시민들은 우리 곡식창고가 가득 차고 그들의 배는 곯아도 행복하다고 생각할 것인가?

계몽군주로서 에카테리나의 면모는 "군주를 위해 국민이 만들어진 것이 아니라 군주가 국민을 위해 만들어졌다"고 한 말에 잘 나타나 있다. "한 사람의 죄 없는 사람을 벌하는 것보다 열 사람의 용의자를 사면하는 것이 낫다"고 말한 에카테리나는 몽테스키외의『법의 정신』을 읽고 "내가 만일에 교황이라면 몽테스키외를 성자(聖者)의 반열에 올려 놓을 것이다"라고 찬양하였다. 그는 당시대의 저명한 사상가들, 예컨대 볼테르 · 디드로 · 달랑베르 등과 서신을 교환하여 견해를 듣기도 하였다.

1766년 에카테리나 대제는 러시아 법률의 법전화를 추진하였다. 그는 또 교육과 사회복지를 진흥하기 위해 학교를 많이 세우고 병원이나 고아원을 지원하였다. 그는 스스로 희곡을 창작했으며 문예 장려 정책을 폈다. 프랑스에서 금지된 서적도 러시아에서는 유통되도록 허용한 사람이 바로 그였다.

대외정책 에카테리나 대제의 대외팽창 정책은 오스만 터키나 폴란드와의 분쟁을 초래하였다. 러시아-터키 전쟁(1769-1774)의 결과 1774년의 쿠츄크 카이나르지Kuchuk Kainarji; Kutchuk-Kainardji 조약에 따라 아조프 연안 지대와 드녜프르 강구지역 및 베사라비아Bessarabia, 몰다비아Moldavia, 왈라키아Wallachia, 에게 해 도서(島嶼) 등을 획득하였다. 그 후 다시 1792년 야시Jaesy 조약으로 크림Crimea; Krym 및 흑해 북쪽 연안의 오데사Odessa 지방을 영유하게 되었다.

폴란드의 내분을 틈타 강대국들이 그 분할에 착수했을 때 가장 큰 몫을 차지한 나라도 러시아였다. 국제정치상 가장 파렴치한 침략 유형인 폴란드 분할은 프로이센의 국가적 성장과 깊은 관계가 있었다.

B. 프로이센의 대두

러시아보다 더 눈부신 발전을 한 것은 독일지방의 프로이센이었다. 독일이라는 것은 17·18세기까지도 국가라기 보다 지역을 가리키는 명칭에 불과했으며 3백 개 이상으로 분리된 크고 작은 제후국 영방(領邦: Land)들의 집합체였다. 그러므로 신성로마 제국의 국회, 7명의 선제후(選帝侯), 황제와 같은 기구는 정치적 유대를 유지하는 형식적인 것에 불과하였다. 크고 작은 수많은 제후국 중 단지 2-3개 정도가 강력한 국가로 성장할 잠재력과 자원을 보유하고 있었다.

그 중에서도 작센Saxen과 브란덴부르크Brandenburg는 특출하였다. 작센은 라이프치히Leipzig와 같은 대도시를 가지고 있었고 드레스덴Dresden의 도자업(陶磁業)으로 문화의 중심지였다. 30년 전쟁이 독일 전역에 경제적 쇠퇴를 초래했지만 작센은 이를 모면할 수 있었던 주요 제후국이었다. 이에 비해 브란덴부르크는 오데르 강변의 작은 제후국가로서 본래 신성로마 제국의 변경 주(Mark)였다. 그것은 동쪽의 슬라브 민족에 대항하는 그리스도교 문화의 전초기지였다. 그런데 작센에 비해 브란덴부르크 쪽이 급속히 국가적 성장을 하게 되었으며, 그 중심은 호헨촐러른 가였다.

프로이센의 대두 호헨촐러른Hohenzollern가는 신성로마 황제 지기스문트Sigismund(재위: 1411-1437)에 협력한 공을 인정받아 1400년대에 선제후로 승격되고 브란덴부르크를 차지하게 되었다. 16세기의 종교개혁 때에는 루터파로 개종했으며, 그 결과 가톨릭 교회의 토지와 재산을 점유하여 상당한 부를 얻었다.

1618년 브란덴부르크는 동프로이센 공국을 계승하였다. 그 후 30년 전쟁의 결과 포메라니아Pomerania, 막데부르크Magdeburg, 민덴Minden을 추가로 획득하였다. 이로써 그 영토는 동쪽으로는 니멘Niemen 강, 서쪽으로는 라인강에 이르렀다.

그러나 브란덴부르크의 숙원(宿願)은 동프로이센과 그 밖에 흩어져 있는 영유지를 연결하여 영토의 통합을 이루는 일이었다.

대선제후 이 숙원을 실현시키려고 노력한 최초의 지배자는 프리드리히 빌헬름Friedrich Wilhelm; Frederick William(大選帝侯, 1640-1688)이었다. 그는 중앙집권적 관료제를 수립하고 국가재정을 단일화하며 군사력을 증강하였다. 1655년 스웨덴과 폴란드 사이에 전쟁이 일어났을 때 처음에는 스웨덴에 가담했으나 나중에는 폴란드를 지원하여 전후 동프로이센의 독립주권을 약속 받았다.

프리드리히 빌헬름 대선제후는 각지로부터 많은 이민을 받아들였다. 특히 네덜란드 농민을 이주시켜 관개법 · 낙농 · 감자재배 등에 관한 기술을 도입하였다. 또 낭트 칙령 철폐(1685)로 프랑스로부터 이주해 오는 약 2만의 위그노를 받아들여 상공업을 발전시켰다. 그는 해상활동과 통상문제에도 깊은 관심을 가지고 아프리카 무역회사를 설립하였다.

프리드리히 빌헬름은 비상한 국정 수완을 발휘하여 봉건제후의 권한을 억제하고 재정을 증대시켰다. 그는 경제정책으로 콜베르주의를 채택하여 프랑스와 네덜란드의 제도를 모방하였다.

한편 대선제후의 대외정책은 일관성 없는 기회주의적인 것이었다. 예컨대 그는 해군 건설비용에 사용할 연차보조금을 받기 위해 1679년 비밀조약을 프

프로이센의 팽창

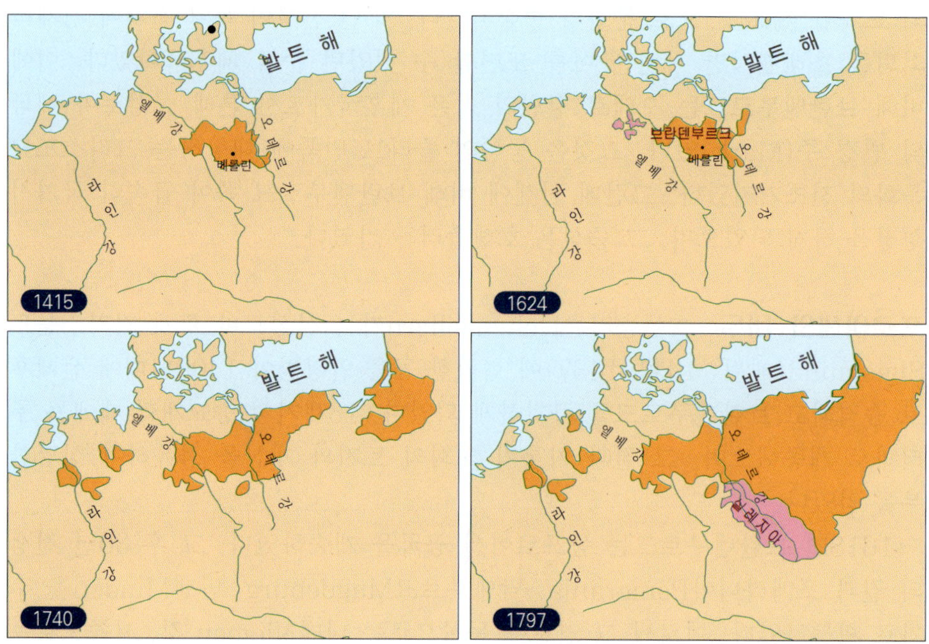

랑스의 루이 14세와 맺은 적이 있었다. 그러나 1685년 네덜란드의 윌리엄(오렌지 공)과 동맹하고 프랑스와 대립하였다.

프로이센 왕국의 성립 1688년 프리드리히 빌헬름 뒤를 이어 선제후를 계승한 프리드리히 3세Friederich III; Frederick III(1657-1713)는 18세기초에 왕을 칭하였다. 공식 명칭은 '프로이센 왕'이 아니라 '프로이센 안의 왕'이었다. 브란덴부르크 왕이라 한다면 신성로마 황제의 선제후 신분과 구별이 되지 않고, 프로이센 왕이라 한다면 폴란드의 일부인 서프로이센까지 포함하는 말이 되므로 결국 '프로이센 안의 왕'이라는 애매한 칭호를 가지게 되었다. 그러나 후계자들은 이에 구애받지 않고 프로이센 왕이라고 칭하였다.

그가 왕의 칭호를 얻게 된 것은 스페인 왕위계승 전쟁에서 신성로마 황제 레오폴트 1세를 원조하였기 때문이었다. 마침내 1701년 그는 수도 쾨니히스베르크Königsberg에서 프리드리히 1세Friedrich I; Frederick I(재위: 1701-1713)로 즉위하였다.

프리드리히 빌헬름 1세 프로이센을 일급국가로 발전시킨 왕은 프리드리히 1세를 이은 프리드리히 빌헬름 1세Friedrich Wilhelm I; Frederick William I(1713-1740)였다. 그는 풍부한 자원을 활용하고 군사력을 증강시킴으로써 국가적 토대를 확립하였다.

프리드리히 빌헬름 1세

프리드리히 빌헬름 1세의 통치방식은 가부장적 전제정치와 군국주의에 입각한 것이었다. 그는 게으른 사람을 노상에서 만나면 지팡이로 때려 그 자리에서 입대시키는 등 모든 백성에게까지 엄격한 기율을 강요하였다.

그는 경제력 증진, 군사력 증강, 왕권신수설 확립 등 국가적 목적을 굳은 의지로 실천에 옮겼다. 특히 국가의 번영과 팽창이 무엇보다도 군사력에 의존한다는 확고부동한 신념을 갖고 있었다.

프로이센은 군사력 증강으로 1740년에는 8만여의 상비군을 보유하게 되었다. 원래 4천 이하였던 군대가 대선제후 시대에 2만4천으로 늘었고, 프리드리히 1세는 이를 3만 8천으로 늘렸다.

다시 프리드리히 빌헬름 1세에 이르러 프로이센 군대는 그 수에서 유럽 4위를 유지하게 되었고, 실제 효율에서는 유럽 1위였다. 프로이센군은 철통 같은 기율·전술·충성심에서 어느 나라 군대보다 뛰어났다. 결국 프로이센은 유럽에서 가장 군국주의적인 국가인 동시에 가장 능률적인 관료국가가 되었다.

프리드리히 2세 대왕 대선제후가 통치를 시작한 지 정확히 1세기 후 프리드리히 2세Friedrich II; Frederick II(대왕, 재위: 1740-1786)가 프로이센 왕으로 즉위하였다. 그의 통치로 프로이센은 유럽 최상급의 강대국이 되었다.

프리드리히 2세는 청년시절에는 아버지의 스파르타식 교육을 싫어하고 프랑스 시와 플루트 연주를 좋아하였다. 그러나 그 후 맹렬한 훈련에 적응하여 철과 같은 성격과 함께 예리한 지성을 갖춘 계몽군주가 되었다.

1740년 28세로 즉위한 그는 약 반세기 가까이 엄격 · 소박 · 근면으로 프로이센 국민을 지배하였다. 그는 군대를 20만으로 대폭 증강시켜 오스트리아 왕위계승 전쟁(1740-1748)과 7년 전쟁(1756-1763)에 참전하여, 오스트리아로부터 실레지아Silesia를 빼앗고 오스트리아 및 러시아와 함께 폴란드의 분할에 참여하여 동프로이센을 브란덴부르크에 합쳐 놓았다.

C. 오스트리아 왕위계승 전쟁과 7년 전쟁

유서깊은 왕가인 합스부르크가는 신성로마 제국의 수장인 동시에 오스트리아를 지배하는 정치세력이었다. 그러나 18세기에 이르러 세력이 이전에 비해 상대적으로 줄어들었다.

한편 신성로마 제국도 베스트팔렌 조약의 결과 영토가 크게 줄어 제국이란 명칭은 공허한 것이 되었다. 유럽을 하나의 제국으로 통합하려는 합스부르크가의 노력은 수포로 돌아갔다. 물론 360여 영방(領邦) 중 160여 영방을 대표하는 신성로마 제국 의회는 계속 존속되어 적절한 기능을 수행하였다.

신성로마 제국의 치명적인 결점은 아무런 행정권 · 군사력 · 과세권을 보유하지 않고 있다는 것이었다. 더욱이 30년 전쟁으로 제국내의 분권주의(分權主義)가 승리하여 각 영방의 권한이 대폭 강화되었다.

오스트리아의 지배가문인 합스부르크는 유럽 최고(最古) 가문 중 하나로서의 긍지를 가지고, 18세기초에도 여전히 유럽의 강대 세력으로서의 지위를 유지하고 있었다. 오스트리아는 1713년 위트레크트 조약 이후 이탈리아 일부와 저지대 지방 및 오스만 제국으로부터 얻은 동남부 등을 통합시키는 데 주력하였다. 이 지역에는 대체로 주민 · 종교 · 문화가 이질적이어서 반란 가능성이 늘 있었다.

오스트리아 오스트리아를 지배하는 합스부르크가의 영지는 보헤미아와 헝가리의 왕위를 세습했기 때문에 줄지는 않았다. 1618년 30년 전쟁을 촉발시킨 보헤미아는 신성로마 황제 페르디난트 2세Ferdinand II(재위: 1619-1637)에 의해 조기에 진압된 후 보헤미아 왕위가 합스부르크가의 세습으로 돌아갔다.

한편 1680년대에 반란을 일으킨 헝가리는 오스만 제국의 지원을 요청하여 오스트리아의 빈을 공격하였다. 오스트리아는 폴란드와 동맹하고 1683년 폴란드 왕 소비에스키John III Sobieski(재위: 1674-1696)의 도움으로 오스만 제국군을 격퇴하여 빈을 구출하였다.

오스트리아는 이때 프랑스의 루이 14세가 서쪽으로부터 공격해 왔으므로 일단 오스만 제국과의 전투를 중지하였다. 그 후에도 오스트리아는 이 두 나라와 공방을 계속했으며 1697년 리스빅크Rijswijk 조약, 1699년 칼로비츠Carlowitz 조약을 체결하여 프랑스 및 오스만 제국과 종전하였다.

1687년 헝가리 의회는 합스부르크가의 왕위세습을 인정했으나 남자만이 왕위를 계승한다는 조건을 붙였다. 바로 이 점이 나중에 오스트리아 왕위계승 전쟁의 불씨가 되었다.

오스트리아 왕위계승 전쟁의 원인 왕조 간 대립의 시대에는 왕위 계승 문제가 흔히 충돌의 원인이 되었다. 대표적인 예가 스페인 왕위계승 전쟁(1701-1713), 폴란드 왕위계승 전쟁(1733), 또는 오스트리아 왕위계승 전쟁(1740-1748)이다.

각국이 서로 호시탐탐하는 국제적 상황에서 아들이 없는 오스트리아 황제 칼 6세Karl VI; Charles VI(1685-1740)는 딸 마리아 테레지아Maria Theresia; Maria Theresa(1717-1780)에게 제위를 계승시키고자 하였다. 이 목적으로 그는 1713년 '국사조칙'(國事詔勅: Pragmatic Sanction)을 기초하여 매수·설득을 통해 헝가리를 비롯한 이웃나라들의 승인을 받아냈다. 프리드리히 빌헬름 1세를 비롯한 서명자들은 마리아 테레사 즉위 후 오스트리아의 영토를 존중할 것에 동의하였다.

그러나 칼 6세가 1740년 10월 죽자 프로이센 왕 프리드리히 2세는 이러한 국제적 약속을 지키려고 하지 않았다. 프리드리히 2세는 자원과 인구가 풍부한 실레지아에 예고 없이 침입하여 프로이센령임을 선언하였다.

그러므로 프로이센측에서 본다면 오스트리아 왕위계승 전쟁은 실레지아 때문에 일어난 전쟁이 된 셈이었다. 프로이센이 실레지아를 둘러싸고 수행한 전쟁은 (1) 제1차 실레지아 전쟁(1740-45), (2) 제2차 실레지아 전쟁(1745-1748), (3) 7년 전쟁(1756-1763) 등 3단계로 구분할 수 있다.

전쟁의 확대 1740년 프리드리히 2세가 실레지아를 점령한 것이 계기가 되어 오스트리아 왕위계승 전쟁은 국제적 규모로 확대되었다. 프랑스·스페인·바바리아·작센 등도 이 기회를 틈타 영토를 늘릴 욕심으로 오스트리아에 도전하였다. 1742년 영국은 네덜란드와 함께 오스트리아측에 가담하게 되었다. 영국은 이미 '젠킨의 귀 전쟁'(War of Jenkin's Ear)으로 스페인과 교전 중에 있었기 때문에 자동적으로 참전한 셈이었다.

'젠킨스의 귀 전쟁' 은 1700년대초에 그 기원이 있었다. 1700년대 이전부터 영국은 북아메리카 · 서인도 제도 · 인도 등에서 프랑스와 식민지 전쟁을 하고 있었다. 18세기가 시작되면서부터 두 나라 사이의 식민지 전쟁은 더욱 격화되었다. 1738년 영국 선장 젠킨스Robert Jenkins(활동기: 1731-1738)이 하원에서 잘려나간 귀를 보이면서 서인도의 스페인 관리들에게 당했다고 호소하였다.

이것이 영국의 국민감정을 폭발시켰다. 당시 수상 월폴은 부득이 스페인에 선전 포고를 했으며, 자동적으로 프랑스는 스페인을 지원하게 되었다. 전쟁이 오래 지속되었을 뿐 아니라 그 규모는 확대되었다. 그러나 1742년에 이르러 영국과 스페인 사이의 적대 행위는 일단 중지되었다.

이러한 상황에서 영국은 오스트리아 왕위계승 전쟁에서 프랑스와 다시 대적하여 북아메리카와 인도에 이르기까지 전투 범위를 넓혔다.

한편 실레지아 확보에만 급급한 프리드리히 2세는 당면 목적을 달성하자, 일단 1741년 전쟁에서 손을 뗐다. 그러나 그는 실레지아 확보가 불안하다고 느끼면서 또다시 1745년에는 전쟁에 개입하여 드레스덴 조약(1745) 체결을 통해 실레지아 영유를 재차 확인하였다.

오스트리아 왕위계승 전쟁은 1748년까지 계속되었으나 결국은 엑스 라 샤펠 조약 체결로 끝났다. 이 조약에 따라 오스트리아는 실레지아를 잃은 것 이외에는 다른 손실을 보지 않았고 국경선 변동은 없었다. 프로이센은 실레지아를 확보함으로써 강대한 유럽 세력으로 비약적 발전을 하게 되었다.

마리아 테레지아 오스트리아 왕위계승 전쟁에서 패배한 것이 합스부르크 왕조 중심 제국의 근본적 약점을 노출시켰다. 마리아 테레지아(재위: 1740-1780)는 개혁의 필요를 느끼고 적대국인 프로이센의 제도를 깊이 연구하였다.

마리아 테레지아의 개혁은 다양하고 다방면에 걸친 것이었다. 유능한 고급관료의 자문을 받아 교육 · 과세 · 행정에 관한 제도를 개편하였다. 귀족계급에 과세하고 그 세력을 억제하여 중앙집권 체제를 수립하려고 하였다. 마리아 테레지아는 개인적으로는 경건한 가톨릭 신자였으나 국가 이익을 우선적으로 고려하였다. 가톨릭 교회에 과세했으며 일부 수도원 재산을 몰수하고 예수회를 추방하였다. 따라서 교황은 오스트리아의 이러한 방침에 크게 반발하였다.

마리아 테레지아

마리아 테레지아는 정책을 수행함에 있어 힘의 행사를 서슴지 않았다. 강권(強權)정치는 시대적 추세인 계몽사상과 맞지 않았다. 그는 루소와 볼테르의 저작을 금지시키고 심지어 일반독자의 호기심을 자극할 우려가 있다고 생각한 나머지 가톨릭 교회의 금서목록까지도 유포되지 않도록 하였다.

외교혁명 오스트리아 왕위계승 전쟁에서 나타난 프로이센의 군사적 성공은 프랑스와 오스트리아에게 경각심을 불러일으켰다. 프로이센의 급속한 대두는 유럽의 세력균형을 깨뜨렸으며 강대국의 동맹관계에 커다란 변화가 왔다.

먼저 전통적으로 적대관계에 있던 오스트리아와 프랑스가 동맹을 맺었다. 두 나라가 가까워진 데에는 개인적인 감정도 작용하였다. 오스트리아 외교관 카우니츠Wenzel Anton von Kaunitz(1711-1794)는 당시 프랑스의 루이 15세의 애첩 퐁파두르 부인Jeanne Antoinete Poisson(Marquise de Pompadour, 1721-1764)에게 접근하여 그의 환심을 샀다.

프리드리히 대왕은 퐁파두르의 처녀시절 성(姓)에 빗대 '생선 가게 아가씨'(Mademoiselle Poisson)라 불러 은근히 그녀의 기분을 건드려 놓곤 하였다. 퐁파두르는 프리드리히 대왕에게 느낀 감정의 응어리 때문에 루이 15세의 마음이 오스트리아와 동맹하게 하는 데로 기울어지도록 애썼다.

한편 영국과 프로이센도 서로 가까워지게 되었다. 이미 영국은 1740년 북아메리카를 무대로 프랑스와 식민지 전쟁, 즉 프랑스-인디언 전쟁(The French and Indian War)을 하였다. 영국은 왕실 소유의 하노버를 프랑스로부터 지키기 위해 1756년 프로이센과 '웨스트민스터 협약' (Convention of Westminster)을 맺었다. 프리드리히 대왕은 하노버를 지켜주는 대가로 상호방위를 제의하였다.

결과적으로 오스트리아 왕위계승 전쟁을 전후하여 1748-1756년 유럽의 전통적인 동맹관계는 이중으로 바뀌었다. 즉, 오스트리아 왕위계승 전쟁에서는 영국-오스트리아측이 프랑스-프로이센측과 싸웠으나 7년 전쟁에서는 프로이센-영국 측이 오스트리아-프랑스측과 대전하게 되었다. 이 동맹관계의 변화로

프리드리히 대왕과 마리아 테레사

18세기 국제관계를 형성한 적개심과 야망은 마리아 테레사에게서 전형적으로 나타났다. 당시 외교관계의 혁명적 변화는 18세기 중반 유럽의 충돌을 가져왔다. 영국이 '웨스트민스터 협약' 으로 마리아 테레사의 숙적 프리드리히 대왕과 동맹을 맺은 것이다. 이 소식을 접한 마리아 테레사는 프랑스와 동맹하기로 결심하였다. 1756년 5월 13일 그는 영국대사에게 자신의 심경을 다음과 같이 토로하였다.

나는 유럽의 낡은 외교관계를 결코 저버린 적이 없다. 그러나 영국은 나와 전통적 관계를 저버리고 프로이센과 조약을 체결하였다. 이러한 정보를 처음 접했을 때 나는 졸도할 뻔하였다. 나와 프로이센 왕은 서로 맞지 않는다. 이 세상 어떠한 것도 나를 그와 한 패거리로 만들 수는 없다. 당신네 영국이 프로이센과 조약을 맺은 예를 따라 내가 프랑스와 조약을 맺는다 해도 전혀 놀랄 일이 아닐 것이다.

내 취향은 프랑스와 전혀 맞지 않으며 베르사유 궁정이 나의 가장 큰 적이라는 것을 부인하지 않는다. 그러나 나는 프랑스를 전혀 두려워하지 않는다. 나는 내게 남은 것을 확보하기 위해서라면 이러한 동맹을 마다할 까닭이 없는 것이다. 나의 주목적은 세습 영토를 보전하려는 것이다. 프로이센 왕과 오스만 터키 민족은 내가 정말로 지겨워하는 두 적이다. 나와 러시아가 계속 지금과 같은 좋은 여건으로 나간다면 우리는 아무리 무섭다고 해도 이러한 적들을 맞상대할 수 있음을 전유럽에 알리는 바이다.

2백년간이나 숙적이었던 프랑스와 오스트리아가 우방이 되는 이변이 일어났기 때문에 이것을 가리켜 '외교혁명' (Diplomatic Revolution)이라 한다.

7년 전쟁 교전 인원수와 전술의 다양성으로 7년 전쟁(Seven Years' War, 1756-1763)은 스페인 왕위계승 전쟁에 비견되는 국제적 규모의 전쟁이라 할 수 있다.

당시 동북아시아와 북아메리카에서는 영국과 프랑스의 식민지 쟁탈이 치열하였다. 러시아는 동프로이센에 침입하고 스웨덴은 포메라니아를 거쳐 브란덴부르크 북쪽으로 진격해 들어갔다. 오스트리아는 실레지아에 다시 침공하여 제3차 실레지아 전쟁을 하게 되었다. 또 프랑스가 서쪽 국경선을 공격해 왔으므로 유럽에서 고립된 프로이센은 자기방위를 하지 않을 수 없었다.

프리드리히 2세는 이에 굴하지 않고 기선을 제압하여 먼저 프랑스군을 로스바하Rossbach 전투(1757)에서 격파하였다. 이어 실레지아에 쳐들어간 그는 로이텐Leuthen 전투에서 오스트리아군을 누르고 러시아군을 초른도르프Zorndorf 전투(1758)에서 격퇴하였다.

이런 승리에도 불구하고 프리드리히는 1759년 쿠너스도르프Kunersdorf 전투에서 참패하여 베를린이 함락 직전에 놓이게 되었다. 프로이센은 점차 열세로 되는 가운데 영국마저 지원을 중지하였으므로 곤경에 빠지게 되었다.

윌리엄 피트

윌리엄 피트 체제 영국은 7년 전쟁 중 진행된 식민지 전쟁에서 처음에는 참패하였다. 지중해의 주요 기지인 미노르카Minorca는 프랑스에게 점령당하고 북아메리카에서 프랑스군의 우수한 지휘관 몽캄Montcalm de Saint-Veran(1712-1759)은 계속 영국군을 괴롭혔다.

이 시기에 영국 수상은 무능한 뉴캐슬Newcastle 공(Thomas Pelham-Holles, 재임: 1754-1756)이었으나 7년 전쟁이 발발하던 해에 '대' 피트가 수상으로 취임함으로써 영국의 지도체제가 수립되었다. 그는 전쟁을 승리로 이끌기 위한 종합안을 세웠는데 이것이 '피트 체제' (Pitt's System)이다.

피트 체제의 골자는 프로이센에게 전쟁 자금을 제공하는 한편 프랑스가 해외 식민지에 군대 파견과 물자 보급을 하지 못하도록 프랑스 해군을 파괴할 것, 또 식민지에 잘 훈련된 영국군을 파견하여 고립된 프랑스군을 공격할 것 등이었다. 피트 체제가 시작된 이래 영국군은 아메리카, 캐나다 및 인도 지방에서 계속 승리하였다.

가장 결정적인 것은 인도에서의 클라이브Robert Clive(1725-1774)의 승리였다. 벵골Bengal 원주민이 프랑스와 동맹하여 146명의 영국인을 작은 토옥(土獄)에 가두어 하룻밤 사이에 23명을 질식시켜 죽이는 사건이 일어났다. 이에 영국군 지휘관 클라이브는 플래시Plassey 전투(1757)에서 벵골군을 격파함으로써 복수하였다. 클라이브의 승리는 향후 2백년 가까운 영국의 인도 지배를 가져온 기반이 되었다.

프랑스의 패배 후 1761년 스페인이 영국에 선전포고했으며, 영국군은 여기서도 승리를 거두어 스페인령인 쿠바의 아바나Havana; La Habana와 필리핀의 마닐라Minila 등을 점령하였다.

프로이센의 궁극적 승리 곤경에 빠진 프리드리히 대왕에게 1762년 하나의 전환점이 왔다. 그 해에 러시아의 친(親)프랑스적인 엘리자베타 여제가 죽고 프리드리히 대왕을 숭배하는 피요트르 3세가 즉위하였다.

피요트르 3세는 베를린 성문 앞까지 간 러시아군을 철수시켰을 뿐 아니라 배상을 거절하고 프로이센과 동맹하였다. 영국과의 식민전쟁에 지친 프랑스 역시 유럽 대륙 안의 전쟁을 1년 안에 끝내고 말았다.

1763년 전쟁의 주역인 오스트리아도 프로이센과 '후베르투스베르크Hubertusberg 조약'을 체결하여 전쟁 전과 같은 국경 유지를 약속하였다. 이 조약으로 프로이센의 실레지아 영유권이 항구적인 것으로 재확인된 셈이었다.

파리조약 오스트리아–프로이센 조약이 있던 해에 영국 · 프랑스 · 스페인이 파리 조약을 체결하였다. 이 조약에서 (1) 프랑스는 영국에게 캐나다 및 미시시피 강 이동지역을 양도할 것, (2) 스페인은 영국에게 플로리다를 양도하고 그 대신 프랑스로부터 뉴올리언스New Orleans를 포함한 루이지애나를 양도받을 것, (3) 프랑스는 또 영국에게 서(西)인도제도 일부 및 서아프리카의 기지들을 양도할 것, (4) 마르티니크Martinique 및 그 밖의 서인도제도는 프랑스에 반환하며, 하바나와 마닐라는 스페인에게 되돌려 줄 것 등을 규정하였다.

17-18세기 북아메리카의 변천

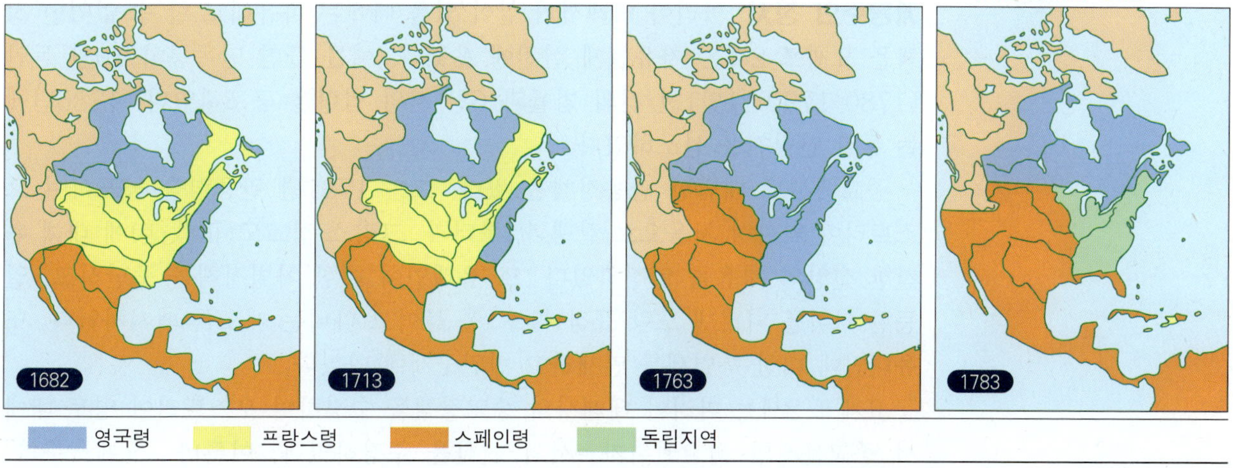

1682 1713 1763 1783

영국령 프랑스령 스페인령 독립지역

7년 전쟁의 결과 7년 전쟁을 계기로 유럽의 국제관계는 크게 달라졌다. 프로이센은 강대국으로서의 지위를 확고히 다졌으며, 상대적으로 오스트리아는 약화되었다. 영국과 프랑스간의 식민전쟁에서 영국의 우위가 확립되었다. 그러나 영국의 승리는 후의 아메리카 독립전쟁의 실마리가 되기도 하였다.

7년 전쟁은 영국과 프랑스의 국내정치에 혁명운동을 연쇄적으로 일으키는 결과를 낳았다. 영국의 북아메리카 식민지인은 프랑스 세력이 북아메리카 대륙에서 축출되자 영국 본국의 보호를 예전처럼 필요로 하지 않게 되고, 더 나아가 영국의 정치적 지배와 경제적 간섭에 본격적으로 저항할 태세를 취하였다.

이러한 식민지인의 정서에도 불구하고 영국은 7년 전쟁으로 초래된 재정적자를 메우기 위해 아메리카 식민지에 오히려 중상주의적 통제를 강화하는 한편 각종 과세를 시도하였다. 이리하여 아메리카 혁명의 기운은 싹텄으며 어느 의미에서는 7년 전쟁이 아메리카 혁명의 먼 원인을 제공했던 것이다.

또 아메리카 식민지인이 영국으로부터 독립하려는 전쟁을 일으켰을 때 프랑스가 그들을 원조한 것은 영국에 설욕하기 위한 행동이었다. 아이러니컬한 것은 아메리카 독립전쟁 지원으로 입은 재정 손실과 그로부터 누적된 재정적자 때문에 프랑스가 1789년 혁명을 겪게 된 일이다.

요제프 2세 마리아 테레사와 대조적으로 요제프 2세는 유럽의 대표적인 계몽군주 중 하나였다. 부왕 프란츠가 1765년 죽은 후 어머니 마리아 테레사와 함께 공동 통치하던 그는 마리아 테레사가 죽은 후 1780년 단독통치에 들어갔다.

요제프 2세는 소박한 생활관과 강한 의무감을 가진 왕으로서 미신 타파에 앞장서고 계몽사상가들의 저작을 읽는 군주였다. 그는 근면·성실하고 금욕적이었으며 철학을 통치의 기본으로 삼았다.

계몽주의 정치 마리아 테레사가 살아 있을 때에는 마음대로 할 수 없었던 정책을 요제프 2세는 자유롭게 실천에 옮겼다. 예를 들면 단독통치 10년 동안(1780-1790) 1만1천 건의 법률과 6천 건의 법령을 공포하였다. 1786년에는 통일 민법전을 선포하였다.

종교에서도 대담한 관용정책을 썼다. 그는 1781년 관용령을 공포하여 오스트리아 역사상 처음으로 칼뱅파, 루터파, 그리스 정교도(正教徒)에 대해 완전한 신앙의 자유를 인정하였다. 또 유대인에 대한 차별정책을 중단하고, 열등한 지위를 나타낸 노랑 표장(標章)을 붙이고 다니는 제도를 폐지하였다. 또 유대인에 대한 특별세를 면제하고 빈민구제에 나섰다.

요제프 2세는 마리아 테레사의 종교정책을 수정하여 오스트리아 영토 내에서 종교문제의 최고권위자로서의 권한을 주장하였다. 이른바 '요제프주의'

(Josephism)를 수립하여 교회에 대한 국가의 우위를 확보하는 조치를 취하였다. 당시 교황 비오 6세Pius Ⅵ(재위: 1775-1799)는 빈을 방문하여 황제와 회담했으나 사태의 변화는 없었다.

수백의 교회를 새로 세우는 한편 종교 휴일을 줄이는 등 종교의 사회적 효용성을 강조하였다. 사회적으로 무용한 수도 성직자의 수를 과감히 줄이고 3만 6천 명을 교구 성직자로 환원시켰다. 2천 1백 개에 달하는 수도단체 중에서 주로 명상과 기도에만 전념하는 약 7백 개의 수도원이나 수녀원을 폐쇄시켰다. 그러나 교육활동이나 자선사업 등 사회 봉사를 목적으로 하는 수도원은 존속시켰다. 정부는 해산된 수도단체의 재산을 매각 또는 대여하여 얻은 재원으로 병원 시설을 확충했으므로 이후 '빈 종합병원'은 의료중심지로 명성을 떨치게 되었다.

교육과 형법 개혁 요제프 2세는 국민교육과 사회적 평등에 대한 신념을 가지고 있었다. 정부 보조로 교사와 교과서를 초등학교에 보냈고, 취학률도 크게 향상되었다. 학령(學齡) 아동의 4분의 1 이상이 실제 취학하게 됨으로써 18세기 후반 유럽의 어느 나라보다 오스트리아의 취학률이 높았다. 또 지위고하를 막론하고 사회적 시설을 자유롭게 이용할 수 있었는데, 이것은 국민의 평등의식을 높이게 되었다.

요제프 2세는 법학자 베카리아Cesare Bonesana di Beccaria(1738-1794)의 자문을 받아 형법 개정을 통하여 평등이념을 구현하였다. 요제프 2세가 시작한 새로운 오스트리아 형법에서는 사형과 고문을 없애고, 법 앞의 평등을 조문으로 보장하였다. 형 집행에서도 귀족이나 평민이 다같이 차별 없이 평등한 적용을 받게 되었다.

베카리아는 이탈리아 밀라노 출신의 경제학자이며 법학자로서 밀라노 대학 교수를 역임하였다. 그는 아담 스미스의 경제학이나 맬서스 인구이론에 관한 선구적인 내용을 강의하였고, 1771년 관직생활을 했으며 1790년 롬바르디아 법제개혁에 참여하였다. 형법에 관한 저술(*Tratto dei Delitti e delle Pene*, 1764)에서 재산 몰수 · 사형 · 고문에 반대하고 교육에 의한 범죄예방을 역설하였다. 그의 형법사상은 러시아의 에카테리나 대제에게 감명을 주었으며 프랑스 혁명 법전에도 영향을 끼쳤다.

요제프 2세의 평등주의 정책은 농노해방에 의해 그 절정에 달하였다. 그는 농노를 해방하고 장원 영주에 대한 농노의 의무를 대부분 면제했을 뿐 아니라 영주법정의 농민에 대한 사법권을 박탈하였다. 동시에 과세평등도 이루어졌다. 중농파(重農派)의 의견에 따라 귀족의 토지 재산에 대해서도 과세했는데 이는 경제 · 사회적으로 혁명적인 정책이었다.

대외정책 요제프 2세의 대외정책 중 특기할 만한 것은 1772년의 제1차 폴란드 분할에 참여한 사실이다.

그럼에도 그의 영토팽창정책은 그다지 성공을 거두지 못하였다. 오스만 제국 해체에 대한 러시아 안을 지지하였으나 그 보상으로 얻은 것은 발칸 지역에 있는 약간의 땅에 불과하였다. 그는 바바리아에 속한 땅을 병합하려고 했으나 프리드리히 대왕은 이러한 오스트리아의 남독일 진출 의도에 결연히 반대하였다.

1770년 후반 오스트리아군과 프로이센군은 대부분 군량(軍糧)을 징발하는 데 동원되었다. 이것이 이른바 '감자 전쟁'이다. 결과적으로 오스트리아는 바바리아의 상속분 중 극히 일부를 차지하는 데 그쳤다.

요제프 2세의 정치적 한계 계몽주의 노선에도 불구하고 요제프 2세의 정책과 실천에는 전통주의와 보수노선이 강하게 남아 있었다. 예컨대 중상주의에 따른 고율 보호관세 및 국민 경제생활에 대한 국가통제 같은 정책이 그것이다. 정치적으로도 마리아 테레사의 독일화(化) 정책을 따랐다. 그는 습관적으로 독일어로 말하고 독일 작가들을 후원했으며, 빈의 프랑스 극장을 독일어 극장으로 전환하였다.

요제프 2세는 일을 많이 한데 비해 그만큼 결실을 얻지는 못하였다. 그는 법령을 지나치게 많이 만들었고 정치의 지엽말단까지 간여하였다. 관기(官紀)를 세우지 못했으며 정부기구의 효율화를 기하는 데는 실패하였다.

그러나 그는 프로이센의 프리드리히 대왕보다 더 전형적인 계몽군주의 면모를 갖추고 있었다. 비록 농노제 폐지가 그의 사후 철회되긴 했으나 그의 개혁의 주요부분은 존속하여 오스트리아의 근대화에 기여하였다.

D. 폴란드의 분할

18세기는 명분이 분명치 않은 전쟁이나 조약위반 또는 동맹파기 등 수단방법을 가리지 않는 마키아벨리적인 국제정치가 상식화되고 있었다. 아무리 그렇다 하더라도 폴란드 분할은 극단적인 마키아벨리즘이 빚어낸 결과였다.

폴란드는 전후 세 차례에 걸쳐 주위의 강국인 러시아 · 프로이센 · 오스트리아에 의해 분할되었다. 이 분할의 일차적 원인은 무엇보다도 폴란드 자체의 분열이 외세를 유인한 데 있었다. 다음으로 비극의 근원은 18세기 절대주의적 군주들의 파렴치한 침략정책이었다. 17 · 18세기 러시아의 팽창정책은 폴란드의 약화 또는 궁극적인 소멸을 초래한 직접적인 요인이 되었다. 거기에 덧붙여 프로이센은 두 덩어리로 갈라져 있는 국토를 통합하려 했으며 오스트리아는 유럽의 세력균형을 유지하려는 대외정책을 표방하였다. 이와 같은 세 나라의 대외정책이 결국 폴란드를 분할하는 행위로 이어졌다.

폴란드의 역사 폴란드는 원래 러시아와 같은 슬라브 민족이 세운 나라였다. 그러나 폴란드는 그리스 정교 대신 로마 가톨릭으로 개종했으므로 동유럽보다 서유럽과 더 밀접한 유대를 가지게 되었다. 11세기(1024-1025)에 왕국이 되었으나 13세기 중반에 몽고 침입으로 이른바 '황화'(黃禍)에 시달리기도 하였다. 폴란드는 한때 분열상태에 놓였다가 이를 극복하여 14세기초에 재통일되었다.

피아스트 왕조의 마지막 왕 카시미르 3세Casimir III(재위: 1330-1370) 때 폴란드는 강국으로 등장하여 1385년에는 리투아니아Lithuania와 통합하였다. 그 후 2세기 동안 야겔론Jagellon 왕조는 폴란드의 황금시대를 이루었다. 16세기경까지 영토는 북쪽의 발트 해에서 남쪽의 흑해까지 뻗어 프랑스의 2배에 해당되는 큰 지역을 차지하고 있었다. 야겔론 왕조의 지배자들은 그 세력권 안에 헝가리와 보헤미아를 포함하고 동쪽의 모스크바 공국과 남쪽의 오스만 제국과 접경하고 있었다.

소비에스키 17세기에 폴란드는 오스만 터키 민족, 타타르Tatar 인, 스웨덴, 러시아의 공격으로 약화되었다. 한때나마 소비에스키John Ⅲ Sobjeski (1624-1696)가 국가적 쇠퇴를 막았다.

소비에스키는 애국적 투쟁정신이 왕성한 시대에 태어났다. 그는 선진문화를 배우기 위해 2년간 프랑스에 체류한 적이 있었다. 당시 탁월한 명성을 떨친 스웨덴의 전술을 익히기 위해 연구하기도 하였다. 후에 그는 타타르인 · 우크라이나 · 코사크 · 스웨덴 · 모스크바 공국 · 오스만 제국 등과 교전하였다.

1674년 그는 폴란드 왕(John III, 재위: 1674-1696)으로 선출되었다. 강대한 세력인 귀족계급이 소비에스키의 가장 어려운 장애물이었다. 그는 왕위 세습제를 시도했으며 국제정치에서 중요한 역할을 하였다. 오스만 터키 세력을 물리치기 위해 교황 · 신성로마 제국 · 베네치아 · 러시아 등이 체결한 신성동맹에 가담하였으나 터키 격퇴 후에는 영토의 많은 부분을 러시아와 신성로마 제국에 내주고 말았다. 결과적으로 소비에스키의 노력에도 불구하고 폴란드가 얻은 이익은 거의 없었다.

그의 사후 18세기 폴란드는 귀족계급의 발호와 적절한 중앙집권의 결여로 돌이킬 수 없는 쇠망의 길에 들어섰다. 마침내 폴란드는 주변의 강국들에 의해 분할되는 국가적 비극에 직면하였다.

분할의 배경 폴란드 쇠망의 요인은 자연적 방위선이 없는 지리적 조건과 국내의 무정부상태 등이었다. 무엇보다도 자연적 장애물이 없는 광활한 스텝 기후 지역은 세력이 강대할 때에는 팽창하기 쉬운 유리한 조건이 되지만 쇠약한 때에는 무방비상태가 되는 지형이었다.

다음으로 폴란드는 정치적으로 불안정하고 귀족계급의 내분이 치열하여 중앙정부의 권력은 무력화되었다. 왕은 선거를 통해 결정되었으나 심한 파쟁(派爭)으로 2백년 동안 폴란드인 왕은 단 두 번밖에 선출되지 못했을 정도였다.

더욱이 의회제도는 약점과 결함을 갖고 있었다. 폴란드 의회는 한 사람의 의원이 거부권(liberum veto)을 행사해도 해산시킬 수 있었다. 17세기 중반부터 18세기 중반까지 1백년 동안 55차례 구성된 국회 중 48차례나 해산되

폴란드 분할 과정

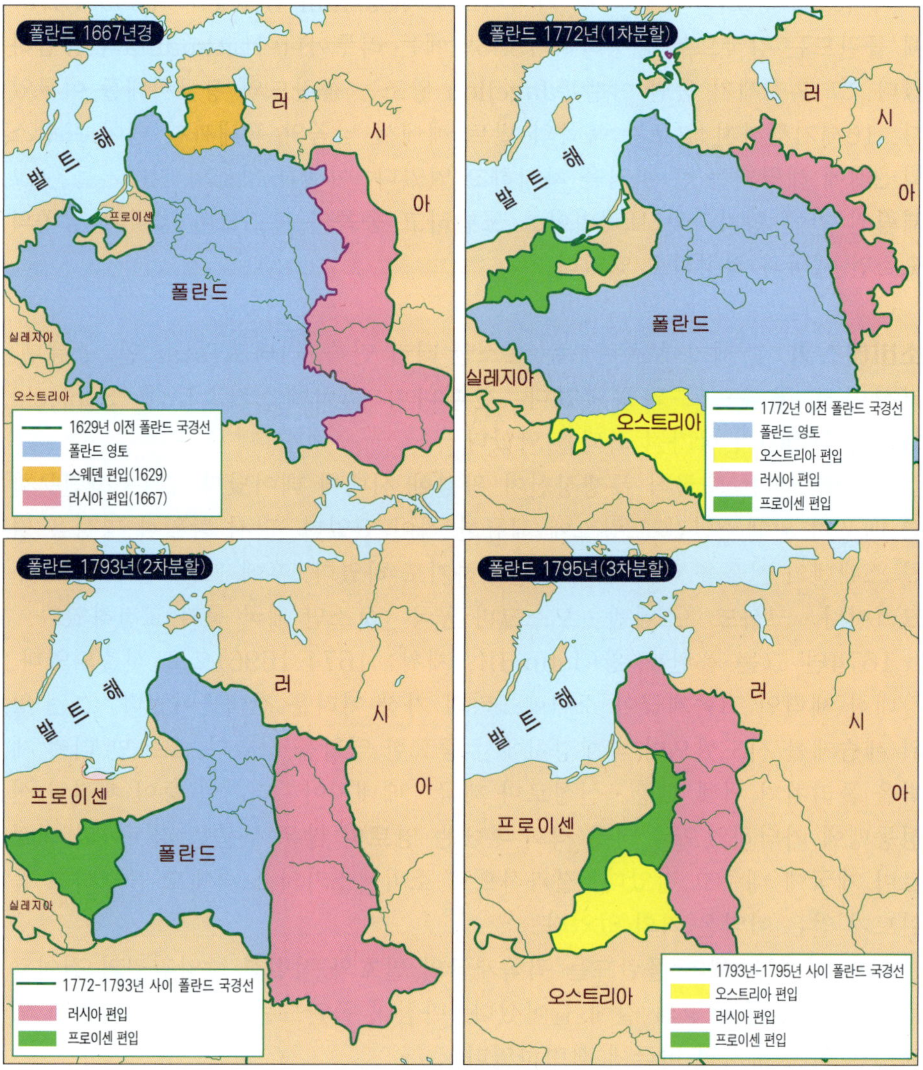
폴란드 1667년경
러시아
발트해
프로이센
폴란드
실레지아
오스트리아
1629년 이전 폴란드 국경선
폴란드 영토
스웨덴 편입(1629)
러시아 편입(1667)
폴란드 1772년(1차분할)
러시아
발트해
폴란드
실레지아
오스트리아
1772년 이전 폴란드 국경선
폴란드 영토
오스트리아 편입
러시아 편입
프로이센 편입
폴란드 1793년(2차분할)
러시아
발트해
프로이센
폴란드
실레지아
1772-1793년 사이 폴란드 국경선
러시아 편입
프로이센 편입
폴란드 1795년(3차분할)
러시아
발트해
프로이센
오스트리아
1793년-1795년 사이 폴란드 국경선
오스트리아 편입
러시아 편입
프로이센 편입

었다. 이는 폴란드의 정치가 어느 만큼 불안정했는지를 입증하는 사실이다. 이 상황에서 이기적인 귀족들은 농노들을 무자비하게 혹사하고 도시민을 정치 참여에서 제외시켰다.

끝으로 폴란드는 18세기 팽창주의적 강대국들의 제물이 된 셈이었다. 1733년의 폴란드 왕위계승 전쟁은 군주 선출제로 빚어진 국제적 사건이었다. 폴란드 왕위계승을 둘러싸고 프랑스-스페인은 오스트리아-러시아와 교전하였다. 프랑스는 루이 15세의 장인(Stanislaw I)을 후보로 세운 반면 오스트리아-러시아는 작센 선제후(Augustus III)를 후보로 밀었다. 이때 폴란드 귀족들이 이합집산하면서 내분은 격화되었다. 그러나 작센 선제후가 왕으로 선출됨으로써 전쟁은 끝났다.

그 후에도 폴란드 왕의 선출은 외세에 의해 좌우되었다. 1763년 7년 전쟁이 끝난 해에 러시아의 에카테리나 대제는 군을 동원하여 자기가 버린 옛 애인들 중 하나를 폴란드의 왕이 되게 하였다. 그러나 7년 전쟁 후 유럽의 세력균형 파괴에 민감해진 열강을 자극시키지 않기 위해 폴란드를 합병까지 하지는 않았다.

7년 전쟁을 치른 프로이센은 동프로이센과 브란덴부르크 사이의 이른바 '폴란드 회랑'(回廊)을 차지할 생각이었다. 그것이 동·서 프로이센 통합을 가로막는 장애물로 간주되었기 때문이다.

분할 과정 이리하여 러시아와 프로이센은 오스트리아와 함께 폴란드 분할을 추진하였다. 결과적으로 폴란드는 세 차례에 걸쳐 이 세 나라에 의해 분할되었다.

1772년 제1차 분할에서 폴란드는 인구의 5분의 1과 영토의 4분의 1을 상실하였다. 1차 폴란드 분할 결과 러시아는 드비나Dvina 강과 드네프르 강 이동 지역, 오스트리아는 크라코프Cracow를 제외한 갈리키아Galicia 지방을 각각 점유하였다. 프로이센도 단치히Danzig와 토른Thorn을 제외한 서프로이센을 차지하여 쾨니히스베르크와 베를린을 연결하는 국토 통합에 성공하였다.

1793년 러시아와 프로이센이 제2차 분할에 참가한 반면 이번에는 오스트리아가 빠졌다. 그러나 1795년의 제3차 분할 때에는 오스트리아가 다시 참가하였다.

코시치우슈코

세 차례의 분할로 폴란드 독립은 완전 깨지고 말았다. 이 비극의 원인은 힘에 의한 침략주의와 폴란드 국민이 자초한 정치적 무능에 있었다. 결국 국가의 멸망을 겪은 폴란드 국민은 코시치우슈코Thaddeus Kościuszko(1746-1817)의 지휘하에 애국운동을 벌였으나 그의 영웅적인 항전도 수포로 돌아갔다. 그 이래로 폴란드 국민의 국가회복 운동은 꾸준히 전개되어 약 120년 후인 20세기초에 이르러 비로소 폴란드 독립이 실현되었다.

4. 식민제국 건설

1715년 이후 유럽 식민제국 건설의 새 역사가 시작되었다. 전통적인 해외 팽창세력이던 포르투갈 · 스페인 · 네덜란드는 소극적 태도를 취하는 대신 프랑스와 영국이 식민제국 건설의 선두주자로 나서게 되었다.

앞의 세 나라는 획득한 해외식민지를 현상유지하는 것으로 만족하였다. 포르투갈은 1715년 위트레크트 조약으로 브라질 영유권이 공인된 후 식민지 획득 경쟁의 일선에서 물러나 있었다. 똑같이 네덜란드는 대외팽창에서 신중한 중립적 태도를 취하고 기존의 식민지를 지키는 데 만족하였다. 스페인은 신대륙에 거대한 제국을 건설하여 아메리카의 무역 독점을 계속하려 했으나 다른 유럽 세력에게는 그다지 큰 위협이 되지 못하였다.

이러한 상황에서 대서양 세력인 프랑스와 영국이 적극적으로 식민지 쟁탈전을 수행하게 되었다.

A. 해상 팽창의 변화

17세기 유럽의 최대 해상국가인 네덜란드의 쇠퇴는 프랑스와 영국의 상승세를 촉진하는 배경이 되었다. 네덜란드는 '루이 14세 전쟁'의 타격을 입은 후 크게 쇠퇴하였다. 인구는 감소했으며 정치력도 약화되었다. 2백5십만 인구는 18세기를 통해 더 이상 증가하지 않았고 이 점에서 프랑스와 영국에 뒤졌다. 정치적으로는 7주(州)가 느슨하게 연합체를 형성하고 있었기 때문에 네덜란드는 전체적으로 공동보조를 취하기 어려웠을 뿐더러 국방 자체도 거의 현상유지 상태를 벗어나지 못하였다.

경제적으로도 네덜란드는 프랑스와 영국의 활동에 밀려 효과적인 산업 경쟁을 벌이지 못하였다. 산업제품에 대한 간접세 중과(重課)와 높은 노임이 네덜란드 제품가격을 올려 놓았기 때문이었다. 더욱이 네덜란드의 금융제도가 경제적 쇠퇴를 촉진시켰다. 네덜란드 상인은 무역활동보다도 안전하고 고수익 분야인 금융으로 관심을 돌렸다.

이리하여 네덜란드는 지폐를 유통시키고 주식시장과 중앙은행 제도를 확립한 최초의 국가가 되었다. 암스테르담의 은행가들은 거액의 자금을 개인이나 외국정부에 대출해주는 금융 중개상이 되었다.

영국과 프랑스의 해외 경쟁 영국의 주요 경쟁상대는 프랑스였다. 프랑스는

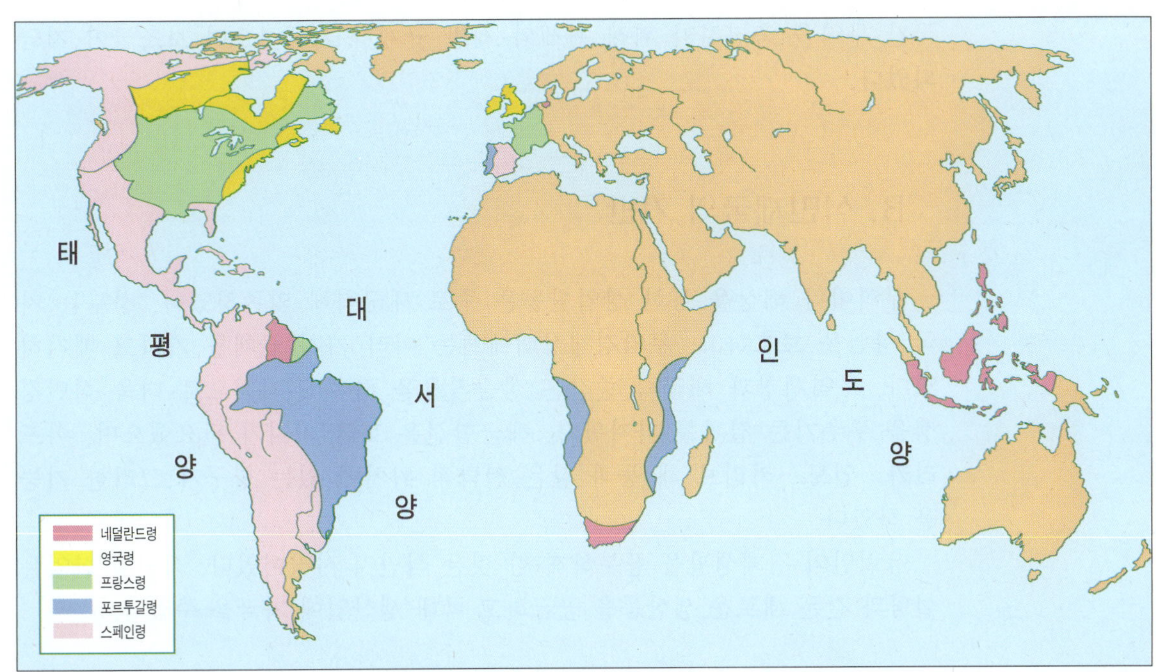

1700년경
유럽의 식민지

육군과 해군을 함께 대규모로 유지한 유일한 유럽 국가였기 때문이다.

두 나라의 주요 경쟁무대는 서인도 · 서아프리카 · 북아메리카 · 인도 등 네 지역이었다. 프랑스와 영국은 다같이 사탕수수 산지인 서인도를 식민제국의 핵심으로 간주하였다. 서인도의 대농장제도는 노예에 의해 운영되고 있었기 때문에 서인도 경제는 노예를 공급하는 서아프리카에 의존하게 되었다.

북아메리카에서는 영국이 13주 식민지를 가진 반면 프랑스는 주로 무역중심의 식민지 경영을 하고 있었다. 두 나라는 다같이 인도와 아시아 지역에 강력한 회사를 가지고 시장 개척 활동을 벌였다.

식민지 경영의 유형 영국과 프랑스의 식민지 경영 방식은 상당한 유사성을 지니고 있지만 명백한 차이를 드러냈다. 프랑스 절대주의 체제는 식민제국 지배에서도 지사(知事)와 군정관(軍政官)을 정점으로 한 중앙집권적 구조를 하고 있었다. 이에 비해 영국의 북아메리카 식민지 각 주는 독립을 유지하면서 어느 정도 본국 정부의 직접적인 지배에서 벗어나 있었다.

그럼에도 프랑스와 영국은 비슷한 문제에 부딪혔고 대체로 유사한 결과를 얻었다. 두 나라는 다같이 중상주의 원칙대로 식민지 무역을 규제했으며 해군력으로 식민지 보호를 강화하였다. 식민지는 값비싼 원료 생산과 본국을 위한 곡물재배를 통해 무역 이익을 올려야 하였다. 식민지는 또한 본국 생산품의 소비 시장이기도 하였다. 외국무역상의 침투를 배제하고 식민지와 본국간 무역을 촉진하기 위해 관세와 제반 규제가 가해졌으며 보조금이 지급되었다.

B. 식민제국의 기반

무역이나 해상을 통한 상업활동은 주로 해군력에 의존하였다. 정부는 자국 상선을 보호하고, 무역경쟁상대에게는 여러 가지 규제를 가하고 배척하였다. 무역팽창과 해군력 증강은 상승작용을 하여 결과적으로 더욱 식민경쟁을 부추기는 결과를 가져왔다. 해군함선은 보급 기지가 필요했으며, 아프리카 · 인도 · 카리브 해 등과 같은 전략적 위치에 있는 항구가 그러한 기능을 하였다.

유럽인의 경제생활을 풍부하게 한 것은 식민지 시장이었다. 식민지 산업은 설탕과 같은 새로운 생산품을 공급하고 국내 생산업에 자극을 주었다.

서인도 경제와 삼각무역 영국과 프랑스의 경우 1770년대에 이르기까지 식민지와의 통상이 대외무역 총량의 대략 3분의 1에 달하였다. 프랑스 본국이 서인도에서 수입한 물품 총액은 1716년부터 1788년 사이에 10배 이상 늘어났다.

서인도는 이상적 식민지로 생각되었다. 열대기후와 유럽으로부터 고립된 지리적 여건 때문에 노예제도가 가능했을 뿐 아니라 다른 데서 재배하기 힘든 값비싼 농산물, 예컨대 담배 · 면 · 인디고 · 사탕수수를 생산하였기 때문이다.

특히 설탕은 유럽인에게 인기있는 사치품목이었으며, 곧 대중화되어 일반 필수품이 되었다. 더욱이 서인도는 일상 필수품을 거의 생산하지 않고 주로 유럽으로부터의 수입에 의존하고 있었다. 서인도에서는 식육이나 식량의 생산이 이루어지지 않았다. 또 건축재인 목재나 사치품을 생산하지 않았다.

유럽의 서인도 무역은 삼각무역이었다. 즉, 본국과 두 곳의 식민지간 상호 교환 통상이었다. 서인도의 경우 여러 형식의 삼각무역이 있었다. 전형적인 삼각무역은 영국 항구에서 종이 · 칼 · 항아리 · 담요 등 북아메리카 수요 품목을 실은 배가 떠남으로써 시작되었다. 그리고 뉴잉글랜드에서 생선 · 소고기 · 어유(魚油) · 목재 등과 교환하였다. 이러한 상품이 거기서 자메이카나 바르바도스Barbados로 운송되어 사탕수수와 교환되고, 그것은 몇 개월 후 영국 정제(精製)공장으로 넘겨졌다.

또다른 형태의 삼각무역은 아프리카 노예무역의 본거지인 로드아일랜드에서 출발하여 뉴잉글랜드 산(産) 럼rum주(酒)를 싣고 서아프리카에 하역하고 노예와 교환하거나 럼주 원료인 당밀(糖蜜: molasses)과 교환하는 것이었

영국의 노예제도 옹호론

18세기 영국의 노예제 옹호론자들은 노예무역이 국가 부의 원천임을 강조하였다. 18세기 중반 나온 한 책에 다음과 같은 주장이 보인다.

영국의 상업이익을 가장 잘 심판하는 기준은 서인도와 아프리카 무역이 우리가 하는 어떤 일보다 가장 많은 국가적 이익을 가져온다는 의견이었다. 아프리카 무역이야말로 미국 식민지와 대농장에게 영국인의 이익을 가져오는 부문이라는 점을 쌍수로 환영해야 한다. 또한 아프리카 무역은 미국 대농장주들에게 흑인 일꾼(노예)을 끊임없이 공급해 주며 대농장에서 사탕수수 · 담배 · 쌀 · 럼 · 면 · 피멘토pimento 및 기타 산물을 재배할 수 있도록 하는 것이다. 그 결과 주로 흑인 노동의 덕분으로 미국으로 왕래하는 영국 선박에 의한 운송을 최대한 늘리고 영국 선원을 채용하며 대부분의 영국제조업자들의 일용 양식을 얻을 수 있다. 흑인 노동자야말로 대농장 경영을 위한 최초의 행운의 도구였으며 그들의 노동만이 대농장을 유지하고 본국에 더 많은 수익을 가져올 수 있다.

그러므로 흑인 무역과 그로 인한 당연한 결과 얻는 이익은 이 나라의 부와 해군력에 대한 무궁무진한 자금이라고 응당 존중되어야 한다. 그리하여 대농장에 필요한 것보다 더 많은 잉여 흑인으로 인해 우리는 똑같이 스페인 사람들로부터 막대한 양의 금은보화를 끌어모을 수 있었다. … 흑인무역을 여전히 높이 평가할 만하고 중시하는 이유는 흑인의 약 9분의 1이 아프리카에서 영국제품으로 사 왔다는 점이다. 우리는 아프리카 상품을 구하기 위해 금덩어리를 보낼 필요가 없다. … 우리의 대농장들은 흑인 경작에만 의존하고 있으나 영국 인구를 감소시키지 않으며 영국 연방으로부터 독립하지도 않으며 영국제조업자, 상인이나 대지주의 이익을 방해하지도 않는다는 점이 고려할 만한 가치가 있다.

다.

프랑스와 영국 제조업자는 사탕수수 · 인디고 · 담배 · 모피 등과 같은 식민지산 물품을 정제하거나 완제품으로 만들어 유럽의 다른 시장에 운송 판매하여 막대한 수익을 올렸다. 식민지 통상은 대서양 국가들이 이익의 대부분을 차지하는 유럽무역과 얽힌 복잡한 유형의 무역이었다.

노예무역 당시 행해진 무역 대부분이 노예의 상거래와 관계가 있었다. 대서양 노예무역의 절정기에는 해마다 약 8만8천의 흑인이 아프리카를 떠났다. 노예 거래는 위험이 따르는 고(高)수익 상행위였다. 노예 수요는 서인도 · 브라질 · 베네수엘라 · 북아메리카 남부 주(州)에서 증대했고 가격도 계속 상승하였다.

18세기 후반에는 노예무역에 대한 반대의 목소리도 커졌다. 퀘이커 교도들이나 영국과 프랑스의 기타 종교개혁가들은 처음에는 대체로 노예제도 자체보다 노예무역을 반대하였다. 1780년대 이후 대서양 노예무역이 약화되었고, 노예의 충원은 주로 이미 신대륙에 와있는 노예의 자손으로 이루어졌다. 유럽 노예무역이 궁극적으로 금지된 것은 19세기에 이르러서였다.

C. 식민전쟁

영국의 북아메리카 식민지 인구는 18세기 중반 1천5백만에 달하였다. 일부 식민지인은 서부 프론티어 지역으로 진출했으나 일부는 애당초의 정착지인 뉴잉글랜드 지방을 중심으로 살고 있었다. 그 가운데서 보스턴 · 뉴욕 · 필라델피아는 상당히 큰 도시가 되었다. 그리하여 상대적으로 영국 식민지에는 활기가 넘쳤다.

반면에 루이지애나나 캐나다에 이주한 프랑스인은 광대한 지역에 분산 거주하고 있었다. 그 대신 프랑스 식민지는 조직이 잘 짜여져 있었고 높은 수익성이 있었다. 프랑스령 서인도 대농장주들은 영국인보다 싼 가격으로 사탕수수를 팔아 많은 수익을 올렸다.

식민지 보호조치 캐나다에서 프랑스 어부와 모피상인의 사업이 번창함에 따라 프랑스군은 이들을 지원하게 되었다. 그리하여 세인트 로렌스Saint Lawrence 만, 퀘벡, 오대호 근처 몇 군데에 요새를 구축하였다. 루이지애나의 미시시피 강 입구 뉴올리언스 역시 프랑스의 남부 요충지였다.

프랑스의 보호조치에 영국도 식민지인의 보호를 위한 요새를 구축하였다. 영국은 노바스코샤Nova Scotia에 군사기지를 만들어 프랑스인의 어로작업이 침투하지 못하도록 하였다.

영국과 프랑스의 충돌 영국과 프랑스의 이해관계 상충은 오하이오 지역을 둘러싸고 일어났다. 프랑스는 오대호 무역거점과 미시시피 지역을 남북으로 연결하고자 아팔라치아Appalachia 산맥과 미시시피강 사이에 있는 오하이오 일대를 장악하려고 하였다. 프랑스는 이 지역을 자기 나라 영유라고 주장하였다. 이에 대해 북아메리카의 영국 식민 13주는 서부 프론티어 개척을 위한 서진운동이 프랑스 세력에 의해 봉쇄될 것을 우려하였다.

양측은 아메리카 인디언에 대한 영향력을 확대하려고 했고 프랑스가 이 점에서 기선을 잡았다. 프랑스 정착민은 다만 무역을 주목적으로 했기 때문에 영국 정착민과 달리 원주민을 예부터 차지하고 있던 수렵지에서 몰아낼 필요가 없었다.

그러므로 아메리카 인디언은 오하이오 계곡을 봉쇄할 때 기꺼이 프랑스인을 지원하였다. 토지 투자회사인 버지니아의 오하이오 회사는 회사 운명이 달려있다고 판단하고 1754년 오하이오 계곡의 프랑스-인디언 요새 포트 뒤켄Fort Duquesne으로 민병대로 구성된 원정군을 파견하였다. 그러나 이 때 젊은 워싱턴George Washington(1732-1799)이 지휘한 공격은 실패로 돌아갔다.

사태가 이렇게 되자 영국 본국이 개입하였다. 영국 정규군으로 구성된 원정군은 식민지 민병대가 할 수 없는 임무를 수행하기 위해 파견되었다.

이리하여 부분적인 지역 충돌은 점차 범위가 확대되어 전면적인 싸움이 되고 말았다. 비공식적인 수년간의 교전 끝에 마침내 1756년 5월 영국과 프랑스는 공식적으로 선전포고하였다.

대제국 전쟁 사실상 북아메리카에서 일어난 영국과 프랑스의 전쟁은 유럽 대륙에서 벌어진 대규모 충돌의 한 측면이었다. 같은 해 오스트리아와 프로이센 사이에 일어난 7년 전쟁은 러시아 · 프랑스 · 영국이 개입하는 큰 전쟁이 되었다. 7년 전쟁은 1763년 조약체결로 끝났으나 이 때 프랑스와 영국 사이의 충돌이 북아메리카 · 서인도 · 인도에 이르는 식민전쟁의 양상으로 확대되었다. 이것이 미국사에서 '프랑스-인디언 전쟁'(French and Indian War), 또는 세계사에서 '대제국 전쟁'(Great War for Empire)이라고 하는 전쟁이었다.

전쟁은 여러 방면에서 프랑스군이 우세하였다. 지중해의 섬 미노르카와 오대호 지역의 영국 요새는 차례로 프랑스군 수중에 들어갔다. 프로이센군과 연합한 영국군은 유럽대륙에서도 모욕적인 패배를 맛보았다.

그러나 근본적으로 프랑스는 불리한 점을 가지고 있었다. 북아메리카에 분산 거주하는 프랑스인에게는 프랑스-인디언 전쟁의 승리에 대한 후속조치를 취할 입장이 못되었다. 더욱이 프랑스 해군이 1750년대에 이르러 영국 해군에 1대2의 열세에 놓이게 되었다.

1758년 피트(大)의 영국수상 취임은 식민전쟁의 전환점이 되었다. 그는 프랑스에 대한 적극적인 공세를 취하였다. 영국은 프로이센과의 동맹을 유지하기는 했으나 정책적으로 식민전쟁에서 프랑스를 이기는 것을 우선시하였다.

1759년 프랑스 해군과 영국 해군의 전투는 영국의 승리로 끝났다. 이로써 식민제국의 운명이 결정되고 식민지에서 영국의 우월성은 확립되었다. 마침내 1760년 9월 프랑스의 최후 거점이 영국군에 함락되고 오하이오 계곡과 오대호 지역에서 프랑스 세력은 축출되었다. 영국은 서인도에서 발생한 오랜 싸움에서도 승리하였다.

D. 영국의 인도 경영

17세기에 영국 · 네덜란드 · 프랑스는 각각 동인도 회사를 설립하였다. 런던의 동인도 회사는 아시아에서 네덜란드와 맞서기 위해 설립된 사기업이었다. 회사는 봄베이(지금의 뭄바이) · 캘커타 · 마드라스 등 인도 주요도시에 통상 거점을 마련하였다. 본래 영국은 인도에 식민지를 세울 생각을 하지 않았으며 다만 상업적 이익과 재산을 보호하기 위해 약간의 군대를 파견하고 있을 뿐이었다. 그러므로 대개의 경우 통상은 지역 호족 출신 태수(太守: nawabs)의 협력을 얻어 진행되었다.

그러나 식민제국 건설 경쟁이 가열되면서 프랑스와 영국의 이해관계가 충돌하게 되었다. 역시 프랑스인이 기선을 잡아 1740년대에 마드라스에서 영국인을 잠시나마 몰아냈다. 그러자 곧 영국의 반격이 시작되었다. 1756년 벵골 태수(太守)가 프랑스 쪽으로 기울어졌기 때문에 영국군과 마찰을 빚게 된 것이 계기였다.

인도의 식민화 클라이브는 1740년대에 취임한 영국 동인도회사 서기에서 출발, 9백 명의 유럽인과 회사가 고용한 인도군(sepoy) 1천5백 명을 통솔하는 총책임자가 되었다. 그는 프랑스군 축출과 벵골 원주민 진압 명령을 본사로부터 받았다.

클라이브는 벵골 태수가 지휘하는 5만 병력과 대치해야 했으나 1757년 6월 플래시 전투에서 태수를 결정적으로 패배시키고 태수의 후계자를 지명하였다.

이 후 벵골 태수는 명목상 우두머리에 불과했으며 모든 실권은 영국 동인도회사에 들어가게 되었다. 회사는 징세권과 통상권을 가지고 군사력을 행사하였다.

영국은 인도의 경제 핵심지인 벵골 지역에서 확고한 영향력을 행사하게 되었다. 쇠퇴하는 무갈 제국은 영국의 침략 앞에 속수무책이었으며, 1764년 동인도회사는 자체의 무력으로 마지막 저항을 물리쳤다.

1784년 영국 의회는 '인도 법' (India Act)을 통과시키고 영국정부가 정식으로 동인도주식회사를 대신하여 인도를 통치하게 되었다. 통치권이 부여된 총독(governor-general)이 파견되었다. 초대총독은 콘월리스Lord Cornwallis(Charles, 1738-1805)였는데, 그는 1781년 요크 타운 전투에서 미국 식민지인에게 항복함으로써 미국을 독립하게 만든 당사자였다.

인도의 영국화 영국통치에 충성을 다하는 계급을 만들기 위해 콘월리스는 인도의 젠트리를 지주로 전환시켰다. 젠트리는 전통적으로 농민으로부터 지대를 징수했으나 땅을 빼앗지는 않았다. 그러나 이제 서양적 의미에서 소유자가 된 인도 지주는 원하면 언제든지 농민을 땅에서 몰아낼 수 있게 되었다.

총독은 군과 행정의 최고권을 갖고 있었으나 영국인 출신으로 지역 대리인 2명을 임명하였다. 하나는 경찰과 징세의 최고책임자이고 다른 하나는 사법책임자였다. 인도총독은 소금과 아편 전매권을 행사하였다. 소금 전매로 인도 국민에게서 막대한 돈을 착취하였다. 아편은 중국에 수출하여 중국 차와 교환하고 중국 차는 다시 영국 본토로 수출되었다.

19세기말 군인 · 징세 전문가 · 행정직 이외에 교육자와 사회개혁가들이 인도에 왔다. 그들은 취미 · 인생관 · 도덕 · 지성이라는 점에서 영국인과 다름없는 새로운 인도인을 만들기 위한 사명을 띠고 있었다.

5. 절대주의 시대의 문화

루터의 종교개혁이 있은 16세기초부터 17세기 전반에 걸친 시기의 사상과 문화는 후기 르네상스 시대(1520-1600)와 바로크 시대(1600-1660)로 나누어질 수 있다. 17세기에는 정치적인 면에서와 같이 문화적인 면에서도 유럽의 패권이 이탈리아와 스페인으로부터 프랑스로 옮겨갔다.

1520년대에 휴머니즘이 쇠퇴하고 차차 고전에 관한 관심이 적어졌지만 고전주의는 아직도 영향력이 있었다. 16세기 중반 이래 작가와 저술가들은 라틴어보다도 자국어로 일반대중에게 접근하려고 했으며, 문인들도 자기 나라 말로 표현하는 것이 훨씬 더 독창적이며 자유스러움을 알게 되었다. 그럼에도 고전의 영향은 계속되어 유럽의 사상과 문화 발전에 작용하였다.

절대주의 시대를 특징지은 문화 정신은 '고전주의' (l' esprit classique)였다. 장차 계몽사상시대의 특성을 형성하는 이러한 정신적 경향은 과학 · 철학 · 문학 · 예술에 걸쳐 보편적인 것이 되었다.

절대주의 시대의 신고전주의(新古典主義)는 기준과 엄격성, 세련미와 귀족취미를 지향하였다. 물론 그것은 단순히 고전적인 것으로 복귀하는 것이 아니라 좀더 소박 · 간결한 기준에 따라 자연과 이성에 일치하려는 것이었다. 고전주의는 19세기초 로만주의 운동이 일어나기까지 근대 문학작품의 바탕을 이루었다.

17세기에는 수많은 고전 번역이 나와서 고전어를 모르는 독자들에게 읽히게 되었을 뿐 아니라 고전작품은 실상 자국어로 쓰는 모든 국가의 작가들의 영감의 원천이 되었다.

한편 절대주의 시대의 지적 보편성도 간과될 수 없다. 17세기의 천재들은 국제적인 의의를 갖는 사상과 업적을 남겼다. 예컨대 갈릴레오 · 하비 · 데카르트 · 케플러 등의 학문체계는 유럽 문화에 항구적인 영향력을 행사하였다.

A. 문학

절대주의 시대의 문학의 원천은 고전 및 이탈리아 작품에 있었다. 16세기 중반 그리스 고전 및 라틴 고전과 함께 르네상스기 이탈리아 시를 다듬어 놓으려는 프랑스 시인들(Pléiade)의 시도가 있었다. 이는 루이 14세 시대에 이르러 최고조에 달하는 프랑스 문학양식의 제1단계였다. 불멸의 아름다움을 지닌 롱사르Pierre de Ronsard(1534-1585)와 베이예Joachim du Bellay (1522-1560)의 시는 이러한 시들의 한 예였다.

고전주의는 절대주의 시대 문학의 주류를 이루었다. 비평가 보알로Nicholas Boileau(1636-1711)를 비롯하여 극작가 몰리에르Moliére(Jean Baptiste Poquelin, 1622-1673), 코르네이유Pierre Corneille(1606-1684), 라신 Jean Racine(1639-1699), 산문작가 보쉬에 등은 고전주의의 테두리에서 프랑스적 득성을 나타낸 문인이었다. 예외적 존재는 라 로셰푸코La Rochefoucauld(1613-1680)였다. 그의 문장에서는 철저한 리얼리즘이나 풍자 정신이 지배적이었으므로 이 점에서 고전적 기준을 크게 벗어났다.

루이 14세 시대 프랑스의 모든 예술적 표현은 1600년대에 창립된 왕립예술학교가 설정한 기준에 의해 조정되었다. 루이 14세 왕권의 지원을 받은 왕립예술학교는 산문형식이나 건축양식과 같은 분야에서 원칙을 정하였다. 예를 들면 이탈리아 건축가 베르니니Giovanni Lorenzo Bernini(1598-1680)가 왕궁의 일부를 설계하고 왕의 초상을 제작했을 때, 그의 두 작품은 공식적 기준으로 볼 때 지나치게 장식적이라는 이유로 기각되었다.

프랑스 문학과 연극 17세기 전반기에는 프랑스어의 정화(淨化)를 위한 노력이 있었다. 문법이나 어휘의 정확한 사용을 위해 애쓴 이 작가들을 '기교파' (Précieux)라 불렀다. 루이 14세 시대의 작가들은 이러한 기교파의 언어 정화 운동에 힘입은 바 컸다. 프랑스어의 표준화는 리슐리외가 1635년 창설한 프랑스 학술원에서 이루어졌다.

루이 14세 시대는 유럽의 외교 용어가 된 프랑스어가 근대적인 세련미를 다듬는 시기이기도 하였다. 비평가 보알로는 프랑스어를 정화하는 데 커다란 공헌을 하였다.

프랑스 절대주의 시대에는 루이 14세의 후원으로 프랑스 연극이 번성하였다. 코르네이유와 라신의 비극, 몰리에르의 풍자적 희극은 많은 청중을 모은 대표적 경우였다. 고전적 이상을 추구한 프랑스 비극은 인간의 심리와 정서 파악에서 탁월하였다.

오페라는 물론이거니와 오늘날 발레라 불리는 무용은 작곡가 륄리Lully에 의해 처음으로 베르사유 궁전에서 연출되었다.

영국 르네상스 후기에서 절대주의 시대에 걸쳐 영국에서도 프랑스에서와 같이 이탈리아 작가들의 큰 영향을 받았다. 특히 튜더 왕조를 통해서 그러하였다.

영국은 다른 어떤 나라보다도 일급 시인을 많이 배출하였다. 예를 들면 와이엇Sir Thomas Wyatt(1503-1542), 하워드Henry Howard, Earl of Surrey (1516-1547), 시드니Sir Philip Sidney(1554-1586), 드레이턴 Michael Drayton(1563-1631) 등은 16세기의 영국 서정시를 번성케 하였다.

영국 시는 외래적 영향을 크게 받았지만 프랑스 문학에 비해 훨씬 더 국민적 정서를 많이 담고 있었다. 엘리자베스 여왕에 대한 송시(頌詩) 「선녀왕」(*The Faerie Queen*)을 지은 스펜서Edmund Spenser(1552-1599)의 시가 그러하였다. 그는 비록 이탈리아 서사시인 아리오스토Lodovico Ariosto(1474 - 1533)와 타소Torquato Tasso(1544-1595)를 모방했다고 하지만 단순한 모방 이상으로 국민정서를 강하게 표현하였다.

존슨

그러나 독창성으로 말하면 엘리자베스 시대의 드라마가 으뜸이었다. 셰익스피어William Shakespeare(1564-1616)의 위대함은 다른 동시대 작가들을 무색케 하는 것이었다. 하지만 말로Christopher Marlowe(1564-1593)나 존슨Ben Johnson(1573-1637)과 같은 희곡작가들의 업적도 결코 과소평가될 수는 없다. 엘리자베스 시대가 지나면서 영국 드라마의 화려한 시기는 사라지고 서정시도 점차 쇠퇴하였다.

초기 스튜어트 왕조하에서는 종교적 경향을 가진 돈John Donne(1573-1613)이나 밀턴John Milton(1608-1674)과 같은 시인의 활동이 있을 뿐이었다. 밀턴의 『실낙원(失樂園)』(*Paradise Lost*)은 규모가 큰 서사시로서 그리스도교적 휴머니즘의 정신을 표현한 것이었다.

밀턴

대표적인 17세기 작가는 시인 드라이든John Dryden(1631-1700)을 비롯해 『천로역정(天路歷程)』(*The Pilgrim's Progress*)을 쓴 산문작가 번얀 John Bunyan(1628-1688), 『로빈슨 크루소』(*Robinson Crusoe*)를 대표작으로 남긴 디포Daniel Defoe(1660-1731) 등이었다.

B. 바로크 양식의 특성

1520년대에도 미켈란젤로가 여전히 작품활동을 계속하고 독일 지방의 홀바인이나 크라나흐Lucas Cranach(1472-1553)가 살고 있었다고는 하지만 전성기 르네상스의 시대는 이미 지나갔다.

문학의 경우와 같이 미술의 중심도 이탈리아에서 다른 곳으로 옮겨갔다. 16세기 전반은 유럽 미술이 저조한 시기였다. 다만 저지대 지방의 브뢰겔 Pieter Brughel(525-1569)이나 스페인의 엘 그레코El Greco(1541-1614) 등의 개성적인 화풍이 주목될 만한 것이었다.

1600년대를 전후하여 미술과 음악에 새로운 양식이 나타났다. 이 시기는 약 150년간 계속되었으며 일반적으로 바로크Baroque 시대라고 부른다. 바로크 양식의 특색은 종교 건축의 장엄함과 화려한 규모에서 잘 표현되었다.

또한 바로크 양식은 절대군주 시대의 문화적 산물이었다. 건축과 조각 또는 회화는 왕의 특권과 위신을 높이려는 목적이 그 배경에 있었다. 그것은 힘과 권위를 존중한 시대였으며 예술은 그러한 시대적 요청을 받아들여 충실하게 표현하였다. 그러므로 바로크 미술은 호방하고 과장된 설계, 복잡하고 지나친 장식, 감각적인 기교 등이 특징이다.

회화 저지대 지방의 화가 뤼벤스Peter Paul Rubens(1577-1640)는 이탈리아의 강력한 영향을 받았으나 풍부한 색감과 육감적인 그림을 그려 바로크 정신을 유감없이 표현하였다. 극적 주제를 선택한 뤼벤스는 육중한 인물들을 격정적인 동작에서 잘 파악하여 명확한 윤곽을 드러내지 않고 색과 빛을 포개 놓는 절묘한 표현법을 썼다.

뤼벤스와 동시대인인 스페인 화가 벨라스케스Diego Velásquez(1599-1660)에게서 비슷한 극적 표현이 나타났다. 벨라스케스는 절대군주시대의 다른 많은 화가들처럼 왕이나 왕가의 초상화를 그렸다. 그의 그림은 바로크 회화의 또다른 면, 즉 엄격한 형식성과 호화로운 아름다움을 나타내고 있다. 벨라스케스보다 약간 젊은 무리요Bartoloné Murillo(1617-1682)는 헌신적인 가톨릭 화가였으며 그의 동정녀 마리아 그림은 유명하다.

대체로 바로크 미술은 이탈리아 · 스페인 · 저지대 지방 · 프랑스 등과 같은 가톨릭 국가에서 번성했으며 특히 바로크 회화에 관한 한, 청교도의 영국이나 루터파의 독일은 극소수의 예외는 있으나 거의 기여한 바가 없었다.

렘브란트

그러나 네덜란드만은 예외였다. 여기서는 풍요한 부르주아 사회를 배경으로 한 우수한 그림들이 제작되었다. 네덜란드의 바로크 화가들은 다른 국가의 화가들과 거의 공통점을 찾을 수 없는 특이한 그림을 그렸다.

할스Frans Hals(1580-1666)나 베르메르Jan Vermeer van Delft(1632-1675)는 17세기 사회와 생활을 잘 나타낸, 도시민과 가정생활을 주제로 한 그림을 그렸다. 근대 최초의 풍경화가 중 하나인 로이스달Jacob van Ruisdael(1628-1682)은 아름다운 네덜란드 풍경을 그렸다.

파르미지아노 「목이 긴 마돈나」

엘 그레코 「성 모리스의 순교」

엘 그레코 「안드레와 성 프란치스코」

카라밧지오 「성 마태오의 순교」

뤼벤스「뤼키푸스 딸들을 납치하는 카스토르와 폴룩스」

베르메르「레이스 만드는 사람」

벨라스케스「라스메니나스」

베르메르「편지를 읽는 여인」

로이스달「풍경」

할스「시민군 장교들의 연회」

렘브란트「야경꾼」

17세기 네덜란드의 천재 화가 렘브란트Rembrandt van Rijn(1606-1669)는 빛과 어둠의 대조가 명확한 독특한 양식의 그림을 그려 바로크 미술의 특색을 유감없이 발휘하였다.

건축 르네상스 이래로 이탈리아 건축이 고전적 형식에 바탕을 두었다고는 하지만 미켈란젤로 혹은 팔라디오Andrea Palladio(1518-1580) 이후에는 지나치게 장식적인 면이 지배적이었다.

바로크 건축은 곡선이나 비구성적 요소 또는 정밀한 장식 등에 그 특색이 있다. 대표적인 예는 베네치아의 「산타 마리아 델라 살루테」Santa Maria della Salute에서 볼 수 있다.

로마는 바로크 건축의 중심지였다. 로마의 저택(villa) 건축에서는 큰 규모와 풍부한 장식 효과가 현저히 표현되었다. 나폴리 출신이며 교황청에 근무한 베르니니는 가장 유명한 바로크 건축가였다. 그는 로마의 성 베드로 대성당 앞 광장과 열주회랑(列柱回廊: colonnade)을 설계하였다. 대성당 입구의 넓은 광장은 바로크 양식의 독특한 공간감과 곡선미를 예증하기에 충분하다.

이탈리아에서 시작된 바로크 건축은 곧 유럽 각지로 전파되어, 특히 예수회 건축에 많이 적용되었으며 '예수회 양식'이라는 말을 들을 정도였다. 바로크 건축양식은 교회뿐 아니라 궁전을 비롯하여 극장 · 대학 · 분묘 · 광장 · 공원 · 가로(街路) · 계단 · 열주 · 분수 등에 이르기까지 다양한 축조물에 적용되었다.

스페인 바로크 건축은 특히 츄리게라José Churriguera(1650-1725)에 의해 발전되었다. 그는 화려한 세부장식과 정밀한 세공을 가했는데 그의 환상적 장식은 '츄리게라 양식'(Churrigueresque)이라 일컬어졌다. 이 양식은 18세기의 스페인뿐 아니라 멕시코와 라틴 아메리카 교회건축에 널리 적용되었다.

로코코와 망사르 프랑스 바로크 건축의 특징은 형식미와 화사한 장식성에 있다. 바로크 양식은 교회 · 궁전 · 성곽 · 공원 등에 광범하게 적용되었다. 뤽상부르Luxembourg 궁전 마리 드 메디시(Marie de' Medicis 여왕궁), 마자랭 추기경의 서재(지금의 프랑스 학술원), 베르사유 궁전 및 그 안의 정원 등이 바로크 양식의 좋은 예이다.

특히 베르사유 궁전은 규모나 내부 장식에서 모든 유럽 군주들이 모방하고자 동경한 궁전이다. 베르사유 궁전 건축에는 당대의 저명한 건축가들이 많이 동원되었으며 책임설계자인 망사르Jules Hardouin Mansart(1646-

베르니니 「다윗」

베르니니 「성 데레사」

1708)는 이른바 '망사르식 지붕'(mansardes; mansard roof)의 창시자였다.

베르사유 궁전의 바로크적인 특징은 넓은 정원의 구성, 건물을 비추는 큰 못(池), 커다란 분수대, 질서정연한 관목 숲 등 외부 구조를 비롯해 깔끔하고 정밀하게 가꾼 궁전의 내부 장식 등에서 잘 표현되었다.

18세기에 이르러 바로크 양식이 프랑스에서는 로코코Rococo 양식으로 변천하였다. 그것은 고전적 제한을 타파한 자유분방한 곡선의 중복, 이른바 패각형(貝殼型) 곡선의 적용으로 더 섬세하고 인공적인 우아함을 강조하는 것이 되었다. 유럽 각국에서 널리 채택된 로코코 양식은 루이 15세와 애첩 퐁파두르 부인 시대의 귀족계급의 세련됨과 퇴폐성을 함께 대변하는 것이다.

프랑스의 양식은 독일 · 네덜란드 · 폴란드 · 러시아 등 북유럽의 건축양식에 압도적인 영향을 미쳤다. 프로이센의 프리드리히 대왕이 지은 포츠담의 「상 수시」Sans Souci 궁전은 베르사유 궁전을 모방하여 설계한 것이었다.

러시아에서도 피요트르 대제의 후계자 차르들은 상트 페체르부르크의 건축에 바로크 양식을 적용하였다.

바로크 양식은 영국에도 도입되었다. 영국 바로크 양식의 대표적인 건축가로서는 렌Sir Christopher Wren(1632-1723) 또는 밴브러John Vanbrugh(1666-1726) 등이 있었다. 렌은 1666년의 런던 대화(大火) 후 런던의 교회들을 건축하였다. 특히 성 바우로 교회는 그의 대표적 작품이다.

C. 후기 르네상스와 바로크 음악

바로크 음악은 르네상스 시대의 선구적 음악가들의 노력을 바탕으로 발달하였다. 음악에 대한 새로운 감각은 북방 르네상스에서 십분 발휘되었다.

16세기 후반을 통해 대위법적 교회음악이 압도적이었으며 이 시기에는 이탈리아로 귀화한 저지대 지방의 라수스Orlando de Lassus(1530-1594), 영국의 가톨릭 작곡가인 버드William Byrd(1542-1623), 스페인의 빅토리아Luis de Victoria(1535-1611) 등의 공헌이 컸다. 로마 출신인 팔레스트리나Giovanni Pierluigi da Palestrina(1525-1594)는 가톨릭 종교개혁 정신에 알맞은 미사곡을 작곡하여 시대적 요청에 부응하였다.

바로크 건축양식으로 지은 상트 페체르부르크의 「겨울 궁전」(에르미타쥬 미술관)

샹송과 마드리갈 교회 의식에 다성부(多聲部) 음악이 주로 사용되었던 반면 궁중에서나 귀족과 도시민의 가정에서는 수많은 통속적인 샹송과 마드리갈 madrigal이 애창되었다. 이러한 섬세한 음악형식은 당시대의 가장 중요한 음악발전의 하나였다.

샹송은 주로 프랑스의 음악 형식이며 단순한 곡이다. 이에 비해 이탈리아의 마드리갈은 비록 이탈리아의 재래식 음악과 프랑스 샹송의 영향을 받기는 했으나 더 세련된 것이다. 이것은 주로 궁중음악 전문가들이 지은 곡이었다. 마드리갈은 휴머니즘 시대 이후 이탈리아 문학부흥의 영향을 받아 발달하였다.

16세기말 마드리갈은 영국에 들어가 완전히 영국화하여 엘리자베스 시대의 귀중한 문화유산 가운데 하나가 되었다. 영국에서는 마드리갈이 이탈리아의 경우와 달리 산문시의 내용보다는 선율을 중요시하는 음악으로서 더 높이 평가되었다. 샹송과 마드리갈의 인기는 높아졌고 1550년부터 1600년 사이에 출판한 약 270개의 가곡집이 오늘날 남아 있다.

16세기 대부분의 작곡가들이 마드리갈을 작곡했는데 가장 저명한 엘리자베스 시대의 음악가, 예를 들면 몰리Thomas Morley(1577-1602), 윌비

음악을 연주하는 가족: 일부 부유한 네덜란드 시민은 음악을 연주하거나 들으면서 휴식을 취했다.

John Wilbye(1573-I638), 위일크스Thomas Weelkes(1575-1623) 등은 주로 마드리갈 작곡가로 알려졌다.

바로크 음악 1600년대를 전후하여 일어난 음악형식의 변화는 이탈리아에서 시작되어 북쪽으로 전파되어갔다. 그것은 이탈리아 마드리갈의 마지막 작곡가이며 오페라 창립자의 한 사람인 몬테베르디Claudio Monteverdi(1567-1643)의 음악에서 분명히 나타났다. 그의 작품은 17세기초 베네치아에서 공연되었다.

1630년대에 베네치아에 3개의 오페라 하우스가 있었으나 1700년대까지에는 350개로 늘어났다. 이와 같은 경향은 볼로냐 · 나폴리 · 로마에서도 마찬가지였다. 이탈리아의 오페라 열기는 대단하여 교황 글레멘스 9세가 직접 오페라를 작곡할 정도였다.

새로운 형식에서 가장 두드러진 특징은 종래의 다성부 음악형식에 대한 반발이었다. 여기에는 16세기말 발명된 오페라와 오라토리오Oratorio에 의한 자극이 작용하였다. 새 형식은 기악 반주에 따라 아리아Aria(詠唱)를 독창하는 것이었다. 바로크 음악의 가장 특징적인 형태는 화성(和聲)형식이었다. 이 형식에서 고음부는 멜로디를 이끌어 나가지만 저음부는 화음을 돕기 위한 것이 되었다.

퍼셀

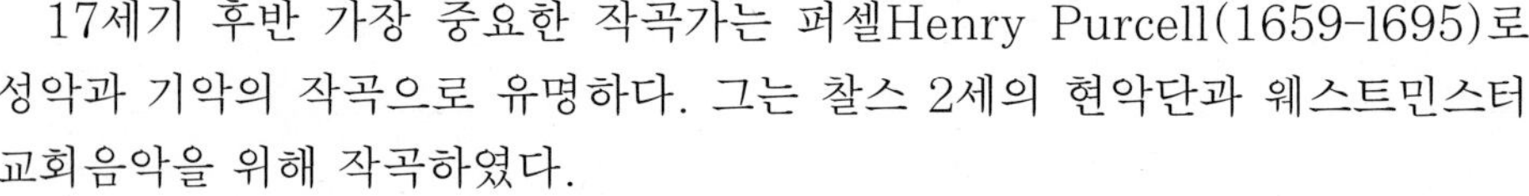
17세기 후반 가장 중요한 작곡가는 퍼셀Henry Purcell(1659-I695)로 성악과 기악의 작곡으로 유명하다. 그는 찰스 2세의 현악단과 웨스트민스터 교회음악을 위해 작곡하였다.

17세기 후반의 궁중음악의 대가이며 유럽에 널리 영향을 끼친 작곡가는 륄리Jean-Baptiste Lully(1632-I687)이다. 그는 본래 피렌체에서 탄생했으나 프랑스에 귀화하여 루이 14세의 총애를 받고 몰리에르 등과 친교를 맺었다. 그는 오페라 형식에 주요한 혁신을 가져왔다.

바로크 음악시대를 통해 성악과 기악이 다양하게 발전하였다. 독창에 의존하는 오페라와 오라토리오, 특정악기를 위한 작곡 등이 병행 발달하고, 특히 바이올린 계통의 악기가 두드러지게 발달되었다.

■ 더 참고할 책 ■

제9장 절대군주제의 전개

Aston, Trevor, ed., *Crisis in Europe 1560-1660: Essays from Past and Present* (Penguin).

Beloff, Max, *The Age of Absolutism, 1660-1815* (Torchbooks).

Dehio, Ludwig, *The Precarious Balance* (Vintage).

Duplessis, Robert R., *Transitions to Capitalism in Early Modern Europe* (1997).

Friedrich, Carl, *The Age of Baroque, 1610-1660* (Cornell).

Henshall, Nicholas, *The Myth of Absolutism: Change and Continuity in Early Modern European Monarchy* (1992).

Oresko, Robert, G. C. Gibbs, and H. M. Scott, ed., *Royal and Republican Sovereignty in Early Modern Europe* (1997).

Rabb, Theodore R.. *The Struggle for Stability in Early Modern Europe* (Torchbooks).

Ranum, O., *Paris in the Age of Absolutism* (Torchbooks).

Treasure, Geoffrey, *The Making of Modern Europe, 1648-1780* (1985).

Wolf, John B., *The Emergence of the Great Powers, 1685-1715* (Torchbooks).

▶ 자료

Franklin, Julian H., ed. and tr., *Constitutionalism and Resistance in the Sixteenth Century: Three Treatises by Hotman, Beza, and Mornay.*

1. 루이 14세의 시대

Ashley, Maurice P., *Louis XIV and the Greatness of France* (Free Press).

Buck, Philip W., *The Politics of Mercantilism* (Octagon).

Church, William F., *The Impact of Absolutism in France* (Wiley).

Figgis, J. N., *The Divine Right of Kings* (Torchbooks).

Earle, E. M., ed., *Makers of Modern Strategy* (Atheneum).

Elliott, J. H., *Richelieu and Olivares* (1984).

Goubert, Pierre, *Louis XIV and Twenty Million Frenchmen,* tr. Anne Carter (Torchbooks).

Guérard, Albert, *The Life and Death of an Ideal: France in the Classical Age* (Torchbooks).

Hale, J. R., *War and Society in Renaissance Europe 1450-1620* (1985).

Hatton, Reginald, *Europe in the Age of Louis XIV* (Harcourt Brace Jovanovich).

Lewis, Warren H., *The Splendid Century: Life in the France of Louis XIV* (Anchor).

Lossky, Andrew, *Louis XIV and the French Monarchy* (1994).

Mettam, Roger, *Power and Faction in Louis XIV's France* (1988).

Packard, Laurence B., *The Age of Louis XIV* (Holt).

Parker, Geoffrey, *The Military Revolution: Military Innovation and the Rise of the West, 1500-1800* (1988).

Rowen, Herbert H., *The King's State: Proprietary Dynasticism in Early Modern France* (1980).

Shennan, J. H., *Louis XIV* (1986).

Vagts, A., *A History of Militarism* (Free Press).

Wolf, John B., *Louis XIV* (Norton).

▶ 자료

Bodin, Jean, *On Sovereignty*, ed. and tr. by Julian H. Franklin.

Saint-Simon, Louis, *Historical Memoirs*, ed. and tr. by Lucy Norton, 2 vols.

2. 영국 절대주의와 혁명

Ashley, Maurice, *England in the Seventeenth Century* (Torchbooks).

Ashley, Maurice, *Oliver Cromwell and the Puritan Revolution* (Collier).

Aylmer, G. E., *A Short History of Seventeenth Century England* (Mentor).

Bindoff, S. T., *Tudor England* (Pelican).

Brewer, John, *The Sinews of Power: War, Money, and the English State, 1688-1783* (1989).

Brewer, John, and John Styles, ed., *An Ungovernable People: The English and Their Law in the Seventeenth and Eighteenth Centuries* (1980).

Elton, G. R., *The Tudor Revolution in Government* (Cambridge U. P.).

Gardiner, Samuel R., *Oliver Cromwell* (Collier).

Haller, W., *Liberty and Reformation in the Puritan Revolution* (Torchbooks).

Haller, W., *The Rise of Puritanism* (Penguin).

Henshall, Nicholas, *The Myth of Absolutism: Change and Continuity in Early Modern European Monarchy* (1992).

Hill, Christopher, *A Century of Revolution, 1603-1714* (Norton).

Hirst, Derek, *Authority and Conflict: England, 1603-1658* (1986).

Holmes, Geoffrey, *The Making of a Great Power: Late Stuart and Early Georgian Britain, 1660-1722* (1993).

Jones, J. R., *The Revolution of 1688 in England* (Norton).

Keir, D. L., *The Constitutional History of Modern Britain since 1485* (Norton).

Levine, J. M., ed., *Elizabeth I* (Spectrum).

Linebaugh, Peter, *The London Hanged: Crime and Civil Society in the Eighteenth Century* (1991).

MacCaffrey, Wallace, *Elizabeth I* (1994).

Mattingly, Garrett, *The Armada* (Houghton).

Neale, John, *Queen Elizabeth I: A Biography* (Anchor).

Neale, John, *Elizabeth I and Her Parliament*, 2 vols. (Norton).

Notestein, W., *The English People in the Eve of Colonization, 1603-1630* (Torchbooks).

Oressko, Robert, G. C. Gibbs, and H. M. Scott, ed., *Royal and Republican Sovereignty in Early Modern Europe* (1997).

Plumb, J., *England in the Eighteenth*

Century (Penguin).

Plumb, J.H., *The Growth of Political Stability in England, 1675-1725* (Torchbooks).

Read, C., *The Tudors* (Norton).

Read, C., *Government of England under Elizabeth* (U. P. of Virginia).

Rowse, A. L., *The England of Elizabeth: The Structure of Society* (Macmillan).

Smith, Lacy Baldwin, *This Realm of England, 1399-1688* (Heath).

Stone, Lawrence, *The Crisis of Aristocracy, 1558-1641* (Torchbooks).

Stone, Lawrence, *Social Change and Revolution in England, 1540-1640* (Barnes and Noble).

Tanner, J. R., *English Constitutional Conflicts of the Seventeenth Century* (Cambridge U. P.)

Trevelyan, George M., *The English Revolution of 1688-1689* (Galaxy).

Trevelyan, George M., *England Under the Stuarts* (Barnes and Noble).

김민제 "The Nature of Convention in the English Cabinet, 1660-1832)"『호서사학』: 8 · 9합 (1980).

김영한 "해링톤의 정치적 유토피아"『한양대 인문논총』:6 (1983).

문영상 "영국절대주의 특성에 관한 연구--튜더 절대왕정과 의회의 관계를 중심으로"『동아대 교육대학원논집』:6 (1980).

오주환 "영국혁명사 연구의 실상"『경북사학』:5 (1982).

이승영 "수평파의 선거권에 관한 논의"『부산수산대 논문집』:32 (1984).

임희완 『청교도혁명의 종교적 급진사상』 (1985).

▶ 자료

Haydn, H., ed., *The Portable Elizabeth Reader.*

3. 강대국의 팽창과 세력균형

Alexander, John, T., *Catherine the Great: Life and Legend* (1988).

Behrens, C. B. A., *Society, Government, and the Enlightenment: The Experience of Eighteenth-Century France and Prussia* (1985).

Blum, Jerome, *Lord and Peasant in Russia from the Ninth to the Nineteenth Century* (Torchbooks).

Bruun, Geoffrey, *The Enlightened Despots*, 2nd ed. (Berkshire Studies).

Carsten, F. L., *The Origins of Prussia* (Oxford U. P.).

Craig, Gordon A., *The Politics of the Prussian Army, 1640-1845* (Galaxy).

Crummey, Robert, *The Formation of Muscovy, 1304-1613* (1987).

Crummey, Robert, *Aristocrats and Servitors: The Boyar Elite in Russia, 1613-1689* (1983).

Dorn, Walter L., *Competition for Empire, 1740-1763* (Torchbooks).

Dukes, Paul, *The Making of Russian Absolutism, 1613-1801*, 2nd ed. (1990).

Ergang, Robert, *The Potsdam Führer, Frederick William I, Father of Prussian Militarism* (Octagon).

Faye, Sidney B. and Klaus Epstein, *The*

Rise of Brandenburg-Prussia to 1786 (Holt, Rinehart, and Winston).

Gagliardo, J. G., *Enlightened Despotism* (Crowell).

Graham, Stephen, *Ivan the Terrible* (Shoe String).

Grey, I., *Ivan III and the Unification of Russia* (Collier),

Hoetzsch, Otto, *The Evolution of Russia* (Harcourt Brace & World).

Kaiser, Robert J., *The Geography of Nationalism in Russia and the USSR* (1994).

Khodarkovsky, Michael, *Where Two Worlds Meet: The Russian State and the Kalmyk Nomads, 1600-1771* (1992).

Kliuchevskii, V. O., *Peter the Great and the Emergence of Russia* (Collier).

Kronenberger, L., *Kings and Desperate Men* (Vintage).

Lupinin, N. B., *Religious Revolt in the Seventeenth Century: The Schism of the Russian Church* (1984).

Madariaga, Isabel de, *Russia in the Age of Catherine the Great* (1981).

Mitford, Nancy, *Madame de Pompadour* (Pyramid).

Mitford, Nancy, *Frederick the Great* (Torchbooks).

Namier, L. B., *The Structure of Politics at the Accession of George III* (St. Martin' s).

Namier, L. B., *England in the Age of the American Revolution* (St. Martin' s).

Oliva, Lawrence J., *Russia in the Era of Peter the Great* (Prentice-Hall).

Raeff, Marc, *The Well-Ordered Police State: Social and Institutional Change through Law in the Germanies and Russia, 1600-1800* (1983).

Raeff, Marc, ed., *Peter the Great: Reformer or Revolutionary?* (Heath).

Riasanorsky, Nicholas, *History of Russia*, 2nd ed. (Collier).

Riasanorsky, Nicholas, *The Image of Peter the Great in Russian History and Thought* (1985).

Roberts, P., *The Quest for Security, 1715-1740* (Torchbooks).

Robertson, C. G., *Chatham and the British Empire* (Collier).

Rosenberg, Hans, *Bureaucracy, Aristocracy, and Autocracy: The Prussian Experience, 1660-1815* (Beacon).

Scott, H. M., ed., *Enlightened Absolutism: Reforms and Reformers in Later Eighteenth-Century Europe* (1985).

Sumner, Benedict H., *Peter the Great and the Emergence of Russia* (Collier).

Thomson, G. S., *Catherine the Great and the Expansion of Russia* (Torchbooks).

Turnock, David, *The Making of Eastern Europe: From Earliest Times to 1815* (1988).

Vernadsky, George, *History of Russia*, rev. ed. (Yale).

▶ **자료**

Andrews, S., ed., *Enlightened Despotism*.

Kaiser, Daniel, and Gary Marker, *Reinterpreting Russian History: Readings,*

860s-1860s.

Moroger, Dominique, ed., *Mémoires de Catherine II* (Eng.tr.).

4. 식민제국의 건설

Brewer, John, N. McKendrick, and J. H. Plumb, *Birth of a Consumer Society: The Commercialization of Eighteenth Century England* (1982).

Davis, David B., *The Problem of Slavery in Western Culture* (Penguin).

De Vries, Jan, *The Economy of Europe in an Age of Crisis, 1600-1750* (Torchbooks).

McNeill, John R., *Atlantic Empires of France and Spain: Louisbourg and Havana, 1700-1763* (1985).

Mintz, Sidney, *Sweetness and Power* (1985).

Parry, J. H., *Trade and Dominion: The European Overseas Empires in the Eighteenth Century* (Torchbooks).

Reiley, James, *International Government Finance and the Amsterdam Capital Market, 1740-1815* (1980).

Sonnenscher, Michael, *The Hatters of Eighteenth Century France* (1987).

4. 절대주의 시대의 문화

Artz, Frederick B., *From Renaissance to Romanticism* (Phoenix).

Bazin, G., *Baroque and Rococo Art* (Praeger).

Brinton, Crane, *The Shaping of Modern Thought* (Mentor). 국역 『현대사상의 형성』(상 · 중 · 하)(을유문고, 67, 68, 69).

Bronowski, Jacob, and Bruce Mazlish, *The Western Intellectual Tradition from Leonardo to Hegel* (Torchbooks). 국역 『서양의 지적 전통』(학연사, 1986).

Clark, George N., *The Seventeenth Century* (Oxford).

Friedrich, Carl J., *The Age of Baroque, 1610-1660* (Torchbooks).

Hazard, Paul, *The European Mind, 1680-1715* (Meridian).

Hibbard, Howard, *Bernini* (Penguin).

Honour, Hugh, *Neo-Classicism* (Penguin).

Nussbaum, F L., *The Triumph of Science and Reason, 1660-1685* (Torchbooks).

Sherman, John, *Mannerism* (Torchbooks).

Smith, Preserved, *Origins of Modern Culture* (Collier).

Sypher, Wylie, *Four Stages of Renaissance Style* (Anchor).

Tapié, V. L., *The Age of Grandeur: Baroque Art and Architecture* (Praeger).

Willey, Basil, *The Seventeenth Century Background* (Anchor).

※ 더 참고할 책의 최신 목록은 〈blog.daum.net/chasworldhistory〉 참조

유럽 주요 왕계보
(8세기 이후)

※ 원어 중 뒤의 것은 영어식 표기

프랑크 왕국

카롤루스 왕조
페핀Pépin; Pepin (궁재: 714)
칼 마르텔Karl Martell; Charles Martel (궁재: 715-741)
페핀 1세Pépin; Pepin I (궁재: 741; 왕: 751-768)
샤를마뉴Charlemagne; Karl der Grosse; Charles the Great(왕: 768-814; 황제: 800-814)
루이Louis 〔경건왕〕 (황제: 814-840)

서(西) 프랑크
샤를르Charles 〔대머리 왕〕 (왕: 840-877; 황제: 875)
루이 2세Louis II (왕: 877-879)
루이 3세Louis III (왕: 879-882)
칼로망Carloman (왕: 879-884)

로타링겐
로테르Lothair (황제: 840-855)
루이Louis (이탈리아) (황제: 855-875)
샤를르Charles (프로방스) (855-863)
로타르 2세Lothar; Lothair II〔로렌: Lorraine〕 (왕: 855-869)

동(東) 프랑크
루드비히Ludwig (왕: 840-876)
칼로만Carloman (왕: 876-880)
루드비히Ludwig (왕: 876-882)
칼Karl; Charles 〔肥大王〕 (황제: 876-887)

신성로마 제국

작센 왕조
오토 1세Otto I (962-973)
오토 2세Otto II (973-983)
오토 3세Otto III (983-1002)
하인리히 2세Heinrich; Henry II (1002-1024)

프랑코니아 왕조
콘라트 2세Konrad; Conrad II (1024-1059)
하인리히 3세Heinrich; Henry III (1039-1056)
하인리히 4세Heinrich; Henry IV (1056-1106)
하인리히 5세Heinrich; Henry V (1106-1125)
로타르 2세Lothar; Lothair II (Saxony) (왕: 1125-1133; 황제: 1133-1137)

호헨슈타우펜 왕조
콘라트 3세Konrad; Conrad III (1138-1152)
프리드리히 1세Friedrich; Frederick I 〔빨간수염: Barbarossa〕 (1152-1190)
하인리히 4세Heinrich; Henry IV (1190-1197)

필립Philipp; Philip (Swabia) (1198-1208); 오토 4세Otto IV (Welf) (1198-1215) 양립
프리드리히 2세Friedrich; Frederick II (1220-1250)
콘라트 4세Konrad; Conrad IV (1250-1254)

대공위(大空位) 시대(Interregnum: 1254-1273)

루돌프 1세Rudolf I (Hapsburg) (1273-1291)
아돌프Adolphus; Adolf (Nassau) (1292-1298)
알브레히트 1세Albrecht; Albert I (Hapsburg) (1298, 1308)
하인리히 7세Heinrich; Henry VII (Luxemburg) (1308-1313)
루드비히 4세Ludwig IV (Wittelsbach) (1314-1347)
칼 4세Karl; Charles IV (Luxemburg) (1347-1378)
벤체슬라스Wenceslas (Luxemburg) (1378-1400)
루페르투스Rupertus; Rupert (Wittelsbach) (1400-1410)
지기스문트Sigismund (Luxemburg) (1410-1437)

합스부르크 왕조

알브레히트 2세Albrecht; Albert II (1438-1439)
프리드리히 3세Friedrich; Frederick III (1440-1493)
막시밀리안 1세Maxirmilian I (1493-1519)
칼 5세Karl; Charles V (1519-1556)
페르디난트 1세Ferdinand I (1556-1564)
막시밀리안 2세Maximilian II (1564-1576)
루돌프 2세Rudolf II (1576-1612)
마티아스Matthias (1612-1619)
페르디난트 2세Ferdinand II (1619-1637)
페르디난트 3세Ferdinand III (1637-1657)
레오폴트 1세Leopold I (1658-1705)
요제프 1세Joseph I (1705-1711)
칼 6세Karl; Charles VI (1711-1740)
칼 7세Karl; Charles VII (1742-1745)(*합스부르크 왕조 출신이 아님)
프란츠 1세Franz; Francis I (1745-1765)
요제프 2세Joseph II (1765-1790)
레오폴트 2세Leopold II (1790-1792)
프란츠 2세Franz; Francis II (1792-1806)

로마 가톨릭 교황

〔*표기는 박도식 『가톨릭 교리사전』(1985)에 의거함〕

33. 성 실베스테르 1세Silvester I (314-335)
45. 성 레오 1세Leo I (440-461)
49. 성 젤라시오 1세Gelasius I (492-496)
64. 성 그레고리오 1세Gregory I (590-604)
105. 성 니콜라오 1세Nicholas I (858-867)
139. 실베스테르 2세Silvester II (999-1003)
152. 성 레오 9세Leo IX (1049-1054)
155. 니콜라오 2세Nicholas II (1058-1061)
157. 성 그레고리오 7세Gregory VII (1073-1085)
159. 복자 우르바노 2세Urban II (1088-1099)
160. 파스칼 2세Paschal II (1099-1118)
170. 알렉산데르 3세Alexander III (1159-1181)
176. 인노첸시오 3세Innocent III (1198-1216)
178. 그레고리오 9세Gregory IX (1227-1241)
193. 보니파시오 8세Boniface VIII (1294-1303)
196. 요한 22세John XXII (1316-1334)
208. 니콜라오 5세Nicholas V (1447-1455)
210. 비오 2세Pius II (1458-1464)

— 이상은 저명한 교황만 적시

214. 알렉산데르 6세 Alexander VI (1492-1503)
215. 비오 3세Pius III (1503)
216 율리오 2세Julius II (1503-1513)
217. 레오 10세Leo X (1513-1521)
218. 하드리아노 6세Adrianus; Adrian VI (1522-1523)
219. 글레멘스 7세Clement VII (1523-1534)
220. 바오로 3세Paulus; Paul I (1534-1549)
221. 율리오 3세Julius III (1550-1555)
222. 마르첼로 2세Marcellus II (1555)
223. 바오로 4세Paulus; Paul IV (1555-1559)
224. 비오 4세Pius IV (1559-1565)
225. 성 비오 5세Pius V (1566-1572)
226. 그레고리오 13세Gregorius; Gregory XIII (1572-1585)
227. 식스토 5세Sixtus V (1585-1590)
228. 우르바노 7세Urbanus; UrbanVII (1590)

229. 그레고리오 14세Gregorius; Gregory XIV (1590-1591)
230. 인노첸시오 9세Innocent IX (1591)
231. 글레멘스 8세Clement VIII (1592-1605)
232. 레오 11세Leo XI (1605)
233. 바오로 5세Paulus; Paul V (1605-1621)
234. 그레고리오 15세Gregorius; Gregory XV (1621-1623)
235. 우르바노 8세Urbanus; Urban VIII (1623-1644)
236. 인노첸시오 10세Innocent X (1644-1655)
237. 알렉산데르 7세Alexander VII (1655-1667)
238. 글레멘스 9세Clement IX (1667-1669)
239. 글레멘스 10세Clement X (1670-1676)
240. 복자 인노첸시오 11세Innocent XI (1676-1689)
241. 알렉산데르 8세Alexander VIII (1689-1691)
242. 인노첸시오 12세Innocent XII (1691-1700)
243. 글레멘스 11세Clement XI (1700-1721)
244. 인노첸시오 13세Innocent XIII (1721-1724)
245. 베네딕토 13세Benedictus; Benedict XIII (1724-1730)
246. 글레멘스 12세Clement XII (1730-1740)
247. 베네딕토 14세Benedictus; Benedict XIV (1740-1758)
248. 글레멘스 13세Clement XIII (1758-1769)
249. 글레멘스 14세Clement XIV (1769-1774)
250. 비오 6세Pius VI (1775-1799)
251. 비오 7세Pius VII (1800-1823)
252. 레오 12세Leo XII (1823-1829)
253. 비오 8세Pius VIII (1829-1830)
254. 그레고리오 16세Gregory XVI (1831-1846)
255. 비오 9세Pius IX (1846-1878)
256. 레오 13세Leo XIII (1878-1903)
257. 성 비오 10세Pius X (1903-1914)
258. 베네딕토 15세Benedict XV (1914-1922)
259. 비오 11세Pius XI (1922-1939)
260. 비오 12세Pius XII (1939-1958)
261. 요한 23세John XXIII (1958-1963)
262. 바오로 6세Paul VI (1963-1978)
263. 요한 바오로 1세John Paul I (1978)
264. 요한 바오로 2세John Paul II (1978-)

프랑스

카페 왕조

위그 카페Hughes Capet; Hugh Capet (987-996)
로베르 2세Robert II (996-1031)
앙리 1세Henri; Henry I (1031-1060)
필립 1세Philippe; Philip I (1060-1108)
루이 6세Louis VI (1108-1137)
루이 7세Louis VII (1137-1180)
필립 2세Philippe; Philip II〔Augustus〕 (1180-1223)
루이 8세Louis VIII (1223-1226)
루이 9세Louis IX (1226-1270)
필립 3세Philippe; Philip III (1270-1285)
필립 4세Philippe; Philip IV (1285-1314)
루이 10세Louis X (1314-1316)
필립 5세Philippe; Philip V (1316-1322)
샤를르 4세Charles IV (1322-1328)

발로아 왕조

필립 6세Philippe; Philip VI (1328-1350)
장Jean; John (1350-1364)
샤를르 5세Charles V (1364-1380)
샤를르 6세Charles VI (1380-1422)
샤를르 7세Charles VII (1422-1461)
루이 11세Louis XI (1461-1483)
샤를르 8세Charles VIII (1483-1498)
루이 12세Louis XII (1498-1515)
프랑시스 1세 Francis I (1515-1547)
앙리 2세Henri; Henry II (1547-1559)
프랑시스 2세 Francis II (1559-1560)
샤를르 9세Charles IX (1560-1574)
앙리 3세Henri; Henry III (1574-1589)

부르봉 왕조

앙리 4세Henri; Henry IV (1589-1610)
루이 13세Louis XIII (1610-1643)
루이 14세Louis XIV (1643-1715)
루이 15세Louis XV (1715-1774)
루이 16세Louis XVI (1774-1792)

1792년 이후

제1공화국: 1792-1799
나폴레옹Napoleon Bonaparte (제1통령: 1799-1804; Napoleon I, 황제: 1804-1814)
루이 18세Louis XVIII (부르봉 왕조) (1814-1824)
샤를르 10세Charles X (부르봉 왕조) (1824-1830)
루이 필립Louis Philippe (1830-1848)

제2공화국: 1848-1852
제2제정: 1852-1870
나폴레옹 3세Napoleon III (황제: 1852-1870)

제3공화국: 1870-1940
페탕Pétain 정권(비쉬Vichy 정부): 1940-1944
임시정부: 1944-1946

제4공화국: 1946-1958

제5공화국: 1958-

영국

앵글로-색슨 왕조
에지베르크트Egbert (802-839)
이델울프Ethelwulf (839-858)
이델볼드Ethelbald (858-860)
이델버트Ethelbert (860-866)
이델레드Ethelred 866-871
앨프레드Alfred 대왕 (871-900)
에드워드〔노(老)〕Edward the Elder (900-924)
이델스탠Ethelstan (924-940)
에드먼드 1세Edmund I (940-946)
에드레드Edred (946-955)
에드위Edwy (955-959)
에드가Edgar (959-975)
순교자 에드워드Edward the Martyr (975-978)
이델레드〔불비왕(不備王)〕Ethelred the Unready (978-1016)
카누트Canute〔덴마크인〕(1016-1035)
해롤드 1세Harold I (1035-1040)
하디카누트Hardicanute (1040-1042)
에드워드Edward〔告白王〕(1042-1066)
해롤드 2세Harold II (1066)

앵글로-노르만 왕조
윌리엄 1세William I〔정복왕〕(1066-1087)
윌리엄 2세William II (1087-1100)
헨리 1세Henry I (1100-1135)
스티븐Stephen (1135-1154)

안쥬빈 왕조
헨리 2세Henry II (1154-1189)
리처드 1세Richard I (1189-1199)
존John (1199-1216)
헨리 3세Henry III (1216-1272)
에드워드 1세Edward I (1272-1307)
에드워드 2세Edward II (1307-1327)
에드워드 3세Edward III (1327-1377)
리처드 2세Richard II (1377-1399)

랭카스터가
헨리 4세Henry IV (1309-1413)
헨리 5세Henry V (1413-1422)
헨리 6세Henry VI (1422-1461)

요크가
에드워드 4세Edward IV (1461-1483)
에드워드 5세Edward V (1483)
리처드 3세Richard III (1483-1485)

튜더 왕조
헨리 7세Henry VII (1485-1509)
헨리 8세Henry VIII (1509-1547)
에드워드 6세Edward VI (1547-1553)
매리 1세Mary I (1553-1558)
엘리자베스 1세Elizabeth I (1558-1603)

스튜어트 왕조
제임스 1세James I (1603-1625); 제임스 4세James VI (스코틀랜드 왕)
찰스 1세Charles I (1625-1649)

공화정과 호국경 시대
크롬웰Oliver Cromwell (1649-1658)
크롬웰Cromwell의 계승자들 (1658-1660)

후기 스튜어트 왕조
찰스 2세Charles II (왕정복고) (1660-1685)
제임스 2세James II (1685-1688)
윌리엄 3세William III와 매리 2세Mary II (1689-1694)
윌리엄 3세William III (1694-1702)
앤Anne (1702-1714)

하노버 왕조
조지 1세George I (1714-1727)
조지 2세George II (1727-1760)
조지 3세George III (1760-1820)
조지 4세George IV (1820-1830)
윌리엄 4세William IV (1830-1837)
빅토리아Victoria (1837-1901)

색스-코버그-고타 왕조
에드워드 7세Edward VII (1901-1910)
*조지 5세George V (1910-1917)

윈저 왕조
*조지 5세George V (1917-1936)
에드워드 8세Edward VIII (1936)
조지 6세George VI (1936-1952)
엘리자베스 2세Elizabeth II (1952-)
*동일인

오스트리아와 오스트리아-헝가리

*막시밀리안 1세Maximilian I, 대공 (1493-1519)
*칼 1세Karl; Charles I (신성로마 황제, 칼 5세 Charles V: 1519-1556)
페르디난트 1세Ferdinand I (1556-1564)
*막시밀리안 2세Maximilian II (1564-1576)
*루돌프 2세Rudolph II (1576-1612)
*마티아스Matthias (1612-1619)
*페르디난트 2세Ferdinand II (1619-1637)
*페르디난트 3세Ferdinand III (1637-1657)
*레오폴트 1세Leopold I (1658-1705)
*요제프 1세Joseph I (1705-1711)
*칼 2세Karl; Charles II (1711-1740; 신성로마 황제: 칼 6세Karl; Charles VI)
마리아 테레사Maria Theresa (1740-1780)
*요제프 2세Joseph II (1780-1790; 신성로마 황제: 1765-1790)
*레오폴트 2세Leopold II (1790-1792)
*프란츠 1세Franz; Francis I, 대공 (1792-1804: 신성로마 황제); 프란츠 2세Franz; Francis II(1792-1806; 오스트리아 황제, 1804-1835)
페르디난트 1세Ferdinand I (1835-1848): 오스트리아 황제
프란츠 요제프Franz Joseph; Francis Joseph (1848-1916; 1867년 후에는 오스트리아 황제 및 헝가리 왕)
칼 1세Karl; Charles 1 (1916-1918) (오스트리아 황제 및 헝가리 왕)
*신성로마 황제 겸임. 신성로마 황제 계보를 참조할 것.

오스트리아 공화국 (1918-1938) (1934년 후에는 독재정권 수립)

독일과 합병: 1938-1945

연합국 점령과 공화정 복귀: 1945-1916

자유공화정: 1956-

프로이센과 독일(1871년 이후)

프로이센
프리드리히 빌헬름Friedrich Wilhelm; Frederick

William (1640-1688)
*프리드리히 3세Friedrich; Frederick III (1688-1701); 프리드리히 1세Friedrich; Frederick I(프로이센 왕: 1701-1713)
*프리드리히 빌헬름 1세Friedrich Wilhelm; Frederick William I (1713-1740)
*프리드리히 2세Friedrich; Frederick II 대왕 (1740-1786)
*프리드리히 빌헬름 2세Friedrich Wilhelm; Frederick William II (1786-1797)
*프리드리히 빌헬름 3세Friedrich Wilhelm; Frederick William III (1797-1840)
*프리드리히 빌헬름 4세Friedrich Wilhelm; Frederick William IV (1840-1861)

독일

*빌헬름 1세Wilhelm; William I (1861-1888; 독일 황제: 1871-1888)
프리드리히 3세Friedrich; Frederick III (1888)
빌헬름 2세Wilhelm; William II (1888-1918)
*프로이센의 왕.

바이마르 공화국 (1918-1933)

제3제국 (Nazi독재) (1933-1945)

연합국 점령 (1945-1952)

독일 연방공화국 (서독)(1949-1991)
독일 민주공화국 (동독)(1949-1991)

통일 독일 (1991-)

스페인

페르난도Fernando;Frerdinand(1479-1516)
이사벨Isabel;Isabella와 공동통치 (1479-1504)
펠리페 1세Felipe;Philip I와 공동통치 (1504-1506)
카를로스 1세Carlos;Charles I와 공동통치 (1506-1516)
카를로스 1세Carlos;Charles I (신성로마 황제, 칼 5세Karl;Charles V: 1516-1556)
펠리페 2세Felipe;Philip II (1556-1598)
펠리페 3세Felipe;Philip III (1598-1621)
펠리페 4세Felipe;Philip IV (1621-1665)
카를로스 2세Charles II (1665-1700)
펠리페 5세Felipe;Philip V (1700-1746)
페르난도 6세Fernando;Ferdinand VI (1746-1759)
카를로스 3세Carlos;Charles III (1759-1788)
카를로스 4세Carlos;Charles IV (1788-1808)
페르난도 2세Ferdinand II (1808)
조세프 보나파르트Joseph Bonaparte (1808-1813)
페르난도 7세Fernando;Ferdinand VII (왕정복고: 1814-1833)
이사벨 2세Isabel;Isabella II (1833-1868)

공화정 (1868-1870)

아마데오 (1870-1873)

공화정 (1873-1874)

알폰소 12세Alfonso; Alphonso XII (1874-1885)
마리아 크스티나María Cristina; Maria Christina의 섭정 (1885-1902)
알폰소 13세Alfonso; Alphonso XIII (1902-1931)

공화정 (1931-1936)

내란 (1936-1939)

프랑코 독재 (1939-1975)

왕정복고

후안 카를로스Juan Carlos (1975-)

이탈리아

비토리오 에마누엘레 2세Vittorio Emanuele; Victor

Emmanuel II (1861-1878)
움베르토 1세Umberto; Humbert I (1878-1900)
비토리오 에마누엘레 3세Vittorio Emanule; Victor Emmanuel III (1900-1946)

파시스트 독재 (1922-1943)

1945년까지 북이탈리아 유지
움베르토 2세Umberto; Humbert II (1946. 5. 9 - 6. 15)

공화정 (1946-)

러시아

로마노프 왕조

이반 3세Ivan III (Ivanovich: 1462-1505)
바실리 3세Vasili; Basil III (1505-1533)
이반 4세Ivan IV (1533-1584)
표도르 1세Fëdor; Theodore I (Ivanovich:1584-1598)
보리스 고두노프Boris Godunov (1598-1605)
표도르 2세Fëdor; Theodore II (1605)
바실리 4세Vasili; Basil IV (Shuiski:1606-1610)
미하일Mikhail; Michael (1613- 1645)
알렉세이Aleksei; Alexis (1645-1676)
표도르 3세Fëdor; Theodore III (Alekseevich:1676-1682)
이반 5세 및 피요트르 1세Ivan V and Pëtr; Peter I (1682-1689)
피요트르 1세Pëtr; Peter I (대제: 1689-1725)
에카테리나 1세Ekaterina Alekseevna; Catherine I (1725-1727)
피요트르 1세Pëtr; Peter I (1727-1730)
안나Anna Ivanova; Anne (1730-1740)
이반 6세Ivan VI (1740-1741)
엘리자베타 Elizaveta Petrovna;Elizabeth Petrovna(1741- 1762)
피요트르 3세Pëtr;Peter III (1762)
에카테리나 2세Ekaterina Alekseevna;Catherine II (대제: 1762-1796)
파벨 페트로비치Pavel Petrovich;Paul (1796-1801)
알렉산드르 1세Aleksandr;Alexander I (1801-1825)
니콜라이 1세Nikolai Pavlovich;Nicholas I (1825-1855)
알렉산드르 2세Aleksandr;Alexander II (1855-1881)
알렉산드르 3세Aleksandr;Alexander III (1881-1894)
니콜라이 2세Nikolai Aleksandrovich;Nicholas II (1894-1917)

혁명과 내란 (1917-1920)

소비에트 사회주의 공화국연방 (1922-1989)

러시아 연방(1989-)

찾아보기

ㅁ

ㅅ

ㅇ

ㅈ

ㅎ

새로 쓴
서양사 총론1 값 24,000 원

2000年 12月 15日 初版發行
2003年 1月 20日 再版發行
2007年 8月 20日 三版發行
2017年 1月 30日 四版 1刷發行

著 者 車 河 淳
發行者 洪 鉦 洙
發行處 探 求 堂

서울特別市 龍山區 漢江路 1街 158番地
電 話 (02)3785－2211 · 2212
FAX (02)3785－2272
登 錄 1950. 11. 1 서울 第 03-00993 號

* 落張本 및 破本은 바꾸어 드립니다.